2025

공인노무사

1차시험 | 선택과목

경영학개론

시대에듀

공인
노무사
경영학개론

머리말

사회가 고도화됨에 따라 노사관계 및 노동이슈가 증가하고 있고, 개별적 노사관계는 물론 집단적 노사관계에 이르기까지 분쟁의 해결이라는 측면에서 공인노무사의 역할은 더욱 증대되고 있다. 이에 따라 최근 고용노동부는 공인노무사의 인력수급을 적정화하기 위하여 2018년부터 공인노무사시험 합격인원을 기존보다 50명 더 늘리기로 하였다.

공인노무사시험은 격년제로 시행되었으나, 1998년부터는 매년 1회 치러지고 있으며, 2024년부터는 1차시험이 과목당 40문항으로 문제 수가 증가되었다. 1차시험은 5지 택일형 객관식, 2차시험은 논문형 주관식으로 진행되고, 1·2차시험 합격자에 한하여 전문지식과 응용능력 등을 확인하기 위한 3차시험(면접)이 실시된다.

전 과목의 평균이 60점 이상이면 합격하는 1차시험 준비의 키워드는 '효율성'으로, 보다 어려운 2차시험 준비를 철저히 하기 위하여 단시간에 효율적으로 학습할 필요가 있는데, 본 교재는 이를 위한 기본서로서 다년간의 기출문제를 분석하여 꼭 필요한 내용만을 담아 구성하였다.

「**2025 시대에듀 EBS 공인노무사 1차 경영학개론**」의 특징은 다음과 같다.

첫 번째 최근 기출문제의 출제경향을 완벽하게 반영하였다.

두 번째 EBS 교수진의 철저한 검수를 통하여 교재상의 오류를 없애고, 최신 학계동향을 정확하게 반영하였으므로, 출제가능성이 높은 주제를 빠짐없이 학습할 수 있다.

세 번째 상세한 이론 및 해설을 수록하였고, 공인노무사와 경영지도사의 기출표시를 통하여 해당 이론의 중요도를 한눈에 파악할 수 있다.

네 번째 매 PART와 관련된 공인노무사와 경영지도사의 기출문제를 모아 구성한 실전대비문제로 문제해결능력을 습득하고, 변형·심화문제에 대비할 수 있다.

다섯 번째 대한민국을 대표하는 교육방송 EBS와의 강의연계를 통하여 검증된 강의를 지원받을 수 있다.

본 교재가 공인노무사시험을 준비하는 수험생 여러분에게 합격을 위한 좋은 안내서가 되기를 바라며, 여러분의 합격을 기원한다.

편저자 올림

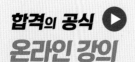

보다 깊이 있는 학습을 원하는 수험생들을 위한
시대에듀의 동영상 강의가 준비되어 있습니다.
www.sdedu.co.kr ➜ 회원가입(로그인) ➜ 강의 살펴보기

이 책의 구성과 특징

핵심이론

CHAPTER
01 경영학의 기본개념

제1절 조직과 경영자

1. 조직과 경영

(1) 조직의 탄생

① 원시시대 이후로 인간 생활의 발전에는 도구와 분업의 발전이 크게 작용하였는데, 분업에 의한 반복 작업을 통해 숙련도가 상승하게 되고 숙련도의 상승으로 전문적 지식이 쌓임으로 기술의 혁신이 있게 되며, 개인별 특성에 따라 개인이 잘 할 수 있는 작업으로의 배치가 가능하고 작업 도구나 설비도 개개의 개인이 전체 프로세스를 담당할 때보다 절약할 수 있는 장점을 지니고 있다.

(2) 경영자의 구분

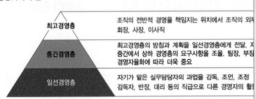

최고경영층	조직의 전반적 경영을 책임지는 위치에서 조직의 외부 회장, 사장, 이사직
중간경영층	최고경영층의 방침과 계획을 일선경영층에게 전달, 지 중간에서 상하 경영층의 요구사항을 조율, 팀장, 부장 경영자율화에 따라 더욱 중요
일선경영층	자기가 맡은 실무담당자의 과업을 감독, 조언, 조정 감독자, 반장, 대리 등의 직급으로 다른 경영자의 활동

① 조직이 커지고 경영의 관리활동의 내용이 많아지면 한 사람의 경영자로서는 불충분한 자가 서로 다른 경영의 기능을 분담하게 되는데, 경영의 기능 분담 시에는 각각의 역할이 같을 수는 없기에 각 역할과 권한에 따라 경영자를 분류할 수 있다.

예제문제

긴급률에 따라 A, B 작업의 순위를 결정하시오.

작 업	납기일	현재경과일
A	105일	100일
B	107일	100일

- A 작업의 긴급률 : $(105 - 100)/5.5 ≒ 0.91$
- B 작업의 긴급률 : $(107 - 100)/9 ≒ 0.78$

따라서 B의 긴급률이 더 작으므로 B → A의 순서로 작업을 실시한다.

▶ **핵심이론**
최신 출제경향을 반영하여 각 목차별로 핵심 포인트를 일목요연하게 정리하였고, 기출연도를 표시하여 반복출제된 내용을 확인할 수 있도록 하였다.

▶ **도해식 핵심정리**
개념이해를 위해 다양한 도표를 활용하여 보다 입체적으로 학습할 수 있도록 하였다.

▶ **관련 예제와 해답**
해당 이론과 관련된 예제와 해답을 수록하여 학습한 내용을 확인 · 복습할 수 있도록 하였다.

기초확인문제

PART
01 경영학의 기본원리

01 조직은 ( ) 이상이 공동의 ( )를 가지고 일을 나누어 맡으며, 일을 나누고 연결하는 약속과 규정인 상호관계가 설정되어 있는 상태를 말한다.

02 ( )은 능률성이라고도 하여 투입에 대한 산출의 비율을 말하는 것으로, 목표를 달성함에 있어 최소의 비용과 노력으로 최대의 산출을 얻고자 하는 것을 말한다.

▶ **기초확인문제**
핵심이론을 학습한 후 간단한 문제풀이를 통해 기초개념을 정리 · 점검할 수 있도록 하였다.

실전대비문제

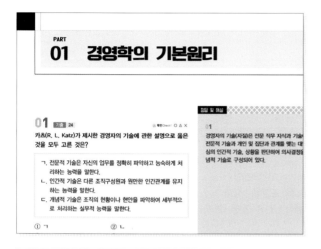

▶ **실전대비문제**
매 PART별로 공인노무사와 경영지도사의 기출문제를 수록하여 문제해결능력을 습득하고, 최근 출제경향을 파악할 수 있도록 하였다.

정답 및 해설

01

① 중역정보시스템(EIS ; Executive Information System) : 고위경영층의 전략수준 의사결정 지원
② 의사결정지원시스템(DSS ; Decision Support System) : 비구조적 의사결정 문제 지원
③ 전문가시스템(ES ; Expert System)은 전문가의 지식, 경험 등을 컴퓨터에 축적하여 전문가와 동일하거나 그 이상의 문제해결능력을 갖춘 시스템
④ 전략정보시스템(SIS ; Strategic Information System) : 자료처리와 의사결정을 지원하는 측면을 넘어서 기업의 경쟁력 유지, 신사업 진출, 조직의 경영혁신 등을 지원하는 정보시스템

▶ **상세해설 및 정답**
해당 문제와 관련된 상세해설을 통해 깊이 있는 학습이 가능하도록 하였다.

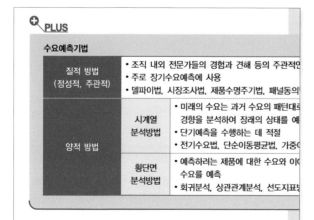

▶ **PLUS 심화학습**
문제와 관련된 개념이해를 위한 도표 등을 문제 하단에 배치하여 학습의 효율성을 높였다.

자격시험 소개

★ 2024년 제33회 시험공고 기준

◉ 공인노무사란?

…› 노동관계법령 및 인사노무관리 분야에 대한 전문적인 지식과 경험을 제공함으로써 사업 또는 사업장의 노동관계업무의 원활한 운영을 도모하며, 노사관계를 자율적이고 합리적으로 개선시키는 전문인력을 말한다.

◉ 주요업무

❶ 공인노무사는 다음의 직무를 수행한다.

(1) 노동관계법령에 따라 관계기관에 대하여 행하는 신고 · 신청 · 보고 · 진술 · 청구(이의신청 · 심사청구 및 심판청구를 포함한다) 및 권리구제 등의 대행 또는 대리

(2) 노동관계법령에 따른 서류의 작성과 확인

(3) 노동관계법령과 노무관리에 관한 상담 · 지도

(4) 「근로기준법」을 적용받는 사업이나 사업장에 대한 노무관리진단

(5) 「노동조합 및 노동관계조정법」에서 정한 사적(私的) 조정이나 중재

(6) 사회보험관계법령에 따라 관계기관에 대하여 행하는 신고 · 신청 · 보고 · 진술 · 청구(이의신청 · 심사청구 및 심판청구를 포함한다) 및 권리구제 등의 대행 또는 대리

❷ "노무관리진단"이란 사업 또는 사업장의 노사당사자 한쪽 또는 양쪽의 의뢰를 받아 그 사업 또는 사업장의 인사 · 노무관리 · 노사관계 등에 관한 사항을 분석 · 진단하고, 그 결과에 대하여 합리적인 개선방안을 제시하는 일련의 행위를 말한다.

◉ 응시자격

❶ 공인노무사법 제4조 각 호의 결격사유에 해당하지 아니하는 사람

다음의 어느 하나에 해당하는 사람은 공인노무사가 될 수 없다.

① 미성년자

② 피성년후견인 또는 피한정후견인

③ 파산선고를 받은 사람으로서 복권(復權)되지 아니한 사람

④ 공무원으로서 징계처분에 따라 파면된 사람으로서 3년이 지나지 아니한 사람

⑤ 금고(禁錮) 이상의 실형을 선고받고 그 집행이 끝나거나(집행이 끝난 것으로 보는 경우를 포함한다) 집행이 면제된 날부터 3년이 지나지 아니한 사람

⑥ 금고 이상의 형의 집행유예를 선고받고 그 유예기간이 끝난 날부터 1년이 지나지 아니한 사람

⑦ 금고 이상의 형의 선고유예기간 중에 있는 사람

⑧ 징계에 따라 영구등록취소된 사람

❷ 2차시험은 당해 연도 1차시험 합격자 또는 전년도 1차시험 합격자

❸ 3차시험은 당해 연도 2차시험 합격자 또는 전년도 2차시험 합격자

◉ 시험일정

구 분	인터넷 원서접수	시험일자	시행지역	합격자 발표
2025년 제34회 1차	2025년 4월 중	2025년 5월 중	서울, 부산, 대구, 인천, 광주, 대전	2025년 6월 중
2025년 제34회 2차	2025년 7월 중	2025년 8월 중		2025년 11월 중
2025년 제34회 3차		2025년 11월 중	서 울	2025년 12월 중

※ 시험에 응시하려는 사람은 응시원서와 함께 영어능력검정시험 성적표를 제출하여야 한다.

◉ 시험시간

구 분	교 시	시험과목	문항수	시험시간	시험방법
1차시험	1	1. 노동법 I 2. 노동법 II	과목당 40문항 (총 200문항)	80분 (09:30~10:30)	객관식 (5지 택일형)
	2	3. 민 법 4. 사회보험법 5. 영어(영어능력검정시험 성적으로 대체) 6. 경제학원론 · 경영학개론 중 1과목		120분 (11:20~13:20)	
2차시험	1 2	1. 노동법	4문항	교시당 75분 (09:30~10:45) (11:15~12:30)	주관식 (논문형)
	3	2. 인사노무관리론	과목당 3문항	과목당 100분 (13:50~15:30) (09:30~11:10) (11:40~13:20)	
	4 5	3. 행정쟁송법 4. 경영조직론 · 노동경제학 · 민사소송법 중 1과목			
3차시험		1. 국가관 · 사명감 등 정신자세 2. 전문지식과 응용능력 3. 예의 · 품행 및 성실성 4. 의사발표의 정확성과 논리성		1인당 10분 내외	면 접

◉ 합격기준

구 분	합격자 결정
1차시험	영어과목을 제외한 나머지 과목에서 과목당 100점을 만점으로 하여 각 과목의 점수가 40점 이상이고, 전 과목 평균점수가 60점 이상인 사람
2차시험	• 과목당 만점의 40% 이상, 전 과목 총점의 60% 이상을 득점한 사람을 합격자로 결정 • 각 과목의 점수가 40% 이상이고, 전 과목 평균점수가 60% 이상을 득점한 사람의 수가 최소합격인원보다 적은 경우에는 최소합격인원의 범위에서 모든 과목의 점수가 40% 이상을 득점한 사람 중에서 전 과목 평균 점수가 높은 순서로 합격자를 결정
3차시험	• 평정요소마다 "상"(3점), "중"(2점), "하"(1점)로 구분하고, 총 12점 만점으로 채점하여 각 시험위원이 채점한 평점의 평균이 "중"(8점) 이상인 사람 • 위원의 과반수가 어느 하나의 같은 평정요소를 "하"로 평정하였을 때에는 불합격

◉ 영어능력검정시험

시험명	토플(TOEFL)		토익 (TOEIC)	텝스 (TEPS)	지텔프 (G-TELP)	플렉스 (FLEX)	아이엘츠 (IELTS)
	PBT	IBT					
일반응시자	530	71	700	340	65(Level 2)	625	4.5
청각장애인	352	–	350	204	43(Level 2)	375	–

자격시험 검정현황

◎ 공인노무사 수험인원 및 합격자현황

구 분	1차시험				2차시험				3차시험			
	대 상	응 시	합 격	합격률	대 상	응 시	합 격	합격률	대 상	응 시	합 격	합격률
제27회('18)	4,744	4,044	2,420	59.8%	3,513	3,018	300	9.9%	300	300	300	100%
제28회('19)	6,211	5,269	2,494	47.3%	3,750	3,231	303	9.4%	303	303	303	100%
제29회('20)	7,549	6,203	3,439	55.4%	4,386	3,871	343	8.9%	343	343	343	100%
제30회('21)	7,654	6,692	3,413	51.0%	5,042	4,514	322	7.1%	322	322	320	99.4%
제31회('22)	8,261	7,002	4,221	60.3%	5,745	5,128	549	10.7%	551	551	551	100%
제32회('23)	10,225	8,611	3,019	35.1%	5,327	4,724	395	8.4%	395	395	551	100%
제33회('24)	11,646	9,602	2,150	22.4%	인쇄일 현재 2024년 제33회 2차 · 3차 검정현황 미발표							

◎ 검정현황(그래프)

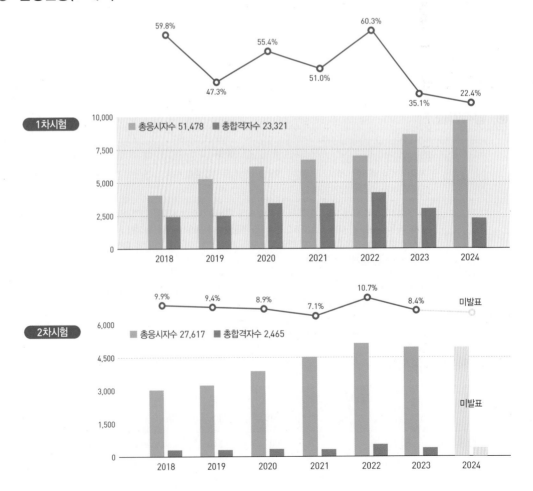

이 책의 목차

공인노무사 1차

경영학개론

핵심이론 + 기초확인문제 + 실전대비문제

PART 01

경영학의 기본원리

CHAPTER 01 경영학의 기본개념

제1절 조직과 경영자

1. 조직과 경영

(1) 조직의 탄생

① 원시시대 이후로 인간 생활의 발전에는 도구와 분업의 발견이 크게 작용하였는데, 분업에 의한 반복 작업을 통해 숙련도가 상승하게 되고 숙련도의 상승으로 전문적 지식이 쌓임으로 기술의 혁신이 있게 되며, 개인별 특성에 따라 개인이 잘 할 수 있는 작업으로의 배치가 가능하고 작업 도구나 설비도 개개의 개인이 전체 프로세스를 담당할 때보다 절약할 수 있는 장점을 지니고 있다.

② 생산을 위해 분업된 일들이 연결된 상태를 조직으로 정의할 수 있으며, 조직이 존재하기 때문에 경영이 필요하게 된 것이다.

(2) 조직의 특성

조직은 두 사람 이상이 공동의 목표를 가지고 일을 나누어 맡고(분업), 나누어진 일들이 긴밀히 연결되어 있으며(통합), 일을 나누고 연결하는 약속과 규정(권한 체계)인 상호관계가 설정되어 있는 상태를 지칭한다.

(3) 경영의 지도원리 [지도 14 · 18]

① 경영과 경영학의 기본 콘셉트는 효과성과 효율성에서 출발한 것으로 이를 경영학의 지도원리라고 한다. 지도원리는 특정 분야나 시스템의 가장 중요한 가이드라인, 원칙을 의미하며, 해당 분야에서 가장 중요한 가치이자 의사결정과 실행의 기준점으로 작동하는 원리를 뜻한다. 그러므로 경영이란 다른 사람들과 함께 그리고 다른 사람들을 통해서 일이 효과적이고 효율적으로 이루어지게 하는 과정이라고 할 수 있다.

② 효과성(effectiveness)은 유효성이라고도 하며 목표달성의 정도를 의미하는 것으로, 효과적 경영이란 조직이 설정한 목표를 얼마나 달성하였는가 하는 것이 관심사이며, 다만 목표달성을 위해 사용된 자원의 크기는 고려하지 않는 개념이다.

③ 효율성(efficiency)은 능률성이라고도 하며 투입에 대한 산출의 비율을 말하는 것으로, 목표를 달성함에 있어 최소의 비용과 노력으로 최대의 산출을 얻고자 하는 것을 뜻한다.

④ 경영이란 효율을 목표로 투입과 산출의 과정을 관리하는 것으로, 투입요소(노동력, 자본, 기술, 기계, 설비, 정보, 지식 등)를 이용하여 제품과 서비스를 효율적으로 전환시키기 위한 관리 활동이라고 할 수 있다.

효율성	효과성
• input에서 process로 가는 과정 • 조직 내부의 자원의 활용정도 • 단기적 관점	• process에서 output으로 가는 과정 • 조직목적의 달성 정도, 조직 외부에서 평가 • 장기적 관점

(4) 관리의 순환

① 투입과 산출의 과정을 관리하는 활동을 경영이라 한다면, 효율적 경영을 위해서는 투입할 자원들이 무엇들이고 이를 어떻게 연결할 것인가에 대한 계획(planning)을 세워서 계획한 대로 조직을 구성(organizing)하고, 계획대로 일이 실행되도록 구성원들을 관리감독(directing)하며 구성원들 간의 협력을 조정(coordinating)한 후 실행의 결과가 계획과 어떤 차이를 보이는지 평가하고 수정하여 통제(controlling)하는 활동이 경영활동이라고 할 수 있다.

② 계획 – 조직 – 지휘 – 조정 – 통제의 관리활동은 1회로 끝나는 것이 아니라 통제의 결과와 내용을 다시 계획에 반영하면서 지속적으로 순환하는 구조로 관리활동이 지속되는데, 이를 경영의 순환이라고 한다.

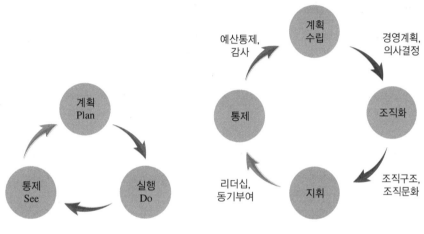

[관리의 순환과정 3단계(PDS Cycle)]　　　　　[관리의 순환과정 4단계]

(5) 관리의 대상과 관리기준 지도 16 · 21

① 현대적 경영의 관점에서 관리활동의 대상은 전통적인 관리의 대상인 투입 자본(Capital), 원료(Resource), 인적자원(HR)을 비롯하여 기업가의 철학인 기업가 정신(Entrepreneurship)과 정보와 지식(Information/Know-how)을 포함하여 관리가 필요하다.

② 관리활동을 수행함에 있어서 판단과 의사결정의 기준이 경영마인드(business mind)이고 경영마인드는 투입과 산출의 과정을 효율적으로 관리하여 수익을 내는 것(효율성과 수익성)인데, 오늘날 기업의 최종 산출물을 평가하는 것은 결국 고객이므로 고객중심 마인드를 핵심적 요인으로 고려해야 한다.

2. 경영자 지도 24

(1) 경영자의 의미와 자질

경영자는 조직이 잘 돌아가도록 계획, 조직, 지휘, 통제 등의 기능을 맡고 있는 사람으로, 개개의 조직원은 나누어 맡은 일에 몰두하고 있기 때문에 일을 미리 계획하고, 분담시키고, 연결시킬 경영자가 필요하게 된다.

(2) 경영자의 구분

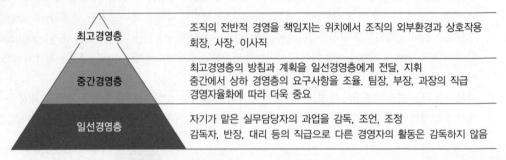

최고경영층 — 조직의 전반적 경영을 책임지는 위치에서 조직의 외부환경과 상호작용
회장, 사장, 이사직

중간경영층 — 최고경영층의 방침과 계획을 일선경영층에게 전달, 지휘
중간에서 상하 경영층의 요구사항을 조율. 팀장, 부장, 과장의 직급
경영자율화에 따라 더욱 중요

일선경영층 — 자기가 맡은 실무담당자의 과업을 감독, 조언, 조정
감독자, 반장, 대리 등의 직급으로 다른 경영자의 활동은 감독하지 않음

① 조직이 커지고 경영의 관리활동의 내용이 많아지면 한 사람의 경영자로서는 불충분하기에 여러 명의 경영자가 서로 다른 경영의 기능을 분담하게 되는데, 경영의 기능 분담 시에는 각각의 경영자의 권한이나 역할이 같을 수는 없기에 각 역할과 권한에 따라 경영자를 분류할 수 있다.

② <u>수평적 구분</u>은 기능 중심의 구분이며 인사, 판매, 생산 등으로 역할을 구분하는 것이다.

③ <u>수직적 구분</u>은 사장, 부장, 과장 등의 상하의 개념으로 역할을 구분하는 것이다.

④ 수직적 구분에 의해 경영자의 역할을 구분해 보면 각각의 경영층에서 수행하는 역할의 차이를 확인할 수 있는데, 최고경영층은 주로 전략에 관한 역할이 중심이 되고 중간경영층은 관리의 업무, 일선경영층에서는 운영의 업무가 중심이 된다.

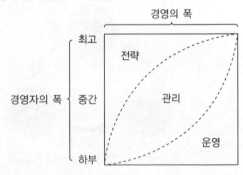

(3) 경영자에게 필요한 기술과 역량 기출 24

경영자에게 공통적으로 필요한 자질은 개념적 자질, 대인관계 자질, 전문적 자질 등으로 구분할 수 있는데, 어떤 위치에 속해 있는 경영자인가에 따라서 자질의 비중이 다르게 요구되며 담당하고 있는 역할에 따라서도 경영자에게 필요한 기술과 역량은 차이가 있다.

구 분	자 질	능 력	내 용
최고경영자	개념적 자질	상황판단능력 (conceptual skills)	복잡한 상황을 분석 진단, 의사결정의 기반 역량
중간경영자	대인관계 자질	대인관계능력 (human skills)	개인 및 집단과 관계를 맺는 기술(소통, 동기부여, 멘토링, 위임 등)
일선경영자	전문적 자질	현장실무능력 (technical skills)	직무지식, 전문성, 기술(산업에 대한 이해, 전문지식 등)

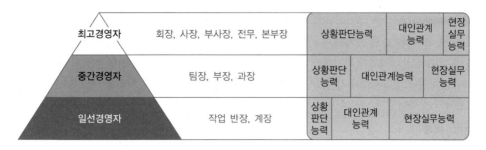

최고경영자	회장, 사장, 부사장, 전무, 본부장	상황판단능력	대인관계 능력	현장 실무 능력
중간경영자	팀장, 부장, 과장	상황판단 능력	대인관계능력	현장실무 능력
일선경영자	작업 반장, 계장	상황 판단 능력	대인관계 능력	현장실무능력

(4) 경영자의 사회적 책임 지도 18

기업은 사회를 떠나서 존속할 수가 없기 때문에 경영자는 효율성에 의한 수익만을 추구하는 것이 아니라 공공의 이익을 도모하기 위한 사회적 책임을 다 하여야 하는데, 경영자의 사회적 책임에는 기업의 유지 및 존속에 대한 책임, 기업과 관계를 맺고 있는 다양한 집단의 갈등과 이해를 조정하는 이해조정책임, 종업원이 일을 통해 인간적·사회적 만족을 느낄 수 있도록 해야 하는 종업원 만족에 대한 책임, 또 환경과 산업공해 방지의 책임과 후계자 양성에 대한 책임 등을 들 수 있다.

(5) 경영자의 역할 지도 17·18·24

① 민츠버그는 경영자가 수행하여야 하는 기본적 역할을 대인관계 역할, 정보전달 역할, 의사결정 역할의 세 가지로 구분하였다.

대인관계 역할 (interpersonal roles)	• 기업 내/외부 사람들과 접촉하며 연결의 고리 역할 • 조직 내/외부의 갈등 해결, 조직원에게 동기부여 • 대외적 대표자로서의 상징적 역할
정보전달 역할 (informational roles)	• 내/외부의 정보를 수집 • 수집된 정보를 선별, 분석 정리하여 구성원에게 전달 • 유리한 정보를 외부에 전달하고 홍보하며 객관적 사실을 대변
의사결정 역할 (decisional roles)	• 새로운 계획과 전략을 도입하는 혁신자 • 문제에 대처하고 해결하는 문제해결자 • 자원의 분배를 결정하는 자원할당자 • 내/외부의 계약이나 협상을 체결하는 협상자의 역할 수행

② 기업을 둘러싼 환경의 변화에 따라 현대 경영학에서는 경영자의 기본적 역할 외에 최고경영자에게 추가적으로 기업가정신, 환경관리자, 동기부여자, 통합관리자 등의 역할이 요구된다.

3. 소유와 경영의 분리 기출 15

(1) 소유와 경영의 분리과정

근대적 기업 출현 이전의 가내수공업 단계에서는 소유자가 관리자이며 동시에 노동자의 역할을 수행하다가 조직과 규모가 성장함에 따라 소유자가 관리를 하지만 노동에는 참여하지 않는 '소유와 노동의 분리'가 발생하였고, 기업의 성장이 지속되면서 소유자가 노동뿐만 아니라 관리도 전문 관리자에게 위임하는 '소유와 관리의 분리'가 발생하였다.

(2) 소유와 경영의 분리 이유

소유와 경영의 분리는 기업의 대형화와 기능조직의 전문화, 경영 환경의 복잡화 등으로 경영활동이 복잡해지고 전문화 되면서 경영에 전문적 지식이 필요하게 되었고, 기업의 대형화로 인해 대규모의 자본이 투자되면서 여러 투자자, 소유자가 하나의 기업을 공유하는 형태로 변화하여 중립적인 전문 관리인이 필요하게 되면서 소유와 경영의 분리가 이루어지게 되었다.

(3) 경영자 지배사회

벌, 민즈, 존 번햄 등의 학자들은 기업의 소유권이 극도로 분산되면 소유자들의 소유권보다는 실제적으로 기업을 운영하는 경영자가 자신에게 유리한 전략과 정책을 수행하여 결국 경영권을 기반으로 기업을 지배하게 되며, 마침내 경영자들이 기업이라는 수단을 통하여 자신의 의도대로 사회를 이끌어가는 경영자 지배사회가 된다고 주장하였다.

(4) 대리인 비용

① 경영자 지배사회에 대한 주장과 같이 소유자에 의해 경영을 위임받은 대리인인 전문경영인과 소유자와의 관계에는 서로 이해가 상충하는 요소들이 존재하는데, 일례로 소유자는 기업에 대한 투자수익률이 기본적 관심사항이며 단기뿐만 아니라 장기에 걸쳐서도 기업의 미래를 고민하지만, 대리인은 자신의 대리인 지위를 지속시키기 위해 단기적 성과에 몰입하는 경우가 발생하기도 하고, 자신의 명성을 위해 무리한 투자를 감행하는 경우도 있다.

② 주주의 입장에서는 대리인의 이해상충행동을 방지하기 위한 노력과 장치들을 만들게 되는데, 이런 대리인의 이해상충행동 방지에 소요되는 비용을 대리인 비용(agency cost)이라고 하며, 대리인 비용에는 감시비용, 확증비용, 잔여손실이 있다.

항 목	내 용
감시비용	대리인의 경영활동이 소유자의 이익을 감소시키지 않는가를 감시하는데 소요되는 비용(감사, 감사실 등)
확증비용	대리인의 경영활동이 소유자의 이익을 증가시키기 위한 것임을 확인하기 위해 소요되는 비용(재무제표 작성 비용 등)
잔여손실	감시비용과 확증비용 외에 대리인 문제로 인한 기업가치의 감소분

제2절 경영의 순환과 경영환경

1. 관리의 순환 [기출 24] [지도 14]

경영이란 효율을 목표로 투입과 산출의 과정을 관리하는 것이고 관리의 과정은 순환하는 구조를 가지고 있는데, 관리활동의 순환은 학자에 따라 계획 – 조직화 – 지휘 – 조정 – 통제의 5단계, Plan(계획) – Do(활동 및 운영) – Check(점검 및 시정) – Act(검토 및 개선)의 PDCA의 4단계 또는 Plan(계획) – Do(실행) – See(통제)의 PDS의 3단계 등으로 구분을 하고 있다. 여기서 중요한 것은 관리의 순환을 3단계로 구분하든 4, 5단계로 구분을 하든 관건은 모두 순환하고 있다는 점이다.

항 목	내 용
계 획	미래에 기업에서 발생할 각종 문제를 예측하여 어떻게 해결해 나갈 것인가를 사전에 결정하는 과정
조직화	계획 활동으로 수립된 계획을 실천에 옮기는 데 필요한 자원들을 할당하고 투입하는 일
지 휘	구체적인 업무를 수행하도록 지시하고 진행되도록 하는 것
조 정	계획의 실행 중에 활동과 관련한 자원들이 중복되거나 부족할 때 계획대로 진행되도록 보완, 조율하는 활동
통 제	실행이 끝난 후에 수행 결과를 계획과 비교하여 차이를 분석하여 수정하고 차기 계획에 반영하는 것

2. 경영계획 [지도 20]

(1) 계획수립의 필요성

경영계획은 경영환경의 변화가 급격히 일어나기 때문에 환경의 변화에 따른 조직의 변화 방향성을 제시하고, 외부환경의 변화에 대한 영향을 최소화하며, 경영통제 시에 통제의 기준을 설정하고 낭비와 중복을 최소화하기 위해 필요한 것이다.

(2) 경영계획의 장점

경영계획을 수립하면 계획이 조직의 구성원들에게 행동의 기준으로 작동하여 실수나 비용, 노력 등을 줄일 수가 있고, 계획에 의해 역할을 정하여 일을 분배했기 때문에 그 권한과 책임이 명확하여 수평적, 수직적 협업도 용이하며, 계획 수립 시에 환경의 변화에 대한 대응책도 미리 계획할 수 있으며 실행 중, 실행 후에 계획 대비 실적을 점검함으로써 계획의 수정이나 평가가 용이한 장점이 존재한다.

(3) 경영계획의 유형 [지도 14]

계획의 기간에 따라서는 5년 이상의 장기 경영계획, 2~3년 기간의 중기 경영계획, 1년 이하의 단기 경영계획으로 분류할 수 있고, 경영계획의 내용에 따라서는 전략적 계획, 전술적 계획, 실천적 계획, 대응적 계획으로 분류할 수 있다.

종 류	내 용
전략적 계획	조직의 궁극적 목표, 자원배분 등과 관련한 기본활동을 포괄적이고 장기적으로 정해 놓은 계획
전술적 계획	전략적 계획의 성공적 실행을 위해 구체화된 행동 방침을 정해 놓은 것
실천적 계획	전술적 계획을 성공시키기 위한 더욱 구체적인 행동계획으로, 실행시기, 행동방침, 행동분담 등에 대한 계획
대응적 계획	일련의 계획을 실행시켜 나가는 도중에 발생할지도 모르는 만일의 상황에 대비한 대응방안

3. 경영통제 [지도 20·23]

(1) 경영통제의 의미

① 경영통제란 경영활동의 결과가 계획대로 진행되었는지를 조사하고 검토하는 것으로, 검토의 내용은 관리의 순환 과정에 따라 다시 계획에 반영하게 된다.

② 통제는 목표의 설정, 계획의 실천, 결과의 측정, 수정과 개선으로 이어지는 경영관리의 순환 과정의 마지막 단계이면서 동시에 모든 경영관리의 과정에 속해 있는 개념이다.

(2) 경영통제의 필요성

① 경영의 환경과 상황이 계속 변화하고 있고 계획시점과 실행시점 사이에도 경영환경은 변화하기에 통제 활동이 필요하며, 환경의 변화가 심할수록 통제의 필요성은 증대된다.

② 경영계획을 실행하면서 더 나은 아이디어를 도출하고 계획대로 각 조직원이 실행을 하고 있는지를 감독, 평가하여 계획 대비 실행의 정도를 파악하고 실수를 줄이기 위해서도 경영통제가 필요하다.

(3) 경영통제의 3단계

통제 프로세스는 1단계로 실제 성과를 측정하고 2단계로 실제 성과와 경영계획 시의 기준인 목표와의 비교를 하며 3단계로 실제 성과의 편차를 파악하고 목표의 적정성, 편차의 원인에 대한 분석을 통해 기준에 반영하는 순서로 진행한다.

(4) 경영통제의 대상

자원의 투입에서 전환, 산출의 모든 과정이 관리 감독의 대상으로 생산일정과 품질, 원료, 재고 등에 대한 생산 활동의 통제, 인적·물적 자원과 정보자원에 대한 자원투입의 통제, 자금의 조달과 운용에 관한 자금흐름의 통제 등으로 구성된다.

(5) 경영통제의 시점 [지도] 14

시 점	종 류	내용과 방법
투입 시점	사전 통제	목표와 예산 검토, 원자재 검사, 교육과 훈련
변환(생산) 시점	동시 통제	불량확인, 공정조정, 계획수정
산출 시점	사후 통제	품질분석, 재무분석, 비용분석

4. 경영환경 [지도] 14·20

(1) 경영환경의 중요성

경영환경은 기업에게 기회이면서 동시에 위협이 되는 대상으로, 20세기 초반까지만 해도 기업을 폐쇄 시스템으로 인식하여 경영환경에 대한 관심이 적었으나 기업을 개방 시스템으로 인식하게 되면서 경영환경과 경영환경의 변화가 기업에게 큰 영향을 미친다는 것을 인식하게 되었다.

(2) 경영환경의 구분 [기출] 23 [지도] 15·18·24

경영환경은 기업의 내부환경과 외부환경으로 구분하고, 외부환경은 다시 과업환경과 일반환경으로 구분할 수 있다.

구 분		내 용
외부환경	일반환경	• 다른 모든 회사에 일반적으로 영향을 미치는 환경요인 • 경제상황, 인구통계학적 환경, 정치환경, 기술의 발전, 사회와 문화, 자연환경 등
	과업환경	• 회사의 업무와 직접적으로 관련되는 환경요인 • 고객, 주주, 노조, 타기업, 정부와 법, 지역사회, 압력단체 등
내부환경		기업의 구조, 기업문화, 기업 내부 자원(인적, 물적)

(3) 경영환경의 속성

① 환경은 기업에게 위협인 동시에 기회이기 때문에 미래의 환경을 예측해서 대책을 세울 수 있으면 위협을 기회로 바꿀 수도 있고 손실을 최소화할 수도 있다.

② 환경을 예측하기 위해서는 환경의 동태성(변화의 속도), 복잡성(단순 vs 복잡), 풍부성(희소 vs 풍부), 집중성(산만 vs 집중)의 4가지 속성에 대한 이해가 필요한데, 일반적으로 변화의 속도가 빠르고, 변화의 양상이 복잡하고, 환경 자원이 부족하고 산만할수록 예측이 어렵다.

③ 환경에 대한 위험의 정도를 파악할 때는 실제의 위험수준(객관적 환경)과 각자가 느끼는 위험수준(주관적 환경)이 다를 수가 있는데, 대부분의 기업에서는 주관적으로 환경을 판단하고 대책을 세우기 때문에 환경 요인들을 객관적으로 판단하기 위해 노력해야 한다.

(4) 경영환경에 대한 기업의 대응

① 환경적응 : 환경을 상수로 받아들이고 기업이 환경에 맞춰 나가는 방법

② 환경통제 : 환경이 기업에 긍정적으로 바뀔 수 있도록 환경과의 관계를 변화시키거나 환경자체를 변경시키는 방법

구 분		내 용
환경적응	완충활동	예비 자원을 축적하여 환경변화에 대응(원료 비축 등)
	경계활동	환경을 정확히 예측하도록 환경과의 경계에서 활동하는 종업원을 늘리고 환경 정보 수집활동을 강화
	전문부서 설립	환경변화의 분석, 예측 전담 부서의 설립으로 예측력을 강화하고 기업 내에 전파
환경통제	공동운영	경쟁사, 원료공급사, 판매대리회사들과 합병 및 협력
	광 고	소비자, 국민, 정부, 거래처를 설득하고 변화 유도
	사업변경	환경 대처가 어려우면 다른 사업으로 변경
	로비활동	법규나 정책의 변경을 추진

(5) 경계활동과 경계연결 기출 24

① 경계활동(Boundary Activities) : 경계활동이란 조직이 외부환경과의 상호작용을 통해 필요한 자원, 정보, 기술 등을 획득하고, 이를 조직 내부로 도입하는 활동을 의미한다. 이는 조직이 외부와의 관계를 관리하고, 외부 변화에 적응하기 위한 중요한 활동으로 경계활동의 주요 요소는 아래와 같다.

주요 요소	내 용
환경 스캐닝 (Environmental Scanning)	외부 환경의 변화와 동향을 지속적으로 모니터링하고 분석하는 활동으로 시장 트렌드, 경쟁사 동향, 기술 발전 등을 파악하여 조직 전략에 반영
네트워킹 (Networking)	외부 조직, 전문가, 이해관계자와의 관계를 구축하고 유지하는 활동으로 협력, 파트너십, 연합 등을 통해 자원과 정보를 공유
정보 수집 및 분석	외부로부터 필요한 정보를 수집하고, 이를 분석하여 의사결정에 활용하는 활동으로 시장 조사, 고객 인터뷰, 데이터 분석 등을 통해 유용한 인사이트 도출
협상 및 계약	외부 자원이나 서비스를 도입하기 위해 협상하고 계약을 체결하는 활동으로 공급자, 협력사와의 계약 조건을 설정하고 관리

② 경계연결(Boundary Spanning) : 경계연결은 조직내부의 특정구성원이 외부환경과의 상호작용을 담당하고, 이를 통해 조직의 경계를 넘나들며 자원과 정보를 연결하는 역할을 의미한다. 이러한 역할을 수행하는 사람들을 경계연결자(Boundary Spanner)라고 한다.

③ 경계활동이 조직의 외부 환경과 상호작용하며 자원과 정보를 획득하고 관리하는 모든 활동이라고 한다면, 경계연결은 경계활동을 수행하는 구체적인 역할이나 기능을 담당하는 사람 또는 부서의 개념으로 경계활동이 더 상위 개념이다. 경계연결은 그 하위개념으로 경계활동을 실제로 수행하는 역할의 개념으로 이해할 수 있다.

CHAPTER
02 경영학의 발전과정

제1절   경영학의 기원

1. 고대의 경영활동

① 고대 피라미드 등의 대규모 토목사업이 가능하기 위해서는 계획, 조정, 통제 등의 경영활동이 존재했을 것으로 추정되고, 그리스 로마시대의 철학자 크세노폰이 신발공에게 분업을 조언하는 기록, 로마 군대의 계층조직의 존재 등을 통해 경영의 개념과 조직 구조가 고대에도 존재함을 확인할 수 있다.

② 중세 시대에는 복식부기 형태의 회계 방식이 사용되었고, 베네치아에서 목조군함의 제조 방식에 분업적인 생산라인을 갖추는 등 초기적이긴 하지만 경영 방식이 존재하였음을 알 수 있다.

2. 산업혁명과 경영학의 등장

① 경영학은 중세 가내수공업을 중심으로 하는 길드 경제시대를 지나 1760년대 영국과 서유럽을 중심으로 산업혁명이 성공하면서 산업 경제라는 새로운 형태의 경제적 환경이 생성되면서 급속하게 발전하기 시작한 학문이다.

② 산업혁명은 가내수공업 방식의 생산을 근대적 공장형태로 변화시키면서 숙련공 중심의 생산에서 미숙련공을 이용한 기계적 생산으로의 변화를 가져왔으며, 이에 따라 소량의 교환중심의 판매 방식과 소형점포의 경영에서 대량생산과 공장의 경영으로 변화가 만들어졌고 대량생산과 대량판매가 가능해지면서 규모의 경제(Economy of Scale)로의 변화가 이루어져 질적으로 완전히 새로운 단계에 진입하게 되었다.

3. 국가별 경영학의 특징 지도 14

(1) 독일 경영학

경제학을 기반으로 하여 이론적·학문적 접근을 통해 발전한 경영경제학으로, 이론과학의 성격을 지닌다.

(2) 미국 경영학

테일러의 과학적 관리법을 기반으로 한 경영관리학을 기원으로 현장중심의 현실적 실천론의 성격을 지닌다.

(3) 프랑스 경영학

페이욜의 일반관리론을 근간으로, 주로 관리자의 경영기법에 초점을 맞추고 관리원칙을 실현하는 수단으로서의 경영학을 강조하였다.

(4) 일본 경영학

독일 경영학에서 출발하여 미국 경영학을 받아들이면서 발전하였고, 인적 측면을 강조한 이론들이 등장하기도 하였다.

(5) 한국 경영학

일제 강점기에 일본 경영학의 영향으로 독일 경영학을 중심으로 발전하다가 1950년대 말부터 미국 경영학이 도입되어 확산되었다.

4. 경영학의 흐름 지도 16 · 18

고전적 경영이론	행동적 경영이론	근대적 경영이론	통합적 경영이론
과학적 관리이론 고전적 조직이론	인간관계론 행동과학	조직균형이론 경영의사결정론 계량적 경영이론(OR, 경영과학)	시스템이론 상황적응이론

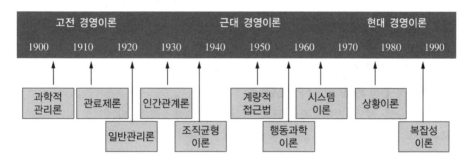

(1) 고전적 경영이론

미국의 테일러를 중심으로 생산 현장에서의 작업효율의 제고가 주된 연구대상인 과학적 관리이론과 프랑스의 앙리 페이욜과 독일의 막스 베버를 중심으로 조직의 효율적 관리에 중점을 두고 연구된 고전적 조직이론의 두 갈래의 축이 존재한다.

(2) 행동적 경영이론

① 1920년대 들어 미국에서는 경제성장과 더불어 생활의 질을 개선하고자 하는 경향이 사회 전반에 확산되고, 여성의 참정권, 노조의 결성, 최저임금제의 실시 등 고전적 경영이론의 관리 원칙과는 다른 현상들이 발생하면서 경영학에서도 새로운 관점과 시도들이 나타나게 되었다.

② 행동적 경영이론은 직무 자체에 초점을 둔 고전적 경영이론과 달리 인간의 행동에 대한 이해를 바탕으로 경영 문제를 규명하는 데 집중하였다. 1920년대 인간관계론의 선구자인 메이요와 제2차 세계대전 이후 행동과학의 대표 연구자인 맥그리거, 매슬로우 등에 의해서 비약적으로 발전하게 되었다.

(3) 근대적 경영이론

고전적 경영이론의 합리적 경영과 행동적 경영이론의 인간적 경영을 연결하여 목표와 보상의 균형, 합리적 대안의 선택을 중심으로 연구하는 근대적 경영이론이 등장하였는데, 개인과 조직의 균형을 강조한 버나드와 버나드의 이론을 의사결정 문제 중심으로 발전시켜 제한된 합리성의 개념을 도출한 사이먼에 의해 조직균형론, 의사결정론 등의 이론이 발전하게 되었다.

(4) 계량적 경영이론

제2차 세계대전 시기 영국은 군수물자의 보급과 무기 개발 등에 보다 효율적인 방법을 모색하였고, 이에 영국의 수학자와 물리학자 등이 Operations Research(OR)팀을 조직하고 OR 기법들을 개발하였는데, OR 기법은 전쟁 이후 일반기업까지 확대 적용되었고 이후 경영과학이라는 새로운 학문으로 탄생되었으며, 컴퓨터의 출현은 산업분야에서 OR 기법의 확산과 발전에 결정적 역할을 수행하였다.

(5) 통합적 경영이론

산업의 발전과 함께 다양한 경영이론들이 등장하면서 결과적으로 실무자들에게 혼란만 가중시키는 결과가 발생하자 1960년대 이후부터 다양한 경영이론들을 통합하고자 하는 노력들이 나타났는데, 시스템이론과 상황이론 등이 그 대표적 이론들이다.

제2절   고전적 경영이론

1. 과학적 관리이론 기출 17

(1) 테일러의 과학적 관리 기출 15 · 19 · 24   지도 15 · 16 · 20 · 23

① 테일러(Taylor)는 생산과정에서 작업자들의 생산활동에 대한 동작연구와 시간연구를 통하여 직무를 과업으로 나누고, 과업을 다시 요소 동작으로 구분하여 불필요하고 낭비적인 동작을 제거한 후 표준적인 작업시간을 설정하고 표준과업량을 산정하여 생산성의 평가 기준으로 사용하였다.

② 또한 개별 작업자의 과업량을 측정하여 표준과업량의 달성 여부에 따라 차별적 임금을 지급하는 차별적 성과급제를 실시하였고, 변화하는 환경에 따라 새로운 표준과업량의 측정과 수정을 위한 기획부를 별도로 두어 주기적으로 동작 및 시간 연구를 하게 하는 기획부 제도를 실시하였다.

③ 직원의 선발과 교육, 배치와 관련하여서는 작업을 세부적으로 전문화 하고 각 분야마다 직장(감독자)을 두어 전문적으로 지휘 · 감독을 하게 하는 직능별 직장제도를 실시하였고, 각 직장들은 표준작업방법, 표준작업시간, 동작 순서가 정리된 작업지도표에 의해 작업을 지도하게 하는 작업지도표 제도를 실시하였다.

④ 테일러는 기업 전체의 노동생산성을 향상시킴으로써 작업자는 고임금을 받게 되는 동시에 경영자는 생산량의 증가에 따라 노무비가 절감된다는 고임금 · 저노무비의 실현을 통해 노사의 공동번영과 사회발전을 주장(Taylorism)하였는데, 테일러의 기계적 접근 방법은 인간적 측면을 경시하여 인간소외가 발생하고, 공장을 기반으로 한 생산 노무관리에만 제한되어 적용할 수 있다는 비판도 존재한다.

(2) 길브레스 부부의 과학적 관리방법

① 길브레스(Gilbreth) 부부는 테일러의 과학적 관리법을 계승, 발전하여 동작연구를 더욱 체계적으로 연구하였다.

② 마이크로 미터라는 동작연구를 위한 모션픽처 기계를 개발하여 육안으로는 발견할 수 없었던 불필요한 동작을 제거하였으며, 각 과업을 17가지의 기본 동작으로 분해하여 각 기본 동작을 기호화한 서블릭(Therblig)을 개발하였다.

(3) 포드의 과학적 관리 `기출 17` `지도 10·20`

① 포드는 테일러 시스템을 기반으로 하면서 자동적 기계의 움직임을 연구하여 컨베이어 벨트 시스템에 의한 대량 생산 방식을 개발하였다.

② 대량 생산을 위해 작업을 표준화(Standardization), 단순화(Simplification), 전문화(Specialization)하여 3S 운동을 전개하였고, 생산의 증대는 규모의 경제 달성으로 생산원가를 절감하여 노동자에게는 고임금을 지불하고 낮은 가격으로 소비자들에게 제품을 공급하는 고임금 저가격의 봉사주의(Fordism)를 경영이념으로 주장하였다.

③ 포드의 과학적 관리법 또한 테일러와 동일하게 인간 노동의 기계화에 대한 비판이 존재하고, 컨베이어 벨트의 고장 시에는 전체 공정이 정지될 수 있는 위험이 있으며, 컨베이어 벨트 설치를 위한 설비 투자가 과다한 점, 시장 수요의 감소로 조업도가 하락하거나 다른 제품으로의 생산 전환에 대한 유연성이 부족한 점 등이 약점으로 지적된다.

TAYLOR SYSTEM	FORD SYSTEM
• 과업관리	• 동시관리
• 작업자 개인의 능률 중심	• 전체적 작업능률 중심
• 고임금과 저노무비	• 고임금과 저가격
• Stop Watch를 이용	• Conveyor Belt를 이용
• 작업자 중심	• 기계 중심
• 노사 쌍방이 운영하는 것이 기업	• 노동자와 소비자에 서비스하는 것이 기업

2. 일반관리론

(1) 페이욜의 일반관리론 `기출 17·21` `지도 14·15·18·20·23·24`

① 페이욜은 생산현장보다 기업전체에 초점을 두어 기업의 목표를 보다 효율적으로 달성하기 위해 경영을 6가지의 본질적인 관리영역으로 구분하였고, 6가지의 관리영역 중 관리적 활동을 모든 관리영역의 기본이 되는 활동으로 판단하였다.

활 동	내 용
기술적 활동	생산, 제조, 가공에 관한 활동
영업적(상업) 활동	판매, 구매, 교환 등의 활동
재무적 활동	자본의 조달과 운용에 관한 활동
회계적 활동	재산 목록을 구성, 재산의 평가, 손익계산서 작성 등의 활동
보전적 활동	자산, 재고, 종업원에 대한 보호와 유지에 관련된 활동
관리적(경영) 활동	계획, 조직, 지휘, 조정, 통제 활동으로 모든 여타 활동의 기반

② 또한, 6가지 관리영역의 관리 기준이 되는 14개 관리의 일반원칙을 제시하였다.

항 목	내 용
분업의 원칙	전문화, 관리원칙의 핵심으로 대규모 생산의 수행을 위한 필수적인 전제
권한책임 명확화의 원칙	직무의 효과적 수행을 위한 권한과 책임의 대응 강조
규율 유지의 원칙	• 규칙을 준수하고 그에 따라 일을 처리하고 노력해야 한다는 것 • 잘못된 업무수행에 대한 처벌은 유능하고 공정한 감독과 결부
명령 일원화의 원칙	종업원은 한 사람의 상사에게서만 명령을 받아야 한다는 것

지휘 일원화의 원칙	동일한 목표를 가지고 활동하는 각 집단은 한 명의 상사와 한 개의 계획을 가져야만 한다는 것으로, 명령의 일원화가 인적인 요소라면 지휘 일원화는 조직체로서의 회사와 관계되는 개념
전체이익 우선의 원칙	전체적 이익과 개인적 이익의 충돌 시에는 전체이익을 우선
보수의 적정화의 원칙	보수의 금액과 지불방법은 공정해야 하며 종업원과 고용주 모두에게 똑같이 최대의 만족을 주어야 함
집권화의 원칙	'최선의 전체의 이익'을 가져다 줄 수 있는 집중과 분산의 정도
계층화의 원칙	모든 계층의 연쇄적 연결을 강조
질서유지의 원칙	인적, 물적 요소의 배치에 핵심이 되는 적재적소의 조직원칙
공정의 원칙	상사에 대한 부하의 충성 및 헌신은 부하를 공평하게 다루는 상사의 친절과 정의감의 결합에서 출발
안정의 원칙	불요한 이직(turn over)은 나쁜 관리의 원인이며 결과이고, 정년을 보장하여 안정성을 부여함이 필요
창의존중(주도성)의 원칙	스스로 계획을 세우고 실천함에서 오는 만족을 부여
협동단결의 원칙	명령 일원화의 확대, 팀워크의 중요성 강조

③ 페이욜의 주장에 대해서는 실증적 연구가 미비하고, 개인의 이익보다 조직의 이익을 우선시하는 것, 동일단계의 모든 조직이 같은 조직구조를 가지는 것에 대한 비판적 견해가 존재한다.

(2) 베버의 관료제 기출 16·17 지도 14·15·16·17·18

① 베버는 비능률적으로 운영되고 있는 조직들을 특정한 원칙하에 관리하게 된다면 보다 능률적인 조직으로 변화하여 사회에 공헌할 수 있다는 생각하에 이상적인 조직의 형태를 고안하였고, 이를 관료제(Bureaucracy)라고 하였다.

② 관료제는 분업에 의한 전문화와 엄격한 권한 계층, 구체적으로 명시된 규율과 절차, 능력과 성과에 따른 선발과 승진, 비개인적인 관계 등을 특징으로 하고 있다.

항 목	내 용
분업에 의한 노동의 분화	종업원의 숙련도 향상
엄격한 권한 계층	권한과 책임을 명확히 규정
공식적 규칙	문서화된 가이드라인
공평한 대우	규칙과 절차의 공평한 적용
경력제도	능력과 과업 종류, 성과에 따른 선발과 승진

③ 관료제는 표준화된 행동으로 능률을 증대하고 고용의 안정이 확보되며, 공정성과 통일성을 확보하고 계층의 분류에 따른 책임 수행의 정도가 높은 장점이 있으나, 목적과 수단이 전도되는 경향이 존재하고 규율과 절차의 강조로 혁신성이 결여되며 권력의 집중, 형식주의, 인간소외 현상의 발생 가능성이 있다는 비판도 있다.

1. 인간관계론 지도 15

(1) 인간관계론의 출현배경

인간관계론은 기계적 조직구조를 기반으로 하는 과학적 관리법이 인간의 기계화, 노동의 인간소외 등의 부작용이 발생하자 그 대안으로서 출발하였는데, 생산성을 좌우하는 것은 규정이나 절차가 아니라 비공식 집단에 의해 더 큰 영향을 받는다는 것을 주장하였고, 이는 개인의 행동 동기가 경제적 욕구뿐만 아니라 사회적, 인간적 욕구에 의해 지배되기 때문에 직무만족, 자율권, 인정 등 인간중심 경영의 중요성을 강조하였다.

(2) 인간관계론에 대한 긍정평가

인간의 가치에 대한 새로운 평가를 제공함으로써 과학적 관리방법의 단점을 극복할 수 있는 대안의 생산성 향상 방법에 대한 가능성을 제시하였고, 조직 내 비공식집단이라는 사회적 구조 파악으로 조직의 의사전달, 문제해결 등에 새로운 인사적 기능이 필요하다는 새로운 관점을 제시하였다.

(3) 인간관계론에 대한 부정평가

실험이나 수리적 모형에 의해 검증된 사항이 아니기 때문에 학문적으로는 과학적 타당성이 결여되어 주장에 불과하다는 비판이 있고, 갈등에 대해 지나치게 이상적인 태도를 취하고 있으며, 집단의사결정, 민주주의, 참여를 과도하게 강조함으로써 조직 없는 인간이라는 비판이 존재한다.

2. 메이요의 호손실험 기출 17 · 22　지도 18 · 19 · 20 · 23

(1) 호손실험의 과정

미국 서부 전력회사인 시카고 호손 공장에서의 과학적 관리법 실험에서 작업 집단의 구성원 간 상호작용과 작업자의 심리적, 내부적 요소와 생산성의 상관관계가 존재함을 처음으로 발견하게 되었다.

항 목	기 간	결 과
1차 조명실험	1924.11~1927.4	작업장의 조명과 생산성이 관계가 없음을 발견
2차 계전기실험	1927.4~1929.6	종래의 능률화 방법을 시험하였으나 생산성 향상과 관계가 없고 오히려 심리적 조건이 생산성 향상에 큰 영향을 미침을 확인
3차 면접실험	1928.9~1930.5	작업장의 사회적 조건, 근로자의 심리적 조건이 근로자의 태도와 생산성에 영향을 주는 것을 확인
4차 배전반실험	1931.11~1932.5	자연발생적으로 형성된 비공식조직의 존재 인식

(2) 호손실험의 성과

생산능률은 종업원의 태도와 감정에 크게 영향을 받는다는 사실을 발견하여 인간적 요인의 중요성을 인식하고, 공식조직 내에 자생적 비공식 조직의 존재와 비공식 조직과 생산성과의 상관관계를 파악하는 계기가 되었다.

3. 맥그리거의 XY이론 [지도 14·23]

(1) XY이론의 개요

XY이론은 X와 Y로 대표되는 상반된 인간본질에 대한 가정을 전제로 조직 구성원들에 대한 관리전략을 제시하는 이론으로, X형 인간은 <u>전통적인 관리전략</u>, Y형 인간은 <u>인간중심적인 관리전략</u>이 필요함을 주장하였다.

(2) XY이론과 관리방법

구 분	X형 인간	Y형 인간
특 성	• 일을 싫어함 • 야망이 없고 책임지기를 싫어함 • 명령에 따라가는 것을 좋아함 • 변화에 저항적이고 안전을 선호 • 자기중심적, 속기 쉽고 영리하지 못함	• 일을 좋아하고 조직의 목표 달성을 위하여 자율적으로 자기 규제 가능 • 조직목표에 헌신적 • 조직문제 해결에 창의력, 상상력 발휘 • 자기실현, 존경욕구가 중요한 보상
관리방법	• 직원들의 행동을 감독, 통제, 시정 • 처벌, 통제, 위협 등을 선호	• 개인목표와 조직목표의 조화 • 직무를 통한 개인 욕구를 충족 • 개인이 발전할 수 있는 운영방침의 실행

4. 매슬로우의 욕구단계이론 [지도 14·23]

(1) 욕구단계이론의 개념

① 매슬로우는 인간 욕구의 단계를 구분하여 각각의 단계에서 인간의 동기가 작용하는 양상을 설명하였으며, 이는 조직원들에게 각 단계에 적합한 동기부여의 수단과 방법을 제시함으로써 생산성을 향상시킬 수 있다는 아이디어를 제공하였다.

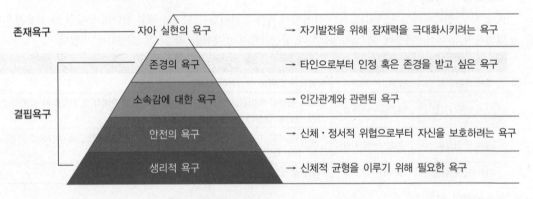

[매슬로우의 욕구 5단계(Hierarchy of Needs)]

② 매슬로우의 이론에 의하면 인간의 욕구는 <u>하위단계에서 상위단계로만 순차적으로 이동</u>되며 중간을 건너뛰거나 역행하지는 않는 것으로 파악되었다.

(2) 욕구단계이론에 대한 비판

매슬로우는 동기를 유발하는 것은 결핍이며, 결핍욕구(생리적 욕구~존경 욕구)에는 개인차가 없이 모두에게 적용되는 것이라고 주장하였는데, 욕구에 단계가 존재하는 것인지의 여부나 욕구단계이론을 조직에서 적용할 수 있는 방법이 구체적이지 못하다는 비판이 있다.

1. 버나드의 조직균형론 지도 20

(1) 조직균형론의 개요

① 버나드는 조직을 개인이 혼자서 달성할 수 없는 일을 여러 사람들과의 협력을 통하여 달성하고자 할 때 생겨나는 협동체계로 인식하였다.

② 버나드의 조직이론에서 인간은 선택 능력, 결정 능력, 자유 의지를 가지고 있는 활동체이고, 협동체계는 개인이 그 능력의 한계를 극복하여 목적을 달성하기 위한 수단으로 형성되는 협동적 노력의 결합체이며, 조직은 임의적으로 만들어진 개인의 제반 활동 및 재력의 시스템으로 이해되고 있다.

(2) 조직의 구성요소와 존속조건

조직은 공동의 목적이 존재하고, 조직 내부와 외부의 의사소통, 조직원이 조직의 목표 달성을 위해 공헌하고 자 하는 공헌 의지의 3가지 요소로 구성되어 있고, 조직이 존속하기 위해서는 조직의 목적 달성 능력인 조직 유효성과 개인적 동기의 충족이 가능해야 조직원의 이탈 없이 조직의 목표를 달성함으로써 조직을 유지할 수 있다.

2. 사이먼과 제한된 합리성 지도 16·18·20

(1) 제한된 합리성

과학적 관리방법이 인간을 완전한 합리성을 갖춘 초합리적인 경제인을 가정했다면 사이먼(H. Simon)은 제한 된 합리성의 개념을 주장하였는데, 제한된 합리성이란 인간의 능력으로는 세상에 존재하는 모든 정보를 수집 할 수도 없고 모든 정보를 수집한다 하여도 이를 계산, 처리하여 완벽한 최적의 대안을 도출하는 것은 불가능 하다고 전제하고, 만족할 만큼의 정보를 수집하여 만족할 만한 주관적인 대안을 선택한다는 것으로 완전한 합리성과는 다른 차원의 합리성을 전제하였다.

(2) 사이먼의 조직이론

사이먼은 버나드의 이론을 의사결정 문제중심으로 발전시켜 커뮤니케이션이나 의사결정의 합리성을 경영의 핵심으로 인식하였고, 인간이란 제한된 합리성을 갖는 의사결정자이며, 조직이란 인간이 행하는 의사결정이 집약된 시스템으로 전제하고, 정보의 불완전성과 불확실성으로 인한 제한된 합리성의 한계를 극복하기 위하여 조직을 이용하여 현실적으로 합리적인 의사결정을 하려 한다는 관리인 가설 모델을 개발하였다.

3. 계량경영학과 의사결정학파 지도 14

(1) 계량경영학과 경영과학

제2차 세계대전을 기점으로 발전한 계량경영학은 이후 경영과학으로 발전하였는데, 수학적 모형이나 통계적 모형을 활용하여 다양한 경영계획이나 생산계획, 판매계획 등에 대해 가장 효율적인 해법을 도출하는 방법을 연구하는 학문이다.

(2) 의사결정학파

사이먼에 의해 도출된 제한된 합리성에 기반하여 불확실한 경영환경하에서 최적의 의사결정을 목적으로 의 사결정의 종류를 구분하고 각각의 상황에 맞는 의사결정 방법을 연구하는 학파이다.

PART 1
PART 2
PART 3
PART 4
PART 5
PART 6
PART 7
PART 8
PART 9

제5절 통합적 경영이론

1. 시스템이론 지도 15

(1) 시스템의 개념

시스템이란 복잡한 환경 내에서 전체적인 목표를 달성하기 위해 독립적 혹은 공동으로 작용하는 상호 관련된 부분의 집합을 말하는데, 조직의 구성요소를 따로 분리해서 보지 않고 하나의 전체 시스템으로 봄으로써 어느 한 부분의 활동이 다른 모든 부분에 영향을 미치고 있는 것을 전제로 한다.

(2) 시스템의 종류

환경과의 상호작용 여부에 따라 고전조직이론의 전제였던 폐쇄 시스템은 외부환경의 작용을 고려하지 않는 시스템의 개념이고, 개방 시스템은 현대조직이론의 기반으로 외부의 환경과 상호작용을 통해 영향을 주고받는 시스템의 개념이다.

(3) 시스템의 구조

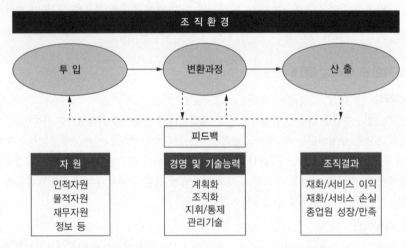

2. 상황이론 지도 17

(1) 상황이론의 기본개념

전통적인 경영이론들이 모든 조직에 보편적으로 적용 가능한 일반원칙을 도출하는 것을 중심으로 하고 있다면, 상황이론은 각 조직들의 내적 요인이나 외부환경이 다르기 때문에 각 조직의 경영은 해당 조직이 처한 상황에 따라 달라져야 한다고 주장하고 있으며, 시스템이론을 바탕으로 특정 환경에서 최선의 경영방법을 찾기 위해 조직의 성과에 영향을 미치는 내적 요인 및 환경이 구체적으로 무엇인가를 규명하기 위한 연구를 하는 학문이다.

(2) 상황이론의 기본모형

상황이론에서는 각 조직이 처해 있는 환경과 기술, 규모의 상황에 따라 상황변수를 설정하고, 각 조직이 가지고 있는 조직적 특성을 조직특성 변수로 하여 성과와의 관계를 규명하고 각각의 상황과 조직특성에 적합한 성과 향상 방안을 도출한다.

상황 변수	조직 특성 변수	조직 성과 변수
환경(내부/외부), 기술, 규모	조직구조, 조직과정, 개인속성	유효성, 효율성

1. 오우치의 Z이론

(1) Z이론의 기본개념

미국의 공황 이후 기존의 미국의 경영학계는 기존의 경영학 체계를 넘어서는 새로운 대안들을 고민하게 되는데, 이때 일본기업의 세계적 약진을 보며 일본식 경영 방식에 대한 관심이 고조되었고 일본계 미국 경제학자 오우치가 종신고용과 집단적 의사결정을 근간으로 하는 일본식 경영방식(J 타입)과 개인책임과 명시적 통제에 기반하는 미국식 경영방식(A 타입)의 장점을 종합한 <u>Z형 절충식 경영방식</u>이 새로운 형태의 경영방식이 될 수 있음을 주장하였다.

(2) Z형 경영방식

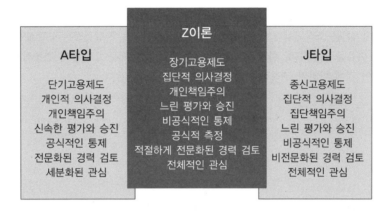

2. 자원기반이론

(1) 자원중심이론

상황이론이 각 기업이 처한 환경에서 자신들에게 적합한 경영방법을 찾는 것이라면 자원중심이론은 기업이 활용 가능한 <u>핵심자원</u>에 초점을 맞추는 것으로, 기업에서 활용 가능한 물적자원, 인적자원, 지식자원, 정보자원 등 핵심자원에 초점을 맞추어 경쟁우위를 만들어 내기 위해 어떤 자원을 어떻게 활용하여야 하는가를 중심으로 연구하는 이론이다.

(2) 자원의존이론

자원의존이론은 <u>기업조직과 환경의 상호관계</u>를 강조하는 이론으로, 기업 조직은 다양한 이해관계자들의 연합으로 구성되어 있으므로 기업 조직은 기업 자체의 것이 아니라 이해관계자들의 것이고 따라서 기업이 생존하기 위해서는 다양한 이해관계자들로부터 필요한 자원을 공급받기 위해 관계를 잘 유지하여야 한다는 개념이 중심이 되는 이론이다.

3. 기타의 경영이론 기출 22

(1) 무정부 조직이론

① 일명 쓰레기통 모형으로도 불리는 무정부 조직이론은 실제 조직에서 의사결정을 할 때 합리성을 찾기란 불가능하여 제한된 합리성 정도가 아니라 합리성은 거의 없고 조직은 무정부 상태라는 이론이다.

② 조직의 의사결정은 극심한 환경변화로 인하여 합리적 절차에 의해 이루어지는 것이 아니라 쓰레기통 안에 수많은 대안, 문제, 결정의 시점들이 엉켜 있다가 어느 순간에 우연히 결정되는 비합리적인 의사결정이 일어나는 것이라고 주장하며, 합리적이기보다는 우연, 즉흥적, 자의적으로 결정되고 운영되는 것이 기업의 현실임을 강조하였다.

(2) 조직군 생태이론

① 생물학의 자연도태설과 적자생존의 원리를 조직현상에 적용한 이론으로 조직구조가 환경과의 적합도 수준에 따라 도태 혹은 선택된다는 이론이며, 조직 환경의 절대성을 강조하는 이론이다.

② 조직군 생태이론은 조직변화가 외부환경의 선택에 좌우된다는 환경결정론적 관점에서 조직군의 생성이나 소멸의 이유를 설명하며, 환경과의 관계에 초점을 두기 때문에 기존의 전통적 이론의 분석 수준이 개별 조직인 것에 반하여 조직군을 분석 수준으로 하고 있다.

01 조직은 (   ) 이상이 공동의 (   )를 가지고 일을 나누어 맡으며, 일을 나누고 연결하는 약속과 규정인 상호관계가 설정되어 있는 상태를 말한다.

02 (   )은 능률성이라고도 하며 투입에 대한 산출의 비율을 말하는 것으로, 목표를 달성함에 있어 최소의 비용과 노력으로 최대의 산출을 얻고자 하는 것을 말한다.

03 경영자를 권한과 역할에 따라 수직적으로 분류하면 (   )경영층, (   )경영층, (   )경영 층으로 구분할 수 있다.

04 최고경영자에게는 (   )능력이 가장 크게 요구되고, 중간경영자에게는 (   )능력, 일선경영자 에게는 (   )능력이 가장 많이 요구된다.

05 주주의 입장에서 대리인의 이해상충행동을 방지하기 위하여 발생하는 비용을 (   ) 비용이라고 하며, 이 비용에는 (   ), (   ), (   )이 있다.

06 경영통제는 그 시점에 따라 투입 시점에 실시하는 (   ) 통제, 생산 시점에 실시하는 (   ) 통제, 산출 시점에 실시하는 (   ) 통제로 구분한다.

07 경영환경은 기업의 (   )환경과 외부환경으로 구분하고, 외부환경은 다시 (   )환경과 (   )환경으로 구분할 수 있다.

08 테일러(Taylor)는 생산과정에서 작업자들의 생산활동에 대한 (   )와 (   )를 통하여 직무를 과업으로 나누고, 과업을 다시 요소 동작으로 구분하여 불필요하고 낭비적인 동작을 제거하였다.

09 테일러의 과학적 관리법에서는 개별 작업자의 과업량을 측정하여 (   )의 달성 여부에 따라 차별적 임금 을 지급하는 (   )를 실시하였다.

10 테일러는 변화하는 환경에 따른 표준과업량의 측정과 수정을 위한 (   )를 별도로 두어 주기적으로 동작 및 시간 연구를 하게 하는 (   )를 실시하였다.

PART 1
PART 2
PART 3
PART 4
PART 5
PART 6
PART 7
PART 8
PART 9

11 테일러는 기업 전체의 노동생산성을 향상시킴으로써 (   ) · (   )의 실현을 통해 노사의 공동 번영과 사회발전을 주장하였다.

12 포드는 테일러 시스템을 기반으로 자동적 기계의 움직임을 연구하여 (   ) 시스템에 의한 대량 생산 방식을 개발하였고, 이를 위해 작업을 (   ), (   ), (   )하는 3S운동을 전개하였다.

13 테일러의 관리방식이 작업자 개인의 능률을 중심으로 하는 (   )에 중점을 두었다면 포드는 전체적 작업 능률을 중심으로 하는 (   )에 초점을 맞추었다.

14 페이욜은 경영의 관리영역을 기술적 활동, 영업적 활동, 재무적 활동, 회계적 활동, 보전적 활동 그리고 이 5가지 활동의 기반이 되는 (   ) 활동의 6가지 활동으로 구분하였다.

15 베버는 분업과 엄격한 권한 계층, 구체적으로 명시된 규율과 절차, 공평한 대우, 경력제도 등을 특징으로 하는 (   )에 의한 조직관리를 주장하였다.

16 미국 서부 전력회사의 한 공장에서 실행된 (   )을 통해 작업 집단의 구성원 간 상호작용과 작업자의 심리적, 내부적 요소가 생산성과 상관관계가 존재함을 발견하게 되었다.

17 맥그리거는 X와 Y로 대표되는 상반된 인간본질에 대한 가정을 전제로 X형 인간은 (   ) 관리전략, Y형 인간은 (   ) 관리전략이 필요함을 주장하였다.

18 버나드에 의하면 조직은 공동의 (   )이 존재하고, 조직 내부와 외부의 (   ), 조직원이 조직의 목표 달성을 위해 공헌하고자 하는 (   )의 3가지 요소로 구성되어 있다고 주장하였다.

19 사이먼이 주장하는 (   )이란 인간의 정보 수집, 처리 능력의 한계로 인하여 완벽한 최적의 대안을 도출 하는 것은 불가능하기에 만족할 만큼의 정보를 수집하여 만족할 만한 주관적인 대안을 선택한다는 개념이다.

20 조직의 구성요소를 따로 분리해서 보지 않고 하나의 전체 (   )으로 봄으로써 어느 한 부분의 활동이 다른 모든 부분에 영향을 미치고 있다는 것을 전제로 하는 경영이론은 (   )이다.

21 (   )은 각각의 조직들의 내적 요인이나 환경이 다르기 때문에 각 조직의 경영은 각 조직의 상황에 따라 달라져야 한다고 주장하였다.

PART 1
PART 2
PART 3
PART 4
PART 5
PART 6
PART 7
PART 8
PART 9

정답 check!

01 두 사람, 목표	12 컨베이어 벨트, 표준화, 단순화, 전문화
02 효율성	13 과업관리, 동시관리
03 최고, 중간, 일선(현장)	14 관리적
04 상황판단, 대인관계, 현장실무	15 관료제
05 대리인, 감시비용, 확증비용, 잔여손실	16 호손실험
06 사전, 동시, 사후	17 전통적인, 인간중심적인
07 내부, 과업, 일반	18 목적, 의사소통, 공헌 의지
08 동작연구, 시간연구	19 제한된 합리성
09 표준과업량, 차별적 성과급제	20 시스템, 시스템이론
10 기획부, 기획부 제도	21 상황이론
11 고임금, 저노무비	

01 기출 24 ☑ 확인Check! ○ △ ✕

카츠(R. L. Katz)가 제시한 경영자의 기술에 관한 설명으로 옳은 것을 모두 고른 것은?

> ㄱ. 전문적 기술은 자신의 업무를 정확히 파악하고 능숙하게 처리하는 능력을 말한다.
> ㄴ. 인간적 기술은 다른 조직구성원과 원만한 인간관계를 유지하는 능력을 말한다.
> ㄷ. 개념적 기술은 조직의 현황이나 현안을 파악하여 세부적으로 처리하는 실무적 능력을 말한다.

① ㄱ
② ㄴ
③ ㄱ, ㄴ
④ ㄱ, ㄷ
⑤ ㄱ, ㄴ, ㄷ

정답 및 해설

01

경영자의 기술(자질)은 전문 직무 지식과 기술에 기반한 전문적 기술과 개인 및 집단과 관계를 맺는 대인관계 중심의 인간적 기술, 상황을 판단하여 의사결정을 하는 개념적 기술로 구성되어 있다.

정답 ③

02 기출 24 ☑ 확인Check! ○ △ ✕

기업 외부의 개인이나 그룹과 접촉하여 외부환경에 관한 중요한 정보를 얻는 활동은?

① 광 고
② 예측활동
③ 공중관계(PR)
④ 활동영역 변경
⑤ 경계연결(boundary spanning)

02

경계연결은 조직 내부의 특정 구성원이 외부 환경과의 상호작용을 담당하고, 이를 통해 조직의 경계를 넘나들며 자원과 정보를 연결하는 역할을 의미한다.

정답 ⑤

03 기출 23

☑ 확인Check! ○ △ ✕

경영환경을 일반환경과 과업환경으로 구분할 때, 기업에게 직접적인 영향을 주는 과업환경에 해당하는 것은?

① 정치적 환경
② 경제적 환경
③ 기술적 환경
④ 경쟁자
⑤ 사회문화적 환경

03

경영환경은 모든 조직단위에 간접적으로 영향을 미치는 경제적, 정치적, 사회문화적, 기술적, 자원의 환경을 포함하는 일반환경(간접환경)과 조직이 목표를 달성하는데 직접적으로 영향을 미치는 경쟁기업, 산업규모, 공급 및 서비스 업체, 소비자 등을 포함하는 과업환경으로 구분한다.

정답 ④

04 지도 23

☑ 확인Check! ○ △ ✕

테일러(F. Taylor)가 제시한 과학적 관리법에 관한 특징으로 옳지 않은 것은?

① 기획부제
② 직능적(기능식) 직장제
③ 지시표제
④ 차별적 성과급제
⑤ 대량생산방식의 3S

04

대량생산방식의 3S는 포드의 과학적 관리법에 관한 특징이다. 포드는 테일러 시스템을 기반으로 자동적 기계의 움직임을 연구하여 컨베이어 벨트 시스템에 의한 대량생산 방식을 개발하였고, 이를 위해 작업을 표준화, 단순화, 전문화하는 3S운동을 전개하였다.

정답 ⑤

➕ PLUS

테일러의 과학적 관리 방법
- 동작연구와 시간연구를 바탕으로 표준과업량 설정
- 표준과업량 달성 여부에 따라 차별적 성과급제 실시
- 표준과업량 산정을 위한 기획부 제도 실시
- 전문화를 위해 직능별 직장제도를 두고 작업지도표에 의해 작업 지도
- 생산성 향상으로 고임금·저노무비의 실현을 주장

다음 주장에 해당하는 이론은?

> ㄱ. 조직의 생존을 위해 이해관계자들로부터 정당성을 얻는 것
> 이 중요하다.
> ㄴ. 동일 산업 내의 조직형태 및 경영관행 등이 유사성을 보이
> 는 것은 조직들이 서로 모방하기 때문이다.

① 대리인이론
② 제도화이론
③ 자원의존이론
④ 조직군 생태학이론
⑤ 협력적 네트워크이론

05

① 대리인이론 : 전문경영인과 소유주와 같은 주인 – 대리인 관계에서 나타나는 여러 문제를 다루는 이론으로, 도덕적 해이, 감시비용의 발생과 같은 문제가 발생한다.
② 제도화이론 : 조직의 생존을 위해서는 생산의 효율화보다 이해관계자들로부터 정당성을 획득하는 것이 중요한데, 이 과정에서 동일한 환경에 있는 조직들의 구조가 서로 동질화 또는 유사화 되는 제도적 동형화가 일어난다.
③ 자원의존이론 : 모든 조직은 그들의 생존에 필요한 중요한 자원을 외부 환경에 어느 정도 의존하게 되는데, 특정 조직의 성공이란 이와 같은 상호의존 관계를 얼마나 잘 관리함으로써 자신의 자율성과 독립성을 확보할 수 있는지의 여부에 의해 결정되게 된다.
④ 조직군 생태학이론 : 조직 환경의 절대성을 강조하고, 조직에 대해 생물학의 자연 도태론을 적용한 것으로, 특정한 유형의 조직들이 존속하거나 없어지는 현상은 외부환경이 이를 선택하거나 결정하는 것이라고 본다.
⑤ 협력적 네트워크이론 : 자원의존 관점에 대한 대안으로 제기된 이론으로, 비용의 감소와 효율의 증대를 위해 기업들이 희소한 자원을 공유하기 위하여 공동체를 구성하여 협력한다는 이론이다.

정답 ②

⊕ PLUS

조직관계	조직유형	
	상 이	유 사
경쟁적	자원의존 관점	조직군 생태학 관점
협력적	협력적 네트워크 관점	제도화 관점

06 기출 17 ☑ 확인 Check! ○ △ ✕

경영이론의 주창자와 그 내용이 옳지 않은 것은?

① 테일러(Taylor) : 차별적 성과급제
② 메이요(Mayo) : 비공식 조직의 중시
③ 페이욜(Fayol) : 권한과 책임의 원칙
④ 포드(Ford) : 고임금 고가격의 원칙
⑤ 베버(Weber) : 규칙과 절차의 중시

---

07 기출 16 ☑ 확인 Check! ○ △ ✕

막스 베버가 제시한 관료제이론의 주요내용이 아닌 것은?

① 규정에 따른 직무배정과 직무수행
② 능력과 과업에 따른 선발과 승진
③ 상황적합적 관리
④ 계층에 의한 관리
⑤ 규칙과 문서에 의한 관리

✚ PLUS

06

포드의 과학적 관리방법

• 컨베이어 벨트를 이용한 동시관리
• 대량 생산을 위한 3S(표준화, 단순화, 전문화)
• 고임금 저가격의 봉사주의에 입각한 기업이념

정답 ④

07

③ 상황적합적 관리는 상황이론이나 시스템이론에서 유일만능의 해결방안은 존재하지 않으므로 각 상황에 적합한 대안들을 도출하여야 한다는 이론이다.

정답 ③

관료제의 특징

항 목	내 용
분업에 의한 노동의 분화	종업원의 숙련도 향상
엄격한 권한 계층	권한과 책임을 명확히 규정
공식적 규칙	문서화된 가이드라인
공평한 대우	규칙과 절차의 공평한 적용
경력제도	능력과 과업 종류, 성과에 따른 선발과 승진

08 지도 23

☑ 확인 Check! ○ △ ✕

경영이론에 관한 연구자와 그 이론의 연결이 옳지 않은 것은?

① 메이요(E. Mayo) – ERG이론
② 맥그리거(D. McGregor) – XY이론
③ 아지리스(C. Argyris) – 미성숙·성숙이론
④ 매슬로우(A. Maslow) – 욕구단계론
⑤ 허쯔버그(F. Herzberg) – 2요인이론

08

메이요(E. Mayo) – 호선실험이다. ERG이론은 엘더퍼가 주장한 이론이다.

정답 ①

09 기출 22

☑ 확인 Check! ○ △ ✕

메이요(E. Mayo)의 호손실험 중 배선작업 실험에 관한 설명으로 옳지 않은 것은?

① 작업자를 둘러싸고 있는 사회적 요인들이 작업능률에 미치는 영향을 파악하였다.
② 생산현장에서 비공식조직을 확인하였다.
③ 비공식조직이 작업능률에 영향을 미치는 것을 발견하였다.
④ 관찰연구를 통해 진행되었다.
⑤ 경제적 욕구의 중요성을 재확인하였다.

09

호손실험은 원래 노동자의 생산성이 임금, 작업시간, 노동환경 등 물적 요인에 영향을 받는다고 가설을 설정하고 실험을 시작하였다. 그러나 실험의 결과는 초기에 생각한 물적 요인보다는 상사·동료와의 관계, 집단 내 분위기, 비공식집단 등 인간관계에 큰 영향을 받는 것으로 확인되었다.

정답 ⑤

10 기출 17

☑ 확인 Check! ○ △ ✕

호손실험(Hawthorne experiment)의 순서가 바르게 나열된 것은?

> ㄱ. 면접실험
> ㄴ. 조명실험
> ㄷ. 배전기 전선작업실 관찰
> ㄹ. 계전기 조립실험

① ㄱ → ㄴ → ㄷ → ㄹ
② ㄱ → ㄹ → ㄷ → ㄴ
③ ㄴ → ㄹ → ㄱ → ㄷ
④ ㄴ → ㄹ → ㄷ → ㄱ
⑤ ㄹ → ㄱ → ㄷ → ㄴ

10

호손실험의 순서

항 목	기 간	결 과
1차 조명실험	1924.11 ~1927.4	작업장의 조명과 생산성이 관계가 없음을 발견
2차 계전기실험	1927.4 ~1929.6	종래의 능률화 방법을 시험하였으나 생산성 향상과 관계가 없고 오히려 심리적 조건이 생산성 향상에 큰 영향을 미침을 확인
3차 면접실험	1928.9 ~1930.5	작업장의 사회적 조건, 근로자의 심리적 조건이 근로자의 태도와 생산성에 영향을 주는 것을 확인
4차 배전반실험	1931.11 ~1932.5	자연발생적으로 형성된 비공식조직의 존재 인식

정답 ③

11 기출 21

☑ 확인 Check! ○ △ ✕

페이욜의 일반적 관리원칙에 해당하지 않는 것은?

① 지휘의 통일성
② 직무의 분업화
③ 보상의 공정성
④ 조직의 분권화
⑤ 권한과 책임의 일치

11

페이욜의 14개 관리의 원칙은 '1) 분업의 원칙, 2) 권한책임 명확화의 원칙, 3) 규율 유지의 원칙, 4) 명령 일원화의 원칙, 5) 지휘 일원화의 원칙, 6) 전체이익 우선의 원칙, 7) 보수의 적정화의 원칙, 8) 집권화의 원칙, 9) 계층화의 원칙, 10) 질서유지의 원칙, 11) 공정의 원칙, 12) 안정의 원칙, 13) 창의존중(주도성)의 원칙, 14) 협동단결의 원칙'이 있다. 고전적 관리방식에서는 조직권한의 집중화를 기반으로 하고 있고, 페이욜의 일반 관리원칙에서도 지휘 일원화, 명령 일원화 등으로 분권화를 고려하고 있지 않다.

정답 ④

12 지도 21

☑ 확인Check! ○ △ ×

기업가 정신의 필요성에 직접적으로 해당하지 않는 것은?

① 기업환경의 변화에 대한 대응
② 학습곡선의 안정화
③ 창조적 조직문화의 조성
④ 새로운 가치사슬의 탐색
⑤ 혁신의 원동력

12

기업가 정신은 기업의 본질인 이윤 추구와 사회적 책임의 수행을 위해 기업가가 마땅히 갖추어야 할 자세나 정신을 말하는 것으로, 슘페터는 기술혁신을 통해 창조적 파괴(creative destruction)에 앞장서는 기업가를 혁신자로 정의하고, 1) 신제품 개발, 2) 새로운 생산방법의 도입, 3) 신시장 개척, 4) 새로운 원료나 부품의 공급, 5) 새로운 조직의 형성, 6) 노동생산성 향상을 위한 혁신자의 역할을 기업가 정신으로 보았는데, 학습곡선의 안정화는 생산경험이 축적되며 생산성이 향상되는 것으로 최고경영층의 역할보다는 중간관리층이나 일선경영자의 역할에 가까운 사항이다.

정답 ②

13 지도 20

☑ 확인Check! ○ △ ×

경영관리 과정상 통제(controlling)의 목적에 해당하는 것을 모두 고른 것은?

> ㄱ. 기회의 발견
> ㄴ. 오류와 실수의 발견
> ㄷ. 비용감소와 생산성 향상
> ㄹ. 환경의 변화와 불확실성에의 대처

① ㄱ, ㄴ
② ㄷ, ㄹ
③ ㄱ, ㄷ, ㄹ
④ ㄴ, ㄷ, ㄹ
⑤ ㄱ, ㄴ, ㄷ, ㄹ

13

관리의 순환과정에서 통제란 실행이 끝난 후에 수행 결과를 계획과 비교하여 차이를 분석하여 수정하고 차기 계획에 반영하는 것으로, 이 과정에서 오류와 실수를 발견하여 수정할 수도 있고 비용감소 요소와 생산성 향상 요소를 발견하여 새로운 기회로 연결할 수도 있으며 이를 통해 환경의 변화에 대응할 수도 있다.

정답 ⑤

14 지도 15
☑ 확인 Check! ○ △ ✕

주식회사의 대리인 문제에서 발생하는 감시비용에 포함되지 않는 것은?

① 성과급
② 사외이사
③ 잔여손실
④ 주식옵션
⑤ 외부회계감사

14

대리인 비용은 감시비용, 확증비용, 잔여손실로 구성되는데, 감시비용은 대리인의 경영활동이 소유자의 이익을 감소시키지 않는가를 감시하는 데 소요되는 비용이고, 확증비용은 대리인의 경영활동이 소유자의 이익을 증가시키기 위한 것임을 확인하기 위해 소요되는 비용이며, 잔여손실은 감시비용과 확증비용 외의 대리인 문제로 인한 기업가치의 감소분이므로 잔여손실은 감시비용에 포함되지 않는다.

정답 ③

15 지도 17
☑ 확인 Check! ○ △ ✕

포드시스템에 관한 설명으로 옳지 않은 것은?

① 이동조립 생산방식
② 차별적 성과급제도
③ 대량생산방식
④ 생산의 표준화
⑤ 동시관리

15

포드시스템은 1) 컨베이어 벨트를 이용한 동시관리, 2) 대량생산을 위한 3S(표준화, 단순화, 전문화), 3) 고임금 저가격의 봉사주의에 입각한 기업이념으로 정리될 수 있다.
② 차별적 성과급제도는 테일러의 과학적 관리방법이다.

정답 ②

16 기출 16
☑ 확인 Check! ○ △ ✕

막스 베버(M. Weber)가 제시한 이상적 관료조직의 원칙으로 옳지 않은 것은?

① 분업과 전문화
② 공식적인 규칙과 절차
③ 비개인성
④ 연공에 의한 승진
⑤ 공과 사의 명확한 구분

16

관료제는 분업과 엄격한 권한 계층, 구체적으로 명시된 규율과 절차, 능력과 성과에 따른 선발과 승진, 비개인적인 관계 등을 특징으로 하고 있다.
④ 연공에 의한 승진은 능력과 성과에 따른 승진의 원칙에 위배된다.

정답 ④

17 지도 14

☑ 확인Check! ○ △ ✕

페이욜(H. Fayol)이 제시한 관리원칙에 해당되지 않는 것은?

① 분권화의 원칙
② 계층화의 원칙
③ 분업화의 원칙
④ 지휘일원화의 원칙
⑤ 조직목표 우선의 원칙

17

고전적 관리방법에서는 분권화가 적용되지 않고 중앙에서 집권화된 의사결정이 이루어진다.

정답 ①

18 지도 18

☑ 확인Check! ○ △ ✕

호손실험과 관련한 설명으로 옳은 것은?

① 작업자는 임금 등 경제적 요인에 의해서 동기화 된다.
② 작업자의 생산성은 작업환경 및 작업시간과 밀접한 연관이 있다.
③ 명확한 업무설계와 조직설계가 생산성 향상의 주요 요인이다.
④ 공식조직에 비해 비공식조직은 성과에 영향을 주지 않는다.
⑤ 작업자는 단지 관심을 기울여 주기만 해도 성과가 개선된다.

18

호손실험은 인간관계론의 기반이 된 실험으로, 실험의 결과 개인의 행동 동기가 사회적, 인간적 욕구에 의해 지배되기 때문에 직무만족, 자율권, 인정 등 인간중심 경영이 필요함을 주장하였다. 호손실험의 결과 작업자에게 관심을 보임으로써 성과가 개선되는 효과가 발생하였다. ①·②·③·④는 고전적 관리방법의 내용이다.

정답 ⑤

19 지도 20

☑ 확인Check! ○ △ ✕

사이먼(H. Simon)이 주장한 의사결정의 제한된 합리성 모델(bounded rationality model)의 내용에 해당하지 않는 것은?

① 규범적 모델
② 단순화 전략의 사용
③ 불완전하고 부정확한 정보사용
④ 만족해(satisficing solution)를 선택
⑤ 모든 가능한 대안을 고려하지 못함

19

제한된 합리성이란 인간의 능력으로는 세상에 존재하는 모든 정보를 수집할 수도 없고 모든 정보를 수집한다 하여도 이를 계산, 처리하여 완벽한 최적의 대안을 도출하는 것은 불가능하기에 문제와 대안을 단순화하여 만족할 만큼의 정보를 수집하여 만족할 만한 주관적인 대안을 선택한다는 이론이다.
① 규범적 모델이란 합리성을 당위에 입각해서 논하는 모형으로, 과학적 지식보다는 과거부터 전수되어 온 전통에 의한 판단이 합리적 판단의 근거가 되는 것으로 사이먼의 이론과 연관되었다고 볼 수 없다.

정답 ①

20 지도 15

☑ 확인 Check! ○ △ ✕

시스템이론 관점에서 경영의 투입 요소와 산출 요소를 구분할 때, 산출 요소인 것은?

① 노 동
② 자 본
③ 전 략
④ 정 보
⑤ 제 품

20

시스템이론은 투입 → 변환 → 산출 → 피드백이 외부의 환경과 영향을 주고받으며 순환한다는 이론으로, 투입 요소로는 인적, 물적, 재무적, 정보 자원 등이 있고 이를 계획, 조직, 지휘, 통제의 변환 과정을 통해 재화와 서비스를 산출하며 해당 순환과정에서의 결과를 다시 투입에 반영한다는 개념으로 구성되어 있다.

정답 ⑤

21 지도 21

☑ 확인 Check! ○ △ ✕

경영학 이론 중 시스템적 접근방법의 속성이 아닌 것은?

① 목표지향성
② 환경적응성
③ 분화와 통합성
④ 투입 – 전환 – 산출 과정
⑤ 비공식집단의 중요성

21

시스템이란 해결하여야 할 목표를 가지고 외부환경과 상호작용하면서 독립적 혹은 공동으로 작용하는 상호 관련된 부분의 집합으로 정의할 수 있다. 이는 목표지향성, 환경적응성, 분화와 통합으로 대표될 수 있으며, 시스템은 투입 – 전환 – 산출 – 피드백의 구조를 가지고 있다.
⑤ 비공식집단의 중요성은 인간관계론의 관심 영역이다.

정답 ⑤

PART 1
PART 2
PART 3
PART 4
PART 5
PART 6
PART 7
PART 8
PART 9

22 지도 20
☑확인Check! ○ △ ✕

경영이론에 관한 설명으로 옳지 않은 것은?

① 시스템이론은 인간행동의 영향 요소 간 복잡한 상호작용의 중요성을 강조한다.
② 상황적합이론은 경영에 유일 최선의 방법은 없고 모든 조직에 일률적으로 보편적 경영원칙을 적용할 수는 없다고 주장한다.
③ 욕구단계설에서 사람이 충족시키고자 하는 욕구는 낮은 수준에서 높은 수준으로 올라간다.
④ 계량경영은 경영의사결정에 계량적 기법의 적용을 강조한다.
⑤ 관료적 조직론에 의하면 생산성은 작업자들의 사회적, 심리적 조건이나 감독방식에 의존한다.

23 지도 17
☑확인Check! ○ △ ✕

상황이론(contingency theory)의 특징으로 옳지 않은 것은?

① 객관적 결과의 중시
② 조직의 환경적응 중시
③ 조직을 분석단위로 하는 분석
④ 계량적 분석 중시
⑤ 중범위이론 지향

22

관료적 조직론은 인간관계론 이전의 고전경영이론으로 작업자의 사회적·심리적 조건이나 감독방식과 생산성의 관계는 고려하지 않는다.

정답 ⑤

23

상황이론은 각 조직들의 내적 요인이나 환경이 다르기 때문에 각 조직의 경영은 해당 조직이 처한 상황에 따라 달라져야 한다고 주장하는 이론으로, 조직을 단위로 조직의 특성과 객관적인 조직 성과, 조직 환경을 변수로 하는 중범위이론이다. 그리고 중범위이론이란 비교적 특정한 문제 영역에 초점을 맞춘 개별 연구 결과들을 전체적인 이론 형태로 나타내는 이론을 말한다.

④ 계량적 분석을 중시하는 경영학의 분야는 계량경영학, 경영과학, OR 등이 있다.

정답 ④

24 지도 16

☑ 확인Check! ○ △ ✕

경영이론에 관한 설명으로 옳지 않은 것은?

① 과학적 관리이론은 생산성과 효율성을 강조하였다.
② 자원기반이론은 기업의 활용 가능한 핵심자원에 초점을 두었다.
③ 인간관계이론은 행동과학이론의 주장을 반박하며 인간을 다양한 욕구를 가진 존재로서 파악하였다.
④ 시스템이론은 전체 시스템의 관점에서 조직을 연구하는 것이 중요하다고 하였다.
⑤ 상황이론은 조직구조 및 경영기법이 환경에 따라 변해야 한다고 하였다.

25 기출 22

☑ 확인Check! ○ △ ✕

다음에서 설명하는 조직이론은?

- 조직형태는 환경에 의하여 선택되거나 도태될 수 있다.
- 기존 대규모 조직들은 급격한 환경변화에 적응하기 어려워 공룡 신세가 되기 쉽다.
- 변화과정은 변이(variation), 선택(selection), 보존(retention)의 단계를 거친다.

① 자원의존이론
② 제도화이론
③ 학습조직 이론
④ 조직군 생태학이론
⑤ 거래비용 이론

24

③ 인간관계이론은 고전적 경영이론인 과학적 관리법의 대안으로 연구된 학문이다. 과학적 관리법에 의해 생산성은 증대되었으나 인간의 기계화, 노동 소외 등의 부작용이 발생하자 이에 대한 대안으로 직무만족, 자율권, 인정 등 인간중심 경영을 주장하였다.

정답 ③

25

조직군 생태학이론은 환경에 따른 조직들의 형태와 그 존재 및 소멸 이유를 설명하는 이론이다.

정답 ④

PART 02

기업과 경영전략

01 기 업

제1절 기업과 경영

1. 기업의 개념

① 영리를 목적으로 재화나 서비스를 생산·판매하는 생산경제의 독립적인 단위 주체이며, 이익을 극대화하려는 개별경제의 단위 주체이다.

② 동시에 개인으로서는 성취할 수 없는 목적을 여러 사람들의 협력을 통해 달성하려는 사회심리적 협동 시스템이다.

③ 기업을 하나의 시스템으로 파악한다면 사회심리적 협동 시스템인 동시에 최소의 비용으로 최대의 산출을 얻으려 하는 경제 시스템이며, 자본, 인력, 원료를 변환시켜 재화와 서비스를 만들어 내는 기술 시스템이기도 하다.

④ 고용창출과 사회 윤리를 실천하는 사회 시스템인 동시에 구성원 상호 간의 인간관계를 기반으로 하는 심리 시스템적인 특성도 존재한다.

2. 기업의 목적

(1) 단일 목적론

기업의 목적은 이윤을 추구하는 것이며, 기업은 이익을 통해 존속하고 성장하여 사회적 기능을 수행할 수 있다는 주주자본주의적 관점이다.

(2) 복수 목적론

기업의 이해관계자는 주주뿐만 아니라 소비자, 종업원, 정부, 거래처 등 다양하기 때문에 이해관계자가 각각의 목적을 골고루 달성하여 사회적 목적을 달성해야 한다는 이해관계자 자본주의적 관점이다.

3. 기업과 비즈니스 활동

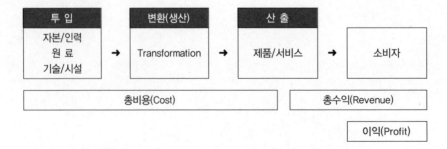

① 비즈니스 활동이란 자본과 인력, 원료, 기술과 시설 등을 <u>투입</u>하여 <u>생산(변환)</u>과정을 거친 <u>산출물</u>인 재화나 서비스를 소비자에게 공급함으로써 이익을 얻는 프로세스를 관리, 운영하는 것을 말한다.

② 전통적으로 <u>토지(설비/공장), 노동, 자본</u>을 생산을 위해 필요한 <u>3요소</u>로 판단하여 왔으나 최근에는 물적자원(설비/시설), 자본, 노동에 <u>기업가 정신과 정보/지식</u>을 포함하여 생산의 <u>5요소</u>로 판단하고 있다.

4. 이윤취득의 정당성

자본가가 기업이 창출한 이윤을 취득하는 것에는 정당한 이유가 존재하는데, 자금을 투자함으로써 위험을 감수한 대가가 이윤이며, 기업활동으로 인하여 경제가 성장하고 기술혁신이 이루어지며 고용을 창출하고 세금을 납부함으로써 사회의 약자에게 공헌하기 때문이다.

5. 기업의 사회적 책임 [기출 20 · 21 · 24] [지도 14 · 15 · 17 · 23 · 24]

(1) 기업의 사회적 책임의 개념

기업의 <u>사회적 책임</u>(CSR ; Corporate Social Responsibility)이란 기업의 이해 당사자들이 기대하고 요구하는 사회적 의무들을 충족시키기 위해 수행하는 활동으로, 기업이 자발적으로 사업 영역에서 이해관계자들의 사회적, 환경적 관심사들을 분석하고 수용하여 기업의 경영활동에 적극적으로 적용하면서 이해 당사자들과 지속적 상호작용을 이루는 것이라고 할 수 있다.

(2) 기업의 사회적 책임의 내용

① 기업의 사회적 책임과 관련하여서는 <u>고전적 견해</u>와 <u>사회경제적 견해</u>의 2가지 관점이 존재하는데, 고전적 견해는 기업은 세금을 납부함으로써 사회의 약자에게 이미 기여를 하였기에 더 이상의 사회적인 책임이 없다는 견해이고, 사회경제적 견해는 개인이 자신의 행복을 추구하면서 동시에 이웃에게 봉사를 하듯이 기업도 지역과 사회에 봉사를 하여야 한다는 견해이다.

② 기업의 복수목적론에 근거하면 기업은 주주뿐만 아니라 고객, 지역사회, 정부 등 다양한 이해관계자들의 요구를 충족하여야 하기 때문에 현대 경영환경하에서 기업의 사회적 책임의 영역은 지속적으로 확대되고 있다.

(3) 사회적 책임의 구분

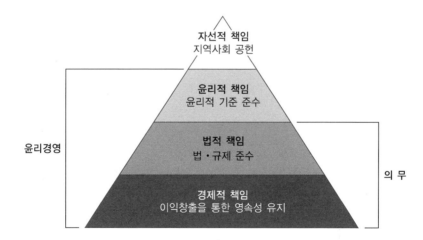

[기업의 사회적 책임(CSR) 피라미드 모형]

미국 조지아 대학교의 캐롤 교수는 기업의 사회적 책임을 4가지로 분류하여 경제적, 법적, 윤리적, 자선적 책임으로 체계화 하였는데, 1단계의 경제적 책임과 2단계의 법적 책임은 의무적으로 지켜야 하는 영역이고, 윤리경영의 영역에서는 3단계 윤리적 책임까지를 수행하는 것이며, 4단계의 자선적 책임은 기업의 자율에 의해 수행되는 영역으로 구분하였다.

제2절 기업의 유형 기출 14 지도 15 · 24

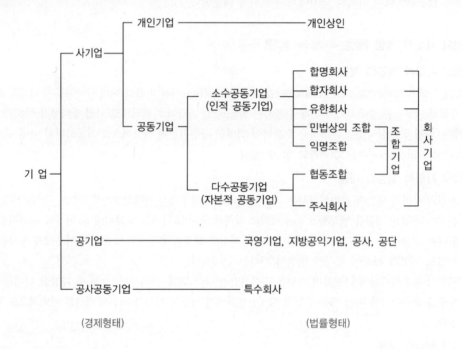

(경제형태)   (법률형태)

1. 사기업과 공기업

기업은 크게 민간자본으로만 구성된 사기업과 공공의 목적을 달성하기 위해 정부가 투자하여 국가가 소유권을 가지고 있는 공기업, 그리고 국가 또는 지방공공단체와 민간이 공동으로 출자하여 공동으로 경영하는 공사공동기업으로 구분할 수 있다.

2. 개인기업

(1) 개인기업의 개념과 특징

① 사기업은 다시 개인기업과 공동기업으로 구분할 수 있는데, 개인기업은 출자자 개인의 투자에 의한 기업으로 개인이 자신의 판단에 의해 자유롭게 경영을 할 수 있으나 그 책임도 개인이 모두 부담하는 기업이다.

② 개인기업은 소유와 경영의 분리가 잘 이루어지지 않기 때문에 출자자 개인의 역량에 기업의 성쇠가 결정된다.

(2) 개인기업의 장단점

장 점	단 점
• 설립과 폐업이 자유롭고 용이	• 소유자가 부채에 대하여 무한 책임
• 모든 이익이 소유자에게 귀속	• 자본, 인재, 정보의 수집과 조달이 어려움
• 계획과 의사결정을 혼자서 빠르게 처리	• 개인 능력의 한계가 존재
• 기업경영에 대한 법률적 규제가 적음	• 개인의 문제가 회사의 문제로 연결

3. 소수공동기업(인적 공동기업) 지도 21

공동기업은 출자자의 수에 따라 소수공동기업과 다수공동기업으로 구분되는데, 소수공동기업에는 합명회사, 합자회사, 유한회사, 익명조합 등이 있다.

(1) 합명회사

합명회사는 회사의 부채에 대하여 무한책임을 지는 무한책임사원으로만 구성된 회사로, 구성원 상호 간의 인적 신뢰관계를 기초로 한 회사이며, 자본의 결합보다는 노동력의 보충을 목적으로 결합한 인적회사의 전형적 모델이다. 무한책임사원으로만 구성되기 때문에 출자자를 구하기가 어려운 단점이 있다.

(2) 합자회사

합자회사는 무한책임사원과 유한책임사원으로 구성되는 회사이다. 유한책임사원은 자신이 출자한 금액의 한도 내에서만 회사의 채무에 대한 책임을 지기 때문에 합명회사보다는 출자자를 유치하기가 쉬운 반면에 출자지분의 회수나 기업의 소유권 이전이 어려운 단점이 있다.

(3) 유한회사

유한회사는 1인 이상의 사원이 회사에 대해 출자액을 한도로 책임을 지는 회사로, 소규모의 주식회사로 볼 수 있다. 다만 주식회사에 비해 설립의 절차가 간단하고, 설립 비용도 적으므로 결산공고 등의 공개의무도 없으며, 운영상의 제약도 적은 장점이 있으나 개인 지분의 양도 시 타 사원의 동의가 있어야 하는 등의 제약이 있어 양도가 어려운 단점이 있다.

4. 다수공동기업(물적/자본적 공동기업)

다수공동기업은 물적인 결합을 기반으로 한 기업으로 협동조합과 주식회사로 구분할 수 있다.

(1) 협동조합

협동조합은 공동의 이익목표를 가지고 있는 사람들이 설립하여 운영하는 자발적인 조직으로 2명 이상이 상호 출자하여 공동사업을 경영하는 형태이다. 조합원 전원은 무한책임을 지기 때문에 자본 유치에 한계가 존재한다.

(2) 주식회사

주식회사는 출자자가 자신이 출자한 지분에 대해서만 유한책임을 지며, 투자 지분을 주식으로 증권화를 하여 자유롭게 매매, 양도할 수 있는 장점이 있어 대규모 자본의 조달에 적합한 기업의 형태이다. 다만 회사에 참여한 다수의 인원을 보호하기 위해 설립과 운영에 복잡한 절차와 규제가 존재한다.

5. 주식회사의 특징 [기출] 23 [지도] 14·15·16·20·23

① 주식회사는 다수의 투자자를 모집하여 대규모 자금을 동원할 수 있도록 출자액 한도 내에서만 책임을 지는 유한책임제도와 출자단위인 주식을 소액으로 균등화하여 투자와 매매가 간편하도록 한 주식제도를 기반으로 하고 있다.

② 주식회사는 독립된 하나의 법인격체로 계약의 체결, 이익의 처분, 세금의 납부 등의 주체가 된다.

③ 독립된 법인격을 가지고 있다는 것은 출자자의 유고 시에도 영구적으로 존속할 수 있기 때문에 안정성이 확보되어 있으며, 다수의 출자자로 구성되어 있기 때문에 경영을 책임지는 전문경영인을 두어 소유와 경영이 분리되는 특징도 가지고 있다.

④ 주식회사는 의사결정을 하는 주주총회, 주주총회에서 결정된 사항을 집행하는 이사회, 집행 사항들을 감독하는 감사를 필수적으로 두어야 하며, 집행인인 이사와 감사인인 감사는 모두 주주총회에서 선임하며 그 임기는 이사는 3년, 감사는 2년이다.

⑤ 주식회사의 장단점

장 점	단 점
• 유한책임	• 회사의 법인세, 주주의 소득세 납부의 2중성
• 지분의 취득, 처분, 매매가 용이	• 설립과 청산, 운영이 복잡
• 추가 자금 필요시 신주 발행으로 간편	• 재무적 상황을 일반에게도 의무 공개
• 주주와 관계없이 영구적으로 독립 운영	• 사회적 책임 부담

제3절 중소기업과 프랜차이즈

1. 중소기업의 개념

① 중소기업은 대기업에 비해 상대적으로 규모가 작은 기업을 말하는데, 일반적으로 시장의 독점 지배력이 없고, 상대적으로 투하 자본이 적으며, 기술적·경제적으로 열등한 경영조건을 가지고 있는 기업으로 정의할 수 있다.

② 최근에는 기술적·경제적으로 뛰어난 중소기업도 존재하기 때문에 절대적 기준으로 보기는 어렵고, 일반적으로는 법적으로 규정된 중소기업의 분류 기준에 의하여 구분한다.

2. 중소기업의 기준

① 법에서는 중소기업을 매출액과 독립성, 업종에 근거하여 규정하고 있다.

② 매출액 기준은 최근 3년간의 평균 매출액을 기준으로 하는데, 평균 매출액은 제조업 1,500억 원 이하 등 각 업종별로 별도로 규정하고 있다.

③ 독립성 기준은 해당 중소기업의 지분을 대기업이 30% 이상 직간접적으로 소유한 최다 출자자가 아니어야 하는 기준을 충족하여야 하고, 업종 기준으로는 유흥업, 사행업 등의 소비성 서비스업을 주된 사업으로 하지 않을 것을 규정하고 있다.

3. 중소기업에 대한 견해

(1) 중소기업 소멸론

규모의 경제 효과로 인하여 중소기업은 소멸한다는 견해이다.

(2) 중소기업 존립론

산업화에도 중소기업은 지속적으로 존재하여 왔으므로 존립이 계속된다는 견해로, 독점가격론(대기업 – 고가격, 소기업 – 저가격), 소기업 허용론(대기업의 묵인), 사회적 분업론(대기업과 협력, 낮은 원가에 부품 공급), 생태론(대기업의 전단계), 불완전 경쟁론(정보, 유통의 틈새), 최적규모론(시장규모) 등이 있다.

(3) 중소기업 기능론

중소기업 고유의 존재 필요성이 있다는 견해로 중소기업은 혁신과 변화가 용이하여 기술혁신의 첨병 역할을 하며, 소량 생산 시스템을 기반으로 다양한 고객 욕구를 충족시킬 수 있다는 점 등을 그 이유로 들고 있다.

4. 프랜차이즈 [기출] 20 · 22 [지도] 17

① 프랜차이즈는 본사인 Franchisor가 가맹점인 Franchisee에게 본사의 상표, 상호, 로고, 생산과 판매의 노하우 등을 공급하고, 가맹점은 소액의 자본으로 본사의 노하우를 배워 쉽게 점포를 운영하는 형태의 사업체이다.

② 가맹점 운영을 위해서는 본사의 시설, 제품 등의 구매 의무가 있는 경우가 많으며 로열티 등의 가맹금을 납부하여야 한다.

③ 본사는 가맹점만 늘어나면 자기자본 없이도 무한 확장이 가능하고, 가맹점은 본사의 브랜드의 인지도가 높으면 상대적으로 노력이 덜 드는 장점이 있는 반면에 본사의 운영간섭, 의무적 구매량 등이 존재하고 매출 로열티 등으로 수익률이 저하되는 등의 단점도 존재한다.

제4절 기업의 집중과 확장

1. 기업의 성장

기업은 규모의 경제와 범위의 경제가 주는 이점으로 인하여 지속적인 성장을 지향하는데, 기업의 성장 방법에는 이윤을 축적하여 내부적으로 성장의 동력을 만들어 나가는 자본의 집적을 기반으로 하는 방법과 자본의 집중을 기반으로 타 기업과의 상호 결합을 통하여 외부의 성장 동력을 내부로 전환하는 방법이 있다.

2. 기업집중의 목적

(1) 시장 통제의 목적

기업 간의 경쟁을 회피하고 시장 상황을 상호 유리한 상황으로 전환시키려 하는 것으로, 카르텔이나 트러스트와 같은 수평적, 횡단적 결합이 발생한다.

(2) 공정 합리화의 목적

생산공정을 합리화하여 원가를 절감하고자 하는 목적으로 원료나 부품의 생산업체와 완성업체와의 결합 등에서 볼 수 있다. 산업적 콘체른과 같은 수직적, 종단적 결합이 발생한다.

(3) 금융적 목적

재벌과 같이 기업이나 금융기관이 타 기업을 지배하는 형태로 금융형 콘체른에서 볼 수 있는 자본적 결합이 발생한다.

3. 기업집중의 형태 [기출] 18·21 [지도] 14·15·16·17·18·19·20·23

명 칭	내 용
카르텔	기업 상호 간의 경쟁 제한이나 완화를 위하여 동종 또는 유사 산업분야의 기업 간에 결성되는 기업 결합 형태(판매 카르텔, 구매 카르텔, 생산 카르텔)
트러스트	동일 산업 부문에서 자본의 결합을 통해 법적으로 하나의 기업으로 재편하는 기업 집중의 형태로 카르텔보다 강력한 기업집중의 형태
콘체른	법률적으로 독립하고 있는 기업들이 출자 등의 자본적 연결을 통해 지배 종속 관계를 설정하는 결합형태
컨글로메리트	자사의 업종과 관계없는 이종기업을 매수·합병하여 경영 다각화를 한 복합기업, 다종기업
콤비나트	같은 지역 내 기업들이 생산기술적인 측면에서 결합된 기업결합형태(울산공업단지, 석유화학 콤비나트)
디베스티처	경영성과가 부진하거나 비효율적인 생산라인을 타사에 매각하여 기업의 체질을 개선하고 경쟁력을 향상시키려는 기업집중전략

4. 주요 기업집중의 비교

구 분	카르텔	트러스트	콘체른
명 칭	기업연합	기업합동	기업집중(재벌)
목 적	시장 통제	경영합리화, 시장독점	내부 통제, 지배
독립성	독립성 유지	독립성 상실	법적으로는 독립, 경제적 독립성은 상실
결합성	협정에 불과, 약함	법적 동일체, 강함	경제적 결합
비 교	협정	병합	모회사(지주회사) 2세회사 3세회사

5. M&A 기출 23 지도 14·15·19

(1) M&A의 개념과 구분

① 콘체른이나 컨글로메리트 등의 자본적 결합은 법적으로 개별기업의 인수와 합병 등의 과정을 거치는데, 이러한 과정을 인수합병(M&A)이라고 한다.

② M&A는 합병(Merge)과 인수(Acquisition)로 구분되는데, 합병은 두 개 이상의 기업이 합쳐져 하나의 기업이 되는 것을 의미하고, 인수는 한 회사가 다른 회사를 사들여 경영권을 획득하는 것을 말한다.

③ 일반적으로 합병은 하나의 조직으로 재편을 하고, 인수의 경우에는 조직을 해체하지 않고 자회사 등으로 두고 관리를 하게 된다.

(2) M&A의 종류

① 인수합병의 종류에는 두 회사가 동등하게 합병을 하여 상생을 도모하는 복합합병(수평적 합병)과 동종업계에서 공급사슬로 엮여 있는 회사를 합병하는 수직합병이 있는데, 수직합병은 다시 공급사슬의 후방인 원재료, 부품업체 등을 통합하는 후방통합형과 판매점이나 영업 네트워크를 통합하는 전방통합형이 존재한다.

② 사업상의 관련성이 없는 사업의 다각화나 신사업에 진출하기 위한 다각적 합병도 존재하며, 기업가치의 변동에 따른 차익의 실현만을 목적으로 하는 기업매수도 인수합병에 속한다.

(3) M&A관련 전략 및 용어

1) 적대적 M&A 방어 전략

① 백기사(white knight) : 우호적인 제3의 백기사에게 기업을 넘겨줌으로써 적대적 인수기업에게 인수실패를 맛보게 하고 향후 재반환 가능성을 높이는 방법

② 독약조항(poison pill) : 적대적 M&A 시도가 있을 때 주주에게 싼값에 회사 주식을 팔거나 비싼 값으로 주식을 회사에 되팔 수 있는 권리 등을 주는 방법

③ 황금낙하산(golden parachute) : 기업 인수로 인해 기존 경영진이 퇴사할 경우에 퇴직금 외 거액의 추가 보상을 요구하는 방법

④ 왕관보석(crown jewel) : 기업의 가장 중요한 자산을 매각하는 방법

⑤ Jewish Dentist : 매수자의 사회적 약점을 광고함으로써 매수자의 이미지 손실을 통해 매수 실패를 야기하는 방법

⑥ Pac Man Defense : 매수위협을 받고 있는 타깃 회사가 역으로 상대방을 매수하려는 카운터 오퍼를 제시하여 대세를 역전시키는 것

2) 기타 M&A 관련 용어

① 베어허그(Bear Hug) : 적대적 인수합병, 매수대상 회사에게 매수조건을 제시하고 응하지 않는 경우에는 공개매수를 하겠다고 위협하는 행위

② 그린메일(green mail) : 특정 기업의 일정 지분을 시장에서 사들인 뒤 경영권을 소유한 대주주를 협박하여, 비싼 값에 주식을 되파는 방법

③ 골드버그(Goldburg) : 가치하락자산, 기업인수자들이 선호하는 핵심자산이지만 경기후퇴나 초인플레이션 현상이 벌어질 경우 오히려 경제가치가 상실될 위험이 큰 자산

02 기업의 의사결정

제1절 의사결정의 절차와 유형

1. 문제해결의 일반적 절차

① 문제의 해결을 위해서는 가장 먼저 문제를 정확히 정의하는 것이 필요하며, 문제를 정의하면서 해결해야 하는 목표를 확정하여야 한다. 이 부분을 명확히 규정하지 않으면 올바른 해결책을 찾을 수 없기 때문이다.

② 문제를 명확히 한 후에는 여러 대안을 도출하고 평가하여 그중 하나의 대안을 선택하게 된다.

③ 대안의 선택 후에는 대안을 실행하고, 실행의 결과를 검토하는 과정을 거치게 된다.

2. 7단계 문제해결 절차

문제해결의 절차는 학자마다 3단계, 5단계, 7단계 등으로 구분하고 있는데, 세부적 단계를 어떻게 구분하고 있는가에 대한 차이가 있을 뿐 문제의 정의, 대안의 도출, 평가, 선택, 대안의 실행 및 검토라는 큰 흐름에는 차이가 없다.

단 계	대구분	내 용
1단계	문제의 정의	문제의 파악
2단계		해결 목표의 확정
3단계	대안의 도출	대안의 도출
4단계		대안의 평가
5단계		대안의 선택
6단계	실행 및 평가	대안의 실행
7단계		실행 후의 검토

제2절 의사결정의 분류 지도 15 · 16 · 19 · 23

1. 의사결정의 메커니즘에 따른 분류

구 분	내 용
정형화된 의사결정	• 반복되는 상황에 대한 의사결정 • 대안이 있고 의사결정도 항상 같은 방식 • 반복적 · 일상적 의사결정, 결정방식이 규정되어 있기에 자동화 가능
비정형화된 의사결정	• 일회적인 상황과 예측 불가능한 결과로 창의적 문제해결이 필요 • 대안의 도출을 위해 많은 경험과 정보의 수집이 필요

2. 경영환경에 따른 의사결정의 분류

구 분	내 용
확실성하의 의사결정	문제 해결을 위해 활용 가능한 대안과 결과를 사전에 알 수 있는 상태
위험하의 의사결정	대안 마련을 위한 정보는 부족하지만 대안 발생의 확률을 알고 있는 상태
불확실성하의 의사결정	활용 가능한 정보와 확률에 대한 정보가 거의 없는 상태

3. 의사결정 계층에 따른 의사결정의 분류 　지도　15

구 분	내 용
전략적 의사결정 (개념적)	기업과 환경과의 관계 확립, 제품과 타깃의 선정, 자원의 배분 등 경영전략 전반에 걸친 의사결정
관리적 의사결정 (인간적)	• 전략적 의사결정의 실행을 위한 의사결정 • 조직 구조, 자원의 조달 등에 관한 의사결정
업무적 의사결정 (전문적)	• 자원을 활용하는 데에 있어서 효율성 극대화를 위한 의사결정 • 세부적인 자원의 배분과 계획의 수립에 대한 의사결정

의사결정기능	경영계층	경영역량
전략적	최고경영층	개념적
관리적	중간경영층	인간적=대인관계
업무적	하위경영층	전문적=기술적

제3절　합리적 결정과 의사결정 오류

1. 제한된 합리성

① 합리성이란 각각의 기준에 따라 여러 가지 합리적 기준들이 존재할 수가 있고 가장 합리적 선택을 하려 했는데도 실패하는 경우가 발생하는데, 이는 결국 인간이 가지고 있는 한계가 그 원인이 되며, 이것을 제한된 합리성이라고 한다.

② 건초 더미 속의 수십 개의 바늘 중에서 하나를 찾아서 쓴다고 할 때 모든 바늘을 찾아서 그중 가장 좋은 바늘을 쓰는 것을 합리적인 결정이라고 한다면, 아무 바늘이나 하나 찾아서 쓰는 것은 비합리적인 결정으로 볼 수 있다.

③ 그러나 합리적인 결정을 하기에는 너무 많은 시간이 소요되고 비합리적인 결정을 하기에는 바느질이 제대로 되지 않을 위험이 존재하므로 적당히 만족할 수 있는 바늘을 찾아서 쓰는 것이 효율적인 방법이며, 이것이 제한된 합리성이라고 사이먼은 설명하고 있다.

2. 의사결정 오류

① 의사결정의 상황에서 인간은 합리적인 선택을 하려고 노력하지만 인간의 뇌 구조는 꼭 합리적인 결정을 하지는 않도록 메커니즘이 구성되어 있다.

② 의사결정에 대한 인지적 오류들이 필연적으로 발생하기 때문에 의사결정 시 오류를 줄이기 위해 개인보다는 집단적으로 의사결정을 하도록 하고 의사결정상의 오류를 찾아 낼 수 있는 절차를 확립하는 것이 중요하다.

인지오류 항목	내 용
자만적 편견	실제 자신이 알고 있는 것보다 더 많이 알고 있다고 생각하는 것
즉각적 만족 편견	즉각적 보상을 원하면서 즉각적인 손해는 피하려는 태도
앵커링 효과	첫 번째 정보에 집착하여 이후의 정보를 경시하는 태도
선택적 지각 편견	자신의 편견에 의존하여 정보를 선별적으로 구성하고 해석하려는 태도
확증 편견	과거 자신의 선택에 부합하는 정보만 선호하는 것
프레이밍 편견	상황이 다른 부분은 배제하고 특정 부문에만 주의를 기울이고 강조하는 태도
가용성 편견	가장 최근의 사건들만 기억하고 사용하는 태도
유사 편견	독립적인 한 사건의 판단에 타 사건들과 유사한지에 근거하여 평가하는 태도
무작위 편견	우연에 의한 사건에 의도적으로 의미를 부여하는 것
자기중심적 편견	성공은 자신의 결정, 실패는 외부에서 요인을 찾는 경향

제4절 의사결정 모형

1. 경영과학적 모형

① 제2차 세계대전 중에 등장한 의사결정 모형으로 필요한 데이터를 가능한 모두 모아서 분석하여 계산하는 수리적 모형이며, 선형 계획법, PERT 차트, 컴퓨터 시뮬레이션, ERP, 빅데이터의 사용 등으로 발전하였다.

② 너무 많은 변수가 존재하고 모든 변수의 계량적 측정과 분석이 가능해야 효과적이기 때문에 계량적 모델링이 어려운 문제의 경우에는 이상한 결론에 도달하는 경우가 있다.

2. 카네기 모형

① 기존의 의사결정에서는 기업의 정보가 CEO에게 집중되기에 기업 결정의 주체는 최고 경영자 한 명이라고 판단하였으나 실제 기업의 결정은 많은 관리자들이 관여되어 있고, 이들의 세력집단끼리 자기 집단에게 유리한 대안의 선택을 위한 밀고 당기기의 결과로 결정되기 때문에 최선의 대안이 아닌 다양한 이해관계자들을 만족시킬 수 있는 대안이 선택된다는 이론이다.

② 카네기 모형에 의하면 장기적 관점의 판단보다는 단기적 해법이 선호되고, 교섭에 의해 최적안을 선택하기보다는 교섭이 없는 차선안을 선택하는 경우가 많으며, 확실한 문제는 전례에 따라 결정하는 등의 의사결정을 하게 된다.

3. 점진적 모형

① 점진적 모형은 기업의 결정이 한번에 이루어지는 것이 아닌 일련의 작은 결정들이 연속되면서 작은 결정들의 조합에 의해 의사결정이 된다는 이론이다.

② 점진적 모형은 3가지의 단계로 구성되는데, 문제를 발견하고 결정의 필요성을 인식하게 되는 확인단계, 확인된 문제에 대한 해결방안을 모색하는 개발단계, 여러 대안을 평가하여 한 개를 선택하는 선택단계가 있다.

4. 직관적 모형

① 직관이란 오랜 경험에서 나오는 무의식적 판단으로, 정보수집의 비용과 시간의 한계로 과거의 경험이나 대안이 주는 이미지와 느낌을 사용하여 쉬운 지름길을 선택하는 모형이다.

② 직관은 주로 상황이 불확실하거나 과거의 예가 없을 때, 과학적 예측이 어려울 때, 현실적 자료와 정보가 부족할 때, 비슷한 대안이 많을 때, 시간의 제약을 받을 때 등에 사용되는데, 휴리스틱 의사결정이 그 대표적인 예이다.

③ 휴리스틱(Heuristic) 의사결정은 경험을 기반으로 하여 상황을 유형화하고 유사한 상황이 발생했을 때 평소의 믿음과 경험으로 즉각적으로 결정하는 방식으로, 정확한 분석이 없이 지름길 정보에 의해 결정하거나 최근의 정보나 대표적 정보에 의존하여 결정하는 방법이다.

5. 빅데이터 의사결정

① 제한된 정보에 의한 결정은 오류의 가능성이 높지만 수많은 정보를 모으면 그 정보 안에서 질서와 법칙을 발견할 가능성이 높아지는데, 빅데이터 기술의 발전으로 수많은 정보들을 모으고 모아진 정보들을 분석하여 의사결정의 정확성을 높일 수 있게 되었다.

② 빅데이터는 엄청난 크기와 정형과 비정형 정보를 포함하는 정보의 다양성, 데이터의 처리 속도에서 기존의 정보와는 본질적으로 다른 특성을 지니고 있는데, 이를 빅데이터의 3V(Volume, Variety, Velocity)라고 한다.

③ 빅데이터 의사결정은 실시간 모니터링, 단순한 계산을 넘어 AI를 이용한 실시간 검사, 문제의 진단, 대안의 개발, 처방까지의 영역을 모두 처리할 수 있는 수준까지 발전하고 있다.

제5절   효과적 의사결정 모형과 기법

각각의 의사결정 모형들은 어떤 것이 좋고 나쁘고의 문제라기보다는 각 기업이 처한 상황이나 발생한 문제의 해결에 적합한 모형들이 존재하는 것이므로 각 상황에 적합한 의사결정 모델을 선택하거나 적절한 조합을 통해 사용하는 것이 효과적이다.

1. 의사결정 상황의 분류

① 의사결정 상황을 분류하는 기준은 의사결정자들의 의견일치 여부에 따르는데, 의견일치의 대상은 문제를 어떻게 인식하고 있는가와 인식된 문제의 해결방법에 대한 의견일치로 나눌 수 있다.

PART 1

PART 2

PART 3

PART 4

PART 5

PART 6

PART 7

PART 8

PART 9

② 문제의 인식에 대한 의견일치는 결국 문제의 본질을 어떻게 파악하고 있는가의 문제인데, 예를 들어 이직률이 높은 것에 대한 문제를 어떤 사람은 급여수준이 낮아서라고 판단하고 다른 사람은 조직문화의 경직을 원인으로 생각하는 경우이다.

③ 문제의 본질에 대한 인식이 다르면 그 해결방안도 다를 수밖에 없고 의사결정의 불확실성이 증가될 수밖에 없다.

④ 문제에 대한 인식이 같다고 하여도 해당 문제를 해결하는 대안은 각각 다를 수 있는데 이직률의 문제가 조직문화의 문제라고 합의하였다고 하더라도 조직문화의 개선에 대한 의견이 각각 다를 수 있기 때문이다.

2. 상황별 의사결정 모델

		문제확인	
		확 실	불확실
해결방안에 대한 지식	확 실	❶ 개인 : 합리적 접근 조직 : 경영과학	❷ 개인 : 연합 집단 형성 조직 : 카네기 모형
	불확실	❸ 개인 : 시행착오 조직 : 점진적 의사결정 모형	❹ 개인 : 판단, 영감 조직 : 카네기 모형 + 점진적 의사결정 모형, 쓰레기통 모형

3. 집단의사결정기법 `기출` 21 `지도` 23 · 24

(1) 브레인스토밍(Brainstorming)

문제의 해결을 위해 여러 사람이 생각나는 대로 마구 아이디어를 쏟아내는 방법으로, 가능한 많은 아이디어를 제출하게 하고 이를 기반으로 아이디어를 구체화, 발전시키는 아이디어의 확산에 기반한 집단의사결정 및 아이디어 발산 기법이다.

(2) 명목집단법

여러 대안들을 마련하고 그중 하나를 선택하는 데 초점을 두는 구조화된 집단의사결정기법으로 한 개인의 의견이 타인에게 영향을 미치지 않도록 하기 위하여 의사결정이 진행되는 동안 팀원들 간의 토론이나 비평이 허용되지 않기에 '명목'이라는 용어가 사용되며, 영문 머리글자를 따서 'NGT'라고도 한다.

(3) 델파이법

우편이나 E-mail을 이용하여 전문가 집단의 의견을 취합하고, 취합된 내용을 다시 전문가 집단에게 송부하여 변화된 의견을 다시 취합하는 과정을 반복하여 의사결정을 하는 방법으로, 비대면 방식에 의해 익명을 보장받을 수 있어 쉽게 반성적 사고를 하게 되며, 새로운 의견이나 사상에 대해 솔직해지는 장점이 있다.

(4) 지명반론자법

악마의 변호인(Devil's Advocate)이라고도 불리며, 집단에서 사전에 2~3명을 지정하여 대안에 대한 반론자 역할을 부여하고 원안에 대해 의도적으로 단점과 약점을 지적하도록 하여 원안이 가진 문제점을 보완할 수 있도록 하는 집단의사결정기법이다.

(5) 변증법적 토의

사전에 조직원을 찬성과 반대로 구분하여 한 쪽이 먼저 의견을 제시하면 반대쪽 집단에서는 그에 반대되는 대안을 제시하는 방법으로, 두 가지 제안의 장점을 조합하는 새로운 대안을 만들어 내게 하는 집단의사결정 기법이다.

03 경영전략

제1절 경영전략의 의미 지도 15 · 18

1. 전략과 경영전략

① 전략이란 전쟁을 전반적으로 이끌어 가는 방법이나 책략으로 전쟁에서의 승리를 위해 여러 전투를 계획, 조직, 수행하는 방책을 말하는데, 기업 또한 이러한 전략의 개념하에서 기업의 목표 달성을 위하여 무엇을, 어떻게 할지에 대한 계획을 세우는 것이 필요하다.

② 구체적으로 경영전략이란 장기적 목표를 세우고 이를 달성하기 위해 각종 정책들을 수립하고 이를 통해 자원을 효율적으로 배분하고 경영활동을 추진해 나감으로써 경쟁에서 우위에 서기 위한 활동과 이를 위한 전반적인 계획을 말한다.

③ 경영전략의 역할은 생산, 재무 등과 같이 고유한 전문 영역을 담당한다기보다는 기업의 목표를 명확하게 하고 목표를 달성하는 방법을 제시함으로써 각 전문영역 간의 마찰과 갈등을 전사적 차원에서 해결하고 균형을 잡는 것이라고 할 수 있다.

2. 전략경영

전략경영이란 경쟁우위로 가기 위해 목표를 제대로 이해하고 필요한 수단에 대해 정보를 수집, 분석하며 외부상황과 자신의 장단점을 고려하여 성공으로 가는 여러 가지 방법 중에서 하나의 길을 선택하여 실천하는 것으로, 주어진 환경과 내부자원을 잘 활용하여 목표달성의 방식을 최적화하는 것이다.

제2절 전략경영의 중요성과 전략의 수립

1. 전략경영의 중요성

(1) 불확실성의 증대

경영환경의 급속한 변화는 예측을 더욱 힘들게 함으로써 환경에 대응하는 계획의 예비가 필요하다.

(2) 복잡성의 증가

기업 간의 경쟁과 고객관계가 복잡해짐에 따라 자원의 배분과 통제를 위한 실천 방식과 과정을 미리 준비하여야 한다.

(3) 기업 규모의 확대

다수의 인원이 근무하는 조직에서는 사전의 약속 없이는 통일적 실행이 불가능하기에 근본적 지침이 되는 전략이 필요하다.

2. 전략의 수립

① 전략의 수립은 조직의 임무와 목표를 확정하는 것에서 출발하여 외부의 경쟁자들과 경영환경에 대한 분석을 실시하고 내부 역량을 평가하여 세부적 전략 목표를 설정하는 요소들을 포함하여야 한다.

② 조직의 임무와 목표의 확정은 미션 – 비전 – 전략목표 – 사업과제 등으로 이어지는 가치체계의 정렬에서 출발하는 것으로 가치체계의 정렬을 통해 기업이 가고자 하는 방향을 명확히 하고 목표를 구체적으로 제시함으로써 성공의 측정 기준을 만드는 역할을 한다.

가치체계의 정렬

우리는 무엇을 하려고 하는 곳인가? (사회문제 해설, 공익가치 창출) ·················· **미션(Mission)**

우리는 (미션)을 달성하기 위해 무엇을 (어떤 방식으로) 할 것인가? ·················· **사업/솔루션**

우리가 (미션)을 이루어가는 일정 기간 뒤의 (미래상)은 무엇인가? ·················· **비전(Vision)**

우리는 (비전)을 달성하기 위해 구체적으로 무엇을 언제까지 얼마만큼 달성해야 하는가?

·················· **목표(Goal)**

우리는 (목표)를 달성하기 위해 어떤 것들을 중점적으로 해야 하는가? ·················· **사업과제(Task)**

우리는 (과제)를 해결하기 위해 어떤 방법과 방식을 이용해야 하는가? ·················· **전략(Strategy)**

우리가 (미션)을 실행할 때 가장 중시하는 것은 무엇인가? (판단기준) ·················· **핵심가치(Core Value)**

---

3. 경쟁우위와 핵심역량의 도출 [지도] 21·23

① 전략경영이란 경쟁우위를 효과적으로 차지하기 위한 전략을 채택하여 실행하는 것이라고 할 수 있는데, 동일한 자원을 가지고 한 기업이 다른 기업보다 경제적인 가치를 더 많이 창출할 때 경쟁우위에 있다고 할 수 있다.

② 경쟁우위를 만들어 내는 요소는 기술, 디자인, 노하우 등 여러 가지 요소들이 있고 경쟁의 우위는 일시적일 수도 장기간 지속될 수도 있으며, 이러한 경쟁우위 여부를 판단하는 방법에는 원가나 수익, 순이익률 등의 회계적인 요소들을 측정하여 판단하는 방법과 수익률을 기준으로 하는 자본원가나 기회비용까지를 감안한 경제적 수익 등 경제적인 측정을 하는 방법이 있다.

③ 핵심역량이란 지속적인 경쟁우위를 만들어 내는 기업의 능력으로 기업내부의 조직 구성원들이 보유하고 있는 기술, 지식, 문화를 포함한 총체적인 능력을 말하는데, VRIO 모델에서는 경제적 가치(Value), 희소성(Rarity), 모방불가능성(Inimitability), 조직내재성(Organization)을 그 요건으로 정의하고 있다.

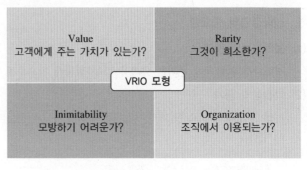

[VRIO의 네 가지 기준을 모두 충족해야만 핵심역량으로 확신]

4. 전략적 분석과 전략수립의 고려요소

① 구제적인 전략을 수립하기 위해서는 외부의 환경과 내부의 자원을 분석하고 평가하여 환경이 주는 기회와 위협요인, 내부 자원의 강점과 약점을 조합하고 산업 전체의 흐름을 파악함으로써 시장의 진입과 철수를 결정하며, 시장과 경쟁자의 분석을 통해 자사의 제품 전략을 수립하는 등의 전략을 수립하게 된다.

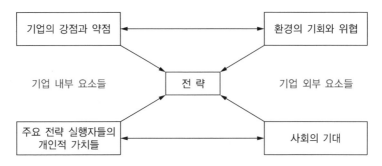

② 경영전략을 수립하는 계층에 따라 서로 다른 수준의 전략을 수립하게 되는데, 최고경영층에서는 참여할 사업의 결정, 자원의 배분과 같은 기업 수준의 전략을 수립하고, 중간경영층에서는 사업부 내의 경쟁 우위 확보와 같은 사업부 수준의 전략, 일선경영층에서는 기능 부서별 실행계획과 같은 기능별 전략 또는 제품 수준의 전략을 수립하게 된다.

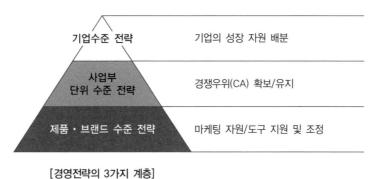

[경영전략의 3가지 계층]

제3절   전략분석 방법론과 기법   기출 14 · 15 · 16 · 17 · 18 · 19 · 21 · 22 · 24

1. 외부환경의 분석법 – 마이클 포터의 5 Force Model   기출 22 · 24   지도 14 · 15 · 16 · 17 · 19 · 21

(1) 5 Force Model의 개념

5 Force Model은 외부의 환경, 그중에서도 산업의 구조를 분석하는 기법으로, 산업의 경쟁의 강도와 수익성은 산업 내의 기존 경쟁자들 간의 경쟁 강도로만 결정되는 것이 아니라 대체재, 공급자, 구매자 등의 요인이 복합되어 결정되는 것으로 해당 산업의 수익성을 평가하기 위해서는 이러한 5가지 요인들을 종합적으로 분석하여야 한다는 이론이다.

(2) 5 Force Model의 내용

5가지 요인은 <u>기존 경쟁자들 간의 경쟁</u>을 기본으로 하면서 <u>공급자의 협상력</u>, <u>구매자의 협상력</u>, <u>대체재의 위협</u>, <u>신규진입자의 위협</u>의 4가지가 추가되는데, 공급자나 구매자의 협상력이 강할수록 산업의 경쟁은 강화되고 수익성은 떨어지게 되며 대체재나 신규진입자의 위협이 클수록 역시 경쟁은 심화되고 수익성은 하락하는 산업의 구조를 가지게 된다.

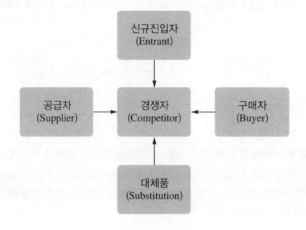

2. 내부역량의 분석 – 마이클 포터의 가치사슬 모델 [기출] 15 · 20 [지도] 15 · 18 · 19 · 24

① <u>가치사슬</u>이란 기업이 제품이나 서비스를 생산하는 과정에서 고객에게 가치를 부여할 수 있는 부가가치가 생성되는 과정을 의미한다.

② 가치사슬 분석은 기업의 부가가치 창출에 관련된 일련의 활동을 분석하여 직접적인 역할을 하는 본원적 활동과 간접적인 역할을 하는 지원활동으로 구분하고, 각 단계에서의 강점, 약점, 차별화 요인을 분석하여 강화하는 것을 말한다.

③ 포터는 물류투입, 생산운영, 물류산출, 마케팅과 판매, 서비스는 <u>본원적 활동</u>으로, 인적자원관리, 연구개발, 구매조달과 기업의 전반적 운영 관리는 <u>지원활동</u>으로 구분하였다.

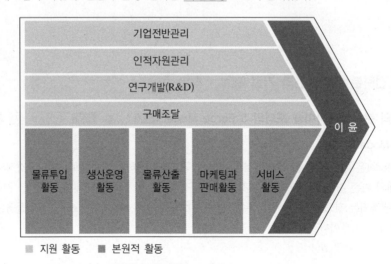

[마이클 포터의 가치사슬 모델]

지원 활동	기입전반관리	기획, 재무, 경리, 밈무, 진보시스덴 업무 등
	인적자원관리	인재채용, 교육, 교육업무 등
	연구개발	주활동과 관련된 신제품, 서비스개발, 각종 테스트 등
	구매조달	주활동을 지원하는 물건이나 서비스의 구입 등
본원적 활동	물류투입	원재료나 부품의 구입과 배송 등
	생산운영	구매한 재료의 조립과 가공 등
	물류산출	제조한 제품의 창고 또는 소매점 배송 등
	마케팅과 판매	제품의 영업, 광고, 점포에서의 판매활동 등
	서비스	판매 후의 문의대응이나 사후 A/S 등

3. 외부환경과 내부자원의 평가 – SWOT 분석 [지도] 19 · 21

(1) SWOT 분석의 개념

전략 수립의 출발은 외부의 환경이 주는 기회와 위협요인을 분석하고 내부 자원이 가지고 있는 강점과 약점을 파악하여 시장의 기회에 대응하고 위협에 대비하는 것인데, 이러한 외부환경과 내부환경을 동시에 파악할 수 있도록 구성된 분석 기법이 SWOT 분석이다.

(2) SWOT 분석의 특징

① SWOT 분석은 기업의 내부환경과 외부환경을 분석하여 강점(Strength), 약점(Weakness), 기회(Opportunity), 위협(Threat) 요인을 규정하고 외부로부터의 기회는 최대한 살리고 위협은 회피하는 방향으로 자신의 강점은 최대한 활용하고 약점은 보완하는 방법이다.

② 미국의 경영컨설턴트인 알버트 험프리(Albert Humphrey)에 의해 고안되었는데, 방법론적으로 간결하고 응용범위가 넓은 일반화된 분석기법이기 때문에 여러 분야에서 널리 사용되고 있다.

[S.W.O.T Analysis]

S(Strength)	W(Weakness)	O(Opportunity)	T(Threat)
〈우리의 강점은 무엇인가〉	〈우리의 약점은 무엇인가〉	〈우리에게 기회는 무엇인가〉	〈우리에게 위협은 무엇인가〉
• 유리한 시장점유율	• 협소한 제품군	• 높은 경제 성장률	• 새로운 경쟁기업 출현
• 높은 생산성	• 연구 개발 부족	• 시장의 빠른 성장	• 불리한 정책, 법규, 제도
• 규모의 경제	• 낮은 광고효율	• 새로운 기술의 등장	• 시장 성장률 둔화
• CEO의 경영능력	• 종업원의 고령화	• 경쟁 기업의 쇠퇴	• 구매자, 공급자의 파워증대
• 독점적 기술	• 낙후된 설비	• 신시장 등장	• 무역 규제
• 높은 직무 만족도	• 수익성 저하	• 새로운 고객 집단 출현	• 대체상품 개발
• 안정적인 공급채널	• 불리한 공장 입지	• 유리한 정책, 법규, 제도	• 경기 침체
• 자금조달능력	• 브랜드 이미지 악화	• 낮은 진입 장벽	

(3) SWOT 분석에 의한 전략

구체적으로 SWOT 분석에 의한 전략은 내부의 강점을 살려 외부의 기회를 포착하는 SO전략(강점 – 기회전략), 내부의 강점을 기반으로 외부의 위협을 회피하는 ST전략(강점 – 위협전략), 내부의 약점을 보완하여 외부의 기회를 잡는 WO전략(약점 – 기회전략), 내부의 약점을 보완하여 외부의 위협을 회피하는 WT전략(약점 – 위협전략)으로 구분된다.

	강점(Strength)	약점(Weakness)
기회 (Opportunity)	SO전략(공격적인 전략) 기회를 활용하면서 강점을 더 강화 예 사업구조, 사업영역, 사업포트폴리오 시장 확대	WO전략(국면전환 전략) 외부환경의 기회를 활용하면서 자신의 약점을 보완 예 운영 효과개선, 타기업과 제휴 추진
위협 (Threat)	ST전략(다각화 전략) 외부환경의 위협요소를 회피하면서 자신의 강점을 활용 예 신사업 진출, 신제품 개발	WT전략(방어적 전략) 외부환경의 위협의 요소를 회피하고 자신의 약점을 보완 예 원가절감, 사업축소

4. 경쟁전략의 수립 - 마이클 포터의 본원적 경쟁전략 `기출 18` `지도 15 · 20 · 24`

(1) 본원적 경쟁전략의 개념

내/외부의 환경에 대한 분석 후에는 경쟁자와의 경쟁에서 어떤 부분을 중심으로 경쟁에서의 우위를 점할 것인가에 대한 고민이 필요한데, 마이클 포터의 본원적 경쟁전략은 경쟁의 범위와 경쟁 우위 요소들을 조합하여 효과적으로 경쟁할 수 있는 전략유형을 제시하는 이론이다.

(2) 경쟁전략의 유형

포터는 경쟁의 범위가 넓은가 좁은가와 경쟁우위에 있는 요소가 원가인가 독특성인가에 따라 2×2 매트릭스로 경쟁 우위 요소를 구분하였다.

		경쟁우위	
		원 가	차별화
경쟁범위	전체 시장	Cost Leadership (원가우위)	Differentiation (차별화)
	좁은 영역	Cost Focus (원가 집중화)	Focused Differentiation (차별적 집중화)

1) 원가우위 전략

원가우위 전략은 규모의 경제를 추구하고, 저렴한 생산 요소의 확보, 경험을 통한 반복 훈련, 엄격한 관리와 비용 통제를 통한 원가절감으로 원가상 우위를 달성하여 경쟁하는 것을 목표로 하는 전략이다.

2) 차별화 전략

차별화 전략이란 고객이 원하는 니즈의 충족을 통해 제품과 서비스를 경쟁 기업과 차별화시키는 전략으로, 창의성과 새로운 아이디어 확보 등을 중시한다.

3) 집중화 전략

집중화 전략은 특정 지역이나 특정 고객을 대상으로 하는 좁은 영역의 틈새시장에서 원가의 우위나 차별화의 우위를 통하여 경쟁우위를 점하는 전략으로, 한정된 자원과 자본을 가진 중소기업이 시장을 세분화하여 특정 고객군을 만족시키면서 포지셔닝하는 전략이다.

5. 시장과 제품에 대한 분석 – BCG Matrix 기출 15 · 16 · 23 지도 14 · 16 · 17 · 19 · 23

(1) BCG 매트릭스의 개념

BCG 매트릭스는 사업 포트폴리오 분석 기법으로, 현금흐름을 기반으로 기업의 현재 상황을 분석하여 처방을 내리기 위한 분석 도구이다. 기업의 자금투입과 산출을 파악하기 위해 상대적 시장점유율과 시장성장률을 기반으로 2×2 매트릭스를 구성하여 각 분면을 구분하고 기업의 제품을 각 분면에 위치시켜 대응방안을 분석하게 된다.

(2) BCG 매트릭스의 유형

1) 스타(Star)

스타(Star) 사업은 성공적으로 성장하고 있는 사업으로, 수익성과 성장성이 크므로 지속적인 투자가 필요하다.

2) 캐시카우(Cash Cow)

캐시카우(Cash Cow) 사업은 성숙기의 사업으로, 기존의 투자에 의해 수익이 계속적으로 실현되고 시장성장률이 낮아 투자금액은 유지, 보수 차원이기 때문에 기업의 현금창출원이 되는 사업이다.

3) 물음표(Question Mark)

물음표(Question Mark) 사업은 일반적으로 신규사업 부문으로, 상대적으로 낮은 시장점유율과 높은 시장성장률을 가진 사업이며, 기업의 행동에 따라서는 차후 스타(Star) 사업이 되거나 도그(Dog) 사업으로 전락할 수 있는 위치에 있다. 투자를 결정한다면 시장점유율을 높이기 위해 많은 투자금액이 필요하다.

4) 도그(Dog)

도그(Dog) 사업은 사양사업으로 성장성과 수익성이 낮은 사업 부문이다. 시장의 상황에 따라 철수나 매각을 검토해야 한다.

(3) BCG 매트릭스의 장단점

BCG 매트릭스는 사업의 성격을 단순 유형화하여 의사결정을 명확히 제시하는 장점이 있으나 현금흐름을 지나치게 강조하고 판단의 기준이 상대적 시장점유율과 시장성장률뿐이어서 지나친 단순화의 오류에 빠질 가능성도 존재한다.

6. 사업 포트폴리오의 분석 – GE/Mckinsey Matrix [기출] 21

(1) GE/Mckinsey 매트릭스의 개념

GE/Mckinsey 매트릭스는 BCG 매트릭스를 수정 보완하여 사업 포트폴리오를 분석하는 기법으로, BCG 매트릭스보다는 더 많은 변수들을 종합적으로 분석하는 기법이다.

(2) GE/Mckinsey 매트릭스의 구분 기준과 전략유형

① GE/Mckinsey 매트릭스에서 사업 포트폴리오의 구분 기준은 내부 사업단위의 강점과 산업 자체의 매력도인데, 사업단위의 강점은 자산과 역량의 강점, 상대적 브랜드 강도, 시장점유율, 고객 충성도 등으로 구성되어 있고, 시장매력도는 시장의 크기, 시장의 성장률, 시장수익률, 가격추세, 경쟁 강도 등으로 각각의 요인들에 가중치를 부여하여 강점과 매력도를 각각 고 – 중 – 저로 구분하고, 각 영역들을 신호등과 같은 색깔로 구분하여 전략적 가이드를 제공하기 때문에 신호등 전략이라고도 불린다.

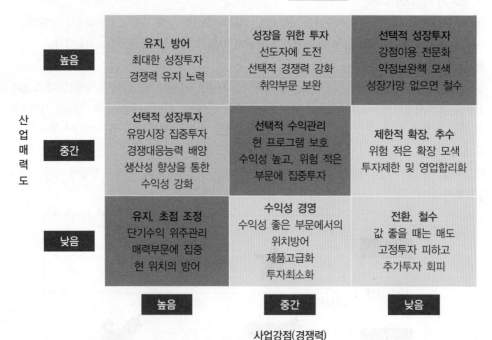

② 사업단위의 강점과 시장매력도를 각각 고 – 중 – 저로 분류했기에 3×3의 매트릭스가 구성되고 9개의 세부 전략이 수립되는데, 크게 보면 청색, 황색, 적색의 3가지 전략으로 구분된다.

③ 구분된 각각의 영역에 사업 부문의 시장의 크기를 원으로 하고 자사의 점유율을 원안의 부채꼴로 표시하는 방식으로 위치시켜 자사의 사업 포트폴리오를 분석하게 되는데, 청신호 전략은 산업의 매력도와 사업단위의 강점이 높은 부문으로 투자를 통해 현재 상태를 유지하거나 성장시키는 전략이 필요하며, 황신호 전략은 산업의 매력도와 사업단위의 강점이 중간인 사업부문으로 경쟁력이 있는 사업단위는 지속적으로 투자를 증대시키고 경쟁력이 떨어지는 사업단위는 투자를 줄이거나 철수하여야 한다.

④ 적신호 전략은 산업의 매력도와 사업단위의 강점이 낮은 부문으로 투자를 중지하고 철수하거나 매각하여야 하는 사업단위이다.

7. 성장전략 – 엔소프의 제품 – 시장 매트릭스 [기출] 17 · 22 [지도] 14 · 16 · 23

(1) 엔소프의 제품 – 시장 매트릭스의 개념

시장에 대한 분석과 자사의 역량에 대한 분석을 기반으로 투자, 육성을 하여야 할 시장을 구분하였다면 구체적으로 목표시장에 어떻게 접근해서 매출과 수익을 높일 것인가를 고민하여야 하는데, 이때 유용하게 사용할 수 있는 분석기법이 엔소프의 제품 – 시장 매트릭스이다.

(2) 엔소프의 제품 – 시장 매트릭스의 특징

엔소프의 제품 – 시장전략은 마케팅적 측면에서 매출과 이익을 높일 수 있는 방법들을 시장의 측면과 제품의 측면에서 분석하는 모델로, 신제품과 기존제품, 기존시장과 신시장의 4가지 요소를 결합하여 2×2매트릭스를 구성하고 전략을 도출하는 방법이다.

	기존제품	신제품
기존시장	시장 침투 전략 Market penetration strategy	제품 개발 전략 Product development strategy
신시장	시장 개발 전략 Market development strategy	다각화 전략 Diversification strategy

1) 시장침투 전략

시장침투 전략은 기존제품으로 기존시장을 공략하는 방법으로, 기존 제품의 시장 지배력을 높임으로써 시장에 더욱 깊게 침투하는 방법이며, 제품의 선호도를 높인다거나 사용 빈도를 높이는 등의 전술을 사용할 수 있다.

2) 시장개발 전략

시장개발 전략은 기존제품으로 새로운 시장을 개척하는 것으로, 지역적인 확장, 새로운 타깃 연령층의 확보 등이 그 방법이 될 수 있다.

3) 제품개발 전략

제품개발 전략은 새로운 제품으로 기존시장을 공략하는 방법으로, 현재시장에 존재하는 다른 수요를 창출하는 방법이다.

4) 다각화 전략

다각화 전략은 새로운 시장에 새로운 제품으로 진출하는 방법으로 사업자체를 다각화 하는 방법이다. 사업의 다각화는 관련 다각화와 비관련 다각화로 구분할 수 있는데, 관련 다각화는 기존의 사업과 연관성이 있는 사업에 진출하는 것이고, 비관련 다각화는 기존사업과는 전혀 별개의 사업에 진출하는 것이다.

PART 1
PART 2
PART 3
PART 4
PART 5
PART 6
PART 7
PART 8
PART 9

8. 제품의 수명주기에 따른 전략 - PLC 전략 지도 21

① PLC 전략은 제품의 수명주기(Product Life Cycle)를 분석하여 각 단계에 적합한 핵심 경쟁요인을 판단하여 역량을 강화함으로써 경쟁우위에 서기 위한 분석 기법으로, 하버드 대학의 시어도어 레빗 교수에 의해 전략적 도구로 개발되었다.

② PLC 전략은 제품도 인간이나 동물처럼 수명이 유한하며, 기간의 차이는 있지만 도입기 - 성장기 - 성숙기 - 쇠퇴기의 단계로 구분할 수 있다는 전제하에 각각의 단계에 적합한 가격, 개발, 촉진, 유통 전략을 믹스함으로써 기업의 매출과 이익을 증대시키는 방법이다.

[제품수명주기에 따른 판매량과 수익]

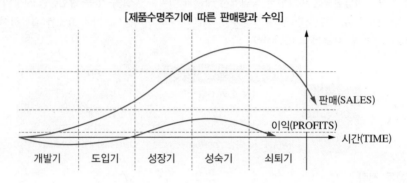

[제품수명주기 단계별 특징 및 마케팅전략]

구 분		도입기	성장기	성숙기	쇠퇴기
특 징	매 출	낮 다	급속성장	최대 판매고	감 소
	비 용	고객당 비용 높다	평 균	낮 다	낮 다
	이 익	적 자	점차 증가	높 다	감 소
	고 객	혁신층	조기수용층	중간 다수층	지체그룹
	경쟁업자	소 수	점차 증대	안정 후 감소	감 소
마케팅 목적		제품인지와 비용창출	시장점유율의 극대화	이익의 극대화와 시장점유율 방어	비용절감과 상표가치증진
마케팅 전략	제 품	기초제품의 제공	제품확장, 서비스 및 보증의 제공	상표와 모델의 다양화	취약제품의 폐기
	가 격	원가가산가격	시장침투가격	경쟁대등가격	가격인하
	유 통	선택적 유통	개방적 유통	개방적인 유통강화	선택적 유통
	광 고	조기수용층과 유통상에 대한 제품인지 형성	대중시장에서의 제품인지와 관심의 형성	상표 차이와 편익의 강조	보수적 핵심고객의 유지에 필요한 수준으로 축소
	판매촉진	사용확보를 위한 판촉강화	수요확대에 따른 판촉의 감소	상표전환을 유도하기 위한 판촉증대	최저수준으로 축소

04 경영혁신 지도 19

제1절 경영혁신의 정의와 필요성

1. 경영혁신의 의미

경영혁신이란 기업이 목표달성을 위해 해오던 사업과 업무를 새로운 아이디어와 방식으로 바꾸는 것을 말하는데, 넓은 의미로는 환경의 변화에 대응하기 위해 조직이 의도적이고 계획적으로 변화 및 혁신하는 것을 지칭하며, 좁은 의미로는 경영관리과정을 혁신하는 것을 의미한다.

2. 경영혁신의 필요성과 목적

① 경영혁신은 기존 방식의 한계로 인하여 기업이 목표하는 바를 달성할 수 없거나 기업을 둘러싼 환경의 변화로 인하여 새로운 환경에의 적응이 필요한 경우, 전략과 목표의 변화에 따라 새로운 전략과 목표가 주어졌을 경우 등에 필요하게 된다.

② 경영혁신이 요구되는 구체적인 상황은 기업 내부적인 요인과 기업 외부적인 요인으로 구분할 수 있는데, 내부적인 요인으로는 기업의 생산성이나 경쟁력이 저하되는 경우, 간접부문에서의 비효율이 증가하는 경우나 미래의 변화를 대비하기 위한 경우 등이 있고 외부적인 요인으로는 경쟁의 심화나 소비자의 요구의 다양화, 정보 기술의 발달과 그에 따른 생활 패턴의 변화, 기존의 경쟁 우위요소의 변화 등이 있다.

③ 경영혁신은 변화하는 경영환경과 목표에 맞춰 새로운 경쟁력을 확보하고 혁신의 확산을 통한 기업 구성원들의 변화를 목표로 하고 있다.

제2절 경영혁신의 절차

1. 준비단계

① 경영혁신을 위해서는 사전에 준비단계가 필요한데, 변화에 필요한 인적·물적 자원을 확보하고 혁신 아이디어의 조직 내 확산과 혁신 아이디어의 토론, 구체적 혁신의 프로그램을 도출하는 과정을 통해 혁신의 타당성을 검토한 후 혁신 전략과 목표를 수집하고 구체적 진행 절차를 구축하여 혁신의 필요성을 홍보하고 혁신을 선언하는 과정까지가 혁신의 준비 과정이다.

② 혁신의 준비단계에서는 혁신의 방법을 선택하여야 하는데, 크게 점진적 변화와 급진적 변화로 구분할 수 있다.

③ 점진적 변화는 조직의 전략이나 구조 등 근본 체제는 유지하면서 환경이 변화하는 대로 적응해 가면서 점진적, 진화적으로 변화하는 방법으로 리스트럭처링과 같은 변화를 의미한다.

④ 급진적 변화는 조직의 구조나 전략을 변화하며 근본적, 혁명적인 변화를 시도하는 방법으로, 제품의 생산, 기능 중심의 업무 프로세스를 고객 중심으로 변화시키는 등의 리엔지니어링과 같은 변화의 방법이다. 급격한 변화는 기존에 형성된 역할분담관계, 공동 규범의 해체로 비공식적 상호관계, 조직 응집력이 약화되기 때문에 제반 여건을 고려한 혁신의 속도 조절이 필요하다.

2. 추진단계

① 혁신의 추진에서 가장 중요한 것은 최고경영자의 확고한 의지를 기반으로 하여야 한다는 점으로, 혁신을 추진하는 담당자들이 조직원들의 혁신에 대한 저항이나, 성공에 대한 불확실성으로 인한 회의를 극복할 수 있도록 최고경영자의 보장과 보상이 필요하다.

② 혁신의 추진단계에서는 혁신의 대상에 전략이 필요한데, 크게 경영활동의 주체와 기반에 대한 혁신과 경영활동 자체에 대한 혁신으로 구분할 수 있다.

③ 경영활동 주체와 기반에 대한 혁신은 최고경영자의 교체로 새로운 최고경영진의 구조와 경영 스타일의 혁신을 도모하는 방법, 새로운 비전의 제시로 새로운 신념과 각오를 전파하는 방법, 조직구조의 혁신으로 새로운 위계 구조나 수평적 조직구조를 만드는 방법, 학습조직의 구축을 통해 새로운 환경에 적응하는 노하우를 확산하는 방법 등이 있고, 경영활동 자체를 혁신하는 방법에는 리엔지니어링을 통한 프로세스의 재설계, 신인사제도를 통한 보상 및 승진체계의 재정립, 전사적 품질관리 방법의 변화를 통하여 생산, 마케팅, 서비스를 품질을 기반으로 통합하는 등의 방법이 있다.

④ 혁신의 추진과정에서는 반드시 경영혁신에 대한 저항의 과정을 겪게 되는데 이는 조직원이 기존의 친숙한 것을 선호하는 인식의 문제를 비롯하여 불확실성에 대한 공포, 기득권의 상실에 대한 우려 등에 의한 자연스러운 현상이므로 교육과 커뮤니케이션을 통해 혁신의 필요성을 알리고 당사자들을 혁신의 의사결정과정과 실천과정에 참여시키면서 협상과 타협을 통해 능동적으로 관리하여야 한다.

제3절 **경영혁신의 방법론과 기법** 기출 14 · 15 · 16 · 19 · 20

1. MBO(Management By Objectives) – 피터 드러커 기출 20 지도 14 · 15 · 19 · 24

① 목표관리제도(MBO)는 각 조직원이 상사와 함께 목표를 설정하고 실행한 후 이에 대한 성과를 함께 평가하는 결과지향적인 평가 방법으로, 단순히 목표 달성의 여부를 평가하는 데 그치지 않고 목표를 통해 조직원을 효율적으로 동기부여시키는 방법이다.

② MBO는 전략실행의 도구로써 조직의 목표와 개인의 목표를 연계하여 실행할 때 조직적 성과가 높아지게 되므로 전략과의 연계성을 확보하는 것이 중요하며, 목표 달성을 위한 구속성과 참여의식을 고취시켜 높은 동기 수준을 유지하게 하는 장점이 있다.

③ 목표의 설정 등의 과정에서 상사와 지속적이 커뮤니케이션을 가능하게 하여 의사소통을 개선하고 일체감을 형성하게 하며, 결과에 대한 공정하고 객관적 보상체계를 구축함으로써 처우 및 보상의 공정성 확보의 기능도 수행한다.

④ MBO의 실행의 핵심은 목표설정의 문제인데, 목표는 구체적이며 측정가능하고, 시기를 정하여 현실적으로 달성 가능한 행동 지향적인 목표를 수립하여야(SMART 목표수립원칙) MBO의 효율성을 극대화 할 수 있다.

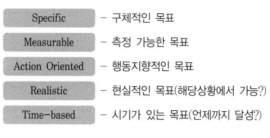

Specific	– 구체적인 목표
Measurable	– 측정 가능한 목표
Action Oriented	– 행동지향적인 목표
Realistic	– 현실적인 목표(해당상황에서 가능?)
Time-based	– 시기가 있는 목표(언제까지 달성?)

[목표관리제도]

2. BSC(Balanced Score Card) – 로버트 케플란 기출 19 지도 16 · 19

① 균형성과평가제도는 기존의 재무적 지표 중심의 성과평가 방식이 회계적 성과에만 근거하고, 회계적 자료의 특성상 과거의 성과지표만을 사용함으로써 미래의 전망이나 장기적 성과예측에는 정확도가 낮음을 개선하기 위해 하버드 대학의 로버트 케플란 교수를 중심으로 개발된 분석기법이다.

② BSC는 기존의 재무적 관점(과거) 외에 고객의 관점(외부), 업무 프로세스 관점(내부), 학습과 성장의 관점(미래)의 4가지 관점으로 균형 잡힌 기준을 통해 기업의 경영을 평가하고 분석함으로써 매출액과 이익률 중심의 기업 성과평가 지표를 다양하게 확장하였다.

③ 구체적 측정을 위해서는 각각의 관점에서의 전략목표를 설정하고 각 전략목표를 달성하기 위해 필요한 주요 성공요인(KSF ; Key Success Factor)을 도출하여 달성 정도를 측정하게 되며, 각각의 관점과 KSF들은 분리되어 있는 것이 아니라 전략적 목표의 달성을 위해 강하게 연관되어 있어야 하는데, 재무적 목표의 달성을 위해서는 고객 측면의 만족도를 높이고, 고객만족을 위해서는 내부적 학습과 연구가 필요한 것과 같이 각 관점이 서로 원인과 결과로 연결되어 있게 구성하여야 한다.

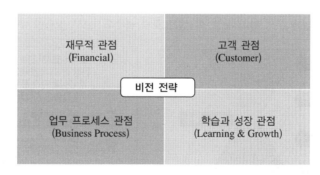

[균형성과평가제도(BSC)]

3. 지식경영(Knowledge Management) – 피터 드러커 지도 16 · 18 · 20 · 24

① 지식경영은 조직 내에 존재하는 지식을 발굴하고 공유하며, 이를 실제 업무에 적용하면서 조직의 문제해결 역량을 향상시킴으로써 경쟁우위를 갖추게 하는 경영혁신의 방법으로, 피터 드러커 교수에 의해 정립되고 노나카 교수에 의해 발전된 이론이다.

② 지식경영에서 지식은 암묵지와 형식지로 구분하는데, 암묵지란 개인의 행동과 머릿속에 체화된 지식으로 구체적으로 표현이 어려운 스킬이나 노하우를 말하며, 형식지란 언어나 부호로 표현이 가능한 지식으로 매뉴얼, 보고서, 책 등이다.

③ 노나카 교수는 암묵지가 형식지로 변화하고 다시 형식지로 변화한 지식이 암묵지로 변화하는 과정을 통해 지식의 상호작용이 일어나고 이를 통해 지적 창조 활동이 이루어진다는 지식창출과정(SECI) 주기 이론을 주장하였다.

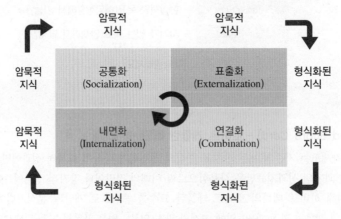

[노나카 교수의 지식창조 프로세스 모델]

4. 블루오션 전략(Blue Ocean Strategy) – 김위찬

① 블루오션 전략은 기업이 성공하기 위해서는 많은 경쟁자들이 비슷한 전략과 상품으로 경쟁하는 시장인 레드오션을 벗어나 경쟁이 없는 독창적인 새로운 시장을 창출하고 발전시켜야 한다는 경영 전략으로, 한국의 김위찬 교수와 르네 모보르뉴 교수가 제시한 이론이다.

② 구체적으로 어떻게 블루오션으로 이동하는가에 대해서는 ERRC 방법론을 제시하였는데, 이는 고객의 관점에서 제거(Eliminate), 감소(Reduce), 증가(Raise), 창조(Create)하여야 할 요소를 진단하고 이를 위해 기존의 사업과 운영 방식 등을 혁신함으로써 블루오션으로 진출할 수 있다고 주장하고 있다.

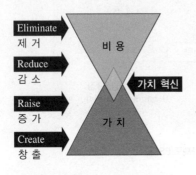

[블루오션 ERRC 그리드 개념도]

5. 6 시그마 – 마이클 해리 [기출 16] [지도 15 · 16 · 24]

① 100만 개의 제품 중 발생하는 불량품이 평균 3.4개의 수준인 6 시그마를 달성하기 위한 품질관리 운동으로 시작하여 기업의 전체 프로세스에 적용할 수 있는 전방위 경영혁신 운동으로 발전한 경영혁신 방법론으로, 마이클 해리 박사에 의해 만들어져 모토로라에서 최초로 도입되었다.

② 6 시그마에서는 문제가 발생하면 DMAIC로 대표되는 정의(Define), 측정(Measure), 분석(Analyze), 개선(Improve), 관리(Control)의 단계를 거치면서 문제를 해결하고 불량의 수준을 낮춰 6 시그마의 기준에 도달하게 하는 방법을 도입하고 있다.

6. 기업 규모의 조정과 관련한 혁신 방법 [기출 14] [지도 14 · 15 · 16 · 18]

(1) 아웃소싱

경비절감을 위해 외부의 인력, 시설, 기술, 자원을 활용하는 방법이다.

(2) 다운사이징

기업의 규모나 사업 규모를 축소하여 위기와 환경 변화에 대응하는 방법이다.

7. 조직, 사업단위 조정에 관한 혁신 방법 [기출 16] [지도 14 · 15 · 16 · 18 · 23]

(1) 리스트럭처링

조직의 경쟁력 강화를 위해 사업단위와 주력사업을 조정하는 혁신 방법이며, 전면적 개편보다는 점진적이며 부분적인 개편을 하는 방법이다.

(2) 리엔지니어링(BPR)

Business Process Reengineering으로도 불리며, 경영환경 변화에 적응하기 위해 조직 구조, 생산방법 등을 근본적으로 재편하는 방법이다. 리스트럭처링이 점진적, 부분적 개편이라면 리엔지니어링은 급진적이며 전방위적인 개편을 말한다.

8. 생산과 운영의 혁신 방법 [기출 24]

(1) 전사적 품질경영(TQM)

고객만족을 목표로 전사적 참여를 통하여 업무프로세스와 시스템을 지속적으로 개선하는 방법이다.

(2) MRP

Material Resource Planning의 약자로, 제조분야에서 자재 수요를 예측하고 자재조달 및 일정관리를 효율화하는 시스템을 구축하는 혁신 방법이다.

(3) ERP

Enterprise Resource Planning의 약자로, 기업 내 생산, 물류, 재무, 회계, 영업, 구매, 재고 등의 프로세스를 통합적으로 연계 관리함으로써 빠르고 투명한 업무 처리를 가능하게 하는 혁신 방법이다.

(4) 공급사슬관리(SCM)

Supply Chain Management의 약자로 공급사슬관리라고도 하며, 원재료, 부품 등 제품의 생산과 유통 등의 모든 공급사슬 단계를 최적화하여 소비자가 원하는 제품을 원하는 시간과 장소에 공급하는 것을 목표로 시스템을 구축하는 혁신 방법이다.

(5) 컨커런트 엔지니어링(CE)

Concurrent Engineering은 동시병행설계 또는 일관화 엔지니어링이라고도 하며, 기존의 설계방식이 기획, 개발, 생산준비 등을 순차적으로 실행하였다면 동시병행설계는 제품의 디자인에서 생산에 이르기까지 각 과정의 작업을 동시에 수행함으로써 리드 타임을 획기적으로 단축시키는 기법이다.

9. 기타의 경영혁신 방법 `지도` `18 · 20`

(1) 벤치마킹

자사의 경쟁력과 효율성을 높이기 위해 경쟁기업, 동종기업의 우수사례를 분석하여 모방하는 혁신 방법이다.

(2) ABC

Activity Based Costing의 약자로 활동기준원가라고도 하는데, 실제의 활동을 기준으로 비용을 추정하여 효과적으로 원가, 비용관리를 하고자 하는 재무적 혁신 방법이다.

기업과 경영전략

01 비즈니스 활동이란 자본과 인력, 원료, 기술과 시설 등을 (   )하여 (   )과정을 거친 (   )인 재화나 서비스를 소비자에게 공급함으로써 이익을 얻는 프로세스를 관리, 운영하는 것을 말한다.

02 미국의 캐롤 교수는 기업의 사회적 책임을 4가지로 분류하여 (   ), (   ), (   ), (   ) 책임으로 체계화 하였다.

03 공동기업은 출자자의 수에 따라 소수공동기업과 다수공동기업으로 구분되는데, 소수공동기업에는 (   ), (   ), (   ) 등이 있다.

04 주식회사는 다수의 투자자를 모집하여 대규모 자금을 동원할 수 있도록 출자액 한도 내에서만 책임을 지는 (   )와 출자단위인 주식을 소액으로 균등화하여 투자와 매매가 간편하도록 한 (   )를 기반으로 하고 있다.

05 주식회사는 의사결정을 하는 (   ), 여기에서 결정된 사항을 집행하는 (   ), 집행 사항들을 감독하는 (   )를 필수적으로 두어야 한다.

06 법에서는 중소기업을 (   ), (   ), (   )에 근거하여 규정하고 있다.

07 프랜차이즈는 본사인 (   )가 가맹점인 (   )에게 본사의 상표, 상호, 로고, 생산과 판매의 노하우 등을 공급하고, 가맹점은 소액의 자본으로 본사의 노하우를 배워 쉽게 점포를 운영하는 형태의 사업체이다.

08 동일 산업 부문에서 자본의 결합을 통해 법적으로 하나의 기업으로 재편하는 기업 집중의 형태로, 카르텔보다 강력한 기업 집중의 형태를 (   )라고 한다.

09 의사결정은 메커니즘에 따라 반복되는 상황에 대한 의사결정으로, 대안이 있고 의사결정도 항상 같은 방식으로 이루어지는 (   )과 일회적인 상황과 예측 불가능한 결과로 창의적 문제해결이 필요한 (   )으로 나눌 수 있다.

10 의사결정은 의사결정을 하는 계층에 따라 경영 전략 전반에 걸친 의사결정을 하는 (   ) 의사결정과 의사결정의 실행을 위해 조직 구조, 자원의 조달 등에 관한 의사결정을 하는 (   ) 의사결정, 세부적인 자원의 효율성 극대화와 세부 계획의 수립에 대한 의사결정인 (   ) 의사결정으로 구분한다.

11 의사결정 모형 중 (   )에 따르면 집단은 장기적 관점의 판단보다는 단기적 해법을 선호하고, 교섭에 의해 최적안을 선택하기보다는 교섭이 없는 차선안을 선택하는 경우가 많으며, 확실한 문제는 전례에 따라 결정하는 등의 의사결정을 하게 된다.

12 (   )이란 지속적인 경쟁우위를 만들어 내는 기업의 능력으로, 기업 내부의 조직 구성원들이 보유하고 있는 기술, 지식, 문화를 포함하는 총체적인 능력을 말하는데, VRIO 모델에서는 경제적 가치, (   ), (   ), 조직내재성을 그 요건으로 정의하고 있다.

13 5 Force Model에서 경쟁요인은 기존 경쟁자, (   ), 구매자의 협상력, (   ), 신규진입자의 위협의 5가지이다.

14 (   )이란 기업이 제품이나 서비스를 생산하는 과정에서 고객에게 가치를 부여할 수 있는 부가가치가 생성되는 과정을 의미한다.

15 포터는 가치사슬 모델에서 물류투입, 생산운영, 물류산출, 마케팅과 판매, 서비스는 (   )으로 인적자원 관리, 연구 개발, 구매조달과 기업의 전반적 운영 관리는 (   )으로 구분하였다.

16 SWOT 분석에 의한 전략은 내부의 강점을 살려 외부의 기회를 포착하는 (   ), 내부의 강점을 기반으로 외부의 위협을 회피하는 (   ), 내부의 약점을 보완하여 외부의 기회를 잡는 (   ), 내부의 약점을 보완하여 외부의 위협을 회피하는 (   )으로 구분된다.

17 포터의 본원적 경쟁전략에서 (   )이란 고객이 원하는 니즈의 충족을 통해 제품과 서비스를 경쟁 기업과 차별화시키는 전략으로, 창의성과 새로운 아이디어 확보, 가시적 성과 등을 중요시 하는 전략이다.

18 BCG 매트릭스는 사업 포트폴리오 분석 기법으로, 현금의 흐름을 기반으로 기업이 현재 처한 상황을 분석하여 처방을 내리기 위해 (   )과 (   )을 기반으로 하여 사업 포트폴리오를 분석한다.

19 엔소프의 제품 – 시장 매트릭스에서 (   )은 기존제품으로 새로운 시장을 개척하는 것으로 지역적인 확장, 새로운 타깃 연령층의 확보 등이 그 방법이 될 수 있다.

20 (   )이란 기업이 목표달성을 위해 해오던 사업과 업무를 새로운 아이디어와 방식으로 바꾸는 것을 말하는데, 넓은 의미로는 환경의 변화에 대응하기 위해 조직이 의도적이고 계획적으로 변화 및 혁신하는 것을 지칭하며, 좁은 의미로는 경영관리과정을 혁신하는 것을 의미한다.

21 (　　　　　)는 각 조직원이 상사와 함께 목표를 설정하고 실행한 후 이에 대한 성과를 함께 평가하는 결과지향적인 평가 방법으로, 단순히 목표 달성의 여부를 평가하는 데 그치지 않고 목표를 통해 조직원을 효율적으로 동기부여시키는 방법이다.

22 BSC는 기존의 재무적 관점 외에 (　　　　　), 업무 프로세스 관점, (　　　　　)의 4가지 관점으로 균형 잡힌 기준을 통해 기업의 경영을 평가하고 분석하는 성과평가기법이다.

23 (　　　　　)은 조직 내에 존재하는 지식을 발굴하고 공유하며, 이를 실제 업무에 적용하면서 조직의 문제해결 역량을 향상시킴으로써 경쟁우위를 갖추게 하는 경영혁신의 방법이다.

정답 check!

01	투입, 변환, 산출물	13	공급자의 협상력, 대체재의 위협
02	경제적, 법적, 윤리적, 자선적	14	가치사슬
03	합명회사, 합자회사, 유한회사	15	본원적 활동, 지원활동
04	유한책임제도, 주식제도	16	SO전략, ST전략, WO전략, WT전략
05	주주총회, 이사회, 감사	17	차별화 전략
06	매출액, 독립성, 업종	18	상대적 시장점유율, 시장성장률
07	Franchisor, Franchisee	19	시장개발 전략
08	트러스트	20	경영혁신
09	정형화된 의사결정, 비정형화된 의사결정	21	목표관리제도(MBO)
10	전략적, 관리적, 업무적	22	고객의 관점, 학습과 성장의 관점
11	카네기 모형	23	지식경영
12	핵심역량, 희소성, 모방불가능성		

01 [기출 23]

☑ 확인Check! ○ △ ✕

다음 특성에 모두 해당되는 기업의 형태는?

> • 대규모 자본 조달이 용이하다.
> • 출자자들은 유한책임을 진다.
> • 전문경영인을 고용하여 소유와 경영의 분리가 가능하다.
> • 자본의 증권화를 통해 소유권 이전이 용이하다.

① 개인기업　　　　　② 합명회사
③ 합자회사　　　　　④ 유한회사
⑤ 주식회사

01

개인 기업은 개인이 운영하므로 소유와 경영이 분리되지 않았고, 합명회사와 합자회사는 무한책임을 지는 출자자가 존재하며, 유한회사는 자본이 증권화 되지 않아 대규모 자본 조달이 어렵다. 보기의 설명은 주식회사의 특징이다.

정답 ⑤

02 [기출 22]

☑ 확인Check! ○ △ ✕

프랜차이즈(franchise)에 관한 설명으로 옳지 않은 것은?

① 가맹점은 운영측면에서 개인점포에 비해 자율성이 높다.
② 가맹본부의 사업확장이 용이하다.
③ 가맹점은 인지도가 있는 브랜드와 상품으로 사업을 시작할 수 있다.
④ 가맹점은 가맹본부로부터 경영지도와 지원을 받을 수 있다.
⑤ 가맹점은 프랜차이즈 비용이 부담이 될 수 있다.

02

가맹점은 가맹점만의 경영방식으로 운영하지 못하고 본사에서 정한 경영방식에 의해 운영되어야 한다.

정답 ①

03 [기출 18] [지도 23]　　　　　☑확인 Check! ○ △ ✕

동종 또는 유사업종의 기업들이 법적, 경제적 독립성을 유지하면서 협정을 통해 수평적으로 결합하는 형태는?

① 지주회사(Holding Company)
② 카르텔(Cartel)
③ 컨글로메리트(Conglomerate)
④ 트러스트(Trust)
⑤ 콘체른(Concern)

04 [지도 23]　　　　　☑확인 Check! ○ △ ✕

주식회사의 특징에 관한 설명으로 옳지 않은 것은?

① 일반대중으로부터 자본을 쉽게 조달할 수 있다.
② 주주총회는 주주의 공동의사를 결정하는 최고의사결정기관이다.
③ 이사회는 회사의 경영전반에 관한 의사결정기관이다.
④ 주식회사는 소유와 경영이 분리되어 있다.
⑤ 주식회사의 주주는 무한책임사원으로 구성된다.

05 [기출 23]　　　　　☑확인 Check! ○ △ ✕

적대적 M&A의 방어전략 중 다음에서 설명하는 것은?

> 피인수기업의 기존 주주에게 일정조건이 충족되면 상당히 할인된 가격으로 주식을 매입할 수 있는 권리를 부여함으로써, 적대적 M&A를 시도하려는 세력에게 손실을 가하고자 한다.

① 백기사(white knight)
② 그린메일(green mail)
③ 황금낙하산(golden parachute)
④ 독약조항(poison pill)
⑤ 왕관보석(crown jewel)

03

① 지주회사 : 다른 회사의 주식을 소유함으로써 사업활동을 지배하는 것을 주된 사업으로 하는 회사
③ 컨글로메리트 : 복합기업, 다종기업이라고도 하며, 서로 업종이 다른 이종기업 간의 결합에 의한 기업형태
④ 트러스트 : 동일 산업 부문에서의 자본의 결합을 축으로 한 독점적 기업결합
⑤ 콘체른 : 법률적으로 독립하고 있는 몇 개의 기업이 출자 등의 자본적 연휴를 기초로 하는 지배·종속 관계에 의해 형성되는 기업결합체

정답 ②

04

회사의 부채에 대하여 무한책임을 지는 무한책임사원으로만 구성된 회사는 합명회사이다.

정답 ⑤

05

① 백기사(white knight) : 적대적 M&A에 맞서는 방어전략으로 우호적인 제3의 백기사에게 기업을 넘겨줌으로써 적대적 인수기업에게 인수실패를 맛보게 하고 향후 재반환 가능성을 높이는 방법
② 그린메일(green mail) : 특정 기업의 일정 지분을 시장에서 사들인 뒤 경영권을 소유한 대주주를 협박하여, 비싼값에 주식을 되파는 방법
③ 황금낙하산(golden parachute) : 적대적 M&A에 맞서는 방어전략으로 기업 인수로 인해 기존 경영진이 퇴사할 경우에 퇴직금 외 거액의 추가보상을 요구하는 방법
④ 독약조항(poison pill) : 적대적 M&A에 맞서는 방어전략으로 적대적 M&A 시도가 있을 때 주주에게 싼값에 회사 주식을 팔거나 비싼 값으로 주식을 회사에 되팔 수 있는 권리 등을 주는 방법
⑤ 왕관보석(crown jewel) : 적대적 M&A에 맞서는 방어전략으로 기업의 가장 중요한 자산을 매각하는 방법

정답 ④

06 기출 21 ☑ 확인Check! ○ △ ✕

다음의 특성에 해당되는 기업집중 형태는?

- 주식 소유, 금융적 방법 등에 의한 결합
- 외형상으로 독립성이 유지되지만 실질적으로는 종속관계
- 모회사와 자회사 형태로 존재

① 카르텔(Cartel)
② 콤비나트(Combinat)
③ 트러스트(Trust)
④ 콘체른(Concern)
⑤ 디베스티처(Divestiture)

06

기업집중 형태 중 콘체른에 대한 특성을 나열하고 있다.

정답 ④

⊕ PLUS

명 칭	내 용
카르텔	기업 상호 간의 경쟁 제한이나 완화를 위하여 동종 또는 유사 산업분야의 기업 간에 결성되는 기업 결합형태(판매 카르텔, 구매 카르텔, 생산 카르텔)
트러스트	동일 산업 부문에서 자본의 결합을 통해 법적으로 하나의 기업으로 재편하는 기업 집중의 형태로, 카르텔보다 강력한 기업 집중의 형태
콘체른	법률적으로 독립하고 있는 기업들이 출자 등의 자본적 연결을 통해 지배 종속 관계를 설정하는 결합형태
컨글로머리트	자사의 업종과 관계없는 이종기업을 매수·합병하여 경영 다각화를 한 복합기업, 다종기업
콤비나트	같은 지역 내 기업들이 생산기술적인 측면에서 결합된 기업결합형태(울산공업단지, 석유화학 콤비나트)
디베스티처	경영성과가 부진하거나 비효율적인 생산라인을 타사에 매각하여 기업의 체질을 개선하고 경쟁력을 향상시키려는 기업집중전략

07 기출 21

☑ 확인Check! ○ △ ✕

캐롤(B. A. Carrol)의 피라미드 모형에서 제시된 기업의 사회적 책임의 단계로 옳은 것은?

① 경제적 책임 → 법적 책임 → 윤리적 책임 → 자선적 책임
② 경제적 책임 → 윤리적 책임 → 법적 책임 → 자선적 책임
③ 경제적 책임 → 자선적 책임 → 윤리적 책임 → 법적 책임
④ 경제적 책임 → 법적 책임 → 자선적 책임 → 윤리적 책임
⑤ 경제적 책임 → 윤리적 책임 → 자선적 책임 → 법적 책임

07

미국 조지아 대학교의 캐롤 교수는 기업의 사회적 책임을 4가지로 분류하여 경제적, 법적, 윤리적, 자선적 책임으로 체계화 하였다.

정답 ①

08 기출 24

☑ 확인Check! ○ △ ✕

캐롤(B. A. Carroll)이 주장한 기업의 사회적 책임 중 책임성격이 의무성 보다 자발성에 기초하는 것을 모두 고른 것은?

```
ㄱ. 경제적 책임
ㄴ. 법적 책임
ㄷ. 윤리적 책임
ㄹ. 자선적 책임
```

① ㄱ, ㄴ   ② ㄴ, ㄷ
③ ㄷ, ㄹ   ④ ㄱ, ㄴ, ㄹ
⑤ ㄴ, ㄷ, ㄹ

08

캐롤 교수가 제시한 기업의 사회적 책임 중 의무의 영역에는 법적 책임과 경제적 책임의 2가지 책임이 포함되고, 윤리경영의 영역에는 윤리적 책임까지가 포함되며, 자선적 책임은 기업이 자율적으로 결정할 수 있는 영역으로 구분하고 있다.

정답 ③

➕ PLUS

기업의 사회적 책임(CSR) 피라미드 모형

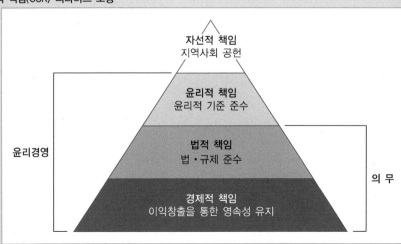

09 기출 20 ☑ 확인 Check! ○ △ ✕

(주)한국은 정부의 대규모 사업에 참여하면서 다수 기업과 공동출자를 하고자 한다. 이 전략유형에 해당하는 것은?

① 우회전략(Turnaround Strategy)
② 집중전략(Concentration Strategy)
③ 프랜차이징(Franchising)
④ 컨소시엄(Consortium)
⑤ 포획전략(Captive Strategy)

09

① 우회전략 : 경쟁자가 존재하는 시장에 참여하여 직접적으로 경쟁자와 대결하기보다는 경쟁자가 존재하지 않는 시장을 확보하는 전략을 말한다.
② 집중전략 : 기업의 자원이 한정·제약되어 있는 경우, 전체 세분시장 중에서 특정 세분시장을 목표시장으로 삼아 집중적으로 공략하는 전략을 말한다.
③ 프랜차이징 : 음식점이나 커피숍 등 서비스업종에서 많이 사용하는 전략으로, 모기업의 상표, 제품 및 이미지 등을 사용하는 가맹점이 수익의 일정 부분을 사용료 명목으로 모기업에 제공하는 계약을 말한다.
④ 컨소시엄 : 공동의 목적을 위해 다수 기업 또는 단체가 공동으로 자원을 투입하는 전략을 말한다.
⑤ 포획전략 : 경쟁기업이 한 곳에 집중하지 못하도록 여러 곳에 투자 및 홍보 등을 하여 그 기업의 자원집중도를 약화시키는 전략을 말한다.

정답 ④

10 지도 14 ☑ 확인 Check! ○ △ ✕

차별화 전략의 원천에 해당되는 것은?

① 경험효과
② 규모의 경제
③ 투입요소 비용
④ 생산시설 활용도
⑤ 제품의 특성과 포지셔닝

10

차별화 전략이란 경쟁제품과 구별되는 특성을 강조하면서 자사의 제품을 포지셔닝 하는 전략으로, 차별화의 대상은 고품질, 탁월한 서비스, 혁신적 디자인, 기술력, 브랜드 이미지 등 무엇으로든 가능하지만 차별화에 드는 비용을 감당하고도 남을 만큼 제품이나 서비스의 판매가격 면에서 프리미엄을 인정받을 수 있어야 한다.

정답 ⑤

11 기출 18
확인Check! ○ △ ✕

포터(M. Porter)의 경쟁전략 유형에 해당하는 것은?

① 차별화(Differentiation) 전략
② 블루오션(Blue Ocean) 전략
③ 방어자(Defender) 전략
④ 반응자(Reactor) 전략
⑤ 분석자(Analyzer) 전략

11
포터의 본원적 경쟁전략

		경쟁우위	
		원 가	차별화
경쟁범위	전체 시장	Cost Leadership (원가우위)	Differentiation (차별화)
	좁은 영역	Cost Focus (원가 집중화)	Focused Differentiation (차별적 집중화)

정답 ①

12 기출 17
확인Check! ○ △ ✕

제품/시장 매트릭스(product/market matrix)에서 신제품을 가지고 신시장에 진출하는 성장전략은?

① 다각화 전략
② 제품개발 전략
③ 집중화 전략
④ 시장침투 전략
⑤ 시장개발 전략

12
제품/시장 매트릭스

	기존 제품	신 제품
기존 시장	시장 침투 전략 Market penetration strategy	제품 개발 전략 Product development strategy
신 시장	시장 개발 전략 Market development strategy	다각화 전략 Diversification strategy

정답 ①

13 기출 23

☑ 확인 Check! ○ △ ✕

다음 BCG 매트릭스의 4가지 영역 중, 시장성장률이 높은(고성장) 영역과 상대적 시장점유율이 높은(고점유) 영역이 옳게 짝지어진 것은?

> ㄱ. 현금젖소(cash cow)
> ㄴ. 별(star)
> ㄷ. 물음표(question mark)
> ㄹ. 개(dog)

	고성장	고점유
①	ㄱ, ㄴ	ㄴ, ㄷ
②	ㄱ, ㄴ	ㄴ, ㄹ
③	ㄱ, ㄹ	ㄱ, ㄴ
④	ㄴ, ㄷ	ㄱ, ㄴ
⑤	ㄴ, ㄷ	ㄱ, ㄷ

13

BCG 매트릭스에서 시장성장률이 높은 영역은 별(star)과 물음표(question mark)이고, 상대적 시장점유율이 높은 영역은 현금젖소(cash cow)와 별(star)이다.

정답 ④

14 기출 16

☑ 확인 Check! ○ △ ✕

보스턴 컨설팅 그룹(BCG)의 사업 포트폴리오 매트릭스에 관한 설명으로 옳은 것은?

① 산업의 매력도와 사업의 강점을 기준으로 분류한다.
② 물음표(Question Mark)에 속해 있는 사업단위는 투자가 필요하나 성장가능성은 낮다.
③ 개(Dog)에 속해 있는 사업단위는 확대전략이 필수적이다.
④ 별(Star)에 속해 있는 사업단위는 철수나 매각이 필수적이다.
⑤ 자금젖소(Cash Cow)에 속해 있는 사업단위는 수익이 높고 안정적이다.

14

BCG 매트릭스는 상대적 시장점유율과 시장성장률을 기준으로 사업 포트폴리오를 구분하며, 물음표(Question Mark)에 속해 있는 사업단위는 상대적으로 높은 시장성장률을 가지나, 시장점유율이 낮고, 개(Dog)에 속해 있는 사업단위는 시장성장률과 시장점유율이 모두 낮아 철수가 요구된다. 별(Star)에 속해 있는 사업단위는 상대적으로 높은 시장점유율과 시장성장률로 성공사업을 의미하며, 자금젖소(Cash Cow)에 속해 있는 사업단위는 수익이 높고 안정적인 사업으로 판단할 수 있다.

정답 ⑤

15 기출 20

☑ 확인 Check! ○ △ ×

포터(M. Porter)의 가치사슬(Value Chain)모델에서 주요활동
(Primary Activities)에 해당하는 것은?

① 인적자원관리　　　　② 서비스
③ 기술개발　　　　　　④ 기획·재무
⑤ 법률자문

16 기출 21

☑ 확인 Check! ○ △ ×

GE/맥킨지 매트릭스(GE/McKinsey matrix)에서 전략적 사업부
를 분류하기 위한 두 기준은?

① 산업매력도 - 사업단위 위치(경쟁력)
② 시장성장률 - 시장점유율
③ 산업매력도 - 시장성장률
④ 사업단위 위치(경쟁력) - 시장점유율
⑤ 시장점유율 - 가격경쟁력

15

포터의 가치사슬모델
• 본원적 활동(주요활동) : 입고, 운영, 출고, 마케팅·판
  매, 서비스
• 지원활동(보조활동) : 인프라(법, 기획·재무, 회계, 품
  질관리 등), 인적자원관리, 기술개발, 조달

정답 ②

16

GE/Mckinsey 매트릭스에서 사업 포트폴리오의 구분 기
준은 내부 사업단위의 강점(경쟁력)과 산업 자체의 매력
도이다.

정답 ①

➕ **PLUS**

GE/맥킨지 매트릭스의 구분 기준과 전략유형

산업 매력 도	높음	유지, 방어 최대한 성장투자 경쟁력 유지 노력	성장을 위한 투자 선도자에 도전 선택적 경쟁력 강화 취약부문 보완	선택적 성장투자 강점이용 전문화 약점보완책 모색 성장가망 없으면 철수
	중간	선택적 성장투자 유망시장 집중투자 경쟁대응능력 배양 생산성 향상을 통한 수익성 강화	선택적 수익관리 현 프로그램 보호 수익성 높고, 위험 적은 부문에 집중투자	제한적 확장, 추수 위험 적은 확장 모색 투자제한 및 영업합리화
	낮음	유지, 초점 조정 단기수익 위주관리 매력부문에 집중 현 위치의 방어	수익성 경영 수익성 좋은 부문에서의 위치방어 제품고급화 투자최소화	전환, 철수 값 좋을 때는 매도 고정투자 피하고 추가투자 회피
		높음	중간	낮음

사업강점(경쟁력)

17 지도 23

☑ 확인Check! ○ △ ✕

브레인스토밍(brainstorming)에 관한 특징으로 옳지 않은 것은?

① 아이디어의 양보다는 질 우선
② 다른 구성원의 아이디어에 대한 비판 금지
③ 조직구성원의 자유로운 제안
④ 자유분방한 분위기 조성
⑤ 다른 구성원의 아이디어와 결합 가능

17

브레인스토밍은 리더가 제시하는 하나의 사안에 대해 연상되는 아이디어를 무작위로 제공, 질보다 양을 중시하는 방법이다.

정답 ①

18 기출 19

☑ 확인Check! ○ △ ✕

균형성과표(Balanced Score Card)에 해당하지 않는 것은?

① 고객 관점
② 내부프로세스 관점
③ 사회적 책임 관점
④ 학습과 성장 관점
⑤ 재무 관점

18

BSC는 기존의 재무적 관점 외에 고객의 관점, 업무 프로세스 관점, 학습과 성장의 관점의 4가지 관점으로 균형잡힌 기준을 통해 기업의 경영을 평가하고 분석하였다.

정답 ③

➕ PLUS

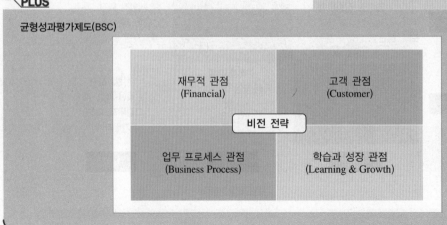

균형성과평가제도(BSC)

재무적 관점 (Financial)	고객 관점 (Customer)
비전 전략	
업무 프로세스 관점 (Business Process)	학습과 성장 관점 (Learning & Growth)

19 기출 20

☑ 확인Check! ○ △ ✕

MBO에서 목표 설정 시 SMART원칙으로 옳지 않은 것은?

① 구체적(Specific)이어야 한다.
② 측정 가능(Measurable)하여야 한다.
③ 조직목표와의 일치성(Aligned with Organizational Goals)이 있어야 한다.
④ 현실적이며 결과지향적(Realistic and Result-oriented)이어야 한다.
⑤ 훈련 가능(Trainable)하여야 한다.

20 기출 16

☑ 확인Check! ○ △ ✕

다음에서 설명하는 경영혁신 기법으로 옳은 것은?

> 통계적 품질관리를 기반으로 품질혁신과 고객만족을 달성하기 위하여 전사적으로 실행하는 경영혁신 기법이며, 제조과정뿐만 아니라 제품개발, 판매, 서비스, 사무업무 등 거의 모든 분야에서 활용 가능하다.

① 학습조직(Learning Organization)
② 다운사이징(Downsizing)
③ 리스트럭처링(Restructuring)
④ 리엔지니어링(Reengineering)
⑤ 6 시그마(Six Sigma)

19

목표관리제도

Specific	– 구체적인 목표
Measurable	– 측정 가능한 목표
Action Oriented	– 행동지향적인 목표
Realistic	– 현실적인 목표 (해당상황에서 가능?)
Time-based	– 시기가 있는 목표 (언제까지 달성?)

정답 ⑤

20

① 학습조직(Learning Organization) : 조직구성원이 학습할 수 있는 기회와 자원을 제공하고, 학습결과에 따라 지속적인 변화를 이루는 것
② 다운사이징(Downsizing) : 불필요한 인원 및 경비를 축소하여 낭비되는 요소를 제거하는 것
③ 리스트럭처링(Restructuring) : 한 기업이 여러 사업을 보유하고 있는 경우, 미래 변화를 예측하여 사업구조를 점진적으로 개혁하는 것
④ 리엔지니어링(Reengineering) : 기업의 체질 및 구조와 경영방식을 급진적, 근본적으로 재설계하여 경쟁력을 확보하는 것

정답 ⑤

PART 1
PART 2
PART 3
PART 4
PART 5
PART 6
PART 7
PART 8
PART 9

21 지도 23 ☑ 확인 Check! ○ △ ✕

리스트럭처링(restructuring)에 관한 특징으로 옳지 않은 것은?

① 무능한 경영자의 퇴출
② 업무프로세스, 절차, 공정의 재설계
③ 미래지향적 비전의 구체화
④ 비관련사업의 매각
⑤ 전사적 차원으로 진행

22 기출 22 ☑ 확인 Check! ○ △ ✕

앤소프(H. I. Ansoff)의 제품–시장 확장전략 중 기존제품으로 기존시장의 점유율을 확대해 가는 전략은?

① 원가우위 전략
② 시장침투 전략
③ 시장개발 전략
④ 제품개발 전략
⑤ 다각화 전략

23 기출 22 ☑ 확인 Check! ○ △ ✕

포터(M. Porter)의 산업구조분석 모형에서, 소비자 관점의 사용용도가 유사한 다른 제품을 고려하는 경쟁분석의 요소는?

① 산업내 기존 경쟁업체 간 경쟁
② 잠재적 경쟁자의 진입 가능성
③ 대체재의 위험
④ 공급자의 교섭력
⑤ 구매자의 교섭력

24 기출 24

☑ 확인Check! ○ △ ✕

포터(M. Porter)의 산업구조분석 모형에 관한 설명으로 옳지 않은 것은?

① 산업 내 경쟁이 심할수록 산업의 수익률은 낮아진다.
② 새로운 경쟁자에 대한 진입장벽이 낮을수록 해당 산업의 경쟁이 심하다.
③ 산업 내 대체재가 많을수록 기업의 수익이 많이 창출된다.
④ 구매자의 교섭력은 소비자들이 기업의 제품을 선택하거나 다른 제품을 구매할 수 있는 힘을 의미한다.
⑤ 공급자의 교섭력을 결정하는 요인으로는 공급자의 집중도, 공급물량, 공급자 판매품의 중요도 등이 있다.

24

포터는 5 Force Model을 통해 산업구조를 분석하면서 공급자나 구매자의 협상력이 강할수록 산업의 경쟁은 강화되고 수익성은 떨어지게 되며 대체재나 신규진입자의 위협이 클수록 경쟁은 심화되고 수익성이 하락하는 산업의 구조를 가지게 된다고 주장하였다.

정답 ③

25 지도 16

☑ 확인Check! ○ △ ✕

일본의 지식 경영학자인 노나카(I. Nonaka)의 지식변환 과정에서 형식지에서 암묵지로의 전환은?

① 자본화(Capitalization)
② 연결화(Combination)
③ 외부화(Externalization)
④ 내면화(Internalization)
⑤ 사회화(Socialization)

25

지식변환과정에서 형식지에서 암묵지로의 전환을 내면화라고 한다.

정답 ④

➕ PLUS

노나카 교수의 지식창조 프로세스 모델

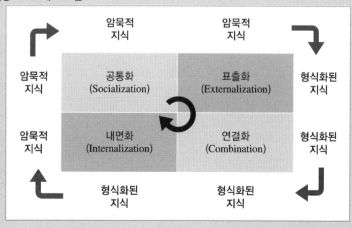

PART 03

조직행동론

---

1. 경영학이란?

경영학을 경영현상을 이해하는 학문이라고 정의한다면 경영은 해당 기업이 보유하고 있는 한정된 자원을 최적으로 배분하여 기업의 목적을 달성하는 것이라고 이해할 수 있고, 조직행동론은 이러한 기업의 목표 달성을 위하여 조직 내의 구성원들의 인간 행동을 과학적으로 연구하고 이해하는 학문 분야이다.

2. 조직행동론의 개념과 수준

(1) 조직행동론

조직행동론은 조직의 목적을 달성하기 위해 조직 내에 있는 개인에 대한 문제를 이해하려는 측면의 연구이다. 일반적으로 개인은 개인의 욕구를 충족시키는 동시에 조직의 목표달성에 공헌하려는 의지를 가지고 조직에 참여하게 되는데, 다양한 개인들의 욕구를 충족시키면서 동시에 조직의 목표 달성에 어떻게 기여하게 할 것인가가 주된 관심사가 된다.

(2) 조직행동론의 수준

기업 내의 인간들의 행동은 개인 수준, 집단 수준, 조직 수준의 행동으로 구분할 수 있으며 이러한 개인, 집단, 조직 수준을 통하여 인간들의 행동 패턴을 분석하고, 이러한 행동들이 조직의 성과와 효율성에 어떻게 영향을 미치는지를 연구하는 학문이 조직행동론이다.

구 분	내 용
개인 수준에서의 행동	성격, 가치관, 지각, 학습, 태도, 동기부여 등
집단 수준에서의 행동	집단 행동, 상호작용(의사소통, 의사결정), 리더십(상호작용을 통해 발생), 갈등관리 등
조직 수준에서의 행동	조직설계(조직구조), 조직문화(조직의 상호작용을 통해 생성), 조직개발(조직은 존속을 위해 발전해야 함), 변화관리 등

(3) 개인행동 형성의 접근법

① 행동주의 접근법 : 사람의 행동에는 환경이 유일한 변수이기에 일정한 행동이 발생하는 환경을 반복해서 제공하는 파블로프의 실험과 같은 강화적(행동주의적) 접근법이 발생하였다. 행동주의 접근은 관찰할 수 있는 행동에 초점을 맞추며, 행동이 환경에 의해 어떻게 형성되고 수정되는지를 연구하여 인간의 행동을 예측하고 통제하는 것이 목표이다.

② 인지적 접근법 : 행동주의적 접근법에 근거하여 동일한 환경을 제공하였는데도 인간에게는 항상 동일한 행동이 나타나지 않음으로 사람을 변수로 보는 관점이 생기게 되었고, 이에 근거한 인지적 접근법이 발생하였다. 인지적 접근은 기억, 사고, 문제 해결, 언어, 의사결정 등의 인간의 정신 과정을 이해하는 데 중점을 두며, 인간의 행동은 이러한 인지적 과정에 의해 결정된다고 판단한다.

③ 절충적 접근법 : 절충적 접근은 <u>사람과 환경을 같이 고려하는</u> 접근법으로 단일이론이나 모델에만 의존하지 않고, 행동주의, 인지주의, 정신분석, 인본주의 등 다양한 접근을 통합하여 개인의 행동을 이해하고 설명하면서 개인의 문제나 상황에 맞는 개별화된 최적의 해결책을 찾으려고 노력한다.

제2절　조직의 개념과 기능

1. 조직의 개념

조직이란 <u>2명 이상의 사람</u>이 <u>공통의 목적</u>을 가지고 지속적으로 <u>상호작용</u>을 하는 <u>협동체계</u>(집단)로 두 개 이상의 집단이 지속적인 상호작용을 하는 것을 조직이라고 할 수 있다.

2. 조직의 특성

① 인간의 집단 : 조직은 과업 자체보다는 과업을 수행하는 사람을 주체로 하고 있다.
② 공동의 목표 : 조직은 개인으로는 달성 불가능한 목표를 달성하기 위해 형성된다.
③ 체계화된 구조와 유기적 작용 : 조직은 목표 달성을 위해 개인의 행동을 통제하고 조정하는 일련의 절차와 구조로 되어 있으며, 이 구조와 절차는 구성원의 유기적 상호작용과 조직원들의 행동을 통제하는 기준이 된다.
④ 환경적응과 조직의 경계 : 조직은 외부환경과 상호작용을 하는 개방시스템으로 구성되어 있지만 외부환경과 구분되는 경계와 활동 영역이 존재한다.

3. 조직의 기능

(1) 조직의 순기능

① 목표 달성 : 조직은 명확한 구조와 시스템을 가지고 있어 목표를 효과적으로 달성할 수 있게 한다.
② 효율성 증대 : 조직은 자원과 인력을 최적화하여 효율적인 운영이 가능하게 한다.
③ 역할 분담과 전문성 강화 : 조직은 각 구성원의 역할과 책임이 명확히 정의되어 있어 역할을 분담하고 전문성을 강화하게 된다.
④ 조정과 통제 : 조직은 자체의 시스템을 통해 조직 내 활동이 조정되고 통제되어 혼란 없이 운영이 되도록 한다.
⑤ 혁신과 발전 : 조직은 지속적인 학습과 혁신을 통해 발전이 가능하다.
⑥ 이외에도 재화와 서비스의 생산과 개인의 삶과 사회환경에 다양한 긍정적 영향을 미칠 수 있다.

(2) 조직의 역기능

① 관료주의와 비효율성 : 조직이 지나치게 복잡한 절차와 규정을 가지게 되면 이에 따라 의사결정이 지연되거나 비효율성이 발생할 수 있다.
② 갈등과 스트레스 : 조직 내의 각 구성원에 대한 역할과 책임이 명확하지 않거나, 지나친 경쟁이 존재할 경우 갈등과 스트레스가 증가할 수 있다.
③ 창의성 저해 : 지나치게 경직된 구조와 규율은 조직 구성원들의 창의성과 자율성을 억압할 수 있다.
④ 정보 왜곡 : 정보가 조직 내에서 정확하게 전달되지 않거나 왜곡될 수도 있다.

⑤ **목표와 가치의 불일치** : 조직의 목표와 구성원의 개인적 목표가 불일치할 경우 동기 부여가 저하될 수 있다.

⑥ **비용의 증가** : 조직 자체를 유지하기 위한 간접비용이 발생하고, 조직 속에서 제도와 인간관계 등으로 인한 상처와 갈등으로 인한 심리적인 비용도 발생하는 등 전반적으로 조직은 비용을 증가시키게 된다.

⑦ 필요에 의해 조직이 생겨났지만 예상치 못한 결과를 초래하기도 하여 조직의 비효율로 인한 사회적 부조리와 피해 등을 유발하는 <u>조직 활동의 부산물</u>이 생겨나기도 하고, 개인 수준에서 수행하기 어려운 반사회적 행동도 조직을 통해서는 실행되기도 하는 등의 <u>반사회적 조직</u>이 발생하기도 한다.

제3절 조직과 목표

1. 조직의 목표

조직의 목표는 집합체로서의 조직이 달성하고자 하는 바람직한 상태를 의미하며, 조직의 목표는 조직행동의 방향을 정하고 현재 활동에 실질적 영향을 미치게 되므로 조직의 행동과 성과를 이해하고 분석하는 데 핵심적인 요소가 된다.

2. 조직 목표의 기능

(1) 조직행동의 기준과 방향을 제시

조직의 목표는 미래지향적이므로 방향성이 존재하고 목표를 달성하기 위한 행동 근거를 제시함으로 행동의 기준을 제공하며 이를 통해 합법성과 정당성을 확보할 수 있다.

(2) 조직 유효성(효과성)의 평가 기준으로 작동

효과적인 조직이란 조직 목표의 달성 정도가 높은 조직을 말하기 때문에 조직의 목표는 각 조직의 효과성을 평가하기 위한 기준으로 작동한다.

(3) 조직구성원들에 대한 동기부여의 원천

개인들의 동기부여를 위해서는 조직구성원들의 자발적 참여가 필수적이며, 조직 목표와 조직구성원의 목표가 일치하면 조직 구성원들의 동기가 부여된다.

(4) 내부 갈등의 조정

조직 목표는 공통의 방향을 제시하고 역할과 책임을 명확하게 하며, 의사결정의 기준을 제시함으로써 내부 갈등을 조정하는 기능을 수행한다.

3. 개인목표와 조직목표의 통합

(1) 교환모형(Exchange Model)

교환모형은 개인과 조직 간의 <u>상호 이익 교환</u>을 기반으로 한다. 조직은 개인에게 목표 달성을 위한 자원과 인센티브를 제공하여 개인이 조직의 목표 달성에 기여하게 한다. 이때 목표는 개인과 조직 모두가 상호 이익을 얻을 수 있는 목표가 설정되어야 하며, 이를 위해 목표 달성에 대한 명확한 보상 체계를 갖추고 있어야 한다. 또한 조직은 개인이 목표를 달성할 수 있도록 필요한 자원을 지원하여야 한다.

(2) 교화모형(Socialization model)

교화모형은 조직이 개인의 목표와 가치관을 조직의 목표와 일치시키도록 교화하는 접근 방식이다. <u>조직의 목표와 가치관을 개인에게 주입하여 조직목표달성에 도움이 되는 행동을 가치 있는 행동으로 인식하게 하고,</u> 그렇지 않은 행동은 가치 없는 행동으로 인식하게 하여 개인의 목표를 조직의 목표에 맞추도록 유도하는 방식이다. 이를 위해 개인의 가치관과 목표를 조직의 가치관과 목표에 일치하도록 교육하여 조직 내에서 공통된 가치관과 목표를 형성하게 하는데 이는 조직 문화를 형성하는 과정이므로 장기적인 시간이 필요하게 된다.

(3) 수용모형(Accommodation model))

수용모형은 조직이 조직목표를 수립하고 조직목표의 달성방법과 절차를 결정할 때 각 개인의 목표를 고려하고 이를 <u>수용함으로써 두 목표를 통합</u>하는 접근 방법이다. 가장 현대적인 모형이며 조직의 목표 설정과 의사결정과정에 개인을 참여시키게 된다.

제4절	조직이론의 발전과정

1. 조직이론의 개념

조직이론은 조직의 구조, 기능, 행동 등을 이해하고 분석하는 연구 분야로 이를 통해 조직이 어떻게 작동하고, 어떻게 효율성을 높일 수 있으며, 조직 내 사람들의 행동이 조직의 성과에 어떻게 영향을 미치는지를 연구하게 된다.

2. 조직이론의 발전과정

(1) 조직 이론의 흐름

X 이론 ──────────────────────────────────────→ Y 이론					
고전적 조직이론	신고전 조직이론	근대적 조직이론	현대적 조직이론		
과학적 관리론 일반관리론 관료제론	인간관계론 행동과학	협동체계론 통합이론	구조적 상황이론 /시스템이론	조직군 생태학이론 /전략적 선택이론	공동체 생태학 이론

① 조직이론의 초기연구는 테일러의 과학적 관리론과 페이욜의 일반(행정)관리론, 베버의 관료제론 등에서 출발하였다. 이들은 합리성에 기반하여 과학적인 분석, 경영과 관리의 원칙 개발, 효율적인 조직 구조에 대한 연구를 진행하였고, 이를 통해 조직의 효율성을 크게 성장시켰다.

② 그러나 지나치게 효율에 집착한 나머지 인간이 없는 조직이라는 비판을 받게 되었으며, 이에 대한 대안으로서 인간을 중심으로 바라보는 인간관계론이 대두되었다. 인간관계론은 인간의 심리적, 사회적 욕구의 충족이 동기부여에 큰 영향을 미쳐 결국 생산성의 향상으로 이어진다고 주장하였다.

③ 그러나 인간관계론 또한 지나치게 인간적 측면만을 강조하여 조직 없는 인간이라는 비판을 받게 되었고, 조직과 인간을 모두 통합하여 고려하려는 버나드, 사이먼, 폴렛 등의 근대적 조직이론들이 등장하게 되었고, 이는 이후 시스템이론, 상황이론 등 현대적 조직이론으로 발전하게 되었다.

(2) Scott의 분류

스콧은 조직이 외부 환경과 어떻게 상호작용을 하는가(폐쇄적 또는 개방적인 조직)와 인간과 조직의 본질(합리적 또는 자연적)의 2가지 축으로 조직을 구분하였다. 조직의 본질이 자연적이라는 것은 조직이 목표달성보다 조직의 생존이나 조직 내 비공식적, 비합리적 요소에 더욱 중점을 둔다는 의미이다.

환경 인간	폐쇄적	개방적
합리적	〈폐쇄 – 합리적 이론〉 고전적 조직이론 1900~1930	〈개방 – 합리적 이론〉 구조적 상황이론/시스템이론 1960~1970
자연적	〈폐쇄 – 자연적 이론〉 신고전 조직이론 1930~1960	〈개방 – 자연적 이론〉 조직군 생태학이론/공동체 생태학이론/전략적 선택이론/자원의존이론 1970~

02 개인수준의 행동

제1절 인간에 대한 관점

1. 맥그리거의 XY이론 기출 18 · 22   지도 17

맥그리거는 인간을 X형 인간과 Y형 인간으로 구분하였는데, X형 인간은 게으르고 야망이나 책임감이 없으며 무능력하고, 물질적이고 경제적인 것에 동기부여가 되는 인간으로 강제가 필요하며, Y형 인간은 성실하며 자기통제가 가능하고 창조적 능력을 보유하고 있으며 심리, 사회적 요인에 의해 동기부여가 되는 인간으로 판단하였다.

2. 아지리스의 성숙 – 미성숙 이론

아지리스는 인간 본성에 대한 낙관적 견해에 기반하여 인간은 미성숙(소극적, 종속적, 단기적, 수직적)한 상태에서 성숙(적극적, 독립적, 장기적, 수평적)한 상태로 발전하게 되는데, 공식조직의 경직성이 구성원의 미성숙을 조장함으로써 이를 제거하여 조직 구성원을 성숙상태로 변화시켜야 한다고 주장하였다.

제2절 개인행동에 대한 이해

1. 개인행동의 형성요인

개인행동은 개인의 신체적, 정신적 능력과 직무, 조직, 사회, 문화적인 환경에 개인의 지각, 학습, 태도, 동기부여, 성격 등의 심리적인 부분이 복합적으로 작용하여 표출된다.

Behavior = f (Ability, Environment, Person)		
능력변수	환경변수	심리변수
신체, 정신	직무, 조직, 사회, 문화	지각, 학습, 태도, 동기부여, 성격

2. 행태론적 접근법

(1) 행태론적 접근법의 개념

① 개인행동을 연구하는 방법 중 행태론적 접근법이란 외부로부터 관찰 및 측정이 가능한 현상만을 연구대상으로 하는 방법이다.

② 행태론적 접근법에서는 행위에 따른 결과가 상이냐 벌이냐에 따라 행위의 형성과 변화가 이루어진다는 효과의 법칙에 기반하여 보상으로 인하여 일정한 행위가 반복되게 하는 강화를 통하여 행동의 변화를 이끌어 낸다.

(2) 강 화

강화에는 긍정적 강화와 부정적 강화가 있는데, 긍정적 강화는 특정반응을 보이면 보상을 하는 것이며 부정적 강화는 특정반응이 없으면 처벌을 하는 것이다.

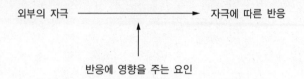

3. 인지적 접근법

① 인지적 접근법은 인간의 행위가 기계적으로 결정된다는 행태론적 접근법에 대하여 반발하며 인간의 내적 정신과정을 강조한 이론으로, 외부의 자극 → 자극으로부터 반응에 이르는 내적 과정 → 자극에 따른 반응 과정으로 행동이 결정된다고 주장한다.

② 행태론적 접근법이 자극에 대한 반응으로 행동이 이루어진다면 인지적 접근법에서는 행동을 결정하는 데 있어서 가장 중요한 요소는 내적 과정임을 주장한다.

제3절　학 습

1. 학습의 의미와 속성

(1) 학습의 의미

학습이란 연습이나 경험의 결과로 나타나는 행위의 비교적 영구적인 변화를 의미한다.

(2) 학습의 속성

학습의 결과는 반드시 행동을 포함하여야 하며 학습에 따른 변화는 지속적이며, 학습을 위해서는 반복적인 연습이나 경험이 필요하다.

2. 학습이론

(1) 행태론적 학습관점

고전적 조건화, 조작적 조건화로 대표되는 이론으로 외부의 자극 → 자극에 따른 반응으로 행위에 따른 결과가 상이냐 벌이냐에 따라 행위의 형성과 변화가 이루어진다고 판단하였다.

(2) 인지론적 학습관점

관찰학습, 인지학습으로 대표되는 이론으로 외부의 자극 → 자극으로부터 반응에 이르는 내적 과정 → 자극에 따른 반응으로 개인의 행위를 결정하는 데 있어 가장 중요한 요소는 내적 심리상태임을 주장하였다.

3. 행태론적 학습과정 <u>지도</u> 17

(1) 자극 – 반응이론

학습은 자극으로부터 어떠한 행위를 이끌어내는 과정으로 판단하였다.

(2) 고전적 조건화(파블로프)

애초에 무관했던 자극에 대한 반응이 학습을 통해 습득하게 된다는 이론이다.
① 음식을 주면(무조건 자극) → 침을 흘린다(무조건 반응)
② 음식을 줄 때 종을 울리는 것을 반복한 후
③ 종을 울리면(조건 자극) → 침을 흘린다(조건 반응)

(3) 조작적 조건화(스키너)

스키너(B. F. Skinner)가 주장한 행동주의 심리학의 이론으로, 어떤 반응에 대해 선택적으로 보상함으로써 그 반응이 일어날 확률을 증가시키거나 감소시키는 방법(능동적 반응)을 제시하였다.

강 화	바람직한 행위 증가	적극적 강화	긍정적 자극을 제공 – 인정, 칭찬
		소극적 강화(도피학습)	부정적 자극을 제거 – 90점 이상 숙제 면제
	바람직하지 않은 행위 감소	소 거	긍정적 자극을 제거 – 휴가 취소
		벌(회피학습)	부정적 자극을 제공 – 해고, 징계

(4) 강화이론

조작적 조건화를 동기부여에 도입하여 행위와 결과의 연결을 통해 바람직한 행위를 촉진하고 바람직하지 않은 행위를 억제시키는 영향력을 연구한 이론으로, 긍정적 자극에 대한 반응인 적극적 강화와 소거를 합성하는 전략이 가장 효과적이라고 판단하였다.

(5) 강화계획 <u>기출</u> 19

① 강화계획이란 강화요인을 어떻게 부여할 것인가에 대한 것으로, 올바른 반응이 나타날 때마다 강화요인을 부여하는 연속 강화법과 바람직한 행위에 대해 간헐적으로 강화요인을 제공하는 단속(부분) 강화법이 있다.
② 가장 이상적이고 효과적인 방법은 연속 강화법이지만 강화요인의 제공 횟수가 많아서 비경제적인 단점을 가지고 있다.
③ 단속 강화법은 다시 고정된 간격이나 비율로 강화요인을 제공하는 고정법과 간격이나 비율을 변동하는 변동법이 있다.

구 분	강화계획 주기	강화계획 방법	행동에 의한 영향
연속적 강화	연속적	목표로 한 바람직한 행동을 할 때마다 보상을 제공하는 방법	새로운 행동을 신속하게 학습하게 만들지만 강화가 중단되면 급속하게 사라짐
단속적 강화	고정 간격법	규칙적 시간차로 강화요인을 제공	강화가 중단되면 급속하게 사라짐
	변동 간격법	불규칙적 시간차로 강화요인을 제공	서서히 사라짐
	고정 비율법	일정 비율/빈도로 강화요인을 제공	조속히 사라짐
	변동 비율법	불규칙적 비율/빈도로 강화요인을 제공	서서히 사라짐

4. 인지론적 학습과정

(1) 인지론적 학습의 개념

조건에 대한 반응으로 학습이 이루어지는 것이라는 행태론적 학습과정에 대한 반발로 인간의 내적 인지과정을 고려하여 학습과정을 설명하는 이론이다.

(2) 관찰학습과 인지학습

관찰학습	타인의 행위를 보거나 행위의 결과를 평가함으로써 그 행위를 학습
인지학습	연습, 보상의 경험 없이 개념, 이론을 학습함으로써 바람직한 결과가 나올 수 있는 행위를 인식, 학교에서 이루어지는 대부분의 학습방법

제4절　태도

1. 태도의 의미와 중요성

(1) 태도의 의미

어떤 자극이나 대상에 대해 특정한 반응을 보이려는 정신적 준비상태를 태도라고 하고, 태도는 지속적인 성향을 가지며 특정 대상에 대해 가지는 감정이나 신념과 관련되어 있는 개인의 학습된 행동을 말하는데, 가치관보다는 범위가 좁고, 가치관과는 달리 도덕적인 판단을 포함하지 않는다.

(2) 태도의 중요성

① 태도는 개인이 어떤 자극이나 대상에 대해 보이는 반응에 관한 정보를 제공하여 개인의 행위와 관련한 중요한 정보를 제공하여 준다.
② 강화이론적 관점에서는 행위를 통해 태도를 추론 가능하다고 판단하고 있으며, 인지적 관점에서는 태도가 행위에 영향을 미친다고 판단하고 있다.

2. 태도의 구성요소 기출 19

태도는 인지적 요소, 정서적 요소, 행동적 요소로 구성되어 있다.

인지적 요소 (Cognitive Component)	특정 대상에 대해 인간이 가지고 있는 지식, 지각, 아이디어 및 신념 등을 말함
정서(감정)적 요소 (Affective Component)	개인이 특정 대상에 대해 가지는 주관적 감정과 관련된 요소 → '좋고 나쁨' 등
행동(행위)적 요소 (Behavioral Component)	태도와 일치하도록 행동하려고 하는 경향, 개인이 대상에 대해 특정 방식으로 행동하려는 경향과 그에 관련된 요소를 말함

3. 태도의 기능

태도의 기능은 <u>도구적 기능</u>, 자기방어적 기능, 자기표현적 기능, 환경인식적 기능을 수행한다.

도구적 기능	자기방어적 기능	자기표현적 기능	환경인식적 기능
행위자가 욕구의 바람직한 상태를 달성하도록 하는 기능	불안, 위협에서 벗어나 자아를 보호하려는 기능	타인에게 자신을 표현함으로써 자아정체성을 강화하는 기능	외부환경이나 대상을 이해하고 해석하는 기준으로서의 기능

4. 태도변화 이론

행동의 변화를 일으키기 위해서는 태도의 변화가 필요한데, 태도의 변화에 관하여서는 여러 가지 이론들이 존재한다.

(1) 행동주의이론

'자극 – 반응'의 학습원리에 의해 개인 태도를 변화시킬 수 있다는 이론으로, 자극을 위해 설득, 이익 부여(강화이론) 등의 방법을 사용한다.

(2) 장의 이론(K. Lewin)

레빈은 개인의 심리상태인 태도는 고정되어 있는 것이 아니라 <u>억제하는 힘</u>(피로, 집단의 작업규범, 반발심)과 <u>촉진하는 힘</u>(일을 좋아함, 보상, 강압)의 균형에 따라 변동되는 것이기 때문에 촉진하는 힘을 강화시킴으로써 태도를 변화시키고 이에 따라 행동도 변화시킬 수 있다고 주장하였다.

(3) 인지부조화 이론

사람들은 자신의 신념과 행동이 불일치하면 <u>인지부조화</u>가 발생하게 되는데, 인지부조화의 불안정상태로부터 벗어나기 위해 태도의 변화가 촉발된다고 판단하였다.

5. 태도변화의 과정

레빈은 태도변화가 태도형성이라는 동결상태에서 '해빙 → 변화 → 재동결'이라는 과정을 거쳐 이루어진다고 설명하였는데 그 구체적 내용은 아래와 같다.

(1) 해빙(Unfreezing)

변화를 위해 먼저 기존의 동결된 태도의 변화에 대한 동기유발

(2) 변화(Change)

① 순종 : 부정적 반응이 줄어들고 긍정적 반응이 증가
② 동일화 : 유발된 태도가 자아의 일부분 형성
③ 내면화 : 유발된 태도와 행위가 가치관과 일치

(3) 재동결(Refreezing)

새로 획득된 태도, 지식 및 행위가 개인의 성격으로 통합, 고착화 되는 과정

1. 성격의 개념

성격이란 외부의 환경조건에 관계없이 비교적 장기적으로 일관되게 행위특성에 영향을 미치는 한 개인의 독특한 심리적 자질들의 총체를 의미하며, 타인과 구별되는 그 사람만의 독특함(Uniqueness)과 환경조건에 관계없이 장기간 지속적인 일관성(Consistency)을 가지고 있다. 이러한 성격은 선천적 요인과 후천적 요인 (상황적, 문화적, 사회적)에 의하여 결정된다.

2. 성격의 유형

(1) 성격의 분류

Myers-Briggs Type Indicator(MBTI)는 마이어스 브릭스 부녀가 개발한 성격 진단 방법으로, 100여 개의 질문을 통해 개인의 성격을 16개의 유형으로 분류하였다.
① 외향 vs 내향 - 외부환경 vs 내부세계
② 감각 vs 직관 - 사실정보 vs 연관규명
③ 사고 vs 감정 - 논리분석 vs 가치와 믿음
④ 판단 vs 지각 - 계획, 순차 vs 유연, 자발

(2) Big 5 모델 기출 15·23

Big 5 모델은 우수한 직무성과를 내는 사람들의 특징을 분석하여 직무성과를 예측할 수 있는 성격 유형 모델로 우수한 직무성과를 내는 5가지의 성격 요인은 아래와 같다.

외향성 (Extroversion)	• 다른 사람과의 사교, 자극과 활력을 추구하는 성향 • 사회적 관계 속에서 편안함을 느끼는 정도
친화성 (Agreeableness)	타인에게 반항적이지 않고 협조적이며 존중하는 개인의 성향
성실성 (Conscientiousness)	• 목표를 성취하기 위해 꾸준히 노력하는 성향 • 사람의 신뢰성 정도, 성과와 관련
정서적 안정성 (Emotional Stability)	• 스트레스에 대처하는 개인의 능력 • 감정의 양 극단을 오가는 정도
개방성 (Openness to Experience)	새로운 것에 호기심을 갖고 매료되는 정도

3. 조직행동과 성격특성 기출 21

개인이 가지고 있는 통제위치, 자기감시성향, 위험감수성향 등의 개인의 성격에 따라 조직 내의 행동 방식은 다르게 나타난다.

통제위치	• 스스로 운명을 통제할 수 있다고 믿는 정도 • 내재론자 : 자신의 운명을 스스로 통제 • 외재론자 : 자신의 운명이 외부의 힘에 의해 결정
자기감시성향	• 외부의 상황적 조건의 변화에 잘 적응하는 사람 • 다른 사람들의 행동에 매우 높은 주의를 기울임 • 타인의 행동에 맞추어 행동하는 일을 잘하는 성향
위험감수성향	위험을 감수하려는 의지를 말함
회복 탄력성	크고 작은 다양한 역경과 시련, 실패에 대한 인식을 도약의 발판으로 삼아 더 높이 뛰어오르는 마음의 근력
자기효능감	어떤 상황에서 적절한 행동을 할 수 있다는 자신에 대한 기대와 신념
마키아벨리즘(Machiavellism)	자신의 목표를 달성하기 위해 다른 사람을 이용하거나 조작하려는 성향
A형 성격	• A형 : 성격은 참을성이 없고 경쟁적(적대적)이며 성취에 대한 욕망이 크며 완벽주의로 특징지어짐 • B형 : 느리고 태평한 성격 • C형 : 친절, 희생적 성격

4. 핵심자기평가 기출 24

핵심자기평가(Core Self-Evaluations, CSE)는 자기 자신에 대한 근본적인 평가와 신념을 의미하며, 자기존중감, 통제 소재, 일반화된 자기효능감, 신경증(정서적 안정성) 등 4가지의 개인적 성격 특성들로 구성되어 있다. 높은 핵심자기평가를 가진 사람들은 일반적으로 더 높은 직무 만족도와 직무 성과를 보이며 스트레스 상황에서도 더 잘 대처하는 경향이 있다고 알려져 있다.

항 목	내 용
자기존중감 (Self-Esteem)	개인이 자신을 가치 있고 중요한 존재로 느끼는 정도로 높은 자존감은 자신에 대한 긍정적 평가를 의미하며, 이는 자신감을 높이고 스트레스 상황에서도 긍정적인 태도를 유지하는 데 도움이 된다.
일반화된 자기효능감 (Generalized Self-Efficacy)	개인이 다양한 상황에서 필요한 행동을 성공적으로 수행할 수 있는 능력이 있다고 믿는 정도를 의미하며, 높은 자기효능감은 도전적인 과제에 대한 자신감을 높이고, 실패를 극복하는 데 중요한 역할을 한다.
통제위치 (Locus of Control)	개인이 자신의 삶의 결과가 자신의 행동과 결정에 의해 좌우된다고 믿는 정도를 의미, 내부 통제 위치(Internal Locus of Control)를 가진 사람은 자신의 운명을 스스로 통제할 수 있다고 믿는 반면, 외부 통제 위치(External Locus of Control)를 가진 사람은 외부 요인이나 운명에 의해 좌우된다고 믿는다.
정서적 안정성 (Emotional Stability)	개인이 스트레스와 부정적인 감정을 얼마나 잘 관리할 수 있는지를 나타내는 것으로 정서적 안정성이 높은 사람은 감정적으로 안정적이며, 불안, 우울 등의 부정적인 감정을 덜 경험하게 된다. 신경증(Neuroticism)의 반대 개념

1. 가치관의 의미

(1) 가치관의 정의

가치관이란 어떤 것이 옳고 선하며 바람직한지에 대한 판단을 내리는 개인적인 신념으로, 가치관은 태도보다 안정적이고 지속적인 속성을 지닌다.

(2) 가치관의 중요성

가치관은 사람의 행동에 직접적인 영향을 미치지는 않지만 개인의 태도와 동기부여의 기반이 되어 사람들의 지각에 영향을 미침으로 행동에 영향을 주는 중요한 요소로 판단되고 있다.

2. 홉스테드의 문화차원이론

(1) 홉스테드의 문화적 차이 실험

① 홉스테드는 문화적 차이 실험을 통해 문화적 차이가 지각과 행동에 미치는 영향을 연구하였다.

② 동양인과 서양인을 구분하여 원숭이, 판다, 바나나의 3가지 중 관련이 있는 2가지를 묶으라는 실험에서 많은 동양인은 원숭이와 바나나를 선택하였는데 이는 원숭이가 바나나를 먹는 양자 간의 관계에 주목함에서 기인한 것이고, 많은 서양인들은 원숭이와 판다를 선택하였는데 이는 포유류라는 개체의 독립적 특성에 주목한 것으로 판단하였다.

③ 이를 통해 홉스테드는 세계를 보는 가치관이 동양은 부분이 아닌 전체의 시점으로 관계에 주목하고, 서양은 개개의 사물이 모여 전체를 구성한다는 인식으로 독립적 객체에 주목함을 주장하였다.

(2) 홉스테드의 문화지수

홉스테드는 전 세계에 70여개 국가에 산재하여 있는 IBM의 현지법인 직원을 대상으로 국가 문화 차이를 비교하여 5가지 범주에 의한 지수를 도출하였는데, 5가지 범주는 권력격차(권력거리), 개인주의 vs 집단주의, 남성문화 vs 여성문화, 불확실성에 대한 회피, 장기성향 vs 단기성향으로 구분하였다.

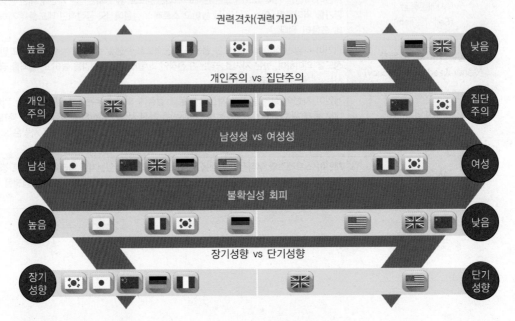

03 개인수준의 행동 – 지각

제1절 지각의 개념과 중요성

1. 지각의 개념

① 지각이란 외부로부터의 자극에 의미를 부여하는 과정으로 감각기관을 통해 획득한 정보를 선택(Select)하고, 조직화(Organize)하며, 해석(Interpret)하는 과정을 말한다.
② 지각은 같은 환경이라 할지라도 사람에 따라 서로 다른 의미를 부여하게 되는데, 이는 개개인이 정보를 선택하고 조직화하며 해석하는 것이 다르기 때문에 발생하는 것이다.

2. 지각의 중요성

인간은 지각된 것에 따라 행동을 하게 되는데 객관적 현실과 지각된 현실은 다를 수 있으며, 개인별로 지각의 차이가 존재하기 때문에 갈등이 발생하게 된다.

제2절 지각과정 모형

1. 지각의 영향요인

지각에 영향을 미치는 요인은 지각자, 환경, 대상이다.
① 지각자 : 모든 상황으로부터 영향을 받음
② 환경 : 같은 대상이라도 환경에 따라 다르게 지각
③ 대상 : 인지가 어렵거나 복잡한 대상은 잘못 지각

2. 지각과정모형

인간은 환경에 대한 자극이 발생하면 5감(청각, 시각, 후각, 미각, 촉각)을 통해 자극을 감지하고, 5감을 통해 입력되는 정보 중 일부분을 선택하여 주의를 집중하게 되며, 이를 지각적으로 조직화하고 해석하여 감정과 행동으로 표현하게 된다.

환경 자극	→	청각 시각 후각 미각 촉각	→	선택적 주의	→	지각적 조직화 해석	→	감정 행동

3. 선택적 주의

일상생활에는 수없이 많은 자극이 동시에 주어지지만 모든 자극을 똑같이 지각하기에는 인간의 정보처리 능력에 한계가 있기 때문에 매우 한정된 자극만을 의식하게 되는데, 이를 <u>선택적 주의</u>라고 한다. 선택적 주의를 통해 인간은 외부환경으로부터 받는 수없이 많은 자극 중 <u>한정된</u> 자극에만 집중하고 나머지 자극은 무시하게 된다.

4. 조직화

조직화란 선택적 주의과정을 거친 자극이 <u>이미 알고 있는 형태로 재구성</u> 되는 것으로 여러 감각자극의 정보가 분명하다면 조직화 과정이 필요 없으나 대개의 경우 선택적 주의과정을 거쳐 들어온 정보의 양이 방대하고 애매하기 때문에 조직화·과정은 필수적으로 발생하게 된다.

(1) 전경과 배경

감각기관으로 들어온 정보 중 주의를 기울이는 자극은 전경, 나머지 자극은 배경이 된다.

(2) 집단화와 범주화

① 전경과 배경을 분리하고 난 후 전경을 의미 있는 형태로 조직화하게 되는데, 전경에 속한 자극들에 순서나 형태를 부여하기 위해 자극을 집단화(Grouping) 혹은 범주화(Categorizing)하게 된다.

② 범주화의 유형은 근접성(Proximity), 유사성(Similarity), 연속성(Continuity), 완결성(Closure) 등이 있다.

근접성(Proximity)	유사성(Similarity)	연속성(Continuity)	완결성(Closure)
가까운 것은 동일한 것으로 인식	비슷한 것끼리 묶어서 지각	선, 곡선적 나열을 하나로 지각	틈이나 공간도 닫힌 것으로 지각

5. 해 석

선택된 자극을 조직화한 후에는 이를 해석하게 되는데, 개인별 해석의 차이는 자극에 대한 선택적 주의와 조직화 그리고 개인별 해석 패턴의 차이에서 발생하게 되며, 해석 패턴에는 스키마, 맥락효과, 기대 등이 있다.

① 스키마(도식) : 과거의 경험을 통해 조직화된 특정 사건, 자극에 대한 인지적 틀로 모호한 자극을 해석
② 맥락효과 : 먼저 주어진 정보나 인식에 따라 이후에 접수되는 정보에 대한 지각이 달라지는 효과
③ 기대 : 미래의 상황을 예측

제3절 지각평가이론

지각의 형성 과정에 대한 이론에는 인상형성이론, 귀인이론, 인지부조화이론 등이 있는데 인상형성이론은 주어진 한정된 정보 안에서 가장 중요하고 특징적인 정보를 중심으로 대상에 대한 광범위한 인상을 형성한다는 이론이고, 귀인이론은 자신이나 타인의 행동이 발생한 원인을 추론하는 이론, 인지부조화이론은 개인이 가지고 있는 신념, 생각, 태도와 행동 간의 부조화가 유발하는 심리적 불편감을 해소하기 위해 태도나 행동이 변화한다는 개념이 기반이 되고 있다.

1. 인상형성이론의 주요 개념

(1) 일관성

단편적인 정보들을 통합해 일관성 있는 특성을 형성하려는 경향을 말한다.

(2) 중심특질과 주변특질

중심특질(대상의 인상을 결정하는 주요한 특질)과 주변특질(부수적인 역할만 하는 특질)로 구분한다.

(3) 합산원리와 평균원리

합산원리(전체 인상은 여러 특질의 합계), 평균원리(전체 인상은 여러 특질의 평균)가 적용된다.

(4) 초두효과(Primary Effect)

처음 제시된 자극이 나중에 제시된 자극보다 인상을 결정하는 데 더 큰 영향을 미친다.

2. 귀인이론의 주요 개념

① 지각 평가의 대상이 되는 행위의 원인을 추리, 분석

내적 귀속	• 행위의 원인은 능력, 동기 및 성격 등 내적 요인 • 특이성과 합의성이 낮고, 일관성이 높은 경우
외적 귀속	• 행위의 원인은 환경 등 외적 요인 • 특이성과 합의성이 높고, 일관성이 낮은 경우

② 귀속과정에서의 편견

행위자 – 관찰자 편견	자신의 행위는 외적으로, 타인의 행위는 내적으로 귀속시키려는 성향(통제의 환상)
자존적 편견	평가자가 자신의 자존심이나 자아를 높이는 방향으로 행위자의 행동원인을 귀속

③ 캘리의 공변모형 기출 23

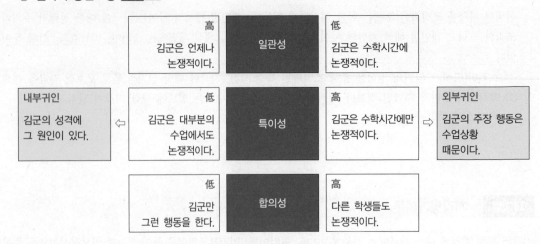

제4절 **지각오류(인지오류)** 기출 16 지도 18

인간의 지각은 불완전하기에 수많은 오류들이 발생하게 되는데 주요한 지각 오류를 정리하면 다음의 표와 같다.

항 목	내 용
상동적 태도	상대방을 소속집단으로써 평가하는 오류(고정관념) 예 지역, 출신학교, 성별
현혹효과	하나의 특징적 부분의 인상이 전체를 좌우(후광효과) 예 얼굴이 예쁘니 마음도 고울거야.
상관적 편견	인간의 특질 간에 연관성이 있다는 가정하에 타인을 평가하는 오류(내재적 퍼스낼리티이론) 예 국어와 영어, 성적과 리더십
선택적 지각	외부상황이 모호할 경우 원하는 정보만을 선택하여 판단하는 오류 → 확증편향으로 발전
대비효과	한 사람에 대한 평가가 다른 사람의 평가에 영향 예 주관식 채점 시 우수답안 다음에 채점하는 답안
유사효과	지각자가 자신과 비슷한 사람을 후하게 평가하는 오류
주관의 객관화	자신과 비슷한 기질을 잘 지적하는 오류(Projection)
기 대	자기실현적 예언(Expectation)
지각적 방어	상황이나 사실을 객관적으로 지각하지 못하는 오류
관대화 경향	평가함에 있어 가능한 한 높은 점수를 주려는 오류
가혹화 경향	평가함에 있어 가능한 한 낮은 점수를 주려는 오류
중심화 경향	평가함에 있어 중간 정도의 점수를 주려는 오류

04 개인수준의 행동 - 동기부여

제1절 동기와 동기부여

1. 동 기

동기란 개인이 지닌 욕구나 충동을 자극하여 어떠한 행동을 유도하는 심리적인 힘을 의미한다.

2. 동기부여

동기부여는 조직의 목표를 조직구성원들에게 내재화시켜 조직의 목표 달성을 위해 노력하도록 만드는 과정으로, 동기부여는 성과를 결정하는 요소이다.

$$성과(Performance) = f\,(능력 \times 동기부여)$$

3. 동기의 종류

동기는 인간심리, 업무만족, 태도, 흥미 등 인간의 내면에서 발원하는 내재적 동기와 휴가, 승진, 급여와 같이 외부에서 주어지는 외재적 동기로 구분할 수 있다.

제2절 동기부여 이론 지도 16 · 20

동기부여 이론은 과학적 관리법과 인간관계론에 기반한 전통이론과 내용이론, 과정이론, 시스템이론, 상황이론 등의 현대이론으로 구분된다.

동기부여이론	전통이론	과학적 관리법	금전적 보수를 통해 작업능력 극대화(경제인 가설)
		인간관계론	직무만족을 통해 작업능력 극대화(사회인 가설)
	현대이론	내용이론	동기부여에 크게 작용하는 요인의 규명
		과정이론	동기유발의 과정에 초점을 맞추는 요인의 규명
		시스템 상황이론	시스템과 욕구를 발현하기 위한 상황적 요인의 규명

동기부여의 내용이론은 동기가 부여되는 내용이 무엇인가에 대한 연구들로 매슬로우의 욕구단계이론, 엘더퍼의 ERG이론, 맥크렐랜드의 성취동기이론, 허츠버그의 2요인이론 등이 있다.

1. 매슬로우의 욕구단계이론 기출 14 · 16 · 18 · 19 지도 14 · 15

매슬로우는 인간의 욕구를 5단계로 구분하여 생리적 욕구에서 안전의 욕구, 소속감에 대한 욕구, 자존심의 욕구, 자아실현의 욕구로 발전한다고 판단하였고, 욕구는 반드시 아래에서 위로만 순차적으로 발현되며 그 순서가 역행하거나 중간 단계를 건너뛰는 경우는 없다고 주장하였다.

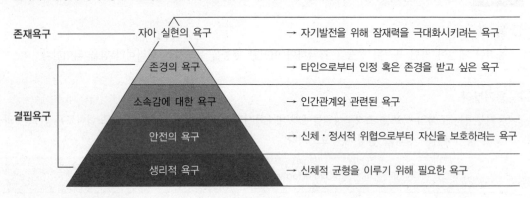

2. 엘더퍼의 ERG이론

(1) ERG이론의 내용

엘더퍼는 인간의 욕구를 존재욕구, 관계욕구, 성장욕구의 3가지로 구분하였다.

① 존재욕구(Existence) : 인간이 존재하기 위한 생리적, 물질적, 안전욕구

② 관계욕구(Relatedness) : 타인과의 관계, 소속감, 외적 존경

③ 성장욕구(Growth) : 자아성장, 자기실현, 내적 존경

(2) ERG이론의 특징

① 엘더퍼는 매슬로우와 달리 욕구단계는 미리 정해진 것이 아니라 다른 욕구의 충족 정도에 따라 증감될 수 있어 한 가지의 욕구가 만족되면 다음 욕구로 진행되기도 하고, 다음 욕구가 충족되지 않는 좌절로 인하여 퇴행하기도 한다고 판단하였으며, 상위욕구가 충족되지 않으면 하위욕구에 대한 욕망이 더욱 커진다고 주장하였다.

② 또한 두 가지 이상의 욕구가 동시에 작용할 수도 있으며 욕구도 환경이나 문화 등에 따라서 다양하게 나타날 수 있다고 판단하였다.

(3) 욕구단계이론과의 비교

매슬로우의 욕구단계설	엘더퍼의 ERG이론
• 동시에 여러 욕구 충족 불가	• 동시에 여러 욕구 충족 가능
• 만족 – 진행	• 만족 – 진행 및 좌절 – 퇴행
• 욕구를 무의식 수준에서 취급	• 욕구를 의식 수준에서 취급
• 5단계(생리, 안전, 사회, 존경, 자아실현)의 욕구	• 3단계(존재, 관계, 성장)의 욕구

3. 맥크렐랜드의 성취동기이론

(1) 성취동기이론의 내용

맥크렐랜드는 성취욕구, 권력욕구, 친교욕구의 3가지 욕구를 거시적인 관점에서 접근하여 개인의 욕구보다는 집단과 사회의 욕구를 중심으로 연구를 하였다.

① 성취욕구 : 해결하기 어려운 도전적인 일을 성취하려는 욕구
② 권력욕구 : 타인에게 영향력과 통제력을 행사하고자 하는 욕구
③ 친교욕구 : 다른 사람들과 사회적으로 친근하고 밀접한 관계를 맺고자 하는 욕구

(2) 성취동기이론의 특징

맥크렐랜드에 의하면 3가지 욕구 중 성취욕구가 가장 중요하며, 국가의 성장은 국가의 평균 성취욕구와 연동되는데, 욕구는 학습이 가능하기에 성취욕구를 학습시킴으로써 국가의 성장을 이룰 수 있다고 판단하였으며, 욕구에 따라 종업원을 적정 직무에 배치하고 관리하여야 한다고 주장하였다.

4. 허츠버그의 2요인이론 기출 16 · 21 지도 15 · 17 · 18

① 허츠버그는 인간의 욕구를 동기요인과 위생요인의 2가지 요인으로 분류하였는데, 동기요인은 일에 만족을 주는 요인으로 주로 업무 자체와 관련이 있는 요인들로 직무상의 성취, 직무성취에 대한 인정, 직무내용, 책임, 승진, 개인적 성장과 발전 등이 있으며, 위생요인은 불만족을 감소시키는 요인으로 일과 관련된 환경조건과 관련이 있는 요인들로 조직의 정책과 행정, 감독, 보수(급여), 복리후생, 상호 간의 대인관계, 작업 조건 등의 사항으로 구분하였다.
② 이러한 2원론적인 인간의 욕구구조로 인하여 위생요인은 아무리 개선을 하여도 불만을 감소시킬 수 있을 뿐 만족을 줄 수는 없다고 판단하였으며, 결국 만족은 동기요인을 강화함으로써만 증가할 수 있다고 판단하였다.
③ 이러한 허츠버그의 이론은 이후 직무충실화의 이론적 배경이 되었다.

제4절　과정이론 지도 16 · 19

과정이론은 동기가 부여되는 것은 욕구의 내용이 아니라 동기가 부여되는 과정에 따라 좌우된다는 이론으로 브룸의 기대이론, 아담스의 공정성 이론, 로크의 목표설정 이론 등이 있다.

1. 브룸의 기대이론 기출 15 · 17 · 18 · 20 지도 24

(1) 기대이론의 내용

개인은 여러 가지 행동대안을 평가하여 가장 선호하는 결과가 기대되는 것을 선택하여 행동한다는 이론이다.

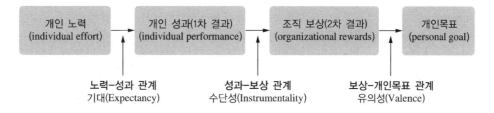

$$\text{동기} = \text{기대}(E) \times \text{수단성}(I) \times \text{유의성}(V)$$

① **기대** : 1차 결과가 '내가 할 수 있는 것이다'라고 생각해야 행동으로 옮겨 실행
② **수단성** : 성과(1차 산출)가 나오면 그 보상(2차 산출)이 있을 것이라는 기대가 있어야 행동으로 실행
③ **유의성** : 보상이 주어질 때 내가 원했던 것이거나 마음에 들어야 행동으로 실행

(2) 기대이론의 특징

브룸은 기대, 수단성, 유의성이 각각 최댓값이 되면 최대의 동기부여가 된다고 판단하였으며, 각 요소 중에 하나라도 0이 되면 전체 값이 0이 되어 동기부여가 되지 않기 때문에 성공적인 동기부여를 위해서는 세 요소를 모두 적절히 조합하는 것이 필요하다고 주장하였다.

2. 아담스의 공정성이론 `기출` 18 · 19

① 아담스는 조직구성원은 <u>자신의 투입에 대한 결과의 비율</u>을 동일한 직무 상황에 있는 <u>타인의 투입 대 결과의 비율과 비교</u>하여 자신의 행동을 결정한다고 판단하였는데, 개인이 <u>불공정성</u>을 지각하면 개인 내 긴장이 발생하고 개인은 이러한 긴장을 감소시키는 방향으로 동기가 유발되어 이를 행동으로 옮기게 된다고 주장하였다.

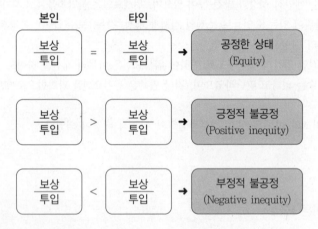

② 개인이 불공정성을 해결하는 방법은 <u>자신의 투입과 산출을 변경</u>하거나, <u>비교대상의 투입과 산출을 변경</u>, 태도의 변화를 통한 <u>인지적 왜곡</u>, 비교대상 자체를 변경하거나, 환경자체를 변화시키기 위하여 <u>이직</u>을 하는 5가지로 구분하였다.

3. 로크의 목표설정이론 `기출` 18

(1) 목표설정이론의 내용

로크는 개인이 의식적으로 얻으려고 설정한 <u>목표가 동기와 행동에 영향을 미친다</u>고 판단하였는데, 목표(의도 – Intention)는 개인이 의식적으로 얻고자 하는 사물 또는 상태이고, 의식은 사람의 행동을 조절하기 때문에 결국 효과적으로 목표를 설정하는 것은 동기부여와 실행에서 효과적인 수단이 된다고 주장하였다.

(2) 목표의 속성

목표는 난이도, 구체성, 수용성, 참여성, 단순성 등의 속성을 지니고 있는데, 각 속성에 적합한 목표를 제시할 때 더욱 효과적인 목표가 될 수 있다고 판단하였다.

난이도	능력범위 내에서 어려울수록 효과적
구체성	구체적일수록 도전적
수용성	강요에 의한 것이 아니라 동의한 것일수록 효과적
참여성	당사자가 목표 설정 시에 참여한 것일수록 효과적
단순성	단순할수록 효과적

(3) 상황요인

목표와 관련한 피드백, 보상, 경쟁 등의 상황요인도 목표의 달성에 효과적으로 작용할 수 있다고 판단하였다.

피드백	목표 달성에 대한 피드백이 성과를 유발
보 상	목표 달성에 따른 합리적 보상
경 쟁	적당한 경쟁은 효과적

4. 인지적 평가이론과 자기결정이론 [기출] 18 [지도] 17

① Deci는 인지적 평가이론에서 어떤 직무에 대해서 내재적 동기가 유발되어 있는 경우, 외적 보상이 주어지면 내재적 동기가 감소된다고 주장하였다.

② 자기결정이론은 인간행동의 통제원천이 내면인가 외부인가에 초점을 맞추어 개인의 자율 통제감이 높을수록 성과, 학습 등에 더 좋은 결과를 산출하게 된다고 판단하였고, 개인의 행동을 통제하는 요인을 역량감, 자율성, 연대감으로 제시하면서 조직이 제도, 정책, 참여 지원을 통해서 구성원의 역량감, 자율성, 연대감을 높이면 외부통제로 수행하던 일도 내부통제로 인식이 바뀌고 결과적으로 성과가 증진된다고 판단하였다.

제5절 상황이론

1. 상황이론의 개념

상황이론은 동기부여가 되는 것은 일반적인 법칙에 의한 것이 아니라 구체적 상황에 따라 다르게 나타난다는 이론으로 레빈의 장의 이론이 대표적이다.

2. 레빈의 장의 이론

레빈이 주장하는 장(Field)이란 개인의 전체적인 생활공간을 의미하는 것이며 생활공간은 개인과 심리적 환경(개인의 요구, 목적, 신념 등)으로 구성되어 있는 것으로, 이 장에서 생산활동을 촉진하는 힘(일의 선호, 보상, 효과적인 감독)과 생산활동을 억제하는 힘(피로, 집단의 규범, 비효과적 감독)의 역학관계에 따라서 개인의 동기가 부여되기 때문에 개인의 행동은 일반적 법칙에 따라 결정되는 것이 아니라 특정한 구체적 상황에 의해서 결정되기 때문에 개인과 시스템, 환경을 모두 고려하여 동기를 부여하여야 한다고 판단하였다.

개인들에게 동기를 부여하기 위해서는 관리방식의 변화나 보상체계의 변화와 함께 MBO의 도입, 직무충실화 등 다양한 방법이 사용된다.

1. 관리방식의 변화

자율적 리더십, 개개인의 인격적 관리, 상위 욕구의 충족 등

2. 보상체계의 변화

성과평가와 업적기준 임금제, 연봉제와 능력급제, 스톡옵션과 종업원지주제, 다양한 복지 프로그램의 도입 등

3. 목표설정에 의한 관리(MBO)

목표관리제도(Management by Objectives)는 상사와 부하가 공동으로 목표를 설정한 후 목표가 달성된 정도를 측정하고 평가하여 피드백하는 방법으로, 로크의 목표설정이론을 기반으로 피터 드러커가 구체적 방법을 설계한 시스템이다.

4. 직무특성 모형 – 직무충실화 　기출　23

(1) 직무특성이론의 개념

해크먼과 올드햄은 개인이 담당하는 직무의 특성이 직무 수행자의 성장욕구 수준에 부합될 때 긍정적인 동기가 유발되어 업무 효과가 증가하게 된다는 이론을 주장하였다.

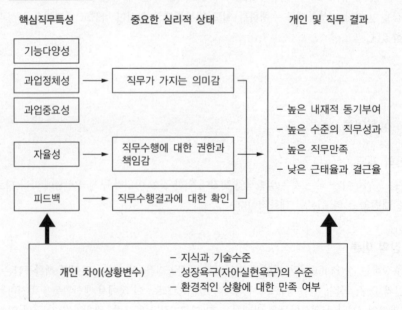

(2) 직무특성이론의 내용

해크먼과 올드햄의 직무특성모델에 따르면 직무가 <u>다양성, 정체성, 중요성</u> 등의 <u>핵심직무특성</u> 요소를 가지면 작업자는 <u>의미감, 책임감 등의 중요한 심리적 상태를 가지게 되고, 이에 따라 높은 내재적 동기가 부여되어</u> 높은 수준의 직무성과와 직무만족이 달성된다고 주장하였다.

1) 기술의 다양성

직무자체가 다양한 기술과 능력을 사용하거나 발전시킬 수 있으면 작업자는 해당 과업을 의미 있는 것으로 인식한다.

2) 과업의 정체성

개인의 직무가 전체 단위에 대한 이해를 바탕으로 완전한 작업단위로서 직무를 수행할 때 의미가 증대된다.

3) 과업의 중요성

자신의 직무가 다른 사람의 작업이나 행동에 큰 영향을 미칠 때 작업에 대한 의미가 증가한다.

제1절   창의성

1. 창의성의 정의와 중요성

① 창의성이란 새롭고, 독창적이고, 유용한 것을 만들어 내는 능력 또는 전통적인 사고방식을 벗어나서 새로운 관계를 창출하거나 비일상적인 아이디어를 산출하는 능력으로, 타인이 가치를 느낄만한 새롭고 유용한 아이디어를 산출하는 것을 의미한다.

② 복잡하고 빠르게 변화하는 현대의 경영환경하에서 새롭고 독창적인 것을 만들어 내는 능력은 부가가치의 원천으로 작용하기에 그 중요성이 높다고 할 수 있다.

2. 창의성 측정방법

종 류	내 용
토란스 검사법 (Torrance Test of Creative Thinking Test)	상상력이나 유연성, 독창성을 평가하는 방법으로, 그림을 보여준 후 해석을 하게 하거나 질문을 해서 평가하는 방법
원격연상물 검사법 (Remote Associates Test)	창의력을 알아보는 가장 간단한 방법으로, 서로 거리가 있거나 유사한 요소들이 있는 것을 제시하여 평가대상자에게 새로운 조합을 유도하거나 공통점을 찾게 하는 방법(축구공/안경/립스틱의 공통점)

3. 창의성 개발방법

창의성을 개발하는 방법은 매우 다양한데, 자유연상법, 분석적 기법, 강제적 관계기법 등으로 구분할 수 있다.

(1) 자유연상법

① 고든법 : 구체적 테마 대신 키워드만 제시하고 주제를 모르는 채 광범위한 아이디어를 제공, 양보다 질을 중시하는 방법

② 브레인스토밍 : 리더가 제시하는 하나의 사안에 대해 연상되는 아이디어를 무작위로 제공, 질보다 양을 중시하는 방법

③ 브레인라이팅 : 침묵의 브레인스토밍, 질문에 대한 자신의 의견을 종이에 기록한 다음 그것을 서로 돌려가면서 서로 아이디어를 추가하는 방법

(2) 분석적 기법

분석적 기법은 해당 문제의 여러 요소를 논리적으로 분석하는 방법으로 속성나열법, Fish-bone diagram, 체크 리스트법 등이 있다.

(3) 강제적 관계기법

강제적 관계기법은 관계가 없는 물건이나 아이디어를 강제적으로 결합하면서 창의성을 고도화 시키는 기법으로 SCAMPER기법, 단어 다이아몬드법 등이 있다.

제2절   스트레스 기출 22

1. 스트레스의 정의

스트레스는 여러 가지 관점에서 정의를 할 수 있는데, 자극의 개념으로는 물체 외부에서 힘이 가해져 내부에서 외부의 힘에 저항하려고 하는 힘으로 정의할 수 있고, 반응적 개념으로는 억눌린 상황조건하에서 나타나는 개인의 반응으로, 자극 – 반응 개념으로는 개인이 추구하는 바가 여러 제약 조건에 의해 해석이 불투명한 상태로 정의할 수 있다.

2. 스트레스의 순기능과 역기능

스트레스는 조직 내의 갈등과 같이 순기능과 역기능이 존재하는데, 스트레스의 정도가 너무 낮거나 높으면 역기능이 발생하고 적정한 정도의 스트레스에서는 순기능이 발현된다.

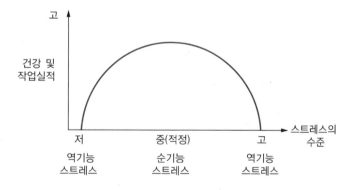

3. 스트레스의 단계

스트레스는 경고단계, 저항단계, 소진단계의 3단계로 구분할 수 있는데, 처음 스트레스에 노출되면 적정한 수준의 긴장으로 효율이 오히려 높아지지만 2단계인 저항단계에서부터 스트레스에 대한 반응이 높아지게 되고, 3단계의 소진단계에 들어가면 번 아웃(burn out) 현상이 나타나게 된다.

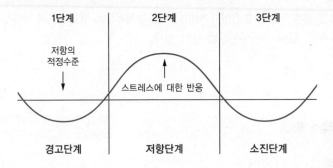

4. 스트레스의 유발요인

스트레스를 유발하는 요인은 다양한데 물리적 환경(조명, 소음), 직무 관련 요인, 경력개발 요인, 대인관계 요인 등의 개인적 수준의 요인과 함께 집단 간의 갈등과 같은 집단 수준 요인, 조직문화와 같은 조직 수준 요인 등이 있다.

5. 스트레스에 대한 대처방안

① 과도한 스트레스에 대처하기 위해서는 개인 차원으로 운동이나 이완훈련, 감정의 표출 등의 해결 방법이 있으며, 조직차원으로는 과업의 재설계, 융통성 있는 작업계획, 역할분석 등의 방법이 있다.

② 조직차원의 스트레스 대처방안

과업 재설계(Task Redesign)	조직원의 적성과 능력을 고려하여 주어진 업무를 재설계
참여관리	권한을 이양, 의사결정 참여 확대
역할 분석(Role Analysis)	개인의 역할을 명확히 정의
경력 개발	경력개발과정을 통해 조직원이 느끼는 불안감 경감
융통성 있는 작업계획	개인의 재량권과 자율권 확대
목표 설정(Goal Setting)	직무에 대한 구체적인 목표 설정

06 집단수준의 행동

제1절 집단의 정의와 구성요소

1. 집단의 정의

집단이란 공동목표를 가지고 상호작용을 하며, 역할과 규범을 공유하고 있는 두 사람 이상의 조직화된 집합체를 의미한다.

2. 집단의 구성요소

집단을 구성하고 있는 요소들로는 공동의 목표가 존재하고, 목표를 위한 구성원들의 헌신(Commitment)이 있어야 하며, 구성원들 사이에는 역동적 상호작용과 집단의 규범, 자기지도의 능력이 존재한다.

3. 집단의 목적

집단의 구성 목적은 과업달성과 문제해결이라는 집단차원의 목적과 소속감과 친밀성, 사회심리적 욕구충족이라는 개인차원의 목적으로 구분할 수 있다.

제2절 집단의 구분

1. 공식집단(인위적 집단)과 비공식집단

(1) 공식집단

① 공식집단이란 능률, 비용 등의 원리에 입각하여 공식적 과업이나 목표를 달성하기 위해 능률법칙에 의한 규범에 의해 운영되는 의도적으로 형성된 집단으로, 기능집단(명령집단)과 과업집단 등이 있다.

② 기능집단이란 계층구조를 가진 과 – 부 – 실 등을 말하고, 과업집단이란 과업달성을 위한 프로젝트 팀 등을 말한다.

(2) 비공식집단

비공식집단은 감정의 논리에 입각하여 공동의 관심사나 인간관계에 따라 형성된 자연 발생적 조직으로 감정법칙에 의한 규범에 의해 유지되는데, 비공식집단으로는 이익을 위해 형성된 이해(이익)집단이나 공통점이나 유사성에 의해 형성된 우호집단 등이 있다.

2. 1차 집단과 2차 집단

집단은 자발적, 무의식적으로 형성된 1차 집단과 특정 목적을 가지고 인위적으로 형성된 2차 집단으로도 구분할 수 있다.

1차 집단(Primary Group)	2차 집단(Secondary Group)
• 자발적, 무의식적으로 형성 • 비공식적, 개인적, 친밀함	• 특정 목적을 지닌 사람들이 인위적으로 형성 • 공식적, 비인격적, 도구적

3. 성원집단과 준거집단

성원집단이란 개인이 속해 있는 집단을 의미하고, 준거집단이란 개인이 가치관을 결정하는 데 기준으로 삼는 집단을 말한다.

4. 희구집단 vs 회피집단

희구집단(개인이 소속되기를 바라는 집단)/회피집단(개인이 소속되기를 꺼리는 집단)

5. 자발적 집단 vs 비자발적 집단

자발적 집단(가입과 탈퇴가 자유로운 집단)/비자발적 집단(가입과 탈퇴가 개인의 의지와 별개)

제3절   개인의 집단 참가 동기

개인은 외부의 위협으로부터 보호를 받고 타인과의 관계 형성 및 소속감을 가지며 집단을 통해 사회적 명예를 획득하는 등의 여러 가지 이유로 인하여 집단에 참가하게 된다.

안정(Security)	외부의 위협으로부터 보호
사회적 욕구(Social Needs)	타인과의 관계 형성 및 소속감
자존욕구(Self Esteem Needs)	집단 가입을 통해 사회적 명예 획득
경제적 욕구(Economic Needs)	경제적 요인
집단의 목표(Group Goals)	집단의 목표가 개인의 목표와 일치

제4절   집단의 분석

1. 집단구조와 집단과정

집단을 분석하기 위해서는 집단의 구조와 집단의 과정을 분석하게 되는데 집단구조란 집단의 정태적 측면을 분석하여 특정 집단을 다른 집단과 구별 짓는 그 집단만의 독특한 성격을 파악하는 것을 의미하며, 집단과정이란 집단의 동태적 측면으로 목표달성을 위한 집단의 행위를 분석하는 것을 말한다.

2. 지위와 역할

(1) 지 위

집단에서는 각 구성원들의 지위와 역할이 부여되는데 지위란 집단과 그 구성원들에게 부여되는 상대적인 사회적 지위 혹은 서열을 의미하며, 지위에는 공식적 지위와 비공식적 지위가 있다.

공식적 지위	조직 내 개인의 계층수준, 직위 등을 반영하는 차별화된 요소
비공식적 지위	비공식적이지만 집단 내 구성원들의 암묵적 동의하의 특권

(2) 역 할

역할(Role)은 집단 내에서 구성원에게 기대하는 일련의 행위를 의미하며, 역할과 관련한 주요 개념으로는 역할 갈등과 역할 모호성이 있다.

① 역할 갈등 : 개인에게 동시에 행할 수 없는 두 가지 이상의 역할이 주어지는 것

② 역할 모호성 : 개인에게 주어진 역할이 명확히 규정되어 있지 않은 경우

3. 규범과 집단 응집성

(1) 규 범

규범이란 집단의 구성원들 간에 비공식적으로 공유된 행위의 기준으로 사회화 과정을 통해 체득되고 집단의 행위에 적용되는 것이다.

(2) 집단 응집성

집단 응집성이란 집단구성원들이 집단의 일원으로 남아 있으려고 하는 정도를 말한다. 집단의 응집성은 공통된 목표를 추구하는 정도와 집단의 크기, 집단 내에 공유된 문화, 외부로부터의 위협 등에 의하여 그 정도가 변화한다.

공통된 목표	공동의 목표를 추구하는 정도가 클수록
집단의 크기	집단의 크기가 작을수록
공유된 문화	공유하는 태도와 가치관이 같을수록
외부의 위협	외부의 위협이 클수록 일반적으로 응집성은 커지지만 집단사고의 위험성은 증대

4. 소시오메트리 분석

① 소시오메트리 분석은 집단구성원들의 선호도에 따라 선택이나 거부를 측정함으로써 집단구성원 간의 인간관계 혹은 집단구조를 분석하는 기법이다.

0	0	1	1
1	0	0	1
0	1	0	1
1	0	0	0

[소시오메트리 매트릭스]

② 소시오그램은 주로 소규모 집단의 비공식관계를 분석하는 데 사용되고, 소시오메트리 매트릭스는 대규모 집단을 분석하는 데 사용된다.

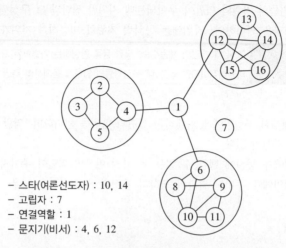

  - 스타(여론선도자) : 10, 14
  - 고립자 : 7
  - 연결역할 : 1
  - 문지기(비서) : 4, 6, 12

[소시오그램]

제5절 집단의사결정 기출 19 지도 16·17·23

1. 집단적 의사결정과 개인적 의사결정

① 집단적 의사결정이란 집단 내에서 조직구성원의 의견을 수렴하여 의사결정을 하는 것이며, 개인적 의사결정이란 개인의 생각(리더)에 따라 의사결정을 하는 것을 의미하는데, 개인적 의사결정은 비구조화 되고 창의적인 과업인 경우 집단적 의사결정보다 더 효과적인 것으로 알려져 있다.

② 개인적 의사결정은 집단적 의사결정에 비하여 시간적 효율성이 높아 신속한 의사결정이 요구되는 과업에 적합하다.

③ 집단적 의사결정은 개인의 의사결정에 비하여 신속성은 떨어지는 반면에 구성원들의 상호작용을 통해 많은 정보를 활용하기 때문에 높은 정확성을 가진다. 다만 문제해결과정이 너무 복잡하면 집단적 의사결정을 통해 대안의 적정성 여부를 판단하지 못하는 경우도 존재한다.

2. 집단의사결정의 장단점 지도 20

장 점	단 점
• 많은 정보의 활용	• 즉각성의 상실
• 다양한 시선의 교차	• 집단사고의 가능성
• 선택안에 대한 높은 지지	• 동조화 현상
• 커뮤니케이션기능 수행	• 갈등의 우려
• 결정에 대한 참여도의 증대	• 정치적 힘의 작용
• 응집력과 교육적 효과	• 시간과 비용의 낭비
• 합법성과 정당성의 증대	• 특정인의 지배가능성

3. 집단의사결정의 문제점 [기출] 23

(1) 집단사고(Groupthink)

집단사고란 집단의 응집성이나 합의욕구가 너무 높거나, 조직의 구조적인 결함 등으로 잘못된 대안을 선택할 가능성이 높아지는 것을 말하며, 외부로부터의 고립, 비민주적 리더십, 토의절차상 합리적 방법의 부재, 구성원 간의 동질성 등이 집단사고의 원인이며, 집단 능력에 대한 과신이나 집단의 폐쇄성, 획일성에 대한 집단의 압력 등이 집단사고의 증상으로 나타난다.

(2) 동조화(Conformity) 현상

동조화 현상이란 개인의 의견을 집단의 압력으로 표출 못하는 현상으로 집단사고와는 달리 응집성이 낮은 집단에도 발생한다.

(3) 모험이행과 보수이행, 집단양극화

① 모험이행(Risky Shift)은 어떤 집단에서 여럿이 모여 의사결정을 하면 혼자 결정할 때보다 더 모험적인 쪽으로 의사결정을 하는 현상을 의미하고, 보수이행(Conservative Shift)은 그 반대로 여럿이 모여 의사 결정을 하면 혼자 결정할 때보다 더 보수적인 의사결정이 이루어지는 현상이다.

② 이 두 가지 현상이 동시에 일어나는 것을 집단 양극화 현상(Group Polarization)이라고 하는데, 이는 토의를 하기 전에는 중도적 입장의 의견 보유자들이 토의 후에는 양극단에 몰리는 현상으로 구성원들의 책임 회피의 성향과 자신의 의사에 대한 과도한 자신감의 표출, 일부 구성원들의 의견 선도로 인하여 발생하게 된다.

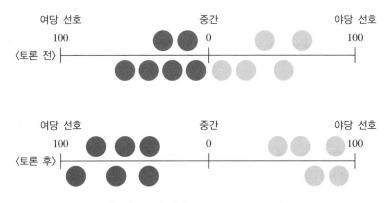

[집단 양극화 현상(Group Polarization)]

4. 집단의사결정기법 `기출 21` `지도 14`

집단적 의사결정의 효율을 높이기 위해 <u>명목집단기법, 델파이법, 변증법적 토의, 지명반론자법</u> 등의 여러 가지 기법들이 사용되고 있다.

(1) 명목집단기법(NGT ; Nominal Group Technique)

① 명목집단법은 토의에 참가한 다양한 사람들이 <u>집단구성원 간에 실질적인 접촉 없이 자신의 아이디어를 글로 써낸 뒤 아이디어를 공유함으로써 대화에 의한 의사소통을 단절시키고</u> 집단의 구성원들의 마음속 생각을 끄집어내려는 기법이다.

② 의사결정과정에서 토론이나 개인 커뮤니케이션을 제한하기 때문에 명목(Nominal : 침묵, 독립)이라는 용어를 사용하는 것이며, 모든 구성원이 동등하게 토론에 참여하고 우선순위 투표과정을 통해 집단의사결정에 동등하게 영향을 끼칠 수 있게 고안된 방법으로, 브레인스토밍(Brainstorming)을 수정·확장한 집단의사결정기법이다.

(2) 델파이법 `기출 15` `지도 18·19`

① 델파이법은 미국의 랜드(RAND) 연구소에서 개발한 집단의사결정방법론으로, 미래 예측이나 사회적 쟁점에 대하여 <u>전문가의 의견과 판단을 수렴하는 조사방법</u>이다.

② 한 사람의 의견보다 두 사람의 의견이 정확하다는 <u>계량적 객관의 원리</u>와 소수의 판단보다 다수의 판단이 정확하다는 <u>민주적 의사결정원리</u>에 근거한 패널식 조사연구방법으로, 전문가 패널들이 <u>익명으로 의견을 제출</u>하므로 선정된 전문가들은 누가 어떤 의견을 내는지 모르기에 부담 없는 의견 제출 및 의견 수정이 용이하게 설계되었다.

③ 델파이법은 한 번의 의견조사에 그치지 않고 <u>합의에 도달할 때까지 조사가 반복</u>되기 때문에 시간과 비용이 많이 드는 단점을 가지고 있다.

④ 명목집단법이나 델파이법은 모두 특정인의 의견에 전체가 좌우되지 않도록 한다는 공통점을 가지고 있다.

(3) 변증법적 토의

<u>변증법적 토의</u>는 변증법의 정반합의 원리를 차용하여 구성원들을 두 편으로 나눈 후, 한 쪽이 먼저 의견을 제시하면 반대쪽 집단에서는 그에 반대되는 대안을 제시하는 방법을 반복하며 토론하는 방법으로, 상반되는 제안들 사이의 장단점을 모두 균형적으로 파악 가능하다.

(4) 악마의 변호인(지명반론자법)

<u>지명반론자법</u>은 집단의 의견에 의도적으로 반대 입장을 취하면서 선의의 비판자 역할을 수행하는 <u>악마의 변호인(devil's advocate)</u>을 지정하여 모두가 찬성할 때 반대 의견을 제시하면서 토론을 활성화시켜 기존 대안의 약점을 보완하고 또 다른 대안이 있는지를 모색할 수 있도록 하는 방법이다.

07   집단수준의 행동 – 커뮤니케이션

제1절   커뮤니케이션의 정의와 기능

1. 커뮤니케이션의 정의

커뮤니케이션이란 정보의 전달과 공유뿐만 아니라, 조직 내 구성원 간 공감대 형성을 위한 의사소통활동을 포함하는 의미이다.

2. 커뮤니케이션의 기능

커뮤니케이션은 정보전달기능, 동기유발기능, 통제기능, 정서를 표현하는 기능을 수행한다.

정보전달기능	개인과 집단 또는 조직에 정보를 전달해 주는 기능
동기유발기능	구성원의 동기유발을 촉진하는 기능
통제기능	구성원의 행동을 조정·통제하는 기능
정서기능	구성원이 감정을 표현하고, 사회적 욕구를 충족시키는 기능

3. 커뮤니케이션의 과정 `기출 15` `지도 16`

커뮤니케이션의 과정은 송신자가 자신이 전달하고 싶은 메시지를 기호화하여 커뮤니케이션 채널을 통하여 전달하면 수신자가 전달받은 메시지를 해독하여 이해하고 자신이 받은 메시지에 대한 피드백을 보내게 되는데, 이 모든 과정에서 잡음(노이즈)이 발생하여 정확한 커뮤니케이션에 방해요소로 작용하게 된다.

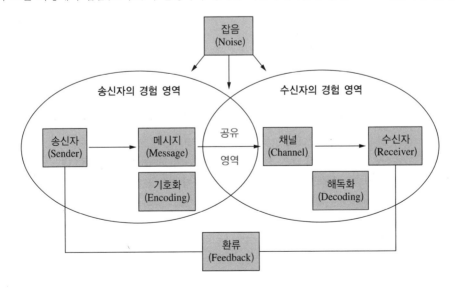

4. 커뮤니케이션의 장애요인 기출 24

구 분	내 용	해결방안
발신자 (메시지의 효과적 전달 측면)	의사소통 목적의 결여	목적의 명확화가 필요
	커뮤니케이션 스킬의 부족	적절한 매체와 언어의 사용
	대인 감수성(민감성)의 결여	수신자의 피드백, 이해도를 확인
	준거틀(가치, 신념, 태도)의 차이	수신자의 준거의 틀을 사용
	신뢰도 결여	신뢰적 분위기의 조성, 전문성의 확보
수신자 (메시지의 경청측면)	평가적 성향	선입견, 섣부른 판단을 방지
	선택적 경청	능동적 경청
	의사소통 구조상의 한계	당사자와 직접 대면 커뮤니케이션
상황적 측면	어의상의 문제, 정보의 과중, 시간의 압박, 지위의 차이, 커뮤니케이션 분위기, 비언어적 메시지의 요용 등	

제2절 조직 내의 커뮤니케이션

1. 의사소통의 종류

의사소통의 종류는 구분 기준에 따라 <u>언어적 의사소통과 비언어적 의사소통</u>, <u>일방적 의사소통과 쌍방적 의사소통</u>, <u>공식적 의사소통과 비공식적 의사소통</u> 등으로 구분할 수 있다.

(1) 언어적 의사소통과 비언어적 의사소통

① 언어적 의사소통이란 언어나 문서를 수단으로 하여 메시지를 전달하는 의사소통으로 전달속도가 빠르고 즉각적인 피드백을 받을 수 있는 장점을 가지고 있다.

② 비언어적 의사소통은 언어를 사용하지 않고 몸짓이나 얼굴표정, 목소리 억양, 자세 등을 통해 메시지를 전달하는 의사소통을 의미한다.

(2) 일방적 의사소통과 쌍방적 의사소통

일방적 의사소통은 지시나 명령과 같은 한 방향으로 전달되는 의사소통이며, 쌍방적 의사소통은 수신자와 송신자 쌍방 간 피드백이 가능한 의사소통이다.

(3) 공식적 의사소통과 비공식적 의사소통

① 공식적 의사소통은 <u>수직적, 수평적, 대각적 의사소통</u>으로 구분되는데, 수직적 의사소통은 다시 명령이나 지시와 같은 <u>하향적 의사소통</u>과 보고와 같은 <u>상향적 의사소통</u>으로 분류된다.

② 수평적 의사소통은 위계수준이 같은 조직원이나 부서 간의 의사소통을 말하며, 대각적 의사소통은 조직 구조상 동일한 수평적 위계나 수직적 명령계통에 속하지 않는 조직원, 부서 간의 의사소통을 의미한다.

③ 비공식적 의사소통은 포도넝쿨처럼 전달되기 때문에 <u>그레이프바인</u>이라고도 불리는데 <u>비공식적 체계에 따라 전달되는 의사소통</u>을 의미한다.

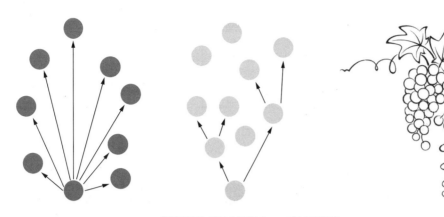

[비공식적 의사소통체계 : 그레이프바인]

2. 집단의 의사소통망(커뮤니케이션 네트워크) 기출 20 지도 18

집단에서 의사소통이 이루어지는 방식을 분류해 보면 <u>사슬형, Y형, 원형, 수레바퀴형, 완전연결형</u> 등으로 구분할 수 있다.

구 분	장 점	단 점
[사슬형]	• 구성원들 간에 엄격한 계층관계가 존재 • 군대와 같이 엄격한 계층관계와 권한집중이 높고 명령체계가 잘 갖추어진 조직에 적용	• 정보가 계층단계를 따라 아래로 전달되는 과정에서 왜곡될 소지가 있음 • 의사소통의 수용도가 낮은 편이며, 구성원의 집단 만족도도 낮은 편임
[수레바퀴형]	• 중심인물이 신속하게 정보를 획득할 수 있어서 의사소통속도가 빠르기 때문에 주로 공식적 작업에 가장 이상적임 • 리더에 권한이 집중되어 있으므로 문제해결을 위한 상황 등이 정확하게 판단되고 문제에 대해서도 신속하게 대응할 수 있음	• 단순 업무의 경우 의사소통의 속도와 정확도가 빠르지만, 업무가 복잡한 경우 빠른 의사소통과 정확성을 기대하기가 어려움 • 한 관리자에게 의사소통이 집중되어 있어 간접적으로 커뮤니케이션이 이루어지기 때문에 구성원 간의 의사결정 수용도가 낮음
[Y형]	• 의사소통 속도가 비교적 빠르고 정확한 편 • 집중성이 양호	• 집단구성원 중에서 서열이나 지위가 비슷한 사람과의 의사 전달이 이루어지지 않음 • 구성원의 만족도나 의사결정 수용도는 중간
[원 형]	• 집단구성원이 모여 있을 경우에는 정확성이나 의사결정속도가 높으며, 구성원의 만족도나 의사결정 수용도가 높음 • 위원회조직이나 태스크 포스 조직에서와 같이 권력의 집중도 없고, 지위의 고하도 없는 조직에서 특정문제 해결을 위해 많이 사용됨	• 조직구성원이 떨어져 있을 경우에는 정확성이나 의사소통속도가 낮음 • 권한이 어느 한 쪽에 집중되어 있지 않아서 문제해결이 느림

| [완전연결형] | • 서로 적극적인 의사소통으로 의사 소통속도가 빨라 개개인의 의사를 즉각적으로 알 수 있음
• 신축성 있게 적응할 수 있는 의사소통 형태로 스트레스를 해소시켜 줌으로써 구성원의 수용도와 집단 만족도가 높음
• 원만한 의사소통으로 정보를 교환하기 때문에 문제해결에 효과적 | • 정보의 흐름이 너무 빨라서 정보 통제가 어려우며, 정보의 왜곡 현상이 심화됨
• 모든 방향으로 의사가 전달되어서 비조직적이고 무책임한 정보가 제공될 수 있음
• 사태파악과 문제해결에 많은 시간 소요 |

(1) 각 커뮤니케이션 네트워크의 특징

사슬형	수레바퀴형	Y형	원 형	완전연결형
공식적 명령체계	• 공식적 작업집단 • 중심인물이 존재 • 간단한 작업일 때 효과적 • 상황파악 문제해결의 즉각성	• Line-staff집단 • 확고하지는 않으나 리더가 존재	• 위원회조직 • 지역적으로 분리되었거나, 자유방임적 • 종합적 문제해결능력↓ • 구성원의 만족도는 높음	• 비공식적 조직 • 구성원들의 창의성을 최대한 발휘 • 만족도가 가장 높음

(2) 커뮤니케이션 네트워크별 속성

구 분	사슬형	수레바퀴	Y형	원 형	완전연결형
속 도	중 간	빠 름	중 간	단합↑, 개별↓	빠 름
정확도	높 음	높 음	높 음	단합↑, 개별↓	낮 음
권한집중	높 음	중 간	중 간	낮 음	낮 음
만족도	낮 음	낮 음	중 간	높 음	높 음
몰입도	낮 음	중 간	중 간	높 음	높 음

3. 의사소통의 개선

의사소통의 개선을 위해서 개인들은 자기공개와 피드백을 강화하여야 하며, 조직적으로는 수직적 의사소통을 개선하기 위한 제도적 노력을 강화하여야 한다.

(1) 조해리의 창

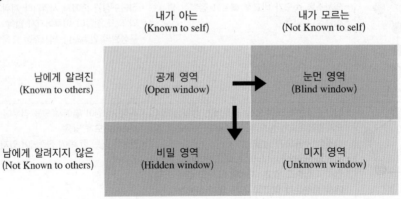

마음이 문을 열고 마음속 생각을 다른 사람에게 나누면 숨겨진 영역이 감소하고, 자신이 모르는 부분에 대한 피드백을 요청하면 맹인 영역(blind area)이 감소된다. 따라서 자기 공개와 피드백을 통해 열린 영역을 늘리면 대인 간 갈등이 줄고 원만한 인간관계의 형성이 가능하다.

(2) 수직적 의사소통의 개선

수직적 의사소통의 개선을 위하여서는 설문조사(태도, 의견), 참여제도(제안, 노사협의회), 고충처리위원회, 사내신문, 퇴직면담, Open door Policy 등의 방법을 통하여 상향적 커뮤니케이션 방법을 개선하고, 대면 커뮤니케이션의 증대, 지시나 명령 시에 명확한 언어의 사용, 피드백의 활성화, 신뢰 분위기를 조성, 중복성(반복)의 이용 등으로 하향적 커뮤니케이션을 개선하여야 한다.

08 집단수준의 행동 – 리더십

제1절 리더십의 정의와 구성요소

1. 리더십의 정의

리더십은 집단행위에 영향력을 행사하여 조직의 유효성을 증대시키는 지도력을 의미하며, 공동과업의 성취를 위해 리더가 구성원들에게 협력과 지원을 얻어낼 수 있는 사회적 영향력이다.

2. 리더십의 구성요소

리더십은 리더, 부하, 상황적 요소로 구성되어 있는데 리더(Leader)는 집단 전체에 영향력을 발휘하고 있거나 발휘하려 하는 구성원이며, 부하(Follower)는 리더가 영향력을 발휘하는 대상이 되는 구성원이며, 상황적 요소(Situation Factor)는 리더와 부하 간의 영향과정을 둘러싼 환경요소이다.

3. 리더십의 연구의 전개과정

리더십은 훌륭한 리더가 보유한 특성을 연구하는 특성이론에서 출발하여 개별적 리더의 특성보다는 리더들의 행동의 보편성을 연구하는 행동이론으로 발전하였다가 환경의 상황에 따른 적절한 리더십을 연구하는 상황이론으로 발전하였고 이후 여러 가지의 현대 리더십 이론으로 발전하였다.

1940~50년대(특성이론)	훌륭한 리더에게는 있는 개인적인 특성을 연구
1950~60년대(행동이론)	리더 행동의 보편성, 리더와 부하 간의 관계
1960~70년대(상황이론)	환경적인 상황에 따른 효과적 리더십을 연구
1970년대~(현대 리더십 이론)	급변하는 기업경영환경에 적극 대응하기 위한 리더십 연구

제2절　리더십 특성이론

1. 리더십 특성이론의 개념(자질론)

특성이론은 리더가 고유한 개인적 특성만 가지고 있으면 그가 처해 있는 상황이나 환경에 관계없이 항상 리더가 될 수 있다고 가정하고 있다.

2. 리더의 자질

리더에게 필요한 자질로는 우월한 신체적 특성, 문제 해결 및 인지적 반응을 나타내는 개체의 총체적 능력인 지능, 개인을 특징짓는 지속적이면서 일관된 행동양식과 자극의 변화를 느끼는 성질인 성격과 감성, 과업에 대한 높은 성취욕구와 책임감, 원만한 대인관계 등의 사회적 특성 등 다양한 종류가 있다.

제3절　행동이론 　지도　16

1. 리더십 행동이론의 개념

① 리더의 특성과 자질 중심의 특성이론 연구는 경험적인 검증이 불가능하기 때문에 리더십을 관찰 가능한 과정이나 활동으로 연구하려는 리더십 행동이론이 발전하게 되었다.
② 리더십 행동이론은 비슷한 유형의 행동들을 몇 개의 범주로 묶어 리더십 유형으로 개념화하고, 어떤 유형(과업, 관계지향)의 리더십이 보다 효과적인지를 연구하였다.

2. 아이오와(Iowa) 대학 모형

10세 소년을 대상으로 하여 리더십의 스타일을 권위적, 민주적, 방임적 리더십으로 분류하고 각각의 리더십 스타일이 소년집단의 구성원들에게 어떤 영향을 미치는가를 연구하였다.

권위적 리더	리더가 의사결정을 하고 구성원들에게 통보	• 수동적 집단 • 리더 부재 시 좌절
민주적 리더	그룹의 구성원들이 스스로 의사결정을 하고 리더는 보조적 역할	• 리더에게 호의적 • 응집력↑, 안정적 • 리더의 부재에도 안정적
자유방임적 리더	그룹의 구성원과 리더 간 상호작용관계가 독립적이며, 구성원들은 자율적으로 의사결정	• 리더에게 무관심 • 지속적인 불만족

3. 오하이오(Ohio) 주립대학의 연구

오하이오 주립대학에서는 리더십의 유형을 부하의 역할을 명확히 설정하고 기대를 통보하는 과업지향적인 구조주도 리더십과 인간관계를 지향하는 배려의 리더십으로 분류하고, 그 강도에 따라 2×2 매트릭스로 구분하여 리더십을 설명하였다.

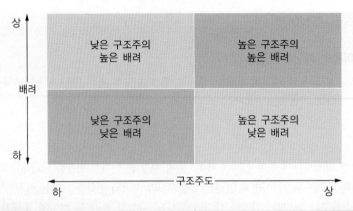

구조주도형	배려형
• 항상 분명한 업무지시를 한다.	• 그 상사와 대화를 하다 보면 긴장이 풀리고 편안해진다.
• 일정을 수시로 점검한다.	• 상사는 어려운 일이 있을 때 언제라도 상담에 응해준다.
• 규정과 절차를 중시한다.	• 상사는 제안 사항에 대해서 반드시 검토해준다.
• 업무마감일을 반드시 준수하도록 한다.	• 실수나 잘못에 대해서 함께 해결하고자 노력한다.
• 마주치면 인사말이 항상 '일이 잘되고 있지'라고 하는 것이다.	• 마주치면 인사로 근황이나 가족에 대해 물어본다.

4. 미시간(Michigan) 대학의 연구

① 리커트(Likert) 교수는 면접연구를 통해 리더의 유형을 직무중심적 리더와 종업원중심적 리더로 구분하고, 그 스타일을 연구하여 종업원중심적 리더십이 직무중심적 리더십보다 효과적이라는 결론을 얻게 되었다.

직무중심적 리더십	종업원(인간)중심적 리더십
• 생산과업을 중요시하고, 생산방법과 절차 등 세부적인 사항에 관심	• 조직원과의 관계를 중요시
• 공식권한과 권력에 비교적 많이 의존	• 조직원에게 많은 권한을 위임하고, 지원적 환경을 조성
• 부하를 치밀하게 감독	• 부하의 개인적 발전·성장에 관심

② 리커트는 시스템4 이론을 통하여 리더십의 발전 단계를 구분하고 시스템1에서 시스템4의 방향으로 발전하게 된다고 주장하였다.

System 1	System 2	System 3	System 4
부하들을 거의 신뢰하지 않음	부하들을 신뢰	부하들을 상당히 신뢰	부하들을 완전히 신뢰
착취적 독재형(벌)	온정적 권위형(상벌)	상담적(상)	참여적
하향식 커뮤니케이션	쌍방향 커뮤니케이션	쌍방향 커뮤니케이션	쌍방향 커뮤니케이션
최고경영층만 의사결정권 보유	중간관리자까지 의사결정권, 상층부의 통제	전반적 의사결정권	전반적 의사결정권

5. 블레이크와 모튼의 관리격자모형 지도 18·23

블레이크와 모튼은 생산과 인간에 대한 관심을 변수로 리더십을 분석하여 인기형, 이상형, 타협형, 무관심형, 과업형 등으로 구분하고, 이를 좌표 위에 표시하여 각 리더십의 특성을 시각화한 관리격자 모형을 제시하였는데, 이는 추후 조직개발기법인 그리드 훈련(9.9형 리더훈련)으로 발전하게 되었다.

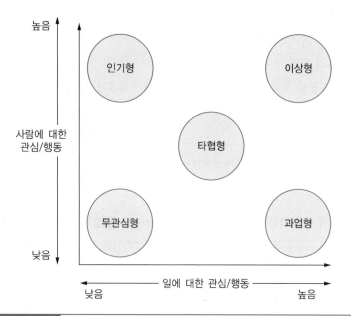

무관심형(1·1형)	• 생산성 모두에 무관심 • 자기 직무에 최소한의 관심
인기형(1·9형)	• 생산성에는 무관심하고, 오로지 인간에게만 관심 • 쾌적하고 우호적인 작업환경
과업형(9·1형)	• 오로지 효율적인 과업 달성에만 관심 • 매우 독재적인 리더
중도형(5·5형)	과업의 능률과 인간적 요소를 절충하여 적당한 성과 추구
이상형/팀형(9·9형)	• 가장 바람직한 리더의 모델 • 구성원의 몰입을 기반으로 기업의 생산성 욕구와 개인 욕구를 모두 만족

6. 미스미의 PM리더십

미스미는 구조주의 행동(성과기능)과 배려행동(유지기능)을 변수로 리더십을 분석하고 이를 2×2 매트릭스로 구분하였다.

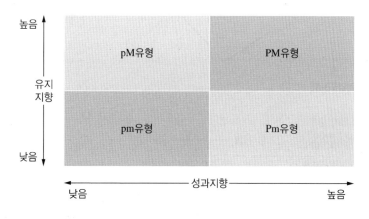

1. 리더십 상황이론의 개념

상황이론은 모든 상황에 적합한 하나의 리더십은 존재하지 않고 각각의 상황과 조건에 따라 적합한 각각의 리더십 스타일이 존재한다는 이론으로, 리더십의 유효성은 리더의 행동유형과 환경요소에 의해 결정된다고 판단하였다.

> 리더십의 유효성 = f(리더의 행동유형, 환경요소)

2. 피들러(Fiedler)의 상황적합이론(Contingency Theory) 기출 23 지도 24

① 피들러가 설계한 리더십의 상황모형은 먼저 리더십의 스타일을 분류하고 해당 조직이 처한 상황을 분석하여 현재의 상황에 적합한 리더십 스타일을 찾아내는 형태로 설계되었다.

② 리더를 분류하기 위해서 Least Preferred Coworker(가장 같이 일하기 싫은 동료) 선택법을 통해 과업지향적 리더와 관계지향적 리더로 리더십의 스타일을 구분하였고, 조직이 처한 상황을 구분하기 위하여 리더 – 부하의 관계(호의적 태도와 신뢰성), 과업구조(업무의 체계성), 지위권력(리더가 부하에게 영향을 미치는 정도)을 변수로 하여 상황을 구분하였다.

③ 피들러는 상황적합이론을 통해 리더십의 효과성은 리더의 개인적 요소와 상황적 요소의 상호작용에 따라 결정되는 것으로 판단하였으며, 상황의 호의성이 높거나 낮으면 과업지향적 리더십이 효과적이고, 상황의 호의성이 중간이면 관계지향적 리더십이 효과적이라고 주장하였다.

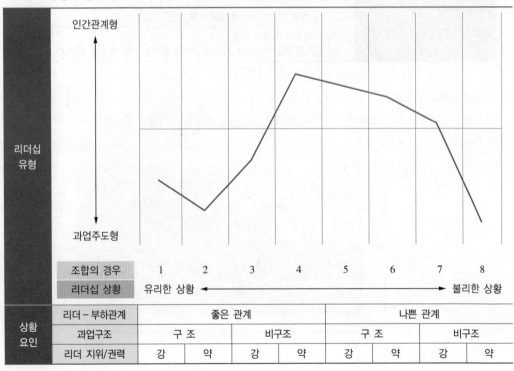

상황 요인	리더 – 부하관계	좋은 관계				나쁜 관계			
	과업구조	구 조		비구조		구 조		비구조	
	리더 지위/권력	강	약	강	약	강	약	강	약

3. 에반스와 하우스(Evans & House)의 경로 – 목표이론(Path-Goal Theory) 기출 20 지도 19

(1) 경로 – 목표이론의 개념

경로 – 목표이론은 오하이오 대학의 리더십연구와 브룸의 기대이론에 기반을 둔 리더십이론으로, 리더는 부하가 바라는 보상을 받게 해 줄 수 있는 경로가 무엇인가를 명확하게 제시하는 것이 필요하다는 개념이 기반이 된 이론이다.

(2) 상황변수와 리더십의 유형

경로 – 목표이론에서는 부하의 개인특성과 환경요인을 변수로 하여 상황을 구분하고 리더십의 유형을 지시적, 지원적, 참여적, 성취지향적 리더십으로 분류하였다.

① 상황변수

부하의 개인특성	통제의 위치, 능력, 경험, 욕구 등
환경요인	과업구조, 공식적 권한 체계, 작업집단 등

② 리더십 유형

지시적 리더십	부하에게 과업을 명확하게 제시, 공식적 활동
지원적 리더십	부하들에게 후원적 태도를 취함, 복지
참여적 리더십	부하들을 의사결정과정에 포함시킴, 상담
성취지향적 리더십	도전적 목표의 설정, 능력발휘 중시

(3) 경로 – 목표이론의 모형

상황변수와 리더십 유형을 브룸의 기대이론과 결합하여 부하에게 원하는 보상을 받을 수 있는 명확한 경로를 제시함으로써 리더십의 효과성을 증대시킬 수 있다고 판단하였다.

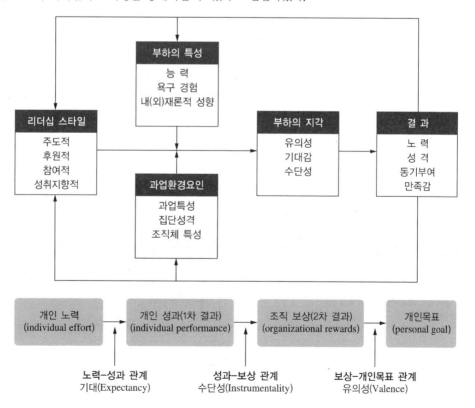

4. 허쉬와 블랜차드(Hersey & Blanchard)의 리더십 상황이론(수명주기이론) 지도 17 · 19

① 허쉬와 블랜차드는 피들러의 상황적합이론을 바탕으로 부하들의 자발적 참여 정도와 능력에 따라 리더십의 유형 변화가 필요하다고 판단하였다.

② 리더십 수명주기이론에서 환경 변수는 4단계로 구분된 부하의 능력(성숙)수준(M1~M4)이고, 리더의 유형은 지시형, 지도(설득, 코칭)형, 지원(참여)형, 위임형으로 분류하였다.

③ 부하의 성숙수준이 가장 낮은 M1단계에서는 지시형 리더십이, M2단계에서는 지도형 리더십, M3단계에서는 지원형 리더십, 부하의 성숙수준이 가장 높은 M4단계에서는 위임형 리더십이 가장 효과적이라고 주장하였다.

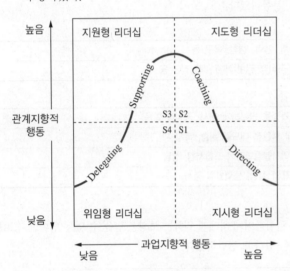

[직원의 성숙도 단계]

M4	M3	M2	M1
능력 고 의지 고	능력 고 의지 저	능력 저 의지 고	능력 저 의지 저

제5절 현대 리더십 이론 기출 17

1. 변혁적 리더십 기출 14 · 24 지도 15 · 18 · 20 · 21 · 23

(1) 변혁적 리더십의 개념

변혁적 리더십은 이전의 모든 리더십 이론을 리더와 구성원 간의 거래에 의한 거래적 리더십으로 판단하고, 이러한 교환관계에 기초하는 거래적 리더십과 달리 리더의 개인적 가치와 신념에 기초하여 구성원들의 정서, 윤리규범, 가치체계 등을 변화시켜 개인, 집단, 조직을 바람직한 방향으로 변혁시키는 리더십을 의미한다.

거래적 리더십	변혁적 리더십
• 전통적 리더십 이론 • 현상 유지, 안정지향성 • 즉각적이고 가시적인 보상체계 • 단기적 관점	• 거래적 리더십에 대한 비판 • 현상 탈피, 변화지향성 • 내재적 보상의 강조 • 장기적 관점

(2) 변혁적 리더십의 요소

① **이상적 영향력(idealized influence)** : 변혁적 리더십의 가장 핵심적인 요인으로서 카리스마라고도 불린다. 구성원들에게 미래에 대한 비전과 사명감을 제시하고 효과적으로 전달하는 능력으로 이를 통해 구성원들은 자신감을 갖게 되고 리더에 대한 기대를 하게 되어 리더를 역할 모델로 삼게 된다.

② **영감적 동기부여(inspirational motivation)** : 구성원들이 비전을 실현하는 데 헌신하도록 동기를 유발하는 리더의 행동이나 능력을 의미한다. 변혁적 리더는 구성원들을 격려함으로써 구성원들이 열망을 두고 업무에 매진하도록 한다. 이상적 영향력과 영감적 동기부여는 서로 높은 수준의 연관성을 가지고 있어서 하나의 요인으로 간주하기도 한다.

③ **지적 자극(intellectual stimulation)** : 기존의 관습에 대해 의문점을 제기하고 새로운 관점에서 문제를 바라보고 해결할 수 있도록 지원함으로써 창의적 사고를 유도하는 것을 의미한다. 변혁적 리더는 리더 자신, 구성원, 더 나아가 조직의 신념과 가치도 새롭게 바꾸려고 노력한다.

④ **개별적 배려(individualize consideration)** : 구성원들의 개인적 욕구에 세심한 관심을 보이고 후원적인 업무환경을 조성하려는 리더의 행동이나 능력으로, 변혁적 리더는 구성원 개개인의 욕구와 능력의 차이를 인정하고 이들이 성장할 수 있도록 코치나 멘토의 역할을 수행하며 권한위임을 활용한다.

2. 카리스마적 리더십(Charismatic Leadership)

(1) 카리스마적 리더십의 개념

① 카리스마는 구성원들 스스로 리더를 따르게 만드는 리더의 천부적인 능력, 영향력, 독특한 매력을 의미하는데, 리더의 카리스마적 특성과 행동을 통해 구성원들은 리더의 신념을 신뢰하게 되고 이에 대한 무조건적인 수용과 자발적인 복종이 발생하게 된다는 것이 카리스마적 리더십의 개념이다.

② 카리스마 리더는 자신의 능력에 대한 높은 자신감을 가지고 있으며, 자신의 신념과 관점에 대한 강한 확신, 타인에게 영향력을 행사하고자 하는 강한 권력 욕구가 존재한다.

③ 이러한 카리스마 리더는 조직원들에게 역할모델링을 통해 명확한 목표를 제시하고 외적인 보상보다는 내적인 보상을 중심으로 조직원을 이끄는 행동특성을 보이는 것으로 연구되었다.

(2) 변혁적 리더십과 카리스마적 리더십

① **유사점** : 비전을 중시하고 변화를 촉진하며 구성원들이 기대 이상의 성과를 창출하도록 동기 부여한다는 점에서 유사하기 때문에 동의어로 사용되기도 한다.

② **차이점** : 변혁적 리더십은 카리스마 이외에도 영감적 동기부여, 지적 자극, 개별적 배려 등의 차원들을 포괄하기 때문에 카리스마적 리더십보다 광범위한 개념이다. 또한 카리스마적 리더십이 개인의 충성심을 유도하는 반면에 변혁적 리더십은 몰입을 유발하여 성과향상이나 발전을 유도한다는 점에도 차이가 존재한다.

③ **효용** : 카리스마적 리더십은 새로운 조직을 창조하고 새로운 조직문화를 창출하는데 유용하고, 변혁적 리더십은 기존의 조직과 조직문화를 변화시킬 때 유용하다고 평가되고 있다.

3. 진성 리더십 [지도 20]

(1) 진성 리더십의 개념

① 진성 리더십은 리더의 진정성(authenticity)을 강조하는 리더십으로 성찰을 통해 자아를 인식하고, 이에 기초해서 다른 사람들과 가식 없는 관계를 형성하는 것을 의미한다.

② 따라서 진성 리더십은 리더십이 꾸밈없이 진실한지(genuine), 그리고 현실(real)에 부합하는지에 초점을 두어 본연의 자기 모습을 인식하고 그대로 행동하는 리더십이라고 할 수 있다.

(2) 진성리더십의 구성 요소

항 목	내 용
자아 인식 (self-awareness)	리더 자신에 대한 성찰을 의미, 자신의 강점과 약점, 가치관, 감정, 본성 등에 대한 이해를 포함
내면화된 도덕적 신념 (internalized moral perspective)	외압에 영향을 받지 않고 자기 내면의 가치관에 따라 움직이는 과정, 자기조절, 자기 통제 과정
균형잡힌 정보처리 (balanced processing of information)	의사결정을 내리기 전에 선입견이나 편견 없이 정보를 객관적으로 검토하는 과정
관계의 투명성 (relational transparency)	자신의 진정성을 다른 사람에게 보여주는 것으로 자기 생각과 감정을 표현하면서 다른 사람들과 진실되게 의사소통하는 것

4. 슈퍼리더십 [지도 20]

① 슈퍼리더십은 셀프리더십이 발전한 것으로 다른 사람이 스스로 자기 자신을 이끌어갈 수 있게 도와주는 리더십을 의미한다.

② 슈퍼리더는 부하들이 역량을 최대한 발휘하여 셀프리더가 될 수 있도록 환경을 조성해 주고 동기를 부여하여야 한다.

③ 슈퍼리더가 되기 위해서는 리더가 먼저 셀프리더가 되어야 하며, 부하들을 셀프리더로 이끌어 자율경영의 분위기를 조성해 주어야 한다.

5. 서번트 리더십 [기출 18] [지도 20]

서번트 리더십은 타인을 위한 봉사에 초점을 두는 리더십으로, 종업원과 고객의 욕구를 만족시키기 위해 헌신하는 리더십이며, 학습조직에 유용한 것으로 연구되었다.

제1절 권력의 정의와 분류 기출 14

1. 권력의 정의

권력이란 개인이나 집단이 다른 개인이나 집단의 의사결정과 자원의 통제에 영향을 미치는 잠재력과 능력을 말한다.

권 력	한 개인이나 집단이 다른 개인이나 집단에 대한 지배력을 확보하는 것
권 한	한 개인이 조직 내에서 차지하고 있는 위치로 인해 갖게 되는 공식적인 힘
영향력	한 개인이 다른 개인이나 집단에 변화를 일으킬 수 있는 힘

2. 권력의 원천 기출 16 · 19 · 21   지도 15 · 19 · 21

① 프렌치(French)와 레이븐(Raven)은 권력의 원천을 공식적 권력과 개인적 권력으로 구분하여 권력이 생기는 원천을 분류하였다.

② 공식적 권력은 지위에서 발생하는 권력으로 타인에게 상을 줄 수 있는 지위로 인하여 발생하는 보상적 권력, 타인에게 벌을 줄 수 있는 지위로 인하여 발생하는 강제적 권력, 조직 내의 지위로 인하여 발생한 합법적 권력인 권한이 있으며, 개인적 권력은 준거인물의 존재로 인한 준거적 권력과 특정분야의 전문지식의 보유로 인하여 발생하는 전문적 권력이 있다.

공식적 권력 (지위권력)	보상적 권력	타인에게 긍정적 강화를 제공하는 경우
	강제적 권력	타인에게 부정적 강화를 제공하는 경우
	합법적 권력	권한을 가지는 경우
개인적 권력 (특정권력)	준거적 권력	상사에게 주관적인 충성심을 가지고 있는 경우
	전문적 권력	특정 분야에서 전문적 지식을 가지고 있는 경우

3. 권력에 대한 반응

권력에 대한 구성원의 반응은 복종, 동일화, 내면화, 분열화 등으로 나타나게 된다.

복 종	동일화	내면화	분열화
• 관리자의 보상이나 처벌에 대한 하급자들의 반응 • 보상의 확대 + 처벌의 최소화 • 행위적 · 태도적 복종	• 하급자가 상급자를 존경하여 상급자의 요구에 따르는 경우 • 준거적 권력과 관계	• 상급자의 요구와 하급자의 가치가 일치하는 경우 • 전문적 권력이나 정보의 확보와 관계	상급자가 강압적 권력을 사용하고자 할 경우

1. 정치적 행동의 개념

① 조직 내 정치란 조직의 허가 없이 자신의 목적을 달성하려는 사람이 다른 사람의 의사결정이나 행동에 영향을 미치기 위해 권력을 이용하는 것을 의미한다.

② 조직에서 인정되지 않는 목적을 달성하려 하거나, 인정되지 않는 수단을 동원하여 조직 내 이익과 불이익의 배분에 영향을 미치거나, 미치려고 하는 활동을 정치적 행동이라 정의할 수 있다.

2. 조직정치의 발생원인

조직 내 정치가 발생하는 원인은 자원의 희소성과 불안정성 등에 기인하고 있다.

자 원	자원의 필요성과 희소성
의사결정	불명확하고 장기적인 의사결정
목 표	목표의 불명확성과 복잡성
기술과 외부환경	기술의 복잡성과 외부환경의 동태성
변 화	조직의 내/외부적 변화

3. 조직 내 정치의 관리

조직 내 정치를 제거하기 위해서는 제도의 불확실성을 감소시키고 조직 내부의 경쟁을 줄이며 조직 내 역기능적인 역할을 하는 결탁세력을 제거하는 등의 조직 내 정치를 미연에 방지하기 위한 노력이 필요하다.

1. 갈등의 개념과 기능

갈등이란 집단 내에서 둘 이상의 구성원이 상호작용을 하는 과정에서 발생하는 불화나 의견의 불일치를 의미하는데, 갈등은 부정적인 기능만 하는 것이 아니라 순기능과 역기능의 두 측면이 모두 존재한다.

순기능적 결과	역기능적 결과
창의적 아이디어 유도	조직의 불안정성 유발
조직에 변화와 활기 부여	자원 낭비
개인과 조직이 일치되는 계기	업무로부터의 이탈
문제해결의 촉구	집단응집력 파괴

2. 갈등의 양과 집단유효성

갈등은 순기능과 역기능이 모두 존재하는데 이는 갈등의 양과 관련이 있는 것으로 갈등이 너무 적거나 많으면 역기능이 일어나게 되고, 적정한 수준의 갈등이 있을 때에 조직에 순기능적 역할을 하게 된다.

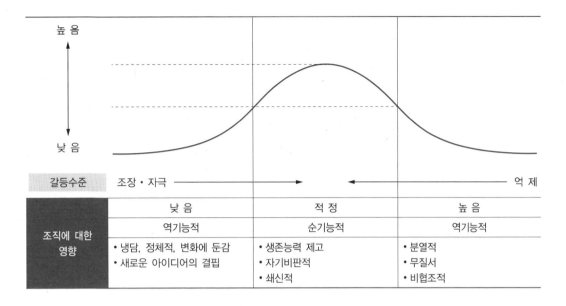

갈등수준	조장·자극 →	← 억제	
	낮음	적정	높음
조직에 대한 영향	역기능적	순기능적	역기능적
	• 냉담, 정체적, 변화에 둔감 • 새로운 아이디어의 결핍	• 생존능력 제고 • 자기비판적 • 쇄신적	• 분열적 • 무질서 • 비협조적

3. 갈등의 유형

갈등은 집단과 조직 내의 다양한 관계 속에서 발생할 수 있다.

수직적 갈등	조직 내의 수직적 계층 간에 발생하는 갈등
수평적 갈등	조직 내의 동일 계층의 부문 간에 발생하는 갈등
라인 – 스태프 갈등	서로 간의 간섭으로 인해 방해받거나, 서로 업무의 성격을 이해하지 못할 때 발생하는 갈등
역할 갈등	여러 가지 역할이 각각 양립할 수 없이 대립할 때 발생하는 갈등
기능적 갈등	각 기능이 다른 집단 간에 발생하는 갈등
경쟁적 갈등	한 조직 내에서 유사한 기능을 수행하는 집단 사이에 발생하는 갈등

4. 갈등의 수준

① 개인 간 갈등 : 동일 사안에 대한 상충된 요구/기대
② 집단 간 갈등 : 기능적, 계층적, 경쟁적
③ 조직 간 갈등 : 경쟁기업, 정부, 하청업체

5. 갈등의 원인

갈등은 집단과 조직의 상호의존성과 집단 간의 불균형, 자원의 제한성, 영역의 모호성 등의 원인에 의하여 발생한다.

상호의존성	자원을 공유하지만 업무상 분리되어 있는 경우
집단 간 불균형	한 조직 내의 두 집단이 추구하는 목표와 행동방향이 다를 경우
자원의 제한성	제한된 자원을 차지하기 위한 경쟁이 과열된 경우
영역모호성	서로 담당하는 영역이 명확하지 않을 경우

6. 킬만의 갈등관리 유형 기출 24

킬만(Kilmann)과 토머스(Thomas)가 개발한 갈등관리 유형은 조직 내에서 갈등을 어떻게 관리하고 해결할 수 있는지를 설명하는 모델로 자신의 관심사(assertiveness)와 타인의 관심사에 대한 협력성(cooperativeness)의 두 가지 차원을 조합하여 다섯 가지 갈등관리 유형을 도출하였다.

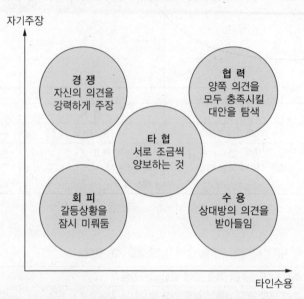

유 형	내 용
경 쟁 (Competing)	• 자기 주장 : 높음 / 협력성 : 낮음 • 자신의 목표를 달성하기 위해 다른 사람의 희생을 감수하는 방식 • 주로 긴급한 상황이나 중요한 문제에서 사용
협 력 (Collaborating)	• 자기 주장 : 높음 / 협력성 : 높음 • 양측의 요구를 모두 충족시키기 위해 협력하여 해결책을 찾는 방식 • 갈등의 해결을 통해 상호 이익을 얻을 수 있을 때 사용
타 협 (Compromising)	• 자기 주장 : 중간 / 협력성 : 중간 • 양쪽이 어느 정도 양보하여 합의점을 찾는 방식 • 양측이 부분적으로 만족할 수 있는 해결책을 찾는 데 사용
회 피 (Avoiding)	• 자기 주장 : 낮음 / 협력성 : 낮음 • 갈등을 피하거나 무시하는 방식 • 갈등이 사소하거나 해결할 필요가 없다고 판단될 때 사용
수 용 (Accommodating)	• 자기 주장 : 낮음 / 협력 성: 높음 • 다른 사람의 요구를 충족시키기 위해 자신의 욕구를 희생 • 상대방과의 관계를 중요시할 때 사용

7. 갈등의 감소방법

갈등을 감소시키기 위해서는 갈등의 원인이 되는 요소들을 제거하여야 하는데, 통일된 목표를 제시하고 부족한 자원을 확충하며 조직구조를 바꾸는 등의 방법이 사용된다.

통일된 목표	통일된 상위목표의 부여
자원의 확충	부족한 자원의 확충
조직구조의 변경	조직구조의 변경을 통해 갈등 해소
상부의 명령	권위 있는 명령에의 복종
갈등에의 적극적 개입	문제 해결을 위해 적극적으로 개입
제3자의 조정	이해관계가 없는 제3자의 조정

제1절 **조직구조의 정의와 구성요소** 기출 20 · 22

1. 조직구조의 정의

조직구조란 조직 구성원들의 상호관계, 즉 조직 내에서의 권력관계를 의미하며 지위와 계층 관계, 조직 구성원들의 역할 배분과 조정의 양태, 조직 구성원들의 활동에 관한 관리체계 등을 통틀어 일컫는 개념이다.

2. 조직구조의 구성요소

조직구조는 조직 내에 존재하는 분화의 정도인 복잡성과 조직의 직무가 표준화 되어 있는 정도인 공식화, 조직 내의 의사결정권한의 집중 정도인 집권화로 구성되어 있어 조직 설계 시에는 복잡성, 공식화, 집권화(또는 분권화)를 기본변수로 하고 전략, 기술, 규모, 환경 등을 상황변수로 하여 각 조직에 적합한 구조를 설계하여야 한다.

(1) 복잡성

복잡성이란 조직 내 존재하는 분화의 정도로 수직적인 분화, 수평적인 분화, 지역적인 분화로 구분할 수 있다.

수직적 분화	명령계통/조직 내 계층의 수
수평적 분화	과업이 하부단위로 세분화된 상태, 상이한 직위의 수
지역적 분화	조직의 자원과 하위단위의 지리적인 분산 정도

(2) 공식화

공식화란 누가 언제 어떻게 과업을 수행하는가에 대한 규칙과 규제가 어느 정도로 구축되어 있는가를 의미하는 것으로, 공식화를 통해 구성원의 행동변이성을 감소시켜 통제를 용이하게 하고, 불확실성을 감소시킴으로 혼란을 방지하여 경제성과 공정성을 유지할 수 있도록 한다.

(3) 집권화

집권화는 의사결정의 집중 정도를 말하며, 집권화된 의사결정은 공식적인 권한에만 적용되며, 자유재량권이나 정보의 여과과정에 영향을 받아 자유 재량권이 확대되거나 부하직원에 의해 보고되는 정보가 충분치 않을 경우에는 집권화의 정도가 약화된다.

3. 집권적 조직과 분권적 조직 [지도] [20]

조직은 조직구조의 구성요소인 집권화의 정도에 따라서 집권화된 조직과 분권화된 조직으로 구분할 수 있는데, 집권화된 조직은 의사결정의 권한이 최고경영자 또는 상위의 관리계층에 대부분 집중되어 있는 조직이며, 분권화된 조직은 의사결정 권한이 각 계층에 위임된 조직을 말한다.

구 분	집권화된 조직	분권화된 조직
장 점	• 경영자의 리더십 행사가 용이 • 경영활동의 집중과 통합이 용이 • 긴급사태에 대응하는 조직으로서 유효 • 단순, 반복적이고 획일적 업무에 유리	• 환경변화에 신속하게 대응 • 제품다양화 및 경영다각화로 위험분산, 경영합리화 도모 가능 • 권한을 위임받은 자는 전문적 지식을 바탕으로 합리적 의사결정 가능
단 점	• 비대조직으로 관료화 • 과중한 업무량으로 의사결정 지연 • 획일적 관리로 조직원의 창의성 저해	• 전체적 계획 및 조정의 어려움 • 유사 중복 부문이 존재하여 비용증가 • 부서 간 대립, 통제력 약화 가능성 존재

4. 기계적 조직과 유기적 조직 [지도] [15 · 21 · 23]

① 번스와 스터커는 조직을 기계적 조직과 유기적 조직으로 구분하였는데, 기계적 조직은 명령과 지시에 의한 집권적이고 공식적이며 수직적 관계 중심의 조직이고, 유기적 조직은 충고와 자문을 중심으로 의사소통을 하며 분권적이며 융통성이 있는 조직을 의미한다.

② 안정적인 환경에서는 기계적 조직의 효율이 높을 수 있으나 환경이 빠르게 변화하는 동태적인 환경에서는 유기적 조직이 보다 효과적인 것으로 판단되고 있다.

구 분	기계적 조직	유기적 조직
의사소통	명령과 지시	충고와 자문
권한위양	집권적	분권적
정보의 흐름	제한적이고 하향적	상하로 자유로움
규칙과 절차	엄격하고 많음	융통성 있고 적음
조직구조	공식적(수직적) 관계	비공식적(수평적) 관계
갈등 해결방식	상급자의 의사결정	토론과 상호작용
관리의 폭	좁 음	넓 음
작업의 분업화	높 음	낮 음
권한의 위치	조직의 최고층에 집중	능력과 기술을 가진 곳
환 경	안정적 환경	동태적 환경
부서 간의 업무	매우 독립적	상호 의존적

1. 고전적 조직이론

(1) 고전적 조직이론에서의 인간관점

고전적 조직이론에서는 인간을 독립적인 변수로 판단하여 기계와 같은 요소라고 판단하였다. 따라서 동일한 비용을 지불한다면 많이 사용할수록 효율이 상승한다는 관점을 가지게 되었고, 이에 따라 인간 노동을 착취하게 되었다.

(2) 테일러의 과학적 관리법

① 프레드릭 테일러는 작업의 효율성을 극대화하기 위해 시간연구와 동작연구를 기반으로 작업을 분할하고 표준화하였으며, 차별적 성과급을 지급하였고, 성과급의 기준 마련을 위해 기획부에서 표준과업과 표준시간을 설계하게 하였다.

② 인간은 타율적 존재이며 외부 통제가 필요하다는 X 이론 기반의 인간관을 가지고 있기 때문에 작업을 전문화하고 각 전문 분야마다 감독자인 직장을 배치하는 직능별 직장제도를 운용하였으며, 표준 작업 방법과 표준 시간이 기록된 작업지도표에 의해 작업을 지도하는 작업지도표제도(매뉴얼)를 기반으로 직장들을 통해 작업을 관리 감독하게 하였다.

③ 이러한 조직의 운영방식은 생산성의 폭발적인 증가로 절대적 고임금과 상대적 저노무비의 고임금 저노무비를 실현하게 되었지만, 인간적 측면을 경시하고 인간의 노동을 기계시하였다는 비판을 받았으며, 그 적용 분야가 공장의 노무관리 부문에 한정되었다는 점, 과업의 설정이 시간연구자의 주관적인 측면이 강하다는 점, 금전적 유인에 의한 능률 논리만을 강조한다는 비판이 존재한다.

(3) 페이욜의 일반관리론(관리과정론)

① 페이욜은 경영자의 역할과 기능에 초점을 맞추어 조직을 효율적으로 관리하는 일반관리론을 제시하였다. 페이욜은 조직의 관리기능을 중시하였고 이에 따라 관리계층의 조직관리 원리를 개발하여 상층부 중심의 하향적 관리방식을 추구하였다.

② 기업의 경영활동은 기술, 상업, 재무, 보호, 회계의 5가지 활동과 이를 전반적으로 관리하는 관리활동으로 구성되어있다고 주장하였으며, 관리의 주요 요소로 계획, 조직, 명령, 조정, 통제의 5가지를 제시하였다. 또한 분업의 원리, 권한과 책임의 원리 등 14가지의 관리원칙을 제시하였다.

③ 그러나 원리의 개념이 모호하거나 모순적(전문화의 정도가 모호함, 명령통일의 원리와 자발성의 원리의 모순 등)이라는 주장이 있으며, 제시된 원칙들에 대한 경험적인 검증이 없어 보편성이 결여되었고, 관리를 정태적, 비인간적 과정으로 파악하여 인간적 요소를 배제하고 있다는 비판이 있다.

(4) 베버의 관료제

① 베버는 권위의 유형을 전통적, 합법 – 합리적, 카리스마적 형태로 구분하고 권위의 유형에 따라 조직을 구분하였다.

구 분	내 용
전통적 권위	전통의 범위 내에서 지배자는 권위를 행사하고 피지배자는 이러한 권위에 복종하는 관계로 역사적 관습과 오래된 규범에 의해 정당성을 획득
합법·합리적 권위	규칙이 합법적이고 합리적으로 제정되고, 지배자와 피지배자는 이러한 규칙에 의해 권위를 행사하고 이에 복종하는 관계로 명확한 규칙과 절차를 통해 정당성을 획득
카리스마적 권위	카리스마적 리더의 개인적 매력과 비전, 그리고 카리스마적 리더에 대한 구성원의 신뢰와 헌신에 기반하여 권위가 인정되는 형태

② 베버는 합법적이고 합리적인 권위에 의한 조직 체계로서 관료제를 제시하였는데, 관료제는 모든 권한과 관할범위를 문서로 규정하는 등 공식화를 기반으로 하고 있으며 계층제적 구조를 통한 집권화와 복잡성, 업무수행의 비개인화, 관료의 전문화, 업무의 분업화 등을 특징으로 하고 있다.

③ 그러나 관료제는 조직의 비공식적 측면을 간과하고 있으며, 조직의 목표보다 목표달성의 수단인 규정과 절차를 과도하게 중요시하고 있다는 비판이 있다.

(5) 고전적 조직이론의 비교

구 분	과학적 관리론	일반관리론	관료제론
대표 연구자	테일러	페이욜	베버
분석 수준	작업장(미시적)	조직 상층부(거시적)	조직 전체
주요 관심	근로자의 노동생산성의 향상	조직의 원리 발견 집권화, 전문화	공식화, 표준화
공통 사항	① 최고 가치 : 능률성 ② 공식적 구조 중시 : 조직의 목표 달성을 위한 가장 중요한 변수로 판단 ③ 폐쇄 시스템적 관점 : 환경의 영향을 고려하지 않음 ④ 합리적 – 경제적 인간관		
조직이론의 원칙	① 전문화의 원칙 : 1인 1과업 ② 권한과 책임의 원칙 : 직무의 책임 명확성 ③ 권한 위임(이양)의 원칙 : 책임에는 권한을 동반 ④ 계층제의 원칙 : 피라미드 조직구조/명령일원화/감독범위의 원칙(명령일원화와 상충) ⑤ 계층단축화의 원칙 : 가능한 계층 수를 적게 구성 ⑥ 기능화의 원칙 : 계획과 작업의 분리 ⑦ 스태프 조직의 원칙 : 스태프와 라인의 분리		

2. 신고전적 조직이론

(1) 인간관계론

① 인간관계론은 고전적 조직이론의 핵심을 보완하기 위해 대두한 이론으로 인간적 요소의 중요성과 인간행동의 비합리적 측면을 중시한 이론이다.

② 인간을 기계의 부속품으로 생각하는 과학적 관리법에 대한 반발과 메이요를 중심으로 한 호손공장의 실험 결과는 조직의 효율에 대한 인간의 중요성에 대하여 새로운 모색을 시도하게 하였고, 기업 조직 규모의 확대와 기술의 급속한 발전은 고전적 조직이론으로는 설명하기 어려운 복잡성을 생성하게 되었다. 여기에 1929년부터의 미국 대공황과 노동조합의 발전은 고전적 조직이론의 변화를 추동하게 되었다.

③ 호손공장의 연구를 기반으로 인간관계론에서는 조직의 능률과 생산성은 구성원의 육체적 능력이나 기술보다 사회적 능력(동료, 상사와의 인간관계 등)에 의해 결정된다고 주장하였고, 생산성에는 비공식적 집단이 공식적 방침보다 더 큰 영향 미친다고 판단하였다. 또한 소속감이나 인정, 관심 등 비경제적 보상이 동기를 부여하고 직무만족에 긍정적 영향을 미쳐 생산성을 향상시키며, 원활한 의사소통과 민주적이고 인간적 리더십을 통해 사회적, 심리적 욕구를 충족시켜야 한다고 주장하였다.

(2) 후기 인간관계론

① 후기 인간관계론은 조직 내 인간의 성격과 사회적 관계를 본격적으로 연구하였으며, 조직목표의 효과적인 달성을 위해 조직 구성원의 활용방법을 중심적으로 연구하였다.

② 후기 인간관계론에서는 인간을 합리적인 존재가 아닌 사회적인 존재로 인식하기 시작하였으며, 그렇기 때문에 의사결정 등의 주요한 조직의 활동에 개인들을 참여시켜야 한다는 시각을 가지게 되었다. XY이론의 맥그리거, 성숙 – 미성숙 이론의 아지리스, 성장욕구이론의 앨더퍼, 행태론적 인간주의의 리커트 등이 주요한 학자들이다.

3. 근대적 조직이론

(1) 폴리의 연구

폴리는 개인 – 집단을 모두 만족시키는 통합의 중요성을 강조하였고, 조직은 지배와 복종으로 이루어지는 것이 아니라 직무에 의한 탈 개인적 상황일 때만 통합이 가능하다는 권한의 상황법칙을 주장하였다.

(2) 버나드의 협동체계론과 조직균형론

① 버나드는 고전적 조직이론에서는 인간이 무시된 공적조직만 존재하고, 신고전이론에서는 공식조직이 무시된 인간만 존재한다고 비판하면서 조직과 조직 내의 인간에 대하여 균형잡힌 접근을 시도하였다.

② 그는 조직을 하나의 시스템인 협동체계로 인식하고 협동체계론을 주장하였으며, 조직의 기본 구성요소를 공동의 조직목적, 공헌의지, 커뮤니케이션이라고 설명하였다.

항 목	내 용
공동의 조직목적	조직구성원들이 수용할 수 있는 목적으로 목적 달성을 위해 여러 힘이 결합하고 이것이 협동 시스템으로 발전하게 되는 것
공헌의지	조직의 목적 달성을 위해 개인이 노력하고자 하는 마음의 상태, 공헌의지는 개인이 조직에 기여하는 공헌과 이에 대한 조직의 보상과의 비교에서 발생
커뮤니케이션	협동의지와 공동의 조직목적이 형성될 수 있는 수단으로 커뮤니케이션을 통해 조직의 목적에 대한 이해와 공헌 의지가 발생할 수 있음

③ 버나드는 조직균형론을 통해 조직의 존속과 유지는 대내적, 대외적 균형을 이루고 있어야 한다고 주장하였다. 대내적 균형은 조직과 조직구성원 간의 관계에서 개인의 조직에 대한 공헌보다 조직이 개인에게 주는 유인이 비슷하거나 더 커야 한다는 것으로 개인이 조직을 떠나게 하지 않기 위해 필요한 것이며, 대외적 균형은 조직이 외부로부터 들어온 가치(원자재)를 변환시켜 다시 외부로 내보낼 때(상품, 서비스) 잉여가치(이익, 매출)가 창출되어야만 창출된 잉여가치를 기반으로 조직이 존속될 수 있다고 주장하였다.

(3) 사이먼의 의사결정체계와 제한된 합리성

① 사이먼은 조직의 관리자들이 적절한 의사결정을 위해 가능한 많은 정보를 수집하고 분석하려고 하지만 인간 능력의 한계로 인하여 수집할 수 있는 정보의 수에 한계를 가지고 있고, 수집된 정보 또한 정확히 분석할 수는 없기 때문에 완벽하게 합리적인 의사결정은 불가능하고 제한된 합리성에 기반하여 의사결정이 이루어진다고 주장하였다.

② 고전적 조직이론은 인간이 절대적 합리성에 기반하여 경제인적 의사결정을 한다고 전제하였지만, 실제 경영자들의 의사결정은 제한된 합리성 내에 현실적인 의사결정을 하는 관리인적 의사결정을 하게 된다는 관리인 가설을 주장하였다.

4. 현대적 조직이론

(1) 시스템 이론

① 시스템이란 복잡한 환경 내에서 전체적인 목표를 달성하기 위해 독립적 또는 공동으로 작용하는 상호 관련된 부분의 집합을 말하는 것으로, 고전적 이론에서의 시스템 개념은 외부와 단절된 폐쇄 시스템을 전제로 하고 있었으나 시스템에 대한 연구가 발전하면서 시스템은 외부환경과 상호영향을 주고받는 개방 시스템으로 인식하게 되었다.

② 시스템 이론은 시스템을 구성하는 부분인 다수의 하위시스템을 분리해서 취급하는 것이 아니라 전체로써 하나의 시스템으로 보려는 관점으로 조직의 한 부분의 활동이 다른 모든 부문의 활동에 영향을 미친다고 판단하고 있다.

③ 이러한 시스템은 결과지향성, 구조성, 기능성, 전체성, 이인동과성의 속성을 지니고 있다.

항 목	내 용
결과지향성	어떤 시스템이든지 뚜렷한 목표가 있음
구조성	시스템을 구성하는 구성요소가 질서 있게 유기적으로 연결되어 있음
기능성	목표를 달성하기 위해 상호작용을 함
전체성	모든 구성요소가 하나로 결합된 실체
이인동과성	같은 결과가 나와도 그 원인은 다를 수 있음, 목표를 달성하는 데에는 다양한 수단과 방법이 있음을 의미

(2) 구조적 상황이론

① 상황적 접근법에서는 모든 환경과 상황에 적합한 유일최선의 관리방식은 존재하지 않는다고 판단하고 있기 때문에 환경이나 조건이 다르면 효과적인 조직의 구조와 형태도 달라야 한다고 주장하고 있다.

② 따라서 조직이 가지고 있는 조직특성변수와 환경과 관련한 상황변수가 조직의 효과성에 영향을 미친다고 판단하고 상황에 적합한 조직구조를 설계하여 조직의 효과성을 높일 수 있도록 하였다.

> **기술과 조직구조에 관한 상황이론**
>
> **1) 우드워드의 연구**
> 우드워드는 제조업체를 대상으로 생산기술의 유형에 따라 효과적인 조직구조가 존재한다고 주장하였다. 기술의 복잡성에 따라 기술을 소량생산(단위생산)기술, 대량생산기술, 연속생산기술로 구분하고 소량생산기술과 연속생산 기술은 유기적 조직구조가 효과적이며, 대량생산기술에는 기계적 조직구조가 효과적이라고 판단하였다.
>
> | 기술의 구분 | 조직의 구조 |
> |---|---|
> | 소량생산기술 | 소규모 맞춤형 생산으로 유연하고 비공식적인 유기적 조직구조가 적합 |
> | 대량생산기술 | 대량의 표준화된 제품 생산으로 공식적이고 계층적인 기계적 조직구조가 적합 |
> | 연속생산기술 | 연속적인 공정에서 제품을 생산하며 기술의 복잡성이 높은 편이고 예외 발생에 동태적으로 대응 해야 하기 때문에 유기적 조직구조가 적합 |

2) 톰슨의 연구

톰슨은 조직 내 사용되는 기술의 상호의존성과 자원의 공유 정도가 조직구조에 영향을 미쳐 각각의 상호의존성에 적합한 조직구조가 있음을 주장하였다.

구 분	내 용	조직구조
집합적 상호의존성	각 구성요소가 독립적으로 운용되고 필요시에만 간헐적으로 상호 의존하는 중개형 기술, 의사소통 낮음, 은행	기계적 조직구조
순차적 상호의존성	한 구성요소의 산출이 다른 구성요소의 투입이 되는 장치형 기술, 유연성이 낮음, 컨베이어 벨트	기계적 조직구조
교호적 상호의존성	순차적 상호의존성에 피드백이나 상호작용이 추가된 집약형 기술, 유연성과 의사소통이 높음, 병원	유기적 조직구조

3) 페로우의 연구 기출 24

페로우는 과업의 다양성과 과업의 분석가능성에 따라 조직구조가 달라진다고 주장하였다. 과업의 다양성은 과업이 얼마나 다양하고 예측 불가능한지를 나타내는 정도로 이에 따라 공식적 조직과 비공식적 조직에 관련된 사항이 결정되고, 과업의 분석가능성은 과업이 얼마나 체계적으로 분석될 수 있는지를 나타내며 이를 기반으로 집권적 조직과 분권적 조직에 관련된 사항이 결정된다고 설명하였다.

		과업 다양성	
		고	저
분석 가능성	고	공학적 기술 (조선업) 집권적이고 공식화 낮음 (과업은 다양하나 해결책을 찾기는 쉬움)	일상적 기술 (제과업) 집권적이고 공식화 높음 (과업 내용이 쉽고 문제해결도 쉬움)
	저	비일상적 기술 (우주항공) 분권적이고 공식화 낮음 (다양한 과업에 문제해결도 어려움)	장인기술 (공예) 분권화, 공식화 높음 (과업은 단순하나 문제해결은 어려움)

환경과 조직구조에 관한 상황이론

1) 번즈와 스탈커의 연구

번즈와 스탈커는 환경에는 정태적인 환경과 동태적인 환경이 존재하며, 안정적이고 예측 가능한 정태적 환경에는 공식적이고 계층적인 기계적 조직구조가 효과적이며, 불안정하고 변화가 많은 동태적 환경에는 유연하고 비공식적인 유기적 조직구조가 적합하다고 주장하였다.

2) 로렌스와 로쉬의 연구

로렌스와 로쉬는 환경의 복잡성에 따라 조직의 분화와 통합이 달라진다고 주장하면서 환경이 복잡하고 불확실성이 높을수록 조직은 부서 간 전문화와 차별화를 위해 분화를 해야 하고, 분화가 많아질수록 분화된 부서 간의 조정과 협력이 필요하기 때문에 이를 통합하기 위한 통합의 메커니즘이 필요하게 된다고 주장하였다. 따라서 조직을 효과적으로 운영하기 위해서는 조직이 환경에 조화를 이룰 수 있도록 조직구조를 적응시켜야 한다고 설명하였다.

민츠버그의 5가지 조직유형

민츠버그는 조직유형이 폐쇄적인 체계가 아니라 환경의 변화에 따라 개방적으로 변화한다고 주장하며 조직의 3가지 국면(구성, 조정기제, 상황/구조적 요인)에 따라 5가지 유형의 조직을 제시하였다.

• 단순구조 : 집권화된 유기적 조직으로 전략상층부와 업무핵심층으로만 구성, 직접 감독에 의한 통제로 공식화 정도가 낮고, 소규모의 생산조직이나 단순하고 동태적인 조직의 형태

• 기계적 관료제 : 기업규모의 성장으로 기능에 따라 조직을 구성하게 되면서 표준화되고 공식화 정도가 높은 기계적 조직구조를 형성. 대규모 조직으로 단순하고 안정적인 환경에 적합하지만, 환경의 변화에 따른 대응이 느린 단점

- 전문적 관료제 : 전문성의 확보를 통해 기계적 관료제를 보완하는 기계적 조직의 형태로 공식화 정도를 낮추고 분권화와 수평적 분화를 지향. 전문성에 기반한 업무 수행이 가능하지만, 부서 간의 갈등이 발생할 가능성이 높음
- 사업부제 조직 : 기능조직이 점차 대규모화됨에 따라 분권화된 기계적 조직으로 제품이나 지역, 고객 등을 대상으로 조직을 분할 운영하는 대규모 조직으로 단순하고 안정적인 환경에 적합. 각 사업부의 대응성과 책임감이 제고되나 기능부서의 중복으로 인한 낭비적 요소가 존재
- 애드호크라시 : 임시조직 또는 특별조직으로 상호 조정에 의하여 통제가 이루어지며 복잡하고 동태적인 환경에 적합한 조직. 낮은 공식성과 높은 분권화, 수평적 분화를 특징으로 하며, 분권화를 바탕으로 창의성 발휘가 용이하지만, 책임소재가 불분명

(3) 조직군 생태학이론

① 조직군 생태학이론(Organizational Ecology Theory)은 조직의 생존과 변화를 인구 생태학과 진화 생물학의 개념을 적용하여 설명하는 이론으로 조직이 환경에 어떻게 적응하고, 시간이 지남에 따라 어떻게 생존하거나 소멸하는지에 초점을 맞춘 이론이다.

② 조직군이란 병원, 학교, 기업 등 특정한 조직들이 집합된 그룹으로 이들 조직은 다양한 변이를 거치며 다양한 방법을 통해 설립되고 운영되지만, 환경은 특정 유형의 조직을 선호하고 다른 유형의 조직들을 도태시키게 된다고 주장한다. 이때 환경의 선택에 따라 생존한 조직은 자신의 구조와 전략을 유지하거나 점진적 변화를 통해 조직을 보존하게 된다는 것이 조직군 생태학 이론의 주요한 개념이다.

(4) 전략적 선택이론

전략적 선택이론(Strategic Choice Theory)은 구조적 상황이론에 대한 비판에서 시작하여 조직이 환경에 어떻게 대응하고 적응하는지를 연구한 이론으로, 조직의 전략적 결정이 조직의 구조와 성과에 큰 영향을 미친다고 주장한다. 이 이론은 조직이 환경에 수동적으로 반응하는 것이 아니라 능동적으로 전략을 선택하여 환경에 대응한다고 판단한다.

마일즈와 스노우의 전략적 선택이론 기출 24

1) 마일즈와 스노우의 전략유형
  ① 방어형(Defender) : 안정적인 시장에서 효율성을 극대화하고, 비용 절감을 통해 경쟁우위를 유지하려는 전략으로 변화보다는 현재의 상태를 유지하는 데 중점
  ② 탐색형(Prospector) : 개척형, 공격형 전략으로도 불림. 불안정하고 역동적인 시장에서 기회를 탐색하고, 혁신을 통해 새로운 시장을 개척하려는 전략으로 지속적인 변화와 혁신을 중시
  ③ 분석형(Analyzer) : 안정성과 혁신을 동시에 추구하는 전략으로 안정적인 제품과 시장에서는 방어형 전략, 새로운 기회가 있는 시장에서는 탐색형 전략을 병행
  ④ 반응형(Reactor) : 낙오형으로도 불림. 명확한 전략이 없이 환경 변화에 수동적으로 반응하는 전략으로 전략적 일관성이 없으며 주로 외부 환경의 압력에 의해 반응

2) 전략유형별 조직구조

구 분	조직구조	내 용
방어형	기계적 조직구조	강력한 집권화와 높은 공식화, 명확한 위계구조와 기능별 부서화로 안정적이고 효율적인 운영을 중시하여 수직적 조직구조를 구축
탐색형	유기적 조직구조	낮은 공식화와 표준화로 유연한 위계 구조를 구축하고 혁신과 창의성을 중시하여 학습 지향적이고 수평적인 조직구조를 구축
분석형	혼합형 조직구조	안정적인 영역에서는 효율성을 유지하면서, 새로운 기회를 탐색하는 데 필요한 유연성을 지향하여 기능별 부서와 프로젝트 팀을 병행
반응형	일관성 없는 조직구조	명확한 전략이 없고, 환경 변화에 따라 일관성 없이 조직 구조를 변경

(5) 자원의존이론

① 자원의존이론은 구조적 상황이론을 발전시켜 조직이 생존하고 성장하기 위해 필요한 자원을 확보하는 과정에서 외부 환경과 어떻게 상호작용을 하는지를 설명하는 이론으로 조직이 피동적으로 환경에 적응하는 한계를 극복하고 적극적으로 환경을 통제하는 방법을 강구하였다.

② 조직은 생존과 운영에 필요한 다양한 자원을 외부 환경으로부터 얻어야 하지만 필요한 자원은 희소하며 이를 공급하는 외부 환경은 불확실성을 가지고 있기 때문에 조직은 자원을 안정적으로 확보하기 위해 다양한 전략을 사용하여 자원 공급자와의 의존성을 관리하게 되며, 이 과정에서 조직이 선택하는 전략에 따라 조직의 구조가 선택된다고 주장한다.

(6) 제도화이론

① 조직군 생태학이론에서는 생존한 조직을 가장 능률적인 조직으로 판단하고, 자원의존이론에서는 한정된 자원의 획득을 위해 협상에 가장 능숙한 조직이 생존할 것으로 판단하는 것에 반하여 제도화이론은 사회적 기대와 가치에 적합한 조직이 생존을 확보한다고 가정한다.

② 따라서 제도화이론에서는 조직이 지닌 합리성이나 능률성에 관계없이 조직을 둘러싼 사회적, 정치적 세력의 기대와 가치에 적합하면 생존 가능성이 높다고 주장하면서, 조직들은 다른 조직을 모방하여 동조성을 확보하면서 다른 조직과 유사하게 변화하는 구조적 유사성, 모방적 구조동일화를 통하여 생존을 모색한다고 설명한다.

(7) 공동체 생태학이론

① 공동체 생태학이론은 집합적 전략이론이라고도 불리며 조직군 생태학이론이 진화론적 설명에 치우쳐 조직의 성장, 발전, 생존에 대한 노력을 등한시한다는 비판에서 출발하였다.

② 공동체 생태학이론에서는 조직군 생태학과 달리 환경이 단순히 주어진 조건이 아니라 조직들 간의 공동인 관계에 의해서 새롭게 형성되고 통제도 가능한 것으로 판단하여 환경에 능동적으로 적응할 수 있다는 점을 중시한다.

(8) 에슬리와 반더벤의 분류

에슬리(Astley)와 와 반더벤(Van de Ven)은 개방 시스템 기반의 다양한 거시조직이론을 환경 결정론(환경이 모든 것을 결정)과 임의론(인간과 조직이 환경을 변화시킬 수 있음)으로 구분하고, 분석수준을 조직군으로 할 것인가, 개별조직으로 할 것인가의 2가지 차원을 이용하여 4가지 관점으로 분류하였다.

환경인식 분석수준	환경결정론	임의론
조직군	〈자연적 선택 관점〉 조직군 생태학 이론	〈집단적 행동 관점〉 공동제 생태학이론
개별조직	〈체제 구조적 관점〉 구조적 상황이론	〈전략적 선택 관점〉 전략적 선택이론 자원의존이론

1. 조직화(Organizing)

조직화란 조직이 수행할 과제를 체계적으로 나누고, 구성원들에게 나누어진 과업과 권한을 부여하며, 조직원에 의해 수행된 과업을 조직의 목표달성을 위해 효과적으로 결합시키는 일련의 과정을 말한다.

2. 수평적 분화

조직화의 과정에서 조직의 분화가 발생하는데 조직의 분화에는 수평적 분화와 수직적 분화가 있으며, 수평적 분화는 일의 종류에 따른 단위부서 간의 횡적인 분화를 말한다.
① 1차분화 : 과정적 분화, 라인부문의 형성, 구매, 영업, 제조 …
② 2차분화 : 요소적 분화, 스태프부문의 형성, 인사, 경리, 총무 …
③ 3차분화 : 부문적 분화, 관리스태프의 형성, 기획, 관리 …
④ 4차분화 : 단위적 분화, 사업부문의 형성, 지역별, 제품별, 고객별 사업부

3. 수직적 분화

수직적 분화는 업무를 계층에 의하여 분화시킨 것으로 최고경영층, 중간관리층, 하위(일선)관리층으로의 분화를 의미한다.

4. 퀸과 카메론의 조직수명주기

조직이 성장함에 따라 각각의 규모와 상황에 적합한 조직 구조를 갖추어야 하는데 이에 대하여 퀸과 카메론은 조직수명주기 이론을 통해 조직의 성장 단계를 창업단계, 집단공동체단계, 공식화단계, 정교화단계로 구분하였다.
① 창업단계 : 창업단계는 창업자의 강한 리더십을 기반으로 1인 중심의 비공식적, 비관료적 감독과 통제에 기반한 조직으로 성장을 위한 마케팅에 집중하는 조직이다. 그러나 조직 규모가 성장하게 되면 창업자 1인에 의한 관리에 한계점이 나타나기 때문에 규정의 제정과 같은 공식화, 표준화 작업이 이루어지고 체계적 관리를 위한 중간관리자를 영입하게 된다.
② 집단공동체단계 : 집단공동체단계는 창업단계를 지나면서 전문가들이 영입되고, 분업화가 시작되는 단계로 기존의 비공식 시스템과 공식 시스템이 공존하는 단계이다. 구성원들이 전문성을 가지면서 일방적 지시에 불만이 발생하고 의사결정에 대한 권한의 위임 요구가 높아지게 되어 보다 민주적인 리더십과 자율적인 조정 및 통제 시스템을 구축하게 된다.
③ 공식화단계 : 공식화단계는 조직의 규정, 제도가 공식화되어 안정화되는 단계이다. 전문스텝과 라인이 형성되고 제품별 사업부제 등이 실시되어 분권화가 이루어지는 단계이다. 다만, 조직의 규모가 커지고 분권화가 이루어짐에 따라 관료제화 되어 조직의 경직성이 증가하고 커뮤니케이션이 원활하게 이루어지지 않으며 조직의 환경대응능력이 저하되고, 고객의 니즈에 대한 대응이 어렵게 되면서 경영환경에 보다 대응이 용이한 임시조직 및 유연한 조직에 대한 필요성이 증가하게 된다.

④ **정교화단계** : 정교화단계는 전사적, 거시적 시각으로 조직을 관리하여 환경에 유연하게 대처할 수 있도록 하는 팀제 등이 도입되는 단계로, 공식적 시스템을 단순화하고 유연하고 수평적이며 창의적인 조직구조를 강조하게 되는 단계이다.

투크만의 집단발달주기

형성기 – 격동기(갈등기) – 규범기 – 성과달성기 – 해체기

전통적 조직구조의 종류 지도 14 · 16 · 20 · 23 · 24

1. 라인조직(Line Organization)

직계조직이라고도 하며, 명령체계가 상부에서 하부로 이동하는 명령일원화의 원칙에 의하여 하급직원에게 명령, 통제, 지시를 할 수 있는 조직을 말한다.

경영자/책임자
↓
관리자(팀, 부장)
↓
관리감독자
↓
작업자

장 점	단 점
• 명령계통이 일직선(라인)으로 연결되어 있어 의사결정이 신속함 → 주로 인원수가 적은 중소기업에 적합 • 책임과 권한이 명백 • 훈련과 통솔이 용이함	• 관리자의 직무가 너무 넓어서 인원이 늘어나면 의사결정에 어려움이 있음 • 권한이 집중되어 독단적 처사에 대한 폐해가 따름 • 각 부문 간 유기적 조정이 곤란하여 혼란이 야기될 우려

2. 기능식 조직(Functional Organization)

① 직능식 조직이라고도 불리며, 테일러(Taylor)가 라인조직의 결점을 보완하기 위해 제안한 조직형태이다.
② 명령과 복종의 관계가 진보된 형태로, 관리자가 담당하는 일을 전문화하고 각 부문마다 다른 관리자들을 두어 작업자를 전문적으로 지휘, 감독하는 조직의 형태이며 전문화의 원리와 기능화의 원리가 잘 구현된 조직이다.
③ 환경변화에 반응하는 속도는 느리지만 깊이 있는 지식과 기술개발이 가능하며 기능부문 안에서는 규모의 경제가 가능한 장점을 지니고 있다.

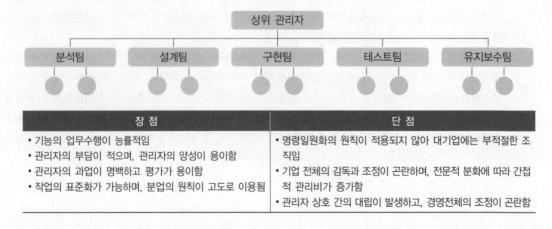

장 점	단 점
• 기능의 업무수행이 능률적임 • 관리자의 부담이 적으며, 관리자의 양성이 용이함 • 관리자의 과업이 명백하고 평가가 용이함 • 작업의 표준화가 가능하며, 분업의 원칙이 고도로 이용됨	• 명령일원화의 원칙이 적용되지 않아 대기업에는 부적절한 조직임 • 기업 전체의 감독과 조정이 곤란하며, 전문적 분화에 따라 간접적 관리비가 증가함 • 관리자 상호 간의 대립이 발생하고, 경영전체의 조정이 곤란함

3. 스태프조직(Staff Organization)

① 라인조직이 생산이나 판매와 같이 조직의 목표 달성에 필요한 핵심적 활동을 수행한다면, 스태프조직은 전문적 지식이나 기술을 라인조직에 제공하여 <u>라인의 활동을 보조, 지원하는 역할</u>을 담당하는 조직으로 <u>참모조직</u>이라고도 불린다.

② 스태프는 회계, 인사, 마케팅, 재무 등과 같은 전문적 사항에 대하여 조력하고 지원하는 <u>전문 스태프</u>와 계획, 조직, 지휘, 조정, 통제 등의 관리영역에 관한 기획과 관리 역할을 수행하는 <u>관리 스태프</u>로 구분할 수 있다.

4. 라인스태프조직(Line and Staff Organization)

<u>직계참모조직</u>이라고도 하며, 명령전달과 통제기능에 관해서는 라인조직의 이점을 도입하고, 스태프조직에서의 관리자의 전문성을 차용한 조직으로 라인조직과 스태프조직을 결합한 조직형태이다.

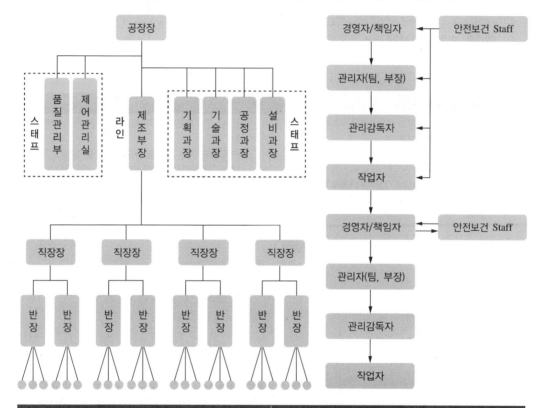

장 점	단 점
• 지휘, 명령의 일원화가 손상되지 않아 라인 임무수행 시 시간 낭비가 적고, 조직관리통제가 용이 • 스태프의 전문적 지식, 견해가 충분히 활용될 수 있어 소수 인물의 능력에 의존하는 위험을 줄임	• 라인조직과 스태프조직을 혼합한 형태이기 때문에 명령계통과 조언, 권고적 참여에 혼돈을 불러옴 • 라인과 스태프의 고문적 성격을 악용하여 책임수행을 게을리 하게 되고, 참모부 직원 간의 불화 초래

1. 사업부제 조직(Divisional Organization) 지도 19·20

(1) 사업부제 조직의 개념

① 사업부제 조직은 기업의 규모 증대와 상황의 복잡화에 따라 제품, 시장 및 지역 등을 한 단위로 하여 생산과 판매, 기획과 설계, 인사관리, 자금조달까지를 한데 묶어서 구성한 조직이다.

② 사업부는 자주적이고 독립적으로 담당 분야와 관련한 대부분의 권한을 가지며, 각 부문별로 전문적인 관리자가 지휘, 감독하는 조직 형태이다.

(2) 사업부제 조직의 특징과 장단점

① 사업부제 조직의 성공적 운영을 위해서는 분권화(권한위임), 이익책임 단위화(업적평가제), 관리자의 종합적 시야 확보, 보상체계 수립 등이 필요하다.

② 시장의 요구에 즉각 대응하고 책임소재가 명확하며, 급변하는 환경에 대응하여 각 사업부의 자율성을 최대로 보장하여 내부경쟁을 유도하고, 자발적 참여에 의한 경영혁신이 가능한 장점이 있는 반면에, 사업부 간 중복업무나 중복투자로 인한 자원의 낭비와 사업부 간 과당경쟁의 문제가 발생할 수 있다는 단점이 있다.

장 점	단 점
• 최대한 자율성을 보장하고 내부경쟁을 유도하여 자발적 참여에 의한 경영혁신을 이룸 • 최고경영자는 일상적인 잡무가 아닌 큰 틀에서 전략수립이 가능함 • 급변하는 환경에 적합하며, 시장의 변화에 탄력적으로 대응 가능함	• 사업부 간의 대립이나 과당경쟁으로 구성원의 저항 등 부작용에 직면 • 중복투자와 기능 부서별 규모의 경제를 상실할 가능성 • 사업부 간 이기주의적 경향, 과당경쟁에 의한 문제 발생 가능성

2. 위원회조직(Committee Organization) 지도 23

(1) 위원회조직의 개념

위원회조직은 다수인의 참여로 이루어지는 협의체조직으로 계층제의 경직성을 완화하여 의사결정의 민주성을 제고하고 의사결정에 대한 책임이 분산될 수 있도록 구성한 조직이다.

(2) 위원회조직의 장단점

일시적으로 조직되어 부서 간의 의견 불일치와 갈등의 해소, 이해의 조정의 기능을 수행하거나 장기적으로 일정한 역할을 수행하기 위해 구성된 조직으로, 구성원의 안정성은 높지만 업무가 수동적으로 작동되고 책임소재가 명확하지 않기 때문에 담당자의 책임의식이 저하되거나 의사결정과 환경변화에 대한 대응에 시간과 비용이 많이 소비되는 단점이 있다.

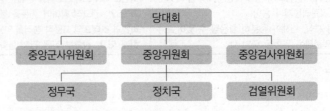

3. 프로젝트 조직(Project Organization)

특정한 목적을 가지고 전문가나 관계 요원들로 구성되는 <u>임시적으로 형성된 조직</u>으로, 계층과 무관하게 개인의 전문성에 따라 조직을 구성하는 장점이 있지만, 임시적으로 구성한 조직이므로 해당 조직원이 소극적으로 문제 해결에 임할 우려가 있다.

장 점	단 점
• 계층과 무관하게 각 개인의 전문성에 따라 전문가 풀(pool)을 형성하여 기능 간 혹은 사업부문 간 인적, 기술적 네트워크를 구성함 • 현장의 정보가 분석, 판단되어 의사결정을 거쳐 다시 현장으로 피드백 되는 시간을 최소화하고 광범위한 정보를 소화할 수 있는 탄력성 있음	• 원래 소속조직의 직위를 이탈하지 않아 대변자라는 소극적 자세가 우려됨 • 임시성에 따른 심리적 불안감 존재 • PM(프로젝트 관리자)의 개인적 역량에 지나치게 의존함

4. 매트릭스조직(Matrix Organization) 기출 20 지도 23

(1) 매트릭스조직의 개념

① 행렬조직이라고도 불리며, <u>수평적인 프로젝트조직과 수직적으로 편성된 직능식 조직을 결합한 이원적인 명령조직</u>이다.

② 직능식 조직(Functional Organization)과 프로젝트조직(Project Organization)의 장점을 동시에 살리려는 조직으로, 고도로 전문화된 재화나 용역을 산출하고 판매하는 기업에 적합한 조직구조이며, 조직의 구성원은 일상적 행정기능은 종적인 기능조직관리자의 명령을 받고, 과업은 프로젝트 관리자의 명령을 받도록 설계되었다.

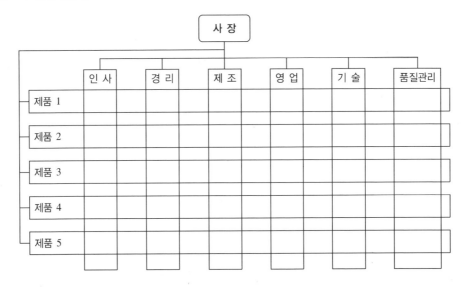

(2) 매트릭스조직의 장단점

인적 자원을 효율적으로 활용할 수 있는 장점이 있으나 두 명 이상의 상급자가 존재하여 혼란을 야기시키기도 한다.

장 점	단 점
• 인적 자원의 효율적 활용 • 시장의 변화에 융통성 있게 대응	• 두 명 이상의 상급자가 존재하여 명령일원화의 원칙 위배 • 기능부서와 프로젝트부서 간의 갈등 발생

5. 팀 조직

(1) 팀 조직의 개념

① 팀 조직은 동태적 경영환경에서 보다 유연한 대처를 위해 고안된 조직의 형태로, <u>상호 보완적 지식이나 기술을 가진 구성원들이 자율권을 가지고 특정 과업을 수행하는 조직형태</u>이며, <u>유연하고 수평적인 관계</u>를 특징으로 하고 있다.

② 팀 조직은 사업부제 조직 안에서 하나의 업무 단위로 형성되어 지속적인 운영을 하는 <u>업무단위형</u> 팀과 태스크 포스(Task Force)와 같이 단기적으로 운영을 하는 <u>프로젝트형</u> 팀으로 구분할 수 있다.

(2) 팀 조직의 장단점

장 점	단 점
• 신속한 의사결정체계 • 이중적 명령체계 탈피 • 수직적 위계질서를 건너뜀 • 성과 평가와 피드백의 용이성	• 유능한 구성원들의 필요성 • 구성원들의 능력 신장에 많은 비용 투자 • 조직의 단결 저해

6. 기타의 조직구조 기출 24

(1) 네트워크 조직

아웃소싱, 전략적 제휴 등을 통해 <u>핵심역량에만 집중하는</u> 조직형태로 상호협조를 통해 시너지효과를 창출하고, 환경변화에 유연하게 적응 가능

(2) 맨트립 조직

관리자만 정해져 있고 구성원들은 유동적인 조직형태

(3) 자유형 조직

이익중심점을 축으로 하는 고도의 신축성을 가진 조직형태

(4) 가상조직

기업들이 상호 보완적인 네트워크를 형성하고 이를 활용하는 조직형태

11 조직수준의 행동 – 조직개발

제1절 조직변화

1. 조직변화의 개념과 유형

조직변화란 조직을 둘러싼 동태적 환경변화에 대응하여 조직을 변화시키는 것으로, 조직변화의 유형은 내부적인 변화와 외부적인 변화, 계획된 변화와 계획되지 않은 변화를 2×2 매트릭스로 구분할 수 있다.

구 분	계획된 변화	계획되지 않은 변화
내부적인 변화	• 상품 혹은 서비스의 변화 • 관리시스템의 변화	• 인구통계학적 변화 • 성과 차이
외부적인 변화	• 새로운 기술의 도입 • 정보처리/의사소통의 변화	• 정부의 법규 • 외부경쟁

2. 조직변화에 대한 저항 원인

조직이 변화를 하게 되면 대다수의 경우에 조직 구성원들의 저항에 부딪히게 되는데, 이는 조직 구성원들이 변화로 인한 불확실성에 대한 두려움이 존재하고, 이전의 변화로 인한 실패의 경험, 변화의 필요성에 대한 인식이 부족한 점, 변화로 인하여 새로운 지식을 습득하여야 하는 필요가 생기는 등의 이유가 복합적으로 작용하여 나타나는 현상이다.

제2절 조직개발

1. 조직개발의 개념

조직개발이란 종업원들의 개인적인 개발을 강화하고, 조직의 효과성을 개선하기 위해 조직의 변화를 체계적으로 이끌어 내는 것을 말한다.

2. 조직개발 기법

조직개발을 위한 기법은 개인수준, 집단수준, 조직수준으로 구분할 수 있는데, 개인수준에서는 감수성 훈련, 그리드 훈련 등의 방법이 있고, 집단수준에서는 팀 구축 훈련, 과정자문법 등이 있으며, 조직수준에서는 목표관리제, 시스템4 기법 등이 있다.

개인수준	감수성훈련, 그리드훈련, 교류분석, 스트레스 수용능력 개발, 생애 – 경력계획 교육훈련 프로그램, 직무충실화, 역할연기
집단수준	팀 구축, 집단내면, 과정자문법, 제3자 조정법, 서베이 피드백, 감수성훈련, 그리드훈련
조직수준	그리드훈련, 관리자대면기법, 시스템4, 목표관리, QWL, 서베이 피드백, 스캔론 플랜, 인적자원회계, 종업원지주제, 보상프로그램

3. 개인수준의 기법

(1) 감수성 훈련

감수성 훈련은 대인관계의 감수성 증대를 통해 인간관계 능력과 조직유효성을 향상하는 기법으로, 잘 알지 못하는 구성원들과의 집단 격리 생활을 통해 자신의 행동이 타인에게 어떠한 영향을 주는지 파악하여 자신에 대한 인식을 높여 감수성을 증진시키는 방법이다.

(2) 그리드 훈련

그리드 훈련은 블레이크 – 모튼의 관리격자상의 (9,9)형 리더가 되기 위한 방법을 훈련하는 것으로, 조직개발과 경영개발 효과를 동시에 거둘 수 있는 장점이 있다.

4. 집단수준의 기법

(1) 팀 구축

① 팀 구축은 레윈의 해빙 – 변화 – 재동결의 과정을 통해 팀의 유효성을 증진하고 협조적 관계를 구축하는 방법을 말한다.

② 팀을 구축한다는 의미는 팀의 응집성, 상호협력, 조직과의 일체감을 높임으로써 팀의 효과성을 높이고 신뢰할 수 있는 팀을 만드는 것으로, 팀의 구성원들이 공동목표를 달성하기 위해 서로 협조하게 함으로써 팀의 효율성을 증대시키는 방법이다.

(2) 과정자문법(Process Consultation Technique)

과정자문법은 조직의 문제 해결을 위해 외부의 전문가에게 조언을 요청하는 방법으로, 2~3년간 조직에 대한 교육 및 자문을 통한 지속적인 개입이 요구되어 많은 비용과 노력이 소모되는 단점이 있다.

5. 조직수준의 기법

(1) 시스템기법

시스템기법은 리커트(Likert)의 시스템 4이론에서 유래된 기법으로 경영자의 집단 중심적 리더십과 참여적 의사결정을 통해 조직의 성과를 높이는 방법이다.

(2) MBO

목표관리제는 목표 설정 시 종업원들을 참여시켜 목표를 명확하고 체계적으로 확정하여 실행하는 방법이다.

(3) 근로생활의 질(QWL ; Quality of Working Life)

QWL은 직무를 재구성하여 구성원들의 만족을 유도하고 자기개발의 기회를 제공하는 방법이다.

1. 조직문화의 개념과 중요성

조직문화란 조직 내 구성원의 행동에 영향을 미치는 공유된 가치와 신념의 시스템으로 조직의 운영과정에 영향을 미치며, 타 기업과 구별되는 경쟁력의 원천으로 작용하여 조직의 성과에 영향을 미치기에 그 중요성이 매우 높다.

2. 조직문화의 기능

조직문화는 조직 구성원에게 일체감과 정체성을 부여하고 조직에 대한 헌신을 높일 수 있으며, 조직의 안정성을 강화하고 구성원의 가치로 내재화되어 행동의 가이드라인으로 작용한다.

일체감과 정체성	조직문화를 통해 습득되는 구성원의 일체감과 정체성은 응집력을 상승
헌신도	조직문화의 수용으로 공유된 의식은 조직의 유지를 위한 헌신도 견인
안정성	응집력이 강해지면 조직의 안정성도 견고
가이드라인	구성원의 가치로 내재화, 행동의 지침 기능

3. 조직문화의 구성요소(7S 모형) 기출 20 지도 20

① 파스칼(Pascale)과 피터스(Peters)는 조직문화를 구성하는 7가지 구성요소 간의 관계를 네트워크 형식으로 표현하였는데, 각 요소들의 연결성이 높을수록 뚜렷한 조직문화를 가지게 되고 뚜렷한 조직문화를 가질수록 조직의 목표달성에 대한 유효성은 높아진다고 주장하였다.

② 조직문화의 7가지 구성요소는 공유가치(Shared values)의 기반 위에 전략(Strategy), 조직구조(Structure), 제도(Systems), 스타일(Style), 구성원(Staff), 관리기술(Skills)이 연결되어 구성되어 있다.

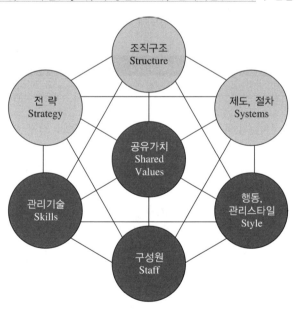

공유가치	조직문화의 형성의 바탕
전 략	조직의 장기적인 방향
조직구조	구성원들의 역할과 상호관계 규정
제 도	조직의 의사결정과 운영시스템
구성원	조직의 인적 자원
관리기술	조직의 운영에 활용되는 각종 경영기법
리더십 스타일	조직을 이끌어 나가는 리더의 유형

4. 조직문화의 유형

(1) 딜과 케네디의 분류

딜과 케네디는 조직문화를 피드백의 속도와 위험의 크기를 바탕으로 구분하여 거친 남성문화, 사운을 거는 문화, 일 잘하고 노는 문화, 과정 문화로 분류하였다.

구 분	빠른 피드백	느린 피드백
많은 위험	거친 남성문화	사운을 거는 문화
적은 위험	일 잘하고 노는 문화	과정(집중) 문화

① 거친 남성문화 : 높은 위험 부담과 결과를 빠르게 알게 되는 개인주의자들(벤처 캐피탈, 영화, 스포츠 산업 등)
② 일 잘하고 노는 문화 : 팀워크가 중시되고 단결력 강화를 위한 의례 행사 등 진행
③ 사운을 거는 문화 : 투기적 결정을 내리고 결과는 수년 후 확인(석유탐사 등)
④ 과정 문화 : 현재의 과정이나 절차에 집중, 일의 결과를 정확히 알기 어려움(정부, 공기업 등)

(2) 해리슨의 분류

해리슨은 조직문화를 집권화 정도와 공식화 정도에 따라 관료조직 문화, 행렬조직 문화, 권력조직 문화, 핵화조직 문화로 분류하였다.

구 분	높은 집권화	낮은 집권화
높은 공식화	관료조직 문화	행렬조직 문화
낮은 공식화	권력조직 문화	핵화조직 문화

① 관료조직 문화 : 구성원들의 역할이 명백, 업무 절차는 과학적으로 설정. 직무소외, 이기적 행동 경향이 높음
② 권력조직 문화 : 강력한 실권자와 소수의 핵심인물이 권한 행사
③ 행렬조직 문화 : 전문기능인력들이 한 팀이 되어 목적 달성
④ 핵화조직 문화 : 구성원의 상호관계가 공동 목표를 중심으로 자발적으로 설정

(3) 퀸과 킴벌리의 분류

퀸과 킴벌리는 조직 문화를 유연성(vs 안정성/통제성)과 내부/외부지향성을 변수로 하여 집단 문화, 발전 문화, 합리 문화, 위계 문화로 분류하였다.

01 조직이란 공통의 (   )를 달성하기 위해 모인 (   ) 이상의 집합체로 조직의 (   ) 속에서 (   )을 하게 된다.

02 조직행동론은 조직 내 인간의 태도와 행동에 대한 체계적 연구를 통해 (   )과 (   )를 강화하고자 조직 내의 인간의 행동을 연구하는 학문이다.

03 맥그리거는 인간을 (   ) 인간과 (   ) 인간으로 구분하였으며, (   ) 인간은 게으르고 야망이나 책임감이 없고, (   ) 인간은 성실하며 자기통제가 가능하고 창조적 능력을 보유하고 있다고 판단하였다.

04 (   )이란 강화요인을 어떻게 부여할 것인가에 대한 것으로, 올바른 반응이 나타날 때마다 강화요인을 부여하는 (   )과 바람직한 행위에 대해 간헐적으로 강화요인을 제공하는 (   )이 있다.

05 태도는 (   ), (   ), (   )로 구성되어 있다.

06 레빈은 태도변화가 태도형성이라는 동결상태에서 '(   ) → (   ) → (   )'이라는 과정을 거쳐 이루어진다고 설명하였다.

07 (   ) 모델은 우수한 직무성과를 내는 사람들의 특징을 분석하여 직무성과를 예측할 수 있는 성격 유형 모델이다.

08 (   )이란 어떤 상황에서 적절한 행동을 할 수 있다는 기대와 신념이며, (   )은 자신의 목표를 달성하기 위해 다른 사람을 이용하거나 조작하려는 성향을 말한다.

09 홉스테드의 문화차원이론에서 5가지의 범주는 권력격차(권력거리), 개인주의 vs 집단주의, (   ) vs (   ), 불확실성에 대한 회피, (   ) vs (   )이다.

10 인간의 정보처리 능력에는 한계가 있기 때문에 매우 한정된 자극만을 의식하게 되는데 이를 (   )라고 한다.

11 (   )이란 외부상황이 모호할 경우 원하는 정보만을 선택하여 판단하는 오류로 추후 (   )으로 발전하게 된다.

12 매슬로우는 인간의 욕구를 5단계로 구분하여 (   )에서 출발하여 안전의 욕구, 소속감에 대한 욕구, 자존의 욕구, (   )로 발전한다고 판단하였다.

13 허츠버그는 인간의 욕구를 (   )과 (   )의 2가지 요인으로 분류하였는데, (   )은 일에 만족을 주는 요인이고 (   )은 불만족을 감소시키는 요인이다.

14 아담스는 공정성이론에서 불공정성을 해결하는 방법은 자신의 (   )을 변경하거나, 비교대상의 (   )을 변경, 태도의 변화를 통한 인지적 왜곡, 비교대상 자체를 변경하거나, 환경자체를 변화시키기 위하여 (   )을 하는 5가지로 구분하였다.

15 Deci는 (   )에서 어떤 직무에 대해서 내재적 동기가 유발되어 있는 경우, (   )이 주어지면 내재적 동기가 감소된다고 주장하였다.

16 스트레스는 (   )과 (   )이 존재하는데, 스트레스의 정도가 너무 낮거나 높으면 (   )이 발생하고 적정한 정도의 스트레스에서는 (   )이 발현된다.

17 소시오메트리 분석에서 (   )은 주로 소규모 집단의 비공식관계를 분석하는 데 사용되고, (   )는 대규모 집단을 분석하는 데 사용된다.

18 집단적 의사결정의 효율을 높이기 위해 (   ), (   ), 변증법적 토의, 지명반론자법 등의 여러 가지 기법들이 사용되고 있다.

19 커뮤니케이션의 과정은 송신자가 자신이 전달하고 싶은 메시지를 (   )하여 커뮤니케이션 채널을 통하여 전달하면 수신자가 전달받은 메시지를 (   )하여 이해하고 자신이 받은 메시지에 대한 피드백을 보내게 된다.

20 집단에서 의사소통이 이루어지는 방식을 분류해 보면 사슬형, (   ), 원형, (   ), 완전연결형 등으로 구분할 수 있다.

21 리커트(Likert) 교수는 면접연구를 통해 리더의 유형을 (   ) 리더와 (   ) 리더로 구분하고, 그 스타일을 연구하여 (   ) 리더십이 (   ) 리더십보다 효과적이라는 결론을 얻게 되었다.

22 블레이크와 모튼은 생산과 인간에 대한 관심을 변수로 리더십을 분석하여 (   ), (   ), 타협형, 무관심형, 과업형 등으로 구분하였다.

23 상황이론은 모든 상황에 적합한 하나의 리더십은 존재하지 않고 각각의 상황과 조건 따라 적합한 각각의 리더십 스타일이 존재한다는 이론으로 리더십의 유효성은 (   )과 (   )에 의해 결정된다고 판단하였다.

24 에반스와 하우스의 경로 – 목표이론에서는 부하의 개인특성과 환경요인을 변수로 하여 상황을 구분하고, 리더십 의 유형을 (   ), (   ), 참여적, 성취지향적 리더십으로 분류하였다.

25 (   )은 이전의 모든 리더십 이론을 리더와 구성원 간의 거래에 의한 (   )으로 판단하고, 이러한 교환관계에 기초하는 리더십과 달리 리더의 개인적 가치와 신념에 기초한 리더십을 주장하였다.

26 프렌치(French)와 레이븐(Raven)은 권력의 원천을 (   )과 (   )으로 구분하여 5가지로 분류 하였다.

27 번스와 스터커는 조직을 (   )과 (   )으로 구분하였는데, (   )은 명령과 지시에 의한 집권적이고 공식적인 조직이며, (   )은 충고와 자문을 중심으로 의사소통을 하며 분권적이며 융통성이 있는 조직을 의미한다.

28 (   )은 직능식 조직이라고도 불리며, 테일러(Taylor)가 라인조직의 결점을 보완하기 위해 제안한 조직 형태이다.

29 (   )은 기업의 규모 증대와 상황의 복잡화에 따라 제품, 시장 및 지역 등을 한 단위로 묶어서 구성한 조직이다.

30 (   )은 행렬조직이라고도 불리며, 수평적인 프로젝트조직과 수직적으로 편성된 직능식 조직을 합한 이원적인 명령조직이다.

31 (   )는 조직 구성원에게 일체감과 정체성을 부여하고 조직에 대한 헌신을 높일 수 있으며, 조직의 안정 성을 강화하고 구성원의 가치로 내재화 되어 행동의 가이드라인으로 작용한다.

32 파스칼(Pascale)과 피터스(Peters)는 조직문화를 구성하는 7가지 구성요소 간의 관계를 네트워크 형식으로 표 현하였는데, (   )의 기반 위에 전략(Strategy), 조직구조(Structure), 제도(System), 스타일(Style), (   ), (   )이 네트워크로 연결되어 구성되어 있다.

정답 check!

01 목표, 2인, 위계구조, 상호작용	18 명목집단기법, 델파이법
02 조직의 유효성, 인간복지	19 기호화, 해독
03 X형, Y형, X형, Y형	20 Y형, 수레바퀴형
04 강화계획, 연속 강화법, 단속 강화법	21 직무중심적, 종업원중심적, 종업원중심적, 직무중심적
05 인지적 요소, 정서적 요소, 행동적 요소	22 인기형, 이상형
06 해빙, 변화, 재동결	23 리더의 행동유형, 환경요소
07 Big 5	24 지시적, 지원적
08 자기효능감, 마키아벨리즘	25 변혁적 리더십, 거래적 리더십
09 남성문화, 여성문화, 장기성향, 단기성향	26 공식적 권력, 개인적 권력
10 선택적 주의	27 기계적 조직, 유기적 조직, 기계적 조직, 유기적 조직
11 선택적 지각, 확증편향	28 기능식 조직
12 생리적 욕구, 자아실현의 욕구	29 사업부제 조직
13 동기요인, 위생요인, 동기요인, 위생요인	30 매트릭스조직
14 투입과 산출, 투입과 산출, 이직	31 조직 문화
15 인지적 평가이론, 외적 보상	32 공유가치(Shared Value), 구성원(Staff), 관리기술 (Skills)
16 순기능, 역기능, 역기능, 순기능	
17 소시오그램, 소시오메트리 매트릭스	

정답 및 해설

01 기출 22

☑ 확인 Check! ○ △ ✕

맥그리거(D. McGregor)의 XY이론 중 Y이론에 관한 설명으로 옳은 것을 모두 고른 것은?

> ㄱ. 동기부여는 생리적 욕구나 안전욕구 단계에서만 가능하다.
> ㄴ. 작업조건이 잘 갖추어지면 일은 놀이와 같이 자연스러운 것이다.
> ㄷ. 대부분의 사람들은 엄격하게 통제되어야 하고 조직목표를 달성하기 위해서는 강제되어야 한다.
> ㄹ. 사람은 적절하게 동기부여가 되면 자율적이고 창의적으로 업무를 수행한다.

① ㄱ, ㄴ
② ㄱ, ㄷ
③ ㄴ, ㄷ
④ ㄴ, ㄹ
⑤ ㄷ, ㄹ

01

ㄱ과 ㄷ은 X이론에서 바라보는 인간상이고 ㄴ과 ㄹ이 맥그리거가 주장한 Y형의 인간이다.

정답 ④

02 기출 23

☑ 확인 Check! ○ △ ✕

성격의 Big 5 모형에 해당하지 않는 것은?

① 정서적 안정성
② 성실성
③ 친화성
④ 모험선호성
⑤ 개방성

02

Big 5 모델은 우수한 직무성과를 내는 사람들의 특징을 분석하여 직무성과를 예측할 수 있는 성격 유형 모델로 우수한 직무성과를 내는 5가지의 성격 요인은 정서적 안정성(Emotional stability), 외향성(Extraversion), 개방성(Openness to Experience, Culture, Intellect), 수용성(Agreeableness), 성실성(Conscientiousness)이다.

정답 ④

PART 1
PART 2
PART 3
PART 4
PART 5
PART 6
PART 7
PART 8
PART 9

03 기출 23

☑ 확인 Check! ○ △ ✕

켈리(H. Kelley)의 귀인이론에서 행동의 원인을 내적 또는 외적으로 판단하는데 활용하는 것을 모두 고른 것은?

> ㄱ. 특이성(distinctiveness)
> ㄴ. 형평성(equity)
> ㄷ. 일관성(consistency)
> ㄹ. 합의성(consensus)
> ㅁ. 관계성(relationship)

① ㄱ, ㄴ, ㄷ   ② ㄱ, ㄷ, ㄹ
③ ㄱ, ㄹ, ㅁ   ④ ㄴ, ㄷ, ㅁ
⑤ ㄴ, ㄹ, ㅁ

03

켈리(H. Kelly)의 귀인이론에서는 행동의 원인을 특이성(distinctiveness), 합의성(consensus), 일관성(consistency)으로 구분하여 파악한다. 켈리(H. Kelley)의 귀인 모형에 따르면 특이성과 합의성이 낮고 일관성이 높은 경우에는 내적 귀인을 하게 되고, 특이성과 합의성이 높고 일관성이 낮은 경우에는 외적 귀인을 하게 된다.

정답 ②

04 기출 21

☑ 확인 Check! ○ △ ✕

마키아벨리즘(Machiavellism)에 관한 설명으로 옳지 않은 것은?

① 마키아벨리즘은 자신의 이익을 위해 타인을 이용하고 조작하려는 성향이다.
② 마키아벨리즘이 높은 사람은 감정적 거리를 잘 유지한다.
③ 마키아벨리즘이 높은 사람은 남을 잘 설득하며 자신도 잘 설득된다.
④ 마키아벨리즘이 높은 사람은 최소한의 규정과 재량권이 있을 때 높은 성과를 보이는 경향이 있다.
⑤ 마키아벨리즘이 높은 사람은 목적이 수단을 정당화시킬 수 있다고 믿는 경향이 있다.

04

③ 마키아벨리적 성향이 높은 사람은 잘 설득되지 않는다.

정답 ③

05 기출 24

확인Check! ○ △ ✕

핵심자기평가(core self-evaluation)가 높은 사람들은 자신을 가능성 있고, 능력 있고, 가치있는 사람으로 평가한다. 핵심자기평가의 구성요소를 모두 고른 것은?

ㄱ. 자존감
ㄴ. 관계성
ㄷ. 통제위치
ㄹ. 일반화된 자기효능감
ㅁ. 정서적 안정성

① ㄱ, ㄴ, ㄷ
② ㄱ, ㄴ, ㅁ
③ ㄱ, ㄴ, ㄹ, ㅁ
④ ㄱ, ㄷ, ㄹ, ㅁ
⑤ ㄴ, ㄷ, ㄹ, ㅁ

05

핵심자기평가는 자기 자신에 대한 근본적인 평가와 신념을 의미하며, 자기존중감, 통제 소재, 일반화된 자기효능감, 신경증(정서적 안정성)의 4가지의 개인적 성격 특성들로 구성되어 있다.

정답 ④

06 기출 19

확인Check! ○ △ ✕

상사 A에 대한 나의 태도를 기술한 것이다. 다음에 해당하는 태도의 구성요소를 옳게 연결한 것은?

ㄱ. 나의 상사 A는 권위적이다.
ㄴ. 나는 상사 A가 권위적이어서 좋아하지 않는다.
ㄷ. 나는 권위적인 상사 A의 지시를 따르지 않겠다.

	ㄱ	ㄴ	ㄷ
①	감정적 요소	인지적 요소	행동적 요소
②	감정적 요소	행동적 요소	인지적 요소
③	인지적 요소	행동적 요소	감정적 요소
④	인지적 요소	감정적 요소	행동적 요소
⑤	행동적 요소	감정적 요소	인지적 요소

06

ㄱ. 나의 상사 A는 권위적이다 : 대상에 대한 신념이나 평가(인지적 요소)
ㄴ. 나는 상사 A가 권위적이어서 좋아하지 않는다 : 대상에 대한 호불호의 느낌(정서적 요소)
ㄷ. 나는 권위적인 상사 A의 지시를 따르지 않겠다 : 특정 대상에 대한 행위하려는 의도나 방식(행동적 요소)

정답 ④

PART 3 실전대비문제 **163**

PART 1 PART 2 PART 3 PART 4 PART 5 PART 6 PART 7 PART 8 PART 9

07 기출 19

☑ 확인Check! ○ △ ×

강화계획(Schedules of Reinforcement)에서 불규칙한 횟수의 바람직한 행동 후 강화요인을 제공하는 기법은?

① 고정간격법
② 변동간격법
③ 고정비율법
④ 변동비율법
⑤ 연속강화법

07

불규칙한 횟수의 바람직한 행동 후 강화요인을 제공하는 것은 변동비율법에 해당하며 변동간격법은 불규칙한 시간차이를 두고 강화요인을 제공하는 것이다.

정답 ④

08 기출 16

☑ 확인Check! ○ △ ×

다음 설명에 해당하는 지각 오류는?

> 어떤 대상(개인)으로부터 얻은 일부 정보가 다른 부분의 여러 정보들을 해석할 때 영향을 미치는 것

① 자존적 편견
② 후광효과
③ 투 사
④ 통제의 환상
⑤ 대조효과

08

① 자존적 편견 : 대부분의 사람은 성공은 자신이 잘해서 이루어졌다고 생각하고, 실패는 상황 때문에 일어났다고 믿는다는 것
③ 투사 : 한 사람의 두드러진 특성이 그 사람의 다른 특성을 평가하는 데 역시 영향을 미치는 것
④ 통제의 환상 : 사람들이 그들 자신을 통제할 수 있는 경향이거나, 혹은 외부 환경을 자신이 원하는 방향으로 이끌어갈 수 있다고 믿는 심리적 상태
⑤ 대조효과 : 정보를 해석할 때 기존의 개념보다는 새로 수용하는 정보를 판단의 기초로 사용하며 나타나는 현상

정답 ②

09 기출 18

☑ 확인Check! ○ △ ×

맥그리거(D. McGregor)의 XY이론은 인간에 대한 기본 가정에 따라 동기부여방식이 달라진다는 것이다. Y이론에 해당하는 가정 또는 동기부여방식이 아닌 것은?

① 문제해결을 위한 창조적 능력 보유
② 직무수행에 대한 분명한 지시
③ 조직목표 달성을 위한 자기 통제
④ 성취감과 자아실현 추구
⑤ 노동에 대한 자연스러운 수용

09

직무수행에 대한 분명한 지시는 X이론에 해당한다.

정답 ②

10 [지도 14] ☑ 확인 Check! ○ △ ✕

매슬로우(Maslow)의 욕구단계를 순서대로 나열한 것은?

ㄱ. 생리욕구	ㄴ. 안전욕구
ㄷ. 소속욕구	ㄹ. 존경욕구
ㅁ. 자아실현욕구	

① ㄱ - ㄴ - ㄷ - ㄹ - ㅁ
② ㄱ - ㄷ - ㄴ - ㄹ - ㅁ
③ ㄱ - ㄷ - ㄴ - ㅁ - ㄹ
④ ㄴ - ㄱ - ㄷ - ㄹ - ㅁ
⑤ ㄴ - ㄱ - ㄷ - ㅁ - ㄹ

10

매슬로우의 욕구단계에서 1단계는 생리적 욕구, 2단계는 안전에 대한 욕구, 3단계는 소속욕구, 4단계는 존경욕구, 5단계는 자아실현의 욕구이다.

정답 ①

11 [기출 16] ☑ 확인 Check! ○ △ ✕

허츠버그(F. Herzberg)의 2요인 이론에서 동기요인을 모두 고른 것은?

```
ㄱ. 상사와의 관계
ㄴ. 성 취
ㄷ. 회사 정책 및 관리방침
ㄹ. 작업 조건
ㅁ. 인 정
```

① ㄱ, ㄴ   ② ㄱ, ㅁ
③ ㄴ, ㄷ   ④ ㄴ, ㅁ
⑤ ㄹ, ㅁ

11

허츠버그의 2요인 이론은 직원들의 직무만족도를 증감시키는 요인을 2가지로 구분한 것이다.
• 동기요인 : 성취, 인정, 책임소재, 업무의 질 등
• 위생요인 : 회사의 정책, 작업 조건, 동료직원과의 관계, 임금, 직위 등

정답 ④

12 기출 15

☑ 확인 Check! ○ △ ✕

수단성(Instrumentality) 및 유의성(Valence)을 포함한 동기부여 이론은?

① 기대이론(Expectancy Theory)
② 2요인이론(Two Factor Theory)
③ 강화이론(Reinforcement Theory)
④ 목표설정이론(Goal Setting Theory)
⑤ 인지평가이론(Cognitive Evaluation Theory)

12

기대이론(Expectancy Theory)이란 구성원 개인의 동기부여의 강도를 성과에 대한 기대와 성과의 유의성에 의해 설명함으로써 동기유발을 위한 동기요인들의 상호작용에 관심을 둔 이론으로 동기부여의 강도는 '기대감 × 수단성 × 유의성'으로 결정된다.

정답 ①

13 기출 18

☑ 확인 Check! ○ △ ✕

다음 사례에서 A의 행동을 설명하는 동기부여이론은?

> 팀원 A는 작년도 목표 대비 업무실적을 100% 달성하였다. 이에 반해 같은 팀 동료인 B는 동일 목표 대비 업무실적이 10% 부족하였지만 A와 동일한 인센티브를 받았다. 이 사실을 알게 된 A는 팀장에게 추가 인센티브를 요구하였으나 받아들여지지 않자 결국 이직하였다.

① 기대이론
② 공정성이론
③ 욕구단계이론
④ 목표설정이론
⑤ 인지적 평가이론

13

① 기대이론 : 구성원 개인의 모티베이션의 강도를 성과에 대한 기대와 성과의 유의성에 의해 설명하는 이론
② 공정성이론 : 조직구성원은 자신의 투입에 대한 결과의 비율을 동일한 직무 상황에 있는 준거인의 투입 대 결과의 비율과 비교하여 자신의 행동을 결정하게 된다는 이론
③ 욕구단계이론 : 인간의 욕구는 위계적으로 조직되어 있으며 하위 단계의 욕구 충족이 상위 계층 욕구의 발현을 위한 조건이 된다는 이론
④ 목표설정이론 : 의식적인 목표나 의도가 동기의 기초이며 행동의 지표가 된다고 보는 이론
⑤ 인지적 평가이론 : 성취감이나 책임감에 의해 동기유발이 되어 있는 것에 외적인 보상(승진, 급여인상, 성과급 등)을 도입하면 오히려 동기유발 정도가 감소한다고 보는 이론

정답 ②

14 기출 23

☑ 확인Check! ○ △ ✕

직무특성모형에서 중요심리상태의 하나인 의미충만(meaningfulness)에 영향을 미치는 핵심직무차원을 모두 고른 것은?

ㄱ. 기술다양성	ㄴ. 과업정체성
ㄷ. 과업중요성	ㄹ. 자율성
ㅁ. 피드백	

① ㄱ, ㄴ, ㄷ
② ㄱ, ㄴ, ㅁ
③ ㄱ, ㄹ, ㅁ
④ ㄴ, ㄷ, ㄹ
⑤ ㄷ, ㄹ, ㅁ

14

직무특성모형에서 직무가 직무다양성, 과업정체성, 과업 중요성의 직무특성을 가지면 직무 수행자는 직무가 가지는 의미감을 느낄 수 있고, 직무가 자율성을 가지면 직무 수행에 대한 권한과 책임감이 조성되고, 직무에 대한 피드백을 부여하면 직무수행결과를 확인할 수 있어 동기가 부여된다고 설명하고 있다.

정답 ①

15 기출 22

☑ 확인Check! ○ △ ✕

직무스트레스에 관한 설명으로 옳지 않은 것은?

① 직무스트레스의 잠재적 원인으로는 환경요인, 조직적 요인, 개인적 요인이 존재한다.
② 직무스트레스 원인과 경험된 스트레스 간에 조정변수가 존재한다.
③ 사회적 지지는 직무스트레스의 조정변수이다.
④ 직무스트레스 결과로는 생리적 증상, 심리적 증상, 행동적 증상이 있다.
⑤ 직무스트레스와 직무성과 간의 관계는 U자형으로 나타난다.

15

적정 수준의 직무스트레스는 성과와 업무의 성취감을 높여주지만 과도한 직무스트레스는 직무성과에 악영향을 준다. 따라서 직무스트레스와 직무성과 간의 관계는 역U자형으로 나타난다.

정답 ⑤

➕ PLUS

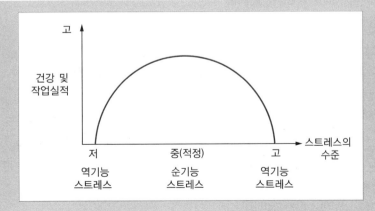

16 기출 20

☑ 확인Check! ○ △ ✕

하우스(R. House)가 제시한 경로 – 목표이론의 리더십 유형에 해당하지 않는 것은?

① 권한위임적 리더십
② 지시적 리더십
③ 지원적 리더십
④ 성취지향적 리더십
⑤ 참가적 리더십

16

① 권한위임적 리더십은 경로 – 목표이론의 리더십 유형에 해당하지 않는다.

정답 ①

17 기출 23

☑ 확인Check! ○ △ ✕

피들러(F. Fiedler)의 상황적합 리더십이론에 관한 설명으로 옳지 않은 것은?

① LPC 척도는 가장 선호하지 않는 동료작업자를 평가하는 것이다.
② LPC 점수를 이용하여 리더십 유형을 파악한다.
③ 상황요인 3가지는 리더–부하관계, 과업구조, 부하의 성숙도이다.
④ 상황의 호의성이 중간 정도인 경우에는 관계지향적 리더십이 효과적이다.
⑤ 상황의 호의성이 좋은 경우에는 과업지향적 리더십이 효과적이다.

17

피들러가 조직이 처한 상황을 구분하기 위하여 사용한 변수는 리더-부하의 관계(호의적 태도와 신뢰성), 과업구조(업무의 체계성), 지위권력(리더가 부하에게 영향을 미치는 정도)으로 부하의 성숙도를 변수로 하여 상황을 구분한 이론은 허쉬와 블랜차드의 수명주기이론이다.

정답 ③

18 지도 23

☑ 확인Check! ○ △ ✕

변혁적 리더십에 관한 설명으로 옳지 않은 것은?

① 비전과 사명감을 부여하고, 자긍심을 높여준다.
② 뛰어난 성과에 대한 보상을 약속하고, 성취를 인정한다.
③ 개인적 관심을 보이고, 잠재력 개발을 위해 개별적 코치와 조언을 한다.
④ 이해력과 합리성을 장려하고, 기존의 틀을 벗어나 창의적 관점에서 문제를 해결하도록 촉진한다.
⑤ 높은 비전을 제시하고, 노력에 집중할 수 있도록 상징을 사용하며, 중요한 목적을 간단명료하게 표현한다.

18

뛰어난 성과에 대한 보상을 약속하고, 성취를 인정 등의 즉각적이고 가시적인 보상체계는 거래적 리더십에 해당한다. 변혁적 리더십은 이전의 모든 리더십 이론을 리더와 구성원 간의 거래에 의한 거래적 리더십으로 판단하고, 이러한 교환관계에 기초하는 거래적 리더십과 달리 리더의 개인적 가치와 신념에 기초하여 구성원들의 정서, 윤리규범, 가치체계 등을 변화시켜 개인, 집단, 조직을 바람직한 방향으로 변혁시키는 리더십을 의미한다.

정답 ②

19 기출 18

☑ 확인 Check! ○ △ ✕

서번트(Servant) 리더의 특성으로 옳지 않은 것은?

① 부하의 성장을 위해 헌신한다.
② 부하의 감정에 공감하고 이해하려고 노력한다.
③ 권력이나 지시보다는 설득으로 부하를 대한다.
④ 조직의 구성원들에게 공동체 정신을 심어준다.
⑤ 비전 달성을 위해 위험감수 등 비범한 행동을 보인다.

20 기출 15

☑ 확인 Check! ○ △ ✕

Communication에서 전달된 메시지를 자신에게 주는 의미로 변환시키는 사고과정은?

① 잡음(Noise)
② 해독(Decoding)
③ 반응(Response)
④ 부호화(Encoding)
⑤ 피드백(Feed-Back)

19

⑤ 비전 달성을 위해 위험감수 등 비범한 행동을 보이는 것은 변혁적 리더십, 카리스마적 리더십에 해당한다.

정답 ⑤

20

의사소통(Communication)은 기업 내의 개인과 개인, 개인과 집단, 집단과 집단 간에 필요한 정보를 상호교환하여 의사를 전달하는 과정을 말한다. 의사소통의 과정은 송신자가 자신의 메시지를 암호화(부호화)하여 전달하면 수신자가 해당 메시지를 수신하여 자신에게 주는 의미로 해석하여 이에 대한 응답을 피드백하게 된다.

정답 ②

21 기출 24

☑ 확인Check! ○ △ ✕

효과적인 의사소통을 방해하는 요인 중 발신자와 관련된 요인이 아닌 것은?

① 의사소통 기술의 부족
② 준거체계의 차이
③ 의사소통 목적의 결여
④ 신뢰성의 부족
⑤ 정보의 과부하

21

정보의 과부하는 상황적 측면에서 의사소통을 방행하는 요인이다.

정답 ⑤

22 기출 17

☑ 확인Check! ○ △ ✕

리더십에 관한 설명으로 옳지 않은 것은?

① 거래적 리더십은 리더와 종업원 사이의 교환이나 거래관계를 통해 발휘된다.
② 서번트 리더십은 목표달성이라는 결과보다 구성원에 대한 서비스에 초점을 둔다.
③ 카리스마적 리더십은 비전달성을 위해 위험감수 등 비범한 행동을 보인다.
④ 변혁적 리더십은 장기비전을 제시하고 구성원들의 가치관 변화와 조직몰입을 증가시킨다.
⑤ 슈퍼 리더십은 리더가 종업원들을 관리하고 통제할 수 있는 힘과 기술을 가지도록 하는 데 초점을 둔다.

22

⑤ 슈퍼 리더십은 리더가 종업원들이 자기 자신을 리드할 수 있는 역량을 가질 수 있게 하는 리더십이다.

정답 ⑤

23 기출 20

☑ 확인Check! ○ △ ✕

구성원들 간 의사소통이 강력한 특정 리더에게 집중되는 유형은?

① 원 형
② Y자형
③ 수레바퀴형
④ 사슬형
⑤ 전체연결형

23

③ 수레바퀴형은 리더를 중심으로 정보가 집중되며, 구성원들 사이에 정보공유가 되지 않는 단점이 있다.

정답 ③

24 기출 16

☑ 확인Check! ○ △ ✕

프렌치(J. R. P. French)와 레이븐(B. Raven)이 구분한 5가지 권력 유형이 아닌 것은?

① 합법적 권력
② 기회적 권력
③ 강제적 권력
④ 보상적 권력
⑤ 준거적 권력

24

프렌치와 레이븐이 구분한 권력의 원천은 합법적 권력, 강제적 권력, 보상적 권력, 준거적 권력, 전문적 권력의 5가지이다.

정답 ②

25 기출 24

☑ 확인Check! ○ △ ✕

킬만(T. Kilmann)의 갈등관리 유형 중 목적달성을 위해 비협조적으로 자기 관심사만을 만족시키려는 유형은?

① 협력형
② 수용형
③ 회피형
④ 타협형
⑤ 경쟁형

25

킬만(T. Kilmann)의 갈등관리 유형 중 목적달성을 위해 비협조적으로 자기 관심사만을 만족시키려는 유형은 경쟁형이다.

정답 ⑤

➕ PLUS

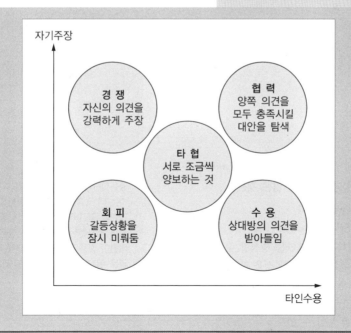

26 기출 19

☑ 확인 Check! ○ △ ×

집단의사결정의 특징에 관한 설명으로 옳지 않은 것은?

① 구성원으로부터 다양한 정보를 얻을 수 있다.
② 의사결정에 참여한 구성원들의 교육효과가 높게 나타난다.
③ 구성원의 합의에 의한 것이므로 수용도와 응집력이 높아진다.
④ 서로 의견에 비판 없이 동의하는 경향이 있다.
⑤ 차선책을 채택하는 오류가 발생하지 않는다.

27 기출 23

☑ 확인 Check! ○ △ ×

집단사고(groupthink)의 증상에 해당하지 않는 것은?

① 자신의 집단은 잘못된 의사결정을 하지 않는다는 환상
② 의사결정이 만장일치로 이루어져야 한다는 환상
③ 반대의견을 스스로 자제하려는 자기검열
④ 외부집단에 대한 부정적인 상동적 태도
⑤ 개방적인 분위기를 형성해야 한다는 압력

28 지도 23

☑ 확인 Check! ○ △ ×

집단의사결정에 관한 설명으로 옳지 않은 것은?

① 집단사고의 위험성이 존재한다.
② 개인의 주관성을 감소시킬 수 있다.
③ 상이한 관점에서 보다 많은 대안을 생성할 수 있다.
④ 명목집단법은 집단 구성원 간 반대논쟁을 활성화하여 문제 해결안을 발견하고자 한다.
⑤ 명목집단법과 정보기술을 조화시키는 전자회의를 통해 집단 의사결정의 효율성을 높일 수 있다.

26

집단의 응집성이 너무 높을 경우, 의사결정의 합의 욕구가 지나쳐서 잘못된 대안의 선택 가능성이 높아진다.

정답 ⑤

27

집단사고(groupthink)란 집단의 응집성이나 합의욕구가 너무 높거나, 조직의 구조적인 결함 등으로 잘못된 대안을 선택할 가능성이 높아지는 것을 말하며, 외부로부터의 고립, 비민주적 리더십, 토의절차상 합리적 방법의 부재, 구성원 간의 동질성 등이 집단사고의 원인이며, 집단능력에 대한 과신이나 집단의 폐쇄성, 획일성에 대한 집단의 압력 등이 집단사고의 증상으로 나타난다.

정답 ⑤

28

명목집단법은 여러 대안들을 마련하고 그중 하나를 선택하는 데 초점을 두는 구조화된 집단의사결정기법으로 한 개인의 의견이 타인에게 영향을 미치지 않도록 하기 위하여 의사결정이 진행되는 동안 팀원들 간의 토론이나 비평이 허용되지 않기에 '명목'이라는 용어가 사용되며, 영문 머리글자를 따서 'NGT'라고도 한다.

정답 ④

29 기출 22

☑ 확인Check! ○ △ ✕

조직설계의 상황변수에 해당하는 것을 모두 고른 것은?

> ㄱ. 복잡성   ㄴ. 전 략
> ㄷ. 공식화   ㄹ. 기 술
> ㅁ. 규 모

① ㄱ, ㄴ, ㄷ   ② ㄱ, ㄴ, ㄹ

③ ㄱ, ㄷ, ㅁ   ④ ㄴ, ㄹ, ㅁ

⑤ ㄷ, ㄹ, ㅁ

29

- 조직설계의 상황변수 : 전략, 기술, 규모, 환경 등
- 조직설계의 기본변수 : 복잡성, 공식화, 집권화, 분권화

정답 ④

30 기출 24

☑ 확인Check! ○ △ ✕

페로우(C. Perrow)의 기술분류 유형 중 과업 다양성과 분석 가능성이 모두 낮은 유형은?

① 일상적 기술

② 비일상적 기술

③ 장인기술

④ 공학기술

⑤ 중개기술

30

페로우(C. Perrow)의 기술분류 유형 중 과업다양성과 분석가능성이 모두 낮은 유형은 장인기술이다.

정답 ③

➕ PLUS

		과업 다양성	
		고	저
분석 가능성	고	공학적 기술 (조선업) 집권적이고 공식화 낮음 (과업은 다양하나 해결책을 찾기는 쉬움)	일상적 기술 (제과업) 집권적이고 공식화 높음 (과업 내용이 쉽고 문제해결도 쉬움)
	저	비일상적 기술 (우주항공) 분권적이고 공식화 낮음 (다양한 과업에 문제해결도 어려움)	장인기술 (공예) 분권화, 공식화 높음 (과업은 단순하나 문제해결은 어려움)

31

☑ 확인Check! ○ △ ✕

마일즈(R. Miles)와 스노우(C. Snow)의 전략 유형 중 유연성이 높고 분권화된 학습지향 조직구조로 설계하는 것이 적합한 전략은?

① 반응형 전략
② 저원가 전략
③ 분석형 전략
④ 공격형 전략
⑤ 방어형 전략

31

마일즈(R. Miles)와 스노우(C. Snow)의 전략 유형 중 유연성이 높고 분권화된 학습지향 조직구조로 설계하는 것이 적합한 전략은 공격형 전략이다.

정답 ④

➕ PLUS

마일즈&스노우의 전략유형

구 분	내 용
개척형(혁신형, 공격형, Prosector)	고객의 요구파악 & 신속대처, 신제품 개발, 신시장 개척, 유기적 조직구조
방어형(Defender)	생산 효율화, 고품질 저가격, 기존 제품, 기존 시장, 기계적 조직구조
분석형(Analyzer)	개척형을 관찰하다 성공 가능성이 높으면 빠르게 진입
반응형(낙오형, Reactor)	전략없이 환경변화에 따라 임기응변

32 기출 23
☑ 확인 Check! ○ △ ✕

민츠버그(H. Mintzberg)의 5가지 조직유형에 해당하지 않는 것은?

① 매트릭스 조직
② 기계적 관료제
③ 전문적 관료제
④ 애드호크라시
⑤ 사업부제 조직

32
민츠버그(H. Mintzberg)는 조직의 유형을 단순구조, 기계적 관료제, 전문적 관료제, 사업부제 조직, 애드호크라시의 5가지로 구분하였다. 매트릭스 조직은 종적조직과 횡적조직을 결합한 형태의 현대적 조직구조이다.

정답 ①

33 기출 23
☑ 확인 Check! ○ △ ✕

퀸과 카메론(R. Quinn & K. Cameron)이 제시한 조직수명주기 단계의 순서로 옳은 것은?

```
ㄱ. 창업 단계
ㄴ. 공식화 단계
ㄷ. 집단공동체 단계
ㄹ. 정교화 단계
```

① ㄱ → ㄴ → ㄷ → ㄹ
② ㄱ → ㄴ → ㄹ → ㄷ
③ ㄱ → ㄷ → ㄴ → ㄹ
④ ㄱ → ㄷ → ㄹ → ㄴ
⑤ ㄱ → ㄹ → ㄴ → ㄷ

33
퀸(Quinn)과 카메론(Cameron)은 조직이 창업자의 강한 리더십을 기반으로 하는 창업 단계에서 시작하여 전문가가 영입되어 분업화가 시작되는 집단공동체 단계와 조직의 규정과 제도에 의해서 조정 통제되는 공식화 단계를 거쳐 전사적, 거시적으로 조직을 관리하는 정교화 단계로 발전한다는 조직수명주기 이론을 주장하였다.

정답 ③

PART 04

인적자원관리

01 인적자원관리의 개념

제1절 인사관리의 발전 기출 16

1. 인적자원관리의 개념

인적자원관리란 기업의 능동적 구성요소인 인적자원으로서의 종업원의 잠재능력을 최대한으로 발휘하게 하여 그들 스스로가 최대한의 성과를 달성하도록 하며, 그들이 인간으로서의 만족을 얻게 하려는 일련의 체계적인 관리활동을 의미하는데, 제2차 세계대전 이전에는 주로 노동력을 최대로 활용하는 데 초점을 두고 있었으나 제2차 세계대전 이후에는 인간관계연구의 영향과 생산방법의 집단화, 자동화 등에 따라 팀워크의 형성과 노사관계의 안정을 위한 협력관계의 형성에 초점을 맞추게 되었다.

구 분	배경이론	강조측면	인적자원관리기능
구조적 접근 (기계론적 접근) ~1930년대	과학적 관리법 초기 산업공학 초기 인간공학	능률, 생산성 경제적 동기, 합리적 직무구조, 공식조직구조	직무설계, 성과급제, 과학적 선발, 훈련, 기능적 조직구조
인간적 접근 (가부장적 접근) 1930~1950년대	호손공장실험 인간관계 사회학 심리학	만족감, 인적요소, 사회적 동기, 규범, 자생적 조직	커뮤니케이션, 상담제안제도 민주적 리더십
인적자원적 접근 (시스템적 접근) 1960년대~현재	행동과학 노사관계	성과, 만족감, 개발, 종합 학문적 접근	인적자원계획 조직개발, 인력개발, 경력개발

2. 전통적 인사관리 vs 현대적 인사관리

현대적 인적자원관리는 인간의 노동력을 관리하는 전통적 인력관리(manpower management) 차원에 그치는 것이 아니라, 인간을 전인적 존재로 이해하여 인간으로서의 욕구를 충족시켜 줌으로써 사기와 근로의욕을 높여 그들 스스로가 창의력을 발휘하여 자발적인 협동체제가 형성·유지되도록 하는 관리활동으로 발전하였다.

전통적 인사관리	현대적 인사관리
직무 중심	경력 중심
X이론	Y이론
인사부서 중심	현장 중심
조직목표	조직＋개인 목표
획일, 일방적, 단기, 제도	목적, 쌍방, 장기, 운영

1. 인적자원관리의 영역

현대의 인적자원관리의 영역은 직무분석, 선발과 배치, 교육과 훈련, 직무평가, 보수제도, 안전계획 등 기존의 인사관리 영역인 협의의 인사관리 영역과 단체교섭·고충처리·경영참가 등의 노사관계관리 영역, 제안제도·인사상담제도·동기부여, 참가적 리더십 등의 인간관계관리의 영역으로 구분할 수 있다.

2. 인적자원관리의 목적

인적자원관리의 목적은 질적으로는 기업을 합리성과 인간성을 존중하는 성과적인 공동체로 만드는 것으로 볼 수 있으며, 양적으로는 생산성의 목표를 달성하면서 동시에 인간적 측면과 관련된 만족성 목표를 달성하는 것이다.

질적 목표(이념)	• 경제 – 사회 시스템으로서의 기업 • 합리성 존중 + 인간성 존중 = 성과적 공동체
양적 목표(목표)	• 생산성 목표 : 과업 그 자체를 달성하려는 목표 • 만족성 목표 : 인간적 측면과 관계된 목표 • $P = f(A, M, E)$ (P = Performance, A = Ability, M = Motivation, E = Environment)

3. 현대적 인적자원관리의 실시원칙

현대적 인적자원관리는 직무중심, 전인주의, 능력주의, 성과주의, 공정성, 정보공개, 참가주의 등의 실시원칙하에 운영된다.

① 직무중심 원칙 : 직무기술서, 직무명세서 기반
② 전인주의 원칙 : 종업원의 인간적 측면 중시
③ 능력주의 원칙 : 속인, 연공적 요소보다 능력이 중심
④ 성과주의 원칙 : 개인별 업적평가에 따른 인사처우
⑤ 공정성 원칙 : 과정과 결과에 대한 공정성 확보
⑥ 정보공개 원칙 : 인사정보자료의 공개로 합리성 확보 및 개인의 불만 해소
⑦ 참가주의 원칙 : 기본방침, 계획 수립과정에서 종업원의 참여에 기반

02 직무

제1절 직무의 개념 지도 19

1. 직무의 정의

직무란 과업, 작업의 종류와 수준이 비슷한 업무들의 집합으로, 조직에서 재화나 서비스를 산출하도록 의도적으로 설계, 조직화 된 것을 의미하며, 조직 내 개인들 간의 관계를 체계적으로 형성하고 연계시키는 단위기준이라고 볼 수 있다.

2. 직무의 특성

직무는 효율적 생산을 위한 합리적 사고의 산출물로 직무 간의 동태적 연관성에 기반하며 환경과의 상호작용을 하고 자연발생적인 요소가 개입되는 특성을 가지고 있다.

3. 직무관리의 종류

① 효과적 직무관리를 위해서는 먼저 직무를 분석하고 직무의 상대적 가치를 결정하는 직무평가가 이루어져야 하며, 마지막으로 조직의 목적과 개인의 욕구를 모두 충족시킬 수 있도록 개인별 직무설계가 진행되어야 한다.

② 따라서 직무관리는 직무분석, 직무평가, 직무설계의 3가지 종류로 구분할 수 있다.

직무분석	직무의 내용과 그 직무를 담당할 자격 요건의 분석
직무평가	직무분석 자료를 바탕으로 하여 직무의 상대적 가치를 체계적으로 결정
직무설계	조직의 목적을 효율적으로 달성함과 동시에 개인의 욕구도 충족시킬 수 있는 직무 내용의 설계

제2절 직무분석

1. 직무분석의 정의와 목적 기출 22

① 직무분석이란 직무와 관련된 모든 정보를 체계적으로 수집, 분석, 정리하는 과정으로, 직무분석의 결과물로 직무기술서, 직무명세서가 산출된다.

② 직무분석을 하는 목적은 직무분석을 통해 합리적이고 과학적인 인사관리의 기초를 만들 수 있기 때문이며, 직무분석을 통해 직무기술서와 직무명세서의 작성이 이루어져야 다음 프로세스인 직무평가가 가능하기 때문이기도 하다.

2. 직무의 연관개념

직무와 유사한 개념으로 과업, 직위, 직책 등의 용어가 있는데, 구체적인 내용은 아래와 같다.

과업(Task)	• 독립적인 목적으로 수행되는 하나의 명확한 작업 • 현금 출납/지게차 운전/계량기 측정
직위(Position)	• 수평적, 수직적 위치에 의해 한 사람에게 부여된 과업의 집단 • 종업원의 수만큼 존재 • 출납원 4명
직책(Job Responsibilities)	• 조직 내의 업무 추진을 위한 직무, 권한의 관리체계 • 직위의 개념과 결합하여 구체적인 보직명 존재 • 영업본부장
직무(Job)	• 동일하거나 유사한 직위들의 집합 • 출납원
직군(Job Group)	• 동일하거나 유사한 종업원 특성, 유사과업, 직무들의 집합(유사업무 스킬) • 관리직군/영업직군/기술직군
직종(Job Family)	• 동일하거나 유사한 직무들의 집합(공통성격 직무) • 사무직/생산직
직업(Occupation)	동일하거나 유사한 직종들의 집합

3. 직무분석의 내용

직무분석은 크게 어떤 일을 하고 있는가에 대한 분석인 수행업무분석과 특정한 일을 하기 위하여 어떤 능력이 필요한가에 대한 수행요건분석으로 이루어져 있다.

수행업무분석	• 수행하고 있는 일에 대한 사실을 정확하게 표시하는 것 • 작업목적, 작업내용, 작업방법, 작업시간, 작업장소
수행요건분석	• 수행업무 분석의 결과를 바탕으로 직무수행 담당자에게 요구되는 책임능력과 기능 작업조건 등이 어떠한 것인가를 알아내는 것 • 업무책임/감독책임, 신체적/정신적 능력과 기술

4. 직무분석의 절차

직무분석은 직무분석의 목적을 결정하고 배경정보를 수집하는 것으로 시작을 하여 직무기술서와 직무명세서를 작성하는 것으로 완료되는데, 그 구체적 단계는 아래와 같다.

① 직무분석의 목적 결정 : 직무분석 결과를 어디에 활용할 것인지를 결정
② 배경정보의 수집 : 조직도, 업무흐름도 등을 파악
③ 대표직위 선정 및 직무정보의 수집 : 직무분석 목적에 따라 다양한 방법 활용
④ 직무정보의 검토(분석) : 수집된 정보를 직무담당자와 함께 검토
⑤ 직무기술서 및 직무명세서의 작성 : 일정한 양식에 따라 직무기술서와 직무명세서 작성

5. 직무정보의 수집방법 지도 16

경험법	직접 경험을 통한 정보 수집
관찰법	작업자의 활동을 관찰하여 정보 수집
워크 샘플링법	관찰법의 보완, 작업과정을 무작위로 관찰하여 직무행동 정보 추출
설문지법	문서로 작성된 질문에 대한 응답에 의한 정보 수집
면접법	정보원천과의 대화를 통한 정보 수집
일지작성법(작업기록법)	종업원이 기록한 일지를 통한 정보 수집
중요사건 기록법	성과와 관련된 행동 패턴을 추출하여 기록
결합법	여러 분석방법을 병용

6. 직무기술서 기출 16 지도 19

① 직무기술서는 직무분석 결과에 의해 직무수행과 관련된 과업 및 직무행동을 일정한 양식에 따라 기술한 문서로, 직무목적, 직무내용, 직무 수행방법, 필요 기술 및 숙련도 등을 정리하여 기입한다.

② 직무기술서는 채용, 직무평가, 인력계획 및 모집, 신입사원 교육, 성과표준 개발 등에 사용된다.

[NCS기반 채용 직무기술서]

채용 분야	청년인턴(체험형)			
분류 체계	**대분류**	**중분류**	**소분류**	**세분류**
	02. 경영 · 회계 · 사무	01. 기획사무	03. 마케팅	01. 마케팅전략기획
				02. 고객관리
		02. 총무 · 인사	01. 총무	01. 총무
			03. 일반사무	02. 사무행정
		04. 생산 · 품질관리	03. 무역 · 유통관리	02. 수출입관리
능력 단위	○(**마케팅전략기획**) 08. 마케팅전략 계획수립, 12. 마케팅 믹스 전략수립, 14. 마케팅 성과관리 ○(**고객관리**) 01. 고객관리 계획수립, 05. 고객 필요정보 제공, 09. 고객분석과 데이터 관리, 10. 고객지원과 고객관리 실행 ○(**총무**) 01. 사업계획수립, 02. 행사지원관리, 07. 업무지원, 08. 총무문서관리 ○(**사무행정**) 06. 회의 운영 · 지원, 07. 사무행정 업무관리, 08. 사무환경조성 ○(**수출입관리**) 01. 수출입 사전준비, 04. 수출입계약, 08. 수출마케팅, 10. 수출통관			
직무 수행 내용	○(**마케팅전략기획**) 기업과 제품의 경쟁우위 확보와 경영성과를 향상시키기 위하여 마케팅 목표 수립과 목표시장에 대한 체계적인 방안 설계 및 실행을 통하여 반응과 결과에 지속적으로 대응하는 업무 ○(**고객관리**) 현재의 고객과 잠재고객의 이해를 바탕으로 고객이 원하는 제품과 서비스를 지속적으로 제공함으로써 기업과 브랜드에 호감도가 높은 고객의 유지와 확산을 위해 고객과의 관계를 관리하는 직무 ○(**총무**) 조직의 경영목표를 달성하기 위하여 자산의 효율적인 관리, 임직원에 대한 원활한 업무지원 및 복지지원, 대 · 내외적인 회사의 품격 유지를 위한 제반 업무를 수행하는 직무 ○(**사무행정**) 부서 구성원들이 본연의 업무를 원활하게 수행할 수 있도록 조직 내부와 외부에서 요청하거나 필요한 업무를 지원하고 관리하는 직무 ○(**수출입관리**) 해외시장 조사 및 해외시장 진출전략 수립 등 수출시장을 개척하며 바이어 발굴, 거래선 신용조사 등 무역과 관련한 제반사항을 처리하는 직무			

7. 직무명세서

직무명세서는 직무분석 결과에 따라 직무 수행에 필요한 종업원의 인적 요건을 기술한 문서로 성과표준 개발, 직무평가 등에 사용된다.

직무명세서 – [예시]

1. 기본정보

직군명	경영지원직군	직무명	인사담당
직무개요	종업원의 채용, 직무, 평가, 보상, 이직 등 인사관리와 노사관계 관련 업무를 수행한다.		

2. 인적요건

기본사항		
최소학력	1. 무관 2. 고졸이상 3. 전문대졸이상 <u>4. 대졸이상</u> 5. 대학원 석사이상 6. 대학원 박사이상	
전공	<u>1. 무관</u> 2. 상경계열 3. 이공계열 4. 법정계열 5. 인문, 사회계열 6. 기타( )	
성별	<u>1. 무관</u> 2. 남성 3. 여성	

자격증	자격증 구분		발행기관
	▣ 필수자격증	인적자원관리사	KPC 한국생산성본부
	▣ 권장자격증	공인노무사	고용노동부

필요지식	필요지식 세부사항		요구수준
	▣ 이론지식	인사관리론, 노동법	상
	▣ 실무지식	채용실무, 평가실무, 보상실무, 퇴직관리 실무, 4대보험 실무	중
	▣ 전산지식	한글, MS office(엑셀, 파워포인트, 워드)	상
	▣ 외국어	영어	상

필요경력	세부사항		요구수준
	▣ 사외경력	–	–
	▣ 사내경력	현업부서	최소 2년 이상

필요교육	세부사항		요구수준
	▣ 필수교육	인사관리 기본	KPC 한국생산성본부
	▣ 권장교육	스토리텔링 인사노무관리	중앙경제 HR교육원
		평가 및 급여인센티브	KPC 한국생산성본부
		인사평가 종합실무	한국인사관리협회

작업위험	위험내용		위험수준
	▣ 정신적 위험	–	–
	▣ 육체적 위험	거의 없음	하

8. 직무분석의 활용

직무분석을 통해 직무기술서와 직무명세서가 작성이 되면 직무의 설계, 인적자원계획, 채용, 선발, 성과평가, 보상, 교육 및 훈련 등 인적자원관리의 전 분야에서 활용되기 때문에 직무분석의 중요성이 매우 크다고 할 수 있다.

직무분석	직무기술서 직무명세서	• 직무설계 : 직무재설계, QWL 등 • 인적자원계획 : 인력의 수요와 공급 예측 • 외부채용 : 지원서 등 • 고용 : 타당성 검증 등 • 성과평가 : 성과 기준 목표 부여 등 • 보상 : 직무평가, 직무분류 등 • 교육 훈련 등

9. 직무분석의 최근 추세

① 최근 빠르고 광범위한 환경의 변화는 직무의 변화와 진화를 촉진하고 있는데, 이로 인하여 수시로 변화하는 직무 환경에 따라 신축적인 직무기술서가 요구되어 의무(duty)보다는 역량(competency)을 중심으로 직무를 분석하는 역량 중심의 직무분석에 대한 비중이 높아지고 있다.

② 과거 여러 사람이 하던 일을 혼자 혹은 소수의 사람이 수행 가능하므로 인력의 직무 이탈 현상이 가속화될 뿐만 아니라 기존의 직무분석 방식은 별 의미가 없어지는 탈직무화(Dejobbing) 현상도 빠르게 나타나고 있다.

제3절 직무평가

1. 직무평가의 정의 및 목적

① 직무평가란 직무가 지니는 상대적 가치를 결정하는 것으로, 직무기술서와 직무명세서를 기초로 각 직무의 중요도, 난이도, 공헌도, 위험도 등을 평가하여 타 직무와 비교함으로써 직무 자체의 상대적 가치를 평가하는 것이다.

② 직무평가는 직능형 임금제도 및 성과급 인사제도의 실현, 직급제도의 확립, 직급별 직무 조정의 기준 설계, 조직원들의 자기 개발 의욕 촉진 등의 목적으로 실시된다.

2. 직무평가의 요소

직무의 평가는 각 직무에 필요한 숙련, 노력, 책임의 정도와 작업조건을 평가요소로 하여 실시된다.

① 숙련 : 지능적·육체적 숙련도, 교육, 지식, 경험 등
② 노력 : 정신적·육체적 노력
③ 책임 : 인적·물적 책임
④ 작업조건 : 불쾌도, 위험도 등의 작업환경

3. 직무평가방법 [기출 24] [지도 24]

직무를 평가하는 방법은 포괄적 기준으로 평가를 하는 질적 평가방법과 평가요소별로 점수화하여 구체적으로 평가하는 양적 평가방법이 있으며, 질적 평가방법으로는 서열법과 분류법이 있고 양적 평가방법으로는 점수법과 요소비교법이 있다.

질적(비계량적) 평가방법 (Non-Quantitative Method)	• 포괄적 기준 • 직무의 상대적 가치 평가 • 서열법(Ranking Method) • 분류법(Job-classification Method)
양적 평가방법 (Quantitative Method)	• 평가요소별 분석을 통한 계량적 평가 • 총 직무수가 25개 이하인 소규모 기업에 주로 적용 • 점수법(Point Rating Method) • 요소비교법(Factor-comparison Method)

(1) 서열법

① 직무평가 중 가장 간단한 방법으로 직무가치를 통합적으로 파악한 후 전체적으로 순위를 결정하는 방법이다.

② 쉽고 신속한 반면에 직무 내용에 대한 명확한 정보 없이 서열을 정하기 때문에 평가결과에 오류가 발생 가능한 단점이 있다.

(2) 분류법(등급법)

① 비슷한 직무끼리 묶어서 직무를 분류하고 분류된 난이도, 책임 정도에 따라 등급을 판정한 후 등급에 따라 보상수준을 결정하는 방법이다.

② 서열법에 비해 체계적이며 이해가 쉬워 급여체계에 대한 설득력이 높은 장점이 있으나 분류의 정확성에 대한 의문이 있을 수 있고, 직무 수가 많고 복잡한 직무의 경우에는 분류나 평가가 어려운 단점이 있다.

(3) 점수법

① 각 직무를 분해하여 숙련, 노력, 책임, 작업조건을 분석하여 작업마다의 점수를 배정하고 그 합으로 직무를 평가하는 방법이다.

② 점수를 비교하여 서열을 정하거나 점수당 급여를 책정하는데, 평가요소별 가중치의 부여나 점수배정이 어려운 단점이 존재한다.

(4) 요소비교법

① 점수법의 단점을 보완하기 위해 몇 개의 기준직무를 정하고 기준직무와 평가 대상 직무를 비교해가며 상대적 가치를 설정하는 방법으로, 기준직무의 가치를 합리적으로 설정하면 직무 간 객관적 비교가 가능해지고 간편하게 임금이 산출되는 장점이 있다.

② 기준이 바뀌면 전체적인 조정이 필요하고, 절차가 복잡하여 평가 작업에 노력이 많이 필요하며, 복잡한 방식으로 급여가 계산되어 구성원의 이해와 설득이 어려운 단점이 있다.

구 분	직무전반	구체적 직무요소
직무 대 직무	서열법(Ranking method)	요소비교법(factor comparison method)
직무 대 기준	분류법(Classification method)	점수법(Point method)

1. 직무설계의 정의

직무설계란 효율적인 직무수행 및 직무 수행자의 만족도 향상을 위해 직무의 내용과 수행방법, 직무 간 관계 등을 설정하는 과정으로 수행되어야 하는 과업이 무엇인지 결정하고 → 그 과업이 어떠한 방식으로 수행되어야 하는지를 결정하며 → 다른 직무들과 어떠한 연관성을 맺는지를 결정하는 순서로 진행하며 조직구성원에게 과업을 할당하고 그것을 수행하는 방법과 일정을 부여하는 과정으로 진행된다.

2. 전통적 직무설계와 현대적 직무설계 기출 21 지도 14

(1) 전통적 직무설계

① 전통적인 직무설계에서는 직무는 바꿀 수 없는 조건이기 때문에 작업자가 직무상 요구에 부합되어야 한다는 전제하에 사람보다는 직무가 중심이 되어 직무설계가 이루어졌다.

② 직무를 가급적 작은 단위로 세분화하고 표준화시켜 작업자가 전문화된 직무를 효율적으로 수행할 수 있도록 하여 효율이 증대되었으나, 작업자의 인간적 욕구가 경시되어 감정적 소외가 유발되고 인간이 지니고 있는 잠재역량이 충분히 발휘되지 못하는 단점이 존재하였다.

(2) 현대적 직무설계

현대적 직무설계에서는 지나친 직무의 표준화는 결국 생산성 향상에 도움이 되지 않는다는 판단하에 작업자의 업무 동기와 만족도를 높여줄 수 있는 직무 내용이나 작업방법을 설계하는 데 초점을 맞춘 사람 중심의 직무설계가 이루어졌고, 최근에는 안전과 건강, 직무가 주는 정신적 요구(자기개발, 자아실현)까지 포괄하는 직무설계로 확대되고 있다.

3. 동기부여적 직무설계 기출 21 지도 14·16·19

현대적 직무설계의 원칙인 사람 중심의 직무설계를 위하여 작업자에게 동기를 부여할 수 있는 동기부여적 직무설계 방법에 대한 연구가 많이 이루어졌는데, 해크먼과 올드햄의 직무특성 모형, 직무확대, 직무충실화, 직무순환 등이 동기를 부여할 수 있는 대표적인 직무설계 방법이다.

(1) 해크먼과 올드햄의 직무특성 모형

직무특성 모형은 직무에 핵심직무특성인 기능의 다양성, 과업의 정체성, 과업의 중요성, 자율성, 피드백이 존재하면 작업자는 의미감, 책임감 등의 중요한 심리적 상태를 가지게 되고 그에 따라 동기부여 수준이 높아지고 높은 수준의 직무성과를 거둘 수 있다는 이론이다.

(2) 직무확대

① 직무확대는 수직적 확대와 수평적 확대로 구분되는데, 수직적 확대는 직무충실화라고도 하며 작업자가 스스로에게 부과된 직무가 양적, 질적으로 충실하며 의미 있다고 느낄 때 동기가 유발되기 때문에 권한이나 책임을 확대하여 직무내용을 고도화하여 직무의 질을 높이는 것이다.

② 수평적 확대는 직무확대라고도 하며, 직무 전문화의 단조로움을 탈피하여 개인이 수행하는 직무의 수를 늘려 수평적으로 직무를 확대하는 것이다.

(3) 직무순환

① 직무순환은 주기적으로 조직 구성원이 돌아가면서 여러 가지 직무를 수행하는 방법으로, 직무순환이 가능하려면 작업자가 수행하는 직무끼리 상호 교환이 가능하고 작업흐름의 중단 없이 직무 간의 원활한 교체가 가능해야 한다.

② 직무순환은 관리자 또는 신입직원의 교육훈련기법으로도 많이 활용된다.

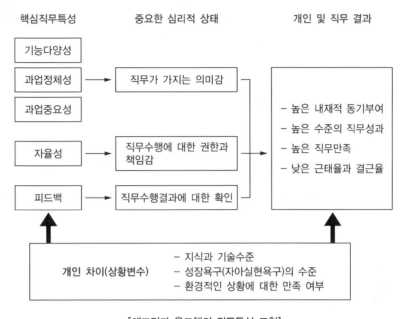

[해크먼과 올드햄의 직무특성 모형]

03 확보관리

제1절 인적자원계획

인적자원계획이란 조직 내 인적자원의 수요를 예측하고 실천계획을 개발하는 과정이다. 여기서 예측이란 조직의 내·외부환경 및 사업계획 등에 기초하여 미래 인적자원의 수요량과 공급량을 예측하는 것이고, 실천 계획이란 조직의 목적 달성을 위하여 인적자원 활동의 프로그램을 개발하고 실행하는 것을 말한다.

수요 > 공급	수요 = 공급	수요 < 공급
채용, 교육, 승진	현상유지	교육, 해고

제2절 인력 수요 및 공급 예측

1. 인력수요예측

① 인력수요예측이란 기업이 미래에 필요로 하는 종업원의 수와 종업원에게 요구되는 직무수행의 자격요건을 예측하는 것이다.

② 인력수요예측 시에는 양적 측면, 질적 측면, 시간적 측면, 공간적 측면을 모두 고려하여야 한다.

2. 인력수요예측 기법 기출 17

질적 예측	자격요건 분석기법 : 안정적 경영환경으로 직무 등의 변화가 적을 경우 직무기술서, 직무명세서를 중심으로 미래 시점의 자격 변화를 예측
	시나리오 기법 : 경영환경이 불안정할 경우에는 시나리오별로 예측
양적 예측	통계적 기법 : 생산성 비율, 추세, 회귀 분석으로 필요 인력량 예측
	노동과학적 기법 : 작업시간 연구를 기반으로 인력 수 산출
	델파이법 : 전문가 집단의 예측치 활용
	화폐적 접근법 : 지불능력에 초점을 맞추어 인력 수 예측

3. 인력공급예측

① 인력공급예측은 미래의 특정 시점에 해당 기업이 보유하게 될 인력에 대한 예측으로, 인력의 공급원에는 기업 내부에서 충원될 수 있는 인력으로 승진, 배치전환이 가능한 내부노동시장과 기업 외부의 노동가능 인구 전체 시장을 대상으로 하는 외부노동시장이 있다.

② 외부노동시장은 분석과 예측이 어렵기 때문에 일반적으로 내부시장을 중심으로 인력공급을 분석하게 된다.

4. 인력공급예측 기법(내부시장)

질적 예측	현재 종업원의 자격 수준을 기반으로 미래 종업원들이 갖추게 될 자격수준을 예측하는 것(추세분석 등의 방법 이용)
양적 예측	기능목록 분석 : 인사정보 시스템의 학력, 경력, 자격, 성과 등 다양한 정보를 기반으로 미래 공급을 예측
	마코프체인 분석 : 전이행렬을 이용한 인력 변동예측법
	대체도 분석 : 공석 시 투입 가능 인력을 조직도에 표기하여 예측

제3절   확보관리 기출 19

1. 인적자원의 확보 방법

인적자원의 확보는 외부충원과 내부충원을 통해 이루어진다.

외부충원	모집 → 선발 → 배치
내부충원	• 수평적 이동 : 배치전환(이동) • 수직적 이동 : 승진, 강등

2. 모집관리

모집관리란 기업이 인재를 선발하기 위하여 유능한 지원자를 내부 혹은 외부로부터 구하여 그들이 조직 내의 어떤 직위에 위치하도록 하는 업무를 관리하는 것으로, 모집은 쌍방적 의사소통 과정이며 외부 환경적 요인의 영향이 크게 작용한다.

3. 모집방법

모집방법은 크게 내부모집과 외부모집으로 구분할 수 있다.

내부모집	• 기술목록을 이용한 적격자 탐색 • 추천에 의한 적격자 탐색 • 공개모집제도를 통한 적격자 탐색
외부모집	• 모집원천(광고, 추천, 교육기관과의 연계, 노동조합, 고용 알선기관, 인터넷, 채용박람회, 직접지원 등) • 선택기준(노동력의 양, 노동력의 질, 모집방법의 가용성, 과거의 경험, 예산 등)

4. 내부모집과 외부모집의 장단점 기출 24

구 분	내부모집	외부모집
장 점	• 사원들에게 동기유발을 제공 • 지원자들에 대한 정확한 평가 • 채용비용 절감효과 • 능력개발 증진	• 새로운 아이디어나 방법을 접하는 기회와 많은 선택가능성 • 교육훈련비용 절감 • 신규인원 유입으로 조직 변화를 촉진 • 조직이 환경의 일부를 조직 내부로 끌어들임으로써 불확실성을 감소시킴
단 점	• 모집인원의 제한 • 승진을 위한 과다경쟁 • 승진탈락자들의 불만과 사기저하	• 적응기간 소요 • 부적격자 채용의 위험성 • 내부인력 사기저하 등

제4절 선발관리

1. 선발의 개념

선발이란 직무를 효과적으로 수행할 수 있는 <u>최적의 인적 요건과 최적의 적성 및 기술을 가진 사람에게 구성원 자격을 부여하는 것</u>으로 효율성, 형평성, 적합성의 원칙에 의해 선발하여야 한다.

① **효율성** : 신규채용자에게 제공할 비용보다 큰 수익을 가져다 줄 인력
② **형평성** : 모든 지원자에게 동일한 기회를 부여
③ **적합성** : 회사의 목표나 인재상에 어울리는 인력

2. 선발도구 기출 17 · 18

효율성, 형평성, 적합성의 원칙에 따라 선발을 하기 위하여 다양한 선발도구들이 사용된다.

바이오 데이터	• 입사원서의 항목 : 대학성적, 군복무, 결혼 여부 등 개인의 전기적 자료 • 성차별, 학력 차별 등의 회피 필요
선발시험	• 인지능력검사(Cognitive Ability Test) • 성격 및 흥미도 검사(Personality Test) • 지능 검사(Intelligence Test) • 정직성 검사(Integrity Test)
선발면접	• 구조적/비구조적 면접 • 스트레스 면접 • 패널면접 • 집단면접
평가센터법	• 다수의 지원자들을 일정 기간 동안 합숙을 통하여 평가 • 다양한 선발도구의 동원

3. 선발도구의 평가 기출 15

① 선발을 위한 지원자의 평가방법으로 사용된 선발도구들이 적합한 것인가를 평가하기 위해서는 선발도구의 신뢰성과 타당성을 분석하여야 한다.

② 신뢰성이란 동일한 환경에서 동일한 시험을 반복하여 보았을 때 결과가 일치하는 정도(일관성, Consistency)를 의미하는 것이고, 타당성이란 측정하고자 하는 내용을 정확하게 측정하는 정도를 말한다.

신뢰성(Reliability)	동일한 환경에서 동일한 시험을 반복하여 보았을 때 결과가 일치하는 정도(일관성, Consistency)	
	• 시험 – 재시험방법 • 대체형식법 • 양분법	
타당성(Validity)	측정하고자 하는 내용을 정확하게 측정하는 정도	
	기준 타당성	• 동시타당성(현 종업원의 시험성적과 직무성과 비교) • 예측타당성(선발시험 후 합격자의 시험성적과 고용 후의 직무성과 비교)
	내용 타당성	선발도구가 측정하고자 하는 바를 얼마나 잘 측정하는가의 정도
	구성 타당성	선발도구가 무엇을 측정하느냐 하는 것

신뢰도
(일관성) : 밀집도

(○)
(×)

타당도
(목적) : 과녁의 중앙

[저신뢰 저타당] [고신뢰 저타당] [고신뢰 고타당]

4. 선발오류

선발오류란 선발과정에서 적정한 사람을 선발하지 못함으로써 발생하는 것으로, 선발하여야 하는 사람을 선발하지 않은 1종 오류와 선발하지 않아야 할 사람을 선발한 2종 오류로 구분된다.

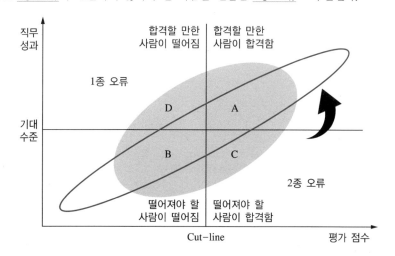

내부충원의 방법에는 수평적 이동인 배치이동과 수직적 이동인 승진이 있다.

1. 수평적 이동 : 배치이동

　① 배치이동이란 종업원을 현재의 직무에서 다른 직무로 배치하는 것으로 다양한 직무 경험과 새로운 기술의
　　습득, 적재적소의 인재 배치, 상황변화에 따른 부서 간 인원 수급 조정의 목적으로 실행된다.
　② 수평적 이동은 적재적소주의(Right Person Right Position), 실력주의(실력을 발휘할 수 있는 직무),
　　인재육성주의(기업에 필요한 인재로 육성), 균형주의(공평성 유지)의 원칙하에 실행하여야 한다.

2. 수직적 이동 : 승진

　① 승진은 기업 내에서의 지위 상승과 함께 이루어지는 보수, 권한, 책임의 상승으로, 개인 목표와 조직
　　목표의 합일점이 되며 인사정체를 방지하는 효과도 있다.
　② 승진의 기준으로는 연공주의와 능력주의가 있다.

연공주의	능력주의
• 근속기간, 사람 중심	• 직무수행능력, 직무 중심
• 노조 선호, 동양사회, 일반직	• 경영자 선호, 서구사회, 전문직
• 하위층, 집단 중심, 적용 용이	• 상위층, 개인 중심, 적용 어려움
• 안정성과 객관성	• 불안정성과 주관성

04 개발관리

제1절 인적자원 개발의 개념과 중요성

1. 개발의 개념

인적자원의 개발이란 기업 내에서 <u>종업원의 자질을 개발하고 직무에 대한 적응성을 높임</u>으로써 보다 나은 자격을 갖출 수 있도록 조직적이고 체계적으로 유도하는 교육과 훈련을 의미한다.

2. 개발의 중요성

인적자원 개발은 개인과 기업차원에서 뿐만 아니라 사회적 차원에서도 그 중요성을 가지고 있다.

기 업	• 국제 경쟁의 시대/고도화 · 전문화된 인력의 필요 • 인재 육성을 통한 생산성 향상
개 인	자아 실현/자기 가치의 향상
사 회	생애교육의 대두, 사회전체적 인력수준의 향상

제2절 교육훈련

1. 교육 vs 훈련

<u>교육이란 보편적인 지식과 기능, 태도의 육성을 위해 장기적 관점</u>에서 실시하는 것이고, <u>훈련이란 특정직무에 필요한 지식과 기능의 습득을 위하여 개별적이고 단기적</u>으로 실시하는 것이다.

교 육	훈 련
보편적인 지식, 기능, 태도의 육성	특정직무의 지식과 기능의 습득
장기적 · 체계적 · 객관적 과정	개별적 · 실제적 · 구체적 과정
정규 교육제도	단기 프로그램
개인 목표 강조	조직 목표 강조
특정결과 기대 ×	특정결과 기대
일반적인 지식과 기초 이론	특정한 직무와 관련한 지식과 실무

2. 교육훈련의 프로세스 [기출 18]

교육훈련은 필요성 분석 → 프로그램 설계와 개발 → 프로그램 실시 → 평가의 순서로 진행되는데 교육의 필요성을 분석하기 위해서는 필요성의 원천인 직무분석의 결과, 인사고과 결과, 생산량, 품질, 비용, 사고, 이직 등의 자료를 조사하여야 한다.

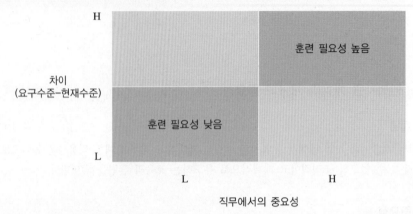

3. 실시장소에 교육훈련의 구분 [지도 14]

교육훈련은 실시장소에 따라 기업 내 훈련과 기업 외 훈련으로 구분할 수 있고, 기업 내 훈련은 다시 직장 내 교육훈련(OJT)과 직장 외 교육훈련(OFF JT)으로 분류할 수 있다.

(1) 직장 내 교육훈련

① 직장 내 교육훈련은 구체적 직무를 수행하는 과정에서 상사에 의해 부하를 직접적, 개별적으로 지도하는 방식으로 라인 중심의 교육훈련이다.

② 실제 업무에 바로 적용이 가능하고 적은 비용으로 운영되는 장점이 있지만 지도자의 전문적 교육능력이 부족한 단점이 있다.

(2) 직장 외 교육훈련

직장 외 교육훈련은 교육훈련 전문 스태프의 책임하에 집단적으로 실시하는 교육을 의미한다.

4. 교육계층에 따른 교육훈련의 구분

교육훈련은 피교육계층을 기준으로도 구분할 수 있는데 최고경영층, 중간관리층, 하위관리층 및 신입자 훈련 등으로 구분할 수 있다.

최고경영층	개념적 자질	경영세미나, 최고경영자 교육
중간관리층	인간적 자질	작업지시법(JIT), 작업개선법(JMT), 부하통솔법(JRT)
하위관리층 (종업원)	기술적 자질	• 기능훈련(직업학교, 도제, 실습장, 프로그램 훈련) • 노동교육(경제적·사회적 지위 인식, 자질/지식) • 일반교양교육(인격, 지식, 교양)
신입자 훈련		• 오리엔테이션 – 회사에 관한 제반 사항 • 멘토링시스템 – 역할모델 선정, 도전적 직무부여

5. 교육훈련의 결과 평가방법

커크 패트릭은 교육훈련의 성과를 평가하는 기준으로 반응, 학습, 행위, 결과의 4가지 차원을 제시하였는데 구체적 사항은 다음과 같다.

반응(Reaction)	프로그램에 대한 피훈련자의 인상, 감정의 측정
학습(Learning)	훈련을 통하여 이루어진 학습에 대한 측정
행위(Behavior)	직무에서 실제 학습내용에 따라 행하는 행위에 대한 측정
결과(Result)	조직 목적 달성에 있어서 훈련 프로그램의 효용성에 대한 측정(비용 감소, 이직, 생산량, 품질 등)

6. 기타 교육훈련 관련 개념

(1) 학습곡선(Learning Curve)

시간에 따른 학습의 변화를 도식화한 것으로 처음 어떤 작업을 수행할 때는 작업에 익숙하지 않아서 많은 시간이 필요하지만 작업을 반복할수록 숙달이 되어 작업시간이 줄어드는 현상을 학습효과(learning effect) 라고 하며, 이 효과를 수학적 모델로 표현한 것이 학습곡선이다. 다만 직무와 사람에 따라 학습 효과가 다르게 나타나며 항상 학습효과가 일어나는 것은 아니다.

(2) 전이(Transfer)

교육훈련에서의 학습이 실제 작업환경에서 발휘되는 것을 전이라고 하는데, 전이에는 선 – 후행학습의 동일 요소가 있을 때 전이가 된다는 동일요소이론과 원리에 대한 이해를 기반으로 전이가 일어난다는 이론이 있다.

(3) 보존(Retention)

학습의 효과가 지속되는 것을 보존이라고 하는데, 학습환경에서 동기가 유발되거나 강화를 통해서 학습효과를 장기간 보존할 수 있다.

제3절 경력개발관리

1. 경력개발관리의 의미

경력이란 직업상의 직위나 직책을 통한 경험이나 내용을 의미하며, 경력개발이란 경력목표를 설정하고 이를 달성하기 위해 경력계획을 수립하여 조직의 요구와 개인의 욕구가 일치될 수 있도록 개인의 경력을 개발하는 활동이다.

2. 경력개발의 목적

기업은 경제적 측면에서 인적자원을 효율적으로 확보하고 경쟁력을 제고하며 협동 시스템을 구축하는 측면의 목적이 있고, 개인은 성장의 욕구를 충족하고 개인의 경쟁력을 향상시키는 측면의 목적이 존재한다. 또한 전체적인 근로자의 경쟁력 향상은 사회적 효율성의 증가에도 기여를 하게 된다.

3. 샤인의 경력의 닻 기출 14

샤인은 개인의 경력욕구를 경력의 닻 모델을 통하여 다섯 가지로 구분하였는데, 이후 3가지가 추가되어 총 8가지의 경력욕구로 구분되었다.

관리역량의 닻 (managerial competence)	• 능력 있는 일반관리자가 되기를 원함 • 문제 분석 및 타인을 감독, 지휘하는 대인적 능력을 중요시 여김 • 책임감/공헌도 큰 임무 선호, 상사의 인정을 원함, 승진을 최고의 가치로 여김
전문역량의 닻 (technical/functional competence)	• 특정 종류 작업에 강한 재능, 동기유인을 가지고 있음 • 도전적 업무와 자율성 선호, 전문가적 면모 • 전문가들에게 인정받는 것을 중요시
안정성의 닻(security)	• 자신의 직업안정, 고용안정에 강한 욕구 • 안정적이고 예측 가능한 직무 선호 • 보수인상, 작업조건의 향상, 복지향상 등 외재적 요인에 집중 • 조직에 대한 충성심으로 인정받길 원함
기업가적 창의성 닻 (entrepreneurial creativity)	• 신규조직, 신규서비스, 신제품 창출 등 창의성 중시 • 부의 축적을 사업 성공의 척도로 봄, 창조욕구, 끊임없는 도전
자율성/독립 닻 (autonomy/independence)	• 조직을 규제라고 생각하고 조직은 비이성적이고 강압적인 것으로 인식 • 자유로운 직장 선호, 계약직, 용역, 파트타임 형태 선호
봉사의 닻 (sense of service)	• 자신이 가진 특정 기준으로 직무의 가치를 평가함 • 보수 자체를 중요시 여기지 않음 • 공헌을 인정하는 승진제도를 원함
도전 닻 (pure challenge)	• 어렵고 도전적인 문제 해결기회를 경험하는 직무를 원함 • 일상의 업무는 전투이고 거기서 승리하는 것을 목표로 삼음 • 도전적인 직무를 주었을 때, 조직의 충성심이 올라감
라이프스타일 통합의 닻 (life style)	• 경력은 덜 중요, 경력의 닻이 없는 것처럼 보임 • 개인사, 가족생활, 경력의 통합을 중요시

05 평가관리

제1절 인사고과의 의미와 성격

1. 인사고과의 의미

인사고과란 조직 내부의 인력을 대상으로 하여 그들의 조직에 대한 기여도 및 기여 가능성을 객관적인 수치에 의하여 평가하는 것으로 조직구성원의 행위를 조직 목적에 적합하게끔 유도하기 위하여 의도적으로 제정하여 실시하게 된다.

2. 인사고과의 성격

인사고과는 직무를 수행하는 종업원의 상대적 가치의 평가라는 성격을 가지고 있으며, 객관성을 높이기 위하여 특정목적에 적합하도록 조정되는 경향을 지닌다. 인사고과는 직무평가를 기반으로 실시되기 때문에 직무평가가 인사고과의 선행절차가 된다.

제2절 인사고과의 원칙과 목적

1. 인사고과의 원칙

① 인사고과는 공정하고 합리적인 측정 기준에 의해 수행되어야 하며, 직원의 성장에 도움이 될 수 있도록 공정성, 합리성, 성장성의 대원칙 하에 이루어져야 한다.
② 직무를 기준으로 평가가 되어야 하고, 피평가자 간의 공정성과 외부 영향에의 독립성을 가져야 하며, 평가 결과를 피평가자가 납득할 수 있도록 해야 한다.
③ 인사고과자는 추측에 의한 고과를 하거나 고과를 소급하여 적용하여서는 안 된다.
④ 고과오차나 오류를 최대한 배제할 수 있도록 설계를 하여야 한다.

2. 인사고과의 구분과 목적

(1) 인사고과의 구분

인사고과는 직원의 육성적 측면과 처우의 결정이라는 목적을 가지고 운영되며, 피평가자의 능력과 태도, 업적을 평가하여야 한다.

육성면(종업원의 능력개발)	처우면(종업원의 복리증진)
종업원의 능력개발을 위한 기초자료	종업원의 승진이나 임금결정을 위한 기초자료

(2) 인사고과의 목적

능력고과는 주로 배치와 이동, 육성, 승격과 승진에 활용이 되고, 태도고과와 업적고과는 주로 승급이나 상여의 결정에 활용된다.

제3절 인사고과의 발전

1. 인사고과의 변천

① 인사고과는 주관적이며 연공과 업적을 중시하는 경향에서 객관적이며 능력과 성과, 의욕을 중시하는 방향으로 변화하고 있으며, 직무중심적인 임금과 승진관리에서 경력중심적인 능력개발과 육성으로 변천되고 있다.

② 또한, 평가자 중심의 인사고과에서 피평가자가 참여하는 고과로 변화하고 있다.

전통적인 인사고과	현대적인 인사고과
평가자 중심의 인사고과로 주관적 • 추상적인 기준 • 직무중심적인 임금과 승진 관리를 위한 인사고과 • 연공중심의 인사고과 • 종류 : 서열법, 기록법, 강제할당법, 대조표법, 성과기준고과법, 표준인물비교법 등	능력중심과 피평가자 참여의 고과로 객관적 • 미래지향적이고 개발 목적위주 • 능력중심적인 능력개발과 육성 • 객관적 성과, 능력 중심 등 • 종류 : 중요사건서술법, 자기고과법, 목표관리법, 행위기준고과법, 서술법, 인적평정센터법 등

2. 통제지향 vs 개발지향

① 인사고과는 통제지향과 개발지향으로 구분할 수 있는데 통제지향적 인사고과는 실적을 중시하고 상대고과가 중심인 데 반하여, 개발지향적 인사고과는 과정을 중요시하며 절대고과가 중심이다.

② 현대적 인사고과는 통제지향의 인사고과에서 개발지향의 인사고과로 변화하고 있다.

통제지향적 인사고과	개발지향적 인사고과
실적결과 중시	과정결과 중시
평가자 중심	본인 참가에 의한 고과
상대고과 중심	절대고과 중심
비공개 지향	공개 및 피드백
개인적 고과	조직적 고과
임금관리를 위한 고과	능력개발을 위한 고과
추상적 기준	구체적 직무기준

제4절　평가자와 평가정보

1. 평가자의 자격요건

① 평가자는 성과를 관찰할 수 있는 기회가 충분하여야 하며, 관찰을 유용한 평가로 전환할 수 있는 능력을 보유하여야 한다.

② 평가자에게 평가를 하고자 하는 동기가 있을 때에 유용한 평가가 이루어질 수 있다.

2. 평가유형별 정보 접근성

모든 평가자가 피평가자에 대한 모든 정보를 가지고 있는 것은 아니기 때문에 올바른 인사고과를 위해서는 피평가자에 대한 모든 정보들이 평가가 될 수 있도록 평가자를 구성하여야 한다.

구 분		본 인	상 사	동 료	부 하	고 객
과 업	행 위	가장 많음	적 음	많 음	거의 없음	많 음
	결 과	많 음	많 음		적 음	
대인관계	행 위	가장 많음	적 음		많 음	
	결 과	많 음	적 음			

제5절　전통적 인사고과 방법　기출 16·18　지도 17·18

전통적 인사고과 방법에는 서열법, 강제할당법, 표준인물비교법, 기록법 등이 있다.

서열법	능력과 업적에 대하여 순위를 매기는 방법
강제(등급)할당법	할당 비율에 따라 피고과자를 강제로 할당
표준인물비교법	기준 종업원을 정하고 그를 기준으로 피고과자를 평가
기록법	근무 성적의 기준을 객관적으로 정하고 기록
평정척도법	직무수행상 달성한 정도에 따라 사전에 마련된 척도를 근거로 하여 고과자로 하여금 체크
대조표법	설정된 평가세부 일람표에 체크하는 방법
업무보고법	피고과자가 작업 업적을 구체적으로 작성 제출
성과기준고과법	피고과자의 직무수행 결과가 사전의 성과기준에 도달하였는가에 따라 평가

1. 서열법

서열법은 능력과 업적에 대해 순위를 매기는 방법으로 세부적으로 단순서열법, 교대서열법, 쌍대비교법 등이 있다.

① **단순서열법** : 단순한 서열 결정

② **교대서열법** : 최고점 – 최저점을 교대로 서열 결정

③ **쌍대비교법** : 임의의 2명에 대한 비교 반복 후 서열 결정

장 점	단 점
• 관대화, 중심화, 가혹화 등 규칙적 오류의 예방이 가능 • 간단하고 실시가 용이 • 저렴한 비용	• 동일한 직무에 대해서만 적용가능 • 피고과자가 많아질 경우 평가가 어려우며, 적을 경우 무의미 • 구체적인 고과기준 없음

2. 강제할당법

강제할당법은 미리 정해 놓은 <u>비율에 따라</u> 피고과자를 강제로 할당하는 방법이다.

장 점	단 점
규칙적 오류의 예방	• 피고과자 수가 적을 경우 무의미 • 실제 능력과 비율이 일치하지 않음

3. 대조표법

① 프로브스트 방법 : 체크만 하는 방법
② 오드웨이 방법 : 체크와 함께 이유를 적는 방법

장 점	단 점
• 판단의 용이성 • 높은 신뢰성과 타당성 • 부서 간의 상호비교 가능	• 직무에 대한 표준 선정의 어려움 • 점수화 절차의 복잡성

제6절 **현대적 인사고과 방법** 기출 16 · 18 지도 17 · 18

현대적 인사고과방법에는 서술법, 인사평정센터법, 구체적 행동을 기준으로 하는 BARS나 BOS, 목표관리제도
인 MBO 등의 다양한 방법이 사용되고 있다.

서술법	피고과자의 행위의 강약점을 진술
주요사건 서술법	기업 목표 달성의 주요 사건을 중점적으로 서술, 직무태도와 업무 능력 개선 유도
인사평정센터법	특별 선정된 관리자들에 의한 복수 평정절차
행태기준 평정척도법(BARS)	주요과업 분야별로 바람직한 행태의 유형 및 등급을 구분·제시한 뒤 해당 사항에 표시
자기고과법	피고과자가 자신의 능력과 희망을 서술
목표관리(MBO)	목표/결과에 대한 평가에 피고과자가 참여
토의식 고과법	현장 토의법, 면접법, 위원회 지명법
인적자원회계	인적자산을 대차대조표와 손익계산서로 평가

1. 서술법

장 점	단 점
• 구조화되어 있지 않음 • 성과와 관련된 특질 평가 가능 • 평가기준과 방법의 유연성	• 운영상의 어려움과 많은 시간 소요 • 주관성 개입 여지가 큼

2. 주요사건 서술법

장 점	단 점
• 중요사건 행위에 대한 정보 제공 • 발생시점에서 토의를 통한 효과적인 평가 가능	• 많은 시간 소요 • 계량화의 어려움

3. 인사평정센터법(평가센터법)

① 인사평정센터법은 제2차 세계대전 시 독일의 조종사 선발에서 최초 도입된 이후 영국의 장교 선발, 미국 전화전신공사의 인사고과에서 쓰이며 널리 활용되었다.

② 비슷한 조직계층의 평가대상자 6~12명이 인사평정센터에서 3~5일간 합숙하면서 개인면접, 심리검사, 비즈니스 게임 등의 다양한 방법을 사용하여 평가가 진행된다.

③ 개인의 미래성과에 대한 예측성이 높아 주로 중간관리층 이상의 능력 평가를 위하여 많이 활용된다.

4. 행위기준 척도법

구체적인 행동을 기준으로 하는 평가방법에는 BARS와 BOS가 대표적이다.

(1) 행태기준 평정척도법

행태기준 평정척도법(BARS ; Behaviorally Anchored Rating Scales)은 바람직한 행태의 유형 및 등급을 구분하여 제시한 뒤 평가자가 해당 사항에 표시하는 방식이다. 예를 들어 근태와 관련한 평가를 한다면 주 5일간 근무를 잘할 것으로 기대(5), 결근 – 지각은 사전통보 예상(3), 주 1회 지각 예상(1) 등으로 행태의 유형과 등급점수를 제시하여 평가자가 선택할 수 있도록 하는 방식이다.

(2) 행태관찰척도법

행태관찰척도법(BOS ; Behaviorally Observation Scales)은 주요 행태별 척도를 제시한 뒤 해당 척도를 선택하는 방식으로, 예를 들어 종업원의 관심사에 귀를 기울인다(1~5)라는 행태를 제시하고 1~5점 사이의 점수를 평가자가 부여하는 방식이다.

BARS(행태기준)	BOS(행태관찰)
• 구체적 근무 태도가 기준	• 실천 정도가 기준
• 서스톤 척도(유사동간척도)	• 리커트 척도
• 사례 제시 – 교육, 육성의 효과	• 높은 타당성과 신뢰성

5. 토의식 고과법

토의식 고과법은 토의를 통해 고과를 결정하는 방법으로 현장토의법, 면접법, 위원회 지명법 등이 있다.

① 현장토의법 : 감독자들과의 토의를 통해 정보수집

② 면접법 : 피고과자와의 토의, 상담, 보충적 기법

③ 위원회 지명법 : 고과위원회에서 토의를 통해 평가

6. 목표관리법(MBO ; Management By Objective)

① 목표관리법은 상사와 부하가 합의하여 목표를 설정하고 진척상황을 정기적으로 검토하여 목표의 달성 여부를 근거로 평가하는 단기적 결과중심의 양적 평가제도이다.

② MBO는 조직의 역할과 구조를 명확화하며 작업성취의욕과 자기계발욕구를 향상시키고 하급자의 참여를 촉진시키는 동기부여적 평가이며, 작업을 할 때 그 작업에 의해 초래될 결과를 고려하여 계획함으로 관리가 개선되는 장점을 가지고 있다.

1. 경향성 오류

경향성 오류는 분배적 오류, 규칙적 오류라고도 하며 관대화, 중심화, 가혹화 오류가 있다. 관대화 오류란 평가자가 관대한 평가기준에 의해 전체적으로 높은 점수를 주는 것이고, 가혹화 오류는 반대로 전체적으로 낮은 점수를 부여하는 것이며, 중심화 오류는 고과자가 평가방법을 잘 이해하지 못하거나 피고과자 간의 차이를 인식하지 못하여 평가 결과가 중간점수대에 집중되는 것을 의미한다.

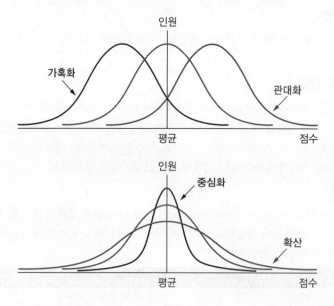

2. 논리적 오류(Logic Error)

논리적 오류는 고과 요소 간에 상관관계가 있을 때 하나를 통하여 다른 하나를 미루어 짐작하는 오류이다.

3. 유사효과(Similar to me Effect)

유사효과는 자신과 유사한 사람을 후하게 평가하는 오류이다.

4. 대비효과(Contrast Error)

대비효과는 한 사람에 대한 평가가 다른 사람의 평가에 영향을 주는 오류이다.

5. 상동적 태도

상동적 태도는 하나의 특징으로 다른 부분도 평가하는 오류를 말하는데, 현혹효과와 뿔효과로 구분할 수 있다.

① 현혹효과(후광효과) : 특징적 선을 전체로 인식
② 뿔효과 : 특징적 악을 전체로 인식

6. 지각적 방어(Perceptual Defense)

자신이 싫어하는 것이나 보고 싶지 않은 것을 외면하고 회피하는 오류이다.

7. 귀인상의 오류(Attribution Error)

성공은 내적귀인, 실패는 외적귀인하여 성공은 자신의 기여로, 실패는 외부의 환경 탓으로 돌리는 오류이다.

8. 시간적 오류(Recency Error)

시간적 오류에는 초기효과와 최근효과가 있는데 초기효과(= 첫머리 효과, Primary Effect)는 초기의 업적에 영향을 크게 받는 경향이고, 최근효과(= 막바지 효과, Recency Effect)는 근무성적의 막바지 실적이나 능력을 중심으로 평가하는 오류이다.

9. 고과오류의 방지

① 고과에는 다양한 오류들이 있을 수 있기에 오류를 방지하는 다양한 방법을 사용하여야 하는데, 상동적 태도(= 선입견)의 방지를 위해서는 한 집단의 여러 구성원과 접촉할 수 있는 기회를 부여하여야 하며, 관대화, 중심화, 가혹화의 경향성 오류는 강제할당법이나 서열법으로 감소시킬 수 있다.

② 현혹효과(= 후광효과)는 구체적인 행동을 기준으로 평가하는 행위기준고과법과 목표관리법으로 감소시킬 수 있다.

CHAPTER 06 보상관리

제1절 보상과 보상관리

1. 보상의 개념과 종류

① 보상이란 종업원이 기업의 목표 달성을 위해 공헌한 대가로 지급받는 유인을 의미하는데, 보상의 종류에는 경제적 보상과 비경제적 보상이 있다.

② 경제적 보상은 임금에 의한 직접적 보상과 복리후생에 의한 간접적 보상으로 구분되고, 비경제적 보상은 업무로 인한 경험과 경력개발과 같은 경력상의 보상과 사회적 지위 획득과 관련된 사회심리적 보상이 있다.

2. 보상관리

보상관리란 종업원이 받는 다양한 유형의 보상이 기업의 목표 달성에 기여하도록 체계적으로 관리하는 활동으로, 기업의 목표 달성을 위해 공헌한 대가로 지급받는 유인을 관리하는 것을 말한다.

제2절 임금과 임금관리

1. 임 금

임금이란 사용자가 근로의 대가로 근로자에게 임금, 봉급, 그 밖에 어떠한 명칭으로든지 지급하는 일체의 금품을 말한다.

2. 임금관리의 의미

임금관리란 종업원이 노동의 대가로 지급받는 임금의 수준·체계·형태 등을 분석하여 공정하고 합리적인 임금의 기능을 수행할 수 있도록 종합적인 정책을 수립하고 실행하는 것이다.

3. 임금관리의 구분

임금관리는 종업원에게 지급하는 임금의 평균금액인 임금수준과 각 종업원에게 임금을 배분하는 임금의 구성 내용인 임금체계, 임금의 계산 및 지급방법과 관련한 임금형태 관리로 구분할 수 있다.

구 분	의 의	내 용		적용원리
임금 수준	종업원에게 지급하는 임금의 평균 수준	• 승 급 • 승 격 • 베이스 업		적정성
임금 체계	각 종업원에게 임금을 배분하는 구성내용	기준 내 임금	• 연공급 • 직무급 • 직능급 • 자격급	공정성
		기준 외 임금		
임금 형태	임금의 계산 및 지급 방식에 관한 것	• 시간급 • 성과급 • 특수임금형태		합리성

4. 임금관리의 원칙

① 임금의 관리에는 적정성, 합리성, 공정성의 원칙이 지켜져야 하는데, 적정성의 원칙이란 기업과 종업원, 노동시장의 측면에서 모두에게 적정한 수준의 임금을 지불하여야 하는 것이며, 합리성의 원칙이란 임금의 계산 및 지불방법(임금형태)의 관리를 합리적으로 운용하는 것을 의미한다.

② 공정성의 원칙은 외부 공정성(임금수준), 내부 공정성(임금구조), 개별 공정성(임금체계), 절차 공정성을 모두 고려하여야 하는데, 외부 공정성은 임금의 수준과 관련된 것이고 내부 공정성은 임금의 구조, 개별 공정성은 임금의 체계와 관련이 있다.

③ 절차 공정성은 임금의 조정과 인상 등 임금이 결정되기까지의 모든 절차가 정확하고 명료한 내부 정보와 절차에 의해 결정되는 정도를 의미한다.

제3절 임금수준관리 기출 16

1. 임금수준의 의미

① 임금수준이란 기업 전체의 평균임금을 의미하는 것으로 일정 기간 동안 한 기업 내의 종업원에게 지급되는 평균 임금액을 말한다.

$$임금수준 = 지급임금총액 \div 종업원\ 수$$

② 임금수준은 근로자에게는 생계를 유지하는 소득 원천이며, 사회적 신분과 위신을 나타내므로 높은 수준의 임금지급을 요구하게 되고, 기업의 입장에서는 제품의 원가를 구성하는 노무비이므로 낮은 임금수준을 희망하게 되어 근로자와 기업이 서로 상반된 이해관계를 보이기 때문에 합리적 임금수준의 관리가 필요하다.

2. 임금수준관리의 고려사항

① 임금수준의 관리에서 고려하여야 할 사항은 임금의 수준이 근로자의 최저생계비를 보장하여야 하며, 대내·외적 균형을 유지하면서 기업의 지불능력을 고려하여야 한다는 점이다.

② 또한 노사관계의 원활화에 필요한 임금의 수준을 유지하여야 하며, 임금으로만 모든 문제를 해결할 수는 없기에 다른 인사관리 제도와 상호 보완적으로 운용하는 것이 필요하다.

3. 임금수준의 결정요소 `기출` 18 `지도` 17

임금수준의 결정에는 최저생계비나 최저임금, 기업의 지불능력, 동종업계 또는 노동시장의 상황들이 복합적으로 작용하게 된다.

생계비	노동자 가족의 생계비·이론·실태·표준 생계비 등
지불 능력	• 기업의 안정된 성장을 전제 • 생산성 기준법, 노동분배율법, 인건비 비율법 등
동업타사 수준	우세임률(경쟁상태에 있는 유사업체와의 수준)
노동시장의 수급	노동력의 수요와 공급에 따른 결정
노사관계	노조의 교섭력
정 부	최저 생계비, 근로기준법

4. 임금수준의 결정원리와 구조

임금수준은 적정성의 결정원리에 의하며 기업의 지불능력을 상한으로 하고 생계비나 최저임금을 하한으로 하여, 동종업계나 노동시장 등의 여타 결정요소들이 조정요인으로 작용하여 결정된다.

상 한	기업의 지불능력
조정요인	다른 회사 수준 등 사회적 임금수준 및 기타 결정 요소
하 한	생계비 또는 최저임금

5. 임금수준의 조정

임금수준은 물가와 연동하거나 연공이나 인사고과 결과에 따른 승급이나 승격 등에 의해 조정되는데 주요한 조정요인은 아래와 같다.

① **승급** : 미리 정해진 연령, 근속연수에 따라 기본급을 인상

② **승격** : 직무의 질이 향상된 것에 따른 임금 인상

③ **베이스 업(base-up)** : 전체적으로 임금곡선 자체를 상향 이동

④ **절충형** : 승급과 베이스 업을 병행

6. 최저임금제도 `기출` 18 `지도` 17·19

(1) 최저임금제도의 개념

국가가 노사 간의 임금 결정과정에 개입하여 최저임금수준을 정하고 근로자가 일정한 수준 이상의 임금을 사용자로부터 받도록 법으로 강제한 것이다.

(2) 최저임금제도의 제정이유

최저임금제도는 계약의 자유가 소유권과 결합하여 오히려 경제적 강자를 보호하고 경제적 약자를 지배하는 제도로 전환되는 계약자유 원칙의 한계를 보완하고, 생존임금과 생활임금을 보장하여 저임금 노동자 등의 사회적 약자들을 보호하며, 임금이 하락함에도 불구하고 노동공급은 줄어들지 않고 계속 증가하여 임금이 계속 떨어지는 시장실패를 보완하며, 왜곡된 임금구조를 개선하고, 저소득층의 한계소비성향을 높여 사회 전반적인 유효수요를 증대하기 위한 필요성에 의해 법으로 제정되었다.

임금체계관리 기출 15 지도 15 · 18

1. 임금체계의 의미와 결정원리

임금체계란 개인별 임금을 결정하는 기준을 의미하며, 회사 내 개별 임금 간의 격차를 결정하는 기본급의 지급원리로 공정성의 결정원리에 의하여 정하여야 한다.

구 분	고려 요소	결정요인	종 류
생계 보장	연령, 근속	필요기준	연공급
노동 대응	수행 업무	직무기준	직무급
	보유 능력	능력기준	직능급
	발휘된 능력	성과기준	성과급

2. 임금의 종류 지도 21

임금의 종류는 크게 기준임금과 기준 외 임금으로 구분할 수 있으며, 기준임금은 연공급, 직무급, 직능급, 자격급 등으로 나눌 수 있다.

종 류			결정기준
기준임금	연공급	연령급	생계비
		근속급	근속연수
	직무급		직무가치
	직능급(능력급)		연공급 + 직무급
	자격급(능력급)		연공급 + 직무급
기준 외 임금	상여금		성 과
	수 당		성 과
	퇴직금		근속연수

3. 연공급

(1) 연공급의 개념

연공급은 연령, 근속기간, 학력, 성별, 경력 등 인적 요소를 중심으로 임금을 결정하는 속인주의적 임금체계로, 연령을 기준으로 한 생활급적 형태인 연령급과 근속연수를 기준으로 하는 근속급이 있다.

(2) 연공급의 장 · 단점

장 점	단 점
• 생활보장, 고용안정	• 소극적, 종속적 근무태도
• 기업에 대한 귀속의식 확대	• 능력 있는 젊은층의 사기저하
• 연공 존중, 동양적 질서 확립	• 전문인력의 확보 곤란
• 지휘체계의 안정	• 동일노동 동일임금의 원칙 적용 곤란
• 가족주의적 인간관계	• 인건비 부담의 가중

4. 직무급 `기출 19` `지도 20`

(1) 직무급의 개념

① 직무급은 직무의 중요도, 난이도, 기여도에 따라 직무의 질과 양에 대한 상대적 가치를 평가하고 그 결과에 따라 임금을 결정하는 것으로, 대표적인 속직주의적 임금이다.

② 동일직무에 대하여 동일임금을 지급하게 되어 수용성이 높은 장점이 있지만 직무분석과 직무평가가 선행되어야 하기 때문에 절차가 복잡한 단점이 있다.

(2) 직무급의 장·단점

장 점	단 점
• 공정한 임금지급 • 직무기준의 합리적 인사관리 • 개인별 임금차 불만해소 • 비합리적 인건비 과다지출 방지	• 절차 복잡 • 연공 중심 풍토의 저항 • 종신고용 풍토 혼란 • 융통성 결여

5. 직능급

(1) 직능급의 개념

① 직능급은 구성원의 직무수행 능력의 종류와 정도에 따라 차별적으로 임금을 지급하는 방법으로 대표적인 능력급 제도이며, 개인이 가지고 있는 능력에 기반한 속인주의적 임금이다.

② 직무의 내용과 직무수행능력에 따라서 기본급을 산정한 직무급과 연차가 높으면 숙련도가 높아 보유 능력이 우수할 것이라는 가정하에 연공급의 성격을 조합한 임금체계이다.

(2) 직능급의 장·단점

장 점	단 점
• 근로자 능력신장 • 유능한 인재확보 • 능력 기준 임금결정, 불평해소 • 직무급 도입이 어려운 동양적 기업 풍토에 적합	• 직무수행능력에 치우쳐 일상 업무의 소홀 • 직무수행능력이 떨어지는 자의 근무의욕 상실 • 직무표준화, 직무분류의 미비로 인한 혼란

6. 자격급

(1) 자격급의 개념

자격급은 종업원의 자격취득 기준을 정해 놓고 자격취득에 따라 임금의 차이를 두는 제도이다. 자격급 역시 직무급과 연공급을 결합한 형태로 자격제도를 바탕으로 직능급을 제도화한 속인주의적 임금체계이다.

(2) 자격급의 장·단점

장 점	단 점
• 자아발전의 욕구충족 • 근로의욕 향상 • 연공에 따른 자동승급 지양 • 직무중심의 경직성 탈피	• 형식적 자격기준에 치우칠 우려 • 자격취득에 필요한 시험제도로 인해 인간관계 저해 우려

7. 기준 외 임금

(1) 수 당

대표적인 기준 외 임금은 수당인데, 수당은 연공급적 임금체계 하에서 기본급이 반영할 수 없는 직무의 특성이나 종업원의 능력을 고려하고 생계비를 보전한다는 차원에서 출발하였다.

(2) 수당의 종류

① 법적 강제성의 유무에 따라 법적수당과 임의수당으로 구분할 수 있고, 내용적 의미에 따라 근무수당과 생활수당으로 구분할 수 있다.

② 기준의 유무에 따라 직무수당, 장려수당, 생활보조 수당과 같은 기준 내 수당과 초과근무, 특별근무 등에 의한 기준 외 수당으로 구분할 수도 있다.

제5절 | 임금형태 관리

1. 임금형태의 의미 [기출] 24

① 임금형태란 종업원에 대한 임금산정방법, 임금지급방법 등을 총괄하는 의미이다.

② 임금형태는 표준적인 근로자가 취직부터 퇴직까지의 정기 및 특별급여와 퇴직금을 합산한 총임금인 생애임금을 기준으로 관리하는 것이 적합하다.

③ 생애임금관리는 연공급, 능력급, 성과급, 자격급을 조합하여 근속연수에 맞는 업무, 능력에 맞는 업무를 할당하고 고임금하의 저노무비 전략에 적합하도록 임금을 관리하는 것을 말한다.

2. 임금형태의 분류

임금의 형태는 고정급과 변동급으로 크게 구분할 수 있는데, 고정급은 노동시간을 정하여 이에 대한 일정한 임금액을 지급하는 형태로 시간급, 일급, 주급, 월급 등이 있고, 변동급은 근로자의 작업량 또는 노동의 성과에 따라 임금을 지급하는 형태로 성과급과 추가급 등으로 분류할 수 있다.

정액임금제 (고정급)	노동시간을 정하여 이에 대한 일정한 임금액을 지급하는 형태 [예] 시간급제, 일급제, 주급제, 월급제 등
능률급제 (변동급)	근로자의 작업량 또는 노동의 성과에 따라 임금을 지급하는 임금형태
	성과급제 : 노동성과를 측정하여 그 성과에 따라 임금을 산정, 지급하는 제도
	추가급제(할증급제) : 표준 이상의 성과를 달성한 경우 일정한 비율의 추가급을 지급하는 제도

3. 시간급제

근로시간에 연동되는 시간급, 일급, 주급, 월급 등을 말한다.

단순 시간급제	임금 = 실제 작업시간 × 시간당 임률

복률 시간급제	• 표준과업량 미만인 경우
	  임금 = 실제 작업시간 × 낮은 시간 임률
	• 표준과업량 이상인 경우
	  임금 = 실제 작업시간 × 높은 시간 임률

4. 성과급제 [기출 18·22] [지도 23]

동일직무라도 측정된 개인/집단의 실적과 업적에 따라 임금을 산정한다.

개인 성과급제	단순 성과급제 (기준임률×생산수량)	
	복률 성과급제 (차별 성과급제)	• 일급보장 성과급제(기준수량까지 일급보장) • 테일러식 차별적 성과급(기준, 2개 임률) • 메리크식 복률성과급제(3개 임률, 83%, 100%)
집단 성과급제	• 스캔론 플랜 : 매출액을 기준으로 성과 배분 • 럭커 플랜 : 부가가치를 기준으로 성과 배분 • 프렌치 시스템 : 원가절감분을 기준으로 성과 배분 • 링컨 플랜 : 이윤분배＋성과급, 노사 간 협력증진 • 임프로쉐어 플랜 : 표준 노동시간－실제 노동시간, 절감분	

5. 추가급제

(1) 추가급제의 개념

추가급제는 할증성과급제라고도 하며, 시간급제와 성과급제를 절충하여 작업시간에 대한 성과가 낮은 직원에게는 일정 임금만 보장하고 성과가 높은 직원에게는 할증임금을 지급하는 방법이다.

(2) 추가급제의 종류

① 할시식 : 표준 작업시간 절약분(1/2~1/3을 지급)
② 비도식 : 표준 작업시간 절약분의 3/4을 지급
③ 로완식 : 표준 작업시간 절약 비율 기준
④ 간트식 : 표준 작업시간 절약분＋추가 보너스

6. 기타 특수임금제 [지도 17]

집단자극 임금제	• 개인임금제도에 대립되는 개념 • 일정한 근로자 집단별로 임금을 산출하여 지급하는 제도 • 작업 또는 공장 전체의 능률을 올리는 데에 효과적임
순응임금제	• 임금결정에 대한 영향요인을 정하고, 이 요인의 변동에 따라 임률을 연동 • 생계비순응 임금률제, 판매가격순응 임금률제, 이윤순응 임금률제
이익분배제	미리 정해진 기본적 보상 외에 각 영업기간마다 결산 이익의 일부를 부가적으로 지급하는 방식
임금피크제	근로자가 일정 연령에 도달한 이후 근로자의 고용을 보장하는 것을 조건으로 근로자의 임금을 조정하는 제도

제6절 　복리후생 [기출 14]

1. 복리후생의 의미

복리후생은 종업원 및 그의 가족의 생활수준 향상을 위하여 시행하는 임금 이외의 간접적인 모든 급부를 의미한다.

2. 복리후생 vs 임금

복리후생은 노동의 질과 양, 능률과 무관하게 모두에게 같은 집단적인 보상을 하는 반면에 임금은 노동의 질과 양, 능률에 따라서 개인별로 차별을 두는 개별적 보상을 하게 된다.

복리후생	임 금
• 노동의 질, 양, 능률과 무관	• 노동의 질, 양, 능률에 따라 차이
• 집단적 보상	• 개별적 보상
• 필요에 입각한 지급	• 당위에 입각한 지급
• 구체적 내용에 따라 용도 한정 가능	• 지출용도는 종업원의 의사
• 다양한 형태로 지급	• 현금지급
• 종업원의 생활수준을 안정화	• 종업원 생활수준을 직접 향상

3. 법정 복리후생 vs 법정 외 복리후생

복리후생은 4대 보험, 유급휴가, 퇴직금 등 법에 의한 법정복리후생과 법정 외 복리후생으로 구분되는데, 법정 외 복리후생은 생활, 경제, 보건, 교육, 오락, 문화 등 개별 기업의 필요와 사정에 따라 다양하게 운영되고 있다.

4. 퇴직금

① 퇴직금 또는 퇴직급여란 한 조직에 일정 기간 근무한 종업원이 퇴직할 때 미리 정해진 기준에 따라 지급받는 금전적 혹은 비금전적 급부를 의미하는데, 노후생활을 위한 수단으로서의 역할을 하기도 한다.

② 퇴직금은 기업의 임금제도를 구성하는 한 부분인 동시에 국가의 사회보장제도의 한 부분이기도 하다.

5. 카페테리아 복리후생

① 복리후생의 종류가 다양해지면서 개인별로 선호하는 복리후생제도가 서로 다르기 때문에 개인의 선호에 따라 카페의 메뉴를 보고 선택하는 것처럼 복리후생을 선택할 수 있게 한 복리후생제도가 카페테리아 복리후생제도이다.

② 카페테리아 복리후생은 사전에 설계된 다양한 복지 메뉴 중 일정 금액이나 점수 한도 내에서 종업원 개인의 필요에 맞춰 항목과 수준을 선택할 수 있게 한 것으로 종업원의 다양한 욕구와 선호를 반영하여 보상비용의 효율성을 증대시킬 수 있다.

③ 카페테리아 복리후생은 필수요소에 개인별 선호 항목을 추가할 수 있는 선택항목 추가형과 여러 패키지를 구성하여 제시하고 하나의 패키지를 선택하는 모듈형, 예산 범위하에서 개인의 선호에 따라 개별 복리후생을 선택하는 선택적 지출계좌형(소비계정형)이 있다.

6. 기타 복리후생 트렌드

① Life Cycle 복리후생 : 종업원의 연령에 따른 다양한 욕구를 반영하는 복리후생 시스템

② Wholistic 복리후생제도 : 통합적 복리후생제도로 일과 생활의 균형(WLB)을 도모하고 가정, 조직, 개인의 삼위일체를 통한 삶의 질 향상을 강조하는 복리후생제도

③ 종업원 후원 프로그램제도(EAP ; Employee Assistance Program) : 개인적 사생활 문제와 관련하여 그 문제를 분석·해결하는 전문적 상담프로그램

CHAPTER

07 유지 및 방출관리

제1절 인간관계관리

1. 인간관계관리의 의미

① 인간관계관리란 조직구성원들(경영자와 종업원)이 상호이해와 신뢰의 바탕 위에서 일체감을 형성하고, 호의와 열의를 가지고 기업의 유지발전에 기여하고자 하는 정신태도를 형성하기 위한 계획적이고 조직적인 일련의 시책을 의미한다.

② 인간관계관리는 테일러의 과학적 관리법에 대한 비판과 호손실험을 통해 물리적 조건보다 종업원의 태도, 감정 등의 심리적 요소가 효율에 더 큰 영향을 미친다는 것을 알게 되면서 그 중요성이 부각되었다.

2. 인간관계관리제도

인간관계를 관리하는 제도로는 제안제도, 인사상담제도, 사기 조사, 고충처리제도 등이 있다.

제안제도	조직 운영이나 직무수행에 관련된 여러 개선안을 조직구성원이 제안하도록 하고, 우수한 제안에 대해서는 적절하게 보상
인사상담제도	종업원의 불평불만이나 신상에 관한 상담에 응하여 이를 해결하여 주는 제도
사기 조사	종업원들이 조직에 대한 태도나 만족도, 충성심을 파악하여 조직의 건강상태를 파악, 통계 및 태도 조사
고충처리제도	• 근로조건이나 대우에 대한 종업원의 불평이나 불만을 접수하여 처리하는 제도 • 원만한 노사관계의 발전을 위해서 활용되고 있으며 우리나라에서는 법으로 강제되고 있음
기 타	• 소시오메트리 : 모레노의 소시오그램(인간관계도) • 브레인스토밍 : 아이디어 도출 토론 • 종업원지주제도(Employee Stock Ownership System) • 감수성훈련 : T그룹 훈련, 집단토론, 대인관계 개발

제2절 근로시간 관리 지도 19

1. 근로시간의 의미

근로시간이란 종업원이 경영자의 지휘, 감독하에 있는 시간을 의미한다.

2. 근로시간 유연화제도

근로시간을 탄력적으로 운영하는 근로시간 유연화제도로는 변형근로시간제와 집중근무제, 부분근무제, 교대근무제 등이 있는데, WLB와 개인적 생활패턴의 변화로 인하여 근로시간의 유연화는 점차 그 중요성이 증가하고 있다.

(1) 변형근로 시간제

주 단위로 근로시간을 초과하지 않는 범위에서 노사합의로 1일 또는 1주간의 기준근로 시간을 변형하여 근로할 수 있는 제도이다.

① 선택적 근로시간제도 : 근로자의 사정에 의하여 총 근로시간 범위 내에서 근로자가 출・퇴근시간 및 1일 근무시간을 자유롭게 정할 수 있는 제도이다.

② 탄력적 근로시간제도 : 사측의 사정에 의하여 2주 또는 3개월을 단위기간으로 근로시간을 운용하는 제도이다.

(2) 집중근무제

1주일 단위로 근무자가 원하는 기간에 원하는 시간만큼 집중적으로 근무하는 제도이다.

(3) 부분근무시간제도(Part-time Work)

일 8시간의 근무를 하지 않고 근로자가 가능하거나 사 측이 필요한 시간만 근무하는 제도로, 근무시간에 비례한 임금을 지급하는 제도이다.

(4) 교대근무제

2개조 이상으로 편성하여 교대로 근무하는 제도이다.

3. 근로장소 유연화제도

근로시간의 유연화와 함께 근로장소의 유연화도 증가되고 있는데, 근로장소의 유연화제도로는 재택근무제, 모바일 오피스, 거점오피스 등이 있다.

(1) 재택근무제

자택에서 PC, 전화 등을 이용하여 근무하는 것으로 통신, 기업정보 네트워크의 발달로 재택근무가 가능해졌으며, 출・퇴근시간이 절약되고 여가시간의 효율적 활용이 가능한 장점이 있다.

(2) 모바일 오피스

사무실에 출・퇴근하지 않고 휴대폰, 노트북 등으로 자택, 자동차, 고객사무실 등에서 업무를 수행하는 것을 말한다.

(3) 거점오피스(분산오피스)

사무실을 한 곳에 설치하는 것이 아니라 여러 지역에 사무실을 분산 설치하여 종업원이 원하는 지역의 사무실로 출근하여 업무를 볼 수 있도록 하는 것을 말한다.

1. 안전과 안전관리의 의미

안전이란 위험이나 상해로부터 자유로운 상태를 의미하며, 안전관리는 각종 산업재해의 원인을 분석, 제거, 해결함으로써 각종 사고를 미연에 방지하려는 인사관리 활동이다.

2. 사고의 원인

사고의 원인으로는 인적 요인, 물적 요인, 환경적 요인, 화학적 요인이 있다.

① 인적 요인 : 개인의 선천적·후천적 소질요인, 부주의, 무모한 행동에서 오는 요인, 종업원의 피로

② 물적 요인 : 불안전한 화학적·물리적·기계적 상황에서 오는 요인

③ 환경적 요인 : 작업장, 작업대, 통로, 채광, 조명, 환기시설, 복장 등

④ 화학적 요인 : 고열, 먼지, 소음, 진동 등

3. 보건의 의미

보건이란 신체적으로나 정신적으로 건강한 상태를 의미하며, 보건상의 위험 요인에는 화학적 위험, 물리적 오염, 기타 위험이 있다.

① 화학적 위험 : 공기오염원, 유해물질에 의한 오염 등

② 물리적 오염 : 작업장의 온도, 습도, 통풍, 채광 등

③ 기타 위험 : 세균 등 병원체에 의해 발생하는 질병

4. 직업병

직업병이란 계속해서 반복되는 작업환경에서 각종 오염물질, 긴장 유발물 등에 노출됨으로써 점진적으로 발생되는 질병을 의미한다.

제4절 **인사감사**

1. 인사감사의 의미

인사감사란 인사관리 과정에서 인사통제의 주요한 수단으로 사용되며, 평가기준을 마련하고 이에 비추어 볼 사실적인 자료를 수집하여 인사관리가 제대로 되고 있는가의 여부를 평가하는 것을 의미한다.

2. 인사감사의 종류

인사감사의 종류에는 내부감사, 외부감사, 합동감사가 있다.

① 내부감사 : 기업 내부의 인사 전문가가 실시하는 감사(정보↑, 독립성↓)

② 외부감사 : 기업 외부의 인사 전문가가 실시하는 감사(정보↓, 독립성↑)

③ 합동감사 : 내부감사 + 외부감사

3. ABC감사

① A감사(경영적 측면 감사) : 인적자원관리의 내용, 즉 경영 측면을 대상으로 하여 실시하는 내용 감사
② B감사(경제적 측면 감사) : 인적자원관리의 경제 측면을 대상으로 실시되는 예산 감사
③ C감사(효과적 측면 감사) : 인적자원관리의 실제 효과를 평가하여 정책을 수립하는 자료를 제공하는 것을 목적으로 하는 효과 감사

제5절 방출관리

1. 이직의 의미와 종류

이직이란 고용자와 피고용자 간의 고용관계가 끝나게 되는 것을 의미하며, 이직에는 자발적 이직과 비자발적 이직이 있다.

이 직	자발적 이직	전 직	다른 직장으로 옮겨가는 것
		사 직	결혼, 출산, 질병 등으로 그만두는 것
	비자발적 이직	영구해고	규칙 위반, 업무 태만 등을 사유로 해고
		일시해고	인력의 과잉 등으로 재고용을 약속하고 일시적으로 해고하여 인력감축
		정년퇴직	규정상의 나이에 도달하여 자동 해고
		정리해고	경영상의 사유에 의한 해고

2. 이직관련 주요용어

(1) 역기능 이직

성과가 뛰어난 인력이 조직을 떠나는 것으로 전직에 대한 관리가 필요하다.

(2) 현실적 직무소개(Realistic Job Preview)

지원자가 입사하여 수행할 직무의 내용을 있는 그대로 설명하는 것으로 워크 샘플 테스트와 함께 자발적 이직을 낮추는 방법으로 사용한다.

(3) 작업 분담제(Job Sharing)

경기침체 시에 해고자를 줄이는 대신 전체 고용자가 일정한 비율로 작업량을 줄여서 일하는 제도이다.

제1절 노사관계

1. 노사관계의 의미

노사관계는 노동자와 사용자의 관계로서, 노동시장에서 노동력을 제공하고 임금을 지급받는 노동자와 노동력의 수요자로서의 사용자가 형성하는 관계이며, 노사가 집단적인 힘을 배경으로 대등한 입장에서 임금, 복리후생 근로조건에 대하여 교섭하는 거래관계를 의미한다.

2. 노사관계의 당사자

노사관계의 당사자는 노동조합과 사용자와 사용자 단체, 그리고 정부의 3자로 구성된다.

3. 노사관계의 구분 기출 17

노사관계는 개별 노동자와 사용자가 형성하는 개별적 노사관계와 노동자 집단과 개별적 사용자 혹은 노동자 집단과 사용자 집단 간의 관계인 집단적 노사관계로 구분된다.

4. 노사관계의 양면성

노사관계는 협동적이면서 동시에 대립적이며, 경제적이면서 사회적인 관계이고, 종속적이면서도 대등한 관계이며, 공식적이면서 비공식적인 양면성을 가지고 있다.

① 협동적 vs 대립적 : 성과의 창출은 협동적, 성과의 배분은 대립적
② 경제적 vs 사회적 : 임금과 노동력의 교환은 경제적, 조직생활은 사회적
③ 종속관계 vs 대등관계 : 생산현장에서는 종속, 근로조건 설정은 대등
④ 공식적 vs 비공식적 : 근로조건 협상은 공식적, 문화/오락 등은 비공식적

5. 노사관계의 발전과정

노사관계는 전제적 → 온정적 → 완화적 → 투쟁적 → 민주적으로 발전되어 왔다.

① 전제적 노사관계 : 소유자에 의한 경영, 절대명령과 절대복종
② 온정적 노사관계 : 가부장적 온정주의에 입각한 복리후생
③ 완화적 노사관계 : 다소의 합리주의 + 온정적 가족주의
④ 항쟁(투쟁적) 노사관계 : 근로조건의 결정은 투쟁에 의해서만 가능
⑤ 민주적 노사관계 : 소유와 경영의 분리, 대등한 사회적 지위

1. 노동조합의 정의

노동조합은 근로자가 주체가 되어 자주적으로 단결하여 근로조건의 유지와 개선, 근로자의 경제적·사회적 지위 향상을 목적으로 조직하는 단체 또는 그 연합단체를 의미한다.

2. 노동조합의 전통적 기능

노동조합은 전통적으로 경제적, 공제적, 정치적 기능을 수행하여 왔는데, 이를 노동조합의 전통적 기능이라고 한다.

① **경제적 기능** : 노동력의 공급자로서 임금인상, 근로조건 개선 등을 추구
② **공제적 기능** : 조합원 상호 간의 부조활동, 공제조합, 탁아시설
③ **정치적 기능** : 노사 간 의견 차이를 유리하게 해결하기 위한 법률의 제정과 제도개선 추진, 입법화 운동

3. 노동조합의 현대적 기능

노동조합이 현대적으로 발전함에 따라 노동조합이 수행하는 기능도 기본기능, 집행기능, 참모기능으로 확대되었는데, 이중 집행기능은 노동조합의 전통적 기능인 경제적, 공제적, 정치적 기능을 수행한다.

기본기능 (조직기능)		• 1차적 기능 : 비조합원인 노동자를 조직 • 2차적 기능 : 조합원들을 관리하는 기능
집행기능	경제적 기능	가장 근본적인 기능으로 단체교섭, 경영참가 등
	공제적 기능	조합원 상호 간의 부조활동, 공제조합, 탁아시설
	정치적 기능	압력단체로서 정부정책 및 법률개정 등에 영향력 행사
참모기능		기본기능을 더욱 효과적으로 수행할 수 있도록 보조 예 교육훈련, 연구조사활동 등

4. 노동조합의 법적 근거

노동조합의 법적 근거는 노동 3권이라고 불리는 단결권, 단체교섭권, 단체 행동권으로부터 비롯한다. 단결권이란 노동조합을 결성할 수 있는 권리이고, 단체교섭권은 사용자와 노동조합의 교섭을 할 권리, 단체행동권은 교섭에 의해 합의가 이루어지지 않을 경우 쟁의를 할 수 있는 권리를 의미한다. 또한 노동 3권과 유사한 노동 3법은 근로기준법, 노동조합법, 노동쟁의조정법으로 구성된다. 현재 노동조합법과 노동쟁의조정법은 통합되어 노동조합 및 노동관계조정법으로 대체되었다.

① **근로기준법** : 근로자의 기본적 생활을 보장하고 향상시키며, 균형 있는 국민경제 발전을 목적으로 한다.
② **노동조합법** : 노동조합의 설립, 관리, 해산, 단체협약, 부당노동행위에 대한 규정
③ **노동쟁의조정법** : 쟁의행위의 제한, 금지, 알선, 조정, 중재, 긴급조정 등에 관한 규정

5. 노동조합의 조직 형태 　기출 17·19

① **직업별 노조(Craft Union)** : 동일 직업, 직종에 종사하는 근로자 대상
② **산업별 노조(Industrial Union)** : 직종, 직업에 관계없이 동일 산업 근로자 대상

③ 기업별 조합(Enterprise Union) : 동일 기업 근로자 대상

④ 일반 조합(General Union) : 직종, 산업, 기업에 제한이 없는 미숙련 일반 근로자 대상

6. 노조가입과 관련한 노동조합의 종류(숍 제도) 기출 15 지도 19

오픈숍	• 조합원 여부에 상관없이 아무나 채용 • 근로자의 노동조합 가입/탈퇴가 자유 • 노동조합이 조직을 확대하기가 가장 어려우며 사용자에 대한 교섭력 약화
유니온숍	• 종업원을 고용할 자유는 있으나, 일정 기간 이내에 노동조합에 가입하여야 하는 제도 • 근로자가 노동조합 탈퇴 시 원칙적으로 사용자는 해고 의무
클로즈드숍	• 조합원만을 종업원으로 신규 채용 • 노동조합 조직 안정성 유지에 가장 유리한 제도 • 채용된 노동자가 해당 노동조합을 탈퇴 혹은 제명되면 종업원 지위도 상실 • 항만 및 건설업에서 가장 두드러지게 나타남
프레퍼렌셜숍	• 채용에 있어서 조합원에 우선순위를 주는 제도 • 비조합원도 채용 가능하지만 비조합원에게는 단체협약상의 혜택을 주지 않음
메인터넌스숍	• 일단 단체협약이 체결되면 기존 조합원 및 체결 후 가입된 조합원도 협약이 유효한 기간 동안은 조합원으로 머물러야 함 • 신규인력의 노조 가입 여부는 개별 노동자의 자유의사
에이전시숍	노동조합 가입에 대한 강제는 없으나 비노조원은 아무 노력 없이 노조원들의 조합 활동에 의한 혜택을 받으므로 그 대가로 조합비 납부

7. 노동조합의 단결 강제 방법

① 노동조합은 조합원의 단결이 기반이 되어야 사용자와 대등한 위치에서 교섭을 할 수 있기에 노동조합의 단결을 높일 수 있는 제도가 운영되고 있는데, 질적인 측면으로는 조합비 제도와 체크오프 시스템이 있고, 양적인 측면으로는 숍 제도가 있다.

② 체크오프 시스템이란 급여 계산 시 조합원(종업원)의 월급에서 조합비를 공제하여 노동조합에 일괄 지급하는 제도이다.

제3절 단체교섭

1. 단체교섭(Collective Bargaining)의 의의

단체교섭이란 경영자와 노동조합의 대표가 단체협약을 체결하기 위하여 교섭하는 과정을 의미하며, 단체교섭의 대상은 임금, 노동시간, 근로조건 등의 노사 간 이해가 대립되는 것을 다루게 된다.

2. 단체교섭의 기능

단체교섭은 근로조건을 통일적이고 일률적으로 개선하며 근로자의 QWL을 향상시키고, 불만을 조정하고 경영에 건전한 자극을 부여하며, 노사관계를 대등하고 협동적인 관계로 발전하는 데 공헌하는 기능이 있다.

3. 단체교섭의 유형 기출 24 지도 17

기업별 교섭	특정 기업 또는 사업장에 있어서 노동조합과 그 상대방인 사용자 간에 단체교섭이 행하여지는 것
공동교섭	산업별 노동조합과 그 지부가 공동으로 사용자와 교섭하는 것
대각선교섭	패턴교섭이라고도 하며, 산업별 노동조합과 개별 사용자가 행하는 교섭 또는 기업별 노동조합의 상부 단체가 개별 사용자와 행하는 단체교섭의 방식
통일교섭	산업별, 직종별 노동조합과 이에 대응하는 산업별, 직종별 사용자 단체 간의 단체교섭
집단교섭	다수의 노동조합과 그에 대응하는 다수의 사용자가 서로 집단을 만들어 교섭에 응하는 형태

4. 단체협약

단체협약이란 단체교섭에 의하여 노사 간 의견 일치를 본 사항을 문서로 작성한 것으로 법률에 저촉되지 않는 한 취업규칙이나 개별 근로계약에 우선하여 적용되는데, 주로 임금과 고용조건에 관한 사항으로 구성되어 있다.

제4절 노동쟁의와 조정

1. 노동쟁의의 의미

노동쟁의란 임금, 근로시간 등의 근로조건에 관한 노사 간 주장의 불일치로 인한 분쟁상태로 단체교섭으로 단체협약을 체결하지 못하고 결렬된 상태를 의미한다.

2. 노사분쟁의 종류

노사 간의 분쟁은 그 내용에 따라 이익분쟁과 권리분쟁으로 구분할 수 있다.
① 이익분쟁 : 임금, 근로시간 등 교섭내용에 관한 분쟁
② 권리분쟁 : 단체협약의 이행과 관련한 분쟁

3. 쟁의행위의 절차

① 쟁의의 신고 : 쟁의행위 이전에 관할 노동청에 신고
② 냉각기간 : 의무적 냉각기간 경과 필요
③ 쟁의행위의 결의 : 조합원의 무기명 투표, 과반수 이상 찬성으로 쟁의 돌입 가능

4. 쟁의행위의 종류 기출 17 · 20

노조의 쟁의행위	• 파업(Strike) : 조직적, 집단적 근로제공의 거부 • 태업(Sabotage) : 형식적 근로제공, 의식적 불성실 • 불매운동(Boycott) : 사용자, 제3자의 제품 구매 거부 • 시위(Picketing) : 사업장 출입제한, 파업 동참 요구 • 준법투쟁 : 평소에 잘 지켜지지 않는 법령, 규범 준수
사용자 측의 쟁의행위	직장폐쇄(Lock out) : 노조 측의 쟁의행위에 대한 대항 수단으로 근로수령을 거부하고 임금 미지급

5. 쟁의의 조정

쟁의의 조정에는 강제성이 없는 알선과 조정이 있고, 강제성이 있는 중재와 긴급조정이 있다.

① 알선 : 행정관청이나 노동위원회가 분쟁당사자의 중간에서 쌍방 주장의 요점을 확인하고 쟁의의 해결을 위해 노사를 설득하는 것으로, 당사자가 만나게 하지만 해결안을 제시하지는 않는다.

② 조정 : 노동위원회의 조정위원이 조정안을 제시하고 조정안 수락을 권고하는 것이다.

③ 중재 : 노동위원회에 의한 준사법적 절차로 판결의 효력을 가진다.

④ 긴급조정 : 쟁의행위가 국가나 국민에게 위험을 줄 수 있는 공익성을 띤 업체이면 고용노동부장관의 판단에 의해 중앙노동위원회가 긴급조정을 실시한다.

제5절　부당노동행위

1. 부당노동행위의 정의

부당노동행위란 사용자가 노동조합의 정당한 권리를 침해 혹은 노동조합이 사용자의 정당한 권리를 침해할 때 나타나는 일체의 행위를 의미한다.

2. 부당노동행위의 종류

불이익 대우	근로자가 조합원이라는 것을 이유로 근로자를 다른 근로자와 차별대우, 해고, 불이익을 주는 행위
반조합 계약 (황견계약)	노동조합에 가입하지 아니할 것, 또는 탈퇴할 것을 고용조건으로 하거나 특정 노조의 조합원을 강제하는 행위
단체교섭거부	단체협약체결이나 기타의 단체교섭을 정당한 이유 없이 거부하거나 해태하는 행위
지배개입 및 경비원조	노동조합을 조직 또는 운영하는 것을 지배, 개입하는 행위, 노동조합의 운영비를 원조하는 행위
보복적 불이익 취급	단체행동에 참가한 것, 노동위원회에 사용자의 부당노동행위를 신고, 증언을 이유로 근로자를 해고하거나 불이익을 주는 행위

제6절　경영참가제도 기출 14

1. 경영참가의 의의

경영참가란 근로자 또는 노동조합이 경영자와 공동으로 기업의 경영관리 기능을 담당, 수행하는 것을 말한다.

2. 경영참가의 종류

자본참가	종업원 지주제도(근로자에게 자기 회사의 주식을 소유하게 하여 소속감, 애사심을 갖게 하는 제도), 스탁옵션, 우리사주제도
이익참가	이윤분배제도, 스캔론 플랜, 럭커플랜, PS, PI
의사결정 참가	노사협의제 − 노사협의회, 공동결정제

3. 노사협의회

① 노사협의회는 근로자와 사용자가 참여와 협력을 통하여 <u>근로자의 복지증진과 기업의 건전한 발전을 도모</u>하기 위하여 구성하는 협의기구로 30명 이상의 근로자를 사용하는 사업이나 사업장 단위로 노사협의회를 설치하여야 한다.

② 노사협의회에서는 근로자의 고충을 청취하고 이를 처리하기 위한 <u>고충처리위원</u>을 선정하여 배치하여야 한다.

구 분	노사협의회	단체교섭
목 적	공동의 이익증진, 산업평화	근로조건의 유지·개선
배 경	쟁의행위라는 위협 ×	자력구제로서 쟁의를 배경
당사자	근로자의 대표자 및 사용자	노동조합의 대표자와 사용자
대상사항	기업의 경영, 생산성 향상 등 노사 간 이해가 공통	임금, 근로시간, 근로조건 등 노사 간 이해가 대립
결 과	법적 구속력 ×	단체협약 체결(법적 구속력)

4. 종업원지주제도

종업원지주제도는 회사가 종업원에게 특별한 편의를 부여함으로써 <u>종업원의 자사주 취득 또는 보유를 촉진</u><u>시키는</u> 제도이며, 종업원지주제도의 종류로는 주식매입형, 저축장려형, 이익분배형이 있다.

① **주식매입형** : 종업원이 주식 매입자금을 전액 부담하며, 회사는 가격할인, 주금의 분할납입 허용, 주식취득에 따른 비용부담 등 각종 편의를 제공하는 형태로 가장 일반적

② **저축장려형** : 종업원으로 하여금 급료에서 매월 일정액을 적립하게 하고 적립액에 비례하여 회사가 장려금을 교부

③ **이익분배형** : 회사가 이익금의 일부를 주식 형태로 종업원에게 배분

5. 스톡옵션(Stock Option)

① 스톡옵션 제도는 기업이 임직원에게 일정 수량의 자기회사의 주식을 일정한 가격으로 매수할 수 있는 권리를 부여하는 제도로 <u>주식매입선택권</u> 및 <u>주식매수선택권</u>이라고도 불린다.

② 벤처비즈니스 등 새로 창업한 기업에서 <u>자금 부족에도 불구하고 유능한 인재를 확보하기 위한 수단으로</u> 도입된 제도로, 자사의 주식을 일정 한도 내에서 액면가 또는 시세보다 훨씬 낮은 가격으로 매입할 수 있는 권리를 해당 상대에게 부여한 뒤 일정 기간이 지나면 임의대로 처분할 수 있는 권한까지 부여하는 제도이다.

01 직무란 (   )의 종류와 수준이 비슷한 (   )들의 집합으로, 조직에서 재화나 서비스를 산출하도록 의도적으로 설계, 조직화 된 것을 의미한다.

02 효과적 직무관리를 위해서는 먼저 (   )을 실시하고 직무의 상대적 가치를 결정하는 (   )가 이루어져야 하며, 마지막으로 조직의 목적과 개인의 욕구를 모두 충족시킬 수 있도록 (   )가 진행되어야 한다.

03 직무분석이란 직무와 관련된 모든 정보를 체계적으로 수집, 분석, 정리하는 과정으로 직무분석의 결과물로 (   )와 (   )가 산출된다.

04 (   )는 직무분석 결과에 의해 직무수행과 관련된 과업 및 직무행동을 일정한 양식에 따라 기술한 문서로, 직무목적, 직무내용, 직무 수행방법, 필요 기술 및 숙련도 등을 정리하여 기입한다.

05 (   )는 직무분석 결과에 따라 직무수행에 필요한 종업원의 인적 요건을 기술한 문서로 성과표준 개발, 직무평가 등에 사용된다.

06 직무의 평가는 각 직무에 필요한 (   ), (   ), 책임의 정도와 작업조건을 평가요소로 하여 실시된다.

07 전통적인 직무설계는 (   )보다는 (   )가 중심이 되어 직무설계가 이루어지고, 현대적 직무설계에서는 (   ) 중심의 직무설계가 이루어진다.

08 작업자에게 동기를 부여할 수 있는 동기부여적 직무설계 방법에 대한 연구가 많이 이루어졌는데 해크먼과 올드햄의 (   ), 직무확대, (   ), 직무순환 등이 대표적으로 동기를 부여할 수 있는 직무설계 방법이다.

09 인력수요를 예측할 수 있는 방법에는 자격요건 분석기법과 시나리오 기법과 같은 (   ) 예측과 통계적 기법, 노동과학적 기법과 같은 (   ) 예측이 있다.

10 선발이란 직무를 효과적으로 수행할 수 있는 최적의 인적 요건과 최적의 적성 및 기술을 가진 사람에게 구성원 자격을 부여하는 것으로 (   ), (   ), (   )의 원칙에 의해 선발하여야 한다.

11 선발도구의 평가와 관련하여 (   )이란 동일한 환경에서 동일한 시험을 반복하여 보았을 때 결과가 일치하는 정도를 의미하는 것이고, (   )이란 측정하고자 하는 내용을 정확하게 측정하는 정도를 말한다.

12 내부충원의 방법에는 수평적 이동인 (   )과 수직적 이동인 (   )이 있다.

13 교육훈련은 실시장소에 따라 (   )과 (   )으로 구분할 수 있고, 기업 내 훈련은 다시 (   )과 (   )으로 분류할 수 있다.

14 (   )은 개인의 경력욕구를 (   ) 모델을 통하여 다섯 가지로 구분하였는데, 이후 3가지가 추가되어 총 8가지의 경력욕구로 구분되었다.

15 (   )은 피고과자들의 서열을 매겨 인사고과 결과를 산출하는 방법이고, (   )은 미리 정해 놓은 비율에 따라 피고과자를 강제로 할당하는 방법이다.

16 구체적인 행동을 기준으로 하는 평가방법에는 (   )과 (   )이 대표적이다.

17 (   )는 자신과 유사한 사람을 후하게 평가하는 오류이고, (   )는 한 사람에 대한 평가가 다른 사람의 평가에 영향을 주는 오류이다.

18 (   )은 적정성의 결정원리에 의하며 (   )을 상한으로 하고 (   )나 (   )을 하한으로 하여 동종업계나 노동시장 등의 여타 결정요소들이 조정요인으로 작용하여 결정된다.

19 임금의 종류는 크게 기준임금과 기준 외 임금으로 구분할 수 있으며, 기준임금은 (   ), (   ), 직능급, 자격급 등으로 나눌 수 있다.

20 (   )은 직무의 중요도, 난이도, 기여도에 따라 직무의 질과 양에 대한 상대적 가치를 평가하고 그 결과에 따라 임금을 결정하는 것으로 대표적인 (   )적 임금이다.

21 (   )는 근로자가 일정 연령에 도달한 이후 근로자의 고용을 보장하는 것을 조건으로 근로자의 임금을 조정하는 제도이다.

22 인간관계를 관리하는 제도로는 제안제도, (   ), (   ), 고충처리제도 등이 있다.

23 (   )이란 종업원이 경영자의 지휘, 감독하에 있는 시간을 의미한다.

24 (　　　　　　)이란 위험이나 상해로부터 자유로운 상태를 의미하며, (　　　　　　)는 각종 산업재해의 원인을 분석, 제거, 해결함으로써 각종 사고를 미연에 방지하려는 인사관리 활동이다.

25 노사관계는 개별 노동자와 사용자가 형성하는 (　　　　　　)와 노동자 집단과 개별적 사용자 혹은 노동자 집단과 사용자 집단 간의 관계인 (　　　　　)로 구분된다.

26 숍 제도 중 (　　　　　)은 종업원을 고용할 자유는 있으나, 일정 기간 이내에 노동조합에 가입하여야 하는 제도이고, (　　　　　)은 비조합원도 채용 가능하지만 비조합원에게는 단체협약상의 혜택을 주지 않는다.

27 쟁의행위 중 (　　　　　)은 조직적, 집단적 근로제공의 거부를 의미하고, (　　　　　　)은 형식적 근로제공, 의식적 불성실을 의미한다.

정답 check!

01 과업, 업무	14 샤인, 경력의 닻
02 직무분석, 직무평가, 직무설계	15 서열법, 강제할당법
03 직무기술서, 직무명세서	16 행위기준 평정척도법(BARS), 행위관찰척도법(BOS)
04 직무기술서	17 유사효과, 대비효과
05 직무명세서	18 임금수준, 기업의 지불능력, 생계비, 최저임금
06 숙련, 노력	19 연공급, 직무급
07 사람, 직무, 사람	20 직무급, 속직주의
08 직무특성 모형, 직무충실화	21 임금피크제
09 질적, 양적	22 인사상담제도, 사기조사
10 효율성, 형평성, 적합성	23 근로시간
11 신뢰성, 타당성	24 안전, 안전관리
12 배치이동, 승진	25 개별적 노사관계, 집단적 노사관계
13 기업 내 훈련, 기업 외 훈련, 직장 내 교육훈련(OJT), 직장 외 교육훈련(OFF JT)	26 유니온숍, 프레퍼런셜숍
	27 파업, 태업

정답 및 해설

01 기출 21

☑ 확인 Check! ○ △ ×

전통적 직무설계와 관련 없는 것은?

① 분 업   ② 과학적 관리
③ 전문화   ④ 표준화
⑤ 직무순환

02 기출 22

☑ 확인 Check! ○ △ ×

직무분석에 관한 설명으로 옳은 것은?

① 직무의 내용을 체계적으로 정리하여 직무명세서를 작성한다.
② 직무수행자에게 요구되는 자격요건을 정리하여 직무기술서를 작성한다.
③ 직무분석과 인력확보를 연계하는 것은 타당하지 않다.
④ 직무분석은 작업장의 안전사고 예방에 도움이 된다.
⑤ 직무분석은 직무평가 결과를 토대로 실시한다.

03 기출 16

☑ 확인 Check! ○ △ ×

직무기술서에 포함되는 사항이 아닌 것은?

① 요구되는 지식
② 작업조건
③ 직무수행의 절차
④ 수행되는 과업
⑤ 직무수행의 방법

01

직무순환은 직무특성 모형, 직무확대, 직무충실화 등과 함께 현대적 직무설계 방법인 동기부여적 직무설계이다.

정답 ⑤

02

직무의 내용을 정리한 것은 직무기술서이고, 직무수행자의 자격요건을 정리한 것은 직무명세서이다. 직무분석을 통해 필요한 인력 수요를 예측하여야 하며 직무분석을 기반으로 직무평가가 실시된다.

정답 ④

03

직무기술서는 직무의 특성에 중점을 두며, 일반적으로 직무명칭, 직군 및 직종, 직무내용, 직무수행방법 및 절차, 작업조건 등이 기록된다.
① 해당 직무에 요구되는 지식은 인적 특징에 중점을 두어 작성되는 직무명세서에 포함되는 사항이다.

정답 ①

04 기출 21
☑ 확인Check! ○ △ ✕

직무특성 모형(Job Characteristics model)의 핵심직무차원에 포함되지 않는 것은?

① 성장욕구강도(Growth Need Strength)
② 과업정체성(Task Identity)
③ 과업중요성(Task Significance)
④ 자율성(Autonomy)
⑤ 피드백(Feedback)

04

직무특성 모형의 핵심직무특성은 기능의 다양성, 과업의 정체성, 과업의 중요성, 자율성, 피드백의 5가지이다.

정답 ①

05 기출 24
☑ 확인Check! ○ △ ✕

다음 특성에 부합하는 직무평가 방법으로 옳은 것은?

○ 비계량적 평가
○ 직무 전체를 포괄적으로 평가
○ 직무와 직무를 상호 비교하여 평가

① 서열법
② 등급법
③ 점수법
④ 분류법
⑤ 요소비교법

05

비계량적인 질적인 직무평가방법으로는 서열법과 분류법이 있으며, 서열법은 포괄적인 기준을 기반으로 직무의 가치를 통합적으로 상호 비교하는 것이고 분류법은 타 직무와의 상호 비교 없이 개별적 분석을 통해 직무의 등급을 판정하는 것이다.

정답 ①

⊕ PLUS

구 분	직무전반	구체적 직무요소
직무 대 직무	서열법(Ranking method)	요소비교법(factor comparison method)
직무 대 기준	분류법(Classification method)	점수법(Point method)

06 기출 17

☑ 확인 Check! ○ △ ✕

다음 설명에 해당하는 직무설계는?

- 직무성과가 경제적 보상보다는 개인의 심리적 만족에 있다고 전제한다.
- 종업원에게 직무의 정체성과 중요성을 높여 주고 일의 보람과 성취감을 느끼게 한다.
- 종업원에게 많은 자율성과 책임을 부여하여 직무경험의 기회를 제공한다.

① 직무 순환
② 직무 전문화
③ 직무 특성화
④ 수평적 직무확대
⑤ 직무 충실화

07 기출 17

☑ 확인 Check! ○ △ ✕

질적 인력수요 예측기법에 해당하지 않는 것은?

① 브레인스토밍법
② 명목집단법
③ 시나리오 기법
④ 자격요건 분석법
⑤ 노동과학적 기법

08 기출 17

☑ 확인 Check! ○ △ ✕

종업원 선발을 위한 면접에 관한 설명으로 옳은 것은?

① 비구조화 면접은 표준화된 질문지를 사용한다.
② 집단면접의 경우 맥락효과(Context Effect)가 발생할 수 있다.
③ 면접의 신뢰성과 타당성을 높이기 위해 면접내용 개발단계에서 면접관이나 경영진을 배제한다.
④ 위원회 면접은 한 명의 면접자가 여러 명의 피면접자를 평가하는 방식이다.
⑤ 스트레스 면접은 여러 시기에 걸쳐 여러 사람이 면접하는 방식이다.

PART 1
PART 2
PART 3
PART 4
PART 5
PART 6
PART 7
PART 8
PART 9

06

직무 충실화는 계획, 통제 등의 관리기능의 일부를 종업원에게 위임하여 능력을 발휘할 수 있는 여지를 만들고, 도전적인 직무를 구성하여 생산성을 향상시키고자 하는 방법이다. 허츠버그의 2요인이론에 기초하며 개인의 차를 고려하지 않는다.

정답 ⑤

07

노동과학적 기법은 작업시간 연구를 기초로 조직의 하위 개별 작업장별 필요인력을 산출하는 기법으로, 주로 생산직종의 인력을 예측하는 데 활용되는 양적 인력수요 예측기법이다.

정답 ⑤

08

① 비구조화 면접은 자유질문으로 구성이 되어 있으며, 표준화된 질문지를 사용하는 것은 구조화 면접이다.
③ 면접내용의 개발단계에서 면접관이나 경영진을 참여하게 함으로써 조직에 필요한 역량 등을 질문에 반영하여 면접의 신뢰성과 타당성을 높인다.
④ 위원회 면접은 3명 이상의 면접자가 1명의 피면접자를 평가하는 방식이다.
⑤ 스트레스 면접이란 피면접자들이 스트레스에 어떻게 대응하는지를 보는 것으로서 여러 시기에 걸쳐 여러 사람이 면접하는 방식은 아니다.

정답 ②

09 기출 18

☑ 확인 Check! ○ △ ✕

평가센터법(Assessment Center)에 관한 설명으로 옳지 않은 것은?

① 평가에 대한 신뢰성이 양호하다.
② 승진에 대한 의사결정에 유용하다.
③ 교육훈련에 대한 타당성이 높다.
④ 평가센터에 초대받지 못한 종업원의 심리적 저항이 예상된다.
⑤ 다른 평가기법에 비해 상대적으로 비용과 시간이 적게 소요된다.

10 기출 15

☑ 확인 Check! ○ △ ✕

선발시험 합격자들의 시험성적과 입사 후 일정 기간이 지나서 이들이 달성한 직무성과와의 상관관계를 측정하는 지표는?

① 신뢰도
② 대비효과
③ 현재타당도
④ 내용타당도
⑤ 예측타당도

11 기출 24

☑ 확인 Check! ○ △ ✕

외부 모집과 비교한 내부 모집의 장점을 모두 고른 것은?

> ㄱ. 승진기회 확대로 종업원 동기 부여
> ㄴ. 지원자에 대한 평가의 정확성 확보
> ㄷ. 인력수요에 대한 양적 충족 가능

① ㄱ   ② ㄴ
③ ㄱ, ㄴ   ④ ㄴ, ㄷ
⑤ ㄱ, ㄴ, ㄷ

09

⑤ 평가센터 안에서 다양한 방법의 평가기법들이 사용되기 때문에 표준화가 어렵고 시간과 비용이 많이 든다.

정답 ⑤

10

① 신뢰도 : 검사가 측정하고자 하는 것을 얼마나 일관성 있게 측정하였는지를 나타내는 지표
② 대비효과 : 연속으로 평가되는 두 대상 간의 평가점수 차이가 실제보다 더 크게 나타날 때를 지칭함.
③ 현재타당도 : 검사와 준거를 동시에 측정하여 두 점수 간의 상관계수를 구하는 방법
④ 내용타당도 : 검사의 문항들이 측정하고자 하는 내용영역을 얼마나 정확하게 측정하는지를 나타내는 지표
⑤ 예측타당도 : 검사를 먼저 실시하고 이후 준거를 측정하여 두 점수 간의 상관계수를 구하는 방법

정답 ⑤

11

내부 모집은 조직원들에게 동기유발을 제공하고, 지원자들에 대한 정확한 평가가 가능하며 채용비용이 절감되는 효과가 있다.

정답 ③

12 기출 19

☑ 확인Check! ○ △ ✕

모집방법 중 사내공모제(Job Posting System)의 특징에 관한 설명으로 옳지 않은 것은?

① 종업원의 상위직급 승진 기회가 제한된다.
② 외부 인력의 영업이 차단되어 조직이 정체될 가능성이 있다.
③ 지원자의 소속부서 상사와의 인간관계가 훼손될 수 있다.
④ 특정부서의 선발 시 연고주의를 고집할 경우 조직 내 파벌이 조성될 수 있다.
⑤ 선발과정에서 여러 번 탈락되었을 때 지원자의 심리적 위축감이 고조된다.

13 기출 18

☑ 확인Check! ○ △ ✕

교육훈련 필요성을 파악하기 위한 일반적인 분석방법이 아닌 것은?

① 전문가 자문법
② 역할연기법
③ 자료조사법
④ 면접법
⑤ 델파이기법

12

① 사내공모제의 경우 기존 구성원에게 상위직급 승진 기회 제공 및 사기진작을 할 수 있다.

정답 ①

13

역할연기법은 경영관리상의 문제 해결이나 이해를 위해 당사자가 문제의 주인공처럼 연기를 하여 문제의 핵심을 파악하는 것으로, 감독자 훈련이나 세일즈맨에 대한 기술훈련 등에 사용되고 있다. 따라서 역할연기법은 훈련 방법이지 훈련의 필요성을 분석하는 방법이 아니다.

정답 ②

PART 1 PART 2 PART 3 PART 4 PART 5 PART 6 PART 7 PART 8 PART 9

PART 4 실전대비문제 **229**

14 기출 14

☑ 확인Check! ○ △ ✕

샤인(Schein)이 제시한 경력 닻의 내용으로 옳지 않은 것은?

① 전문역량 닻 – 일의 실제 내용에 주된 관심이 있으며 전문분야에 종사하기를 원한다.

② 관리역량 닻 – 특정 전문영역보다 관리직에 주된 관심이 있다.

③ 자율성·독립 닻 – 조직의 규칙과 제약조건에서 벗어나려는데 주된 관심이 있으며 스스로 결정할 수 있는 경력을 선호한다.

④ 도전 닻 – 해결하기 어려운 문제나 극복 곤란한 장애를 해결하는 데 주된 관심이 있다.

⑤ 기업가 닻 – 타인을 돕는 직업에서 일함으로써 타인의 삶을 향상시키고 사회를 위해 봉사하는 데 주된 관심이 있다.

15 기출 16

☑ 확인Check! ○ △ ✕

다음 설명에 해당하는 인사평가기법은?

> 평가자가 피평가자의 일상 작업생활에 대한 관찰 등을 통해 특별히 효과적이거나 비효과적인 행동, 업적 등을 기록하고 이를 평가시점에 정리하여 평가하는 기법이다.

① 서열법

② 평정척도법

③ 체크리스트법

④ 중요사건기술법

⑤ 강제선택서술법

14

⑤ 기업가 닻은 신규조직, 신규서비스, 신제품 창출 등 창의성을 중시하고 부의 축적을 사업 성공의 척도로 보아 끊임없는 도전을 하는 성향이며, 타인을 돕는 직업에서 일함으로써 타인의 삶을 향상시키고 사회를 위해 봉사하는 데 주된 관심이 있는 성향은 봉사의 닻이다.

정답 ⑤

15

① 서열법 : 분류담당자가 각 직위마다 난이도 등을 평가하여 서열을 매겨 나열하는 방법

② 평정척도법 : 평가요소들을 제시하고 각각 단계별 차등을 두어 평가하는 방법

③ 체크리스트법 : 표준 행동들을 제시하고 평가자가 해당 항목에 직접 체크하여 평가하는 방법

⑤ 강제선택서술법 : 2개 이상의 항목으로 구성된 항목 가운데 피평정자의 특성에 가까운 항목을 강제적으로 체크하도록 하는 평정방법

정답 ④

16 기출 24

☑ 확인 Check! ○ △ ✕

고과자가 평가방법을 잘 이해하지 못하거나 피고과자들 간의 차이를 인식하지 못하는 무능력에서 발생할 수 있는 인사고과의 오류는?

① 중심화 경향
② 논리적 오류
③ 현혹효과
④ 상동적 태도
⑤ 근접오차

16

중심화 오류는 고과자가 평가방법을 잘 이해하지 못하거나 피고과자 간의 차이를 인식하지 못하여 평가 결과가 중간점수대에 집중되는 분배적 오류 및 경향성 오류의 일종이다.

정답 ①

17 기출 24

☑ 확인 Check! ○ △ ✕

기업이 종업원에게 지급하는 임금의 계산 및 지불 방법에 해당하는 것은?

① 임금수준
② 임금체계
③ 임금형태
④ 임금구조
⑤ 임금결정

17

기업이 종업원에게 지급하는 임금의 계산 및 지불 방법은 임금형태에 대한 내용이다.

정답 ③

⊕ PLUS

구 분	의 의	내 용		적용원리
임금 수준	종업원에게 지급하는 임금의 평균 수준	• 승 급 • 승 격 • 베이스 업		적정성
임금 체계	각 종업원에게 임금을 배분하는 구성내용	기준 내 임금	• 연공급 • 직능급 • 직무급 • 자격급	공정성
		기준 외 임금		
임금 형태	임금의 계산 및 지급 방식에 관한 것	• 시간급 • 성과급 • 특수임금형태		합리성

18 기출 16

☑ 확인Check! ○ △ ✕

임금수준의 관리에 관한 설명으로 옳지 않은 것은?

① 대외적 공정성을 확보하기 위해서는 노동시장의 임금수준 파악이 필요하다.

② 기업의 임금지불능력을 파악하는 기준으로 생산성과 수익성을 들 수 있다.

③ 임금수준 결정 시 선도전략은 유능한 종업원을 유인하는 효과가 크다.

④ 임금수준의 관리는 적정성의 원칙을 지향한다.

⑤ 임금수준의 하한선은 기업의 지불능력에 의하여 결정된다.

18

임금수준의 하한선은 생계비 또는 법적 최저임금에 의하여 결정된다.

정답 ⑤

19 기출 18

☑ 확인Check! ○ △ ✕

최저임금제의 필요성으로 옳지 않은 것은?

① 계약자유원칙의 한계 보완

② 저임금 노동자 보호

③ 임금인하 경쟁 방지

④ 유효수요 창출

⑤ 소비자 부담 완화

19

최저임금제의 필요성은 계약자유원칙의 한계 보완(계약의 자유가 소유권과 결합하여 오히려 경제적 강자를 보호하고 경제적 약자를 지배하는 제도로 전환되는 한계를 보완), 사회적 약자 보호(생존임금과 생활임금을 보장하여 저임금 노동자 등의 사회적 약자들을 보호), 시장실패 보완(임금이 하락함에도 불구하고 노동공급은 줄어들지 않고 계속 증가하여 임금이 계속 떨어지는 왜곡된 임금구조를 개선), 유효수요 증대(저소득층의 한계소비성향을 높여 사회 전반적인 수요 증대)에 있다.

정답 ⑤

20 기출 19

☑ 확인Check! ○ △ ✕

직무급의 특징에 관한 설명으로 옳지 않은 것은?

① 직무의 상대적 가치에 따라 개별임금이 결정된다.
② 능력주의 인사풍토 조성에 유리하다.
③ 인건비의 효율성이 증대된다.
④ 동일노동 동일임금 실현이 가능해진다.
⑤ 시행절차가 간단하고 적용이 용이하다.

21 기출 18

☑ 확인Check! ○ △ ✕

다음에서 설명하는 것은?

> 기업이 주어진 인건비로 평시보다 더 많은 부가가치를 창출하였을 경우, 이 초과된 부가가치를 노사협동의 산물로 보고 기업과 종업원 간에 배분하는 제도로, 노무비 외 원재료비 및 기타 비용의 절감액도 인센티브 산정에 반영한다.

① 연봉제
② 개인성과급제
③ 임금피크제
④ 럭커 플랜
⑤ 스캔론 플랜

20

직무급은 그 시행절차가 복잡하고, 기존의 학력이나 연공 중심의 풍토에서 오는 저항이 강해서 적용이 어렵다.

정답 ⑤

21

① 연봉제 : 개별 구성원의 능력·실적 및 조직 공헌도 등을 평가해 계약에 의해 연간 임금액을 책정하는 보수체계
② 개인성과급제 : 노동의 성과를 측정하여 그 결과에 따라 임금을 지급하는 제도
③ 임금피크제 : 근로자들의 임금을 삭감하지 않고 고용을 유지하기 위해 근무시간을 줄여 고용을 보장하기 위한 제도
⑤ 스캔론 플랜 : 생산액의 변동에 임금을 연결시켜 산출하는 것으로 판매금액에 대한 인건비의 비율을 정해 놓고 생산성 향상 등으로 판매액이 증가하거나 인건비가 절약된 경우, 기준인건비와 실제인건비의 차액을 모든 구성원들에게 금전적 형태로 제공하는 제도

정답 ④

22 기출 22

☑ 확인 Check! ○ △ ×

스캔론 플랜(Scanlon Plan)에 관한 설명으로 옳지 않은 것은?

① 기업이 창출한 부가가치를 기준으로 성과급을 산정한다.
② 집단성과급제도이다.
③ 생산제품의 판매가치와 인건비의 관계에서 배분액을 결정한다.
④ 실제인건비가 표준인건비보다 적을 때 그 차액을 보너스로 배분한다.
⑤ 산출된 보너스액 중 일정액을 적립한 후 종업원분과 회사분으로 배분한다.

23 지도 23

☑ 확인 Check! ○ △ ×

다음과 같은 특징이 있는 보상제도는?

> ○ 생산의 판매가치에 대한 인건비 절감액을 종업원에게 보너스로 지급
> ○ 능률개선을 위해 종업원에게 직접적인 인센티브를 제공하는 효과 기대

① 스캔론플랜(Scanlon plan)
② 럭커플랜(Rucker plan)
③ 임프로쉐어(improshare)
④ 성과배분제(profit sharing)
⑤ 직능급제(skill based pay)

➕ PLUS

- 스캔론 플랜(Scanlon plan) : 매출액을 기준으로 성과 배분
- 럭커 플랜(Rucker plan) : 부가가치를 기준으로 성과 배분
- 임프로쉐어(improshare) 플랜 : 표준 노동시간 − 실제 노동시간, 절감분
- 성과배분제(profit sharing) : 기업의 목표이익을 초과한 초과이익을 사전에 정한 비율만큼 직원에게 배분
- 직능급제(skill based pay) : 직능급은 직원의 직무수행능력(직능)을 기준으로 임금의 차이를 결정

22

스캔론 플랜은 판매가치(매출액)를 기준으로 성과급을 산정하는 방식이다. 부가가치를 기준으로 성과급을 산정하는 방식은 럭커 플랜이다.

정답 ①

23

스캔론 플랜에 관한 특징이다.

정답 ①

24 _{기출} 15

☑ 확인Check! ○ △ ✕

임금관리에 관한 설명으로 옳지 않은 것은?

① 임금체계는 공정성이 중요한 관심사이다.
② 연공급은 근속연수를 기준으로 임금을 차등화 하는 제도이다.
③ 직무급은 직무의 표준화와 전문화가 선행되어야 한다.
④ 직능급은 동일 직무를 수행하면 동일 임금을 지급한다.
⑤ 임금수준을 결정하는 주요요인에는 기업의 지불능력과 생산성 등이 있다.

24
④ 직능급은 종업원의 직무수행능력을 기준으로 임금수준을 결정하는 것이다.

정답 ④

25 _{기출} 14

☑ 확인Check! ○ △ ✕

복리후생에 관한 설명으로 옳지 않은 것은?

① 구성원의 직무만족 및 기업공동체 의식 제고를 위해서 임금 이외에 추가적으로 제공하는 보상이다.
② 의무와 자율, 관리복잡성 등의 특성이 있다.
③ 통근차량 지원, 식당 및 탁아소 운영, 체육시설 운영 등의 법정복리후생이 있다.
④ 경제적·사회적·정치적·윤리적 이유가 있다.
⑤ 합리성, 적정성, 협력성, 공개성 등의 관리원칙이 있다.

25
통근차량 지원, 식당 및 탁아소 운영, 체육시설 운영은 법정 외 복리후생의 내용이다.

정답 ③

26 _{기출} 14

☑ 확인Check! ○ △ ✕

산업재해의 원인 중 성격이 다른 것은?

① 건물, 기계설비, 장치의 결함
② 안전보호장치, 보호구의 오작동
③ 생산공정의 결함
④ 개인의 부주의, 불안정한 행동
⑤ 경계표시, 설비의 오류

26
개인의 부주의나 불안정한 행동은 인적 요인에 의한 것이며, 다른 요인들은 물적 요인이다.

정답 ④

27 기출 19

☑ 확인Check! ○ △ ✕

노동조합의 조직형태에 관한 설명으로 옳지 않은 것은?

① 직종별 노동조합은 동종 근로자집단으로 조직되어 단결이 강화되고 단체교섭과 임금협상이 용이하다.
② 일반노동조합은 숙련근로자들의 최저생활조건을 확보하기 위한 조직으로 초기에 발달한 형태이다.
③ 기업별 노동조합은 조합원들이 동일기업에 종사하고 있으므로 근로조건을 획일적으로 적용하기가 용이하다.
④ 산업별 노동조합은 기업과 직종을 초월한 거대한 조직으로서 정책활동 등에 의해 압력단체로서의 지위를 가진다.
⑤ 연합체조직은 각 지역이나 기업 또는 직종별 단위조합이 단체의 자격으로 지역적 내지 전국적 조직의 구성원이 되는 형태이다.

27

② 일반노동조합은 숙련도나 직종, 산업에 관계없이 일반근로자를 폭넓게 규합하는 노조이다. 초기에 발달한 형태는 산업별 노동조합에 해당한다.

정답 ②

28 기출 17

☑ 확인Check! ○ △ ✕

노사관계에 관한 설명으로 옳지 않은 것은?

① 좁은 의미의 노사관계는 집단적 노사관계를 의미한다.
② 메인트넌스숍(Maintenance Shop)은 조합원이 아닌 종업원에게도 노동조합비를 징수하는 제도이다.
③ 우리나라 노동조합의 조직형태는 기업별 노조가 대부분이다.
④ 사용자는 노동조합의 파업에 대응하여 직장을 폐쇄할 수 있다.
⑤ 채용 이후 자동적으로 노동조합에 가입하는 제도는 유니온숍(Union Shop)이다.

28

② 메인터넌스숍은 조합원이 되면 일정 기간 동안은 조합원의 신분을 유지토록 하는 제도를 말한다. 조합원이 아닌 종업원에게도 노동조합비를 징수하는 제도는 에이전시숍이다.

정답 ②

29 기출 20

☑ 확인 Check! ○ △ ✕

사용자가 노동조합의 정당한 활동을 방해하는 것은?

① 태 업
② 단체교섭
③ 부당노동행위
④ 노동쟁의
⑤ 준법투쟁

29

정당한 노동조합활동을 이유로 불이익 취급을 하거나 노동조합활동에 사용자가 지배·개입하는 등, 근로자의 노동 3권(단결권·단체교섭권·단체행동권)을 침해하는 사용자의 행위를 부당노동행위라고 한다.

정답 ③

30 기출 24

☑ 확인 Check! ○ △ ✕

산업별 노동조합 또는 교섭권을 위임받은 상급단체와 개별 기업의 사용자 간에 이루어지는 단체교섭 유형은?

① 대각선 교섭
② 통일적 교섭
③ 기업별 교섭
④ 공동교섭
⑤ 집단교섭

30

산업별 노동조합 또는 교섭권을 위임받은 상급단체와 개별 기업의 사용자 간에 이루어지는 단체교섭 유형은 대각선 교섭이다.

정답 ①

⊕ PLUS

단체교섭의 유형

기업별 교섭	특정 기업 또는 사업장에 있어서 노동조합과 그 상대방인 사용자 간에 단체교섭이 행하여지는 것
공동교섭	산업별 노동조합과 그 지부가 공동으로 사용자와 교섭하는 것
대각선교섭	패턴교섭이라고도 하며, 산업별 노동조합과 개별 사용자가 행하는 교섭 또는 기업별 노동조합의 상부단체가 개별 사용자와 행하는 단체교섭의 방식
통일교섭	산업별, 직종별 노동조합과 이에 대응하는 산업별, 직종별 사용자 단체 간의 단체교섭
집단교섭	다수의 노동조합과 그에 대응하는 다수의 사용자가 서로 집단을 만들어 교섭에 응하는 형태

PART 05

마케팅

01 마케팅의 개념

제1절　마케팅의 정의와 주요 개념

1. 마케팅의 정의

① 현대 마케팅의 구루로 평가되는 필립 코틀러는 마케팅을 개인이나 단체가 가치 있는 제품(또는 서비스)을 창조하여, 제공하고, 교환함으로써 필요와 욕구를 충족시키는 사회적·관리적 과정으로, 기업이 고객을 위해 가치를 창출하고, 강력한 고객 관계를 구축하여 고객에게 가치를 얻는 과정으로 정의하였다.

② 과거의 마케팅이 생산자와 판매 중심의 개념이었다면 현대의 마케팅은 고객을 중심으로 하여 고객과의 관계를 강화하는 과정으로 설명될 수 있다.

2. 필요(Needs)와 욕구(Wants)

마케팅이 고객 중심으로 변화하며 고객이 원하는 것을 보다 명확히 하기 위하여 필요(Needs)와 욕구(Wants)의 구분을 하게 되었다.

(1) 필요(Needs)

① 배고픔, 추위와 같은 기본적인 욕구로, 모든 인간이 공통적으로 가지는 본능을 의미한다.

② 마케터에 의해 창조되기는 불가능하다.

(2) 욕구(Wants)

① 음식, 난방기구와 같이 기본적인 욕구인 필요를 해결하기 위한 구체적인 방법으로, 동일한 필요에도 사회 문화적 환경에 따라 욕구는 상이하게 나타난다.

② 마케터에 의해 수요화가 가능하다.

3. 수요와 제품

필요에 의하여 구체적인 욕구가 발생하면 발생한 욕구를 해결하기 위하여 제품 또는 서비스를 구매하게 되는데, 구매를 하기 위해서는 구매력이 있어야 한다. 이렇듯 욕구가 구매력에 의하여 뒷받침되어 제품을 구매할 수 있는 능력을 보유한 상태를 수요라고 한다.

(1) 수요(Demands)

욕구가 구매력에 의해 뒷받침된 상황으로 욕구를 충족시키고자 하는 상태이며, 구매력의 한계로 욕구는 많으나 수요는 한정될 수밖에 없다.

(2) 제품(Products)

필요와 욕구를 충족시키기 위하여 주어지는 제품과 무형의 서비스를 말한다.

4. 효용 · 가치 · 만족

고객이 수요에 의해 제품을 구매하게 되면 해당 제품이나 서비스에 대한 만족이나 불만족 등을 느끼게 되는데, 이와 관련한 개념들은 다음과 같다.
① 효용(Utility) : 소비자가 제품을 통해 얻는 편익
② 가치(Value) : 효용을 얻는 데 드는 비용
③ 만족(Satisfaction) : 제품에 대한 효용과 가치가 일치했을 때 얻는 심리적 충만감

5. 마케팅 콘셉트

아무것이나 만들어 모든 수단을 동원해서 최대한 많이 팔겠다는 것은 마케팅 콘셉트가 없는 것이다. 마케팅 콘셉트는 고객의 욕구파악을 통해 경쟁사와 차별화된 제품 또는 서비스를 제공하는 것으로, 고객의 욕구를 파악하는 것이 핵심적 조건이 된다. 또한 차별화를 위해서는 생산, 구매 광고, 배송 등 모든 기업활동을 고객의 욕구를 중심으로 통합하고, 합리적 · 효율적으로 운영함으로써 기업의 목표를 달성할 수 있게 된다. 이러한 마케팅 콘셉트의 핵심요소는 고객 가치, 고객 만족, 관계 구축으로 요약할 수 있다.

(1) 고객 가치(Customer Value)

① 고객이 지불한 비용에 대해 고객이 받는 혜택으로, 지불한 비용 대비 혜택이 많을수록 고객의 가치가 높아 고객이 집중되게 된다.
② 고객 가치는 단순한 가격만이 아닌 확장된 제품의 개념으로 가격, 품질, 배송, A/S 등을 모두 포함한 가치를 의미한다.

(2) 고객 만족(Customer Satisfaction)

① 고객이 예측하는 효용 대비 결과로, 고객이 예측한 이상의 효용이 있으면 고객 감동이 발생하게 된다.
② 고객 만족은 높은 고객 가치를 제공했다고 반드시 높은 고객 만족이 있는 것이 아니라 싸게 샀어도 느낌이 안 좋을 수도 있고 비싸게 샀어도 행복할 수 있다.

(3) 관계 구축(Customer Relationship Mgt.)

기존고객의 유지비용은 신규고객 유치비용의 25% 수준이며, 기존고객의 유지 확률은 60%임에 반해 신규고객의 획득 확률은 30% 미만으로 알려져 있는데, 이는 신규고객을 획득하기 위한 노력보다는 기존고객과의 관계, 거래처와의 관계 등을 개선하는 것이 비용의 감소와 마케팅 효과의 증대를 가져온다는 것을 증명하고 있다.

1. 마케팅 관리의 의미

마케팅 관리란 마케팅 활동을 계획하고 집행하고 그 결과를 통제하는 과정으로, 기업의 목적을 달성하기 위하여 수요수준, 시기 및 특성을 관리하는 활동을 의미한다.

2. 마케팅 관리의 특징

마케팅은 투입수준 대비 매출액의 변화를 함수화 하기 어려운데, 이는 마케팅 활동에는 점화수준과 포화수준이 존재하기 때문이다.

① 점화수준 : 소비자의 구매행동을 촉발하는 데 필요한 최소한의 마케팅 활동 수준
② 포화수준 : 마케팅 활동을 증가시켜도 더 이상 매출이 증대되지 않는 수준

3. 시차와 쇠퇴효과

마케팅 활동에는 마케팅의 효과가 긴 시간에 걸쳐 이연되어 나타나는 현상인 시차와 마케팅 활동을 중단하여도 그 효과가 서서히 사라지는 쇠퇴효과도 존재하여 효과를 명확히 측정하기 어렵다.

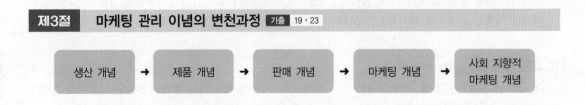

생산 개념 → 제품 개념 → 판매 개념 → 마케팅 개념 → 사회 지향적 마케팅 개념

1. 생산 개념(Production Concept)

① 고객은 접근성이 높고 낮은 가격의 제품을 선호한다는 가정하에 경영역량을 생산공정과 유통의 효율성에 집중하는 콘셉트이다.
② 수요가 공급을 초과하는 시점에는 생산공정의 효율화로 생산량을 증대하고, 가격이 높아 수요가 적을 때는 생산성을 늘려 가격을 낮추는 데 집중하는 전략을 사용한다.

2. 제품 개념(Product Concept)

① 고객은 가격대비 최고의 품질을 가진 제품을 선호한다는 가정하에 경영역량을 제품의 품질 개선에 집중하는 콘셉트이다.
② 가격, 포장, 유통채널이 동일하다면 품질이 고객의 선택요소라고 판단한다. 그러나 소비자의 잠재욕구에 대한 시각이 미흡한 단점을 지니고 있다.

3. 판매 개념(Selling Concept)

① 고객은 단지 필요와 욕구에 의해서 구매를 하는 것이 아니라 자사의 제품을 구매하도록 하기 위한 기업의 판촉 노력이 있어야 비로소 자사 제품의 구매가 이루어진다는 콘셉트이다.

② 판매 개념의 마케팅에서는 제품을 시장에 Push하고 다양한 촉진에 집중하게 된다. 다만 자사의 제품이 시장이 원하는 제품이 아닐 위험이 존재한다.

4. 마케팅 개념(Marketing Concept)

마케팅 콘셉트가 이전의 개념들과 근본적으로 다른 측면은 고객을 마케팅의 중심에 놓고 고객의 욕구를 먼저 파악해서 소비자가 만족할 만한 제품이나 서비스를 경쟁자보다 효율적으로 제공함으로써 기업의 목표를 달성하려고 한다는 점으로, 소비자의 욕구를 마케팅의 출발점으로 설정하는 것이다.

구 분	출발점	초 점	수 단	목 표
판매 개념	공 장	생산된 제품	판매와 촉진	매출증대를 통한 이익증대
마케팅 개념	시 장	고객 욕구	통합 마케팅	고객만족을 통한 이익증대

5. 사회 지향적 마케팅 개념(Social Marketing Concept)

현대 사회에 접어들며 소비자들의 관심이 제품뿐만 아니라 사회전체의 복지, 환경 등에도 민감해지면서 기업도 사회구성원 모두가 만족하는 활동으로 마케팅 콘셉트를 확장하게 된 것이 사회 지향적 마케팅 콘셉트이다.

6. 현대적 마케팅의 특징

구 분	과 거	현 대
고 객	판매와 제품 중심	시장과 고객 중심
	대중 마케팅	타깃, 개인 마케팅
	제품과 판매에 초점	고객만족/고객가치 초점
	새로운 고객의 유치	기존의 충성 고객 유지
	시장점유율	고객점유율
	대중매체를 통한 광고	고객과의 직접연결
	표준화 상품	맞춤상품
마케팅 파트너	판매, 마케팅 부서	모든 부서 재편
	기업별 독립마케팅	타사와 협력마케팅
마케팅 환경	국지적 마케팅	국가, 세계차원
	이익에 대한 책임	사회, 환경적인 책임
	물리적 시장	가상환경

1. 수요관리를 위한 마케팅 [기출] 19·20 [지도] 18

부정적 수요에는 전환적 마케팅, 무수요에는 자극적 마케팅, 잠재적 수요에는 개발적 마케팅 등

구 분	수요상태	예 시	마케팅 과업	명 칭
부정적 수요	소비자들이 구매를 꺼림	육식 vs 채식	제품을 싫어하는 원인을 분석하여 대응	전환적 마케팅
무수요	소비자들이 제품에 관심이 없음	신제품	인간의 선천적인 욕구와 흥미에 부응하는 제품의 편익을 찾음	자극적 마케팅
잠재적 수요	수요는 존재하나 기존제품으로는 불만족	니코틴 없는 담배	잠재시장의 크기측정, 시장 수요를 만족시킬 제품 개발	개발적 마케팅
감퇴적 수요	제품 수명주기에 따라 산업 자체가 쇠퇴	연 필	제품의 감퇴된 수요를 회복	재마케팅
불규칙 수요	수요가 계절성을 띄거나 생산과잉	심야할인	유연한 가격절충, 촉진, 기타 자극을 통하여 동일한 패턴의 수요를 변경	동시화 마케팅
완전 수요	현재 판매량으로 충분히 만족	생산 = 수요	소비자 기호의 변화 및 심화된 경쟁에 도전하여 현재 수준의 수요를 유지	유지적 마케팅
초과 수요	• 수요가 공급능력을 초과 • 기업의 입장에서 해가 되는 수요	명절의 고속도로, 블랙컨슈머	• 일시적/영구히 수요를 감퇴 • 일반적 디마케팅(가격 인상) • 선택적 디마케팅(수익성 낮은 일부 시장의 수요를 감소)	디마케팅
불건전 수요	수요가 사회적으로 바람직하지 못한 경우	흡연, 마약	제품이나 서비스 자체가 사회적으로 건전하지 못하기 때문에 경고 메시지 등 수요자체를 제거	대항적 마케팅

2. 생산시점을 기준으로 한 마케팅

① 선행 마케팅 : 시장조사, 판매예측, 제품계획 등
② 후행 마케팅 : 가격, 촉진, 물적 유통활동 등

> **저압적 마케팅·고압적 마케팅**
> • 저압적 마케팅 – 소비자의 욕구를 파악하고 그에 알맞은 제품을 생산, 판매
> • 고압적 마케팅 – 소비자가 원할 것이라는 가정하에 제품을 생산하여 촉진 믹스를 통해 판매

3. 분석과 계획주체에 따른 마케팅

① 거시 마케팅 : 사회경제적 입장에서 생산과 소비 연결
② 미시 마케팅 : 개별 기업의 목표달성을 위한 수단

제1절 마케팅 전략의 수립

1. 마케팅 관리의 과정

마케팅 관리는 전략적 계획을 수립하고 시장기회를 분석하여 자사에 적합한 목표시장을 선정하며 목표시장에 적합한 마케팅 믹스를 개발하고 운영하고 통제하는 과정으로 이루어진다.

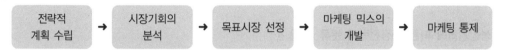

2. 전략적 계획 수립의 과정 지도 19

마케팅 관리의 시작점은 전략 계획을 수립하는 것인데, 전략적 계획의 수립은 먼저 기업의 존재 이유인 기업의 사명을 정의하는 것에서부터 출발을 하여야 한다. 기업활동의 궁극적인 목표인 사명을 정의한 후 기업의 사명을 달성하기 위한 구체적인 기업의 목표를 설정하게 되고, 기업의 목표 달성을 위해 현재의 사업 포트폴리오를 분석하여 성장을 위한 전략을 수립하는 과정으로 진행된다.

(1) 기업활동의 정의

① 기업활동을 정의한다는 것은 기업이 궁극적으로 추구하는 기업이념을 규정하는 것으로 시장지향성과 실현가능성에 기반한 동기부여적인 개념으로 이해할 수 있다.

② 디즈니는 사람들을 행복하게 만드는 것을 기업의 사명으로 하고 있고, 코스트코는 회원들에게 양질의 제품과 서비스를 최저 가격에 지속적으로 공급하는 것을 사명으로 하고 있는데, 이와 같이 기업의 사명은 해당 기업이 존재하는 의미를 간결하게 표현함으로써 정체성을 명확히 하는 것이다.

(2) 기업 목표의 설정

기업 목표는 기업활동의 정의를 바탕으로 각 사업부마다 구체적으로 부여된 목표를 말하는 데, 5년 내 시장점유율 40% 달성 등과 같이 시간적 일정에 따른 구체적인 목표를 설정하게 된다.

(3) 사업 포트폴리오 분석

① 사업 포트폴리오 분석은 기업 내 전략적 사업단위(SBU)의 매력도와 시장 내 위치를 평가하고 한정된 자원을 어떻게 배분할 것인가를 결정하는 것을 말한다.

② 전략적 사업단위(Strategic Business Unit)란 독립적 사업목표를 가지고 있는 구성단위로, 기업 자체일 수도 있고 단일제품이나 단일 브랜드가 될 수도 있는데, 자체적으로 독립된 소비자, 생산자, 경쟁자를 가지는 단위라고 할 수 있다.

③ 사업 포트폴리오 분석 방법에는 PART 2에서 언급한 BCG Matrix와 GE/Mckinsey Matrix 등이 있다.

(4) 성장전략의 수립

① 사업 포트폴리오를 분석하고 자원을 집중할 전략적 사업단위를 선정하고 나면 어떻게 해당 사업을 성장시킬 것인가에 대한 구체적 전략을 수립하여야 한다.

② 마케팅에는 매우 다양한 전략적 대안들이 존재하고 이를 분류하는 관점도 다양한데 성장의 기회에 따라 성장전략을 분류하면 집중적 성장, 통합적 성장, 다각화 성장으로 분류를 할 수 있고, 경쟁 상황의 관점에서 분류를 한다면 경쟁 초점에 따른 경쟁전략과 시장의 지위에 따른 경쟁전략으로 구분을 할 수가 있다.

3. 성장기회에 따른 성장전략의 분류 지도 23

사업 포트폴리오의 분석이 완료되면 해당 사업에 대한 성장전략을 수립하여야 하는데 성장전략은 성장기회에 따른 전략과 경쟁상황에 따른 전략으로 구분할 수 있다.

(1) 집중적 성장

성장기회에 따라 성장전략은 집중적 성장과 통합적 성장, 다각화 성장으로 나뉘는데, 집중적 성장이란 기존의 제품과 시장에서 성장기회를 충분히 탐색·시도하지 못한 경우에 이용되는 전략으로, PART 2에서 소개한 앤소프의 제품시장 확장 그리드가 집중적 성장전략의 방법론으로 많이 사용되고 있다.

(2) 통합적 성장

① 통합적 성장이란 산업의 성장성이 높은 경우에 기존 유통경로의 일부를 통합함으로 시장에서 경쟁적 우위를 확보하려는 전략으로, 통합적 성장에는 일부 경쟁기업을 매수하거나 지배력을 강화하는 수평적 통합과 제품의 유통시스템상의 전방기업이나 후방기업에 대한 지배력을 강화하거나 인수하는 수직적 통합으로 구분된다.

② 수직적 통합은 다시 제품의 유통시스템을 매수하거나 지배력을 강화하는 전방통합과 원료, 부품의 공급시스템을 매수하거나 지배력을 강화하는 후방통합으로 분류할 수 있다.

(3) 다각화 성장전략

다각화 성장전략은 현재 위치한 산업의 장래성이 없을 때 가능성이 있는 산업분야로 진출하여 사업영역을 확대하는 전략으로, 다각화에는 동심적 다각화와 수평적 다각화 그리고 복합적 다각화가 있다.

① 동심적 다각화 : 기존 제품과 기술적 유사성이 있고, 마케팅 시너지가 있는 신제품을 추가

② 수평적 다각화 : 기존 제품과는 기술적 관련이 없으나 현재의 고객에 소구할 수 있는 신제품을 추가

③ 복합적 다각화 : 기존의 기술, 제품, 시장과는 관련이 없는 신제품으로 신시장 개척

4. 경쟁 상황의 관점에 따른 전략의 분류

성장기회에 따라 성장전략이 분류되었듯이 무엇을 가지고 경쟁하는가 하는 경쟁상황의 관점에서도 경쟁초점에 따른 경쟁전략과 시장지위에 따른 경쟁전략으로 전략을 분류할 수가 있다.

(1) 경쟁초점에 따른 경쟁전략

경쟁초점에 따른 경쟁전략은 PART 2에서 설명한 마이클 포터의 본원적 경쟁전략에서 잘 표현이 되었는데, 마이클 포터는 경쟁의 우위와 경쟁의 범위를 기준으로 경쟁의 초점을 분류하여 원가우위, 차별화, 집중화 전략을 제시하였다.

(2) 시장지위에 따른 경쟁전략

① 시장의 지위에 따라서도 시장 선도자 전략, 시장 도전자 전략, 시장 추종자 전략 등 다양한 경쟁전략이 존재한다.

② 시장 선도자 전략은 자사가 가장 큰 시장점유율을 가진 경우로 시장점유율을 기반으로 가격, 신제품 등 마케팅에서 타 기업을 선도하며 총시장의 수요를 증대시키면서 시장점유율을 유지 및 확대하는 전략이다.

③ 시장 도전자 전략은 시장의 2위급 업체가 선도기업을 공격하는 전략으로 주력 상품의 제품을 혁신하거나, 1위 업체의 비주력 제품을 중심으로 경쟁하거나, 하위업체와 경쟁하는 방법이다.

④ 시장 추종자 전략은 가격경쟁력을 기반으로 경쟁하는 방법이고, 틈새시장 전략은 경쟁이 적은 시장으로 이동하여 고가격 고품질을 지향하는 전략이다.

CHAPTER
03 시장기회의 분석

1. 마케팅 환경의 의미

마케팅 환경이란 마케팅 관리자의 의사결정과 능력에 영향을 미치는 내외부적 요인을 의미하는데, 마케팅 환경은 미시적 마케팅 환경과 거시적 마케팅 환경으로 구분할 수 있다.

(1) 미시적 마케팅 환경

미시적 마케팅 환경은 과업환경과 제약환경으로 구성되어 있는데, 과업환경이란 공급자(원료, 부품), 중간매개기관(도소매상, 창고, 운송), 서비스 대행기관(광고대행사, 은행, 보험사), 고객(소비자시장, 산업재시장) 등 마케팅 활동을 전개하는 과정에서 상호작용을 하는 대상들이고, 제약환경은 경쟁자, 대중, 정부(입법/규제, 장려/자극) 등 마케팅 활동에 영향을 미치는 환경요소를 말한다.

(2) 거시적 마케팅 환경

거시적 마케팅 환경은 인구증가율, 규모, 교육수준 등의 인구통계학적 환경과 소득분포, 저축률, 신용도 등의 경제적 환경과 함께 자연적 환경, 기술적 환경, 정치/법적 환경, 사회/문화적 환경 등 다양한 환경요소들이 존재한다.

2. 시장 환경분석(Market Sensing)

마케팅에서의 시장 환경분석은 넓은 개념에서의 시장을 분석하는 Macro Sensing과 개별 시장에서의 경쟁자와 고객, 기업을 분석하는 3C 분석으로 구분할 수 있다.

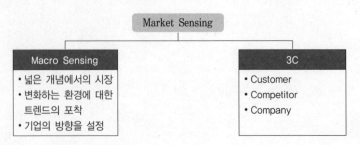

(1) 거시적 환경분석

거시적 환경분석 방법에는 PEST 분석이나 STEEP 분석이 자주 사용되는데, PEST 분석(Political, Economic, Social & Technological analysis)은 기업이 통제 불가능한 정치, 경제, 사회문화적, 기술적 흐름을 분석하는 방법이고, STEEP 분석(Social, Technical, Economic, Ecological, Political/legal analysis)은 사회문화, 기술, 경제, 법적인 문제에 환경적 문제를 추가하여 분석하는 거시적 환경분석 도구이다.

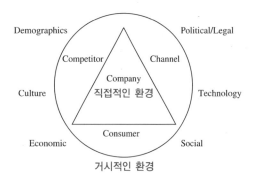

거시적인 환경

(2) 미시적 환경분석

대표적인 미시적 환경분석 방법인 3C 분석은 마케팅 활동에 직접적으로 영향을 주고받는 회사(Company), 소비자(Consumer), 경쟁자(Competitor)와 관련된 사항을 분석하는 것으로, 최근에는 3C에 유통자인 Channel을 추가하여 4C 분석을 실시하기도 한다.

3. SWOT 분석

기업 내 – 외부를 중심으로 시장의 환경을 분석하는 대표적 방법 중의 하나가 SWOT 분석인데, SWOT 분석은 기업 내부의 강점과 약점을 분석하여 시장의 기회요인과 위협요인에 대응하는 전략을 수립할 수 있도록 하는 방법론으로, PART 2에 구체적으로 설명되어 있다.

4. 경쟁자의 종류와 경쟁분석

현대의 경영환경은 매우 복잡하고 빠르게 변화하고 있기 때문에 누가 나와 경쟁하고 있는가를 명확히 파악하고 경쟁자와 자신과의 역량을 명확히 분석하는 것이 마케팅 환경분석의 핵심적 요소라고 할 수 있다.

(1) 경쟁자의 종류

경쟁자의 종류는 욕구 경쟁자, 품종 경쟁자, 형태 경쟁자, 상표 경쟁자 등으로 분류할 수 있는데, 기존에는 상표 경쟁자만을 주요한 경쟁자로 생각하고 분석해 왔지만 현대로 올수록 경쟁의 양상이 복잡해지고 다양해지는 초경쟁 환경으로 변화하고 있기에 경쟁자의 범위를 충분히 확대하여 분석을 하는 것이 필요하다.

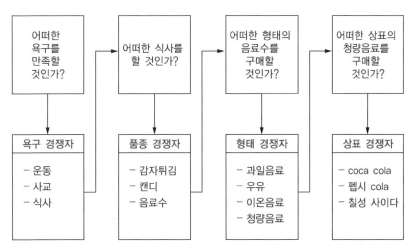

(2) 경쟁분석

① 경쟁분석을 할 때에는 객관적으로 경쟁자와 자신의 역량을 분석하는 것이 필요한데, 이를 위해 자주 사용되는 것이 <u>가치곡선(value curve)</u>이다.

② 가치곡선은 산업에서 중요하게 생각하는 요인들을 기준으로 자사의 역량과 경쟁자의 역량을 객관적으로 도식화 한 것으로, 이를 통해 경쟁자와 자신의 강점과 약점을 분석하여 대응방안을 강구하여야 한다.

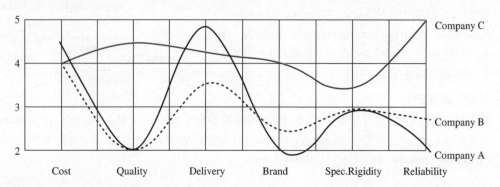

제2절 | 마케팅 정보 시스템

1. 마케팅 정보 시스템의 정의

① 마케팅 정보 시스템이란 마케팅 의사결정자를 위해 필요한 정보를 적기에 정확하게 수집, 분류, 분석, 평가하여 공급하는 구성원, 설비 및 절차로 구성되어 있는 체계를 의미한다.

② 현대의 경영환경에서는 시장 정보에 대한 중요성이 더욱 커지고 있는데, 이는 지역 마케팅 중심에서 국가적, 국제적 마케팅으로 범위가 넓어져 더 많은 시장 정보를 수집할 필요가 생겨나고 있고, 구매자의 1차적 욕구 중심의 마케팅에서 구매자 반응을 예측하여야 하는 2차적 욕구 중심의 마케팅으로의 변화, 또한 가격 경쟁 중심의 마케팅에서 마케팅 도구의 효과성이 더욱 중요한 비가격 경쟁 중심으로 마케팅의 양상이 변화하고 있기 때문이다.

2. 마케팅 정보 시스템의 구성

마케팅 정보 시스템은 <u>내부보고 시스템, 외부 정보수집 시스템, 마케팅 조사 시스템, 마케팅 의사결정 지원 시스템, 고객정보 시스템</u> 등으로 구성되어 있다.

(1) 내부보고 시스템

기업 내부에서 거래관련 정보를 보고하는 시스템으로 주문 - 지급 순환시스템, 판매정보 시스템 등으로 구성된다.

(2) 외부 정보수집 시스템

외부의 마케팅환경 동향 데이터 제공, 판매원, 언론, 외부전문가의 데이터를 축적하는 시스템을 말한다.

(3) 마케팅 조사 시스템

기업이 직면한 특수한 마케팅 상황과 관련한 자료, 사실들을 계획, 수집, 분석, 보고하는 시스템을 말한다.

(4) 마케팅 의사결정 지원 시스템

기업환경으로부터 정보를 수집·해석하여 마케팅 활동과 마케팅 의사결정에 도움이 되는 소프트/하드웨어로 된 자료와 시스템을 말한다.

(5) 고객정보 시스템

고객과 관련된 정보를 기록하고 분류, 분석하는 시스템을 말한다.

제3절 마케팅 조사

1. 마케팅 조사의 의미

(1) 마케팅 조사의 개념

마케팅 조사는 기업이 직면한 특수한 마케팅 상황과 관련된 자료와 사실들의 조사를 계획, 수집·분석, 보고하는 것을 의미하는데, 마케팅 조사는 먼저 당면한 문제를 정의하고 조사의 목적을 정립한 후에 조사 계획을 수립하고, 조사 계획에 따라 정보를 수집하고 분석하여 분석 결과를 제시하는 순서로 진행된다.

(2) 마케팅 조사의 단계

문제 및 조사목적의 정립 → 조사계획 수립 → 정보수집과 분석 → 분석결과 제시

2. 마케팅 조사의 종류

조사는 크게 탐색조사와 기술조사, 인과조사로 구분할 수 있다.

(1) 탐색조사

① 탐색조사란 실제조사에 선행하여 자료, 기록 등을 통해 의사결정에 관계된 변수들을 찾고 새로운 해결방안을 검토하는 정성적 조사를 말한다.

② 탐색조사의 방법에는 문헌 조사, 전문가 의견조사, 사례 조사, FGI, 개인 면접법 등이 있다.

문헌 조사	조사를 위해 가장 먼저 시행되는 일반적 성격의 조사로 신문, 잡지, 학술연구지, 기업의 재무자료, 정부 보고서 등 이미 조사된 2차 자료를 활용
전문가 의견조사	전문가들로부터 정보를 얻는 방법, 문헌 조사의 보조 역할 수행
사례 조사	기업이나 사회조직이 현재 직면하고 있는 상황과 유사한 사례를 찾아 분석하는 것
FGI	일반적인 조사에서 가장 많이 사용되는 탐색조사 방법으로 동질의 소수 응답자 집단을 대상으로 토론
개인 면접법	마케팅 리서치에 널리 이용되고 있는 자료수집 방법으로 상황에 따른 신축성이 있고 응답자에게 동기를 부여하는 조사방법

(2) 기술조사

① 기술조사는 특정 마케팅 현상이나 마케팅 변수와 소비자 반응 간의 관계파악을 위해 관련된 <u>구체적인 수치나 빈도를 조사하는 정량적 조사</u>이다.

② 기술적 조사에는 현지조사(= 실지조사), 패널조사, 시계열조사, 서베이 조사 등이 있다.

(3) 인과조사

<u>인과조사</u>는 <u>원인과 결과를 규명</u>하기 위하여 실험설계를 통해 변수들을 파악하는 <u>정량적 조사</u>로 회귀조사 등이 있다.

3. 조사계획 수립

조사계획 수립 시 어떤 자료를 원천으로 하여 조사를 할 것인가와 조사를 하는 방법, 조사 대상을 어떻게 접촉할 것인가 등에 대한 계획을 사전에 마련하여야 한다.

(1) 자료원천

① 2차 자료 : 다른 목적을 위해 이미 만들어진 자료
② 1차 자료 : 2차 자료가 없을 때 직접 수집한 자료

(2) 조사방법

관찰법, 목표 집단 면접법, 질문법, 실험법 등

(3) 조사수단

설문지, ARS 등 기계장치

(4) 표본추출계획

표본추출단위(조사 대상), 표본크기(표본의 신뢰성), 표본추출절차(선정과정) 등

(5) 접촉방법

전화, 우편, 대면, 온라인 등

4. 척 도

척도란 사물이나 사람의 특성을 수량화하기 위해 체계적인 단위를 가지고 그 특성에 숫자를 부여한 것으로, 조사의 설계 시에 어떤 척도를 사용할 것인지를 사전에 결정하여야 한다.

구 분	특 성	사 례	기술통계
명목척도	상관관계는 없고 구분만 있는 척도	남자, 여자	질적척도 백분율, 최빈값
서열척도	측정대상의 순서를 나타냄 → 서열 상관관계에 의함	석차, 순위	질적척도 중앙치, 사분위수
등간척도	속성대상에 순위 부여, 간격이 동일(+, −가능)	온도, IQ	양적척도 평균, 범위
비율척도	'0'의 개념 존재(절대영점) 4칙 연산 가능, 비율	몸무게, 매출액	양적척도 기하−조화 평균

5. 표본추출

① 표본추출은 모집단을 확정하고 표본 프레임(표집틀 ; Sampling Frame)을 선정한 후 표본추출 방법을 결정하고 표본의 크기를 결정하여 표본추출을 실행하는 순서로 진행되며, 표본을 추출하는 방법은 확률적 방법과 비확률적 방법이 있다.

② 표본추출방법(확률 vs 비확률의 문제는 모집단에서 뽑힐 확률)

대구분	소구분	방 법
비확률	편 의	편리성에 기준을 두고 임의로 표본추출
	판단(의도적)	조사자의 판단에 따라 모집단을 대표하는 표본을 추출
	할 당	모집단을 몇 개의 범주로 나눈 뒤 작위적으로 표본추출
	누적(눈덩이)	소수의 인원을 표본으로 추출한 뒤 그 주위사람을 조사
확 률	단순무작위	• 일정한 규칙에 따라 확률적으로 균등하게 추출 • 컴퓨터에서 난수와 일련번호를 발생시켜 추출
	체계적	모집단에서 n번째의 간격으로 추출
	층 화	인구비례 표본추출과 같이 모집단을 분류하여 무작위 추출
	군 집	모집단을 구분하고 그중 한 계층을 선택하여 추출

04 소비자 행동

1. 소비자 행동분석의 의미

소비자 행동을 분석한다는 것은 소비자가 기업의 마케팅 활동에 대하여 어떠한 반응을 보이고 있으며 어떠한 동기와 태도로 제품과 서비스의 구매 여부를 결정하는가를 파악하는 것이다. 소비자의 구매행동의 주요영향을 미치는 요인들로는 구매자 특성, 판매자 특성, 제품 특성, 상황 특성이 있으며, 소비자의 의사결정에 중요한 영향을 미치는 구매자의 특성은 문화적 요인, 사회적 요인, 개인적 요인, 심리적 요인이 있다.

(1) 문화적 요인

전통과 관습의 차이, 문화, 하위문화(특정 동질집단), 사회계급 등

(2) 사회적 요인

경제 상황, 법적 제도적 제약, 준거집단, 역할과 지위 등

(3) 개인적 요인

나이, 성별, 직업, 가족생활주기, 라이프스타일 등

(4) 심리적 요인

개인의 성격, 취미, 기호의 차이, 지각, 학습, 신념 등

2. 소비자 행동모델

이러한 소비자의 행동을 분석함으로써 아래와 같은 소비자의 행동모델을 도출할 수 있다.

마케팅 자극(4P)	기타 자극		구매자 특성	구매자 의사결정과정		구매자의 구매결정
제 품 가 격 장 소 촉 진	경제적 기술적 정치적 문화적	→	문화적 사회적 개인적 심리적	욕구인식 정보탐색 대안 평가 구매결정 구매 후 행동	→	제품선택 상표선택 점포선택 구매시기 구매수당

3. 소비자 의사결정과정 _{기출} 16

소비자의 행동모델을 분석함으로써 소비자가 어떤 단계들을 거쳐 구매까지 도달하는지를 파악할 수 있는데, 먼저 욕구를 인식하거나 문제를 인지하면 이를 해결하기 위한 정보들을 탐색하게 되고, 탐색된 정보를 기반으로 대안을 평가하여 구매를 결정하게 된다. 일단 구매가 이루어지면 구매 행동에 대한 평가를 통해 구매 후 행동이 이루어지게 된다.

① **욕구인식** : 내/외적 자극에 의해 구매욕구가 발생
② **정보탐색** : 정보원천에서 제품들에 대한 정보 수집
③ **대안평가** : 대안별로 그 속성들을 평가
④ **구매결정** : 대안 중 가장 선호하는 것을 구매
⑤ **구매 후 행동** : 구매 후 만족, 불만족을 행동화

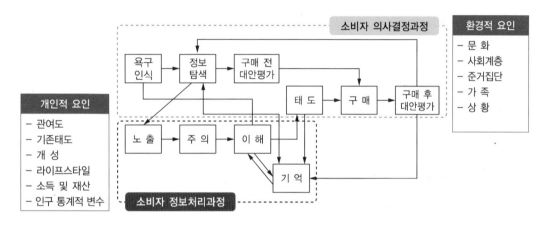

4. 광고자극에서 소비자 구매까지의 정보처리 과정

(1) AIDMA Model

소비자 행동의 분석을 통해 AIDMA Model에서는 소비자가 광고를 통한 자극을 받아 구매가 이루어지기까지의 과정을 모델링하였는데, AIDMA Model에 의하면 소비자는 주의(Attention) → 관심(Interest) → 욕구(Desire) → 기억(Memory) → 행동(Action)의 순서대로 정보를 처리하면서 구매에 이르게 된다고 주장하였다.

(2) AISAS Model

인터넷 쇼핑의 발달로 인하여 AIDMA Model의 수정버전인 AISAS Model도 제시되었는데, AISAS Model에 의하면 주의(Attention) → 흥미(Interest) → 검색(Search) → 구매(Action) → 공유(Share)의 과정으로 소비자의 행동이 이어진다고 하였다.

1. 관여도

관여도란 특정 제품에 관련된 개인적 중요성이나 관심도의 수준을 의미하는 것으로, 제품이나 서비스는 관여도의 수준에 따라 고관여 제품과 저관여 제품으로 분류할 수 있다.

(1) 고관여 제품

값이 비싸거나 중요도가 높고 잘못 구매했을 때의 위험성이 큰 것으로 집, 가전제품, 자동차 등이 있다.

(2) 저관여 제품

값이 저렴하고 소비자가 구매를 잘못하더라도 위험성이 크지 않은 것으로 식료품, 세제, 담배 등이 있다.

2. 관여도에 따른 구매결정과 마케팅

관여도에 따라 제품을 분류하는 이유는 관여도에 따라 제품의 구매 형태가 다르기 때문으로 마케팅의 관점에서는 관여도에 따른 소비자의 구매결정 패턴에 따라 마케팅의 방법을 달리 하여야 효과적인 마케팅 활동을 수행할 수 있다.

(1) 관여도에 따른 구매행동

구 분	습관적/일상적(저관여)	제한적/한정적	포괄적/광범위(고관여)
문제인식	선택적	일반적	일반적
정보탐색	제한적 내적 탐색 POP광고 영향	내적 탐색/제한적 외적 탐색 보통의 탐색동기	내적 탐색/외적 탐색 높은 탐색 동기 다양한 정보원
대안평가	습관적	제한된 단순 평가	다양/복잡한 평가
구 매	즉흥구매/셀프서비스	단순구매	비교구매
구매 후 행동	부조화 없음 단순 평가	부조화 없음 제한적 평가	부조화 있음 복잡한 평가

(2) 제품의 차별화 정도와 관여도에 따른 구매결정

구 분		고관여	저관여
상품의 특성차이	크 다	복잡한 구매행동 (정보수집 및 평가에 의한 구매)	다양성 추구 구매행동 (상표 전환이 빈번)
	작 다	부조화 감소 구매행동 (가격/구매용이성에 우선반응)	습관적 구매행동 (상표 친숙도에 의해 구매)

① 복잡한 구매행동
　㉠ 고관여, 상표/제품 간 차이 존재 – 자동차, 집
　㉡ 고가의 제품으로 구매빈도는 낮고 위험성은 높은 제품, 자아표현의 성격
② 부조화 감소 구매행동
　㉠ 고관여지만 제품의 차이가 낮은 경우
　㉡ 품질이 유사함으로 저가, 구매 편리성이 중요

③ 다양성 추구 구매행동
  ㉠ 저관여지만 제품 차이가 존재
  ㉡ 다양한 제품사용을 위해 수시로 제품 변경
④ 습관적 구매행동
  ㉠ 저관여, 제품 간 차이가 낮은 경우
  ㉡ 가격, 판촉 등으로 제품 사용 자극

(3) 관여도에 따른 의사결정의 형태와 마케팅 전략

흔히 구매하는 제품, 상표선호가 뚜렷, 손쉬운 구매결정 → 일상적 의사결정	유지전략(인지도가 높을 때)	상태를 유지, 유통망 정비
	혼란전략(인지도가 낮을 때)	소비자의 주의, 의사결정 과정을 변화
중간적 유형 제품군에 대한 지식이 부족 → 제한적 의사결정	포획전략(후보 상품군)	계속적인 정보제공, 소비자의 태도 강화
	차단전략(후보 상품군 이외)	정보제공, 인지도 상승을 유도
구매경험이 없는 중요한 상품 구매 시 → 본격적 의사결정 (포괄적 의사결정)	선호전략(후보 상품군)	자사상표를 선호하도록 정보를 제공
	수용전략(후보 상품군 이외)	적극적 상표탐색 유도, 무료샘플/사용기회

STP란 마케팅과 관련한 전략적 계획을 수립하고 시장의 기회를 분석한 후 자사에 적합한 목표시장을 선정하는 과정에서 시장을 세분화하고(Segmentation), 세분화한 시장 중에 표적시장을 선정하여(Targeting) 표적으로 선정한 시장에 위치를 점하는(Positioning) 과정과 활동을 의미한다.

제1절 **시장세분화** 기출 17·20·24

1. 시장세분화(Segmentation)의 의미

시장세분화란 다양한 욕구를 가진 전체 시장을 일정한 기준에 따라 동질적인 소비자 집단으로 나누고 해당기업에 적합한 시장을 찾는 과정으로, 세분시장 상호 간에는 이질성이 극대화 되어야 하고, 세분시장 내에서는 동질성이 극대화 되어야 한다.

2. 시장세분화의 효과

① 시장을 세분화하면 각 세분시장별로 고객의 욕구를 보다 더 충족시킬 수 있으므로 경쟁우위를 확보할 수 있고 마케팅의 기회도 증가한다.
② 경쟁자가 적거나 없는 세분시장에 진입하면 가격경쟁을 줄이고 국지적인 독점이 가능하고, 틈새시장을 개척하는 니치 마케팅이 가능하여 중소기업에 유리한 환경을 만들 수도 있다.

3. 시장세분화의 수준

구 분	대량 마케팅	세분시장 마케팅	틈새시장 마케팅	마이크로 마케팅
특 징	세분화하지 않음	세분화	세분시장을 재분할	특정지역, 개인별
구분 여부	구분 없이	그룹별 구분	틈새	1:1
예	Ford Model T	Marriott 호텔패키지	SUV 고급형/SUV 일반형	맞춤서비스

4. 시장의 유형과 시장세분화

시장세분화는 시장의 유형에 따라 다르게 적용하여야 하는데 동질적 선호성이 있는 시장은 세분시장으로 구분할 필요가 없으며, 군집적 선호성이 있는 시장에서는 시장세분화의 효과가 극대화 된다. 분산적 선호성이 있는 시장은 소비자의 기호가 극도로 분산되어 있기 때문에 시장세분화가 불가능한 시장이다.

(1) 동질적 선호성(현상)

① 모든 소비자들이 동일한 선호
② 대량 마케팅에 적합(대량생산 − 유통 − 촉진), 원가↓, 시장세분화 필요 없음

(2) 군집적 선호성

① 세분시장으로 불리는 상이한 선호의 군집
② 계층 마케팅에 적합/시장세분화 필요

(3) 분산적 선호성

① 극단적으로 소비자의 선호가 분산
② 개인 마케팅에 적합(맞춤 생산), 시장세분화 불가능

5. 시장세분화의 요건 [기출 18] [지도 19]

시장세분화를 위해서는 시장의 규모와 구매력의 측정이 가능하여야 하고, 개별 세분시장이 충분한 수익을 거둘 수 있는 규모의 실질성이 있으며, 접근이 가능하고 차별화가 가능한 마케팅 프로그램을 실행할 수 있어야 한다.

측정 가능성	세분시장의 규모와 구매력, 특성이 측정 가능한 것인가?
실질성(시장규모)	세분시장이 충분히 크거나 수익의 창출이 가능한가?
접근 가능성	세분시장에 효과적으로 도달하여 판매 가능한가?
차별화 가능성	세분시장별로 상이한 마케팅 믹스와 프로그램에 각각 다르게 반응하는가?
실행 가능성	세분시장을 유인하고 선점할 효과적인 마케팅 프로그램을 수립할 수 있는가?

6. 시장세분화의 방법 [지도 15·16·17·18]

시장세분화를 위해서는 세분화의 변수들을 선정하여 각 시장과 고객의 특성을 분석하고 유사한 성격과 특성을 지닌 고객들을 하나의 세분시장으로 묶게 되는데, 이때 사용되는 세분화의 변수로는 지리적, 인구통계적, 심리적, 행동적 변수들이 사용된다.

(1) 시장세분화의 변수

지리적 세분화	지역, 도시규모, 인구밀도, 기후 등	대도시, 중소도시, 교외 등
인구통계적 세분화	연령, 성별, 가족규모, 가족생활주기, 소득직업, 교육, 종교, 인종	가족생활주기에 따라 독신청년, 젊은 무자녀 부부, 젊은 유자녀 부부 등
심리적 세분화	라이프스타일, 개성 등	개성에 따라 사교적, 개인적, 권위적, 야심적 등
행동적 세분화	구매동기, 혜택, 사용자지위, 사용률, 충성도 등	혜택에 따라 품질, 서비스, 가격 등

(2) 시장세분화 과정

구 분	고객 A	고객 B	고객 C	고객 D	고객 E	...
지 역	중 동	중 동	동남아	동남아	동유럽	
의사결정구조	중앙집권	중앙집권	중앙집권	합의형	합의형	
프로젝트규모	대	중	대	중	소	
가격민감도	높 음	높 음	높 음	낮 음	중 간	
품질민감도	낮 음	낮 음	낮 음	높 음	높 음	
...						

구 분	고객 A	고객 B	고객 C	고객 D	고객 E	...
지 역	중 동	중 동	동남아	동남아	동유럽	
의사결정구조	중앙집권	중앙집권	중앙집권	합의형	합의형	
프로젝트규모	대	중	대	중	소	
가격민감도	높 음	높 음	높 음	낮 음	중 간	
품질민감도	낮 음	낮 음	낮 음	높 음	높 음	
...						

7. 세분시장의 프로파일링(profiling)

세분시장의 프로파일링은 세분화된 시장의 특징과 욕구를 구체적으로 정리하여 기술한 것으로, 정리된 profiling 자료를 바탕으로 세분시장에 접근할 방법을 모색하게 된다.

구 분	중앙집권형, 가격중시	합의형, 품질중시
지 역	중동 65%, 동남아 25%, 인도 10%	동남아 70%, 유럽 30%
의사결정구조	중앙집권형	합의형
의사결정자	국가수반	중앙/지자체 공무원
평균발주규모	$1억	$0.5억
발주처	A, C, E, ...사	F, G, H, Y, ...사

제2절 시장표적화

1. 시장표적화의 의미와 세분시장의 평가

① 시장표적화란 전체 시장을 세분시장으로 분할한 후 어떤 세분시장(1개 이상)에 진출할 것인가를 결정하는 과정을 의미한다.

② 또한 진출할 세분시장을 선정하기 위해서는 각 세분시장을 평가할 필요성이 있는데, 세분시장의 평가 시에는 규모와 성장률(매력도), 시장구조(경쟁강도), 기업의 목표와 자원(자사와의 적합성)이 평가의 기준으로 사용된다.

2. 시장표적화의 종류 `기출 15`

시장표적화의 종류는 하나의 세분시장에 집중화 하는 방법과 제품이나 시장을 중심으로 전문화 하는 방법, 몇 개의 세분시장을 선택하여 전문화 하는 방법, 세분시장을 구분하지 않고 전체시장을 대상으로 마케팅 활동을 전개하는 방법이 있다.

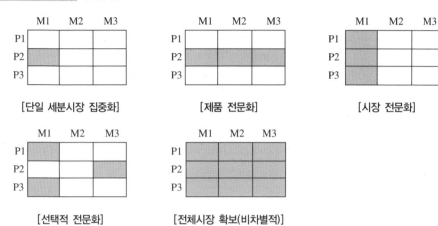

[단일 세분시장 집중화] [제품 전문화] [시장 전문화]

[선택적 전문화] [전체시장 확보(비차별적)]

① 단일 세분시장 집중화 : 하나의 세분시장에 집중
② 제품 전문화 : 여러 세분시장에 판매 가능한 특정제품에 집중
③ 시장 전문화 : 특정 고객집단의 여러 가지 욕구의 충족에 집중
④ 선택적 전문화 : 기업목표/재원에 적합한 각기 다른 세분시장 진출
⑤ 전체시장 확보 : 모든 고객이 필요한 모든 제품을 제공

3. 시장표적화와 마케팅의 종류

(1) 무차별적 마케팅

① 세분시장 간의 차이를 무시하고 하나의 제품으로 전체시장을 공략한다.
② 소비자들 간의 차이보다는 공통점에 중점을 두며, 대량 유통과 대량 광고 방식을 채택한다.
③ 전체시장을 대상으로 한 가지의 메시지만 전달하기 때문에 비용절감의 효과가 있다.

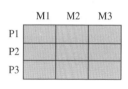

[전체시장 확보(비차별적)]

(2) 차별적 마케팅

① 여러 개의 표적시장을 선정하고 각각의 표적시장에 적합한 마케팅 전략을 개발한다.
② 각 세분시장에 맞는 마케팅 전략의 구사에는 많은 비용이 들어가기 때문에 증가된 비용을 고려한 예상수익을 먼저 생각해야 한다.

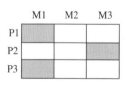

[선택적 전문화]

(3) 집중 마케팅

기업의 자원이 제한되어 있는 경우, 큰 시장에서 작은 점유율을 누리기보다는 하나 혹은 소수의 작은 시장에서 높은 시장 점유율을 누리기 위해 집중적인 마케팅을 실시한다.

[단일 세분시장 집중화]   [제품 전문화]   [시장 전문화]

제3절 시장위치화

1. 시장위치화의 의미

① 위치화란 소비자의 마음속에 경쟁사와 비교해 뚜렷하고 차별적으로 인지되도록 자사의 포지션을 기억시키는 과정이다.

② 제품의 포지션이란 소비자들의 인식 속에 자사의 제품이 경쟁제품에 대비하여 차지하고 있는 상대적 위치를 의미하는데, 소비자들은 구매할 때마다 제품을 재평가할 수 없기 때문에 제품과 서비스, 제조회사들을 마음속의 특정위치에 저장하고 해당 포지션에 기반하여 구매를 하게 된다.

③ 소비자의 마음속에 한번 정립된 포지션은 변경이나 탈피가 쉽지 않기 때문에 시장위치화의 중요성은 매우 크다고 할 수 있다.

2. 포지셔닝 맵

① 지각도(포지셔닝 맵)란 서로 관련이 있는 상표들이 시장 내에서 차지하는 위치를 나타낸 그림으로, 소비자들에게 여러 상표의 유사점과 차이점을 질문하여 자료를 수집하고 다차원 척도법에 근거하여 작성한 것이다.

② 자사의 기존제품과 경쟁제품들의 상대적 위치와 시장의 비어 있는 위치의 파악이 가능하며 신제품 개발의 타당성을 분석하는 데에도 많이 사용된다.

3. 포지셔닝의 절차

시장 위치화는 <u>소비자분석 및 경쟁자 확인</u> → <u>경쟁제품의 포지션 분석</u> → <u>자사제품의 포지셔닝 개발</u> → <u>포지셔닝 확인/재포지셔닝</u>의 순서로 진행된다.

(1) 경쟁사 대비 경쟁적 강점 파악

① 소비자들의 욕구와 구매과정에 대해 경쟁사보다 잘 이해함으로써 경쟁사들과 차별화하여 보다 높은 가치를 소비자들에게 줄 수 있어야 한다.

② 차별화 가능 요인

    ㉠ 제품 차별화(질레트 면도기)/경쟁적인 차별화(건조가 2배 빠른 페인트)

    ㉡ 인적 차별화(싱가포르 항공사 승무원)/이미지 차별화(에비앙)

(2) 적절한 경쟁우위의 선택

① 차별화가 가능한 경쟁적 강점을 파악한 후에 어떤 경쟁적 우위점을 선택할 것인지, 몇 개의 우위점을 가지고 차별적 포지셔닝을 할지를 결정한다.

② 각 차별점은 소비자에게 편익을 제공함과 동시에 기업의 비용증대를 가져옴으로써 의미 있는 차별화가 될 수 있도록 신중한 선택이 필요하다.

(3) 선택한 포지션의 전달

① 포지셔닝에 사용될 차별점이 선택되면 표적 소비자들에게 포지셔닝이 될 수 있도록 차별점을 전달한다.

② 모든 기업의 마케팅 믹스는 포지셔닝의 전달에 집중해야 한다.

4. 포지셔닝의 유형

포지셔닝의 유형은 소비자의 인식에 초점을 맞춘 <u>소비자 포지셔닝</u>과 경쟁자에 초점을 맞춘 <u>경쟁적 포지셔닝</u>으로 분류할 수 있으며, 기존의 포지셔닝이 기업의 의도와 다를 때 다시 포지셔닝을 하는 <u>재포지셔닝</u>이 있다.

(1) 소비자 포지셔닝

① 소비자의 인식에 초점을 둔다.

② 속성편익 포지셔닝(갤럭시), 이미지 포지셔닝(애플), 사용상황 포지셔닝(가그린), 사용자 포지셔닝(벤츠) 등이 있다.

(2) 경쟁적 포지셔닝

① 경쟁자에 초점을 둔다.

② 경쟁제품의 기능, 이미지와 명시/묵시적으로 비교한다.

③ 선도기업의 포지션이 너무 강할 때 2위 기업이 사용한다.

    예 SKT – LGT, 코카콜라 – 칠성사이다

(3) 재포지셔닝

① 기존의 포지셔닝이 기업의 의도와 다를 때 포지션의 위치를 변화시키는 것을 말한다.

② 어렵고 비용이 많이 들어 위험이 높다.

    예 미국 자동차시장의 도요타, 현대자동차

CHAPTER
06 마케팅 믹스와 제품(Product)

1. 마케팅 믹스의 의미 [지도 20]

마케팅 믹스란 기업이 표적시장에서 원하는 반응을 얻을 수 있도록 하기 위해 '4Ps'인 제품(Product), 가격(Price), 유통경로(Place), 촉진(Promotion)을 혼합하여 사용하는 마케팅 도구의 집합을 말한다.

2. 마케팅 믹스의 실행

① 마케팅 믹스는 4P 각각의 전략을 독립적으로 정하는 것이 아니라 서로의 관계가 균형을 이루도록 구성하여야 한다.
② 4P 가운데 무엇을 중시할 것인가, 어떻게 결합시킬 것인가가 마케팅 믹스의 핵심 관심사이다.

1. 제품의 개념

소비자의 욕구(Needs)와 필요(Wants)를 충족시키기 위해 시장에 제공되는 것으로, 물리적 재화, 서비스, 경험, 이벤트를 모두 포괄하는 총체적인 제품 개념으로서의 제품을 의미한다.

2. 제품의 차원 [기출 17]

제품을 구성하는 요소를 분해하면 핵심제품, 유형제품, 확장제품으로 그 차원을 다르게 구분할 수 있다.

(1) 핵심제품(Core Product)

고객이 실제로 구매하는 근본적인 서비스나 혜택 그 자체를 의미하는 것으로, 컴퓨터의 구매는 컴퓨터의 정보처리능력이라는 근본적인 기능을 사용하기 위해서 구매하는 것과 같은 것이다.

(2) 유형제품(Tangible Product)

실체제품이라고도 하는데, 편익을 실현하기 위한 물리적 요소들의 집합, 즉 컴퓨터의 구매 시에는 펜티엄4, 미니 데스크톱, 올인원 등 실제로 구매하는 유형의 컴퓨터 종류가 유형제품이라고 볼 수 있다.

(3) 확장제품(Augmented Product)

증폭제품이라고도 하는데, 물리적인 유형제품에 추가하여 제공되는 운반과 설치, 보증, A/S 등의 서비스나 혜택을 의미하는 제품의 차원이다.

(4) 5가지의 제품차원

필립 코틀러는 핵심제품, 유형제품, 확장제품을 더욱 세분화하여 핵심이점, 기본적 제품, 기대하는 제품, 확장제품, 잠재적 제품의 5가지의 제품차원으로 발전시켰다.

5가지 제품차원		설 명	예(호텔)
핵심이점	Core Benefit	고객이 실제로 구입하는 근본적인 서비스나 이점	휴식, 휴면
기본적 제품	Generic Product	핵심이점을 기본적 제품으로 형상화	침대, 욕실, 타월, 책상, 화장대, 화장실
기대하는 제품	Expected Product	구매자들이 제품을 구입할 때 정상적으로 기대하는 일체의 속성과 조건	깨끗한 침대, 타월, 책상
확장 제품	Augmented Product	고객들의 기대를 넘어 고객들의 욕망을 충족하는 제품	룸서비스, 수영장, 사우나, BIZ SVC, Fitness Center 등
잠재적 제품	Potential Product	미래에 경험할 수 있는 변환과 확장의 일체 (고객만족, 타 제품과의 차별화)	빔 프로젝트, 크리스마스 카드, 소식지 등

- Core Benefit
- Generic Product
- Expected Product
- Augmented Product
- Potential Product

제3절 제품의 분류 [기출] 18 · 21

제품은 그 용도에 따라서 소비재와 산업재, 소비자의 구매습관에 따라 편의품, 선매품, 전문품으로 구분할 수 있고, 내구성에 따라 내구재와 비내구재로 구분할 수 있다.

기 준	종 류
용 도	• 소비재 – 소비자가 직접 사용 위해 구매 • 산업재 – 타 재화 생산을 위해 구매(생산재)
소비자의 구매습관	• 편의품 – 소량을 자주 구입, 껌, 담배 • 선매품 – 가격, 품질 등 비교 검토, 의류, 가전 • 전문품 – 독특한 특성으로 해당 제품만 사려고 특별히 노력하는 상품 • 미탐색품 – 고객에게 알려지지 않은 제품, 인적판매
내구성	• 내구재 – 자동차, 가구, 냉장고 등 • 비내구재 – 고객이 자주 구입, 빨리 소비

1. 소비재

(1) 소비재의 의미와 종류

소비재란 최종소비자가 개인적 소비를 위해 구매하는 상품으로, 소비재의 종류는 소비자의 소비습관을 기준으로 하여 편의품, 선매품, 전문품, 미탐색품으로 구분할 수 있다.

① **편의품** : 일상 필수품이며 습관적, 충동적으로 구매하는 제품으로, 고객이 제품에 대한 지식이 많은 저관여 제품이다. 저가격이고 위험이 없어 고객충성도가 낮다(예 치약, 커피).

② **선매품** : 여러 점포를 방문하여 품질 및 가격을 비교하고 구매하는 제품으로, 고객의 제품지식이 적고 고가여서 위험이 높다(예 의류, 가전).

③ **전문품** : 구매과정에 특별한 시간과 노력을 투자하는 고관여 제품으로, 고객충성도가 높고 브랜드와 이미지가 중요하다.

④ **미탐색품** : 고객에게 알려지지 않은 제품으로 주로 인적판매에 의존한다.

(2) 소비재별 마케팅 믹스

소비재별로 효과적인 마케팅 믹스가 존재하는데 세부적인 내용은 아래의 표와 같다.

구 분		편의품	선매품	전문품
특 성	구매노력 및 시간	적 다	많 다	많 다
	욕구충족시간	즉 시	장시간	장시간
	가격/품질 비교대상	존 재	존 재	없 음
	가 격	낮 다	높 다	높 다
	구매빈도	자 주	비정기적	비정기적
	브랜드/점포의 중요성	브랜드	점 포	브랜드/점포
	포장의 중요성	매우 중요	덜 중요	덜 중요
마케팅 믹스	제품전략	대량생산	다 양	독 창
	가격전략	시장가격	협상가격	고가격(협상)
	유통전략	개방적	선택적	전속적
	촉진전략	POP 견 본 대량광고	인적판매 대량광고	인적판매 DM

2. 산업재

산업재란 사업활동을 위해 구매하는 추가적 가공처리가 필요한 제품으로, 자재와 부품, 자본재, 소모품과 서비스 등이 있다.

① **자재와 부품** : 원자재(농산물, 목재나 철광석 등의 천연원료)와 가공재와 부품(구성재료, 나사나 철사와 같은 구성부품)으로 가격과 서비스가 구매에 영향을 미치는 주요 요인이며 상표나 광고의 영향은 적다.

② **자본재** : 설비품(건물, 고정시설), 보조장비(공구, 장비)

③ **소모품과 서비스** : 소모품(편의품 성격), 서비스(수선유지, 경영자문)

1. 제품계열과 제품믹스의 의미

(1) 제품계열

제품계열은 기업이 생산하는 모든 제품 중 물리적 특성, 용도, 구매집단, 가격범위, 유통채널이 비슷한 제품 군(샴푸, 린스)을 의미하고, 제품품목은 제품계열 내에서 크기, 가격 및 기타 속성에 의해 구별될 수 있는 최소 단위(샴푸 500ml, 샴푸 1Kg)를 의미한다.

(2) 제품믹스

① 제품믹스(= 제품구색)는 기업이 소비자에게 제공하는 제품계열과 제품품목들의 집합을 말하는데, 제품믹스는 제품계열의 수를 의미하는 폭(Width)과 제품계열 내 제품품목의 수를 의미하는 깊이(Depth), 제품믹스 내의 총 품목 수를 의미하는 길이(Length)로 구성되어 있다.

② 제품의 길이는 제품의 폭과 제품의 깊이의 곱(폭 × 깊이)으로 표시할 수 있으며, 제품의 평균 깊이는 제품의 길이를 폭으로 나눈 것(길이/폭)과 같다.

2. 제품믹스의 일관성(Consistency)

제품믹스는 여러 제품계열들이 최종용도, 생산요건, 유통 경로 등에 있어서 밀접한 관련성을 가지고 있기 때문에 일관성있게 구성하는 것이 필요하다.

3. 제품믹스 전략

제품믹스 전략이란 제품의 폭, 깊이, 길이의 3가지 요소를 조정, 수정, 개발하여 변화하는 소비자의 욕구와 경쟁에 대처할 수 있도록 하는 것인데, 제품믹스 전략에는 계열 연장, 계열 확장, 계열 축소 등이 있다.

① 제품계열 연장
  ㉠ 하향연장 : 고가품 → 중/저가품
  ㉡ 상향연장 : 저가품 → 고가품
  ㉢ 양면연장 : 중가품 → 고가품, 저가품
② 제품계열 확장 : 조미료 → 설탕, 소금
③ 제품계열 축소 : 이익이 낮은 제품계열을 제거

1. PLC(Product Life Cycle)의 의미

제품수명주기란 제품이 시장에 출시하여 소멸되기까지의 시간적 과정을 말하는데, 제품의 수명주기는 (개발기) → 도입기 → 성장기 → 성숙기 → 쇠퇴기로 구분된다.

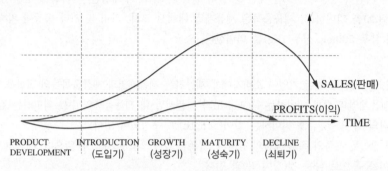

2. 제품수명주기별 특성과 마케팅 믹스

제품은 각 수명주기의 각 단계별로 특징적 현상들을 보이는데, 이러한 제품수명주기별 특징들은 마케팅 활동에 유효한 정보를 제공한다.

(1) 제품수명주기별 특성

구 분	도입기	성장기	성숙기	쇠퇴기
매출액	낮 다	급속성장	최대매출	낮 다
고객당 비용	높 다	평 균	낮 다	낮 다
이 익	적 자	증 대	높 다	감 소
주요고객	혁신층	조기수용층	중간다수층	후발수용층
경쟁자의 수	약 간	점차 증대	점차 감소	감 소

(2) 제품수명주기별 마케팅 믹스

구 분	도입기	성장기	성숙기	쇠퇴기
마케팅 목표	제품인지 사용증대	M/S 극대화	이익극대화 M/S 방어	비용절감 투자회수
제 품	기초제품	제품 확대	품목 다양화	취약품 폐기
가 격	원가가산	시장침투	경쟁대응	가격인하
경 로	선택적 유통	집중적 유통도입	집중적 유통강화	선택적 유통
광 고	조기수용층 제품인지형성	대중시장 인식과 관심형성	상표차이 이점 강조	최소화
판 촉	사용확보 강력 판촉	수요확대 판촉의 감소	상표전환 판촉 증대	최저수준

제6절　신제품 개발

1. 신제품의 개발 절차

신제품의 개발은 아이디어 개발 → 제품 콘셉트의 개발과 테스트 → 사업성 분석 → 제품개발 및 시험생산 → 시험마케팅 → 상업화(대량생산)의 순서로 진행된다.

2. 신제품의 수용과 확산 `기출 14 · 23` `지도 19`

① 신제품이 소비자에게 도달되면 소비자들은 신제품의 수용 프로세스(Stage in The Adoption Process)에 의해 제품을 수용하게 되는데, 신제품의 수용프로세스는 인지(Awareness) – 관심(Interest) – 평가(Evaluation) – 시용(Trial) – 수용(Adoption)의 순서로 진행된다.

② 신제품의 수용되고 확산되는 과정은 일반적으로 전체의 2.5% 정도의 혁신소비자에 의해 가장 먼저 사용이 되고 이후 13.5% 정도의 조기수용자층, 34% 정도의 조기다수자층에 의해 수용되며 정점에 도달하게 된 후 후기다수자, 최후수용자층에게로 확산된다.

③ 신제품의 확산과정

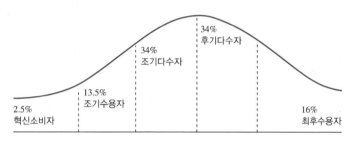

제7절　서비스 마케팅

1. 서비스의 특징

① 서비스는 유형의 제품과 다른 특성을 지니고 있는데, 첫 번째 특징은 서비스는 형태가 없다는 무형성이다.

② 두 번째 특징은 서비스의 제공자와 서비스의 분리가 불가능한 비분리성을 지니고 있고, 또한 서비스의 품질은 서비스의 제공자나 서비스의 제공 장소, 서비스의 제공 시간에 따라 변동이 되는 변화성의 특징을 가지고 있다.

③ 마지막으로 서비스는 저장이 불가능한 소멸 가능성을 가지고 있다.

2. 서비스 마케팅의 특성

① 서비스의 특성으로 인하여 서비스 마케팅 또한 고유한 특성을 지니고 있는데, 4P를 사용하는 외적 마케팅뿐만 아니라 내부직원들과 관련한 내적 마케팅과 고객과 종업원 간의 상호작용 마케팅의 중요도가 매우 높다.

② 서비스의 마케팅의 유형은 서비스 삼각형에 잘 나타나 있다.

3. 서비스 마케팅의 유형(서비스 삼각형)

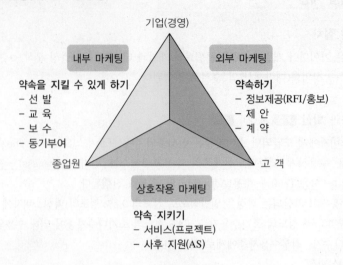

내부 마케팅
약속을 지킬 수 있게 하기
 - 선 발
 - 교 육
 - 보 수
 - 동기부여

기업(경영)

외부 마케팅
약속하기
 - 정보제공(RFI/홍보)
 - 제 안
 - 계 약

종업원

고 객

상호작용 마케팅
약속 지키기
 - 서비스(프로젝트)
 - 사후 지원(AS)

제8절 브랜드 기출 21 · 22 · 24

1. 브랜드의 의미

브랜드(= 상표)란 특정 판매업자의 제품이나 서비스를 경쟁사의 제품으로부터 식별하고 차별화시킬 목적으로 사용되는 명칭, 말, 기호, 상징, 디자인 또는 이들의 결합을 의미한다. 브랜드는 오랜 시간의 노력과 비용으로 만들어지는 것으로 제품의 가치에 더해 추가적인 가치를 만들어 내기 때문에 브랜드 자산으로 평가되는데 브랜드 자산과 관련하여 몇 가지 개념을 정리해 보면 아래와 같다.

(1) 브랜드 인지도

브랜드 회상(비보조 인지) + 브랜드 재인(보조 인지)으로 구성된다.

(2) 브랜드 이미지

브랜드 연상에 의해 반영된 인식을 말한다.

(3) 브랜드 연상

브랜드에 관한 인상과 느낌의 총체이다.

2. 브랜드 전략

브랜드 전략은 새로운 브랜드의 여부와 새로운 제품의 여부에 따라 라인 확장, 브랜드 확장, 복수 브랜딩, 신규 브랜드 전략으로 구분할 수 있다.

		제품 범주	
		기 존	신
상표명	기 존	라인 확장	브랜드 확장
	신	복수 브랜딩	신규 브랜드

(1) 라인 확장(계열 확장)
동일 범주에 새로운 품목 도입, 적은 비용, 상표인식 용이, 소비자 혼란

(2) 브랜드 확장(상표 확장)
새로운 범주에 기존 상표 사용, 적은 비용, 상표인식 용이, 신제품 실패 시 브랜드 전체에 영향

(3) 복수 브랜드(복수상표)
동일 범주에 두 가지 이상 상표 사용, 주상표 보호, 위험 분산, 비용 증가

(4) 신규 브랜드(신상표)
새로운 범주에 새로운 상품, 새로운 이미지, 비용 증가

07 가격(Price)

제1절 가격의 결정

1. 가격의 개념

가격이란 제품 또는 서비스의 화폐액 혹은 제품과 화폐가치의 교환비율을 의미하는데, 기업의 관점에서 가격이란 제공하는 제품이나 서비스에 부과되는 금액을 의미하고, 소비자의 관점에서 가격이란 제품 또는 서비스를 사용하는 효용(혜택)과 교환되는 가치를 의미한다.

2. 가격결정요인과 가격결정절차

(1) 가격결정요인

① 가격의 결정은 내부적인 마케팅 목표나 마케팅 믹스, 원가 등의 내적 요인과 시장과 수요상황 및 경쟁 등과 같은 외적 요인에 영향을 받게 된다.

② 저가격 정책을 실시하면 단위당 이익의 크기가 줄어들고, 고가격 정책을 사용하면 수요가 줄어들기 때문에 제품의 원가, 경쟁사의 가격, 소비자의 가격지각 등을 종합적으로 분석하여 가격을 결정하여야 한다.

저가격	제품원가	경쟁사의 가격		고가격
이익↓		내·외적 요인	소비자의 가격지각	수요↓

(2) 가격결정절차

가격을 결정하기 위해서는 가격결정목표를 확인하고 수요를 파악한 후 원가를 추정하고, 경쟁제품의 가격을 분석한 후, 가격결정방법을 선정하여 최종가격을 결정하는 절차를 따르게 된다.

가격결정목표의 확인 → 수요의 결정 → 원가 추정 → 경쟁제품 가격분석 → 가격결정방법의 선정 → 최종가격의 결정

1. 가격결정방법의 구분

가격을 결정하는 방법은 무엇을 기준으로 가격을 산정하는가에 따라 몇 가지로 구분할 수 있는데, 가격결정의 기준은 원가기준, 수요기준, 경쟁기준, 심리기준으로 분류할 수 있다.

2. 원가기준 가격결정법

① 원가기준 가격결정법은 제품의 원가를 기준으로 가격을 결정하는 방법으로, 마케팅의 측면에서는 수요와 경쟁을 간과한다는 약점이 존재하는 가격결정방법이다.

② 원가기준 가격결정법의 종류에는 소매상이 주로 사용하는 원가가산 가격결정법과 제조업체가 주로 사용하는 목표(수익률) 가격결정법이 있다.

3. 수요기준 가격결정법

수요기준 가격결정법은 원가보다는 제품의 수요와 소비자의 지각을 중시하는 가격결정법으로, 수요기준 가격결정법의 종류에는 수요와 공급을 분석하여 가격을 결정하는 수요공급분석 가격결정법, 한계비용과 한계이익이 일치하는 점으로 가격을 결정하는 한계비용 분석법, 총수익이 총비용을 상회하는 범위 중에 수요가 최대로 되는 지점을 가격으로 결정하는 손익분기점 분석법, 특정한 목표시장을 염두에 두고 제품을 개발하여 제품의 지각가치를 결정한 후 판매량을 추정하여 가격을 결정하는 지각가치 가격결정법 등이 있다.

4. 경쟁기준 가격결정법

경쟁기준 가격결정법은 원가나 수요와 무관하게 경쟁자의 가격전략에 대응하는 가격결정법으로, 경쟁기준 가격결정법의 종류로는 현행 시장가격대로 가격을 책정하는 모방가격 결정법, 경쟁사의 행동을 예측하여 가격을 결정하는 입찰가격 결정법, 선도업체의 가격결정에 후발업체가 연동하여 일종의 가격 카르텔이 형성되는 지도(Leadership) 가격결정법 등이 있다.

5. 심리기준 가격결정법 기출 19 · 20 · 24 지도 15 · 21

심리기준 가격결정법은 소비자의 심리적 특성이나 구매 특성을 반영한 가격결정법으로, 소비자의 다양한 심리적 특성을 이용하여 가격을 결정한다.

(1) 소비자 심리와 관련된 가격 개념

① 최저수용가격 : 품질을 의심하게 되지 않는 수준의 최저가격

② 준거가격 : 소비자가 제품가격을 평가할 때 기준이 되는 가격

③ 유보가격 : 소비자가 지불할 의사가 있는 최대의 가격

④ JND(Just Noticeable Difference) : 가격변화를 느끼게 만드는 최소의 가격변화 폭

⑤ 가격 품질연상 : 소비자는 가격이 높으면 품질도 높을 것이라 기대

(2) 소비자의 심리를 이용한 가격

① 단수가격 결정법 : 10,000원이라 할 것을 9,999원으로 책정

② 명성가격 결정법 : 고가격 = 사회적 지위

베블렌 효과 – 일정 가격까지는 고가격에도 수요가 유지

③ 가격라인 결정법 : 소비자가 수용하는 가격범위 존재

④ 관습가격 결정법 : 장기간 설정되어 소비자가 당연시하는 가격이 존재

⑤ 복합가격 결정법 : 벌크제품, 복수구매

제3절 가격전략

마케팅 믹스로서 가격을 전략적으로 사용하는 방법에는 신제품의 가격을 결정하는 방법과 가격을 차별화하는 방법, 가격의 인상과 할인, 제품수명주기별 가격전략 등이 있다.

1. 신제품 가격결정법 기출 14 · 18   지도 17 · 23

(1) 초기고가 가격정책

① 스키밍 가격전략이라고도 하며, 시장에 신제품을 선보일 때 고가로 출시한 후 점차적으로 가격을 낮추는 전략으로, 브랜드 충성도가 높거나 제품의 차별점이 확실할 때 사용한다.

② 고소득계층의 수요 흡수 후 장기적으로 가격을 인하하는 전략으로, 제품 수명주기의 초기 단계나 하이테크 산업에 자주 사용되며, 일반적으로 수요의 상층부는 가격에 비탄력적이기 때문에 고가의 제품이라도 차별화된 경쟁력이 있다면 초기고가의 정책사용이 가능하다.

(2) 시장침투 가격정책

① 대중시장에 침투하기 위해 저가격을 경쟁력으로 하는 전략으로, 후발업체의 시장 진입 시에 주로 사용된다.

② 수요의 가격탄력성이 커서 저가격으로 수요를 창출할 수 있는 시장과 제품에 사용될 때 효과가 크다.

(3) 손실유도 가격정책

기업전체의 이익증대를 위해 특정품목의 가격을 낮추고 관련 타제품의 매출을 견인하는 전략이다.

(4) 균형가격정책

가격을 가치와 일치시키는 가격전략으로, 가격의 마케팅적 수단성을 축소시킨 전략이다.

2. 가격차별 `기출` 14 · 24

가격차별이란 같은 상품에 대해 구입자에 따라 다른 가격을 받는 행위를 의미하는데, 가격차별은 차별의 동기에 따라 판촉을 위한 가격차별, 판매통제를 위한 가격차별, 판매상황에 따른 가격차별로 구분할 수 있다.

(1) 판매촉진을 위한 가격차별전략

현금할인, 수량할인, 판매업자할인, 계절적 할인, 보상판매 등

(2) 판매통제를 위한 가격차별전략

① 기능적 할인 : 도매업자 – 소매업자 가격차별, 판매질서
② 할인환불 : Rebate, 제조업자 – 유통업자, 협력, 경로지배

(3) 판매 상황에 의한 가격차별전략

① 지역별 가격차별 : 국내 vs 해외
② 시간별 가격차별 : KTX 주중 vs 주말
③ 용도별 가격차별 : 용도별 가격탄력성이 다를 경우, 우유 – 음료용/아이스크림용

3. 가격인상

① 인상의 이유 : 원가상승, 과잉수요, 제품속성 개량, 경쟁제품의 철수
② 인상 방법 : 할인율 감소, 고가제품 출시, 공개적 인상

4. 가격할인

① 현금할인 : 현금결제
② 수량할인 : 일정 수량 이상 구매
③ 기능할인 : 판매업자할인, 거래할인, 거래진행 중 업자들 간의 정상적 할인
④ 계절할인 : 비성수기에 할인
⑤ 공제 : 촉진 공제(중간상이 판촉 활동을 지원할 경우 제품 대금의 일부를 감면)

5. 제품수명주기와 가격

① 도입기 : 원가가산가격, 목표가격, 초기고가
② 성장기 : 시장침투가격, 저가격
③ 성숙기 : 경쟁대응가격
④ 쇠퇴기 : 가격인하

6. 품질에 따른 가격전략

구 분	고품질	저품질
고가격	프리미엄 전략	오버차징 전략
저가격	좋은가격 전략	이코노미 전략

7. 집합제품 가격전략(다른 제품, 상품에의 연관영향) 기출 17

① 제품라인 가격결정 : 타 제품의 원가, 품질을 고려하여 결정한다.

② 결합제품 가격결정 : 기반제품의 가격은 낮추고 결합제품의 가격은 높게 책정한다.

③ 묶음제품 가격결정 : 여러 상품을 묶어 할인 판매한다.

④ 옵션제품 가격결정 : 주력제품에 추가되는 옵션의 가격결정을 말한다.

08 유통(Place)

제1절 　유통과 유통경로

1. 유통의 의미

① 유통이란 최종소비자가 상품을 쉽게 소비할 수 있도록 만들어주는 과정에 참여하는 모든 이들의 활동을 의미하며, 새로운 시장의 기회와 고객가치를 창출하는 일련의 활동이다.

② 유통은 생산자와 소비자 사이에 있는 사회적, 장소적, 시간적 불일치를 해소하는 역할을 수행한다.

2. 유통의 기능

유통의 기능에는 본원적 기능인 거래기능과 물적 유통기능, 거래를 촉진하는 조성기능인 위험부담기능, 금융기능, 표준화기능, 정보제공기능, 구색확보 기능 등이 있다.

(1) 유통의 본원적 기능

① 거래기능 : 소유권 이전과 관련된 판매기능, 구매기능

② 물적 유통기능 : 재고의 이전과 관련된 보관기능, 운송기능

(2) 유통의 조성기능

위험부담기능/금융기능/표준화기능/정보제공기능/구색확보기능

3. 유통경로의 의미

① 유통경로란 생산자로부터 소비자에게로 제품이 이전되거나 소유권이 이전되는 과정과 그 과정상에 있는 기관을 의미하며, 유통경로는 생산자, 중간상, 사용자(최종소비자)로 구성된다.

② 각 기업은 자사의 제품/서비스를 어떤 유통경로를 통해 고객에게 제공할 것인가를 결정하여야 한다.

4. 유통경로의 유형 　지도 15

유통경로는 직접유통과 간접유통으로 구분되는데, 직접유통은 유통경로상에 중간상이 없이 생산자가 소비자와 직접 교환을 하는 형태로 우편판매, 방문판매, 통신판매 등이 있고, 간접유통은 중간기관인 중개상이 존재하는 형태이다.

5. 중간상의 종류

중간상은 공급자와 소비자 사이에서 중개적 배급 기능을 수행하는데, 중간상에는 도매상, 소매상을 지칭하는 중간상과 유통업자나 중매상을 지칭하는 도매상, 구매 및 판매 상담은 수행하지만 상품의 소유권은 가지지 않는 대리상, 상품소유권은 없이 판매액의 수수료만을 취득하는 판매대리업자 등으로 구분할 수 있다.

6. 중간상의 역할

① 중간상은 총거래수 최소의 원리에 따라 절대 거래수를 줄여 유통비용을 감소시키고 소유권의 분산을 통해 위험을 분산시키며, 분업을 통해 마케팅 기능의 전문화와 통합을 촉진하고, 집중저장의 원리에 따라 적절한 시점과 적절한 장소에 중간상이 존재하여 저장의 총량을 감소시키는 역할을 수행한다.

② 총거래수 최소의 원리

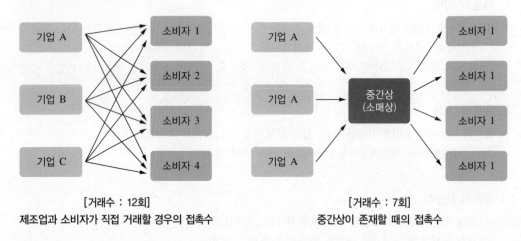

[거래수 : 12회]
제조업과 소비자가 직접 거래할 경우의 접촉수

[거래수 : 7회]
중간상이 존재할 때의 접촉수

제2절 　 유통경로의 계열화 　기출 19 · 22

전통적인 유통경로는 제조업자 – 도매상 – 소매상 – 소비자의 직선 경로로 구성되어 있고, 각각의 구성원들은 상호독립적인 존재로 자신의 이익만을 위해서 행동하기 때문에 구성원과의 결합력이 약하고 경로 구성원 간의 갈등이 빈번한 약점을 지니고 있다. 따라서 경로 구성원 간의 갈등을 줄이고 마케팅 활동의 통일적 실행을 강화하기 위하여 유통경로의 계열화가 발생하게 되는데, 유통경로의 계열화에는 수직적 마케팅 시스템과 수평적 마케팅 시스템, 복수경로 마케팅 시스템이 있다.

1. 수직적 마케팅 시스템(VMS ; Vertical Marketing System) 　지도 14

(1) 수직적 마케팅 시스템의 개념

① 수직적 마케팅 시스템은 공급자로부터 소비자에게로 가는 과정을 통제하기 위하여 전후방의 구성원을 통합하여 규모의 경제를 목표로 운영하는 시스템이다.

② 공급자를 기준으로 소매상 등 소비자에 가까운 구성원을 통합하는 것을 전방통합이라고 하며, 부품이나 원재료의 납품업자와 같이 소비자로부터 먼 구성원을 통합하는 것을 후방통합이라고 한다.

(2) 수직적 마케팅 시스템의 종류

① 기업적 VMS : 유통경로의 수준이 다른 구성원을 통합해 하나의 기업으로 운영

② 계약적 VMS : 프랜차이즈나 체인점과 같이 법적 계약을 통해 통합적으로 운영

③ 관리적 VMS : 유통경로 내의 한 경로 구성원(경로지도자)이 강한 권력이나 영향력을 기반으로 타 구성원에게 영향력을 행사하여 통합적으로 운영

2. 수평적 마케팅 시스템(Horizontal Marketing System)

① 수평적 마케팅 시스템은 유통경로상 동일수준에 있는 두 개 이상의 개별기업이 연합하여 유통 프로그램을 결합하는 것으로, 각 구성원 간의 시너지 효과가 중요하다.

② 공생적 마케팅으로 공동상표, 공동구매, 공동광고, 공동물류, 공동판매 등을 실시한다.

3. 복수경로 마케팅(Multi-channel Marketing System)

① 복수경로 마케팅은 세분시장의 확대로 인해 경로가 확대되어 두 개 이상의 마케팅 경로를 사용하는 것을 말한다.

② 시장범위가 증가하지만 경로갈등과 경로비용이 증가하는 단점을 가지고 있다.

제3절 경로갈등

1. 유통경로의 갈등

유통경로는 여러 구성원들로 구성된 시스템으로 공통의 목표 달성을 위해 상호 의존적 관계를 구축하고 있지만 경로 구성원 간의 이해의 상충으로 갈등이 발생하게 되는데, 이를 경로갈등이라고 한다.

2. 경로갈등의 구분

① 경로갈등은 수평적 갈등과 수직적 갈등으로 구분할 수 있는데, 수평적 갈등은 지역침범이나 가격할인 등과 같이 유통경로상 동일 단계의 중간상이나 소매상 간에 발생하는 갈등이다.

② 수직적 갈등은 제조업자와 도매상, 도매상과 소매상 등 유통경로상 다른 단계의 구성원 간에 발생하는 갈등을 말한다.

3. 경로갈등관리

경로갈등을 해소하고 관리하기 위해서는 공동의 상위 목표를 도입하는 방법이 가장 많이 사용되고, 제3자에게 중재를 위탁하는 초조직적 방법, 갈등 상대방에게 서로 인력을 파견하는 상호침투, 거래 상대방의 의사결정 시 자신의 대표를 파견하는 호선, 갈등 당사자 사이에 연락관을 배치하는 경계인 등의 관리 방안이 사용된다.

1. 유통경로 설계의 고려사항

유통경로의 설계 시에는 고객욕구 분석을 통해 어떤 유통 서비스를 실행할 것인가를 결정하고 거래비용을 감안하여 경로의 길이를 결정한 후 중간상의 수인 커버리지를 결정하게 된다. 마지막으로는 유통경로에서 어떤 기능을 수행할 것인가를 판단하여 유통경로의 형태를 결정한다.

2. 유통경로 설계

(1) 서비스의 결정(고객욕구 분석)

서비스 욕구분석을 통해 소비자가 원하는 서비스를 균형 있게 설계하기 위해 목표시장의 고객이 중요시하는 것을 분석한다.

(2) 길이의 결정(거래비용)

① 통합적(직접) 유통경로 : 내부 수행, 통제가능성과 비용이 높음
② 독립적(간접) 유통경로 : 외부 수행, 통제가능성과 비용이 적음
③ 복수경로 : 내/외부 모두 수행

(3) 커버리지의 결정(중간상의 수)

① 집약적 유통 : 최대한 많은 유통업자 활용
② 선택적 유통 : 소수의 중간상을 선정하여 유통
③ 전속적 유통 : 한 상권에 한 유통업자의 독점 보장

기 준	집약적(개방적)	선택적	전속적
상점 수	가능한 많이	다소 제한	하나/매우 제한
제 품	편의품	선매품	선매/전문품
경쟁전략	가격선도	차별화	집중화
유통시장 범위	좁 다		넓 다
유통기관 통제	낮 다		높 다

(4) 형태의 결정(기능수행)

① 수직적 마케팅 시스템(VMS)
② 수평적 마케팅 시스템(HMS)
③ 복수경로 마케팅 시스템(MMS)

상품을 소비자 또는 사용자에게까지 유통을 시키기 위한 판매경로의 선택과 관리를 통해 판매경로를 조직화하고 계열화하는 것을 경로정책이라 하는데, 경로정책은 크게 푸시 경로정책과 풀 경로정책으로 구분할 수 있다.

1. 푸시(Push) 경로정책

제조업자가 광고 투자는 줄이고 판매원에 의한 인적 판매를 통하여 해당 제품을 소비자에게 판매하는 경로정책이다.

2. 풀(Full) 경로정책

제조업자가 광고를 강화하여 제품에 대한 이미지가 형성된 소비자가 스스로 그 제품을 지명 구매하도록 하는 경로정책이다.

1. 물적 유통관리의 의미

물적 유통관리란 원산지로부터 사용지까지 원재료와 최종제품의 물적 흐름과 관련된 제반활동을 의미하며, 주문처리, 재고의 보유·보관·검수, 수송 등의 하부활동들을 전체적인 시스템의 관점에서 관리하는 것을 말한다.

2. 통합물류관리(Integrated Logistics Management)

통합물류관리란 물류 시스템의 기능을 극대화하기 위해 마케팅 경로 선상의 기업 내·외부와 유기적인 협력을 하는 것으로, SCM의 일부분이다.

3. 제3자 물류(Third-party Logistics)

제3자 물류란 제품을 소비자에게 전달하는 거의 모든 유통단계를 전문적으로 처리하는 독립된 물류회사를 통해 자사의 물류 시스템을 위탁하는 것을 말한다.

제1절 마케팅 커뮤니케이션

마케팅 커뮤니케이션이란 기업이 특별한 목적을 가지고 고객에게 자사의 제품이 어디서 팔리고 있는지를 알리고 (Inform), 다른 제품과 비교하여 자사 제품의 장점을 설득시키고(Persuade), 이를 반복적으로 환기시키는 (Remind) 모든 활동을 뜻한다.

제2절 마케팅 커뮤니케이션의 수단 `기출` 16 · 18 · 23 `지도` 15 · 24

1. 광고(Advertising)

① 광고란 특정 광고주가 자신의 아이디어, 재화 또는 서비스에 대해 금전적 대가를 지불하고 비인적 매체 (Non-personal Media)를 통해 정보를 전달하는 방법으로, 유료의 형태로 무료인 홍보와 구별되고 비인적인 제시로 인적판매와 구별된다.

② 이름을 명시한 광고주에 의해 수행되며, 대량판매 형태로 인적판매활동을 지원하는 사전판매(Pre-selling) 활동의 성격을 가진다.

③ 동일 메시지를 반복하여 소비자에게 전달하여 높은 침투성을 가진다.

2. 판매촉진(Sales Promotion)

① 제품 또는 서비스의 시용이나 구매를 증대시키기 위해 중간상과 최종소비자에게 제공하는 단기적이며 다양한 자극책(Incentive)을 판매촉진이라 하는데, 판매촉진은 즉각적이며 측정 가능한 반응을 유발하는 장점이 있으나 할인가격을 지향하는 소비자만을 유인하기 때문에 단기적 효과에 그치고, 제품의 품질, 가치 등을 의심하게 되는 품위손상 문제도 발생할 수 있다.

② 판매촉진의 종류에는 샘플, 쿠폰, 현금환불, 경품 등을 소비자에게 제공하는 소비자 촉진과 후원금, 무료 상품을 중간상에게 제공하는 중간상 촉진, 시연회, 전시회, 특별품 등을 이용하는 판매원 촉진이 있다.

3. 홍보(Publicity, PR)

홍보는 비인적 매체에서 자사의 제품이나 서비스를 중요한 뉴스로 다루게 하여 소비자들에게 자사의 제품을 알리는 방법으로, 광고와 달리 돈을 지불하지 않기 때문에 신뢰성이 높은 장점이 있다.

4. 인적판매(Personal Selling)

인적판매는 잠재적인 고객들과의 직접적인 대화와 만남을 통해 제품과 서비스를 판매하는 방식으로, 즉석에서 커뮤니케이션을 하기에 융통성이 크고 고객화 가능성이 높은 대상에게만 접근하기 때문에 집중성이 크며, 판매의 완결성이 높은 장점이 있으나 실행에 많은 비용이 소요되는 단점이 있다.

5. 직접마케팅(Direct Marketing)

직접마케팅은 우편, 전화, 팩스, 이메일, 인터넷 등을 활용하여 특별한 고객 및 예상 잠재고객으로부터 직접 반응을 요청하거나 직접 의사소통을 하는 방법이다.

구 분	광 고	인적판매	판매촉진	PR
범 위	대 중	개별고객	대 중	대 중
비 용	보 통	고 가	고 가	무 료
장 점	신 속 메시지 통제	정보의 양과 질 즉각적인 피드백	주의 집중 즉시적 효과	신뢰도 ↑
단 점	효과측정의 어려움 정보의 양 제한	높은 비용 느린 촉진속도	제품의 비하 모방이 쉬움	통제 곤란 간접적 효과

제3절 마케팅 커뮤니케이션 믹스(촉진믹스)

1. 마케팅 커뮤니케이션 믹스의 개념

마케팅 커뮤니케이션을 위해 사용되는 광고, 판매촉진, 홍보, 인적판매, 직접마케팅 등 다양한 커뮤니케이션 수단들의 형태와 정도를 결정하고 예산을 배분하는 과정을 마케팅 커뮤니케이션 믹스라고 한다.

2. IMC(Integrated Marketing Communication) 기출 15

① IMC는 통합 마케팅 커뮤니케이션으로 마케팅 커뮤니케이션 믹스를 구성할 때 광고, DM, 판매촉진, PR 등 다양한 커뮤니케이션 수단들의 전략적인 역할을 비교·검토하고, 명료성과 정확성 측면에서 최대의 커뮤니케이션 효과를 거둘 수 있도록 이들을 통합하는 총괄적인 계획을 의미한다.

② 통합 마케팅 커뮤니케이션에서의 통합의 의미는 마케팅 채널의 통합이 아닌 소비자에게 전달하고 싶은 브랜드 가치와 메시지를 하나로 통합하는 것을 뜻한다.

3. 마케팅 커뮤니케이션 믹스 설계 시의 고려사항

마케팅 커뮤니케이션 수단이 가지고 있는 특성으로 인하여 제품시장의 유형이나 경로정책, 구매자의 준비단계, 제품의 수명주기 단계 등 각 상황마다 효과가 높은 채널이 존재하므로 이에 적합하게 마케팅 커뮤니케이션 믹스를 구성하여야 한다.

(1) 제품시장의 유형에 따른 설계

① 소비재 : 광고 > 판촉 > 인적판매 > 홍보

② 산업재 : 인적판매 > 판매촉진 > 광고 > 홍보

(2) 푸시(Push) 전략과 풀(Pull) 전략에 따른 설계

① Push 전략 : 인적판매, 판매촉진(상표충성심↓, 충동구매품)

② Pull 전략 : 광고, 홍보(상표충성심↑, 고관여)

(3) 구매자 준비단계

구매자의 의사결정 단계마다 효과적 촉진수단이 상이하다.

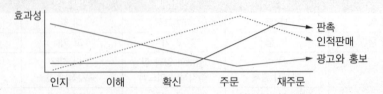

(4) 제품수명주기 단계

① 도입기 : 광고와 홍보가 효과적

② 성장기 : 모든 촉진 도구의 효과성이 하락

③ 성숙기 : 판매촉진 > 광고 > 인적판매

④ 쇠퇴기 : 판매촉진의 효과는 유지, 광고와 홍보는 축소

(5) 기업의 시장순위

① 시장선도기업은 판매촉진보다는 광고가 효과적이다.

② 소규모 경쟁기업은 판매촉진이 효과적이다.

제4절 현대적 마케팅 트렌드

1. 노이즈 마케팅

자신이 판매하고자 하는 제품의 품질 등과는 전혀 상관없이 구설수를 만들어 이슈화하고 이를 통해 소비자들의 이목을 집중시켜 판매를 증진하는 기법이다.

2. 니치 마케팅

경쟁이 심한 시장을 피해 좁더라도 다른 기업이 손대지 않은 틈새시장을 찾아 집중하는 마케팅 방법으로 다품종 소량생산의 시대 흐름에 적합하다.

3. CRM 마케팅 `기출 14` `지도 16`

고객관계관리(Customer Relationship Mgt.)에 의한 마케팅으로 신규고객의 획득 비용과 기존고객의 유지 비용을 비교하면 기존고객의 유지비용이 현저히 낮기 때문에 기존고객의 유지 관리에 초점을 맞추는 마케팅 방법으로 정보통신의 발달로 인하여 쌍방향 교신이 가능해져 소비자와의 관계를 더욱 밀접하게 할 수 있다.

4. 그린 마케팅

환경보존의 중요성이 부각되고 소비자들도 웰빙과 건강을 중요시하며 제품의 생산, 유통, 홍보 등에 환경친화적 요소를 추가한 기업의 제품을 선호하는 비율이 높아지면서 이를 마케팅에 접목한 방법으로 같은 가격이면 오래 쓰고, 재활용이 되고, 공해 없이 생산하는 제품으로 차별화하는 마케팅 방식이다.

5. 타깃 마케팅

고객을 극히 세분화 하던지 고객의 자세한 정보를 수집하여 고객이 원하는 대로 맞춤식 제공을 하는 전략적 마케팅 방법이다.

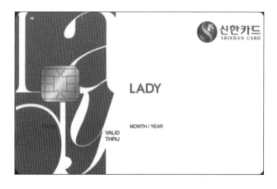

6. 접점(MOT) 마케팅

① 고객과 접촉하는 모든 순간이 가장 중요하고 진실하기에 이를 잘 관리하여야 한다는 이론으로 1980년대 스칸디나비아 항공의 얄 칼슨이 주장하였다.

② 결정적 순간(Moment of Truth)은 고객이 서비스를 제공받는 짧은 시간에 발생하며 이런 경험이 누적되어 품질을 결정하게 되는데, 항공서비스의 MOT로는 예약 전화, 공항 카운터, 출발 라운지, 탑승 후 좌석을 찾는 순간, 기내식의 제공 시 등이 있다.

7. 바이럴 마케팅 `지도` `15·17`

네티즌들이 SNS나 다른 전파 매체 등을 통하여 자발적으로 어떤 기업이나 기업의 제품을 홍보할 수 있도록 하는 마케팅 방법이다.

8. 엠부시 마케팅

① 게릴라 작전처럼 기습적으로 행해지며 교묘히 규제를 피해가는 마케팅 기법이다.

② 앰부시(Ambush)는 '매복'을 뜻하는 말로, 앰부시 마케팅이란 스포츠 이벤트에서 공식적인 후원업체가 아니면서도 광고 문구 등을 통해 해당 이벤트와 관련이 있는 업체라는 인상을 주어 고객의 주의를 집중시키는 등의 마케팅 방법이다.

01 (   )는 배고픔, 추위와 같은 기본적인 욕구로 모든 인간이 공통적으로 가지는 본능을 의미하고, (   )는 음식, 난방기구와 같이 기본적인 욕구인 필요를 해결하기 위한 구체적인 방법을 의미한다.

02 마케팅에는 소비자의 구매행동을 촉발하는 데 필요한 최소한의 마케팅 활동 수준인 (   )과 증가시켜도 더 이상 매출이 증대되지 않는 수준인 (   )이 존재한다.

03 마케팅 관리 이념은 생산 개념 → (   ) → (   ) → 마케팅 개념 → 사회 지향적 마케팅 개념으로 발전되어 왔다.

04 제품의 감퇴된 수요를 회복하기 위해서는 (   )을 실시하고, 일시적/영구히 수요를 감퇴시키기 위해서는 (   ), 수요가 사회적으로 바람직하지 못한 경우에는 (   )을 실시한다.

05 성장기회에 따라 성장전략은 (   ) 성장과 (   ) 성장, (   ) 성장으로 구분한다.

06 마케팅 환경분석을 위해 실행하는 (   ) 환경 분석 방법에는 PEST 분석이나 STEEP 분석이 있고, (   ) 환경 분석 방법은 3C 분석이 대표적인데, 3C 분석은 마케팅 활동에 직접적으로 영향을 주고받는 (   ), (   ), (   )를 분석하는 것이다.

07 마케팅 조사는 크게 탐색조사와 기술조사, 인과조사로 구분할 수 있는데, 이중 정성적 조사는 (   )이고 정량적 조사는 (   ), (   ) 이다.

08 소비자 의사결정과정 중 정보원천에서 제품들에 대한 정보를 수집하는 단계를 (   )이라 하고, 대안별로 그 속성들을 평가하는 단계를 (   )라고 한다.

09 (   )란 특정 제품에 관련된 개인적 중요성이나 관심도의 수준을 의미하는 것으로, 제품이나 서비스는 (   )의 수준에 따라 (   ) 제품과 (   ) 제품으로 분류할 수 있다.

10 STP는 (   ), (   ), (   )의 3단계로 구성되어 진행된다.

11 (   )란 다양한 욕구를 가진 전체시장을 일정한 기준에 따라 동질적인 소비자 집단으로 나누는 과정으로, 세분시장 상호 간에는 (   )이 극대화 되어야 하고 세분시장 내에서는 (   )이 극대화 되어야 한다.

12 시장세분화를 위해서는 세분화의 변수들을 선정하여야 하는데, 시장세분화의 변수로는 (   ), (   ), (   ), (   ) 변수들이 사용된다.

13 (   ) 마케팅이란 세분시장 간의 차이를 무시하고 하나의 제품으로 전체 시장을 공략하는 방법이고, (   ) 마케팅이란 여러 개의 표적시장을 선정하고 각각의 표적시장에 적합한 마케팅 전략을 개발하는 것이며, (   ) 마케팅이란 큰 시장에서 작은 점유율을 누리기보다는 하나 혹은 소수의 작은 시장에 포커스를 맞추는 방식이다.

14 (   )는 서로 관련이 있는 상표들이 시장 내에서 차지하는 위치를 나타낸 그림으로, 소비자들에게 여러 상표의 유사점과 차이점을 질문하여 자료를 수집하고 (   )에 근거하여 작성한다.

15 포지셔닝의 유형은 소비자의 인식에 초점을 맞춘 (   ) 포지셔닝과, 경쟁자에 초점을 맞춘 (   ) 포지셔닝으로 분류할 수 있으며, 기존의 포지셔닝이 기업의 의도와 다를 때 다시 포지셔닝을 하는 (   ) 이 있다.

16 제품의 차원과 관련하여 (   )이란 고객이 실제로 구매하는 근본적인 서비스나 혜택 그 자체를 의미하고, (   )은 실체제품이라고도 하는데 편익을 실현하기 위한 물리적 요소들의 집합, (   )은 증폭제품이라고도 하며 물리적인 유형제품에 추가하여 제공되는 서비스나 혜택을 의미한다.

17 소비자의 구매습관에 따라 제품은 편의품, (   ), (   ), 미탐색품으로 구분할 수 있다.

18 제품수명주기란 제품이 시장에 출시하여 소멸되기까지의 시간적 과정을 말하는데, 제품의 수명주기는 (개발기) → (   ) → 성장기 → (   ) → 쇠퇴기로 구분된다.

19 서비스는 유형의 제품과는 달리 형태가 없는 (   ), 서비스제공자와 서비스는 분리가 불가능한 (   ), 서비스 품질이 서비스의 제공자나 서비스의 제공 장소, 서비스의 제공 시간에 따라 변동이 되는 (   )의 특징을 가지고 있다.

20 (   )는 특정 판매업자의 제품이나 서비스를 경쟁사의 제품으로부터 식별하고 차별화시킬 목적으로 사용되는 명칭, 말, 기호, 상징, 디자인 또는 이들의 결합을 의미한다.

21 (   ) 가격결정법은 소비자의 심리적 특성이나 구매 특성을 반영한 가격결정방법이다.

22 ( ) 가격은 ( ) 가격이라고도 하며, 시장에 신제품을 선보일 때 고가로 출시한 후 점차적으로 가격을 낮추는 방식을 말한다.

23 ( )는 직접유통과 간접유통으로 구분되는데, ( )은 유통 경로상에 중간상이 없이 생산자가 소비자와 직접 교환을 하는 형태이고, ( )은 중간기관인 중개상이 존재하는 형태이다.

24 수직적 마케팅 시스템에는 ( ) VMS, ( ) VMS, ( ) VMS가 있다.

25 ( ) 경로정책은 제조업자가 광고 투자는 줄이고 판매원에 의한 인적 판매를 통하여 해당 제품을 소비자에게 판매하는 경로정책이고, ( ) 경로정책은 제조업자가 광고를 강화하여 제품에 대하여 이미지가 형성된 소비자가 스스로 그 제품을 지명 구매하도록 하는 경로정책이다.

26 ( )는 비인적 매체에서 자사의 제품이나 서비스를 중요한 뉴스로 다루게 하여 소비자들에게 자사의 제품을 알리는 방법으로, 광고와 달리 돈을 지불하지 않기 때문에 신뢰성이 높은 장점이 있다.

27 ( ) 마케팅은 경쟁이 심한 시장을 피해 좁더라도 다른 기업이 손대지 않은 틈새시장을 찾아 집중하는 마케팅 방법이고, ( ) 마케팅은 네티즌들이 SNS나 다른 전파 매체 등을 통하여 자발적으로 어떤 기업이나 기업의 제품을 홍보할 수 있도록 하는 마케팅이다.

정답 check!

01 필요(Needs), 욕구(Wants)
02 점화수준, 포화수준
03 제품 개념, 판매 개념
04 재마케팅, 디마케팅, 대항적 마케팅
05 집중적, 통합적, 다각화
06 거시적, 미시적, 회사(Company), 소비자(Consumer), 경쟁자(Competitor)
07 탐색조사, 기술조사, 인과조사
08 정보탐색, 대안평가
09 관여도, 관여도, 고관여, 저관여
10 시장세분화(Segmentation), 시장표적화(Targeting), 시장위치화(Positioning)
11 시장세분화, 이질성, 동질성
12 지리적, 인구통계적, 심리적, 행동적
13 무차별적, 차별적, 집중

14 지각도(포지셔닝 맵), 다차원 척도법
15 소비자, 경쟁적, 재포지셔닝
16 핵심제품, 유형제품, 확장제품
17 선매품, 전문품
18 도입기, 성숙기
19 무형성, 비분리성, 변화성
20 브랜드(상표)
21 심리기준
22 초기고가, 스키밍
23 유통경로, 직접유통, 간접유통
24 기업적, 계약적, 관리적
25 푸시(Push), 풀(Full)
26 홍보
27 니치, 바이럴

01 기출 19

☑ 확인Check! ○ △ ✕

생산성을 높이고, 유통을 효율화 시키는 등 주로 원가절감에 관심을 갖는 마케팅 개념은?

① 판매 개념
② 생산 개념
③ 관계마케팅 개념
④ 통합마케팅 개념
⑤ 내부마케팅 개념

정답 및 해설

01

생산 개념의 마케팅이란 고객은 접근성이 높고 낮은 가격을 제공해 주는 제품을 선호한다는 가정 아래 경영역량을 생산공정과 유통 효율성 개선에 집중해야 한다는 개념이다.

정답 ②

---

02 기출 23

☑ 확인Check! ○ △ ✕

기업 경영에서 마케팅 개념(marketing concept)이 발전해 온 순서로 옳은 것은?

① 생산 개념 → 제품 개념 → 판매 개념 → 마케팅 개념
② 생산 개념 → 판매 개념 → 제품 개념 → 마케팅 개념
③ 제품 개념 → 생산 개념 → 판매 개념 → 마케팅 개념
④ 제품 개념 → 판매 개념 → 생산 개념 → 마케팅 개념
⑤ 판매 개념 → 제품 개념 → 생산 개념 → 마케팅 개념

02

마케팅 개념은 생산 개념 → 제품 개념 → 판매 개념 → 마케팅 개념 → 사회 지향적 개념의 순서로 발전하였다.

정답 ①

03 기출 20
☑ 확인 Check! ○ △ ✕

마약퇴치운동과 같이 불건전한 수요를 파괴시키는 데 활용되는 마케팅은?

① 동시화마케팅(Synchro Marketing)
② 재마케팅(Remarketing)
③ 디마케팅(Demarketing)
④ 대항마케팅(Counter Marketing)
⑤ 터보마케팅(Turbo Marketing)

03

④ 대항마케팅은 불건전하거나 지나친 수요를 억제·소멸시키기 위한 마케팅기법이다.

정답 ④

04 기출 19
☑ 확인 Check! ○ △ ✕

수요가 공급을 초과할 때 수요를 감소시키는 것을 목적으로 하는 마케팅관리 기법은?

① 전환적 마케팅(conversional marketing)
② 동시화 마케팅(synchro marketing)
③ 자극적 마케팅(stimulative marketing)
④ 개발적 마케팅(developmental marketing)
⑤ 디마케팅(demarketing)

04

⑤ 디마케팅은 수요가 공급능력을 초과하는 경우 혹은 기업의 입장에서 해가 되는 수요가 존재하는 경우 일시적 혹은 영구히 수요를 감퇴시키는 것을 말한다.

정답 ⑤

05 기출 16
☑ 확인 Check! ○ △ ✕

소비자들의 구매의사 결정과정을 순서대로 바르게 나열한 것은?

① 정보탐색 → 필요인식 → 대안평가 → 구매 → 구매 후 행동
② 정보탐색 → 필요인식 → 구매 → 대안평가 → 구매 후 행동
③ 정보탐색 → 대안평가 → 필요인식 → 구매 → 구매 후 행동
④ 필요인식 → 정보탐색 → 대안평가 → 구매 → 구매 후 행동
⑤ 대안평가 → 정보탐색 → 필요인식 → 구매 → 구매 후 행동

05

소비자의 구매의사 결정과정은 '필요인식 → 정보탐색 → 대안평가 → 구매 → 구매 후 행동'의 순서로 진행된다.

정답 ④

06 기출 16

☑ 확인 Check! ○ △ ×

제품구매에 대한 심리적 불편을 겪게 되는 인지부조화(Cognitive Dissonance)에 관한 설명으로 옳은 것은?

① 반품이나 환불이 가능할 때 많이 발생한다.
② 구매제품의 만족수준에 정비례하여 발생한다.
③ 고관여 제품에서 많이 발생한다.
④ 제품구매 전에 경험하는 긴장감과 걱정의 감정을 뜻한다.
⑤ 사후서비스(A/S)가 좋을수록 많이 발생한다.

06

고관여 제품의 구매 시 인지부조화가 많이 발생하며, 소비자는 정보 탐색 등의 활동으로 부조화를 극복하려고 노력한다.

정답 ③

07 기출 23

☑ 확인 Check! ○ △ ×

로저스(E. Rogers)의 혁신에 대한 수용자 유형이 아닌 것은?

① 혁신자(innovators)
② 조기수용자(early adopters)
③ 후기수용자(late adopters)
④ 조기다수자(early majority)
⑤ 후기다수자(late majority)

07

로저스(E. Rogers)는 혁신에 대한 수용자 유형이 혁신자(Innovators), 조기수용자(Early Adopters), 조기다수자(Early Majority), 후기다수자(Late Majority), 최후수용자(Laggards)의 순서로 이루어진다고 주장하였다.

정답 ③

➕ PLUS

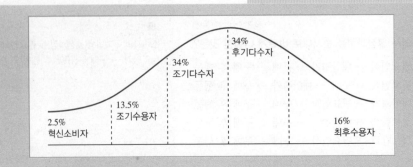

08 기출 18

☑ 확인Check! ○ △ ✕

효과적인 시장세분화를 위한 요건으로 옳지 않은 것은?

① 측정가능성
② 충분한 시장 규모
③ 접근가능성
④ 세분시장 간의 동질성
⑤ 실행가능성

08

시장세분화의 요건에는 측정가능성, 접근가능성, 실행가능성, 충분한 세분시장의 규모, 차별화 가능성이 있다. 또한, 세분시장 간에는 이질성이 극대화되고 동일 세분시장 내에서는 동질성이 극대화되어야 한다.

정답 ④

09 기출 24

☑ 확인Check! ○ △ ✕

효과적인 시장세분화가 되기 위한 조건으로 옳지 않은 것은?

① 세분화를 위해 사용되는 변수들이 측정가능해야 한다.
② 세분시장에 속하는 고객들에게 효과적이고 효율적으로 접근할 수 있어야 한다.
③ 세분시장 내 고객들과 기업의 적합성은 가능한 낮아야 한다.
④ 같은 세분시장에 속한 고객들끼리는 최대한 비슷해야 하고 서로 다른 세분시장에 속한 고객들 간에는 이질성이 있어야 한다.
⑤ 세분시장의 규모는 마케팅활동으로 이익이 날 수 있을 정도로 충분히 커야 한다.

09

시장세분화는 시장을 여러 개의 세분화된 시장으로 나누어서 해당 기업에게 적합한 시장을 찾아가는 과정이다.

정답 ③

10 기출 15

☑확인Check! ○ △ ✕

표적시장에 관한 설명으로 옳지 않은 것은?

① 단일표적시장에는 집중적 마케팅 전략을 구사한다.
② 다수표적시장에는 순환적 마케팅 전략을 구사한다.
③ 통합표적시장에는 역세분화 마케팅 전략을 구사한다.
④ 인적, 물적, 기술적 자원이 부족한 기업은 보통 집중적 마케팅 전략을 구사한다.
⑤ 세분시장 평가 시에는 세분시장의 매력도, 기업의 목표와 자원 등을 고려해야 한다.

10

다수표적시장에서는 그 시장에 맞는 마케팅 전략을 수립, 개발, 홍보할 수 있는 차별적 마케팅 전략을 구사한다.

정답 ②

11 기출 21

☑확인Check! ○ △ ✕

선매품(Shopping Goods)에 관한 설명으로 옳은 것은?

① 소비자가 필요하다고 느낄 때 수시로 구매하는 경향을 보인다.
② 소비자는 가격, 품질, 스타일 등 다양한 정보를 수집하여 신중하게 비교하는 경향을 보인다.
③ 소비자는 잘 알지 못하거나 알고 있어도 능동적으로 구매하려 하지 않는다.
④ 일상생활에서 빈번히 구매하는 저관여 제품들이 많다.
⑤ 독특한 특징을 지니거나 브랜드차별성을 지니는 제품들이 많다.

11

선매품은 고가이고 고객의 제품지식이 많지 않기 때문에 구매의 위험이 커서 여러 점포를 방문하여 품질과 가격을 비교한 후 구매하는 제품이다.

정답 ②

12 기출 18

☑확인Check! ○ △ ✕

다음에서 설명하는 소비재는?

- 특정 브랜드에 대한 고객 충성도가 높다.
- 제품마다 고유한 특성을 지니고 있다.
- 브랜드마다 차이가 크다.
- 구매 시 많은 시간과 노력을 필요로 한다.

① 편의품(Convenience Goods)
② 선매품(Shopping Goods)
③ 전문품(Speciality Goods)
④ 자본재(Capital Items)
⑤ 원자재(Raw Materials)

12

브랜드마다 차이가 커서 특정 브랜드에 대한 고객 충성도가 높고, 구매 시 많은 시간과 노력을 필요로 하는 소비재는 전문품이다.

정답 ③

13 기출 17

☑ 확인 Check! ○ △ ✕

제품 구성요소 중 유형제품(Tangible Product)에 해당하는 것은?

① 보증(Guarantee)
② 상표명(Brand Name)
③ 대금결제방식(Payment)
④ 배달(Delivery)
⑤ 애프터 서비스(After Service)

14 기출 15

☑ 확인 Check! ○ △ ✕

전형적인 제품수명주기(PLC)에 관한 설명으로 옳지 않은 것은?

① 도입기, 성장기, 성숙기, 쇠퇴기의 4단계로 나누어진다.
② 성장기에는 제품선호형 광고에서 정보제공형 광고로 전환한다.
③ 도입기에는 제품인지도를 높이기 위해 광고비가 많이 소요된다.
④ 성숙기에는 제품의 매출성장률이 점차적으로 둔화되기 시작한다.
⑤ 쇠퇴기에는 제품에 대해 유지전략, 수확전략, 철수전략 등을 고려할 수 있다.

13

유형제품이란 소비자가 추구하는 것들을 물리적 속성들의 집합으로 유형화 시킨 것으로, 상표, 품질수준, 특성, 스타일 등이 포함된다. ①·③·④·⑤는 확장제품에 해당한다.

정답 ②

14

② 성장기에는 신제품을 인지시키기 위한 정보제공형 광고에서 제품선호형 광고로 전환한다.

정답 ②

15 기출 22

☑ 확인Check! ○ △ ✕

기존 브랜드명을 새로운 제품범주의 신제품에 사용하는 것은?

① 공동 브랜딩(co-branding)
② 복수 브랜딩(multi-branding)
③ 신규 브랜드(new brand)
④ 라인 확장(line extension)
⑤ 브랜드 확장(brand extension)

15

브랜드 확장이란 기존에 잘 구축된 브랜드명을 새로운 제품 카테고리나 동일 카테고리 내 신제품이 나올 경우에 그대로 사용하는 것을 말한다.

정답 ⑤

16 기출 21

☑ 확인Check! ○ △ ✕

브랜드(brand) 요소를 모두 고른 것은?

ㄱ. 징글(Jingle)
ㄴ. 캐릭터(Character)
ㄷ. 슬로건(Slogan)
ㄹ. 심벌(Symbol)

---

① ㄱ, ㄴ
② ㄷ, ㄹ
③ ㄱ, ㄴ, ㄷ
④ ㄴ, ㄷ, ㄹ
⑤ ㄱ, ㄴ, ㄷ, ㄹ

16

브랜드는 특정 판매업자의 제품이나 서비스를 경쟁사의 제품으로부터 식별하고 차별화 시킬 목적으로 사용되는 명칭, 말, 기호, 상징, 디자인 또는 이들의 결합을 의미한다. 징글이란 상업적으로 사용되는 짧은 길이의 음악을 말한다.

정답 ⑤

17 기출 24

☑ 확인Check! ○ △ ✕

4P 중 가격에 관한 설명으로 옳지 않은 것은?

① 가격은 다른 마케팅믹스 요소들과 달리 상대적으로 쉽게 변경할 수 있다.
② 구매자가 가격이 비싼지 싼지를 판단하는 기준으로 삼는 가격을 준거가격이라 한다.
③ 구매자가 어떤 상품에 대해 지불할 용의가 있는 최저가격을 유보가격이라 한다.
④ 가격변화를 느끼게 만드는 최소의 가격변화 폭을 JND(just noticeable difference)라 한다.
⑤ 구매자들이 가격이 높은 상품일수록 품질도 높다고 믿는 것을 가격 – 품질 연상이라 한다.

17

유보가격은 소비자가 어떤 상품에 대하여 지불할 용의가 있는 최고가격을 의미한다.

정답 ③

18 기출 22

제품의 기본가격을 조정하여 세분시장별로 가격을 달리하는 가격결정이 아닌 것은?

① 고객집단 가격결정
② 묶음제품 가격결정
③ 제품형태 가격결정
④ 입지 가격결정
⑤ 시간 가격결정

18

고객집단, 제품형태, 입지, 시간에 따라서 가격을 달리하는 것은 고객을 세분시장으로 구분하여 가격을 차별화한 것이지만 묶음제품은 두 가지 또는 그 이상의 제품 및 서비스 등을 결합해서 하나의 특별한 가격으로 판매하는 방식의 마케팅 전략이며, 제품이나 서비스의 마케팅 등에서 종종 활용하는 기법으로 세분시장별로 가격을 결정하는 방식이 아니다.

정답 ②

19 기출 18

신제품 가격결정방법 중 초기고가전략(Skimming Pricing)을 채택하기 어려운 경우는?

① 수요의 가격탄력성이 높은 경우
② 생산 및 마케팅 비용이 높은 경우
③ 경쟁자의 시장진입이 어려운 경우
④ 제품의 혁신성이 큰 경우
⑤ 독보적인 기술이 있는 경우

19

초기고가전략은 가격 변화에 둔감한 경우, 즉 수요의 가격탄력성이 낮은 경우에 채택해야 한다.

정답 ①

20 지도 23

☑ 확인Check! ○ △ ✕

가격전략에 관한 설명으로 옳지 않은 것은?

① 기업의 마케팅 목표 및 마케팅 믹스와의 조화를 고려하여 수립할 필요성이 있다.

② 수요의 가격탄력성이 높지 않을 경우, 상대적 고가격전략이 적합하다.

③ 시장침투(market-penetration) 가격전략은 신제품 출시 초기에 높은 가격을 책정하고, 추후 점차적으로 가격을 인하하여 시장점유율을 확대하고자 하는 전략이다.

④ 진입장벽이 높아 경쟁자의 시장 진입이 어려운 경우, 스키밍(market-skimming) 가격전략이 적합하다.

⑤ 소비자들의 본원적 수요를 자극하고자 하는 경우, 상대적 저가격전략이 적합하다.

20

시장침투 가격정책은 대중시장에 침투하기 위해 저가격을 경쟁력으로 하는 전략이다. 초기고가 가격정책은 스키밍 가격전략이라고도 하며, 시장에 신제품을 선보일 때 고가로 출시한 후 점차적으로 가격을 낮추는 전략이다.

정답 ③

21 기출 14

☑ 확인Check! ○ △ ✕

수요의 가격탄력성이 가장 높은 경우는?

① 대체재나 경쟁자가 거의 없을 때

② 구매자들이 높은 가격을 쉽게 지각하지 못할 때

③ 구매자들이 구매습관을 바꾸기 어려울 때

④ 구매자들이 대체품의 가격을 쉽게 비교할 수 있을 때

⑤ 구매자들이 높은 가격이 그만한 이유가 있다고 생각할 때

21

수요의 가격탄력성이 높다는 것은 가격의 변화에 따라 수요량이 쉽게 변할 수 있다는 의미이다. 구매자들이 대체품의 가격을 쉽게 비교할 수 있을 때에는 대체품의 가격에 따라 수요량이 쉽게 변할 수 있다.

정답 ④

22 기출 20

☑ 확인Check! ○ △ ✕

(주)한국은 10,000원에 상당하는 두루마리 화장지 가격을 9,990원으로 책정하였다. 이러한 가격결정방법은?

① 단수가격　　　　　② 명성가격
③ 층화가격　　　　　④ 촉진가격
⑤ 관습가격

23 기출 19

☑ 확인Check! ○ △ ✕

소비자 심리에 근거한 가격결정 방법으로 옳지 않은 것은?

① 종속가격(Captive Pricing)
② 단수가격(Odd Pricing)
③ 준거가격(Reference Pricing)
④ 긍지가격(Prestige Pricing)
⑤ 관습가격(Customary Pricing)

24 기출 22

☑ 확인Check! ○ △ ✕

새로운 마케팅 기회를 확보하기 위해 동일한 유통경로 단계에 있는 둘 이상의 기업이 제휴하는 시스템은?

① 혁신 마케팅 시스템
② 수평적 마케팅 시스템
③ 계약형 수직적 마케팅 시스템
④ 관리형 수직적 마케팅 시스템
⑤ 기업형 수직적 마케팅 시스템

22
① 단수가격은 상품의 판매가격을 미세하게 조정하여 단수를 붙임으로써 소비자의 심리적 부담을 줄이는 가격결정방법이다.

정답 ①

23
① 종속가격은 주요제품과 함께 사용해야 하는 종속제품에 대한 가격결정으로 소비자 심리에 근거한 가격결정 방법에 해당하지 않는다.

정답 ①

24
동일한 경로단계에 있는 두 개 이상의 기업이 대등한 입장에서 자원과 프로그램을 결합하여 일종의 연맹체를 구성하는 시스템은 수평적 마케팅 시스템이다.

정답 ②

25 기출 19

☑ 확인Check! ○ △ ×

수직적 마케팅 시스템(Vertical Marketing System) 중 소유권의 정도와 통제력이 강한 유형에 해당하는 것은?

① 계약형 VMS
② 기업형 VMS
③ 관리형 VMS
④ 협력형 VMS
⑤ 혼합형 VMS

25

② 기업형 VMS는 상품의 판매에 있어서 유통경로가 서로 다른 수준에 있는 구성원들(공급업자, 제조업자, 유통업자)을 통합해 하나의 기업조직을 이루는 형태이며, 소유권의 정도와 통제력이 가장 강한 유형에 해당한다.

정답 ②

26 기출 18

☑ 확인Check! ○ △ ×

촉진믹스(Promotion Mix) 활동에 해당되지 않는 것은?

① 옥외광고
② 방문판매
③ 홍 보
④ 가격할인
⑤ 개방적 유통

26

촉진믹스(Promotion Mix) 활동으로는 광고, 인적판매, 판매촉진, PR(Public Relationship), 직간접 마케팅, 가격할인 등이 있다.

정답 ⑤

27 기출 23

☑ 확인Check! ○ △ ×

광고(advertising)와 홍보(publicity)에 관한 설명으로 옳지 않은 것은?

① 광고는 홍보와 달리 매체 비용을 지불한다.
② 홍보는 일반적으로 광고보다 신뢰성이 높다.
③ 광고는 일반적으로 홍보보다 기업이 통제할 수 있는 영역이 많다.
④ 홍보는 언론의 기사나 뉴스 형태로 많이 이루어진다.
⑤ 홍보의 세부 유형으로 PR(Public Relations)이 있다.

27

광고는 비용을 지불하고 기업이 원하는 내용을 비인적 매체를 사용하여 알리는 것이고, 홍보는 비용을 지불하지 않고 기사나 뉴스의 형태로 알려지는 것이므로 일반적으로 홍보가 광고보다 신뢰성이 높다. PR(Public Relations)의 커뮤니케이션방법으로 홍보가 사용된다.

정답 ⑤

28 기출 20

☑ 확인 Check! ○ △ ✕

마케팅 전략에 관한 설명으로 옳은 것은?

① 마케팅비용을 절감하기 위해 차별화 마케팅 전략을 도입한다.
② 제품전문화 전략은 표적시장 선정전략의 일종이다.
③ 포지셔닝은 전체 시장을 목표로 하는 마케팅 전략이다.
④ 제품의 확장속성이란 판매자가 제공하거나 구매자가 추구하는 본질적 편익을 말한다.
⑤ 시장세분화 전제조건으로서의 실질성이란 세분시장의 구매력 등이 측정 가능해야 함을 의미한다.

29 기출 14

☑ 확인 Check! ○ △ ✕

관계 마케팅의 등장배경으로 옳지 않은 것은?

① 정보통신기술의 급격한 발전
② 구매자 중심시장에서 판매자 중심시장으로 전환
③ 고객욕구 다양화로 고객만족이 더욱 어려워짐
④ 시장 규제완화로 신시장 진입기회 증가에 따른 경쟁자의 증가
⑤ 마케팅 커뮤니케이션의 효율성을 높이기 위해 표적고객들에게 차별화된 메시지 전달이 필요해짐

28

차별화 마케팅은 차별화에 대한 비용이 증가하고 포지셔닝은 특정한 목표시장에 자리를 잡는 것이며, 제품의 본질적 편익은 핵심제품의 개념이며 시장세분화의 실질성이란 세분화한 시장과 수익성의 크기가 유의미한 것인가를 뜻한다.

정답 ②

29

② 시장변화의 방향은 판매자 중심시장에서 구매자 중심시장으로 전환되었다.

정답 ②

PART 06

생산관리

01 생산운영관리의 기초

제1절 생산운영관리의 개념 및 목표 기출 15

1. 생산의 정의

생산이란 유무형의 <u>원자재</u>를 더 가치 있는 제품과 서비스로 <u>변환</u>하는 것을 의미한다. 예를 들어 원자재인 나무를 가공하고 변환하여 책상을 만드는 것과 같이 더 나은 가치를 창출하는 활동을 생산이라고 정의할 수 있는데, 생산은 물리적인 변환만을 의미하는 것이 아니라 창고에 있는 책상을 소비자가 필요한 시점에 필요한 장소로 이동하는 것까지를 포함한 물리적, 지리적, 시간적인 변환을 포괄하는 개념이다. 따라서 생산이란 주어진 원자재를 물리적, 지리적, 시간적인 변환을 통해 더 가치 있게 만드는 모든 행위를 의미한다고 할 수 있다.

2. 생산관리의 개념

생산관리란 생산목표를 달성하기 위하여 유형인 <u>재화의 생산</u>이나 무형인 <u>서비스의 공급</u>을 담당하는 <u>생산시스템을 관리하는 활동</u>으로 정의할 수 있다.

생산관리	제품이나 서비스의 생산활동을 관리하는 시스템
생산활동	사회가 필요로 하는 제품을 만드는 것으로, 생산은 투입물에 변환을 가하여 가치가 부가된 산출물을 만드는 과정
기본요소	• 투입물(input) : 사람, 자본, 기술 등 • 변환과정 : 가치를 창출하거나 부가시키는 과정 • 산출물(output) : 제품과 서비스

3. 생산관리의 경쟁요소와 4대 목표 기출 24

(1) 생산관리의 경쟁요소

① 생산과 관련한 경쟁요소들로는 <u>원가, 시간, 신뢰성, 유연성</u> 등이 있는데, <u>원가(Cost) 경쟁력</u>이란 상대적으로 낮은 가격의 투입자원을 확보하거나 생산성을 높임으로써 얻어지는 가격경쟁력을 의미하고, <u>시간(Time) 경쟁력</u>이란 빠른 제품개발능력과 빠른 인도(Fast Delivery), 적시 인도(On-time Delivery) 등을 포괄하는 개념의 경쟁력이다.

② <u>신뢰성(Reliability) 경쟁력</u>이란 고객의 품질, 납기를 충족시키는 것이고, <u>유연성(Flexibility) 경쟁력</u>이란 다양한 종류의 제품을 공급할 수 있는 능력과 주문물량의 대소에 관계없이 대응할 수 있는 능력을 포함하는 개념의 경쟁력이다.

(2) 생산운영관리의 4대 목표

생산관리의 경쟁요소에 기반하여 낮은 <u>원가</u>, 품질(최고, 일관성), 납품(속도, 정시), <u>유연성</u>(고객화, 다양성, 수량 유연성, 신제품의 개발 속도)을 <u>생산운영관리의 4대 목표</u>로 하여 관리하게 되고, 생산관리의 목표가 설정되면 목표에 따라서 생산과 관련된 생산공정, 생산능력, 재고, 품질에 대한 기준이 순차적으로 설정된다.

4. 생산시스템

① 시스템이란 <u>특정한 목적</u>을 달성하기 위하여 여러 개의 <u>독립된 구성인자</u>가 <u>유기적으로 연결되어 상호작용</u>하는 것이라고 정의할 수 있다.

② 시스템은 시스템마다의 목적이 존재하고 하나의 시스템을 구성하는 여러 개의 <u>하위 시스템</u>으로 구성되어 있는데, 각각의 하위 시스템은 전체의 시스템과 유기적인 구조를 형성하고 있게 된다.

③ 이렇게 구성된 시스템은 <u>투입</u>된 자원, 정보, 에너지를 <u>산출물</u>로 <u>변환</u>시켜 변화를 만들어 내는 역할을 하며, 개별의 합보다 전체로서의 합이 커지는 <u>시너지 효과</u>가 발생하는 속성을 가지고 있다.

④ 생산 또한 이러한 시스템적 속성을 가지고 있어 하나의 시스템으로 구성되어 있으며, 원자재, 자본, 노동력, 에너지, 정보 등을 투입하며 가공, 조립 등의 변환과정을 거쳐 제품이나 서비스를 산출하고 그 산출과 관련한 정보들을 피드백 하여 다시 투입과정에 반영하는 과정을 거치게 된다.

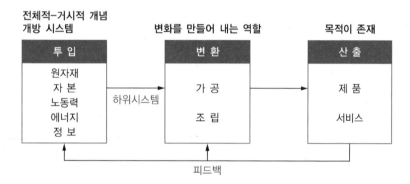

5. 생산전략

(1) 생산전략의 의미

생산전략이란 <u>변환시스템</u>과 <u>공급사슬</u>에 관한 일관된 방향을 설정하는 것으로, 사업전략 및 다른 기능별 전략과 연계하여 <u>기업의 경쟁우위</u>를 달성하기 위한 것이다.

(2) 생산전략의 순서

① 생산전략은 1단계로 <u>기업의 전략 수립</u>(저원가, 차별화, 집중화 등)을 하고, 기업의 전략에 따라 2단계의 <u>생산 운영 전략 수립</u>(공급사슬전략, 글로벌 생산전략 등)을 하게 된다.

② 마지막으로 3단계에서는 수립된 생산운영 전략에 의거 <u>전략적 생산 의사 결정</u>(생산공정, 생산능력, 재고, 품질 등)을 하는 순서로 진행된다.

1. 테일러의 과학적 관리법

테일러는 '현재의 작업방법을 관찰 → 과학적 측정과 분석을 통한 개선된 방법의 개발 → 새로운 방법에 대한 작업자 훈련 → 작업과정에 대한 계속적 피드백'으로 구성된 4단계의 과학적 접근법을 사용하였는데, 테일러가 고안한 과학적 관리법은 현대적인 생산관리의 시작점으로 평가된다.

2. 포드의 이동조립라인

포드는 컨베이어 벨트의 도입으로 조립시간을 크게 단축하였는데, 컨베이어 벨트를 통한 작업을 가능하게 하기 위하여 제품의 단순화(Simplification), 부품의 표준화(Standardization), 작업의 전문화(Specialization)로 대표되는 3S 시스템을 구축하였다.

3. 인간관계론

① 테일러와 포드의 과학적 관리법에 의하여 생산성은 비약적으로 발전하였지만 그 반작용으로 인간이 노동에서 소외되는 현상이 발생하자 이를 해결하기 위하여 발전한 이론이 인간관계론이다.

② 인간관계론에서는 작업자에의 동기부여가 생산성 향상의 결정적 요소라는 가정하에 작업 설계 시 동기부여적 요소와 인간적인 요소를 고려하여야 한다고 주장하였으며, 현대에는 작업장의 인간화 방법까지 고려하는 수준으로 발전하였다.

4. 의사결정 모형

① 생산시스템의 운용은 의사결정의 연속이라고 할 만큼 수많은 의사결정 요소들이 있는데, 이러한 의사결정을 수학적인 형태로 해석하려는 노력들이 진행되어 왔다.

② 최초의 의사결정 모형으로는 해리스의 경제적 주문량 모형을 들고 있는데, 의사결정 모형은 제2차 세계대전을 계기로 Operation Research, 경영과학 기법이 개발되며 비약적으로 발전하였고 이후 통계적 품질관리, 선형계획법 등으로 확장되었다.

5. 컴퓨터와 자재소요계획(MRP)

① MRP는 1970년대 IBM의 연구원들이 종속수요품목(원자재, 부품, 구성품)의 재고관리를 위한 자재소요계획 프로그램으로 개발되었다.

② MRP의 사용으로 많은 부품을 사용하는 최종제품의 수요 변화에 대처하는 생산일정계획의 수립, 재고, 구매 관리가 가능하게 되었다.

6. JIT와 린 생산방식

1980년대 도요타의 적시생산 시스템(Just In Time)은 제품이나 부품을 필요할 때 적시에 생산함으로써 재고수준을 최소화하고 생산 전반에 낭비를 줄이려고 하는 시스템으로, 이후 세계화 과정에서 기업에 가치를 부가하지 않는 낭비 요소를 제거하는 린 제조, 린 시스템으로 발전하였다.

7. TQC와 공장자동화

전사적 품질관리(Total Quality Control)는 제품의 불량원인을 전사적인 노력을 통해 적극적으로 제거하는 품질관리방식을 말하는데, 컴퓨터 지원설계(CAD), 컴퓨터 지원제조(CAM), 유연생산시스템(FMS), 컴퓨터 통합생산(CIM) 등의 공장자동화 기술이 보급되기 시작한 1980년대부터 발전하게 되었다.

8. TQM과 국제품질인증제도

① 1990년대에는 품질관리의 개념이 제품차원의 TQC에서 조직시스템 차원의 전사적 품질경영(Total Quality Management)으로 전환되었다.
② TQM은 국제적 경쟁력을 갖춘 품질의 확보를 목표로 고객 지향의 제품개발, 품질보증체계를 중시하는 것으로 ISO시리즈 등의 국제품질인증제도의 확대가 TQM의 확산으로 이어지게 되었다.

9. 비즈니스 프로세스 리엔지니어링(BPR)

1990년대에 들어서는 불황 속에서 경쟁력을 유지하기 위해 업무 프로세스를 근본적으로 혁신하는 방법인 BPR이 등장하였는데, BPR은 기존의 업무프로세스 중 가치를 부가하지 않는 단계는 제거하고 나머지 단계들은 전산화하는 형태로 점진적, 지속적 개선을 추구하는 TQM(또는 비즈니스 프로세스 리스트럭처링)과는 달리 급진적인 변화를 추구하는 것을 특징으로 한다.

10. 식스시그마 품질

① 식스시그마는 1980년대 TQM의 한 부분으로 모토로라에 의해서 100만 개의 제품 중 발생히는 불량품이 평균 3.4개의 수준인 식스시그마를 달성하기 위한 품질관리 운동으로 시작되었다가 1990년대부터 기업의 전체 프로세스에 적용할 수 있는 전방위 경영혁신 운동으로 발전하였다.
② 식스시그마에서는 문제가 발생하면 DMAIC로 대표되는 정의(Define), 측정(Measure), 분석(Analyze), 개선(Improve), 관리(Control)의 단계를 거치면서 문제를 해결하는 방법론을 제시하고 있다.

11. SCM(Supply Chain Management) 기출 24 지도 16 · 17 · 24

① 공급사슬관리(SCM)란 공급자로부터 기업 내 변환과정과 유통망을 거쳐 최종 고객에 이르기까지 자재, 제품, 서비스 및 정보의 흐름을 전체 시스템 관점에서 설계하고 관리하는 것으로, 고객이 원하는 제품을 적기에 공급하고 재고를 줄일 수 있게 하는 시스템이다.
② SCM은 경영의 세계화, 시장의 역동화, 고객 필요성의 다양화 등으로 인하여 경영환경의 불확실성이 증가되고, 기업 간의 경쟁이 강화되며, 아웃소싱의 증대, 물류비용의 증대 등의 해결을 위하여 개발되었다.

생산시스템 설계	제품/서비스 설계	공정 설계	설비 배치
	방법 연구	작업 측정	공장 입지

생산전략

생산시스템 관리(운영)	생산계획	공정관리	재고관리
	설비관리	품질관리	

1. 생산운영관리의 구분

생산운영관리는 크게 새로운 생산시스템을 설계하는 측면과 이미 존재하는 생산시스템에 의해 생산을 할 때 효율적으로 운영을 하기 위한 생산시스템의 관리의 측면으로 구분할 수 있다.

2. 생산운영관리의 영역

① 생산시스템의 설계 측면은 생산할 제품 및 서비스를 설계하는 것으로부터 시작하여 설계된 제품이나 서비스를 생산하기 위한 공정을 설계하고, 공정에 따라 설비를 어떻게 배치하는가와 관련된 설비배치, 보다 경쟁력 있는 생산을 위한 방법연구 및 작업측정, 그리고 공장의 입지 선정까지를 포함하고 있다.

② 생산시스템의 운영 측면은 실제 생산을 위한 구체적인 생산계획의 수립, 각각의 공정의 관리, 재고의 관리, 설비의 관리, 품질의 관리를 그 영역으로 하고 있다.

02 제품 및 서비스 설계

제1절   제품설계

1. 생산시스템의 설계 프로세스

생산시스템의 설계는 '제품결정 및 설계 → 공정설계 → 설비배치 → 방법연구 → 작업측정 → 공장입지의 선정' 순서로 진행된다.

2. 제품결정

생산시스템 설계의 첫 번째 단계인 제품결정은 생산할 제품에 대한 아이디어를 창출하는 과정으로, 생산할 제품에 대한 아이디어를 수집하고, 심사를 통해 개발 대상이 될 수 있는 제품의 대안들을 선정하며, 사업성 분석 및 타당성 검토를 통해서 최적의 제품 아이디어를 결정하게 된다.

3. 제품설계

어떤 제품을 개발할 것인가에 대한 제품결정이 되면 개발대상으로 선정된 제품을 공정에서 제조하기 위하여 해당 제품의 기술적 기능을 구체적으로 규정하는 제품설계의 과정을 거치게 된다.

제2절   설계의 종류

1. 예비설계

예비설계란 제품개념(Product Concept)을 개발하고 제품에 대한 특성을 부여하는 설계로, 제품개념에서 정의한 기능들을 수행할 수 있는가 하는 신뢰성과 해당 기능이 장기간 존속되는가 하는 유지가능성을 중심으로 설계 작업을 수행하게 된다.

2. 최종설계

최종설계는 원형제품(Prototype)을 개발하고 시장실험을 거쳐서 최종 설계안으로 구체화하는 설계로, 최종 설계는 기능설계, 형태설계, 생산설계로 구분할 수 있다.
① 기능설계 : 제품의 성능 또는 기능 구현 중심
② 형태설계 : 제품의 외관과 관련된 설계
③ 생산설계 : 경제적 생산에 초점

1. 품질기능전개(Quality Function Deployment)의 개념

품질기능전개란 <u>고객의 목소리를 제품이나 서비스 개발 프로세스에 통합하는 구조화된 방법</u>으로, 고객의 요구가 개발 프로세스의 모든 측면에 반영되도록 보장하는 것을 목표로 수행된다.

2. 품질기능전개의 특징

고객의 의견에 귀를 기울여 고객을 이해하는 것이 품질기능전개의 핵심 특징으로, 제품의 선호 여부와 같은 단순한 의견 반영이 아닌 제품 설계, 제조, 유통, 판매, 서비스 등의 모든 분야에 고객의 요구를 회사 내 요구로 변환하는 시스템을 의미한다.

3. 품질의 집

품질기능전개를 보다 효과적으로 수행하기 위하여 고객의 요구사항과 기술적 문제들을 전제적으로 검토할 수 있도록 개발된 방법이 <u>품질의 집</u>으로, 품질의 집은 <u>품질기능전개의 구체적인 전개방식</u>이라고 할 수 있다.

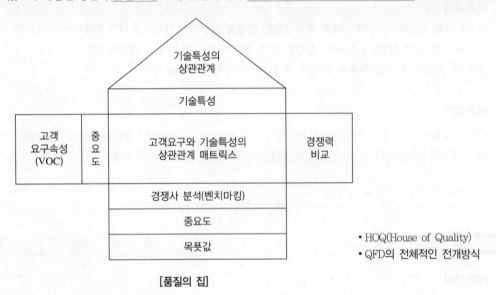

* HOQ(House of Quality)
* QFD의 전체적인 전개방식

[품질의 집]

1. 가치분석 및 가치공학의 의의

① 가치분석이나 가치공학은 제품, 공정, 원재료, 부품의 설계변경이나 수정을 통하여 불필요한 기능이나 비용을 발견, 제거함으로써 제품의 가치 증대를 통한 기업의 경쟁력을 제고하고자 하는 방법이다.

② 가치분석은 <u>경제적인</u> 측면을 통해 원가의 최소화를 추구하는 방법이고, 가치공학은 제품이나 부품의 <u>기술적인</u> 측면을 통해 원가의 최소화를 추구하는 방법이다.

2. 가치분석 및 가치공학의 목적

가치분석이나 가치공학은 제품의 기능적인 감소 없이
원가를 절감하여 고객에게 가치 있는 제품을 제공함으로
써 기업의 경쟁력을 강화하기 위한 목적으로 실행된다.

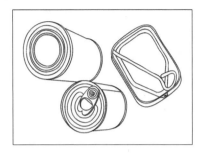

[어떤 방법이 가장 경제적으로 캔을 따는 방법인가?]

제5절　동시공학과 애자일 방법론 [기출] 23

1. 동시공학(CE ; Concurrent Engineering)의 의미

동시공학은 전통적인 폭포수 방식의 순차공학에 의한 문제점을 극복하기 위하여 제품개발 과정에 관련되는
모든 주요부서의 전문가가 동시에 참여하여 제품설계, 생산방법, 공정설계, 생산계획 등을 동시에 수행함으
로써 제품개발 시간과 개발 단계를 단축하고자 하는 개발방식이다.

2. 동시공학의 특징과 효과

동시공학에 의한 개발은 여러 가지의 개발 프로세스가 동시에 진행되므로 다기능 팀으로 구성되고 의사소통,
팀워크, 정보공유의지, 협조의지가 절대적으로 필요한 특징을 지니고 있는데, 동시공학에 기반한 개발은
기획과 설계, 테스트가 동시에 진행되므로 설계변경의 횟수가 감소하여 제품의 개발시간과 개발비용의 감소,
원가의 절감이 가능하고, 신속한 제품출시를 통해 기업의 경쟁력이 향상되며, 팀워크와 품질의 향상에도
기여하는 효과가 있다.

3. 애자일 방법론

애자일 방법론은 소프트웨어의 개발 시에 많이 사용되는 개발방법론으로 주먹구구식 개발방법과 폭포수 모
델에 의한 개발방법의 장점을 도입하여 처음 수집한 요구 사항은 전체 요구 사항 중 일부로 생각하고 언제든
지 추가 요구 사항이 있을 것으로 간주하여 개발을 시작하고, 가능하면 자주, 빨리 제품에 대한 프로토 타입
을 만들어 고객과 소통하면서 제품의 수준을 높여가는 방식이다. 최소한의 인원을 사용하여 빠르고 민첩하게
개발과정을 진행하는 방식이다.

1. 집단관리기법(GT ; Group Technology)

① GT는 부분품 생산 시 이들이 갖는 기술적 유사성에 따라 몇 개의 집단(Group)으로 구분하여 각 그룹의 공동의 공구, 기계 및 작업 방법을 이용해서 생산하는 것으로, 표준부품의 대량생산으로 경제적 이점을 실현하는 방법이다.

② GT는 다품종 소량생산체제하에서 대량생산의 효과를 추구하는 것으로, 부분품을 그룹화 하여 가공 로트를 확대함으로써 생산 작업의 통제가 용이하고, 생산 준비시간이 절감되며, 설계비가 감소되는 장점이 있다.

③ 수요변동에 대한 유연성이 작고 부품분류가 복잡하며, 기계설비가 중복 투자되고 기계설비의 전용이 어려운 단점이 존재한다.

2. 모듈러 설계/생산 [기출 23] [지도 21]

① 모듈러 설계는 최소 종류의 부품, 즉 호환성이 있는 부품을 통하여 최대 종류의 제품을 생산하고자 하는 기법이다.

② 모듈(Module)이란 다양한 제품을 제공하기 위해 여러 가지로 조합이 가능한 표준화된 호환부품으로, 부품을 모듈화 함으로써 제품의 다양화와 표준화를 동시에 달성할 수 있게 된다.

③ 모듈러 설계는 고객의 다양한 욕구를 충족시키기 위한 소품종 대량생산시스템의 최적화를 실현하기 위한 방식으로, 생산증대와 원가절감을 통해 경제적 생산을 추구하며 고객욕구의 충족이라는 목표가 GT와의 공통점이라고 할 수 있다.

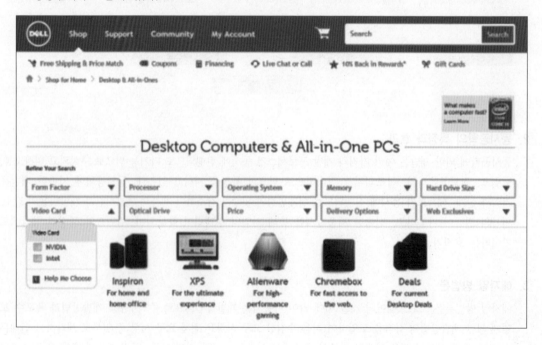

3. 로버스트 설계 [지도] 17

 ① 로버스트 설계는 제품이나 공정을 처음부터 환경변화에 의해 영향을 덜 받도록 설계하는 방법으로, 강건
 설계 또는 다구치 설계라고도 불린다.
 ② 로버스트 설계에서는 계획된 실험을 통해 제조상의 변동이나 환경상의 변동에 가장 둔감한 제품이나 공정
 설계 방식을 개발한다.

4. 에코 설계

 ① 에코 설계란 환경을 고려한 제품이나 서비스의 설계 및 개발을 의미한다.
 ② 에코 설계는 기업, 사용자 및 사회 모두에게 이득이 될 수 있도록 제품이나 서비스의 전체 수명주기를
 고려하여, 자원의 채취 및 수송, 제조과정, 배급, 사용 및 유지/보수, 재사용, 폐기물 처리 등의 모든
 과정에서 자원의 고갈, 온실효과, 독성 등 환경영향 요소를 평가하고 관리하는 것을 말하는데 ESG 경영
 의 확대로 그 중요성이 더욱 높아지고 있다.

제7절   서비스 설계

1. 서비스의 정의

 서비스란 물질적 재화를 생산하는 노동과정 밖에서 기능하는 노동을 광범위하게 포괄하는 개념으로, 서비스
 에는 여러 가지 노동이나 활동이 포함된다.

2. 서비스의 특징 [기출] 21 [지도] 18

 서비스는 무형성, 소멸성, 비분리성, 이질성의 특징을 가지고 있다.
 ① 무형성 : 실체가 없어 전시, 견본 등이 불가능, 경험 전까지는 품질의 판단이 어려움
 ② 소멸성 : 향후 수요에 대한 저장이 불가능, 재고가 없음
 ③ 비분리성 : 생산과 동시에 소비, 생산과 소비의 동시성, 생산과정에서의 통제가 불가능함
 ④ 이질성 : 특정 공간, 특정 시간, 서비스 제공자에 따라 서비스의 질이 달라질 수 있음

제 조	서비스
유 형	무 형
구매 시 소유권 이전	일반적으로 소유권 이전 ×
구매 전에 보여줄 수 있음	구매 전에는 존재하지 않음
재고로 저장	재고가 존재하지 않음
생산 후에 소비	생산과 소비가 동시
판매자가 생산	구매자가 생산의 일부 담당

3. 서비스 삼각형

서비스는 그 특성상 기업, 고객, 기업과 고객 사이에서 서비스를 전달하는 종업원 간의 3각 관계로 구성이 되어 있어 <u>기업 – 고객, 고객 – 종업원, 종업원 – 고객</u> 간의 관계를 관리하여야 할 필요가 있는데, 이는 서비스 삼각형을 통해 잘 드러나 있다.

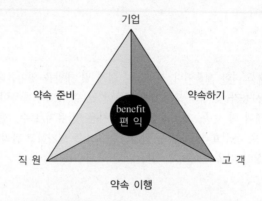

[서비스 삼각형(Service Marketing Triangle)]

4. 서비스 사이클

서비스의 설계 시에는 서비스 사이클의 각 접촉점(MOT)에서 고객이 좋은 서비스 경험을 갖도록 <u>고객접점관리</u>가 필요하다.

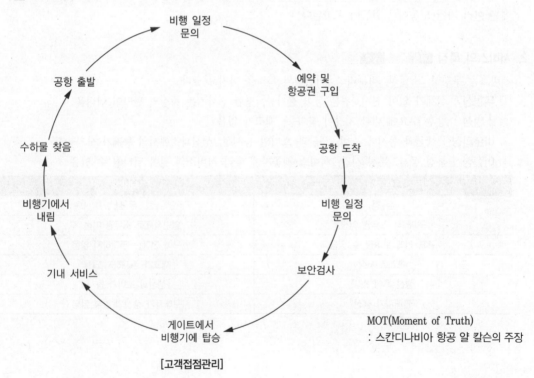

[고객접점관리]

MOT(Moment of Truth)
: 스칸디나비아 항공 얄 칼슨의 주장

5. 고객접촉도와 서비스 설계

(1) 고객접촉도

고객접촉도란 서비스 생산시간 중 고객과 직접 접촉하는 시간의 비율로, 고객이 시스템에 머무는 시간을 서비스 창출에 소요되는 총시간으로 나누어 계산한다.

$$고객접촉도 = \frac{고객이\ 시스템에\ 머무는\ 시간}{서비스\ 창출에\ 소요되는\ 총시간}$$

(2) 서비스 설계

고객접촉도가 계산되면 계산된 고객접촉도에 따라 적합한 서비스 시스템을 설계하여야 하는데, 낮은 고객접촉 시스템에서는 공급자 – 결정형 접근법을 이용하여 통신판매나 은행의 ATM 거래와 같은 서비스를 설계하게 되고, 높은 고객접촉 시스템에서는 고객 – 결정형 접근법을 이용하여 병원이나 미용실과 같은 시스템을 설계하며 중간 정도의 고객접촉 시스템은 공동결정형 접근법을 이용하여 서비스를 설계하게 된다.

6. 서비스 설계의 3가지 접근법

서비스의 설계는 생산라인적 접근법, 셀프 – 서비스 접근법, 개인적 배려 접근법의 3가지로 구분할 수 있다.

(1) 생산라인적 접근법

서비스를 표준화하고 서비스공정을 제조공정과 같이 생각함으로써 서비스를 보다 효율적으로 전달하려는 방법으로, 맥도널드에 의해 처음으로 개발된 방법이다.

(2) 셀프 – 서비스 접근법

서비스의 생산에 고객이 보다 큰 역할을 담당하게 함으로써 서비스공정을 향상시키는 접근법으로, 은행의 ATM, 셀프 – 서비스 주유소, 샐러드 바, e-티켓 등을 설계하는 방식을 말한다.

(3) 개인적 배려 접근법

고객에게 최상의 개별적인 서비스를 제공하는 접근법으로, 컨설팅이나 병원, 법률 서비스 등에서 찾아 볼 수 있다.

7. 서비스 보증

① 서비스 보증은 어떤 서비스가 제공될 것인가의 약속과 그 약속이 지켜지지 않았을 때 어떤 조치(환불 등)를 해 줄 것인가의 두 가지 요소로 구성되어 있다.

② 서비스 보증에 의해 고객은 기업이 약속한 사항과 서비스 전달에서 잘못된 사항을 명확히 알 수 있으며, 서비스 생산부서는 제공해야 할 서비스를 분명하게 알 수 있게 된다.

8. 서비스 복구(Recovery)

① 서비스 복구란 서비스 실패가 일어났을 때 재빨리 보상할 수 있는 능력으로, 가능하다면 고객이 원하는 서비스로 바꿔서 제공하는 것을 의미한다.

② 고객의 입장에서 볼 때, 서비스 복구가 빠르고 적절하게 이루어질 경우 고객은 서비스 실패를 받아들이고 오히려 서비스 복구로 인하여 만족을 할 수도 있다.

제1절   공정설계(공정계획)의 의미

1. 공정과 공정설계

① 공정(Process)이란 원재료를 투입하여 제품을 산출하는 데까지 필요한 모든 작업 과정을 의미하며, 공정설계란 제품설계가 완료된 후 제품을 효율적으로 생산할 수 있도록 생산공정을 구체적으로 계획하는 것을 말한다.

② 공정의 설계 시에는 생산설비의 선정과 생산흐름의 분석이 필요한데, 생산설비선정은 생산흐름분석에 따라 가장 적합한 생산설비를 선정하는 것으로 생산시스템 설계의 과정상 시설 및 설비의 배치와 연결되어 있고, 생산흐름분석은 작업공정 간의 작업흐름을 분석하는 것으로 방법연구와 작업측정으로 연결된다.

2. 공정의 분류

생산공정은 제품의 흐름에 따라 연속생산 공정, 조립라인 공정, 배치 공정, 잡숍 공정, 프로젝트 공정으로 분류할 수 있고, 고객의 주문 유형에 따라 재고생산 공정(계획생산공정)과 주문생산 공정으로 분류할 수 있다.

제2절   제품의 흐름에 따른 생산공정의 유형

1. 연속생산 공정

① 연속생산 공정은 제당, 제지, 정유, 전력 등과 같은 장치산업의 연속생산에 사용하며 특정제품의 생산만을 목적으로 하는 공정이다.

② 제품이 연속적인 방법으로 대량 생산되어 원가는 낮지만 유연성은 매우 떨어지는 단점이 있다.

2. 조립라인 공정

조립라인 공정은 컨베이어 시스템에 의한 직선적 제품흐름을 가지는 공정으로, 제품은 동일한 생산과정을 반복적으로 거침으로써 대량생산에 매우 효율적이지만 유연성이 떨어지는 단점이 있다.

3. 배치 공정

① 배치 공정은 다양한 제품을 소규모의 배치 또는 로트로 생산(가구, 보트, 그릇 등)하는 공정으로, 공정별로 설비를 배치하기 때문에 제품의 흐름은 단속적이고 혼잡하다.

② 다양한 제품을 만들기 위해 유연성은 높은 반면에 대량 반복 생산이 어려워 효율성은 낮다.

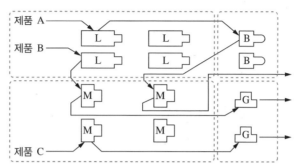

L : 선반, M : 밀링 머신, B : 드릴링 머신, G : 연삭기

[공정(기능)별 배치]

③ 로트와 배치는 유사한 개념이나 로트는 배치의 일부분이고, 로트나 배치를 관리하는 목적은 품질과 불량에 대한 추적이 필요하기 때문이다(⑩ 제지 공장에서 1개 배치에 1만 장의 A4지를 만들 수 있는데, 판매를 위하여 1천 장씩 포장된 10개의 로트로 구분하여 관리).

로트 · 배치
- 로트(Lot) : 동일한 제조 조건하에서 제조되며 균일한 특성 및 품질을 갖는 완제품, 구성품 및 원자재의 단위
- 배치(Batch) : 일정한 제조주기 동안 생산된 제품으로서, 균일한 특성과 품질을 의도하거나 목표로 하는 일정 수량의 제품

---

4. 잡숍(Job Shop) 공정

잡숍 공정은 고객의 주문에 의해서 제품을 소규모의 배치나 로트(Lot)로 생산하는 배치 공정의 특수한 형태로 단순생산공정이라고도 한다.

5. 프로젝트 공정

① 프로젝트 공정은 비행기, 빌딩, 댐, 교량 등 유일한 독창적인 제품의 개별적인 생산에 사용되는 공정으로, 제품의 흐름이 없이 고정적인 위치에서 프로젝트 완성에 필요한 세부 과업들이 선행관계에 따라 연결된다.

② 프로젝트는 한 번으로 끝나므로 자동화가 어렵고 범용설비가 사용된다.

1. 재고생산 공정(계획생산 공정)

재고생산 공정은 생산자가 정한 제품규격, 생산수량에 따라 생산을 하여 소수의 표준화된 제품을 재고에서 제공하는 공정으로, 주문에 의한 생산이 아니기 때문에 수요예측, 생산계획 및 재고관리가 중요한 이슈이며 재고의 보충과 생산활동의 효율성을 중요하게 관리하여야 한다.

2. 주문생산 공정

주문생산 공정은 생산활동이 고객의 개별적인 주문에 따라 이루어지는 공정으로, 고객의 주문 시점으로부터 납품까지의 시간인 리드타임과 정시납품비율이 주요한 관리 사항이다.

제4절　유연생산시스템 기출 21

1. 유연생산시스템(FMS ; Flexible Manufacturing System)의 의미

유연생산시스템이란 컴퓨터에 의해 통제되는 자동화된 설비를 갖추고 주문생산의 유연성과 대량생산시스템의 생산성을 동시에 고려할 수 있도록 개발된 생산시스템으로, 공정변화를 용이하게 하여 동일한 생산시스템을 통해 다양한 종류의 제품을 생산하는 자동생산시스템을 말한다.

2. 유연생산시스템의 장단점

장 점	단 점
• 단위당 비용이 감소 • 생산량 증가로 생산성↑ • 프로그램화 된 자동화 기계로 품질이 향상 • 컴퓨터 제어로 기계의 이용률↑ • 필요한 것을 필요한 때에 필요한 양만큼 생산하므로 lead time과 재공품 재고가 극소화 • 무인화 운전을 지향하므로 작업인력 감소	• 설비비용이 많이 소모 • 정교한 소프트웨어 시스템이 필요 • 제품 및 제품믹스 변경에 한계점은 존재

제1절 설비배치의 의미와 형태

1. 설비배치의 의미

설비배치란 생산공정의 공간적 배열, 즉 공장 내에 필요한 기계설비 등을 공간적으로 적절히 배치하여 생산 활동의 최적흐름을 실현하는 것으로 공정설계와의 연계성이 매우 높다.

2. 설비배치의 형태

설비배치는 제품별 배치, 공정별 배치, 고정위치형 배치, 혼합형 배치로 구분되는데, 이는 각 공정의 설계에 따라서 결정되는 특성을 가지고 있다.

① 제품(라인)별 배치 : 연속 및 조립라인 공정
② 공정(기능)별 배치 : 배치 및 잡숍 공정
③ 고정위치형 배치 : 프로젝트 공정
④ 혼합형 배치 : 셀룰러 배치

제2절 설비배치의 유형

1. 제품(라인)별 배치

① 특정제품을 생산하는 데 필요한 기계설비를 제조과정의 순서에 따라 배치하는 유형으로, 소품종 대량생 산방식, 계속 생산 시스템에 적합한 배치이다.
② 공정의 정체가 발생하지 않도록 공정 간 작업시간의 균형을 맞추어 유휴시간(Idle Time)을 최소화하는 라인밸런싱(공정균형)이 중요하다.

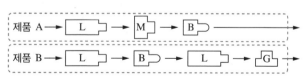

L : 선반, M : 밀링 머신, B : 드릴링 머신, G : 연삭기

장 점	단 점
• 전용생산공정 = 생산율↑ • 표준품 대량생산으로 생산비용↓ • 운반거리, 운반시간↓ • 노동, 설비의 이용률↑ • 미숙련 노동력의 투입이 가능	• 다양한 주문에 대응 ×, 융통성↓ • 설비 고장 시 전체효율↓ • 전용화된 고가의 설비 투자 필요 • 예방정비, 수리, 재고조사 등 비용↑ • 소량생산 시 단위당 원가↑

2. 공정(기능)별 배치 `지도 14`

① 공정별 배치는 동일 공정의 작업을 한 곳에 집합시키는 배치유형으로, 같은 기능을 수행하는 기계 설비를 한 곳에 집중시켜 다품종 소량생산방식의 단속생산시스템에 적합한 배치이다.

② 공정별 배치에서는 제품이 공정에 따라 작업장을 이동하면서 생산되기 때문에 상호교류가 빈번한 작업장들을 인접한 위치에 배치함으로써 자재의 운반비를 최소화하는 것이 주된 관심사항이다.

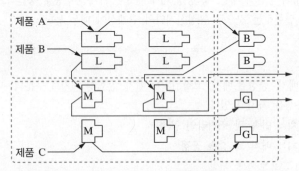

L : 선반, M : 밀링 머신, B : 드릴링 머신, G : 연삭기

제품별 배치	공정별 배치
• 소품종 대량생산 • Line-balancing • 고가의 전용설비 • 환경변화에 대한 적응 곤란 • 작업자의 감독 용이 • 생산물의 흐름 일정 • 고정 경로형 운반설비	• 다품종 소량생산 • 자재 취급비/운반비의 최소화 • 저가의 범용설비 • 환경변화에 신축적 적용 • 작업자의 감독 곤란 • 생산물의 흐름이 가변적 • 자유 경로형 운반설비

3. 고정 위치형 배치(프로젝트 배치)

① 프로젝트 배치는 제품을 한 곳에 고정시키고 생산에 필요한 자재와 설비를 현장에 이동시켜서 생산하는 배치유형으로, 비행기, 선박, 기관차 등의 생산에 적합한 방식이다.

② 주요 자재를 한 곳에 고정시켜 놓기 때문에 자재의 운반비용이 절감되고 작업이 한 장소에 집중되어 있기 때문에 프로젝트의 작업통제가 용이한 반면에, 작업자와 기계 간의 이동거리가 길고 동일한 기계 여러 대가 한 작업장에 필요하기 때문에 기계투입비용이 증가하며 숙련된 노동력이 필요한 단점이 있다.

4. 혼합형(셀룰러) 배치

셀룰러 배치는 제조셀에 의한 설비배치를 말하는데, 제조셀이란 비슷한 모양과 가공 요건을 가진 제품들의 생산에 필요한 여러 가지 기계들을 가공 진행 순서에 따라 배치한 것으로 공정별 배치와 제품별 배치가 혼합된 형태의 배치이며, 다양한 부품을 중·소량으로 유연성 있게 생산하는 중소기업들에게 제품별 배치의 대량 생산 효과를 거둘 수 있도록 고안된 배치유형이다.

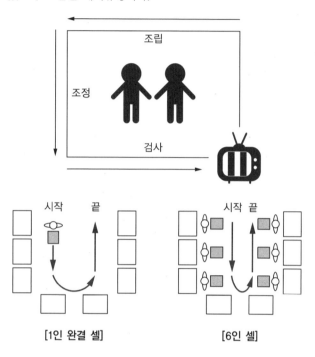

[1인 완결 셀]   [6인 셀]

5. 배치 유형별 특성

구 분	제품별	공정별	위치고정형
생산형태	연속/대량	개별/배치	프로젝트생산
생산물 흐름	제품별 연속	주문별 다양	생산물 고정
운반비용(설비)	낮 다	매우 높다	높 다
시설이용률	높 다	낮 다	낮 다
생산설비	전용설비	범용설비	범용설비
배치변경비용	매우 높다	비교적 낮다	낮 다
생산비용	고정비↑	변동비↑	변동비↑
관심사	라인밸런싱	기계 배열(운반비)	일정관리

05 방법연구와 작업측정

제1절 방법연구

1. 방법연구의 의미

방법연구는 작업 중에 포함된 불필요한 동작을 제거하기 위하여 작업을 과학적으로 분석해서 필요한 동작만으로 구성된 작업방법을 모색하고 이를 작업표준으로 설정하는 것으로, 방법연구는 공정분석, 작업분석, 활동분석, 동작분석을 통해 이루어진다.

2. 방법연구의 체계

(1) 공정분석

작업물의 흐름의 관점에서 공정순서에 따라 작업자의 활동, 작업순서, 제품, 원료, 기계, 공구 등을 집중적으로 조사, 분석함으로써 공정상의 낭비나 비합리적 요소를 제거하는 것을 말한다.

(2) 작업분석

작업자의 작업방법 또는 작업내용에 중점을 두고 작업자에 의해서 행해지는 작업내용을 개선하는 것을 말한다.

(3) 활동분석

인간 – 기계시스템에 의해 작업자와 기계가 불필요하게 대기하는 시간을 최소화하는 것으로, 직접 노무비와 기계사용 비용을 고려하여 비싼 요소일수록 유휴시간이 최소화 되게 구성한다.

(4) 동작분석(동작연구)

작업자가 한 작업장소에서 실시하는 특정 작업을 가장 경제적으로 수행할 수 있는 방법을 개발하고 표준화하는 것으로, 과학적 관리법의 기초이며 작업측정과 시간연구(Time Study)의 전제조건이 된다.

제2절 작업측정

1. 작업측정의 개념

작업측정이란 방법연구(Methods Study)의 결과로 나타난 개선된 작업내용을 토대로 작업자가 작업을 수행하는 데 필요한 시간을 측정하여 표준시간을 설정하는 것을 의미한다.

2. 표준시간의 측정

표준시간은 정상(기본)시간과 여유시간으로 구성되는데, 정상시간이란 특정작업 수행 시, 필요한 숙련도를 갖춘 작업자가 정해진 방법과 설비를 이용하여 정해진 작업조건하에서 보통의 작업속도로 일할 때, 한 단위 완성에 필요한 작업시간을 의미하고, 여유시간이란 작업과 관련하여 불가피하게 발생하는 정상적인 여유시간을 말한다.

3. 작업측정의 방법

표준시간을 측정하기 위한 작업측정의 방법에는 시간연구법, 견적법, 워크샘플링법 등이 있다.

(1) 시간연구법(Time Study Method)

스톱워치 등 기록장치를 사용하여 표준시간을 직접 측정하는 직접관찰법으로, 반복적이고, 규칙적이며, 주기가 짧은 작업을 일정한 장소에서 실행하며 작업반경이 작은 경우에 유용한 방법이다.

(2) 견적법(PTS ; Predetermined Time Standard)

① 모든 작업을 기본동작으로 분해하여 미리 정해진 시간 표준치에 의해 해당 작업의 표준시간을 산출하는 방법으로, 견적법에는 작업요소법(WF법), 방법시간측정법(MTM법) 등이 있다.

② Time Study법이나 Work Sampling법과는 달리 간접관찰법의 일종으로, 시간의 측정에 있어 별도의 기구가 필요 없고 비반복적이고 긴 주기를 갖는 작업뿐만 아니라 작업방법만 알고 있으면 아직 수행되지 않은 작업에도 이용 가능한 장점이 있으나 기계시간이나 인간의 사고 판단을 요하는 작업측정에는 어려움이 있다.

(3) 워크샘플링법(WSM ; Work Sampling Method)

① 작업자나 기계가 근무시간 중 여러 과업을 수행하는 경우 각 작업에 소요되는 시간의 비율을 확률적 표본관찰을 통하여 추정하고 이를 근거로 과업들의 시간표준을 설정하는 기법으로, Time Study법과 함께 직접관찰법의 일종이다.

② 비서직, 백화점 점원, 사무직원의 업무 등과 같이 여러 가지 다양한 활동을 수행하는 비반복적이고 비연속적인 관리 작업에 적합하다.

4. 학습효과

① 학습효과란 생산량의 증가에 따라 생산의 효율이 향상되는 효과로, 생산량과 효율의 관계를 나타낸 곡선을 학습곡선이라 한다.

② 학습효과는 생산공정이 안정되기 전까지의 생산에는 적용되지만 공정이 안정된 후 대량생산이 이루어지는 시점에서는 발생하지 않는다.

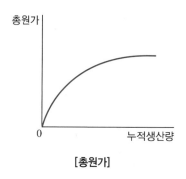

[총원가]

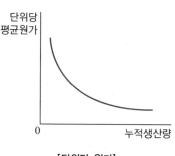

[단위당 원가]

제1절 입지선정

1. 입지선정의 개념

① 입지선정이란 <u>생산활동에 대한 장소적 적합성</u>을 기반으로 공장이나 창고의 입지 대안들을 분석, 평가하여 <u>최적입지</u>를 선택하는 것으로, 결국 시설의 입지 문제는 제품의 최종소비자에 대한 수송과 저장창고의 입지 등을 고려하여 시설의 위치, 개수, 규모 등을 결정하는 것을 말한다.

② 입지의 문제는 제조 – 운송 – 분배의 총괄적 시스템과 유기적으로 연결되어 있기 때문에 총괄시스템 관점에서의 판단이 필요하고, 입지의 선정은 일단 결정되면 막대한 설비의 투자가 소요되는 장기적이고 전략적인 의사결정문제로 그 중요성이 매우 크다고 할 수 있다.

2. 입지선정 시의 고려사항

입지선정 시에는 양적인 부문과 질적인 부문을 모두 고려하여야 하는데 양적 고려사항에는 위치, 개수, 규모 등이 있고, <u>질적 고려사항</u>에는 원재료의 수송비용과 그 편의성, 노동력, 임금 수준, 시장의 근접성, 외주의 이용 가능성 등의 <u>경제적 요인</u>, 지형과 지질, 기후와 풍토 등의 <u>자연적 요인</u>, 지역사회의 수용태도, 국토계획, 도시계획, 지역개발계획, 법규, 복지시설 등의 <u>사회적 요인</u>이 있다.

3. 입지선정 기법

입지선정은 양적 요인에 의한 입지선정 기법과 질적 요인에 의한 입지선정 기법으로 구분된다.

① 양적 요인에 의한 기법
  ㉠ 단일시설 입지선정 : 손익분기분석법, 중심 모형, 중위수 모형 등
  ㉡ 복수시설 입지선정 : 총비용비교법, 입지분기점 분석법, 운송계획법, 시뮬레이션 기법, 휴리스틱 기법, 동적 계획법 등

② 질적 요인에 의한 기법 : 단순서열법, 점수법(요인평가법)

③ 양적 – 질적 요인에 의한 기법 : 브라운 깁슨 모형

07 생산계획

제1절 **수요예측**

1. 수요예측의 개념

수요예측이란 과거의 역사적·객관적 자료에 통계적 또는 경영 과학적 기법을 사용하여 특정제품의 고객수요를 미리 추정하는 것을 의미한다.

2. 채찍효과 기출 14·23 지도 17·19

① 채찍효과란 공급사슬의 시작점에서의 작은 변화가 공급사슬의 최종 단계에서는 큰 변동을 만들어 내는 것으로, 변동의 폭은 한 단계의 공급사슬을 지나갈 때마다 더 확대되는 경향을 가지고 있다.

② 채찍효과가 발생하는 이유는 전통적인 수요예측 관행으로 인하여 기업들이 소비자의 실제 수요를 기반으로 수요를 예측하는 것이 아니라 자사로 들어온 주문에 의하여 수요를 예측하기 때문이며, 긴 리드타임으로 인하여 안전재고의 확보를 위하여 각 공급사슬의 주체들이 실제 수요보다 많은 주문을 하게 되기 때문이다.

③ 일괄주문, 가격변동, 과잉주문, 공급사슬 내의 파트너에 대한 신뢰의 부족 등이 그 원인으로 알려져 있다.

3. 수요예측기법 기출 19 지도 20

① 수요를 예측하는 기법은 크게 질적인 방법과 양적인 방법으로 구분할 수 있는데, 질적 방법은 조직 내외 전문가들의 경험과 견해 등의 주관적인 요소에 의존해서 예측을 하는 정성적, 주관적 방법으로 주로 장기수요의 예측에 사용되며, 질적인 수요예측 방법으로는 델파이법, 시장조사법, 제품수명주기법 등이 있다.

② 양적인 수요예측 방법은 미래의 수요가 과거의 패턴에 의한다는 가정하에 과거의 시계열 자료에 대한 추세나 경향을 분석하여 예측하는 방법으로, 주로 단기예측에 사용되는데 양적 수요예측 방법으로는 시계열 예측기법과 횡단면 분석기법 등이 있다.

4. 질적 수요예측 방법 지도 23

(1) 델파이법

① 전문가들을 한자리에 모으지 않고 서신에 의한 순환적인 집단질문과정을 통해 일치된 답을 얻는 방법으로, 인간의 직관력을 이용하여 장래를 예측하는 직관적 예측기법의 일종이다.

② 원래는 기술적 예측을 위하여 개발되었으나 근래에는 관련 자료가 불충분한 장기예측에 많이 사용한다.

③ 설득력 있는 한 특정인에 의해 결과가 영향을 받지 않으며, 대면회합이 없다는 장점이 있으나 시간과 비용을 많이 소모하는 단점이 있다.

(2) 시장조사법(Market Survey)

제품이나 서비스를 출시하기에 앞서 소비자 의견조사, 시장조사를 통해 수요를 예측하는 방법이다.

(3) 자료유추법(Historical Analogy)

기존 제품과 아주 유사한 새로운 제품을 시판하고자 할 때 기존 제품과 관련된 자료를 이용하여 수요를 예측하는 방법이다.

(4) 라이프사이클 유추법(Life-cycle Analogy)

제품의 수명주기(PLC) 단계를 토대로 하여 미래의 수요를 예측하는 방법이다.

(5) 위원회에 의한 방법(Panel Consensus)

패널 동의법이라고도 하며, 수요예측을 위한 위원회를 구성하고 위원회에서 공개적이고 자유롭게 의사를 표시하고 토의를 통하여 의견을 종합하여 수요를 예측하는 방법이다.

(6) 판매원을 이용하는 방법

판매원들이 시장에서 점원, 소비자 반응을 조사한 결과를 통해 수요를 예측하는 방법이다.

(7) 경영자 의견법(Executive Opinion)

경영자들의 오랜 경험에 의한 추세 분석 기법을 반영하여 수요를 예측하는 방법이다.

5. 양적 수요예측 방법 : 시계열 분석방법(Time Series Analysis) 기출 14·17·20·22·23·24 지도 14·17

시계열 분석방법은 미래의 수요는 과거 수요의 패턴대로 결정된다는 전제하에 과거의 자료를 통해 추세나 경향을 분석하여 장래의 상태를 예측하는 방법으로, 단기예측을 수행하는 데 적절한 방법이다. 시계열은 추세변동, 순환변동, 계절변동, 불규칙변동으로 구성되어 있다.

(1) 시계열의 구성요소

추세변동(T)	순환변동(C)	계절변동(S)	불규칙변동(R)
평균수요량의 장기적, 점진적 변동	1년 이상, 유사한 진동 반복	1년을 주기로 일정한 패턴 반복	돌발적인 원인, 불명의 원인에 의한 우연변동, 일반적으로 시계열에서 제외

(2) 시계열 분석방법

시계열 분석방법으로는 전기수요법, 단순이동평균법, 가중이동평균법, 지수평활법이 있는데 각각의 방법은 아래와 같다.

① 전기수요법(Last Period Method) : 가장 단순한 시계열 분석기법으로 가장 최근의 실제치를 바로 다음기의 예측치로 사용하는 방법이다.

② 단순이동평균법 : 평균의 계산기간을 순차적으로 1기간씩 이동시켜 나가면서 기간별 평균을 계산하여 수요를 예측하는 기법이다.

③ **가중이동평균법** : 현재에 가까운 실제치에는 높은 가중치를 부여하고 먼 과거로 갈수록 낮은 가중치를 부여하여 수요를 예측하는 방법이다.

④ **지수평활법** : 현시점에서 가까운 실제치에는 큰 비중을 주고, 과거로 거슬러 올라갈수록 지수적으로 비중을 적게 주어 수요를 예측하는 방법으로 회귀분석법이나 이동평균법에 비해 최근의 단기 자료만으로도 수요예측이 가능한 장점이 있다.

지수평활 계산법

• 당기예측 = 전기예측 + α(전기실적 – 전기예측)

구 분	지난달	평활지수
예측치	300	0.1
실적치	250	

• 이번 달 예측치 = $300 + 0.1(250 - 300) = 300 - 5 = 295$

---

6. 양적 수요예측 방법 : 횡단면 분석방법(Cross-Section Analysis)

(1) 횡단면 분석의 의미

횡단면 분석은 인과형 예측기법으로 예측하려는 제품에 대한 수요와 이에 영향을 미치는 요인들과의 인과관계를 분석해서 수요를 예측하는 방법이다.

(2) 시계열 분석방법과의 관계

① 미래의 예측을 위하여 과거의 데이터를 이용한다는 점과 이로 인하여 표본오차가 발생한다는 점에서는 시계열 분석방법과 동일하지만 원인변수를 시간(시계열)으로 하는가, 다른 특정변수(횡단면)로 하느냐에 따라 구분된다.

② 일반적으로 시계열 분석방법은 단기예측, 횡단면 분석기법은 중기예측에 이용한다.

(3) 횡단면 분석의 종류

횡단면 분석(Cross-Section Analysis)의 종류에는 회귀분석, 상관관계분석, 선도지표방법, 계량경제모형, 투입 – 산출 모형 등이 있다.

① **회귀분석** : 수요에 중대한 영향을 미치는 변수를 찾아 변수와 수요량의 관계를 나타내는 회귀식의 계수 및 상수를 추정한 후 추정된 회귀식을 이용하여 수요량을 예측하는 방법이다.

회귀식 : $Y = a + bX$
(단, Y = 수요량, X = 수요에 영향을 미치는 변수)

---

② **상관관계분석(Correlation Coefficient Analysis)** : 두 변수의 상호 연관성을 분석하여 수요를 예측하는 기법이다.

③ **선도지표방법(Leading Indicator)** : 경제지표로 주식시장의 흐름을 파악하는 것과 같은 선도지표를 이용하여 수요를 예측하는 기법이다.

④ **계량경제모형(Econometrics Model)** : 경제관계에 적합한 이론들을 고려하여 계량경제학적 목적에 적합한 형태로 개발한 모형이다.

⑤ **투입 – 산출모형(Input-output Model)** : 투입변인이 산출변인에 어느 정도 영향을 주는가를 분석하여 수요를 예측하는 분석기법이다.

1. 생산능력계획의 의미

① 생산능력이란 생산시스템이 일정한 기간 동안 제공할 수 있는 최대산출량을 의미하며, 생산능력계획이란 장기수요예측에 근거하여 공장과 같은 시설의 규모와 전반적인 생산능력, 즉 생산규모의 크기를 결정하고자 하는 전략적 의사결정을 뜻한다.

② 생산능력이 시장의 수요보다 부족하면 공급이 지연되어 시장이 잠식당할 위험이 있고, 생산능력이 수요에 비해 과잉되면 설비가동률이 저하되고 재고가 누적되어 생산의 효율이 떨어지기 때문에 정확한 수요예측과 이에 기반한 생산능력계획이 필요하다.

2. 여러 가지 생산능력의 개념

① 설계 생산능력 : 이상적 조건하에서의 최대 산출

② 유효 생산능력 : 시스템의 구조적 제약하에서의 최대 산출

③ 공칭 생산능력 : 정상적인 가동정책(가동률)하에서의 일정 기간 내 최대 산출

④ 피크 생산능력 : 피크 수요에 대처, 일시적인 방편을 사용하여 짧은 기간만 유지되는 생산능력

1. 총괄생산계획의 개념

① 총괄생산계획이란 6개월에서 18개월까지의 중기 또는 중 · 단기 계획으로 평균적으로는 1년 정도의 기간의 중기 생산계획을 의미한다.

② 총괄생산계획은 기업의 생산능력을 거시적으로 파악하여 총괄적 관점에서 생산율, 고용수준, 재고수준의 변경을 통해 생산시스템의 능력을 조정하여 제품에 대한 수요나 주문의 시간적, 수량적 요건을 만족시킬 수 있도록 하는 것이다.

2. 총괄생산계획의 목적과 성격

(1) 총괄생산계획의 목적

총괄생산계획은 이용 가능한 자원의 한계 내에서 가장 합리적으로 수요를 만족시키는 생산계획을 수립하고자 하는 것으로, 중 · 단기 수요예측에 입각하여 최소의 생산비용으로 생산을 실시하는 것을 목적으로 한다.

(2) 총괄생산계획의 성격

① 총괄생산계획은 변동하는 수요에 대응하여 기업이 통제 가능한 변수를 최적 결합하는 것이므로, 만약 수요 변동이 없다면 총괄생산계획은 의미가 없다.

② 총괄생산계획은 시설의 한계를 가정하고 있기 때문에 공장과 같은 유형의 시설의 추가 투입이 없이 작업자의 고용과 해고, 잔업 또는 조업단축, 재고의 증감 및 하청 등 기업이 통제 가능한 변수에 의존하여 수요에 대응하는 방법이다.

③ 총괄생산계획은 시설의 변동을 감안하고 있지 않기 때문에 생산능력계획과 같은 장기계획에 의해 제한을 받게 되며, 반대로 일정계획이나 자재소요계획(MRP) 같은 단기계획에 제한을 미치게 된다.

3. 총괄생산계획의 전략

총괄생산계획과 관련한 전략은 공급능력 전략과 수요변동 전략으로 구분할 수 있다.

(1) 공급능력 전략

변동하는 수요에 대응하여 공급능력을 변동시키는 방법이다.

① 추종 전략 : 공급이 수요를 따라가도록 고용수준을 조정하는 방법으로 재고의 조정 등과 같은 기타의 수요 – 공급 관리수단을 사용하지 않고 고용만으로 생산을 조정하는 방법이다. 고용수준의 변동에 기반하기 때문에 채용과 해고가 발생한다.

② 평준화 전략 : 고용수준과 생산율을 일정하게 유지하고 재고와 잔업, 임시직 및 하청 조정 등으로 수요에 대응하는 방법이다.

(2) 수요변동 전략

가격조정, 광고, 예약, 추후납품, 신수요 창출 등으로 수요를 변동시키는 방법이다.

4. 총괄생산계획 기법 　기출　17

총괄생산계획을 수립하는 방법에는 시행착오를 통해 적정한 답을 찾아가는 도시법, 수리적 기법을 통해 최적의 생산계획을 수립하는 수리적 최적화 기법, 인간의 경험과 수리적 기법을 혼합한 휴리스틱 기법이 있다.

① 도시법(시행착오법)

② 수리적 최적화 기법 : 선형결정기법(LDR), 목표계획법

③ 휴리스틱 기법 : 경영계수이론, 매개변수 이용법, 생산전환 탐색법, 탐색결정기법(SDR)

5. 도시법(= 시행착오법, 도표법, 도안법, 대안평가법)

① 도시법은 도표를 이용하여 총괄계획의 여러 대안을 개발한 다음 이들의 총비용을 계산, 비교하여 비용적인 측면에서 최선의 대안을 선택하는 기법으로, 시행착오법, 도표법, 도안법 등으로 불리기도 한다.

② 이해하기 쉽고 사용방법이 비교적 간편한 장점이 있으나 도표에 나타난 모델이 정태적이며 최적안을 제시할 수는 없다는 단점을 가지고 있다.

6. 수리적 최적화 기법 : 선형결정기법(LDR ; Linear Decision Rule)

① 선형결정기법은 여러 가지 제약조건을 만족시키면서 특정한 목적을 달성하는 최적해를 찾는 방법으로, 총괄생산계획기간 동안 가용 가능한 자원을 최적으로 배분하는 해를 찾기 위해 수학적 방법을 사용하여 최적의 생산율과 작업자 수를 결정하는 방법이다.

② LDR은 수학적 최적해를 보장해 주는 기법이지만 비용에 대한 정확한 자료를 수집하기가 어려워 방정식을 도출하기가 쉽지 않으며, 비용이 2차 함수가 아니면 적용할 수가 없고, 방정식을 이용해 수학적 답을 도출하기 때문에 마이너스의 해가 도출되기도 하는 단점을 지니고 있다.

7. 휴리스틱 기법(Heuristic Technique)

휴리스틱 기법이란 의사결정의 대안이 많거나 상황이 너무 복잡하여 수학적인 기법의 사용이 현실적으로 불가능할 때 인간의 사고의 기능을 통하여 경험을 살려 스스로 해결방안을 강구하면서 점차로 최적해에 접근해 가는 기법이다. 휴리스틱 기법으로는 경영계수이론, 매개변수 이용법, 생산전환 탐색법, 탐색결정기법(SDR) 등이 있다.

(1) 경영계수이론(Management Coefficient Theory)

경영자의 과거경험과 경영환경에 대한 민감성 때문에 경영자가 총괄생산계획에 있어 아주 좋은 결정을 내린다는 가정하에 경영자가 행한 의사결정결과를 다중회귀 분석하여 최적에 가까운 생산율과 작업자 수를 결정하는 방법이다.

(2) 매개변수에 의한 생산계획

최적의 생산율과 작업자 수를 찾아내기 위해 의사결정규칙의 매개변수의 값을 변화시키면서 최소비용을 가져오는 작업자 수를 찾는 방법이다.

(3) 생산전환 탐색법

수요예측 내지 재고수준을 토대로 하여 생산율이나 고용수준을 결정하는 휴리스틱 기법으로, 생산수준을 상, 중, 하로 정해놓고 예상되는 생산소요량에 따라 생산율과 고용수준을 계획하는 방법이다.

(4) 탐색결정기법(SDR ; Search Decision Rule)

SDR은 최소비용의 총괄생산계획을 수립할 생산율과 작업자 수와 같은 결정변수들을 컴퓨터를 이용하여 변수 값을 변화해 가며 최적해를 탐색하는 방법으로, LDR과 같은 수학적 모형과 제한된 가정이 없어 현실적인 분석이 가능하고 모든 비용함수에도 적용이 가능한 반면에 전체적인 최적해를 찾지 못할 수도 있는 단점이 존재한다.

CHAPTER 08 공정관리

제1절 일정계획 지도 14

1. 일정계획의 의미

일정계획은 총괄생산계획을 보다 구체적으로 제시한 것으로 총괄생산계획이 거시적 관점에서의 생산계획이라면, 일정계획(개별생산계획)은 제품별 수요와 주문량을 구체적으로 파악하여 이에 필요한 생산능력을 개별적으로 할당하는 미시적 관점의 생산계획이다.

2. 일정계획의 종류

일정계획은 주일정계획과 세부일정계획으로 구분할 수 있는데, 주일정계획(MPS ; Master Production Schedule)은 수요예측이나 고객의 주문에 근거해서 제품별 생산순위와 생산수량을 결정하여 최종 제품을 언제 얼마만큼 생산할 것인가에 대한 계획이고, 세부일정계획은 주일정계획에 근거하여 각 공정별, 설비별로 계획된 구체적인 운영계획을 말한다.

제2절 생산시스템과 일정계획

일정계획은 채택하고 있는 생산시스템에 따라서 그 특성이 달라 일정계획 시의 주안점이 다르기 때문에 생산시스템과 일정계획의 특성을 잘 매칭하여야 한다.

1. 연속생산시스템(Continuous Production System)

연속생산시스템은 표준화 제품이 대량으로 생산됨에 따라 시설을 통하여 흐르는 제품의 생산율을 통제하는 것이 근본 목적이므로, 일정계획이 간단한 반면에 조립 공정균형(Line-balancing)의 문제가 핵심으로 공정 간의 정체가 일어나지 않도록 관리하여야 한다.

2. 배치생산시스템(Batch Production System)

배치생산시스템은 표준화된 제품이 대량으로 생산된다는 점에서는 연속생산시스템과 일치하지만 동일한 품목이 조립공정을 통하여 계속적으로 생산되는 것이 아니고 동일한 제품라인에 속하는 몇 가지 품목이 같은 라인을 통하여 생산되기 때문에 경제적 로트 크기(Economic Production Lot Size)와 제품의 생산순서가 주된 관심사가 된다.

3. 주문생산시스템(Job Shop Production System)

주문생산시스템은 소량생산으로 고객 주문 시에 생산을 실시하여 납기준수가 관점인 생산형태로 많은 독립된 주문을 취급하기 때문에 일정계획이 복잡하여 서로 다른 작업들을 어느 순서로 수행하느냐 하는 작업순위 결정의 문제와 각 기계에 작업을 어떻게 할당할 것인가 하는 부하(Loading)의 문제가 주된 관심사이다.

제3절　작업순위 결정

공정 내의 작업순위의 결정방법으로는 우선순위규칙, 긴급률 기법, 존슨의 방법, 잭슨의 방법 등이 있다.

1. 우선순위규칙(Priority Rule)

우선순위규칙은 선착순, 최소시간 우선, 최대시간 우선 등 작업의 순서를 결정하는 기본 룰을 먼저 결정한 후 결정된 기본 룰에 의하여 작업순위를 결정하는 방법이다.

2. 긴급률(CR ; Critical Ratio) 기법

① 긴급률이란 현재부터 납기일까지 남아 있는 시간을 잔여처리 시간으로 나눈 것(잔여납기일수/잔여작업일수)으로, 긴급률이 1보다 작다는 것은 일정보다 작업이 늦게 진행되고 있다는 것이기 때문에 최소 긴급률 원칙에 의해 긴급률이 가장 작은 것부터 먼저 처리하는 방법이다.

② 긴급률 기법은 수요 및 작업내용의 변동에 따라 우선순위를 계속해서 갱신하는 동태적인 기법으로, 주문생산방식과 재고생산방식 모두에서 공통된 기준으로 작업의 우선순위를 결정한다.

> **예제문제**
>
> 긴급률에 따라 A, B 작업의 순위를 결정하시오.
>
> | 작 업 | 납기일 | 현재경과일 | 잔여작업일수 |
> |---|---|---|---|
> | A | 105일 | 100일 | 5.5 |
> | B | 107일 | 100일 | 9.0 |
>
> - A 작업의 긴급률 : $(105 - 100)/5.5 ≒ 0.91$
> - B 작업의 긴급률 : $(107 - 100)/9 ≒ 0.78$
>
> 따라서 B의 긴급률이 더 작으므로 B → A의 순서로 작업을 실시한다.

3. 존슨의 방법(Johnson's rule)

① 존슨의 방법은 연속적인 n개의 제품을 2개의 기계(작업)를 거쳐서 생산하는 경우의 작업우선순위 결정기법으로, 모든 주문이 반드시 두 대의 기계에서 동일하고 동등한 작업순서로 진행되며 재공품, 재고의 문제가 없는 경우를 가정한 작업순서의 결정방법이다.

② 작업순서의 결정은 작업장 1과 2 중에서 작업시간이 가장 짧은 작업을 찾은 후 해당 작업이 작업장 1의 작업이면 첫 번째 작업 순서로 배정을 하고, 작업장 2의 작업이면 제일 뒤의 순서로 결정해 나가면서 순차적으로 작업순서를 결정한다.

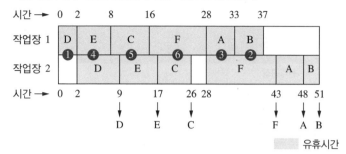

작 업	작업시간(시간)	
	작업장 1	작업장 2
A	5	❸ 5
B	4	❷ 3
C	❺ 8	9
D	❶ 2	7
E	❹ 6	8
F	❻ 12	15

작업시간과 유휴시간을 결정하기 위해 다음 차트를 그린다.

4. 잭슨의 방법(Jackson's rule)

잭슨의 방법은 제품별로 작업순서가 다른 경우와, 작업의 수가 반드시 두 개가 아니고 하나인 것도 허용되는 조건하에서의 일정 계획기법으로 먼저 여러 제품을 작업순서가 동일한 작업별로 그룹화하고 그룹 내의 작업의 순서는 존슨의 방법에 의해 결정하는 방식이다.

제4절 일정계획 및 통제 병행기법 지도 19

일정계획이 수립되면 일정계획대로 작업을 진행하기 위한 통제가 필요한데, 이러한 일정계획과 통제를 병행하여 할 수 있는 기법들로는 <u>간트 차트법, 작업부하도표법, PERT 기법, LOB법, 단기간일정법</u> 등이 있다.

1. 간트 차트(Gantt Chart)법

① 간트 차트법은 도표에 의한 일정계획 및 통제기법의 일종으로 시간을 축으로 하여 생산할 양을 작업별, 기계별, 작업자별 등으로 구분하여 작업의 순위와 할당결과를 차트를 이용하여 작성하고 이를 실적과 대비하여 통제하는 기법이다.

② 간트 차트는 일반적으로 계획량과 실적량을 모두 직선으로 표시하고, 표시된 직선을 이용하여 시간의 길이와 작업의 진척도를 표시하여 직선 하나로 시간의 동일성, 작업계획량의 변화, 작업실적량의 변화 표시가 가능하도록 작성한다.

업무리스트	D1	D2	D3	D4	D5	D6	D7	D8	D9	D10	담당자 or 협조
참고가 되는 자료수집											A대리/B사원
기획 초안 작성											A대리
슬라이드 작성											A대리
배포자료											B사원
발표원고 작성											A대리
사내/사외 공지											B사원
회의장 세팅											B사원
리허설											A대리

2. 작업부하도표법

작업부하도표는 간트 차트의 수정버전으로 세로축에 부서나 개인의 자원을 나열하여 표시하는 방법이다.

공장별 \ 월별	①	②	③	④	⑤	⑥
원주공장						
춘천공장						
수원공장						
대구공장						
부산공장						

▨ 작업일정

3. PERT 기법

① PERT(Program Evaluation and Review Technique) 기법은 <u>프로그램 평가와 검토 기법</u>이라고도 하며, 제2차 세계대전 당시 잠수함 개발에 참여한 3,000개 이상의 군납업체와 기관들의 업무 조율을 위해 개발된 방법이다.

② <u>프로젝트 완료에 필요한 순차적인 활동과 각 활동에 관련된 시간과 비용을 나타낸 순서도</u>로, 프로젝트 네트워크는 주요활동들의 완료시점을 의미하는 <u>사건</u>(node)과 실제 일어난 조치나 사건 간 이동 시간을 의미하는 <u>활동</u>(arc)으로 구성되어 있다.

③ 프로젝트 네트워크를 연결한 경로들 중에 가장 긴 시간을 소모하는 경로를 <u>주경로</u>(Critical Path)라고 하는데, 주경로는 결국 전체 프로젝트의 일정이 되므로 주경로를 효율적으로 관리하는 것이 필요하다.

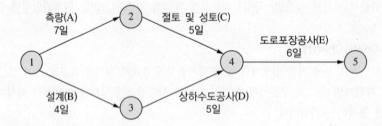

4. LOB(Line Of Balance)법

① LOB법은 <u>부분품과 반제품의 생산실적을 도표화하여</u> 작업 진척별 예정납기일을 최종제품의 납기일과 비교함으로써 납기지체를 발생시킨 작업장에 대해 개선 조치를 취하려는 기법으로, <u>연속생산시스템</u>에 유용한 통제기법이다.

② LOB법은 납기 불이행의 원인을 제공한 작업장(통제점)을 중점관리하고자 하는 기법으로, 최종제품의 수량만을 기준으로 공장전체를 통제하는 종래의 통제기법의 모순을 해결한 일정계획 및 통제 기법이다.

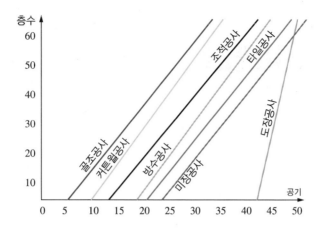

5. 단기간일정법(SIS ; Short Interval Scheduling)

단기간일정법은 작업자와 작업장의 업무를 효과적으로 결합하고 변동이 생기면 즉시 분석하여 수정을 검토하고 실행함으로써 사전 또는 동시통제가 가능하도록 일정계획과 결과를 일치시키려는 관리방법으로, 작업량을 특정의 짧은 시간을 기준으로 책정하고 작업 결과를 규칙적으로 점검하여 변화에 대한 대책을 신속하게 마련하는 방법이다.

재고관리의 개념

1. 재고관리의 의미

재고란 미래에 생산하거나 판매할 목적으로 보유하고 있는 원자재, 재공품, 완제품, 부품, 소모품 등을 의미하고, 재고관리란 재고투자액에 대한 최적수준을 결정하고 유지하는 관리 활동을 뜻한다.

2. 재고관련비용

재고를 보유하게 되면 재고와 관련한 여러 가지 비용이 발생하게 되는데, 재고와 관련한 비용에는 재고매입비용, 재고유지비용, 주문비용, 재고부족비용이 있다.

(1) 재고매입비용

재고자산을 매입하기 위하여 발생한 매입원가로 '구입수량 × 단위당 구입원가'로 계산한다.

(2) 재고유지비용(Holding costs, Carrying costs)

재고자산의 유지와 보관에 소요되는 비용으로, 재고자산 투자액에 비례한 자금의 기회비용이나 보관료, 감모손실, 평가손실 등으로 구성된다.

(3) 주문비용(Ordering costs)

재고를 주문하여 창고에 입고시킬 때까지의 구매와 관련한 모든 비용으로, 통신비, 운송비, 선적/하역료 등이 해당된다.

(4) 재고부족비용(Shortage costs)

실제로 발생한 비용은 아니지만 재고의 고갈로 인한 판매기회의 상실, 고객 불신, 생산계획의 차질에 대한 기회비용을 의미한다.

1. 경제적 주문량 모형(EOQ ; Economic Order Quantity)의 의미

경제적 주문량 모형은 1회 주문 시의 최적의 주문량을 찾기 위한 확정적 의사결정모형으로, 재고매입비용과 재고부족비용은 고려하지 않고 재고유지비용과 주문비용만을 고려하여 재고유지비용과 주문비용의 합을 최소화 시키는 1회의 주문량을 찾아내는 모형이다.

2. 경제적 주문량 모형의 가정

EOQ 모형에서는 제품의 연간 사용량(D)과 1일 사용량(d), 조달기간(LT)은 일정하며, 수량할인이나 재고부족은 없이 주문량은 모두 일시에 배달된다고 가정하고, 단위당 재고유지비용(C)과 횟수당 주문비용(O)은 일정하다는 전제하에 경제적 주문량을 계산하게 된다.

3. 경제적 주문량의 결정

① EOQ 모형에서는 재고와 관련된 4가지의 비용 중 재고매입비용과 재고부족비용은 고려하지 않는 것을 전제하였기 때문에 재고유지비용과 주문비용이 최소가 되는 지점이 경제적 주문량으로 계산된다.

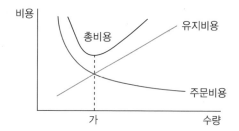

② 경제적 주문량의 산출을 위해 먼저 주문비용을 산출하여야 하는데, 연간 사용량과 1일 사용량, 주문비용을 알고 있으므로 주문횟수와 총 주문비용을 아래의 식과 같이 정리할 수 있다.

- 주문횟수 $= \dfrac{\text{연간 사용량}}{\text{1회 주문량}} = \dfrac{D}{Q}$

- 총 주문비용 $= \left(\dfrac{\text{연간 사용량}}{\text{1회 주문량}} \right) \times \text{회당 주문비용} = \dfrac{D}{Q} \times O$

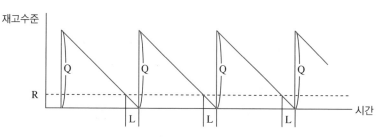

③ 재고유지비용을 산출하기 위해서는 평균적인 재고량을 알아야 하는데, EOQ 모델의 기본 전제조건에서 사용량은 일정하다고 가정했으므로 재고는 위의 그림과 같이 Q(최대재고 = 1회 주문량)에서 일정 비율로 0까지 감소하게 된다. 따라서 재고유지비용은 아래의 식처럼 정리가 가능하다.

$$재고유지비용 = \frac{1회\ 주문량}{2} \times 단위당\ 재고유지비용 = \frac{Q}{2} \times C$$

④ 경제적 주문량의 산출을 위해 필요한 주문비용과 재고유지비용을 모두 도출했으므로 두 비용을 더하면 아래의 식과 같이 정리가 된다.

$$연간\ 총비용 = 연간\ 주문비용 + 연간\ 재고유지\ 비용 = \frac{D}{Q} \times O + \frac{Q}{2} \times C$$

⑤ EOQ 모델은 연간 총비용을 최소화 시키는 것이므로 비용을 최소화 시키는 Q를 계산하기 위하여 총비용을 Q로 미분하면 $Q = \sqrt{\dfrac{2DO}{C}}$ 의 EOQ 공식을 도출할 수 있다.

$$Q = \sqrt{\frac{2DO}{C}} = \sqrt{\frac{2 \times 연간\ 평균수요 \times 회당\ 주문비용}{단위당\ 재고유지비용}}$$

예제문제

제품 P의 연간 수요는 10,000개로 예상한다. 이 제품의 연간 재고 유지비용이 단위당 100이고, 주문 1회당 주문비용은 200원일 때 경제적 주문량 EOQ는?

$$Q = \sqrt{\frac{2DO}{C}} = \sqrt{\frac{2 \times 연간\ 평균수요 \times 회당\ 주문비용}{단위당\ 재고유지비용}}$$

$$= \sqrt{\frac{2 \times 10,000 \times 200}{100}} = \sqrt{\frac{4,000,000}{100}} = \sqrt{40,000} = 200$$

효율적인 재고관리를 위한 재고관리 모형에는 *EOQ*를 이용한 고정주문량 모형 이외에도 주문기간을 일정하게 관리하는 고정주문기간 모형과 고정주문량 모형을 변형한 투빈 시스템, 물품의 수요가 1회적이고 수명이 짧은 1회성 재고의 주문량이나 재고수준을 결정하는 단일기간 재고모형, 고정주문량 모형과 고정주문기간 모형을 절충한 절충형 모형인 s, S 재고시스템(s, S system) 등이 있다.

1. 고정주문량 모형(Fixed-order-quantity Model)

① 고정주문량 모형은 1회 주문량(정량, *EOQ*)을 적정하게 산정하여 현 보유재고가 일정 수준(재주문점)에 도달하면 고정주문량만큼을 주문하는 방식으로, 수요의 변동이 있더라도 주문량은 일정하므로 주문 기간이 변동되는 모델이다.

② 재고수준이 재주문점에 언제 도달하는가를 알기 위해서는 계속적인 실사가 필요한 시스템으로 정량주문모형, 계속실사시스템, Q시스템으로 불리기도 한다.

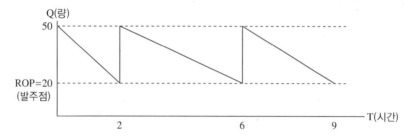

2. 고정주문기간 모형(Fixed-order-interval Model)

① 고정주문기간 모형은 주문 사이의 기간은 일정하고 주문량이 계속해서 변화하는 모형으로 주문량 확인을 위한 정기적인 실사가 필요하다.

② 고정주문량 모형에서 사용되는 자동 재주문량 대신에 최대 재고수준의 개념이 사용되며 주문량(최대 재고 – 현 재고)은 수요에 따라서 변동하므로 경제적 주문량 개념은 사용되지 않는 모형으로 정기주문모형, 정기실사시스템, P시스템으로 불리기도 한다.

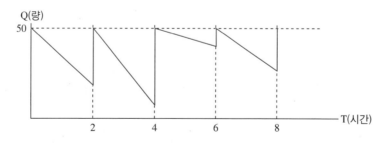

③ 고정주문량 모형과 고정주문기간 모형은 주문량, 주문시점, 재고조사 방법 등을 달리하고 있는데 주요한 차이는 아래의 표와 같다.

구 분	고정주문량 모형	고정주문기간 모형
주문량	정량(EOQ)	부정량(최대 재고 – 현 재고)
주문시점	부정기적	정기적
수요정보	과거실적에 의존 → 수요는 연속적	장래의 수요에 의존 → 수요는 계속적으로 변화
재고조사	계속실사	정기실사
적용목적	가격과 중요도가 높은 품목 수요변동의 폭이 작은 품목	가격과 중요도가 낮은 품목 수요변동의 폭이 큰 항목 동일공급자가 많은 물품을 공급
안전재고	작다(조달기간 대비)	크다(전체 주문기간 대비) 저가 품목에 유리

> **안전재고**
> 수요와 공급의 변동에 따른 불균형 또는 주문시점에서부터 입고시점까지의 재고 부족을 방지하기 위해 사전에 계획된 재고 수량을 말한다.

3. 투빈 시스템

① 투빈 시스템(Two-Bin System)은 재고를 2개의 용기(Bin)에 나누어 놓고 이 중 한 용기에 들어 있는 재고가 고갈되는 즉시 주문을 하고 조달기간에는 다른 용기에 들어 있는 재고로 수요를 총괄하는 재고관리기법이다.

② 투빈 시스템은 고정주문량 모형의 변형으로 고정주문량 모형의 재고수준에 대한 계속적인 실사의 필요성을 시각화를 통해 제거한 재고관리시스템이며, 부피가 작고 수요가 작은 저가품에 많이 적용된다.

4. 단일기간 재고모형

① 단일기간 재고모형은 물품의 수요가 1회적이고 수명이 짧은 생선이나 채소, 신문 등 1회성 재고의 주문량이나 재고수준을 결정하는 모형이다.

② 당장 전부 판매되지 않으면 쓸모없게 되는 재고의 중요한 문제는 적정재고 구입량이므로 재고부족비와 재고과잉비의 합이 최소가 되는 주문량을 찾는 방법이다.

5. 절충모형-s, S 재고시스템(s, S system)

① 절충모형은 고정주문기간 모형과 같이 정기적으로 재고수준이 검토되지만 주문은 고정주문량 모형과 같이 사전에 결정된 재주문점 이하에 이를 때만 주문을 하는 모형이다.

② 고정주문량 모형과 같이 주문량이 고정된 것이 아니라 현재고가 재주문점 이하일 때 고정주문기간 모형과 같이 미리 정해진 최대 재고 수준에 이르도록 '최대 재고 – 현 재고'만큼을 주문하는 방식으로, 고정주문량 모형에 비하여 주문량의 계산이 복잡하고 주문량에 변화가 있어 안전재고가 많이 필요하다는 단점이 있다.

1. ABC 관리방식의 의미

① ABC 재고관리 방식은 회사가 취급하는 재고의 품목이 매우 많은 경우 품목별로 엄격한 재고관리를 한다면 관리에서 얻는 효익보다 비용이 더 많이 발생하기 때문에 <u>자재의 중요도나 가치</u>를 중심으로 자재의 품목을 분류하여 차별적으로 재고를 관리하는 방식을 말한다.

② ABC 관리방식은 다수의 저가품목보다는 소수 중요품목을 중점 관리하고자 하는 방식으로, 재고의 중요도 분류는 <u>파레토 분석</u>(Pareto Analysis)을 통해 구분하게 된다.

2. ABC 관리방식의 적용

품 목	내 용	사용량 비율	가치비율	모 형
A	가치는 크지만 사용량이 적은 품목	10~20%	70~80%	정량주문 모형
B	가치와 사용량이 중간에 속하는 품목	20~40%	15~20%	절충형주문 모형
C	가치는 적지만 사용량이 많은 품목	40~60%	5~10%	정기주문 모형

CHAPTER
10 MRP vs JIT

1. 자재소요계획(MRP ; Material Requirement Planning)의 의미

① MRP는 재고의 종속성을 이용한 일정계획 및 재고통제기법으로, 완제품의 생산수량 및 일정을 기초로 제품생산에 필요한 원자재, 부품 등의 소요량 및 소요시기를 역산하여 자재조달계획을 수립하는 방법이다.

② 일정관리와 재고통제관리를 위해 컴퓨터 정보시스템을 이용하게 되며 생산일정계획, 완제품재고관리, 자재계획을 연결하는 생산시스템이다.

> **독립수요 vs 종속수요**
> 독립적 수요란 냉장고, 세탁기와 같이 한 품목의 생산활동이 다른 품목과 독립적인 수요를 갖는 것이고, 종속적 수요란 냉장고용 컴프레서, 세탁기용 모터와 같이 최종생산품의 부품이거나 중간 조립품으로 완제품의 수요에 따라 종속적으로 수요가 변동되는 것을 의미한다.

2. MRP의 3요소 지도 18

MRP의 도입을 위해서는 자재명세서, 재고기록철, 주일정계획이 필요한데, 이 3가지를 MRP의 3요소라고 한다.

(1) 자재명세서(BOM ; Bill of Materials)

제품을 구성하는 모든 부품들에 대한 목록으로, 작성일, 작성자, 내용, 금액, 비고, 합계내역 등의 항목으로 구성되어 있으며, 자재의 생산, 구입, 납품 등 자재의 변동사항을 총괄적으로 파악하기 위해 작성하는 문서이다.

(2) 재고기록철(Inventory records)

각 품목의 재고에 관한 모든 정보를 기록한 문서를 말한다.

(3) 주일정계획(MPS ; Master production schedule)

최종품목을 언제 얼마만큼 생산할 것인지를 나타내는 생산계획을 말한다.

3. MRP 시스템의 특징

① MRP는 전통적 재고관리에서 발생하는 과잉재고와 부족재고 현상을 제거함으로써 재고 비용을 최소화하기 위하여 개발되었으며, 수요의 종속성을 이용하여 자재 각각에 대한 별도의 수요예측이 필요하지 않다는 장점을 가지고 있다.

② MRP 시스템은 모든 재고품의 리드타임(Lead Time)이 알려져 있고 이론상 안전재고(Safety Stock)의 문제는 필요치 않다는 전제하에 독립수요품의 생산일정을 고려하여 종속수요를 갖는 부품의 소요량을 판단하고 리드타임을 고려한 <u>시간차감법</u>에 의해 발주를 하게 된다.

③ 사전 납기통제가 용이하고 여건변화에 민감한 자재계획의 수립이 가능하지만 수많은 부품들의 납기와 발주를 계산하고 처리하기 위해 컴퓨터의 지원이 필수적이다.

제2절	적시생산 시스템	기출 15·23·24	지도 15·17·20·23

1. 적시생산 시스템(JIT ; Just In Time)의 개념

① JIT시스템은 <u>일본의 도요타 자동차에서</u> 개발한 기법으로, 필요한 부품을 필요한 시간에 필요한 양만큼 공급받아서 생산활동에서 모든 낭비의 근원이 되는 <u>재고를 없앰</u>으로 생산공정에서의 비능률과 비생산적 요소를 제거하여 비용절감(원가 절감)과 제품품질의 향상을 꾀하고, 이를 통해 투자수익을 증대하고자 하는 생산시스템이다.

② 생산에 필요한 부품을 필요한 때에 필요한 양만큼 당겨서(Pull system) 공급받음으로써 <u>재고를 없애고</u> (Zero Inventory) 작업자와 작업장의 능력을 완전히 활용하려고 노력한다.

> **도요타의 7가지 낭비**
> • 작업대기의 낭비 : 준비작업의 개선(소재, 지급품, 다음 작업 지시, 연락 등)
> • 가공의 낭비 : 설계변경(공차의 재검토, 과잉품질), 공수절감 등
> • 운반의 낭비 : 최단 이동거리(동선의 흐름), 기계 레이아웃, 물류 이동 박스 등
> • 재고의 낭비 : 적정재고, 진척관리, 거래처정보 확인, 정리 등
> • 동작의 낭비 : 현장 레이아웃, 용구의 배치와 관리, 정돈 등
> • 과다생산의 낭비 : 재고의 낭비
> • 불량/수정의 낭비 : 공정내 검사, 재발방지, 납기지연, 품질중시 등

2. JIT의 필요조건

JIT의 실행을 위해서는 <u>주일정계획의 안정화</u>와 <u>소로트 생산</u>, 생산준비시간의 축소가 가능해야 하며 <u>그룹테크놀로지(GT)</u>에 의해 설비를 배치하고 <u>칸반방식</u>을 이용하는 것이 필요하다.

(1) 주일정계획(MPS)의 안정화

안정된 주일정계획과 이로 인한 생산의 평준화를 선행하여 작업장과 납품업자들이 일정한 수요에 대비할 수 있게 함으로써 재고를 줄인다.

(2) 로트 크기와 생산준비시간의 축소

수요변동에 대응하기 위해 소로트 반복생산이 필요한데, 소로트 반복생산은 수요의 변동에는 적응이 쉬운 반면에 생산준비횟수가 증대되므로 생산준비시간의 축소가 필요하다.

(3) 그룹테크놀로지(GT)기법에 의한 설비배치

생산시간의 축소를 위해서 GT기법을 사용하며, GT는 여러 가지 상이한 기능을 수행하는 개별적인 기계들을 한 곳에 배치하여 하나의 조립라인처럼 운영하는 것을 의미한다.

(4) 칸반(Kanban)방식 이용

칸반이란 시스템 내에서 생산 및 자재의 운반을 허가함으로써 자재의 흐름을 통제하기 위해서 사용되는 엽서 모양의 카드(Kanban card)로, 칸반방식은 후속공정이 생산에 필요한 자재를 필요로 한 때에 선행공정으로부터 끌어당겨 받는 Pull System을 의미한다.

> **린 생산방식(Lean Production)** 기출 14 · 22
> JIT 혹은 도요타 생산시스템(TPS ; Toyota Production System)이 국제화 되며 새롭게 명명되어 발전한 생산 시스템으로, 작업 공정의 혁신을 통해 비용은 줄이고 생산성은 높이기 위해 인력, 생산설비 등의 생산능력을 필요한 만큼만 유지하면서 생산효율을 극대화하는 생산 시스템을 말한다. 숙련된 기술자들의 편성과 자동화 기계의 사용으로 적정량의 제품을 생산하는 방식이다.

제3절 MRP vs JIT

구 분	MRP 시스템	JIT 시스템
재 고	자 산	부 채
로트 크기	경제적 로트	즉시 필요한 양
납품업자	기능적 관계	인간적 관계
조달기간	길수록 좋음	짧게 유지
생산준비시간	무관심	최 소
전 략	계획/push 시스템	요구/pull 시스템
생산계획	변경이 잦은 MPS	안정된 MPS
관리방식	컴퓨터 처리	보는 관리(Kanban)
품 질	불량품 인정	무결점

제1절　품질관리의 기초개념

1. 품질의 정의

① 협의의 품질 개념은 제품 그 자체의 품질을 의미하지만 현대의 경영에서 품질이라고 하면 제품의 품질, 서비스 품질, 간접 프로세스의 품질 등 기업 경영의 모든 요소의 품질을 의미하는 광의의 품질 개념이 주로 사용된다.

② 소비자 입장에서의 품질이란 지불하는 가격에 대비한 제품이나 서비스의 성능을 의미하는 것으로, 좋은 품질이란 소비자의 사용목적에 맞는 제품을 가장 저렴한 가격으로 제공하는 것을 말한다.

2. 품질관리의 개념과 변천과정

품질관리란 소비자가 요구하는 품질의 제품이나 서비스를 경제적으로 산출하기 위한 모든 수단과 활동의 시스템을 의미하며, 품질관리는 작업자 개인이 품질에 대한 책임을 지는 작업자품질관리에서 출발하여 직장 품질관리, 검사품질관리로 발전하였고 이후 통계적 품질관리, 전사적 품질관리, 전사적 품질경영의 수준까지 발전하게 되었다.

작업자 품질관리 ➜ 직장(작업반장)품질관리 ➜ 검사품질관리

① **통계적 품질관리** : SQC, 샘플링 검사법

② **전사적 품질관리** : TQC, 소비자가 만족할 만한 품질의 제품을 경제적으로 생산하기 위해 사내 각 부분을 조정

③ **전사적 품질경영** : TQM, 기업경영을 품질에 초점을 맞추어 실행

3. 품질수준의 결정

① 품질의 관리를 위해서는 품질의 수준에 대한 계획이 필요한데 품질의 수준을 설정하기 위해서는 설계품질과 제조품질에 대한 이해가 필요하다.

② 설계품질이란 제품의 특성이 소비자의 요구와 기호를 얼마나 충족시켰는지 평가하는 것이고, 제조품질이란 적합품질 또는 일치품질로도 불리며, 생산된 제품이나 서비스가 설계된 제품의 사양과 얼마나 일치하는지를 평가하는 것을 말한다.

③ 품질수준의 평가를 위해서는 <u>가용성</u>과 <u>현장서비스</u>의 수준도 평가하여야 하는데, 가용성이란 제품이 고장으로 수리나 보전 중이 아닌 사용 가능한 상태로 있는 비율을 의미하고, 현장서비스는 AS, 제품 판매 후의 보증, 수리, 교체 등을 말한다.

④ 이러한 설계품질, 제조품질, 가용성, 현장서비스의 수준을 종합하여 관리하여야 하는 품질의 수준이 결정된다.

> **목표품질 · 사용품질 · 협의의 품질관리**
> • 목표품질 : 경영자가 목표로 하는 품질
> • 사용품질 : 고객이 평가하는 품질
> • 협의의 품질관리 : 설계품질, 제조품질 관리

4. 제품 품질관리의 영역

제품 품질관리의 영역은 크게 제품에 직접 관련된 품질 수준과 제품과 관련된 서비스 품질 수준으로 구분할 수 있다.

제품 품질(수준)	서비스 품질(수준)
성능(운영특성), 특징(특별함)	시기성(납기), 친절성(고객의 기분)
유연성(운영조건 충족), 내구성	지속성(항상 유사경험)
적응성(사전 설계 기준 부합)	편리성(접근 가능성)
서비스 가능성(쉬운 수리), 심미성	완결성(원할 때 Full 서비스)
품질인식(특성에 대한 이미지)	정확성(매번 정확한 업무 수행)

5. 서비스(용역)의 품질 [지도 24]

① 서비스가 가지고 있는 무형성, 이질성, 소멸성, 비분리성의 특징으로 인하여 서비스 산업에서의 품질은 제품의 품질과는 다른 형태의 품질관리가 필요하다.

② 서비스의 품질은 고객이 지각하고 있는 품질과 고객이 기대하고 있는 품질의 차이를 측정하여 평가하여야 한다는 SERVQUAL 모형과 고객이 지각한 품질만을 측정의 대상으로 삼아야 한다는 SERVPERF 모형으로 구분된다.

SERVQUAL 모형의 5가지 서비스 품질 차원	
유형성	물리적인 시설, 도구, 종업원 등의 서비스 유형화
신뢰성	정확하고 믿을 수 있도록 서비스를 수행해 내는 능력
반응성	고객의 요구에 맞춰 신속하게 응답하는 대응능력
확신성	서비스 제공자의 예의바름과 지식, 고객에 대한 믿음과 안정성을 줄 수 있는 능력
공감성	고객을 향한 개별적인 주의집중

6. 품질비용의 개념과 구분 기출 24

(1) 품질비용의 개념

품질비용이란 제품을 애초부터 잘 만들지 않음으로써 발생하는 비용으로, 제품규격을 지키지 않음으로써 발생하는 부적합비용을 말한다.

(2) 품질비용의 구분

품질비용은 품질이 일정 수준에 미달함으로써 발생하는 실패비용(Failure cost)과 발생한 불량품을 제거하는 활동에 소요되는 통제비용(Control cost)으로 구분할 수 있다.

① 실패비용 : 실패비용은 다시 폐기물, 등외품 등 생산공정 중에 발생한 내적 실패비용과 클레임, 반품 등 제품이 출하된 후에 발생하는 외적 실패비용으로 구분된다.

② 통제비용 : 통제비용은 품질계획, 품질교육, 품질자료의 수집 등 제품 생산 전의 불량품의 발생 방지를 위한 예방비용(P-cost ; Prevention cost)과 원자재 검사, 공정검사, 완제품검사 등 생산이 되었지만 아직 고객에게 인도되지 않은 제품 중 불량품을 제거하는 데 소요되는 비용인 평가비용(A-cost ; Appraisal cost)으로 구분할 수 있다.

7. 최적 적합 품질수준의 결정

품질의 수준은 비용과 직결되기 때문에 소비자에게 만족을 주면서도 원가는 최소화 할 수 있는 최적 적합품질수준을 찾아 품질의 수준을 결정할 필요가 있는데, 이를 위해서는 품질관리 비용과 불량으로 인하여 발생하는 손실비용의 합이 최소화 되는 지점을 찾아 품질수준을 결정하는 것이 필요하다.

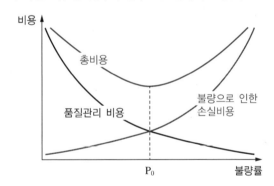

제2절 **통계적 품질관리** 기출 20

1. 통계적 품질관리의 의미

① 통계적 품질관리란 표본을 사용하여 그들이 속한 모집단의 규격에의 적합성 여부를 측정하는 방법으로, 통계적 품질관리를 위해서는 허용발취검사법(Acceptance Sampling, 샘플링검사법)이 주로 사용된다.

② 허용발취검사법은 원재료나 완제품의 모집단(lot)으로부터 무작위로 표본을 추출하여 검사를 실시하고 검사결과에 의해서 모집단 전체의 양품 또는 불량품 여부를 판정하는 기법이다.

2. 검사특성곡선(OC Curve ; Operating Characteristic Curve)

① 검사특성곡선이란 어떤 <u>로트의 품질(불량률)</u>과 <u>그 로트가 합격 또는 불합격될 확률과의 관계를 나타낸</u> <u>곡선</u>으로, 합격 품질의 수준을 높게 관리하면 불량률이 높아지고 합격 품질의 수준을 낮게 관리하면 불량률이 낮아지기 때문에 로트의 품질수준과 로트의 합격률 간에는 우하향의 관계가 성립하게 된다.

② 만일 전수검사를 한다면 검사특성곡선은 직선 형태를 띄게 되지만 샘플을 통해 검사를 하고 확률과 통계에 의해 결과를 판정하기 때문에 발취검사법에서는 OC가 곡선으로 표시된다.

③ 샘플을 선택하고 품질의 수준을 결정하는 기준에 따라 각각 다른 곡선이 생성되므로 하나의 특정한 발취 검사법은 하나의 특정한 OC 곡선을 생성하게 된다.

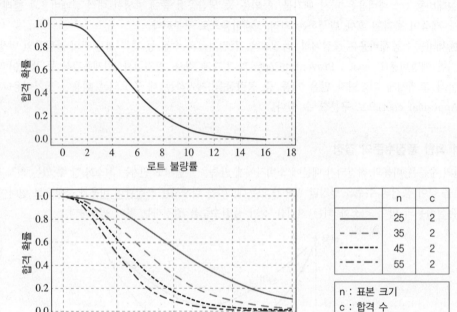

3. 합격품질수준과 위험

합격품질수준은 생산자의 입장에서는 생산자가 인정하는 위험하에서 검사한 로트가 불합격 판정받기를 원치 않는 한계불량률이고, 소비자 입장에서는 양질의 로트라고 판단하여 받아들이고자 하는 합격품질수준으로 합격 처리될 불량품의 상한선으로 볼 수 있다. 그러나 이러한 합격품질수준은 확률과 통계에 의하여 관리되기에 불량품임에도 불구하고 합격으로 처리되거나 합격품인데도 불량으로 판단을 할 수 있는 오류의 가능성이 있는데, 이를 <u>위험</u>이라고 하고 <u>생산자 위험</u>과 <u>소비자 위험</u>으로 구분한다.

(1) 생산자 위험(Producer's Risk)

<u>제1종 오류</u>(Type 1 error)가 발생할 확률 α, 제1종 오류란 불량인데도 양품으로 통과되는 오류

(2) 소비자 위험(Consumer's Risk)

<u>제2종 오류</u>(Type 2 error)가 발생할 확률 β, 제2종 오류란 양품인데도 불량으로 판정하는 오류

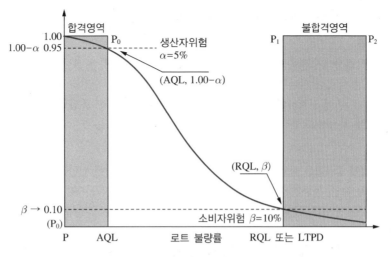

[OC(검사특성) 곡선상의 α, β, AQL, LTPD]

1. 전사적 품질관리의 등장배경

전사적 품질관리는 기존의 불량품과 양품을 선별하는 검사 위주의 품질관리를 통해서는 불량품을 선별할 수만 있을 뿐 고급품질에 대한 수요에 대응하거나, 품질관리로 인한 원가상승 등에 대응하는 효율적인 품질관리체제를 확립할 수 없다는 문제를 해결하기 위해 궁극적인 품질의 향상을 위해 개발된 품질관리 방식이다.

2. 전사적 품질관리의 개념과 특성

① 전사적 품질관리는 고객에게 최대의 만족을 주는 품질의 제품을 가장 경제적으로 생산하고 서비스할 수 있도록 사내 각 부문의 활동을 품질개발, 품질유지, 품질향상에 포커스를 맞추어 조정·통합하는 종합적 품질관리 시스템을 의미한다.

② 전사적 품질관리에서는 제품생산현장에서의 품질보증을 강조함으로써 기존의 사후검사 중심의 품질관리에서 제품생산 현장에서의 불량품 발생을 미연에 방지하는 예방을 강조하는 특성을 가진다.

③ 전사적 품질관리는 품질관리와 경영관리를 결합한 것으로 제품뿐만 아니라 납기, 원가, 서비스 등도 품질의 영역으로 포함하여 품질관리의 대상으로 하고 있으며, 이를 위해 통계적 기법뿐만 아니라 동기부여에 의한 품질향상운동도 품질관리의 방법으로 포함하여 품질관리의 방법을 확장하였다.

3. ZD(Zero Defect) 운동(무결점운동)

(1) ZD 운동의 개념

무결점운동은 작업자에게 지속적으로 동기를 부여함으로써 업무수행상 결점을 영(Zero)으로 하여 제품의 품질향상, 신뢰성 재고, 납기엄수, 원가절감 등을 이루려는 방법으로, 인간의 고차원적인 욕구를 만족시키는 인간존중의 경영이념에 입각하여 종업원 각자에게 자주성을 부여하고 종업원의 동기부여를 강조함으로써 불량품이 발생할 가능성을 사전에 예방하는 방식의 운동이다.

(2) 구성요소

ZD 운동은 작업에 종사하는 작업자 자신이 각자의 부주의 및 오류 발생 원인을 제거하도록 하는 ECR(Error Cause Removal) 제안, 동종의 작업자로 집단을 편성하고 종업원 각자가 자발적으로 개선목표를 설정하도록 자주성을 부여하는 방식의 동기부여, 성과를 이룬 직원이나 팀에 대한 공개적인 보상인 표창을 3대 구성요소로 하고 있다.

구 분	전통적 품질관리	ZD
허용불량률	• 불량 발생손실과 품질관리 비용의 균형 고려 • 표준 불량률을 인정	불량품 발생을 0으로 함
강조점	• 작업장과 설비의 기능 • 품질의 물적 변동요인 중시 • 올바른 작업 방법 부여	• 종업원의 기술/작업의욕 • 인적 변동요인을 중시 • 올바른 작업 동기 부여
성 격	논리적, 수리적	심리적, 비수리적

4. QC Circle

QC Circle은 품질분임조라고도 하며 같은 부서 또는 같은 작업장에서 근무하는 8~10명이 품질, 생산성, 원가, 기타 작업환경 등의 생산과 관련된 문제를 분석하고 상호 해결하기 위하여 정기적으로 모임을 갖는 소집단을 지칭한다.

제4절 전사적 품질경영

1. 품질경영(QM ; Quality Management)의 개념

① 품질경영은 경영자가 소비자 지향적인 품질방침을 세우고, 최고 경영진은 물론 모든 종업원들이 전사적으로 참여하여 품질향상을 지향하는 전사적이고 종합적인 경영관리체계이다.
② 종전의 품질관리가 생산현장 중심의 품질관리인데 비해 QM은 최고경영자의 품질방침에 따라 국제적으로 경쟁력 있는 품질을 확보하는 것을 목표로 생산 현장에서부터 최고경영층에 이르는 고객 위주의 전사적인 품질향상 운동으로, 고객지향의 제품개발 및 품질보증체계의 확보를 중요시한다.

2. TQC vs TQM

TQC	TQM
• 단위(Unit) 중심 • 생산현장 공정관리 개선 중심 • QC전문가의 관리통제기능 중시	• 시스템 중심, 경영전략지원 • 제품의 계획, 설계~판매까지 • 전 부문을 상호 유기적으로 보완
• 사내규격 제정 • 설비 원·부자재 및 공정관리 개선	• 사내규격 제정/품질전략 수립 • 고객지향 제품설계, 소비자 만족도 향상
• 기업이익 우선의 공정관리 • 품질요구를 만족	최고경영자의 품질방침하에 고객의 만족을 위한 총체적 활동
• 공정 및 제품의 불량감소를 목표 • 품질규격을 설정, 적합성을 추구	• 경영목표를 달성 • 총체적 품질향상을 위한 수단
기업의 필요성/자율적 추진	• ISO에 의한 국제규격 • 구매자 요구 시 이행필요(반강제)
생산 중심적 또는 제품 중심적 사고	고객지향의 기업문화, 행동의식
공급자 위주	구매자 위주(고객중시)

3. ISO 9000 시리즈 [지도] 15·19

① ISO 시리즈는 품질보증에 관한 국제 표준으로 제품자체에 대한 품질을 보증하는 것이 아니라 제품 생산과정 등의 프로세스(품질관리시스템)에 대한 신뢰성을 판단하는 기준이다.

② 기존의 품질인증이 공산품을 대상으로 하는 것인 반면에 ISO에서는 공산품은 물론 소프트웨어, 서비스 등 산업 전체에 적용될 수 있는 범용적인 규격으로 기존의 품질기준이나 규격이 생산자가 품질을 보증하는 생산자 중심의 규격이었던 반면에 소비자가 외부로부터 제품을 구입했을 경우 품질을 신뢰할 수 있는 판단기준을 제공하는 소비자 중심의 규격이다.

③ 이를 위해 품질을 판단하는 기준을 생산자나 구입자가 아닌 제3자(인증기관)가 담당하여 객관성을 향상시켰다.

④ ISO 9000은 단순히 제품의 품질규격 합격 여부만을 확인하는 일반 품질인증과는 달리 해당 제품이나 서비스 설계에서부터 생산시설, 시험 검사 등 전반에 걸쳐 규격준수 여부를 확인해 인증하게 되며 ISO 14000은 환경에 관한 기준이 추가된 인증시스템이고 ISO 26000은 ESG 경영에 대한 인증시스템이다.

4. 6 시그마 [기출] 21

100만 개 중 3~4개 이하의 불량만 허용하는 모토로라의 품질 개선 프로그램으로 개발되어 이후 전방위 경영혁신 운동으로 발전하였고, '정의(Define) – 측정(Measure) – 분석(Analyze) – 개선(Improve) – 관리(Control)'의 순서로 문제를 해결하는 DMAIC 방법론을 제시하였다.

01 생산이란 주어진 원자재를 (   ), (   ), (   )인 변환을 통해 더 가치 있게 만드는 모든 행위를 의미한다.

02 생산운영관리의 4대 목표는 생산관리의 경쟁요소에 기반한 (   ), 최고 및 일관된 (   )의 유지, 정시와 빠른 (   )의 달성, 고객화와 수량에 대한 (   )의 확보이다.

03 (   )은 공급자에서 기업 내 변환과정과 유통망을 거쳐 최종 고객에 이르기까지 자재, 제품, 서비스 및 정보의 흐름을 (   )에서 설계하고 관리하는 것으로, 고객이 원하는 제품을 적기에 공급하고 재고를 줄일 수 있게 하는 시스템이다.

04 제품설계는 제품개념(Product Concept)을 개발하고 제품에 대한 특성을 부여하는 (   )와 원형제품 (Prototype)을 개발하고 시장실험을 거쳐서 최종 설계안으로 구체화하는 (   )로 구분할 수 있다.

05 (   )란 고객의 목소리를 제품이나 서비스 개발 프로세스에 통합하는 구조화된 방법이고, (   )은 (   )의 구체적인 전개방식이라고 할 수 있다.

06 (   )은 경제적인 측면을 통해 원가의 최소화를 추구하는 방법이고, (   )은 제품이나 부품의 기술적인 측면을 통해 원가의 최소화를 추구하는 방법이다.

07 (   )는 최소 종류의 부품, 즉 호환성이 있는 부품을 통하여 최대 종류의 제품을 생산하고자 하는 기법이고, (   )는 제품이나 공정을 처음부터 환경변화에 의해 영향을 덜 받도록 설계하는 방법이다.

08 서비스는 (   ), (   ), (   ), (   )의 특징을 가지고 있다.

09 생산공정은 (   )에 따라 연속생산 공정, 조립라인 공정, 배치 공정, 잡숍 공정, 프로젝트 공정으로 분류할 수 있고, 고객의 주문 유형에 따라 (   )과 (   )으로 분류할 수 있다.

10 (   )은 고객의 주문에 의해서 제품을 소규모의 배치나 로트(lot)로 생산하는 배치 공정의 특수한 형태로 단순생산공정이라고도 하며, (   )은 비행기, 빌딩, 댐, 교량 등 유일한 독창적인 제품의 개별적인 생산에 사용되는 공정이다.

11 (　　　　　　)은 컴퓨터에 의해 통제되는 자동화된 설비를 갖추고 주문생산의 유연성과 대량생산시스템의 생산성을 동시에 고려할 수 있도록 개발된 생산시스템이다.

12 설비배치는 제품별 배치, (　　　　　), 고정위치형 배치, (　　　　　　　)로 구분되는데, 설비배치는 공정의 설계에 따라 배치의 형태가 결정되는 특성을 가지고 있다.

13 (　　　　　　)는 동일 공정의 작업을 한 곳에 집합시키는 배치유형으로, 같은 기능을 수행하는 기계설비를 한 곳에 집중시켜 다품종 소량생산방식의 (　　　　　)에 적합한 배치이다.

14 표준시간을 측정하기 위한 작업측정의 방법에는 시간연구법, 견적법, 워크샘플링법 등이 있는데, 이중 직접관찰에 의한 방법은 (　　　　　)과 (　　　　　)이고 간접관찰법에 의한 방법은 (　　　　　)이다.

15 (　　　　　)란 공급사슬의 시작점에서의 작은 변화가 공급사슬의 최종 단계에서는 큰 변동을 만들어 내는 것으로, 변동의 폭은 한 단계의 공급사슬을 지나갈 때마다 더 (　　　　　)되는 경향을 가지고 있다.

16 질적 수요예측 방법으로는 (　　　　　), 시장조사법, 제품수명주기법 등이 있고, 양적 수요예측 방법으로는 (　　　　　)과 횡단면 분석기법 등이 있다.

17 (　　　　　)은 기업의 생산능력을 거시적으로 파악하여 총괄적 관점에서 (　　　　　), (　　　　　), (　　　　　)의 변경을 통해 생산시스템의 능력을 조정하여 제품에 대한 수요나 주문의 시간적·수량적 요건을 만족시킬 수 있도록 하는 것이다.

18 (　　　　　)이란 의사결정의 대안이 많거나 상황이 너무 복잡하여 수학적인 기법의 사용이 현실적으로 불가능할 때 인간의 사고의 기능을 통하여 경험을 살려 스스로 해결방안을 강구하면서 점차로 최적해에 접근해 가는 기법이다.

19 (　　　　　)은 수요예측이나 고객의 주문에 근거해서 제품별 생산순위와 생산수량을 결정하여 최종 제품을 언제 얼마만큼 생산할 것인가에 대한 계획이다.

20 일정계획이 수립되면 일정계획대로 작업을 진행하기 위한 통제가 필요한데 이러한 일정계획과 통제를 병행하여 할 수 있는 기법들로는 간트 차트법, 작업부하도표법, (　　　　　), (　　　　　), 단기간일정법 등이 있다.

21 (　　　　　)은 1회 주문 시의 최적의 주문량을 찾기 위한 확정적 의사결정모형으로, 재고유지비용과 주문비용의 합을 최소화 시키는 1회의 주문량을 찾아내는 모형이다.

22 (　　　　　)는 전통적 재고관리에서 발생하는 과잉재고와 부족재고 현상을 제거함으로써 재고 비용을 최소화 하기 위하여 개발되었으며, (　　　　　)을 이용하여 자재 각각에 대한 별도의 수요예측이 필요하지 않은 장점을 가지고 있다.

23 (　　　　　)은 생산에 필요한 부품을 필요한 때에 필요한 양만큼 당겨서(Pull System) 공급받음으로써 재고를 없애고(Zero Inventory) 작업자와 작업장의 능력을 완전히 활용하려고 노력한다.

24 (　　　　　)이란 제품의 특성이 소비자의 요구와 기호를 얼마나 충족시켰는지 평가하는 것이고, (　　　　　) 이란 적합품질 또는 일치품질로도 불리며 생산된 제품이나 서비스가 설계된 제품의 사양과 얼마나 일치하는지를 평가하는 것을 말한다.

25 (　　　　　)은 불량인데도 양품으로 통과되는 제1종 오류(Type 1 error)가 발생할 확률을 의미하고, (　　　　　)은 양품인데도 불량으로 판정하는 제2종 오류(Type 2 error)가 발생할 확률을 의미한다.

정답 check!

01 물리적, 지리적, 시간적	14 시간연구법, 워크샘플링법, 견적법
02 낮은 원가, 품질, 납기, 유연성	15 채찍효과, 확대
03 SCM, 전체 시스템 관점	16 델파이법, 시계열 예측기법
04 예비설계, 최종설계	17 총괄생산계획, 생산율, 고용수준, 재고수준
05 품질기능전개, 품질의 집, 품질기능전개	18 휴리스틱 기법
06 가치분석, 가치공학	19 주일정계획(MPS ; Master production schedule)
07 모듈러 설계, 로버스트 설계	20 PERT 기법, LOB법
08 무형성, 소멸성, 비분리성, 이질성	21 경제적 주문량 모형
09 제품의 흐름, 재고생산 공정(계획생산공정), 주문생산 공정	22 자재소요계획(MRP), 수요의 종속성
10 잡숍 공정, 프로젝트 공정	23 JIT시스템
11 유연생산시스템	24 설계품질, 제조품질
12 공정별 배치, 혼합형 배치	25 생산자 위험(Producer's Risk), 소비자 위험(Consumer's risk)
13 공정별 배치, 단속생산시스템	

01 기출 24

☑ 확인 Check! ○ △ ✕

기업에서 생산목표상의 경쟁우선순위에 해당하지 않는 것은?

① 기 술
② 품 질
③ 원 가
④ 시 간
⑤ 유연성

02 기출 21

☑ 확인 Check! ○ △ ✕

공급자에서 기업 내 변환과정과 유통망을 거쳐 최종 고객에 이르기까지 자재, 제품, 서비스 및 정보의 흐름을 전체 시스템 관점에서 설계하고 관리하는 것은?

① EOQ
② MRP
③ TQM
④ SCM
⑤ FMS

03 기출 23

☑ 확인 Check! ○ △ ✕

제품설계 기법에 관한 설명으로 옳은 것은?

① 동시공학은 부품이나 중간 조립품의 호환성과 공용화를 높여서 생산원가를 절감하는 기법이다.
② 모듈러설계는 불필요한 원가요인을 발굴하여 제거함으로써 제품의 가치를 높이는 기법이다.
③ 가치공학은 신제품 출시과정을 병렬적으로 진행하여 신제품 출시기간을 단축하는 기법이다.
④ 품질기능전개는 소비자의 요구사항을 체계적으로 제품의 기술적 설계에 반영하는 과정이다.
⑤ 가치분석은 제품이나 공정을 처음부터 환경변화의 영향을 덜 받도록 설계하는 것이다.

정답 및 해설

01

생산관리에서는 원가, 시간, 신뢰성, 유연성 등을 경쟁요소로 하여 원가, 품질(최고, 일관성), 납품(빠른 속도, 정시 납품), 유연성(고객화, 다양성, 수량 등)을 4대 목표로 하고 있다.

정답 ①

02

④ 공급사슬관리(SCM)란 공급자에서 기업 내 변환과정과 유통망을 거쳐 최종 고객에 이르기까지 자재, 제품, 서비스 및 정보의 흐름을 전체 시스템 관점에서 설계하고 관리하는 것으로 고객이 원하는 제품을 적기에 공급하고 재고를 줄일 수 있게 하는 시스템이다.

정답 ④

03

동시공학(concurrent engineering)은 제품개발 초기부터 관련부서가 모두 개발과정에 참여하는 것이고, 모듈러 설계(modular design)는 제품구성요소를 표준화 시켜 생산원가를 낮추며 다양한 제품을 만들어 제품차별화를 이루려는 방법이며, 가치공학(Value Engineering)은 고객의 요구를 충족시키면서 원가절감과 제품의 성능향상을 이루는 것, 가치분석(VA)은 기능적 요구조건을 충족시키는 범위 내에서 불필요하게 원가를 유발하는 요소를 제거하는 방법을 말한다.

정답 ④

04 기출 21

☑ 확인 Check! ○ △ ✕

서비스의 특성으로 옳지 않은 것은?

① 무형성
② 비분리성
③ 반응성
④ 소멸성
⑤ 변동성(이질성)

05 지도 16

☑ 확인 Check! ○ △ ✕

다음은 어떤 생산공정에 관한 설명인가?

> • 고객의 주문에 따라 일정 기간 동안에 정해진 제품만을 생산한다.
> • 이 공정의 예로는 건축, 선박제조, 신제품 개발 등이 있다.

① 프로젝트공정
② 대량생산공정
③ 유연생산공정
④ 자동생산공정
⑤ 연속생산공정

06 지도 21

☑ 확인 Check! ○ △ ✕

자동화기술과 생산관리기술을 결합하여 주문생산과 대량생산을 동시에 고려한 생산시스템은?

① 집단가공법
② 수치제어가공
③ 셀 제조방법
④ 모듈생산
⑤ 유연생산시스템

07 지도 16

☑ 확인Check! ○ △ ✕

공장 내 설비 배치에 관한 설명으로 옳지 않은 것은?

① 공정별 배치는 비슷한 작업을 수행하는 기계, 활동들을 그룹별로 모아 놓은 것으로 개별 주문생산시스템에 적합하다.

② 제품별 배치는 공정의 순서에 따라 배치하는 것으로 연속적인 대량생산에 적합하고, 재공품과 물류비 감소 및 생산 통제가 용이하다.

③ 위치고정형 배치는 대단위 제품들을 한 곳에 모아 놓고 조립하는 형태로 프로젝트 기법을 활용하여 생산계획과 통제를 한다.

④ 혼합형 배치는 공정과 제품요소를 동시에 혼합하는 것으로 소품종 대량생산의 경우에 적합하다.

⑤ 프로세스별 배치는 특정제품을 생산하는 일련의 고정된 순서에 의해 배치하는 것으로 주로 특수화된 공구와 장치 생산에 적합하다.

08 기출 19

☑ 확인Check! ○ △ ✕

수요예측기법 중 인과형 예측기법(causal forecasting methods)에 해당하는 것은?

① 델파이법
② 패널동의법
③ 회귀분석법
④ 판매원 의견종합법
⑤ 자료유추법

07

④ 혼합형 배치는 공정별 배치와 제품별 배치가 혼합된 형태의 배치로 다양한 부품을 중·소량으로 유연성 있게 생산하는 중소기업들에게 제품별 배치의 대량생산 효과를 거둘 수 있도록 고안된 배치유형으로 다품종 생산을 전제하고 있다.

정답 ④

08

③ 회귀분석법은 독립변수와 종속변수 사이의 구체적인 함수식을 찾아내고, 독립변수로부터 종속변수를 예측하는 인과형 예측기법이다.

정답 ③

PART 1 PART 2 PART 3 PART 4 PART 5 **PART 6** PART 7 PART 8 PART 9

09 기출 23

☑ 확인Check! ○ △ ✕

다음의 수요예측기법 중 시계열(time series) 예측기법에 해당하는 것을 모두 고른 것은?

> ㄱ. 이동평균법
> ㄴ. 지수평활법
> ㄷ. 델파이 기법

① ㄱ   ② ㄴ
③ ㄱ, ㄴ   ④ ㄴ, ㄷ
⑤ ㄱ, ㄴ, ㄷ

09

수요예측 방법은 정성적 기법(델파이 기법, 패널조사법, 판매원추정법 등), 시계열 기법(단순이동평균법, 가중이동평균법, 지수평활법 등), 인과형 기법(회귀분석, 선형계획, 시뮬레이션 등)으로 분류할 수 있다.

정답 ③

10 지도 23

☑ 확인Check! ○ △ ✕

공급사슬계획에서 활용하는 정성적 수요예측기법을 모두 고른 것은?

> ㄱ. 선형회귀분석   ㄴ. 지수평활법
> ㄷ. 시장조사   ㄹ. 패널동의법
> ㅁ. 이동평균법   ㅂ. 델파이기법

① ㄱ, ㄴ, ㄷ   ② ㄱ, ㄹ, ㅁ
③ ㄴ, ㄷ, ㅁ   ④ ㄴ, ㅁ, ㅂ
⑤ ㄷ, ㄹ, ㅂ

10

시장조사, 패널동의법, 델파이기법 등이 정성적 수요예측기법에 해당한다.

정답 ⑤

➕ PLUS

수요예측기법		
질적 방법 **(정성적, 주관적)**	• 조직 내외 전문가들의 경험과 견해 등의 주관적인 요소에 의존해서 예측 • 주로 장기수요예측에 사용 • 델파이법, 시장조사법, 제품수명주기법, 패널동의법 등	
양적 방법	시계열 분석방법	• 미래의 수요는 과거 수요의 패턴대로 결정된다는 전제하에 과거의 자료를 통해 추세나 경향을 분석하여 장래의 상태를 예측 • 단기예측을 수행하는 데 적절 • 전기수요법, 단순이동평균법, 가중이동평균법, 지수평활법 등
	횡단면 분석방법	• 예측하려는 제품에 대한 수요와 이에 영향을 미치는 요인들과의 인과관계를 분석해서 수요를 예측 • 회귀분석, 상관관계분석, 선도지표방법, 계량경제모형, 투입 – 산출 모형 등

11 기출 20

☑ 확인Check! ○ △ ✕

(주)한국의 연도별 제품판매량은 다음과 같다. 과거 3년간의 데이터를 바탕으로 단순이동평균법을 적용하였을 때 2020년도의 수요예측량은?

연 도	2014	2015	2016	2017	2018	2019
판매량(개)	2,260	2,090	2,110	2,150	2,310	2,410

① 2,270

② 2,280

③ 2,290

④ 2,300

⑤ 2,310

11

$$2020년도\ 수요예측량 = \frac{과거\ 3년간의\ 판매량\ 합}{3}$$

$$= \frac{2,150+2,310+2,410}{3}$$

$$= 2,290(개)$$

정답 ③

12 기출 24

☑ 확인Check! ○ △ ✕

최근 5개월간의 실제 제품의 수요에 대한 데이터가 주어져 있다고 할 때, 3개월 가중이동평균법을 적용하여 계산된 5월의 예측수요 값은?(단, 가중치는 0.6, 0.2, 0.2이다.)

구 분	1월	2월	3월	4월	5월
실제 수요(개)	680만	820만	720만	540만	590만

① 606만개

② 632만개

③ 658만개

④ 744만개

⑤ 766만개

12

3개월간의 가중이동평균을 사용하여 5월의 예측수요를 구하기 위해서는 직전 3개월인 2월, 3월 4월의 수요량을 사용하여 최근의 수요량에 큰 비중을 주는 방식이므로 각각 0.2, 0.2, 0.6으로 가중하여 평균하여야 한다. 이를 바탕으로 5월의 수요량을 예측하면 (820만 × 0.2) + (720만 × 0.2) + (540만 × 0.6) = 164만 + 144만 + 324만 = 632만이다.

정답 ②

13 기출 14

☑ 확인 Check! ○ △ ✕

2014년 5월 수요예측치는 200개이고 실제수요치는 180개인 경우, 지수평활계수가 0.8이면 단순지수평활법에 의한 2014년 6월 수요예측치는?

① 164개
② 184개
③ 204개
④ 214개
⑤ 224개

13

이번 달 수요예측치 = 지난달 수요예측치 + 지수평활계수(실제수요치 − 지난달 수요예측치) 이므로
2014년 6월 수요예측치 = 200 + 0.8(180 − 200)
$$= 200 + 0.8(-20)$$
$$= 200 - 16 = 184(개)$$

정답 ②

14 기출 22

☑ 확인 Check! ○ △ ✕

(주)한국의 4개월간 제품 실제 수요량과 예측치가 다음과 같다고 할 때, 평균절대오차(MAD)는?

월	실제 수요량	예측치
1월	200개	225개
2월	240개	220개
3월	300개	285개
4월	270개	290개

① 2.5
② 10
③ 20
④ 412.5
⑤ 1650

14

'오차 = 실제 수요량 − 예측치'이므로
1월의 오차 = 200 − 225 = −25
2월의 오차 = 240 − 220 = 20
3월의 오차 = 300 − 285 = 15
4월의 오차 = 270 − 290 = −20
$$\therefore \ 평균절대오차 = \frac{|(-25)| + (20) + (15) + |(-20)|}{4}$$
$$= 20$$

정답 ③

15 기출 23

☑ 확인 Check! ○ △ ✕

최종소비자의 수요변동 정보가 전달되는 과정에서 지연이나 왜곡 현상이 발생하여 재고부족 또는 과잉 문제가 발생하고 공급사슬 상류로 갈수록 수요변동이 증폭되는 현상은?

① 채찍 효과
② 포지셔닝 효과
③ 리스크 풀링 효과
④ 크로스 도킹 효과
⑤ 레버리지 효과

15

채찍효과란 공급사슬의 시작점에서의 작은 변화가 공급사슬의 최종 단계에서는 큰 변동을 만들어 내는 것으로, 일괄주문, 가격변동, 과잉주문, 공급사슬 내의 파트너에 대한 신뢰의 부족 등이 그 원인이다.

정답 ①

16 [기출 17] ☑확인Check! ○ △ ✕

다음이 설명하는 기법은?

> • 비구조적인 문제를 다루는 데 유용하다.
> • 경험을 체계화하고 정형화하여 해결책을 발견한다.

① 팀 빌딩
② 휴리스틱
③ 군집분석
④ 회귀분석
⑤ 선형계획법

17 [기출 22] ☑확인Check! ○ △ ✕

경제적 주문량(EOQ)에 관한 설명으로 옳지 않은 것은?

① 연간 재고유지비용과 연간 주문비용의 합이 최소화되는 주문량을 결정하는 것이다.
② 연간 재고유지비용과 연간 주문비용이 같아지는 지점에서 결정된다.
③ 연간 주문비용이 감소하면 경제적 주문량이 감소한다.
④ 연간 재고유지비용이 감소하면 경제적 주문량이 감소한다.
⑤ 연간 수요량이 증가하면 경제적 주문량이 증가한다.

18 [기출 16] ☑확인Check! ○ △ ✕

해리스(F. W. Harris)가 제시한 EOQ(경제적 주문량) 모형의 가정으로 옳은 것은?

① 단일품목만을 대상으로 한다.
② 조달기간은 분기 단위로 변동한다.
③ 수량할인이 적용된다.
④ 연간수요량은 알 수 없다.
⑤ 주문비용은 주문량에 정비례한다.

16

휴리스틱 기법이란 의사결정의 대안이 많거나 상황이 너무 복잡하여 수학적인 기법의 사용이 현실적으로 불가능할 때 인간의 사고의 기능을 통하여 경험을 살려 스스로 해결방안을 강구하면서 점차로 최적해에 접근해 가는 기법이다.

정답 ②

17

EOQ는 재고와 관련된 연간 총비용(연간 재고유지비용 × 연간 주문비용)을 최소화하는 1회 주문량으로,

경제적 주문량(EOQ)

$$= \sqrt{\frac{2 \times \text{연간 평균수요} \times \text{회당 주문비용}}{\text{단위당 재고유지비용}}}$$ 로 표시된다.

따라서 분자인 평균수요나 주문비용이 증가하면 경제적 주문량은 증가하고 분모인 재고유지비용이 증가하면 EOQ는 감소한다.

정답 ④

18

EOQ(경제적 주문량) 모형의 가정은 '단일품목만을 대상, 조달기간이 일정, 주문량이 다량이라도 할인이 인정되지 않음, 연간수요량이 알려져 있음, 주문량은 전부 동시에 도착, 수요는 일정하며 연속적, 재고부족현상이 일어나지 않음, 재고유지비는 평균재고량에 비례함'의 8가지이다.

정답 ①

19 기출 19

☑ 확인Check! ○ △ ✕

(주)한국의 A부품에 대한 연간수요는 4,000개이며, A부품 구입가격은 단위당 8,000원이다. 1회당 주문비용은 4,000원이고, 단위당 연간 재고유지비용은 구입가격의 10%일 때 A부품의 경제적 주문량(EOQ)은?

① 100개

② 200개

③ 300개

④ 400개

⑤ 600개

19

경제적 주문량(EOQ)

$$= \sqrt{\frac{2DO}{C}}$$

$$= \sqrt{\frac{2 \times 연간\ 평균수요 \times 회당\ 주문비용}{단위당\ 재고유지비용}}$$

$$= \sqrt{\frac{2 \times 4,000 \times 4,000}{8,000 \times 0.1}} = \sqrt{40,000} = 200(개)$$

정답 ②

20 기출 18

☑ 확인Check! ○ △ ✕

A점포의 연간 자전거 판매수량은 500대이고, 한 번 주문할 때 소요되는 주문비용은 10만 원이다. 자전거 한 대의 구입가격은 15만 원이며, 재고 유지를 위해 매년 부담하는 비용은 대당 1만 원이다. A점포의 경제적 주문량(EOQ)과 최적주문횟수는 각각 얼마인가?

① 50대, 5회

② 50대, 10회

③ 100대, 5회

④ 100대, 7회

⑤ 250대, 2회

20

• 경제적 주문량

$$= \sqrt{\frac{2DO}{C}}$$

$$= \sqrt{\frac{2 \times 연간\ 평균수요 \times 회당\ 주문비용}{단위당\ 재고유지비용}}$$

$$= \sqrt{\frac{2 \times 500 \times 10만\ 원}{1만\ 원}} = \sqrt{10,000} = 100(대)$$

• 최적주문횟수 $= \dfrac{연간\ 평균수요}{회당\ 주문량} = \dfrac{500}{100} = 5(회)$

정답 ③

21 기출 17

☑ 확인Check! ○ △ ✕

생산수량과 일정을 토대로 필요한 자재조달 계획을 수립하는 관리시스템은?

① CIM
② FMS
③ MRP
④ SCM
⑤ TQM

21
MRP는 자재소요계획으로서 생산수량과 일정을 토대로 자재가 투입되는 시점 및 양을 관리하기 위한 시스템이다.

정답 ③

22 기출 18

☑ 확인Check! ○ △ ✕

재고품목을 가치나 상대적 중요도에 따라 차별화하여 관리하는 ABC 재고관리에 관한 설명으로 옳은 것은?

① A등급은 재고가치가 낮은 품목들이 속한다.
② A등급 품목은 로트 크기를 크게 유지한다.
③ C등급 품목은 재고유지비가 높다.
④ ABC등급 분석을 위해 롱테일(Long Tail) 법칙을 활용한다.
⑤ 가격, 사용량 등을 기준으로 등급을 구분한다.

22
ABC 재고관리는 자재의 중요도나 가치를 중심으로 자재의 품목을 분류하여 차별적으로 재고를 관리하는 방식으로, C등급의 다수의 저가품목보다는 A등급의 소수 중요품목을 중점 관리하고자 하는 방식이며 재고의 중요도 분류는 파레토 분석(Pareto Analysis)을 통해 구분하게 된다.

정답 ⑤

23 기출 22

☑ 확인Check! ○ △ ✕

생산 프로세스에서 낭비를 제거하여 부가가치를 극대화하기 위한 것은?

① 린(lean) 생산
② 자재소요계획(MRP)
③ 장인생산(craft production)
④ 대량고객화(mass customization)
⑤ 오프쇼오링(off-shoring)

23
린 생산(lean production)은 도요타의 JIT방식이 세계화되며 발전한 혁신방법으로 생산과정 내 낭비를 제거하여 제조방법의 합리화를 추구하는 것을 말한다.

정답 ①

24 기출 23

☑ 확인Check! ○ △ ✕

다음 중 도요타 생산시스템에서 정의한 7가지 낭비유형에 해당하는 것을 모두 고른 것은?

> ㄱ. 과잉생산에 의한 낭비
> ㄴ. 대기시간으로 인한 낭비
> ㄷ. 재고로 인한 낭비
> ㄹ. 작업자 재교육으로 인한 낭비

① ㄱ, ㄴ   ② ㄷ, ㄹ
③ ㄱ, ㄴ, ㄷ   ④ ㄴ, ㄷ, ㄹ
⑤ ㄱ, ㄴ, ㄷ, ㄹ

24

도요타 생산시스템에서 정의한 낭비유형은 불량의 낭비, 재고의 낭비, 과잉생산의 낭비, 가공의 낭비, 동작의 낭비, 운반의 낭비, 대기의 낭비의 7가지이다.

정답 ③

25 기출 24

☑ 확인Check! ○ △ ✕

준비비용이 일정하다고 가정하는 경제적 주문량(EOQ)과는 달리 준비비용을 최대한 줄이고자 하는 시스템은?

① 유연생산시스템(FMS)
② 자재소요관리시스템(MRP)
③ 컴퓨터통합생산시스템(CIM)
④ ABC 재고관리시스템
⑤ 적시생산시스템(JIT)

25

JIT시스템은 필요한 부품을 필요한 시간에 필요한 양만큼 공급받아서 생산활동에서 모든 낭비의 근원이 되는 재고를 없앰으로 생산공정에서의 비능률과 비생산적 요소를 제거하고자 하는 방식이다.

정답 ⑤

26 지도 23

☑ 확인Check! ○ △ ✕

적시생산시스템(JIT)이 지향하는 목표로 옳지 않은 것은?

① 제조 준비시간의 단축
② 충분한 재고의 확보
③ 리드타임의 단축
④ 자재취급 노력의 경감
⑤ 불량품의 최소화

26

JIT는 낭비의 근원인 재고를 줄이려고 하는 생산시스템이므로 충분한 재고를 확보하는 것이 목표가 될 수 없다.

정답 ②

27 기출 21

☑ 확인 Check! ○ △ ✕

식스시그마의 성공적 수행을 위한 5단계 활동으로 옳은 순서는?

① 계획 → 분석 → 측정 → 개선 → 평가
② 계획 → 분석 → 측정 → 평가 → 개선
③ 계획 → 측정 → 평가 → 통제 → 개선
④ 정의 → 측정 → 분석 → 개선 → 통제
⑤ 정의 → 측정 → 평가 → 통제 → 개선

28 기출 24

☑ 확인 Check! ○ △ ✕

품질문제와 관련하여 발생하는 외부 실패비용에 해당하지 않는 것은?

① 고객불만 비용
② 보증 비용
③ 반품 비용
④ 스크랩 비용
⑤ 제조물책임 비용

29 기출 22

☑ 확인 Check! ○ △ ✕

서비스 품질평가에 사용되는 SERVQUAL 모형의 서비스 차원이 아닌 것은?

① 유형성(tangibles)
② 신뢰성(reliability)
③ 반응성(responsiveness)
④ 공감성(empathy)
⑤ 소멸성(perishability)

27

식스시그마에서는 '정의(Define) – 측정(Measure) – 분석(Analyze) – 개선(Improve) – 관리/통제(Control)'의 순서로 문제를 해결하는 DMAIC 방법론을 주장하고 있다.

정답 ④

28

품질비용은 품질이 일정 수준에 미달함으로써 발생하는 실패비용(Failure cost)과 발생한 불량품을 제거하는 활동에 소요되는 통제비용(Control cost)으로 구분할 수 있다. 또한 실패비용은 폐기물, 등외품 등 생산공정 중에 발생한 내적 실패비용과 클레임, 반품 등 제품이 출하된 후에 발생하는 외적 실패비용으로 구분된다. 스크랩 비용은 생산과정의 부산물 및 찌꺼기 등의 처리비용이다.

정답 ④

29

SERVQUAL 모형의 서비스품질을 측정하는 5가지 차원은 신뢰성, 확신성, 유형성, 공감성, 대응성(반응성)이다.

정답 ⑤

2025 시대에듀 EBS 공인노무사 1차 경영학개론

PART 07

회 계

---

01 회계의 기초

1. 회계의 정의와 회계정보이용자

회계란 회계정보의 이용자가 합리적인 의사결정을 할 수 있도록 기업실체에 관한 유용한 정보를 식별하고 측정하여 전달하는 일련의 과정으로 정의할 수 있는데, 이러한 회계정보는 경영자나 직원 등의 내부 이용자와 노동조합, 채권자, 투자자, 공급업자, 세무서, 정부, 소비자 등의 외부 이용자의 의사결정에 이용된다.

2. 회계의 사회적 역할

회계는 기업에 관한 정보를 제공함으로써 투자의사 결정과 신용의사 결정 시 생산성이 높은 기업에 투자하도록 유도함으로써 사회적 자원(social resource)의 효율적 배분이 가능하도록 하며, 경영자가 주주나 채권자로부터 수탁받은 자본을 효과적이고 효율적으로 관리 경영하고 있는지를 보고하기 위한 수단으로 사용되어 수탁책임(stewardship responsibilities)보고의 기능을 가지고 있고, 노사 간의 임금협상이나 국가의 정책 수립 또는 세금이나 공공요금의 책정 시에도 사용되어 사회적 통제의 합리적 운영에도 기여한다.

제2절 회계의 분류

1. 부 기

① 부기는 장부기록이라는 말의 약어로, 북 키핑(book-keeping)이라는 영어의 발음과 의미를 연결시켜 만들어진 말이다.

② 부기는 개인이나 기업과 같은 경제실체의 재무상태와 경영성과를 기록하고 보고할 목적으로 당해 실체와 관련된 거래를 분석하고 기록, 분류, 요약하는 기법이며, 부기에 의해 기록되어 생산된 정보를 회계를 통해 회계정보이용자들에게 보고하고 전달하여 의사결정에 유용하게 사용하는 과정으로 이해할 수 있다.

2. 단식부기 vs 복식부기

부기는 단식부기와 복식부기로 구분할 수 있는데, 단식부기는 거래의 이중성에 따른 대차평균의 원리를 따르지 않는 방식으로, 일반적으로 개인이 사용하는 가계부나 금전출납부와 같은 형식으로 작성되고, 복식부기는 거래의 이중성에 따라 거래를 차변과 대변으로 기록하고, 대차변의 합이 일치되는 대차평균의 원리에 의해 자기 검증이 가능한 방식으로 작성되는 부기의 형식이다.

구 분	단식부기	복식부기
작성 원칙	×	○
기 록	현금과 채권채무	모든 항목
자기검증	×	○
정확성	불완전	완전
적 용	가계, 소규모 기업	대규모 기업

3. 회계의 분류

회계는 그 작성 목적에 따라 재무회계, 관리회계, 세무회계로 구분할 수 있는데 재무회계는 기업외부에 기업에 관한 정보를 전달하기 위하여 작성하는 것이고, 관리회계는 기업 내부의 의사결정에 사용하기 위한 것이며, 세무회계는 세금의 납부를 위해 작성하는 것이다.

구 분	재무회계	관리회계	세무회계
목 적	재무제표 작성	경영자의 의사결정	세금 납부
이용자	외부(투자자, 채권자)	내부(경영자, 종업원)	외부(세무서)
작성기준	기업회계기준 등	내부 기준	세 법
보고양식	재무제표	내부 양식	세무조정계산서
강제성	○	×	○
정보의 성격	객관성, 신뢰성	예측성	객관성, 신뢰성

제3절 회계공준과 질적특성

1. 회계공준

공준이란 이론을 형성하고 전개하는 과정에서 최초로 전제가 되는 명제나 가정을 뜻하는데, 회계에도 회계의 모든 관습 및 원칙의 근거가 되는 회계공준이 있다. 우리나라의 회계공준으로는 기업실체의 공준, 계속기업의 공준, 화폐가치 안정의 공준, 회계기간의 공준이 있다.

(1) 기업실체의 공준

기업은 기업의 소유자로부터 독립한 존재라는 가정이다.

(2) 계속기업의 공준

기업은 설립이 되면 영속적으로 존재하고 경영활동도 계속될 것이라는 가정이다.

(3) 화폐가치안정의 공준

기업의 거래는 객관적인 교환가치인 화폐액으로 표시하는데, 화폐의 가치는 안정적이라고 전제하는 가정이다.

(4) 회계기간의 공준

회계의 측정과 보고를 인위적으로 정한 기간에 따라 행해야 한다는 가정이다.

2. 재무정보의 질적특성

재무정보의 질적특성이란 회계정보 이용자의 의사결정에 유용하기 위하여 <u>회계정보가 갖추어야 할 속성</u>을 의미하는데, 의사결정에 유용하려면 재무정보에 예측가치와 확인가치, 중요성이 존재하여 <u>목적에 적합하게</u> 사용할 수가 있어야 하고, 오류가 없이 완전하고 중립적으로 서술되어 충실한 표현으로 작성되어야 하기 때문에 <u>목적적합성</u>과 <u>충실한 표현</u>을 근본적 질적특성이라고 한다.

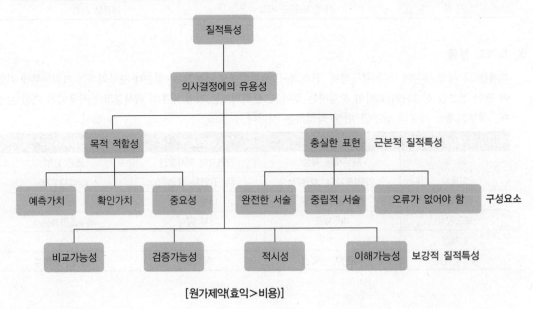

[원가제약(효익>비용)]

(1) 근본적 질적특성
① 목적적합성 : 예측가치(미래예측 가능성), 확인가치(과거의 기대를 확인), 중요성(중요정보의 누락, 오기 없이 작성)
② 충실한 표현 : 완전한 서술(모든 정보를 포함), 중립적 서술(선택이나 표시에 편의가 없는 것), 오류 없는 표현(절차의 선택, 절차상의 무오류)

(2) 보강적 질적특성
근본적 질적특성을 보완하기 위해 몇 가지 특성을 추가하여 <u>보강적 질적특성</u>으로 정의하였는데, 보강적 질적특성으로는 <u>비교가능성, 검증가능성, 적시성, 이해가능성</u>이 있다.
① 비교가능성 : 항목 간 차이점, 유사점이 식별 가능
② 검증가능성 : 합리적 판단 시에 의견이 일치
③ 적시성 : 의사결정 시점에 이용가능
④ 이해가능성 : 정보의 명확, 간결한 분류

3. 질적특성의 제약조건
근본적 질적특성이나 보강적 질적특성에 의해 회계자료를 작성할 때에는 무조건 질적특성의 원칙에 의해서만 자료를 작성하는 것이 아니라 <u>효익과 비용 간의 균형</u>을 감안하여야 하고, 질적특성 간의 충돌이 있을 경우에는 <u>질적특성 간의 균형</u>을 맞추어야 하는데, 이를 <u>질적특성의 제약조건</u>이라고 한다.

(1) 효익과 비용 간의 균형

정보의 제공에 소요되는 비용(cost)보다 이용자가 정보를 제공받음으로써 얻는 효익(benefit)이 더 커야 한다는 원칙이다.

(2) 질적특성 간의 균형

질적특성 간에 상충관계가 일어나는 경우에는 의사결정에 보다 유용한 정보를 산출, 보고할 수 있는 정보를 우선적으로 고려하여야 한다는 원칙이다.

---

1. 회계기준의 의미

회계기준이란 기업의 재무상태 및 경영성과 등에 대한 <u>재무보고 시에 신뢰성과 비교가능성을 제고하기 위해 따라야 할 기준 또는 원칙</u>으로 정의할 수 있는데, 우리나라의 회계기준으로는 <u>국제회계기준</u>과 <u>일반기업 회계기준</u>이 있다. 이 외에 중소기업들의 회계 자료 작성에 대한 부담을 덜어주기 위하여 일반기업 회계기준을 간소화하여 비외감 중소기업이 사용할 수 있게 변형한 중소기업 회계기준도 존재한다.

(1) 국제회계기준(K-IFRS)

상장기업, 상장기업의 자회사, 상장준비기업 등이 사용한다.

(2) 일반기업 회계기준(K-GAAP)

자산총액 120억 원 이상의 외감 기업이 사용한다.

2. 기업회계기준의 일반 원칙

기업의 회계기준은 신뢰성, 명료성, 충분성, 계속성, 중요성, 안정성 등의 일반적인 원칙하에 구성되어 있는데, 회계의 처리와 관련하여 신뢰성, 계속성, 중요성, 안정성의 원칙이 중요하고, 회계의 보고와 관련하여 명료성과 충분성의 원칙이 중요하게 적용되어야 한다.

① **신뢰성의 원칙** : 객관적 공정성, 공정한 회계처리
② **명료성의 원칙** : 일정한 기준과 형식으로 정보의 파악이 가능
③ **충분성의 원칙** : 재무적 주요사항을 모두 작성, 주석 등의 표시
④ **계속성의 원칙** : 동일기준의 지속사용, 비교가능
⑤ **중요성의 원칙** : 중요한 사항만 기재, 경제성
⑥ **안정성의 원칙** : 보수주의 원칙, 측정과 인식에 복수의 방법이 있는 경우 비용은 많은 것을, 수익은 적은 방법으로 인식
⑦ **회계관습의 존중** : 모든 변화에 대응은 불가능, 업계의 관행을 인정

CHAPTER
02 재무제표

제1절   재무제표의 종류 기출 23

1. 재무제표의 의미

재무제표(財務諸表, financial statement)란 재무회계의 과정을 통해 수집, 처리된 정보를 정기적으로 이용자에게 전달하는 방법으로, 한국채택 국제회계기준(K-IFRS)상의 재무제표에는 재무상태표, 손익계산서, 현금흐름표, 자본변동표, 주석의 5가지가 있다.

① 재무상태표 : 일정 시점에 회사가 보유한 자산의 구성내역을 정리한 표
② 손익계산서 : 일정 기간 동안의 수익과 지출을 정리한 표
③ 현금흐름표 : 일정 기간의 현금 흐름을 정리한 표
④ 자본변동표 : 일정 기간 동안의 자본의 변동 내역을 정리한 표
⑤ 주석 : 위 4가지 재무제표 항목에 대한 부가적인 설명

제2절   재무제표 구성요소의 인식 및 측정

1. 인식 및 측정의 기본원칙

재무제표상의 각 항목을 인식하고 측정할 때 지켜야 할 기본원칙으로는 역사적 원가의 원칙, 수익인식의 원칙, 수익·비용 대응의 원칙, 완전공시의 원칙이 있는데, 그 구체적 내용은 아래와 같다.

(1) 역사적 원가의 원칙

모든 자산·부채는 그것의 취득 또는 발생시점의 교환가치(취득원가)로 평가

(2) 수익인식의 원칙

실현요건(측정요건)과 가득요건(발생요건)이 충족되는 시점에서 수익을 인식

(3) 수익·비용 대응의 원칙

비용인식의 원칙이라고도 하며, 일정 기간 동안 인식된 수익과 그 수익을 획득하기 위해 발생한 비용을 대응

(4) 완전공시의 원칙

정보이용자의 의사결정에 영향을 미칠 수 있는 중요한 경제적 정보는 모두 공시

2. 인식 및 측정의 수정원칙

인식과 측정의 기본원칙에 따라 재무제표를 작성하지만 각 원칙 간의 충돌이 있거나 기본원칙이 관행과 달라 작성에 어려움이 발생하는 경우가 있는데, 이런 경우에는 인식과 측정의 수정원칙이 적용된다. 인식과 측정의 수정원칙에는 중요성, 보수주의, 업종별 관행의 적용이 있다.

(1) 중요성

의사결정에 얼마나 영향을 미치는가를 판단하여 중요한 것을 중심으로 보고 항목을 결정한다.

(2) 보수주의

어떤 거래에 대해 두 개의 측정치가 있을 때 이익을 낮게 보고하는 방법을 선택한다.

(3) 업종별 관행

특정 기업이나 산업에서 정상적인 회계원칙으로는 처리할 수 없는 사항이 있을 경우에는 예외를 인정한다.

제3절 재무상태표 기출 18 · 20

1. 재무상태표의 의미

① 부채와 자본항목은 기업의 자금이 어떻게 조달되었는가를 나타내고, 자산은 기업이 조달한 자금을 어떻게 활용하고 있는지를 표시한다.
② 부채를 자본보다 먼저 표시하는 이유는 주주의 소유권보다 채권자의 청구권이 우선이기 때문이며, 재무상태표를 통해 기업의 건강상태와 미래의 지급능력 등을 검토할 수가 있다.

2. 재무상태표의 종류

재무상태표는 작성하는 방식에 따라 계정식과 보고식으로 구분할 수 있는데, 계정식은 차변과 대변으로 나누어 자산과 부채, 자본을 정리하는 방식이고, 보고식은 자산, 부채, 자본의 순서로 일렬로 작성하는 방식이다.

[계정식]

재무상태표

20×1년 1월 1일 현재 (단위 : 천 원)

자산		부채	
현금	300,000	단기차입금	300,000
토지	200,000	부채총계	300,000
실비자산	370,000		
매도가능금융자산	130,000		
		자본	
		자본금	700,000
		자본 총계	700,000
자산총계	1,000,000	부채 및 자본총계	1,000,000

[보고식]	재무상태표	
	20×1년 1월 1일 현재	(단위 : 천 원)
자산		
현금		300,000
토지		200,000
실비자산		370,000
매도가능금융자산		130,000
자산총계		1,000,000
부채		
단기차입금		300,000
부채총계		300,000
자본		
자본금		700,000
자본 총계		700,000
부채 및 자본총계		1,000,000

3. 회계 항등식

재무상태표의 차변은 자산으로 구성되고 대변은 부채와 자본으로 구성되는데, 자산의 총합과 부채와 자본의 총합은 언제나 같은 금액으로 작성되기 때문에 이를 대차평균의 원리라고 하고 '자산 = 부채 + 자본'으로 표시되는 식을 회계 항등식이라고 한다.

예제문제

재무상태표가 다음과 같을 때 부채는 얼마인가?

자 산	부 채	자 본
10,000,000원	?	5,000,000원

(자산) = (부채) + (자본) 이므로
10,000,000원 = (부채) + 5,000,000원
따라서 (부채) = 5,000,000원

4. 자 산 `기출` 15 · 21

자산이란 화폐액으로 측정 가능하고 자유로이 처분이 가능하며 거래에서 얻어질 수 있는 가치 있는 것으로 부채와 자본에 의해 조달된 자금의 운용상황을 의미한다. 유동성 배열법에 의해 유동성이 높은 순서대로 위에서 아래로 배열하여 재무상태표에 표시되며 1년을 기준으로 하여 유동자산과 비유동자산으로 구분된다. 또한 유동자산은 당좌자산과 재고자산으로 구분할 수 있고, 비유동자산은 투자자산, 유형자산, 무형자산, 기타비유동자산으로 구분된다.

자 산	유동자산	당좌자산	현금, 현금성 자산, 매출채권 등
		재고자산	상품, 제품, 반제품, 재공품 등
	비유동자산	투자자산	장기금융상품, 매도가능금융자산 등
		유형자산	토지, 건물, 기계장치, 차량운반구 등
		무형자산	산업재산권, 광업권, 개발비 등
		기타비유동자산	장기성매출채권, 보증금 등

(1) 유동자산

1년 이내에 현금으로 전환되거나 전환이 예상되는 자산이며, 현금화 용이성에 따라 당좌자산과 재고자산으로 구분한다.
① 당좌자산(quick assets) : 판매과정 없이 현금화시킬 수 있는 현금 및 현금성 자산, 단기금융자산, 매출채권 등
② 재고자산(inventories) : 영업활동과정에서 판매 또는 생산활동 지원 목적으로 보유되는 자산, 판매과정을 거쳐야만 현금화가 가능한 상품, 제품, 반제품, 원재료, 저장품 등

(2) 비유동자산

1년 이내에 현금화하기 어려운 자산으로 사용형태가 급격하게 변화하지 않는 자산을 의미한다. 투자자산, 무형자산, 유형자산, 기타비유동자산으로 분류되는데 토지를 제외한 대부분의 유형, 무형자산은 감가상각 또는 상각이라는 절차를 통해 장기간에 걸쳐 비용으로 처리한다.

1) 투자자산(long term investment)
① 장기적인 투자수익을 목적으로 보유하는 채권 및 주식 등의 금융자산, 영업활동에 사용되지 않는 투자부동산, 장기성예금 그리고 다른 기업에게 영향력 행사를 위해 장기간 보유하는 주식 등이다.
② 투자자산은 기업의 고유한 영업목적에 사용되지 않는다는 점에서 유형자산과 구분되고 장기적으로 보유한다는 점에서 단기투자 목적의 유동자산과는 구분된다.

2) 유형자산(property, plant and equipment)
① 제품의 생산, 서비스의 제공, 타인에 대한 임대 또는 자체적 사용을 위해 장기(1년 이상) 보유를 하는 물리적 형체가 있는 자산이다.
② 토지, 건물, 비품, 기계장치, 건설중인 자산 등이다.

PART 1
PART 2
PART 3
PART 4
PART 5
PART 6
PART 7
PART 8
PART 9

3) 무형자산(intangible assets)

① 물리적 형체는 없으나 독자적 식별이 가능한 비화폐성 자산이다.

② 특허권, 지적 재산권, 저작권, 개발비, 영업권, 산업재산권 등이다.

4) 기타 비유동자산

임차보증금, 장기선급비용 등

5. 부 채 `기출` 20 · 21

부채란 과거의 거래나 사건의 결과로 특정 실체에 자산이나 용역을 이전해야 하는 의무로, 1년을 기준으로 유동부채와 비유동부채로 구분하며 상환만기가 빠른 순으로 기록한다.

부 채	유동부채	매입채무, 단기차입금, 미지급금 등
	비유동부채	사채, 장기차입금, 퇴직급여충당부채 등

(1) 유동부채(current liabilities)

일상적인 상거래에서 발생하는 영업상의 채무와 만기가 1년 이내인 지급채무, 매입채무, 미지급비용, 단기차입금, 선수금 등

(2) 비유동부채(non-current liabilities)

만기가 1년 이상인 장기성 부채, 사채, 장기차입금 등의 장기금융부채, 퇴직급여 충당부채 등의 장기충당부채, 이연법인세 부채와 장기선수금 등

6. 자 본

자본은 자산총액에서 부채 총액을 차감한 잔여 지분으로 기업의 소유자인 주주에게 귀속될 소유자 지분을 말한다. 처음 투자한 자본금과 이익이 쌓여서 생긴 돈으로 자본금, 자본잉여금, 이익잉여금, 자본조정, 기타 포괄손익누계액으로 구분된다.

(1) 자본금

주주가 투자한 금액으로 1주당 액면금액에 발생주식의 총수를 곱하여 계산한다.

(2) 자본잉여금

자본거래(증자, 감자 등)에서 발생한 잉여금, 주식발행초과금, 자기주식처분이익 등을 말한다.

(3) 이익잉여금

기업의 이익 중에서 사외에 유출, 자본금 계정에 대체되지 않고 사내에 유보된 부분을 말한다.

1. 손익계산서의 의미

① 손익계산서는 일정 기간 동안에 기업이 발생한 수익과 비용을 대응시킴으로써 해당 연도의 손익을 표시한 보고서로, 일정 기간이란 1 회계기간을 말한다.

② 손익계산서는 기업의 종합적인 경영성과를 나타내는 재무제표이다.

2. 포괄주의 vs 당기업주의

손익계산서는 작성하는 기준에 따라 포괄주의에 의한 손익계산서와 당기업주의에 의한 손익계산서로 구분할 수 있다.

(1) 포괄주의

포괄주의란 손익의 계산에 비경상 항목을 제외하면 이익의 조작이 가능하기 때문에 기업의 존속기간 내의 이익은 동일하여야 한다는 전제하에 순이익의 결정에 경상, 비경상 항목을 막론하고 모든 수익과 비용을 포함하여야 한다는 주장이다.

(2) 당기업주의

당기업주의는 비경상 항목들을 손익에 포함하면 기간별, 기업 간 비교 기능에 방해가 되고 정보 이용자의 혼란이 발생하기 때문에 경상적, 반복적으로 발생하는 손익만 손익계산서에 포함하고 비경상적, 임시적 항목은 이익잉여금의 증감으로 표시하는 방법을 제시하고 있다.

3. 손익계산서의 항목 [기출 19]

수 익	영업수익	상품매출, 제품매출, 부산물 매각 등
	영업외수익	이자수익, 배당금수익, 처분이익, 평가이익, 대손충당금환입, 잡이익 등
비 용	영업비용	매출원가, 급여, 퇴직급여, 통신비, 경상개발비, 연구비, 대손상각비 등
	영업외비용	이자비용, 처분손실, 평가손실, 기부금, 재해손실, 대손상각비 등
	법인세비용	법인세, 주민세 등

4. 수 익

① 수익은 일정 기간 동안 경영활동을 통해 벌어들인 금액으로 영업활동을 통해 벌어들인 금액인 매출액과 영업활동 이외의 보조적, 부수적 활동에서 발생한 수익인 영업외수익(기타수익)으로 구성된다.

② 수익과 관련하여 수익의 인식시점이 중요한데 상품은 판매한 시점에 매출로 인식하고, 할부 매출은 상품을 인도한 날, 용역 매출은 진행을 기준으로 하여 진행된 비율만큼을 수익으로 인식할 수 있다.

③ 위탁매출은 수탁자가 판매한 날, 시용매출은 매입자가 매입의사를 표시한 날에 수익을 인식하게 된다.

5. 비용

비용은 <u>수익을 얻기 위하여 일정 기간 동안 지출한 것</u>으로 판매한 상품이나 제품의 원가인 매출원가, 급여, 복리후생비, 임차료, 접대비, 통신비, 감가상각비, 세금과공과, 광고선전비, 여비교통비, 수도광열비, 보험료, 수선비, 교육훈련비, 차량유지비, 도서인쇄비, 견본비, 포장비, 운반비, 소모품비, 보관비, 잡비 등의 <u>판매비와 관리비</u>, 이자비용, 수수료비용, 기부금, 잡손실, 유형자산 처분손실, 재해손실 등의 <u>금융원가</u>와 기타비용인 <u>영업외비용</u>이 있다.

6. 손익계산서의 구성 기출 16·23

손익계산서는 <u>매출액</u>에서 시작하여 매출액에서 매출원가를 차감하여 <u>매출총이익</u>을 산출하고, 매출총이익에서 <u>판관비</u>를 차감하여 <u>영업이익</u>을 산출하며, 영업이익에 <u>영업외수익</u>을 더하고 <u>영업외비용</u>을 차감하여 법인세 차감전순이익을 계산한다. 세전순이익에서 <u>법인세</u>를 차감하면 아래 그림처럼 <u>당기순이익</u>이 산출된다.

손익계산서
매출액
매출원가
매출총이익
판매비 및 일반관리비
영업이익
영업외수익
영업외비용
법인세차감전순이익
법인세
당기순이익

① 매출액(sales) : 주된 영업활동을 통해 재화 또는 용역을 제조 및 판매한 대가로 얻는 수익
② 매출원가(cost of sales) : 재화 또는 용역을 생산하는 과정에서 발생된 비용

매출원가의 계산

- 매출원가 = 기초재고액 + 당기순매입액 – 기말재고액
- 당기순매입액 = 총매입액(매입액 + 운임) – 매입환출 – 매입에누리
  - 매입환출 : 매입한 상품이 요구에 맞지 않기 때문에 되돌려 보낸 것
  - 매출환입 : 매출한 상품이 구매자의 요구에 맞지 않기 때문에 되돌아온 것
  - 매출에누리 : 불량품이나 수량의 부족, 견품과의 차이로 인하여 매출액에서 공제되는 금액
  - 매입에누리 : 수량부족, 품질불량, 파손 등의 이유로 인하여 매입액에서 차감되는 금액

③ **매출총이익**(gross profit) : 매출액에서 매출원가를 차감한 값, 생산효율성(매출총이익률 = 매출총이익/매출액×100)을 표시

> **생산효율성**
> 원자재의 원활한 구매 또는 숙련된 노동력으로 인한 생산 효율성의 정도

④ **판매비 및 일반관리비** : 판매비는 재화 또는 용역의 판매과정에서 발생하는 비용, 관리비는 영업활동을 지원하는 부서의 관리 및 유지와 관련하여 발생되는 비용으로 급여, 퇴직급여, 복리후생비, 지급수수료, 감가상각비, 세금과공과, 광고선전비, 경상개발비와 대손상각비 등 매출원가에 속하지 않는 모든 영업비용을 포함

⑤ **영업이익**(operating income) : 영업활동의 결과로 발생된 이익, 매출총이익에서 판매비와 관리비를 차감한 값으로 영업효율성(영업이익률 = 영업이익/매출액×100)을 표시

⑥ **영업외수익(금융 손익 및 기타손익)** : 매출 수익을 얻기 위한 주된 영업활동 이외의 보조적 또는 부수적인 활동에서 발생하는 손익, 주된 영업활동에서 발생한 손익이 아니라는 점에서 영업손익과 구분되고 계속사업으로 발생한다는 점에서 중단사업손익과 구분, 이자수익, 외환차익, 외화환산이익 등이 포함

⑦ **영업외비용(금융비용 및 기타비용)** : 이자비용, 외환차손, 외화손실 등

⑧ **법인세비용차감전순이익** : 영업이익에 영업외수익과 비용을 반영한 값으로 금융수익과 비용 등은 재무활동의 결과로 재무 효율성의 측정 대상

⑨ **법인세** : 법인의 소득을 과세대상으로 하여 법인에게 부과하는 조세

⑩ **당기순이익**(net income) : 경영활동의 결과로써 주주에게 귀속되는 이익

제5절   현금흐름표

1. 현금흐름표의 의미

현금흐름표는 일정 기간에 기업이 조성한 현금과 사용한 현금의 내역을 정리한 보고서로 현금흐름의 변동원인을 파악하고 미래의 현금흐름의 창출능력, 현금결제 능력 등에 관한 정보의 파악이 가능하여 미래의 불확실성에 대한 평가 자료로 사용된다.

2. 현금흐름표의 내용

① 현금의 유입과 유출의 내역을 영업활동, 투자활동, 재무활동으로 구분하여 기록하여야 하는데, 영업활동으로 인한 현금흐름은 손익계산서의 영업손익과 대응하는 것으로 경영성과의 파악이 가능하며, 투자활동으로 인한 현금흐름은 현금의 대여와 회수, 유가증권, 투자자산의 취득 처분 활동 등의 내역을 기록하여 투자의 활성화 정도에 대한 분석이 가능하도록 작성된다.

② 재무활동으로 인한 현금흐름은 사채의 발행과 상환, 차입금, 주식 발행 등을 기록하게 된다.

현금흐름표

A주식회사	2016년 1월 1일부터 12월 31일까지	(단위 : 원)
Ⅰ.영업활동으로 인한 현금흐름		300,000,000
1. 당기순이익		200,000,000
2. 현금의 유출이 없는 비용 등의 가산		100,000,000
3. 현금의 유입이 없는 수익 등의 차감		−50,000,000
4. 영업활동으로 인한 자산부채의 변동		50,000,000
Ⅱ.투자활동으로 인한 현금흐름		−200,000,000
1. 투자활동으로 인한 현금유입액		50,000,000
2. 투자활동으로 인한 현금유출액		−250,000,000
Ⅲ.재무활동으로 인한 현금흐름		250,000,000
1. 재무활동으로 인한 현금유입액		300,000,000
2. 재무활동으로 인한 현금유출액		−50,000,000
Ⅳ.현금의 증가(감소)(Ⅰ+Ⅱ+Ⅲ)		350,000,000
Ⅴ.기초의 현금		150,000,000
Ⅵ.기말의 현금		500,000,000

제6절 자본변동표

자본변동표는 자본항목인 자본금, 자본잉여금, 자본조정, 기타포괄손익, 이익잉여금의 <u>연간 변동 내역을 표시한 문서로</u>, 자기자본의 증가 또는 감소 사유를 파악할 수 있고, 재무제표 간의 관계를 보다 명확하게 이해할 수 있도록 작성한다.

자본변동표

20×1년 1월 1일부터 20×1년 12월 31일까지　　　　　　(단위 : 원)

구 분	자본금	자본잉여금	이익잉여금	기타포괄손익누계액	기타자본요소	총 계
20×1년 1월 1일 현재 잔액	700,000	0	0	0	0	700,000
20×1년 자본변동						
유상증자	200,000	80,000				280,000
당기순이익			210,000			210,000
현금배당			(70,000)			(70,000)
매도가능금융자산평가이익				20,000		20,000
20×1년 12월 31일 현재 잔액	900,000	80,000	140,000	20,000	0	1,140,000

주석은 본문에 표시되는 항목에 관한 설명이나 금액의 세부적 내역 또는 우발상황, 약정상황과 같이 재무제표에 인식되지 않는 항목에 대한 추가적인 정보를 제공하는 것으로 재무제표의 구성요소 중 하나이며, 유용하고 의미 있는 회계정보 제공을 위한 필수 불가결한 요소로 최근에는 주석 정보를 강화하는 흐름이 이어지고 있다.

10. 매출채권 및 미수금 :
가. 보고기간종료일 현재 매출채권 및 미수금의 내역은 다음과 같습니다.

(단위 : 백만 원)

구 분	당기말		전기말	
	매출채권	미수금	매출채권	미수금
채권액	25,707,615	1,553,362	28,303,421	2,242,026
차감 : 손실충당금	(260,588)	(14,912)	(315,020)	(18,045)

제8절　재무제표 간의 상관관계 기출 22

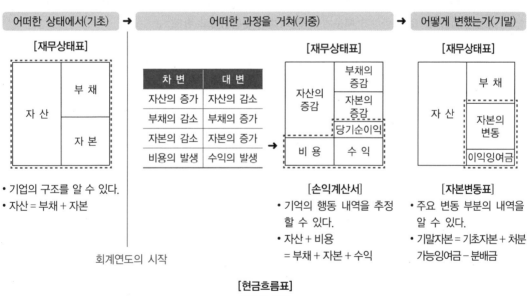

어떠한 상태에서(기초) → 어떠한 과정을 거쳐(기중) → 어떻게 변했는가(기말)

[재무상태표]
자 산 / 부 채 / 자 본
• 기업의 구조를 알 수 있다.
• 자산 = 부채 + 자본

회계연도의 시작

차 변	대 변
자산의 증가	자산의 감소
부채의 감소	부채의 증가
자본의 감소	자본의 증가
비용의 발생	수익의 발생

[재무상태표]
자산의 증감 / 부채의 증감 / 자본의 증감 / 당기순이익
비 용 / 수 익
[손익계산서]
• 기억의 행동 내역을 추정할 수 있다.
• 자산 + 비용 = 부채 + 자본 + 수익

[재무상태표]
자 산 / 부 채 / 자본의 변동 / 이익잉여금
[자본변동표]
• 주요 변동 부분의 내역을 알 수 있다.
• 기말자본 = 기초자본 + 처분 가능잉여금 – 분배금

[현금흐름표]
← 현금의 흐름 →

CHAPTER
03 회계의 순환

제1절 **회계의 순환과정**

1. 기본적 회계의 순환

(1) 회계의 순환

① 회계란 결과적으로 재무제표를 작성하는 것이고 재무제표를 작성하기 위해서는 <u>회계상의 거래</u>가 일어날 때마다 전표를 작성하여 <u>분개장에 입력</u>하고 이를 보조원장과 총계정원장에 옮겨 적는 <u>전기</u>의 과정을 반복하게 된다.

01	→	02	→	03	→	04	→	05
거래의 인식		분개		전기		결산		결산보고서 작성
회계상 거래		전표입력		보조원장 총계정원장		장부마감		결산서 작성

② 회계기간의 말기가 되면 <u>결산</u>을 하고 <u>결산보고서</u>를 작성하여 재무제표의 작성을 마무리하게 되는데, 이 과정은 계속적으로 순환하기 때문에 이를 <u>회계의 순환</u>이라고 한다.

(2) 회계의 순환과정

① 회계의 순환은 일반적으로 거래의 인식에서 분개, 전기로 이어지고 결산 작업을 통해 결산보고서를 작성하는 과정으로 진행된다.

② 실제 결산작업을 위해서는 <u>시산표의 작성</u>이 필요하기 때문에 결산작업을 감안하면 거래의 인식 → 분개 → 전기 → 수정전 시산표의 작성 → 수정 분개 및 전기 → 수정후 시산표 작성 → 재무제표 작성 → 장부마감(마감분개 및 전기) → 마감후 시산표 작성의 순서로 순환하게 된다.

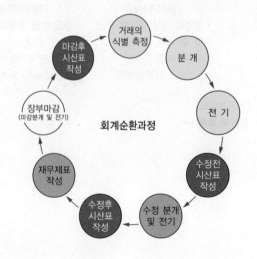

회계순환과정

- 시산표의 작성 과정이 추가
- 시산표 등식
  자산 + 비용 = 부채 + 자본 + 수익
  (재무제표와 손익계산서의 병합)

1. 거래의 개념

① 회계의 순환과정의 첫 단계는 거래를 인식하는 것인데, 회계에서의 거래란 <u>자산, 부채, 자본의 증감과 수익, 비용의 증감을 발생시키는 화폐단위로 측정이 가능한 경제적 사건</u>을 의미한다.

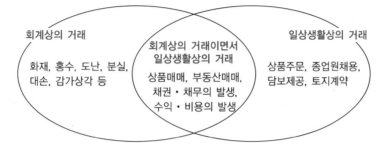

② 일상생활에서는 거래라고 생각되는 것들이 회계상으로는 거래가 아닌 것들도 존재하고 일상생활에서는 거래가 아니라고 생각되는 것들이 회계상으로는 거래로 인식되는 경우도 있기 때문에 어떤 것들이 회계상의 거래로 인식되는지를 명확히 이해하여야 한다.

예제문제

다음 중 회계상 거래가 아닌 것은?

ㄱ. 서울은행에서 현금 30만 원을 차입요청
ㄴ. 대한상사에 상품 50만 원 주문
ㄷ. 취득원가 80만 원인 공장에 화재발생 일부 소실
ㄹ. 차입금 50만 원의 이자 7천 원 지급
ㅁ. 원가 10만 원의 상품을 15만 원에 외상 매출
ㅂ. 취득원가 50만 원인 건물을 사용하여 가치 감소
ㅅ. 운송 중 현금 20만 원 분실
ㅇ. 월급 68만 원에 종업원 채용
ㅈ. 급료 68만 원 지급
ㅊ. 지점 개설을 위해 20평 점포를 월세 90만 원에 임차계약

ㄱ, ㄴ, ㅇ, ㅊ
차입요청이나 주문, 계약만으로는 자산이나 부채, 자본의 변동이 일어나지 않으므로 거래라고 볼 수 없다.

2. 거래의 이중성과 대차평균의 원리

회계상의 거래는 반드시 원인과 결과가 존재하기 때문에 원인과 결과를 차변과 대변에 나누어서 표기하게 되는데 이를 <u>거래의 이중성</u>이라고 하고, 원인과 결과를 차변과 대변에 나누어 기록했기 때문에 일정 기간 동안에 발생한 모든 회계상의 거래를 올바르게 기입하면 각 계정의 차변의 합과 대변의 합은 반드시 일치하게 되는데 이를 <u>대차평균의 원리</u>라고 한다.

PART 1 PART 2 PART 3 PART 4 PART 5 PART 6 PART 7 PART 8 PART 9

3. 거래의 8요소 [기출] 14

회계상의 사건, 즉 회계상의 거래는 결국 자산의 증가/감소, 부채의 증가/감소, 자본의 증가/감소, 수익/비용의 발생과 같은 거래요소가 결합되어 나타나게 되는데, 이렇게 거래를 구성하고 있는 8가지 사항을 거래의 8요소라고 한다.

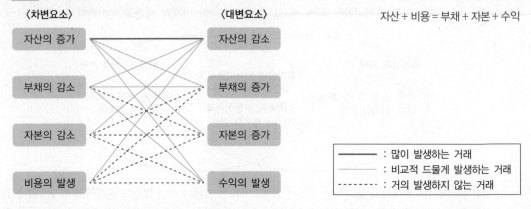

제3절　분 개 [기출] 15・21・22・23・24

1. 분 개

회계의 순환의 두 번째 단계는 분개인데, 분개는 거래를 계정기입의 법칙에 따라서 계정과목과 금액을 확정한 후 회계 장부에 기록하는 행위로 어느 계정의 차변과 대변에 얼마의 금액을 기입할 것인가를 결정하는 것이다.

2. 분개의 법칙

① 분개를 할 때는 거래의 8요소인 자산, 부채, 자본, 비용, 수익의 증가와 감소 시에 각각 기입하여야 할 자리가 정해져 있다.

② 자산의 증가는 차변, 자산의 감소는 대변에 기입하고, 부채의 증가는 대변, 부채의 감소는 차변, 자본의 증가는 대변, 자본의 감소는 차변, 비용의 발생은 차변, 비용의 소멸은 대변, 수익의 발생은 대변, 수익의 소멸은 차변에 기입하여야 한다.

자산 + 비용 = 부채 + 자본 + 수익

대차대조표 계정		손익계산서 계정	
차변 계정과목	대변 계정과목	차변 계정과목	대변 계정과목
자 산	부 채 자 본	비 용	수 익

③ 자산, 부채, 자본, 비용, 수익의 각 거래요소에 변동이 생기면 <u>증가한</u> 것은 차변과 대변 중 각 <u>거래요소의</u> <u>원래의 자리</u>에 기록하고 <u>감소나 소멸</u>은 반대의 자리에 기록하는 것으로 기억하면 된다.

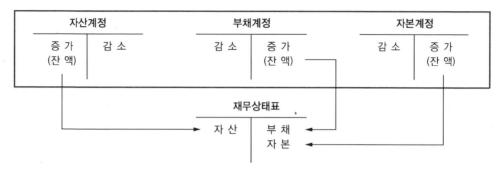

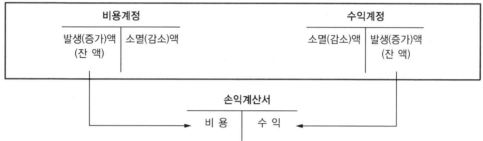

예제문제

다음 각각의 기록된 내용을 분개하시오.
1. 상품 10만 원 매입, 대금은 현금 지급일 때
2. 상품 15만 원 외상매입일 때
3. 현금 60만 원 출자, 개업할 때
4. 대여금 이자 15만 원, 현금으로 수취할 때

---

1. 자산의 증가는 차변, 감소는 대변이므로
   (차) 상 품   100,000원   (대) 현 금   100,000원

2. 자산의 증가는 차변, 부채의 증가는 대변이므로
   (차) 상 품   150,000원   (대) 외상매입금   150,000원

3. 자산의 증가는 차변, 자본의 증가는 대변이므로
   (차) 현 금   600,000원   (대) 자본금   600,000원

4. 자산의 증가는 차변, 수익의 발생은 대변이므로
   (차) 현 금   150,000원   (대) 이자수익   150,000원

1. 전기의 의미

전기란 분개장에 기록된 내용을 총계정원장에 계정과목별로 다시 기록하는 것을 말한다.

2. 주요부와 보조부

분개장, 총계정원장, 현금출납장, 매입장 등 회계 장부에는 여러 가지 종류가 있는데, 최초의 거래를 기록하는 분개장과 분개장의 내용을 계정별로 옮겨 적는 총계정원장이 가장 중요하기 때문에 이 두 가지를 주요부라고 하고, 보조부에는 현금출납장, 당좌예금출납장, 매입장, 소액현금출납장, 매출장, 받을어음 기입장, 지급어음 기입장 등의 보조기입장과 매입처원장, 상품재고장, 매출처원장과 같은 보조원장이 있다.

예제문제

1. 3월 1일, 50만 원을 현금으로 매출한 내용을 분개하고 전기하시오.
2. 3월 1일 현금 60만 원을 출자하여 개업한 내용을 분개하고 전기하시오.

1.

분개장

| 3/1 | 현 금 | 500,000 | 3/1 | (상품)매출 | 500,000 |

⇩

현 금

| 3/1 | (상품)매출 | 500,000 | | |

(상품)매출

| | | | 3/1 | 현 금 | 500,000 |

2.

분개장

| 3/1 | 현 금 | 600,000 | 3/1 | 자본금 | 600,000 |

⇩

현 금

| 3/1 | 자본금 | 600,000 | | |

자본금

| | | | 3/1 | 현 금 | 600,000 |

1. 결산의 의미와 절차

결산이란 회계기간 동안의 성과를 계산하고 정리하는 것으로 결산의 절차는 결산 예비 절차를 통해 시산표(정산표)를 작성하고 결산정리사항에 대하여 수정분개 및 원장전기를 한 후 결산 본 절차에 들어가 수익과 비용계정을 마감하고 이어 자산, 부채, 자본계정을 마감한 후 재무제표를 작성하는 순서로 진행된다.

2. 시산표의 작성과 결산정리사항의 수정분개, 원장정리 [기출] 18

① 시산표를 작성하는 것은 총계정원장에 기록되어 있는 각 계정의 차변합계와 대변합계를 시산표의 차변과 대변에 모아서 일치하는가를 검증하는 작업으로 자산과 비용의 합이 부채와 자본, 수익의 합과 같도록 하는 작업이다.

> 자산 + 비용 = 부채 + 자본 + 수익

② 결산정리사항의 수정분개 및 원장정리는 시산표 작성으로 찾아낸 오류와 결산 정리사항들을 분개하고 이를 총계정원장에 전기한 후 다시 수정 후 시산표를 작성하는 과정으로 진행되는데, 기말 수정분개의 대상은 주로 선급비용, 선수수익 등의 이연항목과 미지급비용과 미수수익 등의 발생항목으로 구성된다.

예제문제

1. 10월 31일에 6개월의 정기예금(연리 12%)에 100만 원 예입, 결산일인 12월 31일에 예입기간 2개월의 이자를 수정분개 하시오.
2. 8월 1일 6개월분 집세 60만 원을 수표로 지급, 12월 31일에 1개월분 집세를 선급비용(자산)으로 수정분개 하시오.

| 1. | 10/31 | 정기예금 | 1,000,000 | 10/31 | 현 금 | 1,000,000 |
| | 12/31 | 미수수익 | 20,000 | 12/31 | 이자수익 | 20,000 |

| 2. | 8/1 | 임차료 | 600,000 | 8/1 | 당좌예금 | 600,000 |
| | 12/31 | 선급임차료 | 100,000 | 12/31 | 임차료 | 100,000 |

수정 후 시산표의 작성이 완료되면 집합손익계정에 기입된 수익, 비용 금액을 포괄손익계산서 양식에 옮겨 적어 포괄손익계산서를 작성하고 집합손익계정의 잔액을 자본금(이익잉여금) 계정에 대체하여 이익잉여분처분계산서를 완성하고 재무상태표를 완결한다. 또한 재무상태표 계정의 잔액을 다음 회계연도로 이월하기 위하여 이월 시산표를 작성하여 결산작업을 마무리하게 된다.

04 자산계정

제1절 자산의 측정기준

자산을 장부에 기록하기 위해서는 자산의 가치를 확정하여야 하는데, 자산의 가치를 측정하는 방법으로는 역사적 원가에 의해 가치를 평가하는 방법과 현행가치에 기반하여 자산의 가치를 평가하는 방법이 있다.

1. 역사적 원가(historical cost)

역사적 원가는 자산을 취득할 때 지불한 현금액인 취득원가를 말하는데 역사적 원가는 측정이 편리한 반면에 자산가치의 변화를 반영할 수 없다는 단점을 가지고 있다.

2. 현행가치

역사적 원가가 자산가치의 변화를 반영하지 못하기 때문에 현행가치를 중심으로 가치를 평가하는 방법들이 만들어 졌는데 현행가치를 평가하는 방법에는 공정가치, 사용가치, 현행원가를 측정하여 이를 자산의 가치로 평가하는 방법이 있다.

(1) 공정가치

시장참여자 사이의 정상거래에서 자산을 매도할 때 받게 될 가격을 의미한다.

(2) 사용가치

사용가치는 기업이 자산의 사용과 처분으로 얻을 것으로 기대하는 현재가치(현금흐름기준)를 말하는 것으로 시장참여자의 판단이 아니라 기업 특유의 주관적 가치를 의미한다.

(3) 현행원가

현재 다시 구매한다면 지불해야 하는 가격을 말한다.

1. 당좌자산

당좌자산은 현금화가 가장 빠른 자산으로 보고기간 종료일로부터 1년 이내에 현금화가 가능한 자산 중에 재고자산을 제외한 것을 의미하며, 현금 및 현금성 자산, 단기금융상품, 매출채권으로 구성되어 있다.

2. 현금 및 현금성 자산

현금 및 현금성 자산은 큰 거래비용 없이 현금으로 전환이 용이하고 이자율 변동에 따른 가치 변동의 위험이 크지 않은 금융상품이며 취득 당시 만기 또는 상환일이 3개월 이내인 자산으로 현금, 요구불예금, 현금성 자산 등이 있다.

① 현금 : 통화(지폐, 동전), 통화대용증권(타인발행 당좌수표, 은행발행자기앞수표, 송금환, 우편환 등)

② 요구불예금 : 당좌예금, 보통예금 등

③ 현금성자산 : 취득 당시 만기가 3개월 이내의 양도성 예금증서, 상환우선주 등

3. 단기금융상품(단기매매금융자산)

① 단기금융상품은 단기적인 자금 운용 목적으로 소유한 정기예금, 정기적금이나 사용이 제한되어 있는 예금(당좌개설보증금 등) 등으로 만기가 1년 이내에 도래하는 자산이다.

② 정기예금, 정기적금, 양도성 예금증서(CD), 어음관리구좌(CMA), 당기손익인식지정 금융자산펀드(MMF), 환매조건부 채권(RP), 기업어음(CP), 표지어음 등이 있으며 만기가 3개월 이내인 것은 현금성 자산으로 인식하고 만기가 1년 이후인 것은 장기금융상품으로 인식한다.

③ 단기금융상품은 취득 시에는 공정가액이나 취득가액으로 평가를 하며 취득과 관련한 거래비용은 비용으로 처리하여 자산의 가치에 포함하지 않는다.

④ 기말까지 보유 시에는 공정가치법(주가, 평가가치)으로 평가를 하여 공정가치가 취득가치와 다를 경우에는 영업 외 손익으로 반영을 하게 된다.

⑤ 기중에 처분을 하게 되면 처분 시의 이익과 손실을 당기에 반영하게 된다.

4. 매출채권

매출채권은 상거래상의 채권으로 일반적 상거래에서 신용을 담보로 하여 발생하는 외상거래로 인하여 발생한 외상매출금과 일반적 상거래에서 발생한 채권에 대하여 받은 어음인 받을어음으로 구성된다. 매출채권은 거래처의 파산 등에 의하여 회수가 불가능하게 될 수가 있는데, 이렇게 매출채권(외상매출금, 받을어음)이나 대여금 등의 채권이 회수 불가능하게 된 것을 대손이라고 한다. 매출채권은 이러한 대손에 대비하여 미리 평균적인 대손비율을 추정하여 대손충당금을 설정하여야 하는데 대손비율의 추정방법으로는 매출액 비율법, 매출채권 기말잔액법, 경과기간 분석법 등이 있다.

(1) 매출액 비율법

과거의 경험이나 통계를 바탕으로 추정, 과거의 순매출액 중에서 과거의 대손액의 비율을 산정한다.

예 매출액 10억 원, 과거 대손비율 2%인 경우 : 10억 원×0.02 = 2천만 원

(2) 매출채권 기말잔액법

기말의 매출채권 잔액에 대손추정률을 대입하여 계산한다.

예 매출채권 기말잔액 1억 원, 과거 대손비율 2%인 경우 : 1억 원×0.02 = 2백만 원

$$\frac{\text{과거 대손액}}{\text{과거 매출채권 기말잔액}}$$

(3) 경과기간 분석법

상환기일의 경과가 커질수록 대손 가능성을 높게 추정하고, 상환기간 경과에 따라 대손예상률을 책정한다.

5. 기타의 수취채권

매출채권 이외의 기타의 수취채권에는 미수금, 미수수익, 선급금, 선급비용이 있다.

① 미수금 : 상품 이외의 자산(비유동자산이나 단기매매증권 등)을 처분하고 받지 못한 대금(기업의 주된 영업활동에서 발생한 채권은 매출채권)

② 미수수익 : 임대료나 이자수익 등이 기간의 경과로 인하여 발생하였으나 약정된 대금 회수일이 도래하지 않아서 받지 못한 대금

④ 선급금 : 상품 등을 인도받기 전에 계약금의 형식으로 미리 지급한 금액

⑤ 선급비용 : 비용을 지출하였으나 아직 효익이 제공되지 않은 것(선급임차료, 선급이자, 선급보험료 등)

제3절 유동자산 > 재고자산

1. 재고자산의 개념

① 재고자산은 영업활동에서 판매를 목적으로 보유하는 실물 자산(상품, 제품)이나 판매를 목적으로 제품을 생산하는 과정에서 사용, 소비될 자산(원재료, 재공품, 반제품, 저장품)으로 구성된다.

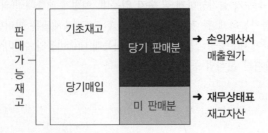

② 재고자산은 전년에서 이월된 기초재고와 당기에 매입한 재고로 구성되며 당기에 판매한 재고자산은 손익계산서에 매출원가로 반영이 되고 판매되지 않고 남은 부분이 재무상태표에 재고자산으로 반영되게 된다.

2. 재고자산의 평가

재고자산은 역사적 원가주의에 의하여 <u>취득원가로 평가</u>하며 매입과 관련된 운반, 취급 비용이나 보관비용, 보험료, 세금 등 매입 <u>부대비용도 모두 재고자산의 가치에 포함</u>하여 재고자산의 가치에 반영한다.

3. 재고자산의 범위

① 재고자산에는 상품, 제품, 반제품, 재공품, 원재료, 저장품 등이 있으며, 운송중인 미착상품도 자사의 재고자산에 포함한다.

② 특별 주문품은 생산 완료 시부터 자사의 재고자산으로 간주하고, 시용품의 경우에는 구매자가 구매의사 표시를 하면 소유권의 전환이 일어난 것으로 간주한다.

③ 적송품의 경우에는 위탁자의 재고자산이므로 자사의 재고자산에 포함시키지 않는다.

4. 기말재고자산의 평가

기말이 되면 재고자산을 평가하여 재무제표에 반영을 하여야 하는데, 기말재고자산의 평가를 위해서는 <u>기말 재고의 수량을 확정</u>하고 각 재고자산의 단가를 결정하여야 한다.

기말재고자산	기말 재고 수량	×	재고자산의 단가
	- 실지재고 조사법		- 개별법
	- 계속기록법		- 선입선출법
			- 총평균법
			- 이동평균법
			- 매출가격환원법

(1) 재고재산의 수량결정방법

기말재고수량을 결정하는 방법에는 계속기록법과 실지재고 조사법이 있는데, 계속기록법은 입출고가 일어날 때마다 수량과 금액을 기록하는 방법이고, 실지재고 조사법은 기말에 실사를 통하여 재고의 수량을 파악하는 방법이다.

① **계속기록법** : 입출고 시마다 수량, 금액을 기록, 입출고만 기록하므로 분실이나 파손이 별도로 기록되지 않아 이익이 과대계상 된다. 내부 통제가 주요 목적으로 장부정리가 복잡하다.

② **실지재고 조사법** : 실사법, 회기 말에 재고 실사를 통해 수량을 확정하고, 도난이나 분실, 파손이 당기 출고량에 포함되어 매출원가로 계산되므로 이익이 과소계상 된다. 외부 보고가 주요 목적이며 장부정리가 간편하다.

(2) 재고재산의 단가결정방법

재고의 수량이 확정되면 개별 재고자산의 단가를 결정하여 매출원가에 반영하거나 재고자산의 가치를 확정하여야 하는데 재고자산의 단가를 결정하는 방법에는 <u>개별법, 선입선출법, 총평균법, 이동평균법, 매출가격환원법</u> 등이 있다.

① **개별법** : 구입 시마다 재고에 가격표를 부착하여 출고 시에 적용하여 실제 수익에 대응하는 원가를 반영하는 방법으로 주로 고가이면서 소량의 재고만을 보유하는 재고자산에 적용하는 방법이며, 취득원가의 조작이 가능한 단점이 있다.

> **예제문제**
>
> 한국유통은 3월 2일에 수공예품 5개를 개당 1,000원에 매입하였고 3월 5일에 다시 2개를 1,500원에 매입하고 3월 6일에 6개를 1만 2천 원에 매출하였는데 3월 2일 매입분에서 4개, 3월 5일 매입분에서 2개를 출고하였을 때 개별법에 따른 원가는?
>
> 원가 = $(1,000 \times 4) + (1,500 \times 2) = 7,000$(원)

② **선입선출법** : 매입순서대로 매출원가를 적용하는 방법으로 물가상승 시 당기순이익이나 재고자산이 과대계상 되는 단점이 있다.

> **예제문제**
>
> 한국유통은 3월 2일에 수공예품 5개를 개당 1,000원에 매입하였고 3월 5일에 다시 2개를 1,500원에 매입하고 3월 6일에 6개를 1만 2천 원에 매출하였을 때 선입선출법에 의한 원가와 원가율은?
>
> • 원가 = $(1,000 \times 5) + (1,500 \times 1) = 6,500$(원)
>
> • 원가율 = $\dfrac{6,500}{12,000} \times 100 = 54.2$(%)

③ **총평균법** : 해당 기간 전체의 재고 자산의 구입 평균가격을 산출하여 적용하는 방법으로 실지재고조사법 사용 시에 적용한다.

④ **이동평균법** : 재고자산을 취득할 때마다 새롭게 평균가액을 산정하는 방법으로 계속기록법 사용 시에 적용한다.

구 분	매 입	매입단가	이동평균	매 출	재 고	총평균
1월	10개	200원	200원		10개	
2월	30개	220원	215원		40개	
3월			215원	20개	20개	{(10 × 200) + (30 × 220) + (50 × 230)}/90
4월	50개	230원	226원		70개	
5월			226원	40개	30개	
	기말재고 : 30개		225.71원			233.33원
		(계속기록)				(실지재고조사)

⑤ 매출가격환원법 : 유통업종에서만 적용하는 방법으로 소매가격 기준의 기말재고에 추정된 원가율을 곱해서 산정한다.

예제문제

매출가격환원법에 따라 기말 재고액을 구하시오.

	원 가	매 가
기초재고	15,000	30,000
당기매입	60,000	110,000
계	75,000	140,000
당기매출		100,000
기말재고		40,000

- 원가율 $= \dfrac{75,000}{140,000} \times 100 ≒ 53.57(\%)$
- 기말추정원가 $= 40,000 \times 53.57(\%) = 21,428(원)$

제4절 비유동자산 > 유형자산

1. 유형자산의 의미

① 유형자산은 회사가 영업활동에 장기적으로 사용하기 위하여 보유하고 있는 유형의 자산으로 토지, 건축물, 기계장치, 건설중인 자산 등을 말한다.
② 유형자산으로 판단하기 위해서는 물리적 실체가 있어야 하며, 영업활동에 사용할 목적으로 보유하고, 장기간 사용을 전제하고 있어야 한다.
③ 또한, 유형자산으로 인식하기 위해서는 유형자산의 정의를 충족하면서 미래의 경제적 효익이 발생 가능하여야 하고 취득원가를 측정할 수 있어야 유형자산으로 인식하고 장부에 기록할 수 있다.

2. 사용 목적에 따른 자산항목의 변화

동일한 토지라고 해도 모두 유형자산으로 인식하는 것이 아니라 유형자산의 정의에 따라서 영업활동에 사용할 목적으로 보유하고 있어야 유형자산인 토지로 인식할 수 있는 것이고, 만일 부동산 회사에서 판매의 목적으로 보유하고 있는 토지라면 재고자산으로 인식하여 상품계정에 기록하여야 하고, 투자의 목적으로 보유하고 있는 토지라면 투자자산으로 인식하여 투자부동산으로 기록하여야 한다.

보유목적	자산의 분류	계정과목
사용목적	유형자산	토 지
판매목적	재고자산	상 품
투자목적	투자자산	투자부동산

3. 유형자산의 취득원가 `기출` 24

유형자산은 취득원가에 구입수수료, 등기료, 취득세, 사용전 수선비, 운반비, 설치비, 시운전비, 개량비, 정지비 등 모든 부대비용을 가산하여 원가로 인식한다.

> **예제문제**
>
> 주식회사 한국은 건물을 신축하기 위해 구건물이 있는 토지를 다음과 같이 현금으로 취득하였다. 이 토지의 취득원가는?
>
> - 토지 취득가액   95,000원
> - 취득세 및 등록세   5,000원
> - 토지측량비용   8,000원
> - 중개인 수수료   1,000원
> - 철거물 매각가치   1,000원
> - 건물설계비   3,000원
>
> ---
>
> 토지의 취득원가 = 95,000 + 5,000 + 8,000 + 1,000 − 1,000 + 3,000 = 111,000(원)

4. 유형자산 취득 후의 지출

유형자산 취득 후 추가적 지출이 생겼을 경우에는 이 지출을 취득원가에 가산할 것인지, 비용으로 처리할 것인지에 대한 판단이 필요한데 유형자산의 내용연수가 증가하거나 가치의 증가하는 증설, 개량, 엘리베이터 설치, 냉난방 설치 등은 생산비율과 생산능력을 증대시키는 것으로 취득원가에 반영하여 자산의 가치에 합산시키는 자본적 지출로 처리하고, 원상회복 또는 능률을 유지하기 위한 지출인 수선, 도장, 부속품이나 벨트의 교체는 비용으로 처리하여 해당 회계연도에 비용 지출의 효과가 소멸되도록 수익적 지출로 처리한다.

> **예제문제**
>
> 주식회사 한국은 창립기념일을 맞이하여 본사 건물에 대한 대대적인 개조 및 수리로 공사비 3천만 원을 수표로 지급하였다. 이 중 2,000만 원은 음성인식자동문의 설치에 사용되었고, 1,000만 원은 내벽의 도장을 하는 데 사용되었는데 이를 분개하시오.
>
> ---
>
> | (차) 건 물 | 20,000,000 | (대) 당좌예금 | 30,000,000 |
> | 수선비 | 10,000,000 | | |

5. 유형자산의 감가상각 `기출` 15 · 19 · 24

(1) 감가상각비의 계산요소

토지와 같은 특수한 경우를 제외하면 일반적으로 유형자산은 시간의 경과 및 사용으로 가치가 감소하므로 취득원가를 내용연수에 걸쳐 체계적이고 합리적인 방법으로 배분할 필요성이 있다. 이렇게 유형자산의 가치 감소분을 비용으로 처리하는 것을 감가상각이라고 하는데, 유형자산의 감가상각비를 계산하기 위해서는 유형자산의 취득원가와 내용연수 그리고 잔존가액을 알아야 한다.

① 취득원가 : 구입가액 + 부대비용

② 내용연수 : 물리적 감가와 기능적 감가를 반영한 사용가능기간

③ 잔존가액 : 내용연수가 경과되어 폐기 시에 추정되는 처분가액에서 처분비용을 차감한 금액

(2) 감가상각방법

취득원가와 내용연수, 잔존가액을 알고 있으면 감가상각을 할 수 있는데 유형자산의 감가상각방법에는 정액법, 정률법, 생산량 비례법, 연수합계법 등이 있다.

① 정액법 : 취득원가를 매기간 균등하게 동일한 금액을 상각하는 방법

$$감가상각액 = \frac{취득원가 - 잔존가액}{내용연수}$$

예제문제

취득원가 2백만 원, 잔존가액 20만 원, 내용연수 5년의 기계장치를 정액법으로 계산할 경우 1년분의 감가상각액은?

$$\frac{2,000,000 - 200,000}{5} = 360,000(원)$$

② 정률법 : 기초의 장부가에서 일정한 상각률을 곱하여 감가상각비를 산출하는 방법

$$감가상각액 = (취득원가 - 감가상각누계액) \times 감가상각률$$

예제문제

취득원가 2백만 원, 잔존가액 20만 원, 내용연수 5년의 기계장치를 40%의 감가상각률로 정률법에 의해 상각할 경우 첫 해의 감가상각액은?

$$(2,000,000 - 0) \times 40\% = 800,000(원)$$

③ 생산량 비례법 : 생산량에 비례하여 상각하는 방법으로 유전, 광산 등 감모성 자산에 사용한다.

$$감가상각액 = 취득원가 \times \frac{실제\ 생산량}{추정\ 총생산량}$$

예제문제

어느 광산을 30만 원에 구매, 매장 광물은 25만 톤, 당해 연도 채굴을 2만 톤으로 할 때 당해 연도 감가상각액은?

$$300,000 \times \frac{20,000}{250,000} = 24,000(원)$$

④ 연수합계법 : 연수에 따라 상각비가 변동되어 <u>정률법의 대용</u>으로 사용하는 방법

$$감가상각액 = 취득가액 \times \frac{잔여\ 내용연수}{내용연수\ 급수합계}$$

$$여기서,\ 내용연수의\ 급수합계 = 내용연수 \times \frac{1 + 내용연수}{2}$$

예제문제

2020년 초에 2백만 원에 구입한 비품에 대한 2021년도 결산 후 장부가액은?(단, 내용연수 4년, 잔존가치 0원, 연수합계법 적용)

- 내용연수 급수합계 = 4 + 3 + 2 + 1 = 10

- 1년차 감가상각 = $2,000,000 \times \dfrac{4}{10} = 800,000$(원)

- 2년차 감가상각 = $2,000,000 \times \dfrac{3}{10} = 600,000$(원)

따라서 2021년도 결산 후 장부가액은 2,000,000 − 800,000 − 600,000 = 600,000(원)

(3) 정액상각과 가속상각

위의 감가상각법은 매년 동일한 금액을 상각하는 <u>정액상각</u>과 내용연수 초기에 많은 금액을 상각하고 내용연수가 지날수록 상각비를 줄여 회계에 반영하는 <u>가속상각</u>으로 구분할 수 있는데, 정액상각에는 정액법이 해당되고 가속상각에는 정률법, 연수합계법, 이중체감법(정률법의 방법에 2배를 적용)이 해당된다. 생산량 비례법은 생산량과 연동되므로 정액상각이나 가속상각 어디에도 속하지 않는 방법이다.

6. 유형자산의 기말평가

① 유형자산은 <u>기말 결산 시에 취득원가와 시가 중 낮은 금액을 적용하는 저가법에 의한 평가</u>를 하여야 하고 기말재고조사의 결과 보관 중에 파손, 분실, 도난 등으로 장부상 재고와 실지재고의 차이가 발생하면 재고자산감모손실로 매출원가에 반영하여야 한다.

(차) 재고자산감모손실	10,000	(대) 재고자산	10,000

② 시가의 평가 결과가 시가가 취득원가보다 하락한 경우에는 <u>재고자산평가손실</u>로 반영하여 재고자산의 가치를 차감하여야 한다.

(차) 재고자산평가손실	10,000	(대) 재고자산평가손실 충당금	10,000

1. 투자자산

① 투자자산이란 장기적인 투자수익을 얻거나 다른 기업을 지배할 목적으로 취득하여 보유하는 자산으로 비영업용 자산이며 장기 보유를 하는 것이 핵심적 요건이다.

② 투자자산은 영업활동을 위한 자산이 아니므로 유형자산이 아니고, 유형자산이 아니기 때문에 감가상각을 하지 않는다.

③ 투자자산을 회계처리할 때에는 매입 부대비용, 보유 중 발생한 세금 등 부대비용을 모두 투자부동산의 가치에 가산하여 반영한다.

> **예제문제**
>
> (주)한국은 장기투자이익을 얻을 목적으로 80만 원의 토지를 취득하고 중개인 수수료 및 등기비용 5만 원과 함께 수표를 발행하여 지급하였는데 이를 분개하시오.
>
> | 투자부동산 | 850,000 | 당좌예금 | 850,000 |
> |---|---|---|---|

2. 투자자산의 종류

투자자산에는 유가증권과 투자부동산 등이 있는데 유가증권이란 재산권을 나타내는 증권으로 시장에서 거래되거나 투자의 대상이 되는 지분증권(주식)이나 채무증권(채권)을 말하고, 투자부동산은 임대수익을 목적으로 하거나 시세차익을 목적으로 보유하는 부동산을 말한다.

(1) 유가증권

유가증권은 그 목적과 성격에 따라 당기손익인식 금융자산, 만기보유 금융자산, 매도가능 금융자산, 관계기업 투자주식으로 구분할 수 있다.

① 당기손익인식 금융자산 : 단기간 내의 매매차익이 목적, 매수와 매도가 빈번

② 만기보유 금융자산 : 만기까지 보유할 의도와 능력이 있는 금융자산

③ 매도가능 금융자산 : 당기손익인식 금융자산이나 만기보유 금융자산으로 분류되지 않은 시장성이 없는 지분증권, 시장성이 있어도 장기투자를 목적으로 하는 지분증권, 당기손익인식 금융자산도 아니면서 만기보유 금융자산도 아닌 채무증권

④ 관계기업 투자주식 : 관계기업에 투자한 지분증권

(2) 투자부동산

투자부동산은 장기 시세차익을 얻기 위하여 보유하고 있는 토지, 장래의 사용목적을 결정하지 못한 채로 보유하고 있는 토지, 직접 소유하고 임대로 제공 또는 제공하려는 건물, 투자부동산으로 사용하기 위하여 건설 또는 개발중인 부동산 등이 있다.

1. 무형자산의 요건

무형자산은 물리적 실체가 없이 법률상이나 경제적인 권리를 나타내는 자산으로 초과이익의 원천이 되는 기업과 분리가 불가능한 자산이다. 무형자산은 미래의 경제적 효익이 있으나 크기와 지속기간은 불확실한 특징을 가지고 있다.

2. 무형자산의 종류　지도 14

무형자산에는 산업재산권, 개발비, 광업권, 어업권, 영업권 등이 있다.
① **산업재산권** : 특허권, 실용신안권, 의장권, 상표권
② **개발비** : 신제품, 신기술의 개발과 관련한 비용으로 개별적으로 식별가능하고 미래의 경제적 효익을 기대할 수 있는 것
③ **광업권**
④ **어업권**
⑤ **영업권** : 인수합병 시 기업의 순자산가치 외에 영업 노하우, 브랜드 인지도 등 장부에 잡히지 않는 무형자산, 기업이 초과이익을 얻을 수 있는 요인

3. 무형자산의 취득과 상각

무형자산의 취득 시에는 구입원가와 관련 비용을 모두 원가로 처리하고 감가상각은 일반적으로 정액법을 사용하는데, 영업권의 경우 감가상각의 최장 연수는 20년이다. 다만 내용연수가 비한정적이면 감가상각을 하지 않는다.

05 부채, 자본, 손익계정

제1절   부 채 기출 20 · 21

1. 부채의 정의

부채란 과거의 거래나 사건의 결과로서 현재 기업이 부담하고 있고 그 이행을 통해 자원의 유출이 예상되는 의무로, 만기가 1년 이내인가를 기준으로 유동부채와 비유동부채로 분류한다.

2. 유동부채

유동부채란 1년 이내에 상환하여야 하는 채무로 외상매입금(일반적 상거래), 미지급금(일반적 상거래 이외), 지급어음, 단기차입금, 선수금, 예수금, 가수금, 미지급세금, 미지급 배당금, 유동성 장기부채(비유동부채 중 만기가 1년 이내로 남은 것) 등이 있다.

3. 비유동부채

비유동부채는 1년 이후에 상환하여야 하는 채무로 사채, 장기차입금, 퇴직급여 충당 부채, 장기성 매입채무 (일반적 상거래), 장기미지급금(일반적 상거래 이외에서 발생) 등이 있다.

4. 충당부채

충당부채는 과거의 사건이나 거래의 결과로 현재 의무가 존재하고 해당 의무를 이행하기 위해서는 자원이 유출될 가능성이 매우 높으며 의무의 이행에 소요되는 금액을 신뢰성 있게 추정할 수 있는 부채로 충당부채에 는 평가성 충당금과 부채성 충당금이 있다.
① **평가성 충당금** : 대손충당금, 재고자산평가충당금
② **부채성 충당금** : 퇴급급여충당금, 공사손실충당금

5. 우발부채

우발부채는 의무가 있으나 의무 이행을 통해 자원의 유출 가능성이 낮은 채무로 부채로 인식하지는 않는다.

6. 사 채

(1) 사채의 의의

사채는 기업이 거액의 장기자금을 조달할 목적으로 상환금액을 표시한 증서로 다수의 제3자로부터 차입하는 부채이다. 사채를 통해 자금을 조달하면 부채가 증가하는 것이고, 주식을 통해 자금을 조달하면 자본이 증가 하게 된다.

(2) 사채의 발행

사채의 발행 시에는 사채의 증서에 표시된 이자율과 시장의 이자율 간의 차이가 존재할 수 있고 그 차이에 따라 사채의 발행을 구분할 수 있다.

① 액면발행 : 사채 액면 이자율 = 사채시장 이자율
② 할인발행 : 사채 액면 이자율 < 사채시장 이자율
③ 할증발행 : 사채 액면 이자율 > 사채시장 이자율

(3) 사채의 종류

사채의 종류는 매우 다양하며 담보의 유무, 사채권자의 성명 표시유무, 주식전환 유무 등에 따라 분류할 수 있다.

① 담보의 유무에 따라 : 담보사채 vs 무담보사채
② 사채권자의 성명 표시 여부에 따라 : 기명사채 vs 무기명사채
③ 주식전환 여부에 따라 : 전환사채 vs 보통사채

(4) 주식관련 사채

주식과 관련이 있는 사채에는 여러 종류가 있는데, 사채에 주식전환 옵션이 있는 전환사채가 대표적인 주식관련 사채이다.

① 전환사채 = 사채 + 주식전환 옵션
② 신주인수권부 사채 = 사채 + 신주인수옵션
③ 교환사채 = 사채 + 법인 소유 증권과의 교환 청구권
④ 상환사채 = 회사의 선택에 따라 주식, 유가증권으로 상환이 가능한 사채
⑤ 이익참가부 사채 = 사채 + 이익 배당 참가

제2절　자 본　기출 17·19·20

1. 자본의 의의

자본이란 경영활동을 하는 데 필요한 자금을 조달하는 원천으로 타인자본(부채)와 자기자본(자본)으로 구분할 수 있는데, 자기자본은 기업의 자산에서 부채를 차감한 후에 남는 기업의 순자산을 의미하며 일반적으로 자기자본을 자본이라고 한다.

2. 자본의 종류

자본 계정에는 자본금, 자본잉여금, 자본조정, 이익잉여금, 기타포괄손익누계액이 있다.

① 자본금 : 주주가 투자한 자금으로 '주식수 × 액면금액'으로 계산
② 자본잉여금 : 주식발행 초과금, 기타 자본잉여금(감자차익, 자기주식처분 이익)
③ 자본조정 : 주식할인발행차금, 감자차손, 자기주식 처분손실 등
④ 기타포괄손익누계액(미실현 손익) : 매도가능 증권 평가 손익, 재평가 잉여금 등
⑤ 이익잉여금 : 이익준비금, 기타법정적립금, 임의적립금, 미처분이익잉여금

3. 주식의 종류

주식은 <u>보통주</u>와 <u>우선주</u>로 구분할 수 있고, 우선주에는 배당우선주, 상환우선주, 전환우선주 등이 있다.

① 보통주 : 우선주에 대한 상대적 의미에서 표준이 되는 주식

② (배당)우선주 : 이익배당 등에서 보통주보다 우선적인 지위를 갖는 주식(일반적인 우선주)

③ 상환우선주 : 발행회사가 특정시점(만기)에 약정된 가격으로 상환할 수 있는 우선주

④ 전환우선주 : 주주의 의사에 따라 보통주로 전환할 수 있는 권리가 부여된 우선주

---

1. 원 가

매출원가란 기업의 정상적인 영업활동과정에서 발생한 수익, 즉 <u>매출액에 직접적으로 대응하는 비용</u>으로, 상품이나 제품이 판매되면 매출이라는 수익이 인식되고 판매된 상품 등의 원가는 매출원가라는 비용으로 인식된다.

2. 원가계산의 종류

원가의 계산 방법은 제품의 생산형태나 원가의 계산시기, 계산 범위에 따라서 구분할 수 있다.

구 분	원가계산제도		
제품의 생산형태	개별원가계산 (다품종 소량생산)		종합(결합)원가계산 (소품종 대량생산)
원가의 계산시기	실제원가계산 (사후원가)	정상원가계산 (제조간접비만 사전설정)	표준원가계산 (사전원가)
원가의 계산범위	전부원가계산 = 흡수원가 (고정비, 변동비)		변동원가계산 = 직접원가 (변동비만 포함)

3. 연산품의 결합원가 배분법

정유나 철강 등 연속적으로 생산이 되거나 원유의 정제와 같이 한번에 여러 가지 제품이 동시에 생산되는 연산품의 경우 원가의 배분을 어떻게 하는가의 문제가 발생하는데, 연산품의 원가 배분방법에는 <u>물량기준법</u>, <u>상대적판매가치법, 순실현가치법, 균등이익률법</u> 등이 있다.

① 물량기준법 : 중량, 부피, 면적 등의 비율에 따라 원가를 배분

② 상대적판매가치법 : 분리 시점에서의 판매가치에 비례하여 원가를 배분

③ 순실현가치법 : (최종판매가치 – 추가가공비와 판매비)를 기준으로 원가를 배분

④ 균등이익률법 : 모든 연산품의 매출총이익률이 같도록 원가를 배분

1. 손익분기점(BEP)의 개념

손익분기점이란 총매출과 총매출을 위해 지출된 비용이 일치되는 매출액을 의미한다.

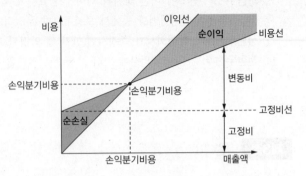

2. 손익분기점의 계산 기출 16

① 손익분기점을 계산하기 위해서는 먼저 손익분기점에 도달하기 위한 매출량을 알아야 하는데, 손익분기점의 매출량은 고정비를 <u>공헌이익</u>으로 나누어서 구할 수 있다.

② 공헌이익이란 단위당 매출액에서 단위당 변동비를 차감하여 산출하는데, 이는 제품 1개를 판매할 때 생기는 이익으로 볼 수 있다.

③ 손익분기점 매출량이 구해지면 손익분기점 매출량에 단위당 매출액을 곱하여 손익분기점의 매출액을 계산할 수 있다.

- 손익분기점 매출량 $= \dfrac{고정비}{공헌이익}$

  *여기서, 공헌이익 = 단위당 매출액 − 단위당 변동비

  $$공헌이익률 = \dfrac{공헌이익}{단위당 \ 매출액}$$

- 손익분기점 매출액 $= \dfrac{고정비}{\left(1 - \dfrac{단위당 \ 변동비}{단위당 \ 매출액}\right)}$

예제문제

제시된 자료가 다음과 같을 때 손익분기점 매출량과 매출액을 구하시오.

- 단위당 판매가격　　　　5,000원
- 단위당 변동비　　　　　3,000원
- 월간 고정비 총액　　1,000,000원

- 손익분기점 매출량 $= \dfrac{고정비}{(단위당 \ 매출액 - 단위당 \ 변동비)} = \dfrac{1,000,000}{(5,000 - 3,000)} = 500(개)$

- 손익분기점 매출액 $= \dfrac{고정비}{\left(1 - \dfrac{단위당 \ 변동비}{단위당 \ 매출액}\right)}$

  $= \dfrac{1,000,000}{1 - (3,000/5,000)} = \dfrac{1,000,000}{0.4} = 2,500,000(원)$

  또는
  손익분기점 매출액 = 손익분기점 매출량 × 단위당 매출액
  = 500개 × 5,000원 = 2,500,000원

3. 목표이익 매출량과 매출액의 산정

목표이익을 설정하고 목표한 이익을 달성하기 위한 매출량과 매출액을 계산하는 방법은 손익분기점을 계산하는 방식과 동일하며, 다만 손익분기점 계산에서 고정비의 항목에 목표이익을 더해서 계산을 실행하면 된다. 이는 손익분기점에서는 발생한 공헌이익으로 고정비만을 부담하면 되지만 목표이익을 추가로 설정하였기 때문에 공헌이익으로 고정비와 목표이익을 모두 부담할 수 있어야 하기 때문이다.

- 목표이익 매출량 $= \dfrac{\text{고정비} + \text{목표이익}}{(\text{단위당 매출액} - \text{단위당 변동비})}$

- 목표이익 매출액 $= \dfrac{\text{고정비} + \text{목표이익}}{\left(1 - \dfrac{\text{단위당 변동비}}{\text{단위당 매출액}}\right)}$

예제문제

제시된 자료가 다음과 같을 때 목표이익 달성을 위한 매출액과 매출량을 구하시오.

- 단위당 판매가격   5,000원
- 단위당 변동비   3,000원
- 월간 고정비 총액   1,000,000원
- 목표이익   400,000원

- 목표이익 매출량 $= \dfrac{\text{고정비} + \text{목표이익}}{(\text{단위당 매출액} - \text{단위당 변동비})} = \dfrac{1,400,000}{(5,000 - 3,000)} = 700(\text{개})$

- 목표이익 매출액 $= \dfrac{\text{고정비} + \text{목표이익}}{\left(1 - \dfrac{\text{단위당 변동비}}{\text{단위당 매출액}}\right)}$

$= \dfrac{1,000,000 + 400,000}{\left(1 - \dfrac{3,000}{5,000}\right)} = \dfrac{1,400,000}{0.4} = 3,500,000(\text{원})$

또는
목표이익 매출액 = 목표이익 매출량 × 단위당 판매가격
= 700개 × 5,000원 = 3,500,000원

06 재무비율분석

제1절 재무비율의 기본개념

1. 재무비율의 의미

재무비율은 기업의 재무적 건강상태에 대한 신호로 재무적 징후 파악에 이용되는 분석수단이다. 재무상태표, 손익계산서, 현금흐름표 등과 같은 재무제표를 분석하면 기업 재무상태와 경영성과를 파악할 수 있지만 재무제표의 내용은 매우 복잡하기 때문에 재무제표에 포함된 정보를 쉽게 파악할 수 있는 수단으로 개발된 것이 재무비율이다.

2. 재무비율의 분류 기출 24

재무비율은 분석자료를 무엇으로 하는가, 분석을 하는 방법은 무엇인가, 분석의 목적은 무엇인가에 따라 분류할 수 있다.

(1) 분석자료에 의한 분류

① 정태적 비율 : 일정 시점의 재무상태 보고서인 재무상태표상의 항목을 비교하여 산출한 재무비율, 재무상태표 비율

② 동태적 비율 : 일정 기간의 재무상태 보고서인 손익계산서상의 항목을 비교하거나 손익계산서와 재무상태표의 항목을 대응시켜 계산한 비율, 손익계산서 비율

(2) 분석방법에 의한 분류

① 관계 비율 : 재무제표상의 두 항목을 대응시켜 측정되는 재무비율, 항목비율

② 구성 비율 : 총자산 또는 매출액에서 각 항목이 차지하는 비중을 비율로 나타낸 것

(3) 분석목적에 의한 분류

유동성비율, 자본구조비율, 효율성비율, 수익성비율, 성장성비율, 생산성비율, 시장가치비율 등

3. 표준비율

표준비율이란 기업의 재무상태와 성과를 평가할 때 기준이 되는 재무비율로 표준비율로는 산업평균비율, 경쟁기업의 재무비율, 경영자의 경험에 기반한 경험적 재무비율이나 과거의 평균비율이 사용된다.

유동성비율 `기출` 14 · 19 `지도` 16 · 17

1. 유동성비율의 개념

유동성비율은 단기채무를 상환할 수 있는 능력을 측정하는 재무비율로, 여기서 단기란 기업의 정상적인 영업주기인 1년을 의미한다. 대표적인 유동성비율에는 유동비율과 당좌비율이 있다.

2. 유동성비율의 종류

(1) 유동비율

기업의 단기채무지급능력 지표로 은행에서 대출 심사 시에 많이 사용하는 비율이기 때문에 은행가비율(banker's ratio)로도 불린다.

$$유동비율 = \frac{유동자산}{유동부채} \times 100$$

(2) 당좌비율(Quick Ratio)

산성시험비율(acid test ratio)이라고도 불리고, 유동자산에서 재고자산을 차감한 당좌자산을 유동부채로 나눈 비율로 계산한다.

$$당좌비율 = \frac{당좌자산}{유동부채} \times 100$$

자본구조비율 `지도` 18 · 21

1. 자본구조비율(capital structure ratio)의 개념

자본구조비율은 기업의 장기채무지급능력을 나타내는 비율로서 타인 자본 의존도에 의해 측정되는데, 부채를 이용하는 것을 레버리지라고 하기에 레버리지 비율로도 불린다. 대표적인 자본구조비율에는 부채비율과 자기자본비율이 있다.

2. 자본구조비율의 종류

(1) 부채비율(debt ratio)

기업의 부채를 자기자본으로 나누어 계산한다.

$$부채비율 = \frac{부 채}{자기자본} \times 100$$

PART 1 PART 2 PART 3 PART 4 PART 5 PART 6 PART 7 PART 8 PART 9

(2) 자기자본비율(stockholders' equity to total assets)

총자본에서 자기자본이 차지하는 비중을 나타내는 비율을 말한다.

$$자기자본비율 = \frac{자기자본}{총자본} \times 100$$

제4절   **효율성비율**

1. 효율성비율(efficiency ratio)의 개념

효율성비율은 자산의 효율적 이용도를 평가하는 비율로 매출액을 기준으로 자산의 효율적 이용도를 측정하게 되며 매출액을 각 자산항목으로 나눈 회전율로 계산한다. 대표적인 효율성비율에는 매출채권회전율, 재고자산회전율, 유형자산회전율, 총자산회전율 등이 있다.

$$회전율 = \frac{매출액}{자산항목}$$

2. 효율성비율의 종류

(1) 매출채권회전율

매출채권의 현금화 속도를 말한다.

- 매출채권회전율 $= \dfrac{매출액}{매출채권}$

- 매출채권회전일수 $= \dfrac{365}{매출채권 \text{ } 회전율}$

- 매출채권회수기간 $= \dfrac{평균매출채권}{1일 \text{ } 매출액}$

여기서, 평균매출채권 $= \dfrac{(기초매출채권 + 기말매출채권)}{2}$

(2) 재고자산회전율

재고자산이 당좌자산으로 변화하는 속도를 말한다.

$$재고자산회전율 = \frac{매출액}{재고자산}$$

(3) 유형자산회전율

유형자산이 1년 동안 몇 번 회전되어 매출을 실현하느냐를 측정한다.

$$유형자산회전율 = \frac{매출액}{유형자산}$$

(4) 총자산회전율(total assets turnover)

기업이 보유하고 있는 총자산의 효율적 이용도를 말한다.

$$총자산회전율 = \frac{매출액}{총자산}$$

제5절 수익성비율

1. 수익성비율(profitability ratio)의 개념

수익성비율은 기업의 이익창출능력을 나타내는 지표로 기업활동의 결과를 집약하여 경영성과를 측정하는 재무비율이다. 대표적인 수익성비율에는 총자산순이익률, 자기자본순이익률, 매출액이익률 등이 있다.

2. 수익성비율의 종류

(1) 총자산순이익률(return on total assets)

총자산을 수익창출에 얼마나 효율적으로 이용하고 있는가를 측정한다.

$$총자산순이익률 = \frac{순이익}{총자산} \times 100$$

(2) 자기자본순이익률(return on equity)

자기자본의 성과를 나타내는 재무비율을 말한다.

$$자기자본순이익률 = \frac{순이익}{자기자본} \times 100$$

(3) 매출액이익률(return on sales)

매출로부터 얼마만큼의 이익을 얻고 있느냐를 나타내는 비율이다.

$$매출액이익률 = \frac{순이익}{매출액} \times 100$$

1. 성장성비율(growth ratio)의 개념

성장성 비율은 기업의 <u>경영규모와 영업성과가 얼마나 증대되었는지</u>를 나타내는 재무비율로 총자산, 매출액, 순이익 등의 성장률을 측정하여 성장성을 판단하게 된다.

2. 성장성비율의 종류

(1) 총자산증가율(growth rate of total assets)

일정 기간 동안 총자산이 얼마나 증가하였는가를 나타내는 재무비율로서 기업규모의 성장 정도를 측정하는 지표이다.

$$총자산증가율 = \frac{기말총자산 - 기초총자산}{기초총자산} \times 100$$

(2) 매출액증가율(growth rate of sales)

일정 기간 동안 매출액이 얼마나 증가하였는가를 나타내는 재무비율로 기업의 외형적인 성장도를 나타내는 대표적인 지표이다.

$$매출액증가율 = \frac{당기매출액 - 전기매출액}{전기매출액} \times 100$$

(3) 순이익증가율(growth rate of sales)

일정 기간 동안 순이익이 얼마나 증가하였는가를 나타내는 재무비율로 실질적인 성장의 지표이다.

$$순이익증가율 = \frac{당기순이익 - 전기순이익}{전기순이익} \times 100$$

1. 생산성비율(productivity ratio)의 개념

생산성비율은 기업활동의 성과 및 효율을 측정하여 <u>개별 생산요소의 기여 및 성과배분의 합리성 여부</u>를 평가하는 지표로 <u>부가가치율, 노동생산성, 자본생산성</u> 등이 대표적인 생산성비율이다.

2. 생산성비율의 종류

(1) 부가가치율(value added ratio)

일정 기간 동안 기업이 창출한 부가가치를 매출액으로 나눈 비율을 말한다.

$$부가가치율 = \frac{부가가치}{매출액} \times 100$$

(2) 노동생산성(productivity of labor)

노동생산성은 노동력의 단위당 성과를 나타내는 지표로 종업원 1인당 부가가치를 의미한다.

$$노동생산성 = \frac{부가가치}{종업원수}$$

(3) 자본생산성(productivity of capital)

자본의 단위당 투자효율을 나타내는 것이다.

$$총자본투자효율 = \frac{부가가치}{총자본} \times 100$$

제8절 시장가치비율 지도 18

1. 시장가치비율(market value ratio)의 개념

시장가치비율은 기업의 시장가치를 나타내는 주가와 주당순이익 또는 장부가치 등의 관계를 나타내는 재무비율로 특정 기업의 과거성과 및 미래전망이 시장에서 어떻게 평가되고 있는지를 보여주는 지표이다. 주요한 시장가치비율로는 주가수익비율과 주가장부가치비율이 있다.

2. 시장가치비율의 종류

(1) 주가수익비율(PER ; Price Earning Ratio)

주가를 주당순이익으로 나눈 것으로 PER는 주가가 주당순이익의 몇 배가 되는지를 나타내는 것이다.

$$PER = \frac{주 가}{주당순이익}$$

(2) 주가장부가치비율(PBR ; Price Book-value Ratio)

주가를 주당순자산으로 나눈 비율로 주가순자산비율로도 불리는데, 기업의 미래수익전망이 밝고 경영이 효율적일수록 주식의 장부가치와 시장가치 사이의 차이가 커져서 주가장부가치비율이 높아진다.

$$PBR = \frac{주 가}{주당순자산}$$

01 회계는 기업에 관한 정보를 제공함으로써 (   )의 효율적 배분이 가능하도록 하며, (   ) 보고의 기능을 가지고 있으며, (   )의 합리적 운영에도 기여한다.

02 부기는 (   )와 (   )로 구분할 수 있는데, 복식부기는 (   )에 따라 거래를 차변과 대변으로 기록하고, 대변과 차변의 합이 일치되는 대차평균의 원리에 의해 (   )이 가능한 방식으로 작성되는 부기의 형식이다.

03 회계는 그 작성 목적에 따라 (   ), 관리회계, (   )로 구분할 수 있다.

04 재무정보의 근본적 질적특성에는 (   )과 (   )이 있고, (   )에는 비교가능성, 검증가능성, 적시성, 이해가능성이 있다.

05 우리나라의 회계기준으로는 (   )과 (   )이 있다.

06 한국채택 국제회계기준(K-IFRS)상의 재무제표에는 재무상태표, (   ), 현금흐름표, (   ), (   )의 5가지가 있다.

07 재무상태표는 (   )에 기업의 재무상태를 나타내는 표로, 재무상태라는 것은 자산, (   ), (   )의 상태를 의미한다.

08 (   )이란 화폐액으로 측정 가능하고, 자유로이 처분이 가능하며 거래에서 얻어질 수 있는 가치 있는 것으로 (   )을 기준으로 하고 유동자산과 (   )으로 구분된다.

09 (   )은 1년 이내에 현금으로 전환되거나 예상되는 자산으로 현금화의 용이성에 따라 (   )과 재고자산으로 구분한다.

10 (   )은 물리적 형체는 없으나 독자적 식별이 가능한 비화폐성 자산으로 특허권, 지적 재산권, 저작권, 개발비, 영업권, 산업재산권 등이 있다.

11 (　　　　　)은 일정 기간 동안 경영활동을 통해 벌어들인 금액으로 영업활동을 통해 벌어들인 금액인 매출액과 영업활동 이외의 보조적, 부수적 활동에서 발생한 수익인 (　　　　)으로 구성된다.

12 손익계산서는 매출액에서 매출원가를 차감하여 (　　　　　)을 산출하고, 매출총이익에서 판관비를 차감하여 (　　　　　)을 산출하며, 영업이익에 영업외수익을 더하고 영업외비용을 차감하여 법인세 차감전 순이익을 계산한다.

13 현금흐름표는 일정 기간에 기업이 조성한 현금과 사용한 현금의 내역을 정리한 보고서로 현금의 유입과 유출의 내역을 (　　　　), (　　　　), (　　　　　)으로 구분하여 기록한다.

14 회계에서의 거래란 자산, 부채, 자본의 증감과 수익, 비용의 증감을 발생시키는 (　　　　)로 측정이 가능한 (　　　　)을 의미한다.

15 회계상의 거래는 결국 자산의 증가/감소, 부채의 증가/감소, 자본의 증가/감소, 수익/비용의 발생과 같은 거래요소가 결합되어 나타나게 되는데, 이렇게 거래를 구성하고 있는 사항을 (　　　　)라고 한다.

16 자산의 증가는 차변, 자산의 감소는 대변에 기입하고, 부채의 증가는 (　　　　), 부채의 감소는 (　　　　), 자본의 증가는 대변, 자본의 감소는 차변, 비용의 발생은 (　　　　), 비용의 소멸은 (　　　　), 수익의 발생은 대변, 수익의 소멸은 차변에 기입하여야 한다.

17 매출채권의 대손비율의 추정방법으로는 (　　　　), 매출채권 기말잔액법, (　　　　) 등이 있다.

18 기말재고수량을 결정하는 방법에는 (　　　　)과 (　　　　)이 있는데, (　　　　)은 입출고가 일어날 때마다 수량과 금액을 기록하는 방법이고, (　　　　)은 기말에 실사를 통하여 재고의 수량을 파악하는 방법이다.

19 재고자산의 단가를 결정하는 방법에는 (　　　　), 선입선출법, (　　　　), 이동평균법, 매출가격환원법 등이 있다.

20 유형자산 취득 후 내용연수가 증가하거나 가치가 증가하는 것에 대한 지출은 원가에 가산하여 (　　　　)로 처리하고, 원상회복 또는 능률을 유지하기 위한 지출은 비용으로 인식하여 (　　　　)로 처리한다.

21 유형자산의 감가상각방법에는 (　　　　), (　　　　), 생산량 비례법, 연수합계법 등이 있다.

22 (　　　　)이란 총매출과 총매출을 위해 지출된 비용이 일치되는 매출액을 의미한다.

23 (　　　　)은 단기채무를 상환할 수 있는 능력을 측정하는 재무비율로, 대표적인 유동성비율에는 (　　　　)과 (　　　　)이 있다.

24 자본구조비율은 기업의 (　　　　)를 상환할 수 있는 능력을 나타내는 비율로서 (　　　　)로도 불린다. 대표적인 자본구조비율에는 (　　　　)과 자기자본비율이 있다.

25 (　　　　)은 기업활동의 성과 및 효율을 측정하여 개별 생산요소의 기여 및 성과배분의 합리성 여부를 평가하는 지표로 (　　　　), 노동생산성, (　　　　)등이 대표적인 생산성비율이다.

정답 check!

01	사회적 자원(Social Resource), 수탁책임(Stewardship Responsibilities), 사회적 통제	**14**	화폐단위, 경제적 사건
02	단식부기, 복식부기, 거래의 이중성, 자기 검증	**15**	거래의 8요소
03	재무회계, 세무회계	**16**	대변, 차변, 차변, 대변
04	목적적합성, 충실한 표현, 보강적 질적특성	**17**	매출액 비율법, 경과기간 분석법
05	한국채택 국제회계기준(K-IFRS), 일반기업 회계기준	**18**	계속기록법, 실지재고 조사법, 계속기록법, 실지재고 조사법
06	손익계산서, 자본변동표, 주석	**19**	개별법, 총평균법
07	일정 시점, 부채, 자본	**20**	자본적 지출, 수익적 지출
08	자산, 1년, 비유동자산	**21**	정액법, 정률법
09	유동자산, 당좌자산	**22**	손익분기점
10	무형자산(Intangible Assets)	**23**	유동성비율, 유동비율, 당좌비율
11	수익, 영업외수익(기타수익)	**24**	장기채무, 레버리지 비율, 부채비율
12	매출총이익, 영업이익	**25**	생산성비율, 부가가치율, 자본생산성
13	영업활동, 투자활동, 재무활동		

01 기출 23

☑ 확인 Check! ○ △ ✕

현행 K-IFRS에 의한 재무제표에 해당하지 않는 것은?

① 재무상태변동표
② 포괄손익계산서
③ 자본변동표
④ 현금흐름표
⑤ 주 석

02 기출 20

☑ 확인 Check! ○ △ ✕

재무상태표와 관련되는 것을 모두 고른 것은?

ㄱ. 수익·비용대응의 원칙
ㄴ. 일정 시점의 재무상태
ㄷ. 유동성배열법
ㄹ. 일정 기간의 경영성과
ㅁ. 자산, 부채 및 자본

① ㄱ, ㄴ   ② ㄱ, ㄹ
③ ㄴ, ㄷ, ㄹ   ④ ㄴ, ㄷ, ㅁ
⑤ ㄷ, ㄹ, ㅁ

정답 및 해설

01

현행 K-IFRS에 의한 재무제표의 종류는 재무상태표, 포괄손익계산서, 현금흐름표, 자본변동표, 주석의 5가지로 구성되어 있다.

정답 ①

02

수익·비용대응의 원칙과 일정 기간의 경영성과는 손익계산서와 관련되는 것이다.

정답 ④

03 기출 18 ☑확인 Check! ○ △ ✕

재무상태표의 항목에 해당되지 않는 것은?

① 차입금
② 이익잉여금
③ 매출채권
④ 판매비
⑤ 재고자산

04 기출 19 ☑확인 Check! ○ △ ✕

포괄손익계산서의 계정에 해당하지 않는 것은?

① 감가상각비
② 광고비
③ 매출원가
④ 자기주식처분이익
⑤ 유형자산처분이익

05 기출 23 ☑확인 Check! ○ △ ✕

도소매업을 영위하는 (주)한국의 재고 관련 자료가 다음과 같을 때, 매출이익은?

총매출액	₩10,000	총매입액	₩7,000
매출환입액	50	매입에누리액	80
기초재고액	200	매입운임액	20
기말재고액	250		

① ₩2,980
② ₩3,030
③ ₩3,060
④ ₩3,080
⑤ ₩3,110

03

④ 판매비는 손익계산서의 항목이다.

정답 ④

04

④ 자기주식처분이익은 재무상태표 자본계정의 자본잉여금에 포함된다.

정답 ④

05

• 매출원가
= 기초재고액 + (총매입액 + 매입운임액 − 매입에누리)
− 기말재고액
= ₩200 + (₩7,000 + ₩20 − ₩80) − ₩250
= ₩6,890
• 매출이익(매출순이익)
= (총매출액 − 매출환입액) − 매출원가
= (₩10,000 − ₩50) − ₩6,890
= ₩3,060

정답 ③

06 기출 16

☑ 확인 Check! ○ △ ✕

다음과 같은 조건에서 손익분기점에 도달하기 위한 판매수량(단위)은?

• 단위당 판매가격	20,000원
• 단위당 변동비	14,000원
• 총고정비	48,000,000원

① 5,000
② 6,000
③ 7,000
④ 8,000
⑤ 9,000

07 기출 14

☑ 확인 Check! ○ △ ✕

차량을 200만 원에 구입하여 40만 원은 현금 지급하고 잔액은 외상으로 하였다. 이 거래결과로 옳은 것을 모두 고른 것은?

ㄱ. 총자산 감소
ㄴ. 총자산 증가
ㄷ. 총부채 감소
ㄹ. 총부채 증가

① ㄱ, ㄷ
② ㄱ, ㄹ
③ ㄴ, ㄷ
④ ㄴ, ㄹ
⑤ ㄷ, ㄹ

08 기출 21

☑ 확인 Check! ○ △ ✕

공장을 신축하고자 1억 원의 토지를 현금으로 취득한 거래가 재무제표 요소에 미치는 영향은?

① 자본의 감소, 자산의 감소
② 자산의 증가, 자산의 감소
③ 자산의 증가, 자본의 증가
④ 자산의 증가, 부채의 증가
⑤ 비용의 증가, 자산의 감소

06

손익분기점 매출량은

$$\frac{총고정비}{단위당\ 판매가격 - 단위당\ 변동비}\ 로\ 계산하므로$$

$$\frac{48,000,000}{20,000 - 14,000} = 8,000(개)이다.$$

정답 ④

07

차량을 200만 원에 구입하여 40만 원을 지급한 상태이므로 총자산은 증가하였고 아직 치르지 않은 잔액 160만 원이 외상으로 존재하므로 총부채 역시 증가하였다.

정답 ④

08

1억 원의 현금이 지출되었으므로 현금 자산의 감소가 있었고 그 반대급부로 유형자산(토지)의 증가가 발생하였다.

정답 ②

09 기출 23

☑확인Check! ○ △ ✕

거래의 결합관계가 비용의 발생과 부채의 증가에 해당하는 것은?(단, 거래금액은 고려하지 않는다)

① 외상으로 구입한 업무용 컴퓨터를 현금으로 결제하였다.
② 종업원 급여가 발생하였으나 아직 지급하지 않았다.
③ 대여금에 대한 이자를 현금으로 수령하지 못하였으나 결산기 말에 인식하였다.
④ 거래처에서 영업용 상품을 외상으로 구입하였다.
⑤ 은행으로부터 빌린 차입금을 상환하였다.

09

외상 구입 물품의 결제는 부채의 감소이고, 대여금 이자의 인식과 상품의 외상 구입은 자산의 증가, 차입금의 상환은 부채의 감소로 나타난다. 종업원 급여의 발생은 비용의 발생이며 종업원의 급여를 미지급한 것은 부채의 증가를 의미한다.

정답 ②

10 기출 24

☑확인Check! ○ △ ✕

회계거래 분개 시 차변에 기록해야 하는 것은?

① 선수금의 증가
② 미수수익의 증가
③ 매출의 발생
④ 미지급비용의 증가
⑤ 매입채무의 증가

10

선수금은 부채이고 부채의 증가는 대변에 기록, 매출은 수익이고 수익의 발생은 대변에 기록, 미지급 비용은 부채이고 부채의 증가는 대변, 매입채무도 부채이고 부채의 증가는 대변에 기록한다. 다만 미수수익은 자산이고 자산의 증가는 차변에 기록한다.

정답 ②

➕ PLUS

차변 VS 대변

차 변	대 변
자산의 증가	자산의 감소
부채의 감소	부채의 증가
자본의 감소	자본의 증가
비용의 발생	수익의 발생

11 기출 22

☑ 확인 Check! ○ △ ✕

회계거래 분개에 관한 설명으로 옳은 것은?

① 매입채무의 증가는 차변에 기록한다.
② 장기대여금의 증가는 대변에 기록한다.
③ 자본금의 감소는 차변에 기록한다.
④ 임대료 수익의 발생은 차변에 기록한다.
⑤ 급여의 지급은 대변에 기록한다.

11

매입채무(부채)의 증가는 대변, 장기대여금(자산)의 증가는 차변, 임대료 수익(수익)의 발생은 대변, 급여(비용)의 지급은 차변에 기록한다.

정답 ③

12 기출 18

☑ 확인 Check! ○ △ ✕

시산표는 재무상태표 구성요소와 포괄손익계산서 구성요소를 한 곳에 집계한 표이다. 다음 시산표 등식에서 ( )에 들어갈 항목으로 옳은 것은?

$$자산 + 비용 = 부채 + (\quad) + 수익$$

① 매출액   ② 자 본
③ 법인세   ④ 미지급금
⑤ 감가상각비

12

시산표 등식은 '자산 + 비용 = 부채 + 자본 + 수익'이다.

정답 ②

13 기출 15

☑ 확인 Check! ○ △ ✕

액면가액 5,000원인 주식 100주를 발행하여 회사를 설립할 경우 올바른 분개는?

① (차) 현금   500,000   (대) 부채   500,000
② (차) 자본금   500,000   (대) 부채   500,000
③ (차) 자본금   500,000   (대) 현금   500,000
④ (차) 현금   500,000   (대) 자본금   500,000
⑤ (차) 부채   500,000   (대) 자본금   500,000

13

주식발행인 경우 액면가액에 주식수를 곱한 금액을 현금 출자로 보아 현금이 증가하였으므로 자산의 증가이므로 차변에 기재하고, 같은 금액을 자본금의 증가로 보아 자본의 증가이므로 대변에 기재한다.

정답 ④

14 기출 18

☑ 확인Check! ○ △ ×

당좌자산에 해당하는 것을 모두 고른 것은?

> ㄱ. 현 금 ㄴ. 보통예금
> ㄷ. 투자부동산 ㄹ. 단기금융상품

① ㄱ, ㄴ
② ㄷ, ㄹ
③ ㄱ, ㄴ, ㄹ
④ ㄴ, ㄷ, ㄹ
⑤ ㄱ, ㄴ, ㄷ, ㄹ

14

당좌자산은 유동자산 중에서 재고자산을 제외한 자산으로 제조나 판매의 과정을 거치지 않고 현금화되는 자산으로, 현금, 예금, 유가증권, 단기 대여금, 미수금, 미수수익 등이 이에 속한다.

정답 ③

15 기출 24

☑ 확인Check! ○ △ ×

유형자산의 감가상각에 관한 설명으로 옳은 것은?

① 감가상각누계액은 내용연수 동안 비용처리 할 감가상각비의 총액이다.
② 정액법과 정률법에서는 감가대상금액을 기초로 감가상각비를 산정한다.
③ 정률법은 내용연수 후반부로 갈수록 감가상각비를 많이 인식한다.
④ 회계적 관점에서 감가상각은 자산의 평가과정이라기 보다 원가배분과정이라고 할 수 있다.
⑤ 모든 유형자산은 시간이 경과함에 따라 가치가 감소하므로 가치의 감소를 인식하기 위해 감가상각한다.

15

감가상각누계액은 비용처리를 한 감가상각비의 총액이고, 정률법에서는 취득가액(또는 취득가액에서 감가상각누계액을 차감한 금액)을 기준으로 감가상각을 하며, 정률법은 초기에 감가상각금액이 많은 가속상각법이고, 유형자산 중 토지 등 일부 유형자산은 시간의 경과 및 사용에 따라 가치가 감소하지 않기 때문에 감가상각을 하지 않는 자산도 있다.

정답 ④

16 기출 15

☑ 확인Check! ○ △ ×

내용연수를 기준으로 초기에 비용을 많이 계상하는 감가상각방법은?

① 정액법
② 정률법
③ 선입선출법
④ 후입선출법
⑤ 저가법

16

감가상각법은 매년 동일한 금액을 상각하는 정액상각과 내용연수 초기에 많은 금액을 상각하고 내용연수가 지날수록 상각비를 줄여 회계에 반영하는 가속상각으로 구분할 수 있는데, 정액상각법에는 정액법이 해당되고, 가속상각에는 정률법, 연수합계법, 이중체감법(정률법의 방법에 2배를 적용)이 해당된다.

정답 ②

17 기출 19

☑ 확인Check! ○ △ ✕

(주)한국(결산일 : 12월 31일)은 2017년 초 기계장치를 2,000,000원에 취득하고, 잔존가치 200,000원, 내용연수 5년, 정액법으로 감가상각하였다. (주)한국은 2019년 초에 기계장치를 1,300,000원에 처분하였다. (주)한국의 기계장치 처분으로 인한 손익은?

① 처분이익 20,000원
② 처분손실 20,000원
③ 처분이익 100,000원
④ 처분손실 100,000원
⑤ 처분손실 300,000원

17

2017년 초에 구입해서 2019년 초에 팔았으므로 감가상각횟수는 2회이므로 정액법에 의해 감가상각액을 계산하면 $\dfrac{2,000,000 - 200,000}{5} \times 2 = 720,000(원)$ 이다. 따라서 2019년 초의 기계장치 장부가액은 $2,000,000 - 720,000 = 1,280,000(원)$인데 기계장치를 1,300,000원에 처분하였으므로 20,000원의 처분이익이 발생한다.

정답 ①

18 기출 15

☑ 확인Check! ○ △ ✕

재무상태표에서 비유동자산에 해당하는 계정과목은?

① 영업권
② 매입채무
③ 매출채권
④ 자기주식
⑤ 법정적립금

18

비유동자산이란 재무상태표 작성일을 기준으로 1년 이내에 현금화할 수 없는 자산을 말한다. 비유동자산은 크게 투자자산, 유형자산, 무형자산으로 구분할 수 있다. 투자자산은 기업의 본래 영업활동이 아닌 투자목적으로 보유하는 자산을 의미하고, 유형자산은 토지, 건물 등 부동산 자산과 기계장치, 설비 등을 말한다. 그 외 영업권, 산업재산권 등을 무형자산이라고 한다.

정답 ①

19 기출 21

☑ 확인Check! ○ △ ✕

유형자산에 해당하는 항목을 모두 고른 것은?

ㄱ. 특허권	ㄴ. 건 물
ㄷ. 비 품	ㄹ. 라이선스

① ㄱ, ㄴ
② ㄴ, ㄷ
③ ㄱ, ㄴ, ㄷ
④ ㄴ, ㄷ, ㄹ
⑤ ㄱ, ㄴ, ㄷ, ㄹ

19

유형자산은 회사가 영업활동에 장기적으로 사용하기 위하여 보유하고 있는 유형의 자산으로 토지, 건축물, 기계장치, 건설 중인 자산 등을 말하는데, 유형자산으로 판단하기 위해서는 물리적 실체가 있어야 하며 영업활동에 사용할 목적으로 보유하고 장기간 사용을 전제하고 있어야 한다. 특허권이나 라이선스는 물리적 형체가 없는 무형자산이다.

정답 ②

20 기출 24

☑확인Check! ○ △ ×

유형자산의 취득원가에 포함되는 것은?

① 파손된 유리와 소모품의 대체
② 마모된 자산의 원상복구
③ 건물 취득 후 가입한 보험에 대한 보험료
④ 유형자산 취득 시 발생한 운반비
⑤ 건물의 도색

20

유형자산은 취득원가에 구입수수료, 등기료, 취득세, 사용 전 수선비, 운반비, 설치비, 시운전비, 개량비, 정지비 등 모든 부대비용을 가산하여 원가로 인식하고, 유형자산의 취득 후 사용을 하면서 원상회복, 기능 및 능률의 유지를 위한 지출은 비용으로 인식하게 된다. 그러나 유형자산의 가치를 증가하는 증설, 개량 또는 내용 연수의 증가가 예상되는 지출은 취득원가에 합산한다.

정답 ④

21 기출 20

☑확인Check! ○ △ ×

부채에 관한 설명으로 옳지 않은 것은?

① 매입채무는 일반적인 상거래에서 발생한 외상매입금과 지급 어음을 말한다.
② 예수금은 거래처나 종업원을 대신하여 납부기관에 납부할 때 소멸하는 부채이다.
③ 미지급금은 비유동자산의 취득 등 일반적인 상거래 이외에서 발생한 채무를 말한다.
④ 장기차입금의 상환기일이 결산일로부터 1년 이내에 도래하는 경우 유동성장기차입금으로 대체하고 유동부채로 분류한다.
⑤ 매입채무, 차입금, 선수금, 사채 등은 금융부채에 속한다.

21

⑤ 선수금은 재화나 용역을 인도하기로 계약하고 미리 지급받은 금액으로, 계약한 재화나 용역을 인도하면 제공대가로 대체되므로 금융부채에 속하지 않는다.

정답 ⑤

22 기출 21

☑확인Check! ○ △ ×

재무상태표의 부채에 해당하지 않는 것은?

① 매입채무
② 선급비용
③ 선수금
④ 사 채
⑤ 예수금

22

부채란 과거의 거래나 사건의 결과로 특정 실체에 자산이나 용역을 이전해야 하는 의무로 1년을 기준으로 유동부채와 비유동부채로 구분한다. 유동부채에는 매입채무, 단기차입금, 미지급금, 예수금, 선수금 등이 있고 비유동부채에는 사채, 장기차입금, 퇴직급여 충당부채 등이 있다.
② 선급비용은 미리 지급한 비용으로 자산으로 인식한다.

정답 ②

23 기출 20

☑ 확인 Check! ○ △ ✕

자본항목의 분류가 다른 것은?

① 주식할인발행차금
② 감자차손
③ 자기주식
④ 미교부주식배당금
⑤ 자기주식처분이익

23
자본항목에는 자본금, 자본잉여금, 이익잉여금, 자본조정, 기타 포괄손익누계액이 있는데 자기주식처분이익은 자본잉여금에 해당하고, ①·②·③·④는 자본조정 항목들이다.

정답 ⑤

24 기출 19

☑ 확인 Check! ○ △ ✕

다음 중 자본잉여금에 해당하는 항목은?

① 미교부주식배당금
② 법정적립금
③ 임의적립금
④ 미처분이익잉여금
⑤ 주식발행초과금

24
자본잉여금은 자본거래(증자, 감자 등)에서 발생한 잉여금으로 주식발행초과금, 자기주식처분이익 등이다. 법정적립금이나 임의적립금, 미처분이익잉여금은 사외에 유출되거나 자본금 계정에 대체되지 않고 사내에 유보된 부분인 이익잉여금이고 미교부주식배당금은 자본조정의 항목이다.

정답 ⑤

25 기출 24

☑ 확인 Check! ○ △ ✕

재무비율에 관한 설명으로 옳지 않은 것은?

① 자산이용의 효율성을 분석하는 것은 활동성비율이다.
② 이자보상비율은 채권자에게 지급해야 할 고정비용인 이자비용의 안전도를 나타낸다.
③ 유동비율은 유동자산을 유동부채로 나눈 것이다.
④ 자기자본순이익률(ROE)은 주주 및 채권자의 관점에서 본 수익성비율이다.
⑤ 재무비율분석 시 기업 간 회계방법의 차이가 있음을 고려해야 한다.

25
자기자본순이익율은 순이익을 자기자본으로 나눈 값으로 주주의 자본을 사용하여 얼마나 많은 이익을 창출했는지를 의미하는 지표이므로 채권자의 관점에서 본 수익성 비율이라고는 할 수 없다.

정답 ④

26 기출 14

☑ 확인 Check! ○ △ ✕

유동비율 120%, 유동부채 100억 원, 재고자산 40억 원이면 당좌비율은?

① 70% ② 80%
③ 90% ④ 100%
⑤ 110%

26

유동비율 = $\dfrac{유동자산}{유동부채} \times 100$인데 유동부채가 100억 원

이고 유동비율이 120%이므로 $\dfrac{유동자산}{100억\ 원} = 120(\%)$이다.

그러므로 유동자산 = 120억 원이 된다. 유동자산은 당좌자산과 재고자산으로 구성되어 있는데 유동자산이 120억 원이고 재고자산이 40억 원이므로 당좌자산은 80억 원이 된다(120억 원 = 당좌자산 + 40억 원).

당좌비율 = $\dfrac{당좌자산}{유동부채}$인데 당좌자산이 80억 원이고 유

동부채가 100억 원이므로 당좌비율은 $\dfrac{80}{100} = 80(\%)$가

된다.

정답 ②

27 기출 19

☑ 확인 Check! ○ △ ✕

(주)한국의 유동자산은 1,200,000원이고, 유동비율과 당좌비율은 각각 200%와 150%이다. (주)한국의 재고자산은?

① 300,000원
② 600,000원
③ 900,000원
④ 1,800,000원
⑤ 2,400,000원

27

유동비율 = $\dfrac{유동자산}{유동부채}$인데 유동비율이 200%이고, 유동

자산이 1,200,000원이므로

유동부채는 $\dfrac{120만\ 원}{유동부채} = 200\%$, 유동부채 = 60만 원이

된다. 또한 당좌비율 = $\dfrac{당좌자산}{유동부채}$인데 당좌비율이 150%

이고 유동부채가 60만 원이므로

$\dfrac{당좌자산}{60만\ 원} = 150\%$, 당좌자산 = 90만 원이 된다.

유동자산 = 당좌자산 + 재고자산이므로
재고자산 = 유동자산 - 당좌자산
       = 120만 원 - 90만 원
       = 30만 원

정답 ①

28 지도 21

☑ 확인 Check! ○ △ ✕

유동자산 1억 원, 유동부채 1억 원, 총부채 6억 원, 자기자본 2억 원, 총자본 8억 원인 (주)한국기업의 부채비율은?

① 50%　　　　　　　② 100%

③ 200%　　　　　　④ 300%

⑤ 400%

28

부채비율은 부채를 자기자본으로 나누어 산출하므로

$$\frac{총부채}{자기자본} = \frac{6억\ 원}{2억\ 원} = 300\%이다.$$

정답 ④

29 기출 23

☑ 확인 Check! ○ △ ✕

(주)한국의 매출 및 매출채권 자료가 다음과 같을 때, 매출채권의 평균회수기간은?(단, 1년은 360일로 가정한다)

매출액	₩3,000,000
기초매출채권	150,000
기말매출채권	100,000

① 10일　　　　　　　② 15일

③ 18일　　　　　　　④ 20일

⑤ 24일

29

평균회수기간

$$= \frac{평균\ 매출채권}{1일\ 매출액} = \frac{(150,000 + 100,000)/2}{3,000,000/360}$$

$$= 15(일)$$

정답 ②

30 기출 22

☑ 확인 Check! ○ △ ✕

다음의 주어진 자료를 이용하여 산출한 기말자본액은?

[자 료]

• 기초자산	380,000원
• 기초부채	180,000원
• 당기 중 유상증자	80,000원
• 당기 중 현금배당	40,000원
• 당기순이익	100,000원

① 260,000원

② 300,000원

③ 340,000원

④ 380,000원

⑤ 420,000원

30

• 기초자본

= 기초자산 – 기초부채

= 380,000원 – 180,000원

= 200,000원

• 기말자본

= 기초자본 + 유상증자 + 당기순이익 – 현금배당

= 200,000원 + 80,000원 + 100,000원 – 40,000원

= 340,000원

정답 ③

PART 08

재무관리

제1절   재무관리의 기본개념

1. 재무관리의 개념과 기능

재무관리란 기업의 자금흐름과 관련된 활동과, 재무의사 결정을 보다 효율적으로 집행하기 위해 자금 운용 등의 업무를 계획하고 통제하는 활동으로, 투자결정, 자본조달 결정, 배당결정의 기능을 수행한다.

(1) 투자결정

기업가치 극대화를 위한 자산형태의 결정, 미래가치, 현재가치, 위험, 수익률 등을 고려하여 투자 대상을 결정하는 것으로 재무상태표의 차변을 구성하는 의사결정을 말한다.

(2) 자본조달 결정

자본 비용과 재무위험을 최소화하는 자본의 조달을 위한 의사결정으로 재무상태표의 대변을 구성하는 의사결정을 말한다.

(3) 배당결정

재무분석을 통한 주주에 대한 배당액과 사내 유보액의 결정과 관련한 의사결정을 말한다.

2. 재무관리의 목표

① 기업은 영리를 목적으로 하는 조직이므로 전통적으로 재무관리의 목표는 이윤의 극대화를 지향하였다. 그러나 이윤의 개념이 모호하고 화폐의 시간가치나 미래의 불확실성을 반영하지 못하는 단점이 존재하기 때문에 현대에서는 기업가치의 극대화를 재무관리의 목표로 하고 있다.

② 현대적 재무관리 개념하에서 기업의 가치는 기업이 보유자산을 사용하여 벌어들일 미래수익의 크기와 불확실성에 따라 결정되는 것으로, 기업이 벌어들일 미래수익이 클수록 기업의 가치는 커지며 미래수익의 불확실성, 즉 위험이 클수록 기업의 가치는 작아진다. 그런데 기업이 벌어들일 미래의 수익이나 위험은 결국 기업이 보유하고 있는 자산가치의 수익성과 위험의 총합을 의미하므로 기업의 가치는 기업이 보유하고 있는 자산가치의 총합이라고 할 수 있다.

③ 재무상태표에서 확인한 바와 같이 총자산가치는 타인자본의 가치와 자기자본의 가치의 합과 같은데 기업의 가치 증대라는 목표에 주주와 채권자의 이해가 같은 반면에, 타인자본은 이자의 지불로 의무가 완결되므로 결국 자기자본 가치의 극대화가 기업가치의 극대화로 연결된다고 할 수 있다.

화폐의 시간가치 기출 18

1. 유동성 선호와 화폐의 시간가치

(1) 유동성 선호

① 일반적으로 사람들은 같은 금액의 현금이라도 오늘 받는 것이 일 년 뒤에 받는 것보다 가치 있다고 생각하게 되는데, 이렇게 미래의 금액보다 동일한 크기의 현재의 금액을 선호하는 현상을 유동성 선호(Iquidity Preference)라고 한다.

② 이러한 유동성 선호의 근거들은 여러 가지 예에서 볼 수 있는데, 먼저 시차 선호 현상을 보면 일반적으로 다른 조건이 동일하다면 사람들은 미래에 소비하는 것보다는 현재에 소비하는 것을 선호한다.

③ 인플레이션 현상으로 인하여 미래에 소비하는 것은 실질 구매력이 떨어질 가능성이 존재하기 때문에 사람들이 현재의 소비를 선호하게 하고, 투자기회의 측면에서도 현재의 유동성을 확보하고 있어야 현재의 투자기회를 통해서 미래에 더 큰 흐름을 창출할 수 있으므로 현재의 현금 흐름을 더 선호하게 된다.

④ 미래의 불확실성도 유동성을 선호하게 하는 이유가 되는데 미래의 현금흐름은 현재의 현금흐름보다 불확실성이 높기 때문에 사람들이 현재의 현금흐름을 선호하게 하는 요인이 된다.

(2) 화폐의 시간가치

① 유동성 선호를 기업의 상황에 대입하여 보면 기업의 현금흐름은 한 시점에만 발생하는 것이 아니라 시간 차이를 두고 여러 기간에 걸쳐 발생하게 되기 때문에 같은 금액이라 하더라도 현금흐름이 실현되는 시간의 차이에 따라 현금흐름의 가치를 서로 다르게 평가하게 되는데, 이를 화폐의 시간가치라고 한다.

② 화폐의 시간가치는 이자율이 양(+)이라는 전제하에서 일반적으로 가까운 장래에 발생하는 현금흐름이 먼 미래에 발생하는 현금흐름보다 큰 가치를 갖는데, 이처럼 '오늘의 1원이 내일의 1원보다 그 가치가 크다'라는 원칙을 재무관리의 제1원리(the first principle of finance)라고 한다.

2. 미래가치(FV ; Future Value)

(1) 미래가치의 개념

'오늘 100만 원을 은행에 예금하면 1년 후 얼마를 받을 수 있을까?' 라는 질문에 답을 하려면 현재의 일정 금액을 미래의 특정시점의 가치로 환산하여야 하는데, 이를 미래가치라고 한다. 미래가치는 일반적으로 복리로 계산되는데 복리는 발생한 이자를 원금과 함께 재투자하여 이자에 대한 이자가 반복해서 발생하는 이자지급 방식이다.

(2) 미래가치의 계산

현재의 원금을 원금의 현재가치(Present Value)라고 하고 향후 1년간의 이자율을 r이라고 한다면 1년 후의 미래가치인 FV_1은 원금에 대한 이자를 더해서 '$PV+(PV\times r)$'로 표시할 수 있고 이를 PV로 묶으면 '$PV(1+r)$'로 정리할 수 있다. 만일 2년 후의 미래가치를 구한다면 원금 PV를 처음 1년간 r의 이자율로 예금하여 얻는 1년 후의 미래가치를 다음 1년 동안 다시 r의 이자율로 예금하여 얻은 값이므로 '$PV(1+r)(1+r)$'로 표시할 수 있고 이를 $(1+r)$로 묶으면 '$PV(1+r)^2$'로 정리할 수 있다. 같은 방법으로 n년 후의 미래가치는 '$PV(1+r)^n$'으로 계산할 수 있다.

① 1기간 후의 미래가치 : $FV_1 = PV(1+r) = 원금 + 이자 = PV+(PV \times r)$

② 2기간 후의 미래가치 : $FV_2 = PV(1+r)(1+r) = PV(1+r)^2$

③ n기간 후의 미래가치 : $FV_n = PV(1+r)(1+r) \cdots (1+r) = PV(1+r)^n$

예제문제

10,000원을 연이율 10%인 예금에 넣을 경우 3년 후의 미래가치는?

$FV_3 = 10,000(1 + 0.1)^3 = 10,000(1.1)^3 = 10,000(1.331) = 13,310(원)$

3. 현재가치(PV ; Present Value) [지도 14 · 19]

(1) 현재가치의 개념

미래가치가 현재의 일정 금액을 미래시점의 가치로 환산한 것이라면 현재가치 또는 현가는 미래에 발생하게 될 현금흐름을 현재시점의 가치로 환산한 금액을 말하는 것으로, 현재가치의 계산은 미래가치의 계산식을 역으로 적용하여 도출한다.

(2) 현재가치의 계산

미래가치의 계산 공식이 '$FV_n = PV(1+r)^n$'이므로 현재가치를 구하기 위하여 양변을 $(1+r)^n$으로 나누면 우변의 $PV(1+r)^n$에서 $(1+r)^n$이 분모와 분자에 모두 있으므로 지워지게 되고 PV만 남고 좌변은 미래가치인 FV_n을 $(1+r)^n$으로 나눈 값이 된다.

$$FV_n = PV(1+r)^n \rightarrow PV = \frac{FV_n}{(1+r)^n}$$

예제문제

3년 후 10,000,000원을 만들기 위해서는 연이율 10%의 예금에 지금 얼마를 입금하여야 하는가?

$PV = \frac{10,000,000}{(1 + 0.1)^3} = \frac{10,000,000}{1.331} \fallingdotseq 7,513,148$

4. 미래가치요소와 현재가치요소

위와 같이 매 기간 이자율 r이 일정할 경우 현재의 1원은 n기간 후에는 $(1+r)^n$이 되므로 $(1+r)^n$을 미래가치요소(FVF)라고 하며, n기간 후의 1원의 현재가치는 $\frac{1}{(1+r)^n}$로 계산되므로 $\frac{1}{(1+r)^n}$을 현가가치요소(PVF)라고 한다. 또한 미래가치요소와 현재가치요소는 서로 역수의 관계를 가지고 있음을 알 수 있다.

$$PVF = \frac{1}{FVF}$$

1. 연금의 미래가치

연금은 여러 기간에 걸쳐 매 기간 동일한 현금이 발생하는 현금흐름으로 연금의 가치는 각 기간에 발생한 현금의 미래가치를 합산하여 구할 수 있으며, 구체적 계산 방법은 등비수열의 합을 계산하는 과정과 같아서 정해진 이자율(r)하에서 n기간 동안 현금흐름(C)이 발생하는 연금(P)의 미래가치는 아래와 같은 공식으로 계산을 하게 된다.

$$P_n = C + C(1+r) + C(1+r)^2 + C(1+r)^3 + \cdots + C(1+r)^{n-1}$$
$$= C\left(\frac{(1+r)^n - 1}{r}\right)$$

예제문제

5년 동안 1,000만 원씩 연이율 10%로 매년 예금할 경우 만기에 얼마를 수령하는가?

$P_n = C\left(\dfrac{(1+r)^n - 1}{r}\right)$ 이므로

$= 1,000\left(\dfrac{(1+0.1)^5 - 1}{0.1}\right) = 1,000\left(\dfrac{1.61051 - 1}{0.1}\right) = 1,000\left(\dfrac{0.61051}{0.1}\right)$

$= 1,000(6.1051) = 6,105.1$(만 원)

2. 연금의 현재가치

연금의 현재가치는 미래에 받을 현금을 현재의 시점에서 평가한 금액으로, 계산은 초항이 $\dfrac{C}{(1+r)}$ 이고 공비가 $\dfrac{1}{(1+r)}$ 이며, 항의 개수가 n개인 유한등비수열의 합으로 구할 수 있다.

$$P_0 = \frac{C}{(1+r)} + \frac{C}{(1+r)^2} + \frac{C}{(1+r)^3} + \cdots + \frac{C}{(1+r)^{n-1}} + \frac{C}{(1+r)^n}$$
$$= C\left(\frac{1 - \dfrac{1}{(1+r)^n}}{r}\right)$$

10년간 매년 1천만 원씩 받을 수 있는 퇴직연금을 현재 일시불로 받는다면 시장이자율이 10%일 때 얼마를 받을 수 있는가?

$$P_0 = C\left(\frac{1 - \frac{1}{(1+r)^n}}{r}\right) \text{이므로}$$

$$= 1,000\left(\frac{1 - \frac{1}{(1+0.1)^{10}}}{0.1}\right) \fallingdotseq 1,000\left(\frac{1 - \frac{1}{2.5937446}}{0.1}\right) = 1,000\left(\frac{0.614456711}{0.1}\right)$$

$$= 1,000(6.14456711) \fallingdotseq 6,144만 5,671원$$

3. 영구연금 기출 15

영구연금(perpetuity)이란 매 기간 일정 금액을 영속적으로 지급하는 연금으로, 일정한 금액의 현금흐름이 무한히 지속된다면 무한등비수열에 의해 현재가치를 구할 수 있다.

$$PV = \frac{C}{(1+r)} + \frac{C}{(1+r)^2} + \cdots = \frac{초항}{1-공비} = \frac{\frac{C}{(1+r)}}{1 - \frac{1}{(1+r)}} = \frac{C}{r}$$

매년 60만 원씩 받는 영구연금의 현재가치는?(단, 적용 이자율은 12%이다)

$$PV = \frac{C}{r} \text{이므로}$$

$$\frac{600,000}{0.12} = 5,000,000(원)$$

1. 채권(Bond)의 의미와 종류

채권은 발행자가 일정 기간 후에 약속한 금액(이자 또는 액면가)을 지급할 것을 약속한 증서로 발행자가 누구냐에 따라서 국공채, 회사채, 특수채 등으로 구분된다. 또한 채권은 이자지급의 유무와 만기에 따라 무이표채, 이표채, 영구채로 구분되는데, 무이표채(zero coupon bond)는 만기까지 이자지급이 전혀 없고 만기일에 액면가를 지급 받는 채권으로 순수할인채(pure discount bond)라고도 불린다. 이름처럼 이자가 없는 대신 액면가보다 할인해서 판매하는 채권이다. 이표채(coupon bond)는 매 기간 일정액의 이자를 지급 받고 만기일에 마지막 이자와 액면가를 받는 채권이고, 영구채(perpetual bond)는 만기가 없이 영원히 이자만을 받는 채권이다.

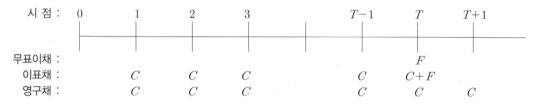

T : 만기시점, F : 액면가, C : 표면이자

2. 채권(Bond)의 가격결정

(1) 무이표채의 가격

무이표채의 가격이 B이고, 액면가 F, 만기 t, 이자율(연평균 수익률)이 r이라면 무이표채의 가격은 결국 미래의 액면가를 얼마의 이자율로 할인할 것인가의 문제이기 때문에 무이표채의 가격은 $B = \dfrac{F}{(1+r)^t}$이고 액면가는 $F = B \cdot (1+r)^t$로 표시할 수 있다.

예제문제

액면가가 100만 원이고 이자율이 10%, 만기가 2년인 무이표채의 가격은?

$B = \dfrac{F}{(1+r)^t}$ 이므로

$\dfrac{1,000,000}{(1+0.1)^2} = \dfrac{1,000,000}{(1.1)^2} = \dfrac{1,000,000}{1.21} =$ 약 82만 6,446원

(2) 이표채의 가격

이표채의 가격이 B이고 액면가 F, 만기 T, 표면이자 C, 할인율(현물 이자율)이 r이라면 이표채의 가격은 매 기간 발생하는 이자의 현가에 만기에 발생하는 액면가의 현가를 더해서 구할 수 있으므로 이표채의 가격은 $B = \dfrac{C}{(1+r)} + \dfrac{C}{(1+r)^2} + \cdots + \dfrac{C+F}{(1+r)^T}$ 로 표시할 수 있다.

예제문제

현물이자율이 10%일 때 표면이자율이 5%이고 액면가가 100만 원인 만기 2년의 채권의 적정가격은?

$$B = \frac{C}{(1+r)} + \frac{C+F}{(1+r)^2} = \frac{50,000}{1.1} + \frac{1,050,000}{1.1^2}$$

$\fallingdotseq 45,454.5 + 867,768.6 = $ 약 913,223원

또는 현가계수가 아래와 같이 주어진다면,

기 간	단일금액 ₩1의 현가계수		정상연금 ₩1의 현가계수	
	5%	10%	5%	10%
2	0.907	0.8264	1.8594	1.7355

이자의 가치는 시장이자율의 정상연금현가계수, 원금의 가치는 시장이자율의 단일금액현가계수를 사용한다.

$B = $ (1년간의 이자 × 2년 10% 정상연금현가계수) + (원금 × 2년 10% 단일금액현가계수)

$= (50,000 \times 1.7355) + (1,000,000 \times 0.8264)$

$= 86,775 + 826,400$

$= 913,175$원

(3) 영구채의 가격

영구채의 현금흐름은 끝이 없기 때문에 이표채의 공식을 이용하여 가격을 구하는 것은 불가능하다. 그러나 먼 미래에 발생하는 액면가의 현금흐름은 무시해도 될 정도의 기간이기 때문에 영구채의 가격은 표면이자만을 지급하는 장기이표채의 가격과 차이가 거의 없다고 볼 수 있다. 따라서 이표채의 표면이자를 C로 하고 할인율(현물 이자율)이 r이라면 영구채의 가격은 $B = \dfrac{C}{r}$ 로 계산할 수 있다.

예제문제

매년 이자를 50,000원씩 받는 영구채의 가격은?(단, 시장 이자율은 10%이다)

$$B = \frac{C}{r} = \frac{50,000}{0.1} = 500,000(원)$$

1. 주식의 종류

① 주식의 종류는 이익배당과 잔여자산의 분배에 관한 권리의 순서에 따라 <u>보통주, 우선주, 후배주, 혼합주</u>로 구분할 수 있다.

② 보통주를 표준이라고 하면 우선주는 이익배당이나 잔여재산 분배에 관한 우선적 지위가 인정되는 주식이며, 후배주는 열등한 지위를 가지는 주식, 혼합주는 이익배당에는 우선하지만 잔여재산 분배에 있어서는 열등한 주식을 말한다.

③ 이외에도 여러 가지 기준에 의해 주식의 종류를 구분할 수 있지만 주식의 가치평가에 있어서는 보통주를 중심으로 논하기로 한다.

2. 주식의 가격결정 `기출` 21 · 24

(1) 주식의 가격결정 방법

주식의 가격결정 방법은 기본적으로 채권의 가격결정과 같은 방식으로 <u>주식으로부터 발생하는 미래의 수익</u>을 적절한 할인율로 할인하는 방법으로 계산을 하면 된다. 그러나 주식으로부터 발생하는 미래의 현금흐름인 배당금은 채권처럼 명확하지 않기 때문에 기업의 성장성과 주주총회의 배당결정에 의해 매년 달라질 수 있다. 따라서 여러 가지 가정이 필요하고, 각 가정에 따라 주식의 가치를 평가하는 모형도 달라지기 때문에 본 장에서는 <u>미래의 배당 규모와 적정한 할인율이 주어졌다는 가정하에 주식을 평가할 때 가장 많이 사용되는 배당평가모형(DDM ; Dividend Discount Model)</u>에 기반한 주식의 가치평가 방법을 알아보도록 한다.

(2) 배당형가모형에 기반한 주식의 가치평가 방법

배당평가모형은 배당의 흐름에 대하여 성장이 없는 경우, 성장이 일정한 경우, 초과성장이 있는 경우의 세 가지 케이스로 주식의 가치를 평가하게 된다.

1) 성장이 없는 경우

매 기간 배당이 일정하여 1년 후 배당금 D가 미래에도 계속적으로 일정하게 지급되고 할인율이 k(자기자본비용 또는 자본환원율)라면 주식의 가격 P는 영구히 배당금 D를 받는 형태가 되어 $P = \dfrac{D}{k}$로 표시할 수 있다.

> **예제문제**
>
> 매년 500원의 배당금을 받는 주식의 할인율이 연 10%라면 주식의 가치는?
>
> $$P = \frac{D}{k} = \frac{500}{0.1} = 5,000(원)$$

2) 성장이 일정한 경우(항상성장모형, 고든모형)

주식을 발행한 기업이 성장하여 이익이 늘어나면 배당도 같이 증가할 수가 있다. 이때 매 기간 지급되는 배당이 일정한 비율로 증가한다고 가정하고 증가율을 g라고 하면 t기의 배당금 D는 $D_t = D_1(1+g)^{t-1}$로 표시할 수 있고 주가 P는 $\dfrac{D_1}{k-g}$로 표시할 수 있는데, 이는 결국 1기의 배당금 D를 할인율에서 배당 증가율을 차감한 값으로 나누어 값을 구할 수 있다는 것을 의미한다. 또한 이는 성장형 영구연금의 계산방식과도 동일한 방법이다.

$$P = \frac{D}{(k-g)} \quad (\text{단, } k > g)$$

예제문제

주식회사 한국의 주주는 1년 후에 주당 1,500원의 배당을 예상하고 있다. 이 회사가 6%의 성장률로 영구히 배당지급을 계속할 것이라고 예상될 때 현재의 주가를 계산하시오.(단, 할인율은 연 12%로 가정한다)

$$P = \frac{D}{(k-g)} = \frac{1,500}{(0.12 - 0.06)} = \frac{1,500}{0.06} = 25,000(\text{원})$$

3) 초과성장이 있는 경우

어떤 기업이 매우 빠르게 성장하고 있다면 이 기업의 배당성장률 g가 할인율인 k보다 크거나 같을 수가 있기 때문에 항상성장모형에 의해 가치를 평가할 수가 없다. 그러나 이러한 빠른 성장은 일정 기간 동안만 지속되고 이후에는 일반적인 성장률로 낮아지기 때문에 초과성장이 있는 경우의 주식은 초과성장 시에는 배당의 현재가치를 구하여 주식의 가격을 구하고, 일반적인 성장률로 복귀한 이후에는 항상성장모형을 이용하여 주식의 가치를 구한 후에 두 가치를 더하여 총가치를 구하게 된다.

예제문제

(주)한국은 신제품을 개발하여 향후 3년간 가파른 성장이 예상된다. 1년 후에는 1,500원의 배당이 예상되고 그 후 2년간은 배당이 매년 20%씩 성장할 것으로 전망된다. 그리고 이후 4년차부터는 성장이 둔화되어 매년 5%씩 성장할 것으로 예상되는데 할인율이 연 10%라고 할 때 이 주식의 현재가격은 얼마인가?

(주)한국의 예상 배당 흐름

기 수	D_1	D_2	D_3	D_4	D_5	···
배당액	1,500	1,500 × 1.2 = 1,800	1,500 × (1.2)² = 2,160	2,160 × 1.05 = 2,268	2,268 × 1.05 = 2,381	···

초과성장이 발생하는 3년간의 배당에 대한 현재가치는 아래와 같고

$$\frac{1,500}{(1+0.1)} + \frac{1,800}{(1+0.1)^2} + \frac{2,160}{(1+0.1)^3} = 4,474(\text{원}) \cdots\cdots\cdots \text{ⓐ}$$

4년차 이후의 주식가치를 항상배당성장모형에 의해 계산하면 아래와 같다.

$$P_3 = \frac{D_4}{(k-g)} = \frac{2,268}{(0.1-0.05)} = 45,360(\text{원})$$

그런데 45,360원은 3년 후 시점의 주식 가치이므로 이를 현재의 주식가치로 할인하면

$$\frac{45,360}{(1+0.1)^3} = 34,080(\text{원}) \cdots\cdots\cdots \text{ⓑ가 된다.}$$

따라서 (주)한국의 현재 주식의 가치는 ⓐ + ⓑ이므로
4,474 + 34,080 = 38,554(원)

02 투자안의 경제성 분석

제1절 자본예산과 투자의 성격

1. 자본예산의 의미

회사의 설립과 사업의 확장에는 반드시 자산의 취득이 뒤따르게 되는데 자산의 취득은 기업의 미래 수익뿐만 아니라 위험에도 영향을 미쳐 해당 기업의 가치에 변화를 일으키게 된다. 자산을 취득한다는 것은 결국 투자를 의미하는 것으로 결국 투자의 결정은 기업의 성장에 직접적인 영향을 미치게 되는 것이다. 또한 투자의 결과가 오랜 기간 동안 기업에 영향을 미치는 장기 투자는 매우 중요한 문제로, 효과가 장기적으로 나타나는 투자의 총괄적인 계획을 자본예산(capital budgeting)이라고 하며, 이는 투자결정(investment decision)과 같은 의미로 사용된다.

2. 자본예산 수립의 과정

자본예산을 수립하는 과정은 기업의 상황에 따라 다르지만 일반적으로 투자목적을 결정하고 투자목적에 따른 투자안을 선정한 후 투자안의 성격에 따라 투자안을 분류하게 된다. 이후 각 투자안들로부터 예상되는 현금흐름을 측정하여 투자안의 경제성을 평가하고 평가 결과에 따라 투자목적에 따른 투자안을 선택하여 실행을 하는 순서로 진행된다.

3. 투자안의 성격 분류

자본예산의 첫 단계인 투자목적의 설정이 끝나면 투자안을 선정하고 각 투자안의 성격에 따라 분류하여야 한다. 투자안의 분류가 필요한 이유는 투자안의 성격에 따라 경제성을 평가하는 방법이 다르기 때문인데, 투자안의 성격을 나누는 기준은 여러 가지가 있을 수 있으나 기본적인 분류의 기준은 투자안들 사이의 상호관련성의 여부가 된다.

4. 독립적 투자안 vs 종속적 투자안

(1) 독립적 투자안

독립적 투자안(independent investment)은 여러 투자안 중 하나의 투자안으로부터 기대되는 현금흐름이 다른 투자안의 채택 여부와는 관련이 없는 경우를 말한다. 이는 하나의 투자안에 대한 의사결정이 다른 투자안의 의사결정에 영향을 미치지 않는 투자안이기에 각각의 투자안을 별개의 것으로 보고 각각의 현금흐름을 평가하여 투자안을 채택 혹은 기각할 수 있다.

(2) 종속적 투자안

종속적 투자안(dependent investment)은 한 투자안을 선택하는 것이 다른 투자안의 채택 여부에 영향을 미치는 경우로, 종속적 투자안은 상호배타적 투자(mutually exclusive investment)와 상호인과적 투자(contingent investment)로 구분할 수 있다. 상호배타적 투자는 같은 목표를 달성할 수 있는 투자안들이 여러 개 있을 때 특정 투자안이 채택되면 다른 투자안들은 자동적으로 기각되어 채택이 될 수 없는 경우를 말하고, 상호인과적 투자는 한 투자안이 결정되면 이와 더불어 다른 투자안에 대한 투자가 필연적으로 따르는 경우를 말한다. 본 장에서는 독립적 투자와 종속적 투자 중 상호 배타적 투자를 중심으로 투자안의 경제성 분석 방법을 알아보도록 한다.

제2절   투자안의 경제성 분석 `기출` 14 · 18 · 19 · 22 · 24 `지도` 16 · 17 · 19 · 24

1. 투자안의 경제성 분석의 의미와 원칙

(1) 투자안의 경제성 분석의 의미

투자안의 경제성을 평가하는 방법을 자본예산기법(capital budgeting rule) 또는 투자결정기법(investment decision rule)이라고 하는데, 이는 투자안의 현금흐름을 측정하고, 측정된 현금흐름이 기업에 어느 정도의 공헌을 할 수 있는가를 분석하여 투자안의 채택 여부를 결정하는 것이다.

(2) 투자안의 경제성 분석의 원칙

① 투자안의 평가 시에 지켜야 할 몇 가지 원칙이 있는데, 첫 번째로는 재무관리의 목적인 기업가치의 극대화를 전제로 하고 있어야 한다는 점이다.

② 두 번째로 투자안의 내용연수 동안 발생하는 모든 현금흐름이 고려되어야 하고, 적절한 할인율을 사용하여 화폐의 시간가치가 반영되어야 한다.

③ 마지막으로 상호 독립적 투자안에 대하여 동시에 투자한 가치와 각각 투자한 가치의 합이 같은 가치합산의 원칙이 성립되어야 한다.

2. 투자안의 평가 방법

투자안을 평가하는 방법은 크게 전통적 기법과 현금흐름할인법으로 구분할 수 있는데, 전통적 기법은 화폐의 시간가치를 고려하지 않는 방법들로 회수기간법과 회계적 이익률법이 있고, 현금흐름할인법은 화폐의 시간가치를 고려하는 방법으로 순현재가치법, 내부수익률법, 수익성지수법이 이에 해당한다.

1. 회수기간법의 개념과 의사결정

① 투자시점에서 발생한 비용을 회수하는 데 걸리는 기간을 <u>회수기간</u>이라 하고, 이 회수기간을 기준으로 투자를 결정하는 방법이 회수기간법이다.

② 회수기간법에서의 투자 의사결정은 단일 투자안이나 상호 독립적인 투자안의 경우에는 계산된 투자 회수기간이 기업이 목표한 회수기간보다 짧으면 투자를 하게 되고, 상호 배타적 투자안의 경우에는 목표한 회수기간보다 회수기간이 짧은 투자안 중 가장 짧은 투자안을 선택하게 된다.

2. 회수기간법의 장단점

(1) 회수기간법의 장점

회수기간법은 방법이 간단하고 이해나 계산이 쉬워 시간과 비용이 절약되며, 회수기간(payback period)은 결국 위험기간이므로 투자안의 위험도를 나타내는 지표로도 사용할 수 있으며, 회수기간이 짧다는 것은 불확실성을 조기 제거하는 효과와 유동성이 높아짐을 의미한다고 할 수 있다.

(2) 회수기간법의 단점

회수기간법은 회수기간 이후의 현금흐름을 고려하지 않고, 화폐의 시간가치도 고려되지 않으며, 목표회수기간의 설정이 기업 자의적이기 때문에 투자의 판단기준이 되는 회수기간에 대한 객관적 근거가 부족하고, 가까운 미래의 현금흐름에 대한 가중이 없어 결국 수익성을 무시하는 단점을 가지고 있다.

(3) 할인회수기간법

회수기간법이 화폐의 시간가치를 고려하지 못한다는 단점을 보완하기 위해 할인회수기간법이 사용되기도 하는데, 할인회수기간법은 각 기간의 현금흐름을 구하고, 이를 할인하여 현재가치를 구한 후 각 기간의 현재가치의 합이 최초의 투자금액과 같아지는 기간을 구하여, 기업이 정한 기준과 비교하여 더 짧으면 투자를 결정하는 방법이다. 그러나 할인회수기간법은 화폐의 시간가치를 반영하였을 뿐 회수기간법의 다른 단점을 해결하지는 못한다.

1. 회계적 이익률법(ARR ; Accounting Rate of Return)의 개념과 의사결정

① 회계적 이익률법은 평균이익률법이라고도 하며 투자로 인하여 나타나는 장부상의 연평균 순이익을 연평균 투자액으로 나누어 <u>회계적 이익률</u>을 산출하고, 이를 기업이 목표한 이익률과 비교하여 투자안의 채택 여부를 결정하는 방법이다.

$$회계적\ 이익률 = \frac{연평균\ 순이익}{연평균\ 투자액}$$

② 회계적 이익률 계산 시 연평균 순이익은 투자기간에 발생한 순이익의 연평균액으로 감가상각 및 세금차감 후의 연평균 순이익을 이용하며, 연평균 투자액은 감가상각과 잔존가치에 의해 영향을 받는 장부상의 투자금액으로 연평균액을 계산하기 위하여 기초자본과 기말자본을 더한 후 2로 나누어 연평균액을 산출한다.

- 연평균 순이익 = $\dfrac{\text{순이익의 합}}{\text{투자수명}}$
- 연평균 투자액 = $\dfrac{(\text{기초자본} + \text{기말자본})}{2}$

③ 단일 투자안이나 상호 독립 투자안을 회수기간법에 의해 평가를 하면 투자안의 회계적 이익률이 기업이 설정한 목표이익률보다 높으면 투자를 실행하고, 상호 배타적 투자안에서는 목표이익률보다 높은 투자안 중 가장 높은 투자안을 선택하여 투자를 하게 된다.

2. 회계적 이익률법의 장단점

① 회계적 이익률법은 계산이 간단하고 이해가 쉬우며, 회계 장부상의 자료를 그대로 사용 가능하여 자료 확보가 용이한 장점을 가지고 있는 반면에 현금흐름이 아닌 장부상의 회계적 이익을 사용하고, 화폐의 시간가치를 고려하지 않는다는 단점이 있다.

② 감가상각이나 재고자산평가와 같은 회계 처리방법에 따라 순이익이 조작될 가능성이 존재하고, 기업의 목표이익률 설정에 대한 객관적 근거가 부족하다는 비판을 받기도 한다.

제5절 순현재가치법(NPV) 기출 18 · 21

1. 순현재가치법(NPV ; Net Present Value)의 개념

① 순현재가치법은 투자안의 경제성을 평가하는 여러 가지 투자방법 중 가장 우수한 방법으로 평가되고 있는데, 이는 순현재가치법이 재무관리의 기본 원리인 화폐의 시간가치를 반영하면서도 가치가산의 원칙이 적용되며 기대현금흐름과 자본의 기회비용(할인율)에 의해서만 평가가 이루어져 객관적인 평가가 가능하기 때문이다.

② 순현재가치법은 투자로 인하여 발생할 미래의 모든 현금흐름을 적절한 할인율로 할인한 현가를 계산한 후 투자금액, 즉 현금유출의 현재가치를 차감하여 0 이상이 되면 투자로 인한 현금유입이 투자로 인한 현금유출보다 많다는 것이므로 투자를 결정하게 된다.

$$NPV = \sum_{t=1}^{T} \frac{CI_t}{(1+k)^t} - \sum_{t=1}^{T} \frac{CO_t}{(1+k)^t}$$

= 현금유입의 현재가치 – 현금유출의 현재가치

(여기서, CI : 현금유입, CO : 현금유출, k : 기업의 자본비용 = 할인율)

2. 순현재가치법의 의사결정

순현재가치법에 의한 투자의 경제성 평가는 단일 또는 상호독립 투자안의 경우에는 NPV가 0보다 크면 투자안을 채택하고, 상호배타적 투자안에서는 NPV가 0보다 큰 투자안 중 가장 큰 투자안을 선택하게 된다.

3. 순현재가치법의 장단점

순현재가치법은 내용연수 동안의 모든 현금흐름과 화폐의 시간가치를 고려하면서, 현금흐름과 할인율만을 사용하여 자의적인 요인을 배제하였고, 가치합산의 원칙이 적용(각 대안의 투자 결과는 모두 투자할 경우와 동일)되며, 가치합산의 원칙에 의해 투자된 순현가의 합으로 해당 기업의 가치 파악이 가능하며, 순현재가치의 극대화를 통해 재무관리의 목표인 기업가치의 극대화를 달성할 수 있는 장점이 있는 반면에 자본비용(k)의 추정이 어렵다는 단점이 있다.

예제문제

할인율이 10%일 때 각 투자안의 NPV는?

현금흐름		
연 도	투자안 A	투자안 B
0	−2,500만 원	−1,500만 원
1	1,500만 원	900만 원
2	1,600만 원	800만 원

- 투자안 $A = \dfrac{1,500}{(1+0.1)} + \dfrac{1,600}{(1+0.1)^2} - 2,500 = \dfrac{1,500}{1.1} + \dfrac{1,600}{1.21} - 2,500 \fallingdotseq 186$(만 원)

- 투자안 $B = \dfrac{900}{(1+0.1)} + \dfrac{800}{(1+0.1)^2} - 1,500 = \dfrac{900}{1.1} + \dfrac{800}{1.21} - 1,500 \fallingdotseq -21$(만 원)

제6절 내부수익률법(IRR) 기출 15 · 20 · 21

1. 내부수익률법(IRR ; Internal Rate of Return)의 개념 및 의사결정

내부수익률이란 미래현금흐름의 순현가(NPV)를 0으로 만드는 할인율로 미래의 현금유입의 현가와 현금유출의 현가를 같게 만드는 할인율을 의미한다. 결국 IRR은 투자로 인하여 얻는 연평균 수익률이 내부 수익의 할인율보다 큰 대안을 선택하는 방법으로, 단일/상호 독립 투자안의 경우에는 투자안의 IRR이 자본비용보다 크면 선택을 하고, 상호배타적 투자안의 경우에는 자본비용보다 큰 IRR을 가진 투자안 중 가장 큰 투자안을 선택하게 된다.

2. 내부수익률법의 장단점

① 내부수익률이란 결국 자본비용의 손익분기점을 의미하는 것으로 내부수익률법은 화폐의 시간가치와 내용연수 동안의 모든 현금흐름을 고려하는 장점이 있으나 내용연수가 2년이 넘어 3년 이상이면 계산이 복잡해지고, 내부수익률이 존재하지 않거나 복수일 가능성이 있는 단점이 있다.

② 가치합산의 원리가 적용되지 않기 때문에 내부수익률에 의해 선택된 투자안이 기업가치를 극대화하는 투자안을 의미하지는 못하며, 재투자 수익률이나 평가기준의 일관성 등에 한계를 가지고 있다.

수익성지수법(PI)

1. 수익성지수법(PI ; Profitability Index)

① 수익성지수란 투자안의 선택으로 발생하는 미래의 현금유입의 현재가치를 현금유출의 현재가치로 나눈 값으로 투자금액 대비 회수금액의 비율을 의미한다.

$$PI = \frac{\text{현금유입의 현재가치}}{\text{현금유출의 현재가치}}$$

② 수익률지수법에 기반하면 단일/상호 독립 투자안은 투자안의 PI 가 1이상이면 투자를 결정하고 상호배타적 투자안은 1이상의 PI 중 가장 큰 PI 의 투자안을 선택하게 된다.

2. 수익성지수법의 장단점

① 수익성 지수법은 내용연수 동안의 모든 현금흐름을 고려하고 할인율을 사용하여 화폐의 시간가치를 반영하는 장점이 있지만 가치합산의 원리가 적용되지 않으며, PI 법에 의하여 선택된 투자안이 기업가치를 극대화하는 투자안은 아니기 때문에 NPV 법과 상이한 결과가 도출될 가능성이 있다는 단점이 있다.

② 만일 PI 법의 투자 결론이 NPV 법과 다를 경우에는 NPV 법이 우선하여 적용된다.

제8절 투자안의 경제성 분석방법의 비교

구 분	전체의 현금흐름	화폐의 시간가치	가치가산	기업가치극대화	비 고
회수기간법	×	×			
회계적 이익률(ARR)	×	×			
순현재가치법(NPV)	○	○	○	○	가장 합리적 분석법
내부수익률법(IRR)	○	○	×	×	재투자율의 비합리성
수익성지수법(PI)	○	○	×	×	NPV와 다른 결론도 도출

CHAPTER
03 위험과 자본예산

제1절 위험과 기대수익률

1. 위험의 개념

① 기업의 투자는 대부분 미래에 어떠한 성과를 얻을지 확실하게 알 수 없는 불확실한 상태에서 이루어지게 되는데, 이와 같이 어떤 투자로부터 미래에 얻을 수 있는 결과를 확실하게 알지 못하는 상황을 불확실성 (uncertainty) 또는 위험(risk)이 있는 상황이라고 한다.

② 재무관리에서의 위험이란 미래수익률이 기대수익률에 미달하거나 투자 손실로 나타날 가능성으로 이는 결국 자산가치의 변동 가능성을 의미한다.

2. 위험과 기대수익률 기출 21

(1) 위험 프리미엄

재무관리에서는 투자자들은 위험을 싫어한다고 가정하여 투자자들은 불확실한 1원보다는 확실한 1원을 선호한다고 가정하는데, 이를 재무관리의 제2원리(the second principle of finance)라고 한다. 따라서 위험을 싫어하는 위험 회피형의 투자자는 미래의 현금흐름이 불확실할수록 위험부담의 대가로 더 많은 수익을 요구하게 되는데, 이를 위험 프리미엄이라고 한다.

(2) 기대수익률

① 위험을 회피하고 위험 프리미엄을 요구하기 위해서는 위험의 크기를 측정하여야 하는데, 위험의 크기는 미래에 어떤 상황이 벌어질 것인가에 대한 확률과 각각의 상황에 따른 수익률의 변화를 통해 측정할 수 있다.

날 씨	확 률	우산판매	신문판매
비오는 날	30%	+50%	−20%
맑은 날	70%	−10%	+50%

② 날씨의 변화에 따른 우산판매와 신문판매의 수익률이 위 표와 같다면 우산판매의 기대수익률과 신문판매의 기대수익률은 각각의 상황이 일어날 확률에 각각의 상황에 대한 수익률을 곱하여 계산할 수 있다.

> 기대수익률 = (A의 확률 × A의 수익률) + (B의 확률 × B의 수익률)
> • 우산판매의 기대수익률 = (0.3 × 0.5) + {0.7 × (−0.1)} = 0.15 + (−0.7) = 8%
> • 신문판매의 기대수익률 = {0.3 × (−0.2)} + (0.7 × 0.5) = 29%

③ 이는 우산판매를 하거나 신문판매를 하게 되면 미래의 상황에 따라 서로 다른 수익률이 실현되지만 장기적으로 여러 번 투자를 반복한다면 우산판매는 8%의 수익률을, 신문판매는 29%의 수익률을 기대할 수 있다는 의미이다.

(3) 분산과 표준편차를 통한 위험의 크기 측정

① 위험의 크기는 분산(variance)이나 표준편차(standard deviation)로 측정이 가능한데, 분산은 각 상황이 발생할 때 실현되는 값과 기댓값의 차이를 제곱하여 이를 각 상태가 발생할 확률로 곱해서 모두 더한 값으로 아래와 같이 계산된다.

> **위험의 크기**
> - 우산판매의 위험 : $0.3(50-8)^2 + 0.7(-10-8)^2 = 756\%^2 ≒ 27.5\%$
> - 신문판매의 위험 : $0.3(-20-29)^2 + 0.7(50-29)^2 = 1,029\%^2 ≒ 32.1\%$

② 위 계산식에서 $756\%^2$와 $1,029\%^2$는 분산의 값이고 27.5%, 32.1%는 분산을 표준편차로 변환한 값이다. 분산을 표준편차로 변환하는 이유는 분산은 위의 $\%^2$과 같이 단위 적용의 어려움이 있기 때문이다.

③ 계산결과 우산판매의 위험이 27.5%이고, 신문판매의 위험이 32.1%로 신문판매의 위험이 우산판매의 위험보다 큰 것을 알 수 있다.

3. 위험과 분산투자

위의 예와 같이 우산이나 신문판매에 각각 투자할 경우 우산판매의 기대수익률과 위험은 각각 8%, 27.5%인데 신문판매는 각각 29%와 32.1%로 위험이 높은 신문판매가 수익률도 높게 측정되는데, 이렇게 일반적으로 위험이 높으면 수익률이 같이 높아지는 경향을 보이게 된다(High Risk, High Return). 그런데 우산과 신문판매에 각각 투자하지 않고 50%씩 나누어 분산투자를 하면 기대수익률은 18.5%가 되고 위험은 2.3%까지 낮아지게 된다. 따라서 분산투자를 하게 되면 수익률은 높이고 위험은 낮추는 효과가 발생하게 된다.

> - 분산투자의 기대수익률 = 0.5(투자비율) × 8%(우산수익률) + 0.5 × 29%(신문수익률) = 18.5%
> - 분산투자의 위험 = $0.5^2(756) + 0.5^2(1,029) + 2(0.5)(0.5)(-882) = 5.25\%^2 ≒ 2.3\%$

1. 평균 – 분산모형의 의미

투자자가 투자를 하는 궁극적인 목적은 위험을 고려하면서 수익률을 극대화하는 기대효용(expected utility)의 극대화이다. 그런데 투자자들이 기대효용을 극대화하기 위해서는 각각의 투자안에 대하여 기대효용을 계산할 수 있어야 하는데, 현실적으로 구체적인 효용함수의 형태나 미래수익의 정확한 확률을 알아내기란 거의 불가능하기 때문에 미래수익의 평균과 분산(또는 표준편차)의 두 통계치 만으로 투자자의 기대효용을 측정하는 방법이 개발되었고 이를 평균 – 분산 모형(mean-variance model)이라고 한다.

2. 평균 – 분산 모형에서의 자산선택 원리

평균 – 분산기준에 의한 위험자산의 선택과정은 '지배원리에 의한 효율적 자산집합의 선택'과 '무차별곡선에 의한 최적자산의 선택'이라는 두 가지 단계로 구성된다.

(1) 지배원리에 의한 효율적 자산집합의 선택

① 위험회피형 투자자라는 가정하에 위험수준이 같다면 기대수익률이 높은 자산을 선택하고, 기대수익률이 같다면 위험수준이 낮은 자산을 선택한다는 두 가지 지배원리가 성립하는 자산을 효율적 자산으로 판단한다는 의미이다.

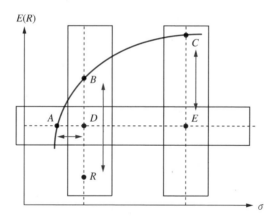

② 위의 그림에서 A와 D, E는 같은 수익률을 보이지만 D와 E는 A에 비해 위험도가 높기 때문에 동일한 수익률이라면 낮은 위험도의 자산을 선택한다는 지배원리에 의해 A를 선택하게 된다.

③ B, D, R은 동일한 위험을 가지지만 D와 R은 B에 비하여 수익률이 낮기 때문에 같은 위험도라면 수익률이 높은 자산을 선택한다는 지배원리에 의해 B를 선택하게 된다.

(2) 평균 - 분산 무차별곡선

① 동일한 효용을 가져다주는 기대수익률과 위험의 조합으로 지배원리를 충족한 효율적 자산 중 어느 자산을 선택할 것인지는 투자자의 주관적인 무차별곡선에 의해 결정된다는 의미이다.

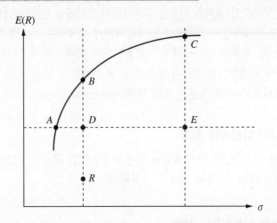

② 위의 그림에서 A, B, C는 서로 다른 수익률과 위험도를 가지고 있어 기대수익률과 위험에 대한 투자자의 주관적인 효용함수에 따라 선호의 대상이 달라지기 때문에 지배원리에 의해 어느 것이 더 좋다고 결론을 내리기는 어렵다.

③ 위험회피성향이 강한 투자자는 수익률이 다소 낮더라도 위험이 가장 낮은 A주식을 선택할 것이고, 공격적인 투자자는 위험이 높더라도 수익률이 높은 C자산을 선택하게 될 것이다.

제3절 포트폴리오의 기대수익률과 위험 기출 14 · 22

1. 마코위츠의 포트폴리오이론 기출 14

(1) 포트폴리오이론의 개념

마코위츠는 둘 이상의 자산을 결합하여 구성한 포트폴리오의 기대수익률과 위험을 측정하여 포트폴리오를 구성함으로써 위험을 제거하거나 줄일 수 있는 원리에 입각하여 불확실성하의 문제를 평균과 분산을 이용하여 계량화하고, 자산 간의 상관관계를 고려하여 분산투자의 이점을 증명한 평균 - 분산 포트폴리오이론을 제시하였으며 이는 이후 자본자산가격결정모형의 기반이 되었다.

(2) 포트폴리오이론의 가정

마코위츠의 포트폴리오이론에서는 포트폴리오의 기대수익률과 위험을 측정하기 위하여 몇 가지 가정을 하였다.

① 모든 투자자의 투자기간은 1기간이다(단일기간 모형).

② 모든 투자자는 위험회피형이고, 자신의 기대효용을 극대화하려고 한다.

③ 투자의 결정은 투자대상의 기대수익률과 표준편차에 의존하여 평균 - 분산 모형의 지배원리에 따라 투자대상을 선택한다.

④ 자본시장에 마찰요인이 없어 거래비용과 세금이 없으며 모든 투자자가 하나의 무위험이자율로 대출과 차입을 무한정할 수 있다.

(3) 효율적 포트폴리오와 효율적 투자선

위의 가정을 요약하면 합리적인 투자자는 기대효용을 극대화 하는 것을 목적으로, 투자안을 미래의 수익률에 대한 확률 분포를 바탕으로 하여 포트폴리오의 기대수익률과 표준편차를 계산하고, 평균 – 분산모형의 지배원리에 따라 투자를 한다는 것이다. 이렇게 지배원리를 만족시키는 포트폴리오를 **효율적 포트폴리오**(efficient portfolio)라고 하며, 모든 효율적 포트폴리오의 집합을 **효율적 투자선**(efficient frontier)라고 한다.

2. 포트폴리오의 기대수익률

포트폴리오(portfolio)란 투자자가 분산 투자한 여러 자산의 집합으로 넓은 의미로는 여러 개의 자산이 결합된 자산군(asset class)의 집합을 의미하며, 좁은 의미로는 증권시장에서 거래되는 주식이나 사채 등의 금융자산(financial asset)의 집합을 의미한다. 또한 포트폴리오의 기대수익률은 포트폴리오를 구성하고 있는 n개의 개별 투자안의 기대수익률 $E(R_i)$를 각각의 구성비율(ω_i)에 따라 가중평균한 값으로 계산된다.

$$E(R_p) = \omega_1 E(R_1) + \omega_2 E(R_2) + \cdots + \omega_n E(R_n) = \sum_{i=1}^{n} \omega_i E(R_i)$$

예제문제

5%의 수익률이 기대되는 주식 A를 50%, 10%의 수익률이 기대되는 주식 B를 50%로 구성한 포트폴리오의 기대수익률은?

포트폴리오의 기대수익률 = (5% × 0.5) + (10% × 0.5) = 7.5%

3. 공분산과 상관계수

(1) 공분산의 개념

① 위험의 크기를 측정하는 과정에서도 확인하였듯이 분산이란 변수의 흩어진 정도로, 변량이 평균으로부터 떨어져 있는 정도를 의미하는데, 평균으로부터 멀리 떨어져 있다는 것은 결국 위험이 큰 것을 뜻한다.

② 공분산(covariance)은 두 자산의 수익률 변동이 서로 어떤 관계를 가지고 있는지를 측정하는 통계치이다.

③ 공분산은 σ_{XY} 또는 $Cov(X,\ Y)$로 표시하며 한 변수의 증감에 따른 다른 확률변수의 증감의 경향을 나타내며 아래와 같이 계산할 수 있다.

$$Cov(X,\ Y) = E[(X - \mu_x)(Y - \mu_y)]$$
$$(\mu_x : X의 \ 평균, \ \mu_y : Y의 \ 평균)$$

(2) 공분산의 해석

① 공분산은 분산과 같이 $\%^2$로 표시되는데 +의 공분산이면 같은 방향으로 움직이고, −의 공분산이면 서로 다른 방향으로 움직이는 것을 의미한다.

② 공분산이 0이라면 두 자산의 수익률은 일정한 관련성이 없이 독립적으로 움직이게 된다.

(3) 상관계수

공분산은 두 자산의 움직임이 어떻게 관련되어 있는지 방향성을 나타낼 수는 있지만 구체적으로 두 변수가 어느 정도 연관되어 움직이는지를 구체적으로 나타낼 수는 없기 때문에 공분산을 표준화한 <u>상관계수</u>(correlation coefficient)가 주로 이용된다.

(4) 상관계수의 해석

① 상관계수는 공분산을 각 투자안의 표준편차로 나누어 두 확률변수가 어느 정도로 밀접하게 관련되어 움직이는가를 나타내게 되는데 −1에서 +1 사이의 값을 가지게 된다.

② 상관계수가 −1에 가까울수록 두 자산은 <u>반대방향으로 움직이는 것이고 +1에 가까운 값을 가질수록 같은 방향으로 움직이는 것</u>을 의미한다.

③ <u>상관계수가 0이라면 공분산과 같이 두 자산의 수익률 간에 아무런 관련성이 없는 것</u>으로 판단할 수 있다.

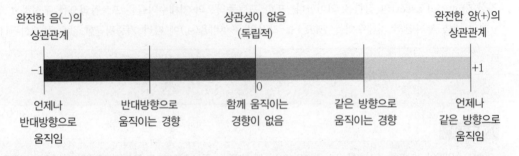

- ρ_{12}(상관계수) $= \dfrac{\sigma_{12}\text{(공분산)}}{\sigma_1\sigma_2\text{(1과 2의 표준편차 곱)}}$
- σ_{12}(공분산) $= \rho_{12}$(상관계수) $\times \sigma_1\sigma_2$(1과 2의 표준편차 곱)

(5) 공분산과 상관계수의 특징

① 공분산과 상관계수는 모두 개별자산의 수익률 간의 상관관계를 나타내는 척도이다.

② 공분산은 절대적 척도로서 측정단위의 영향을 받으나, 상관계수는 상대적 척도로서 측정단위에 영향을 받지 않는 특징을 가지고 있다.

4. 포트폴리오 분산 `기출` 22

① 포트폴리오의 분산은 포트폴리오를 구성하고 있는 개별자산의 수익률의 분산과 두 자산수익률 간의 공분산, 그리고 각 자산의 구성 비율이 주어지면 개별자산 수익률의 분산의 합과 개별자산 수익률의 공분산의 합을 더해 계산할 수 있다.

> 포트폴리오 분산 = 개별자산 수익률의 분산의 합 + 개별자산 수익률의 공분산의 합
>
> $$\sigma_p^2 = \sum_{i=1}^{n}\omega_i^2\sigma_i^2 + \sum_{i=1}^{n}\sum_{j=1}^{n}\omega_i\omega_j\sigma_{ij} \quad (i \neq j)$$

② A, B의 두 주식으로 구성된 포트폴리오의 분산을 구하기 위해 각 주식의 비중과 분산, 그리고 상관계수를 알고 있다면 상관계수와 공분산의 관계를 이용하여 다음의 식을 통해 포트폴리오의 분산을 구할 수 있다.

> 포트폴리오의 분산 = {(A주식의 비중)² × A주식의 분산} + {(B주식의 비중)² × B주식의 분산} + {(2 × A주식의 비중 × B주식의 비중) × A, B주식의 공분산}

5. 포트폴리오와 위험 [지도] 17

① 포트폴리오를 구성하는 이유는 앞에서 확인한 바와 같이 분산투자에 의해 위험을 감소시키기 위함으로 볼 수 있는데, 포트폴리오를 구성하는 자산의 수가 증가할수록 위험이 감소하지만 모든 위험이 없어지지는 않게 되며 포트폴리오를 구성하여도 사라지지 않는 위험을 체계적 위험이라고 하고, 포트폴리오의 구성을 통해 분산 가능한 위험을 비체계적 위험이라고 한다.

> 총 위험 = 체계적 위험(분산투자로 극복 불가능) + 비체계적 위험(분산 가능 위험)

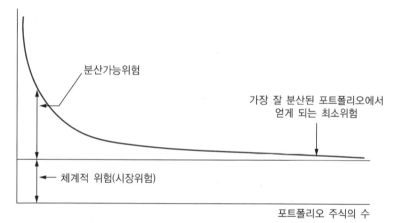

② 체계적 위험은 투자에 내재된 위험으로, 금리나 환율의 변동 등에 의하여 증권시장이나 투자시장의 가격 전반에 영향을 미치게 되는 투자 위험이자 시장의 위험을 의미한다.

③ 비체계적 위험은 개별 기업의 경영진의 변동이나 파업, 법적 소송 등 특정 사건으로 인하여 특별히 발생되는 위험으로, 여러 회사나 여러 사업에의 투자로 포트폴리오를 구성함으로써 축소시키거나 제거시킬 수 있는 위험이다.

1. 자본자산가격결정모형의 의미

① 자본자산가격결정모형(Capital Asset Pricing Model)은 자산의 위험에 따라 기대수익률이 어떻게 결정되는지를 보여주는 이론으로, 기대수익률이 어떻게 결정되는지를 보이는 것은 결국 해당 자산의 균형가격이 어떻게 결정되는지를 의미하는 것으로 볼 수 있다.

② CAPM은 마코위츠의 평균 – 분산 포트폴리오이론의 가정에 기반하여 증권시장 참여자 간의 경쟁이 치열하여 개인의 거래행위가 증권의 가격에 영향을 미치지 않는다는 완전경쟁가정과 모든 투자자들이 증권의 미래수익률분포에 대해 동질적 기대를 한다는 가정하에 위험과 기대수익률의 균형관계를 보여주는 가격결정이론이다.

③ CAPM에 의하면 동질적 기대의 가정하에서 모든 투자자의 접점포트폴리오, 즉 모든 투자자가 선택한 포트폴리오는 시장포트폴리오와 같은 구성비율을 갖게 되며 각 자산의 구성비율은 결국 시장에서 거래되는 모든 자산들의 시가총액에서 개별자산의 시가총액이 차지하는 비율로 결정된다.

2. 자본시장선(CML ; Capital Market Line) 기출 17·21

① 동질적 기대하에서 각 투자자의 접점포트폴리오가 시장포트폴리오와 일치한다는 사실은 각 투자자가 접점포트폴리오 대신 시장포트폴리오를 무위험자산과 결합하여도 지배원리를 만족시키는 효율적 포트폴리오가 구성된다는 것으로, 위험자산인 시장포트폴리오와 무위험자산을 결합하여 효율적 투자 포트폴리오만으로 구성된 효율적투자선을 자본시장선(CML ; Capital Market Line)이라고 한다.

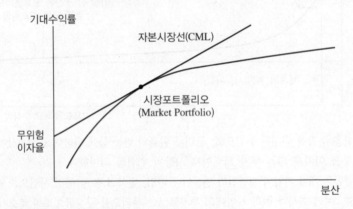

② 자본시장선의 기대수익률은 무위험자산(예금, 국채 등)의 수익률과 시장 포트폴리오에 투자하여 발생하는 위험 프리미엄의 합으로 계산된다.

$$CML 의 기대수익률 = 무위험 수익률 + 위험 프리미엄$$

③ 위험 프리미엄은 베타 값(β)에 시장수익률에서 무위험 수익률을 뺀 시장위험 프리미엄을 곱해서 산출하므로 CML의 기대수익률을 아래의 식과 같이 바꾸어 표시할 수 있다.

$$CML 의 기대수익률 = 무위험 수익률 + \beta(시장수익률 - 무위험 수익률)$$

3. 베타(β)의 의미와 자산의 구분

(1) 베타(β)의 의미

위험은 체계적 위험과 비체계적 위험으로 구분할 수 있고, 비체계적 위험은 분산투자를 통하여 제거할 수 있다는 것을 확인하였기 때문에 위험프리미엄은 체계적 위험만을 대상으로 함을 알 수 있다. 또한 비체계적 위험을 제거하기 위해서는 최대한 많은 자산에 투자를 하여야 하기 때문에 결국 시장에 구성된 모든 자산으로 포트폴리오를 구성하므로, 결국 체계적 위험이란 각 자산이 시장포트폴리오의 위험에 기여한 부분으로 시장 포트폴리오의 위험을 1로 보고 각 자산의 기여도를 표준화하여 계산한 값을 베타(β)라고 한다. 이를 반대로 보면 베타는 시장포트폴리오의 수익률 변화에 대하여 개별 주식의 수익률이 얼마나 민감하게 변화하는지를 나타내는 의미로도 볼 수 있는데, 이는 특정 포트폴리오의 베타 값이 2라면 시장 전체 포트폴리오의 수익률이 1% 증감할 때 특정 포트폴리오의 수익률은 2%가 변동한다는 것으로 볼 수 있다.

(2) 공격적 자산과 방어적 자산

시장포트폴리오의 베타가 1이라는 것은 시장에서 거래되는 모든 자산의 베타를 가중평균한 값이 1이라는 것으로 베타가 1보다 커서 수익률이 시장의 평균의 움직임보다 더 큰 폭으로 변동하는 주식을 공격적 자산이라고 하고, 베타가 1보다 작아 수익률이 시장의 평균보다 더 작게 움직이는 자산을 방어적 자산으로 평가할 수 있다.

① $\beta > 1$: 공격적 자산
② $\beta < 1$: 방어적 자산

4. 증권시장선(SML ; Security Market Line) 기출 17·21 지도 24

(1) 증권시장선의 개념

증권시장선은 개별자산의 기대수익률을 도출해내는 모형으로, 균형자본시장이 효율적이라면 기대수익률과 베타 사이에 비례관계가 성립하여 체계적 위험이 높으면 기대수익률도 높아지고 체계적 위험이 낮으면 기대수익률도 낮아지게 된다.

$$E(R_i) = r_f + [E(R_m) - r_f] \times \beta_i$$
$$(r_f : \text{무위험 이자율}, \ [E(R_m) - r_f] : \text{시장위험 프리미엄}, \ \beta_i : \text{체계적 위험})$$

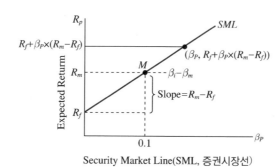

Security Market Line(SML, 증권시장선)

(2) 증권시장선의 적용

증권시장선을 이용하면 개별 자산에 대한 시장의 평가 상태를 알 수 있는데, CAPM에 의하면 균형상태에서 모든 주식들의 기대수익률은 증권시장선상에 존재하게 되고, 이는 증권시장선상에 존재하는 주식은 시장에서 적정하게 평가되고 있음을 의미하게 된다. 그런데 만일 아래 그림의 X와 같이 증권시장선의 위에 개별 증권이 위치해 있다면, 이 자산은 시장에서 과소평가되어 있는 자산으로 시장참여자들의 예상수익률이 CAPM에 의해 예측되는 기대수익률보다 더 높다는 것으로 시장가격이 균형가격보다 낮다는 것을 의미한다. 따라서 투자자들은 과소평가된 주식을 매입하면 추후 주가가 정상적인 상태로 상승할 때 초과수익을 얻을 수가 있다. 반대로 아래 그림의 Z와 같이 증권시장선 아래에 있는 주식은 과대평가된 자산으로 공매도를 통해서 초과수익을 얻을 수가 있다.

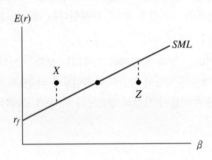

5. CML vs SML 기출 24

① 자본시장선과 증권시장선은 매우 유사한데 이는 증권시장선이 자본시장선에 근거하여 도출되었기 때문이다.

② 증권시장선은 효율적 포트폴리오뿐만 아니라 시장에서 거래되는 모든 자산에 대하여 위험과 수익률의 관계를 규명해 주는 반면, 자본시장선은 단지 효율적인 포트폴리오에 대해서만 성립하는 것으로 증권시장선을 효율적인 포트폴리오의 경우에 적용한 특수한 경우로 볼 수 있다.

구 분	자본시장선(CML)	증권시장선(SML)
대 상	완전 분산투자가 된 효율적 포트폴리오	효율적 자산과 비효율적 자산을 모두 포함
비 교	시장 포트폴리오의 총위험과 기대수익률	개별증권의 체계적 위험과 기대수익률

CHAPTER
04 자본비용과 자본구조

제1절 자본비용

1. 자본비용(cost of capital)의 개념

① 자본비용은 기업이 자본을 사용하는 대가로 자본 제공자에게 지급하는 비용으로, 자본비용은 용도에 따라 기대수익률, 요구수익률, 할인율, 자본환원율 등으로 불리기도 한다.

② 자본비용은 이자율 또는 할인율로 측정하게 되는데 기업의 입장에서 자본비용은 최소한의 수익률을 의미한다고 볼 수 있다.

2. 자본비용의 구분

① 자본비용은 자기자본 비용(cost of equity)과 타인자본 비용(cost of dept)으로 구성되는데 자기자본 비용은 자기자본에 대한 비용으로 주주 입장에서는 투자수익률 또는 요구수익률로 볼 수 있다.

② 자기자본 비용은 실체적인 명시적 비용이 아니라 기회비용이기에 측정이 어려워 CAPM 모형에 의한 기대수익률을 자기자본비용으로 간주한다.

③ 타인자본 비용은 부채에 대한 비용으로 이자와 각종 제반 비용을 포함하여 측정하게 되고, 이자는 법인세 계산 시 비용으로 처리됨으로써 '이자 × 법인세율'만큼이 절약되는 레버리지 효과가 존재한다.

제2절 레버리지

1. 레버리지의 개념과 종류

(1) 레버리지의 개념

지렛대(lever)는 무거운 물건을 힘들이지 않고 쉽게 들어 올리는 장치를 말하는데, 타인자본, 고정비 등이 지렛대 역할을 하여 이익을 확대시키는 현상을 레버리지(leverage) 효과라고 한다.

(2) 레버리지의 종류

① 기업의 레버리지는 영업레버리지(operating leverage)와 재무레버리지(financial leverage), 결합레버리지(combined leverage)로 구분할 수 있는데, 영업레버리지는 고정자산의 보유에 따라 고정비가 지렛대(lever) 역할을 하여 매출액의 증감에 대한 영업이익의 증감폭이 확대되어 나타나는 현상으로 만일 고정비를 부담하지 않는다면 영업레버리지 효과는 발생하지 않게 된다.

② 재무레버리지는 타인자본을 이용함으로써 발생하는 이자비용이 지렛대 역할을 하여 순이익의 변화율이 영업이익의 변화율에 비하여 확대되어 나타나는 현상이고, 결합레버리지는 영업레버리지와 재무레버리지를 결합한 것이다.

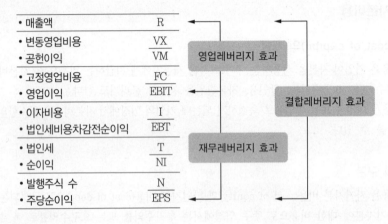

2. 레버리지와 기업위험

경영활동을 수행하는 과정에서 부담해야 하는 기업의 위험은 영업위험(operating risk)과 재무위험(financial risk)으로 구분할 수 있는데, 영업위험은 자본조달 방법에 관계없이 투자대상이 가지고 있는 사업성과 관련한 위험이고, 재무위험은 자본조달 방법과 관련한 위험을 의미한다.

(1) 영업위험(operating risk)

경제환경의 변화에 따라 예상 밖으로 영업이익이 줄어들 수 있는 가능성, 고정영업비용의 비중이 높을수록 판매량의 변화에 따른 영업이익의 변동성이 커지기 때문에 발생하는 위험이다.

(2) 재무위험(financial risk)

자본 조달방법에 관한 위험으로 자본조달 시 이자비용을 발생시키는 부채에 대한 의존도가 높을수록 위험이 증가, 이자비용의 비중이 증가하기 때문에 영업이익이 감소할 때 순이익이 그보다 높은 비율로 줄어드는 위험이다.

3. 레버리지의 계산

레버리지의 크기는 각각의 변화율을 비교한 레버리지도(Degree of Operating Leverage)로 측정을 할 수 있는데, 영업레버리지의 크기는 매출액과 영업이익의 변화율을 비교하여 영업레버리지도를 측정하고, 재무레버리지의 크기는 영업이익과 주당순이익의 변화율을 측정하여 재무레버리지도를 측정한다. 결합레버리지의 크기는 영업레버리지도와 재무레버리지도를 곱하여 결합레버리지도를 계산한다.

① 영업레버리지도(DOL ; Degree of Operating Leverage) = $\dfrac{영업이익의\ 변화율}{매출액의\ 변화율}$

② 재무레버리지도(DFL ; Degree of Financial Leverage) = $\dfrac{주당순이익의\ 변화율}{영업이익의\ 변화율}$

③ 결합레버리지도(DCL ; Degree of Combined Leverage) = $DOL \times DFL$

예제문제

(주)한국의 DCL은 6%이고 DOL은 3%일 때 DFL은?

$DCL = DOL \times DFL,\ DFL = \dfrac{DCL}{DOL}$

$6 = 3 \times DFL$

$\therefore\ DFL = 2(\%)$

제3절   자본구조

1. 자본구조의 개념과 자본비용

자본구조란 자기자본과 타인자본의 구성 비율을 의미하며, 자기자본과 타인자본을 구분하는 이유는 자본비용에 차이가 있기 때문이다. 따라서 자기자본과 타인자본의 구성비에 따라 자본비용이 차이가 나게 되는데 자본구조에 따라 가중평균자본비용($WACC$)을 산출하여 자본비용을 산출하게 된다.

2. 가중평균자본비용(WACC ; Weighted Average Cost of Capital) 기출 19 지도 16·23

가중평균자본비용은 측정된 각 원천별 자본비용을 각 원천별 자본이 차지하는 비율로 가중 평균하여 기업 전체의 총 자본비용을 계산하는 방법으로, 자기자본 비용에 전체 자본 중에 자기자본의 구성비율을 곱하고 타인자본 비용에 타인자본의 비중을 곱하여 산출하되, 타인자본은 이자의 지불로 인한 법인세 감세 효과가 있기 때문에 해당 부분만큼을 감해 주어야 한다.

기업의 타인자본비용이 5%, 자기자본비용이 10%, 타인자본의 시장가치가 20억 원, 자기자본의 시장가치가 80억 원인 경우에 가중평균자본비용은?(단, 법인세율은 20%)

$$WACC = 자기자본비용 \times \left(\frac{자기자본}{자기자본 + 타인자본} \right) + 타인자본비용(1 - 법인세율) \times \left(\frac{타인자본}{자기자본 + 타인자본} \right)$$

$$= \left(0.1 \times \frac{80}{100} \right) + 0.05(1 - 0.2) \times \frac{20}{100}$$

$$= \left(0.1 \times \frac{80}{100} \right) + \left(0.04 \times \frac{20}{100} \right)$$

$$= 0.08 + 0.008 = 0.088 = 8.8(\%)$$

3. 최적자본구조이론

① 최적자본구조란 기업가치를 극대화 할 수 있는 부채비율, 즉 자기자본과 부채가 기업의 이익에 가장 도움이 될 수 있도록 조합된 비율을 의미한다.

② 기업이 자기자본만을 사용한다면 기업이 영위하는 사업의 특성과 보유자산의 성격에 따라 발생하는 위험인 영업위험만 존재하지만, 부채를 사용하게 된다면 기업이 영업활동을 통해 벌어들인 이익이 부채에 대한 이자의 지급에 먼저 사용되므로 주주의 입장에서는 자신이 가져갈 수 있는 이익의 몫이 줄어드는 재무위험까지를 부담하여야 한다.

③ 기업의 가치를 최대화하기 위해서는 영업위험과 재무위험, 그리고 자본조달 비용을 고려하여 최적의 자본 구조를 도출하는 것이 필요하다.

1. 전통적 자본구조이론

자본비용을 최소화하기 위해 최적의 자본구조를 찾기 위한 방법들은 지속적으로 연구되어 왔는데, 최적자본구조에 대한 전통적인 이론들로는 순이익접근법, 순영업이익접근법, 전통적 접근법 등이 있다. 순이익접근법과 전통적 접근법에서는 최적의 자본구조가 있다는 주장을 하였으나 순영업이익접근법에서는 최적 자본구조가 존재하지 않는다고 주장하였다.

① 순이익접근법(NI법) : 최적 자본구조가 존재, 비현실적 가정하의 모델
② 순영업이익접근법(NOI법) : 최적 자본구조는 존재하지 않음.
③ 전통적 접근법 : 최적 자본구조가 존재하지만 적정 부채비율의 계산에 현실적 한계

2. MM이론(모딜리아니와 밀러의 무관련설)

모딜리아니와 밀러의 이론은 초기이론과 수정이론으로 구분되는데, 초기이론에서는 전통적 자본구조이론 중 순영업이익접근법에 기반하여 최적의 자본구조가 없다는 것을 수학적으로 증명하였지만, 수정이론에서는 부채의 법인세의 감세효과로 인하여 부채가 100%일 때가 최적의 자본구조임을 주장하였다.

(1) MM 초기이론

NOI법의 접근법을 수학적으로 증명, 부채의존도의 차이가 기업가치에 영향을 주지 못한다는 증거 제시

(2) MM 수정이론

법인세의 감세효과로 인하여 부채비율이 높을수록 기업가치는 극대화 되므로 부채가 100%일 때가 최적의 자본구조라고 주장, 그러나 현실적으로는 파산비용, 거래비용, 대리인비용 등이 존재하여 100%의 부채가 최적의 자본구조는 아님

3. 크라우스 & 리젠버거의 파산비용이론

(1) 파산과 파산비용

파산(bankruptcy)이란 부채를 과다하게 사용하는 기업이 부채의 원리금을 갚지 못하거나, 기업의 자산가치 가 부채보다 작아 부채의 상환능력을 상실한 상태를 뜻하며, 이러한 파산 과정에서 발생하는 비용이 파산비 용(bankruptcy cost)이다.

(2) 파산비용의 분류

① 파산비용은 직접파산비용과 간접파산비용으로 구분할 수 있는데, 직접파산비용은 파산처리과정에서 직접적으로 발생하는 비용으로 변호사나 공인회계사에게 돌아가는 비용 또는 고정자산의 처분손실 등이 이에 해당한다.

② 간접파산비용은 파산선고에 따라 파산절차를 밟는 과정에서 발생하는 판매 감소나 영업 위축으로 인한 손해, 높은 자본비용 등 직접적으로 비용으로 측정하기는 어려운 비용들이나 그 규모가 직접파산비용에 비해 훨씬 큰 것으로 추정되고 있다.

(3) 파산비용과 자본구조

① 파산비용의 존재는 결국 부채의 사용이 증가함에 따라 파산위험도 증가하며 결국 파산비용도 증가하기 때문에 이자의 지급으로 인한 법인세 감세효과가 파산비용에 의해 상쇄되는 부채비율에서 최적자본구조 가 존재한다고 볼 수 있다.

② 파산비용이론에서의 최적자본구조 : 법인세 절감효과분 = 기대파산비용의 증가분

4. 젠센 & 메클링의 대리이론

(1) 대리인 비용

대리관계(agency relationship)란 1인 이상의 사람이 다른 사람에게 자신을 대신하여 의사결정을 할 수 있도록 의사결정권한을 위임하는 계약관계이다. 이러한 대리관계로 인하여 기업을 둘러싸고 있는 이해 관계자들은 자신들의 이익을 극대화하기 위해 노력하는 과정에서 이해의 다툼이 발생(= 대리인 문제, agency problem)하고 발생한 다툼은 비용을 발생시키게 되는데, 이 비용이 대리인 비용(agency cost)이다.

(2) 대리인 비용의 분류

대리인 비용은 감시비용, 확증비용, 잔여손실로 구분할 수 있다.

① 감시비용(monitoring cost) : 대리인의 행위가 주주의 이익으로부터 이탈하는 것을 감시하는 비용으로, 감시 활동, 통제 시스템의 수립, 예산의 제약조건 설정, 적절한 보상정책의 수립 등에 소요되는 비용이다.

② 확증비용(bonding cost) : 대리인이 주주에게 해가 되는 행위를 하고 있지 않음을 확인시키는 과정에서 발생하는 비용으로, 회계감사 및 공시, 부정행위에 대한 처벌규정 제정, 의사결정에의 제약조건 추가 등에 소요되는 비용이다.

③ 잔여손실(residual loss) : 대리인과 주주가 바라보는 최적의 의사결정이 달라서 나타나는 부의 감소를 의미하는데, 경영자와 주주에 의해 확증활동과 감시활동이 최적으로 이루어진다 하더라도 주주와 대리인의 의사결정은 차이가 날 수 있으며, 이러한 의사결정의 차이로 인한 주주의 부의 감소가 잔여손실이다.

(3) 총대리비용

젠센과 메클링은 대리비용을 자기자본에 대한 대리비용과 타인자본에 대한 대리비용으로 나누어서 분석하였는데, 자기자본의 대리비용은 주주와 경영자 사이에 발생하는 대리비용이고, 부채의 대리비용은 채권자와 주주 간의 이해상충으로 인하여 발생하는 대리비용으로 자기자본의 대리비용과 타인자본의 대리비용의 합인 총대리비용을 최소화하는 자본의 구조를 최적의 자본구조로 판단하였다.

> **총대리비용 = 자기자본의 대리비용 + 타인자본(부채)의 대리비용**

5. 신호효과와 신호이론

(1) 신호효과

완전자본시장에서는 비용을 들이지 않고 정보를 쉽게 얻을 수 있기 때문에 모든 시장참여자가 보유하는 정보는 같다고 가정하지만, 불완전 자본시장에서는 정보를 얻는 데 소요되는 시간과 비용으로 인하여 시장참여자들 사이에 양적, 질적인 정보의 차이가 존재하게 되고 이를 정보 비대칭(information asymmetry)이라고 한다. 정보 비대칭이 있는 경우 기업에 대해 우월한 정보를 갖고 있는 기업의 경영자는 자신이 알고 있는 정보를 일반투자자에게 전달해주는 수단으로 자본조달정책이나 배당정책을 이용하게 되는데, 이렇게 경영자의 배당 정책이나 자본조달 정책이 기업에 대한 정보를 일반 투자자에게 전달해 주는 역할을 하는 것을 신호효과(signaling effect) 혹은 정보효과(information effect)라고 한다.

(2) 신호이론

만일 어떤 기업이 매우 좋은 사업기회를 포착하여 투자를 계획하고 있고 해당 사업의 성공을 자신하고 있다면, 이 기업의 경영자는 주식을 발행하여 자신의 지분을 희석하기보다는 부채를 사용하여 자금을 조달하려 할 것이다. 이는 부채의 사용으로 부채비율이 증가하고 이자가 발생한다 하더라도 새로운 사업기회가 매우 양호한 현금흐름을 만들어 낼 것이기 때문에 곧 부채의 원금과 이자를 해결할 수 있다고 믿기 때문이다. 따라서 일반 투자자들은 기업의 부채비율이 높으면 기업의 미래현금흐름이 좋을 것이라는 정보로 인식하여 기업의 가치를 높게 평가하고, 부채비율이 낮은 기업은 미래현금흐름에 대한 나쁜 정보로 인식하여 기업가치를 낮게 평가할 수 있다. 또한 내부주주의 소유지분 변화를 통해서도 시장에 신호가 전달될 수 있는데 어떤 기업의 새로운 투자안에 대해 내부주주의 지분참여가 높다면 시장에서는 해당 사업의 가치가 높은 것으로 인식될 가능성이 있다. 왜냐하면 내부주주는 내부의 고급정보에 대한 접근성이 높기 때문에 고급정보에 의해 투자를 결정한 것이므로 해당 사업 또는 기업이 앞으로의 성장성과 수익성이 높을 것이라는 것을 반증하기 때문이다. 이러한 신호효과에 의해 경영자가 선택한 자금조달 방법이 시장에 긍정적인 정보를 전달하면, 일반 투자자는 이를 인식하여 정보비대칭이 해소가 되고 긍정적인 정보가 시장에 반영이 되어 기업의 가치는 상승하게 된다. 하지만 추가적인 자금조달과 투자는 부채비용과 파산위험 등의 증가로 인하여 자본비용을 상승시키고 기업의 가치를 하락시키기도 한다. 따라서 <u>신호이론에서는 정보비대칭의 해소로 인한 기업가치의 증가분과 자본비용의 상승에 따른 기업가치의 감소분이 같아지는 수준에서 최적의 자본구조가 존재한다</u>고 판단한다. 이는 결국 기업의 경영자가 지닌 정보와 자본구조의 조정에 의한 신호가 같아지는 점, 즉 <u>내부정보에 의한 가격과 시장의 가격이 같아지는 신호균형</u>일 때 기업가치가 극대화되므로 <u>신호균형 시의 자본구조가 최적의 자본구조</u>임을 의미한다.

6. 마이어스의 자본조달순서이론

(1) 자본조달순서이론의 개념

① 자본조달이론(pecking order theory)은 여타의 자본구조이론과는 다른 접근법을 사용하고 있는데, 다른 이론들이 부채의 사용에 따른 감세효과와 기대파산비용의 상충, 또는 대리비용의 상충관계에 의해 최적의 자본구조가 결정되는 데 반해 자본조달순서이론에서는 <u>기업의 자본조달방법은 정보비대칭의 특성에 따라서 결정될 뿐 특정한 부채비율을 목표로 하지는 않는다</u>고 판단하고 있다.

② 마이어스는 정보비대칭이 존재하는 경우 기업의 자본조달은 내부유보자금, 부채발행, 신주발행의 순서로 이루어짐을 주장하며 내부유보자금과 외부 신주발행, 즉 자기자본의 사용이 자본조달 순위의 처음과 마지막이기 때문에 기업의 최적부채비율의 판단이 어렵고, 따라서 최적의 자본구조는 존재하지 않는다고 주장하였다.

(2) 자본조달 순서

내부자금 사용 → 시장성 유가증권 매각 → 부채 차입 → 혼성증권(전환사채) 발행 → 주식 발행

CHAPTER 05 자본시장의 효율성과 자본조달

제1절 자본시장의 효율성

1. 시장의 효율성의 개념

자금의 공급자로부터 수요자에게 자금이전을 원활하게 하는 것이 자본시장의 기본적인 기능이라면, 자본시장의 기능이 잘 작동하기 위해서는 시장의 효율성이 확보되어야 한다. 그런데 '효율'의 개념은 배분의 효율성, 운영의 효율성, 정보의 효율성 등 여러 가지의 의미로 해석될 수 있다.

(1) 배분의 효율성(efficiency of allocation)

적정한 가격으로 거래가 원활히 이루어져 자금의 배분이 최적으로 이루어지는 것

(2) 운영의 효율성(efficiency of operation)

거래비용, 규제 등 거래를 제약하는 요인들이 적어 증권거래가 순조롭게 이루어지는 것

(3) 정보의 효율성(efficiency of information)

어떤 정보가 시장에 유입되었을 때 그 정보가 증권가격에 정확하고 신속하게 반영되는 것

2. 시장의 효율성의 연구방향

자본시장의 효율성과 관련한 주된 연구들은 위의 '효율'의 개념 중 정보의 효율성을 중심으로 진행되어 시장에서 증권가격이 새로운 정보를 얼마나 완전하고 즉각적으로 반영하여 정보의 비대칭을 이용한 비정상적인 수익률(abnormal return)이 발생하지 않게 하는가를 중심으로 하고 있다. 따라서 본 장에서는 자본시장의 정보의 효율성을 중심으로 한 사항들을 다루도록 한다.

3. 효율적 시장가설

① 자본시장이론에서는 증권가격이 이용 가능한 모든 중요한 정보를 완전하고 신속하게 반영한다고 가정하고 있고, 이를 효율적 시장가설(EMH ; Efficient Market Hypothesis)이라고 한다.
② 효율적 시장가설은 다시 약형 효율성, 준강형 효율성, 강형 효율성으로 구분되는데, 약형 효율적 시장은 모든 과거의 정보가 주가에 반영되어 있는 시장이고, 준강형 효율적 시장은 대중에게 공개되는 모든 정보가 신속하고 정확하게 증권가격에 반영되는 시장으로 현재 주식가격은 과거의 주가변동 정보를 완벽히 반영하고 현재 정보도 반영되어 있으므로 투자에 대한 정보분석이 필요 없는 시장이다.

③ 강형 효율적 시장은 공개된 정보뿐만 아니라 비공개 된 내부정보도 현재 증권가격에 반영된 것으로 간주하는 시장으로 세 가지 효율적 시장가설은 아래의 그림과 같이 정리될 수 있다.

④ 이러한 가설하에 시장의 효율성에 관한 여러 가지의 실증연구가 있었고, 자본시장의 효율성을 상당부분 설명하는 연구도 있었지만 명확하게 효율적 시장가설을 증명하지는 못하고 있다.

⑤ 반면에 시장의 효율성에 의문을 제기하는 연구들도 진행되었는데 그 대표적인 연구들이 시장의 이상수익률현상(market anomaly) 또는 이례현상으로 불리는 것들이다.

4. 주식시장의 이상수익률 현상

효율적 시장가설에서의 증권시장은 모든 정보가 주가에 반영되므로 주식의 수익률은 위험에 상응하는 정상 수익률일 뿐 그 이상의 초과수익을 얻을 수 없음을 전제하고 있다. 그러나 실제로 증권시장의 수익률을 조사하면 효율적 시장가설로는 설명되지 않는 규모효과, 장부가 – 시가비율효과, 모멘텀효과, 반전효과, 저PER 효과, 주말효과 등의 비정상적인 수익률이 존재하는데, 이러한 비정상적인 수익률이 발생하는 현상들을 이상 수익률 현상 또는 이례현상이라고 한다.

① **기업의 규모효과** : 규모가 작은 기업의 주식이 대규모 기업의 주식에 비해 계속적으로 양(+)의 비정상 수익률을 얻는 현상

② **장부가 – 시가비율효과** : 장부가 – 시가비율과 해당 주식의 수익률이 일관되게 정비례하는 현상

③ **모멘텀 효과** : 과거 6~12개월간 좋은 성과를 낸 주식이 이후 3~12개월간에도 계속해서 좋은 성과를 내는 현상

④ **반전효과** : 중단기적으로 양(+)의 상관관계를 보여주었던 주식가격이 3~5년간의 장기적으로는 반전되어 하락하는 현상, 또는 중단기적으로 하락하던 주식이 장기적으로 상승하는 현상

⑤ **저 PER 효과** : 저 PER주의 수익률이 고 PER주의 수익률보다 우위에 있는 현상

⑥ **주말효과(1월효과)** : 주말과 1월이 주초나 다른 달의 수익률보다 높은 현상

| 제2절 | 자본의 조달 |

1. 자본조달의 의미와 자본조달 방법

(1) 자본조달의 의미

① 재무의사 결정의 2대 과제는 투자결정과 자본조달결정으로 투자결정은 어떤 자산에 투자를 할 것인가의 문제이고, 자본조달 결정은 투자를 위한 자본을 어떤 방법으로 조달할 것인가의 문제이다.

② 이 중 자본조달과 관련하여 기업은 최소의 자본 비용으로 자본을 조달하여 최대의 수익을 올릴 수 있는 곳에 투자를 함으로써 기업의 가치를 극대화하려고 노력하게 되는데, 자본의 조달은 자본의 원천에 따라 <u>내부자본에 의한 조달</u>(internal financing)과 <u>외부자본에 의한 조달</u>(external financing)로 구분할 수 있다.

③ 내부자본이란 기업 내부에 유보된 잉여금이나 주식의 발행을 통한 자본을 말하며 외부자본, 즉 타인자본 이란 은행이나 금융기관을 통한 차입이나 금융시장을 통한 회사채 등의 증권을 발행하여 조달하는 자본을 말한다.

④ 외부로부터의 자본조달은 만기에 따라 <u>단기자금</u>과 <u>장기자금</u>으로 구분할 수 있는데, 단기자금은 만기가 짧기 때문에 주로 유동자산에 투자되고, 장기자금은 만기가 길어 상대적으로 안정적이기 때문에 비유동 자산의 취득에 사용되는 것이 일반적이다.

(2) 자본조달 방법

① 자본은 조달방법에 따라서 <u>직접금융</u>(direct financing)과 <u>간접금융</u>(indirect financing)으로 구분할 수도 있는데, 직접금융이란 주식이나 채권의 발행을 통하여 투자자로부터 직접 자금을 조달하는 방법이고, 간접금융은 차입이나 기업어음 발행과 같이 은행 등의 금융기관을 통해 간접적으로 자금을 조달하는 방법 이다.

② 기업은 이런 여러 가지 조달방법 중 기업의 소유권과 지배권을 유지하면서 자본비용과 조달기간을 고려하여 자본의 용도에 적합한 자본을 조달하여야 한다.

2. 자기자본과 주식 [기출] 16 · 21

(1) 자기자본

① 주식은 회사채와 함께 기업의 장기자금조달 방법의 주요한 원천인데, 회사채가 부채인 타인자본인데 반하여 주식은 자기자본으로 인식되어 자기자본비율이 상승하고 부채비율은 감소하게 된다.

② 주식을 소유한 주주는 기업의 소유주로써 경영과 이익배분에 참여할 권리를 가지고 경영성과에 대한 위험을 부담하게 되는데, 주식회사의 주주는 자신이 투자한 금액을 초과하는 금액에 대해서는 회사의 채무나 손실에 대하여 책임을 지지 않는 <u>유한책임</u>(limited liability)을 지지만 기업이 청산할 경우에는 공급업자, 채권자, 직원, 정부 등 청구권을 갖는 모든 이해관계자들에게 재산을 분배한 후 남는 잔여재산에 대해서만 권리를 청구할 수 있는 <u>잔여재산청구권</u>(residual claims)을 가진다.

(2) 주 식

주식은 보통주를 기본으로 하여 <u>보통주</u>보다 배당권은 우선하지만 의결권이 없는 <u>우선주</u>가 있고 우선주에서 파생된 <u>상환우선주</u>나 <u>전환우선주</u> 등이 있다.

① **보통주** : 의결권과 배당권을 모두 갖는 주식

② **우선주** : 의결권 없이 우선적인 배당권을 가지는 주식

③ **상환주** : 상환우선주, 이익을 배당만 받다가 일정 기간이 지나면 발행한 회사가 액면가 또는 그 이상으로 재매입하여 소각하는 주식, 채권과 유사한 성격이지만 자본으로 분류

④ **전환주** : 우선주로 보유하고 있다가 일정한 요건이 되면 미리 정한 비율에 의해 보통주로의 전환을 청구할 수 있는 권리가 있는 주식

3. 타인자본과 채권

(1) 채 권

채권은 발행자가 일정 기간 후에 약속한 금액을 지급할 것을 약속한 증서로 발행주체에 따라 <u>국공채, 회사채,</u> <u>특수채</u> 등으로 분류할 수 있다.

① **국채** : 국가가 발행하는 채권으로 국채관리기금채권, 국민주택채권 등

② **지방채** : 지방자치단체에서 발행하는 채권으로 도시철도채권, 상수도공채 등

③ **특수채** : 특별법에 의하여 설립된 법인이 발행한 채권으로 토지개발채 등

④ **금융채** : 특수채 중 발행주체가 금융기관인 채권으로 산업금융채 등

⑤ **회사채** : 주식회사가 발행하는 채권으로 보증사채, 무보증사채 등

(2) 회사채의 분류

회사채는 기업이 발행한 채권으로서 일반적으로 사채라고도 불린다. 사채는 외부의 자본이 기업에 유입된 타인자본으로 주식처럼 발행에 의해 주주의 지분율이 희석되는 것이 아니라 이자와 원금의 지급을 통해 청구권이 소멸되는 특성을 가지고 있다. 또한 회사채는 보증유무나 담보유무, 이자지급 방식 등의 분류기준에 따라 여러 가지로 분류할 수 있다.

① **보증유무** : 보증사채(제3자가 지급 보증) vs 무보증사채

② **담보유무** : 담보부 사채 vs 무담보 사채

③ **이자지급방식** : 이표부사채(이자표가 붙어 있음), 할인사채(이자 대신 액면가를 할인해서 판매), 복리사채(만기에 원금과 복리이자를 한번에 상환)

④ **원금 조기상환 조건** : 수의상환사채(회사가 필요한 때 상환), 수의상환청구채(투자자가 필요한 때 상환)

⑤ **채권에 부가된 권리** : 전환사채, 신주인수권부 사채, 교환사채 등

(3) 사채의 성격

전환사채나 신주인수권부사채 등 채권에 일정한 권리를 부여한 사채들이 많이 만들어져 기업들의 자금 조달 방법으로 활용되기에 주요한 몇 가지 종류의 사채의 성격에 대해 정리하면 아래와 같다.

① **전환사채(CB ; Convertible Bond)** : 주식으로 전환되는 사채로 주식전환 전에는 이자를 받고, 주식전환 후에는 의결권과 배당권을 보유, 일반적으로 일반 사채에 비해 이자율이 낮음

② **신주인수권부사채(BW ; Bond with Warrant)** : 신주를 배정받을 수 있는 권리가 부여된 사채로 기업은 저금리로 자금조달이 가능하고 투자자는 전환사채와 같은 효과를 볼 수 있음

③ **교환사채(EB ; Exchange Bond)** : 일정 기간 경과 후 회사가 보유하고 있는 다른 회사 주식으로 교환할 수 있는 권리가 부여된 사채

④ **영구채(PB ; Perpetual Bond)** : 원금을 상환하지 않고 일정 이자만을 영구히 지급하거나 만기가 정해져 있지 않은 채권으로, 형식상 채권이지만 만기가 길고 상환 우선순위도 채권보다 뒤쳐짐으로 국제회계기준상 자본으로 인식

⑤ **기업어음(CP ; Commercial Paper)** : 단기 자금조달을 목적으로 발행하는 어음형식의 단기채권, 채권과 동일한 형식이나 단기 자금 조달 목적(1년 이내), 증권이나 채권보다 발행 절차가 간단하여 신용도가 낮은 기업에서 주로 사용

CHAPTER
06 배당

제1절   배당정책

1. 배당정책의 개념

① 자본의 조달은 부채를 이용한 타인자본의 조달 또는 주식의 발행을 이용한 자기자본의 조달로, 부채에는 이자를 지급하고 자본에는 배당으로 자본조달의 대가를 지급하여야 한다.

② 배당정책이란 이러한 배당과 관련하여 기업의 이익을 출자자인 주주에게 분배하는 부분과 사내에 유보하는 부분으로 어떻게 분할하느냐를 결정짓는 경영정책으로 배당정책은 기업의 재무구조, 자금의 흐름, 재무유동성, 내부금융의 규모, 주가, 투자자의 만족 등에 중대한 영향을 끼칠뿐더러 기업과 관련된 많은 이해관계자에 직간접적인 영향을 미치게 되는 중요한 의사결정 항목이다.

2. 배당의 종류

배당은 현금배당과 주식배당으로 구분할 수 있는데, 현금배당은 1주당의 배당금을 결정하여 현금으로 주주에게 배당을 하는 방법이고, 주식배당은 주식을 추가로 발행하여 기존 주주에게 무상으로 나누어 주는 방법으로 자금 유출을 방지하고 지분율에 변동이 없으며 자본금이 증가하는 효과가 발생하는 방법이다.

3. 배당정책의 특징과 배당의 지급

배당의 결정은 이사회에서 배당안을 만들어 주주총회에서 의결하여 확정되는데 대개의 경우 이사회의 배당안이 통과되므로 사실상 배당정책은 이사회에서 결정된다고 볼 수도 있다. 배당의 지급은 배당락일, 배당기준일, 배당공시일, 배당지급일을 거쳐 지급되는데 구체적인 내용은 아래와 같다.

① 배당락일 : 배당을 받기 위해 소유하고 있어야 하는 마지막 날, 배당 기준일 직전 영업일

② 배당기준일 : 배당받을 주주를 확정하기 위해 주주명부를 폐쇄하는 날, 일반적으로 결산일, 사업연도의 최종일

③ 배당공시일 : 배당에 대한 구체적인 사항을 공시하는 날, 사업종료 90일 이내

④ 배당지급일 : 주주에게 배당금을 지급하기 시작하는 날, 주총 의결 2개월 이내

배당정책을 수립할 시에 고려하여야 하는 요소들에는 기업성장률, 이익의 수준과 안정성, 자금의 운용상태, 기업의 규모나 사업연도 수, 경영자의 기업 경영관, 경영지배권, 공금리의 수준 및 동종업계의 배당수준 등이 있다.

1. 당기순이익

당기순이익은 배당의 재원으로 배당의 규모에 가장 큰 영향을 미치는 요소이다. 주주는 당기순이익이 크면 배당도 클 것으로 예측하게 되지만 기업의 입장에서는 영업 실적의 변동성이 크다면 현금을 유보하기 위해 배당을 줄이려는 경향이 존재하게 된다.

2. 유동성

순이익이 많아도 투자나 채무의 상환 등으로 인한 현금의 유출이 많았다면 유동성은 적을 수 있기 때문에 현금흐름이 풍부해야 배당이 많을 수 있으므로 유동성은 배당성향에 큰 영향을 미친다.

3. 부 채

이익과 유동성이 풍부하다고 하여도 해당 기업에 부채가 많다면 기업은 부채의 상환을 우선순위로 설정할 수 있다.

4. 동종기업

기업은 일반적으로 다른 기업과 이익의 수준이 달라도 동종기업의 배당 수준과 유사하게 배당하려는 성향이 존재한다.

5. 기업의 성장성

지속적 성장 시에는 투자대상 사업이 많기 때문에 이익을 사내에 유보하려는 경향이 존재한다.

6. 지배구조

주식이 대주주에게 집중되어 있을 경우 회사의 소유권은 대주주에게 있으므로 대주주는 소득세가 부과되는 배당보다는 사내 유보를 선호하게 된다.

7. 기타 고려요인

시장금리, 물가상승률 등이 배당에 영향을 미치게 된다.

제1절　파생상품의 의미

1. 파생상품의 의미

① 파생상품(derivatives)이란 주식과 채권 등 전통적인 금융상품을 기초자산으로 하여 기초자산의 가치변 동에 따라 가격이 결정되는 상품으로 실물자산(농산물, 금속 등)과 금융자산(주식, 채권 등)의 가격, 지수 등을 거래하도록 파생된 상품 또는 계약이다.

② 상품의 가치가 기초자산의 가치 변동으로부터 파생되어 결정되기 때문에 '파생상품'이란 이름이 붙여졌으 며, 거래의 대상이 되는 기초자산은 주식이나 채권, 통화 등의 금융상품에서 농산물이나 수산물, 축산물 등의 일반상품에 이르기까지 합리적이고 적정한 방법에 의해 가격, 이자율, 지표, 단위의 산출이나 평가 가 가능한 것은 모두 포함하는 방향으로 확장되고 있다.

2. 파생상품의 성격과 구분

파생상품은 위험 헷지(hedge)의 기회를 제공하여 자산이나 부채의 가치 변동에 따른 위험을 회피하거나, 예측된 변동을 이용하여 이익을 발생시키는 것으로, 계약 형태에 따라 선물, 옵션, 선도거래, 스왑 등으로 구분할 수 있고, 거래장소에 따라 장내거래와 장외거래로 구분할 수 있다.

제2절　파생상품의 종류　기출 20

1. 선물(futures contract)　기출 14 · 21

(1) 선물의 개념

① 선물이란 미래의 일정시점에 정해진 가격으로 특정 자산을 매수 또는 매도하기로 현재시점에 약정한 거래 로, 지정된 거래소에서 표준화 된 조건을 바탕으로 거래하여 계약 불이행의 위험을 최소화할 수 있는 파생상품이다.

② 공인된 장내에서 거래되어 장외에서 거래되는 선도거래와 구분되고, 일단 계약이 되면 반드시 매입이나 매도가 이루어짐으로써 계약 포기 권리가 있는 옵션과 구분할 수 있다.

(2) 선물거래의 특징

선물거래는 일일정산 제도와 증거금 제도를 그 특징으로 하고 있는데, 일일정산이란 매일매일의 가격에 따라 거래가 이루어지고 이에 따른 손익을 매일 실현하여 기록하는 것으로 거래자는 결제일 이전에도 반대 매매를 통해 거래 청산이 가능하여 계약불이행의 위험을 없애고 선물시장의 유동성을 높이는 효과를 가져온다.

(3) 증거금

증거금은 선물거래의 의무 이행을 위해 현금이나 증권으로 구성한 예치금으로, 증거금에는 개시증거금, 유지증거금, 손익증거금이 있다.

① 개시증거금 : 최초 거래시점에 납부하는 예치금
② 유지증거금 : 선물 포지션을 보유하기 위해 일정 수준으로 유지하는 증거금
③ 손익증거금 : 일일정산을 통해 손실 발생 시 개시증거금까지 추가 납부

(4) 선물거래의 기능

선물거래는 미래의 가격변동 위험을 효과적으로 관리하게 하여 위험관리 수단의 기능을 하며, 선물의 가격은 결국 미래의 가격을 거래하는 것이므로 시장의 미래 가격에 대한 예측을 가능하게 하는 가격예시 기능도 있으며, 투자의 대상으로 새로운 거래의 기회를 제공하는 기능을 하게 된다.

2. 옵션(Options)

(1) 옵션의 의미

옵션이란 특정일에 미리 정한 가격으로 해당 대상을 매수, 매도할 수 있는 권리를 계약하는 것으로 옵션에는 콜옵션과 풋옵션이 있다.

① 콜옵션 : 매입할 수 있는 권리
② 풋옵션 : 매도할 수 있는 권리

(2) 선물과 옵션의 구분

선물계약은 지정한 가격으로 반드시 매입, 매도를 해야 하지만 옵션은 계약을 포기할 수 있는 권리가 있으며, 옵션의 행사 가능 시점에 따라 미국형과 유럽형으로 구분한다.

① 미국형 : 만기일 이전에 언제든 권리 행사 가능
② 유럽형 : 권리 행사일을 만기일로 하루로 한정

구 분	선 물	옵 션
대 상	실물, 금융자산	실물, 금융자산의 매매권리
권리와 의무	매수인과 매도인 모두 권리와 의무 존재	• 매수인 : 권리만 존재 • 매도인 : 의무만 존재
일일정산	○	×
수익구조	대 칭	비대칭
증거금	매수인, 매도인 모두 납입	• 매도자만 납입 • 매수인은 프리미엄을 납입

3. 선도거래(Forward contract)

선도거래는 지정된 장내가 아닌 장외에서 미래의 재화와 화폐를 현시점에서 거래하는 것으로 표준화된 장내에서 거래되는 것이 아니라 장외에서 거래되기 때문에 양 당사자 간의 합의에 따라서 다양한 조건의 계약이 가능하다.

구 분	선 물	선도거래
조 건	표준화	당사자 간 합의 - 다양
장 소	공인된 장내	장 외
중도청산	가 능	상대자 동의 시만 가능
정 산	매일 수행(일일정산)	계약 종료일
계약불이행	거래소 보증, 위험 ×	불이행 위험 존재
실물인도	대부분 중도청산, 만기 인수도는 극소량	대부분 만기 인수도

4. 스왑(swaps)

스왑은 이자율위험과 환율위험 등을 헷지하기 위해 만들어진 거래로, 거래의 일방 당사자가 보유하고 있는 지급수단과 거래 상대방이 보유하고 있는 지급수단을 교환하는 금융계약이다.

(1) 환 스왑(currency swaps)

특정 통화의 지급과 여타 통화의 지급을 교환

(2) 이자율 스왑(interest rate swaps)

동일한 통화로 표시된 특정 이자지급과 다른 이자지급을 교환

08 재무분석

제1절 재무비율분석 기출 16·17·20

1. 재무비율분석의 종류

재무비율은 재무제표에 포함된 정보를 쉽게 파악할 수 있는 수단으로 개발되어 기업의 재무적 건강상태에 대한 징후 파악에 이용되는 것으로, 재무비율분석은 Part 7 회계에서 이미 다루었으므로 주요 재무비율만 간단히 정리하면 아래와 같다.

구 분	의 미	종 류
안정성 분석	단기, 장기 채무의 상환능력	• 유동성 비율 : 유동/당좌비율 • 레버리지비율 : 부채/자기자본비율
효율성 분석	자산의 효율적 활용도	매출채권/재고자산/총자산 회전율
수익성 분석	기업의 이익창출 능력	총자산/자기자본/매출액 이익률
성장성 분석	기업 규모, 이익의 증가	총자산/자기자본/매출액 증가율
생산성 분석	생산요소의 투입/산출 비율 개별 생산요소의 기여도 성과배분의 합리성 측정	부가가치율, 노동/자본 생산성
시장가치분석	기업의 시장에서의 가치 기업에 대한 시장의 평가	주가수익비율(PER) 주가 – 장부가치 비율

2. 재무비율분석의 장단점

① 재무비율분석은 간단하고 이해가 쉬워 비전문가도 활용가능하며, 의사결정을 위해 추가적으로 자료를 수집할 필요가 없기 때문에 간편하게 분석을 할 수가 있어 구체적인 기업분석 이전의 예비분석에 매우 유용하게 사용된다.

② 재무분석을 실시하는 이유가 미래의 의사결정을 위한 것인데 반하여 비율분석은 과거의 회계정보에 기반하고 있다는 태생적 문제가 존재하고, 비율분석은 회계 기간별로 구분하여 실적을 분석하는 것이므로 성과의 연속성을 반영하지 못하는 단점이 있다.

③ 회계처리방법에 따라 측정하고자 하는 비율이 변동될 수 있고, 비교의 대상이 불명확하여 표준 비율의 산정에도 어려움이 있다.

1. 투자수익률(ROI ; Return of Investment)

(1) ROI의 개념

① ROI는 기존의 단순한 재무비율분석의 약점을 극복하기 위해 뒤퐁사에서 개발하여 1930년대부터 사용한 종합적 비율로 듀퐁시스템이라고 불린다.

② ROI는 투하된 자본 대비 수익률로써 기업의 목표를 투자수익률로 하여 목표 달성의 방해가 되는 재무요인을 발견하고 통제하기 위해 기업의 수익성(매출액순이익률)과 활동성(총자본회전율)을 복합한 지표로 개발되었다.

$$ROI = \frac{순이익}{총자본(= 투자자본)} \times 100$$

$$= \frac{순이익}{매출액} \times \frac{매출액}{총자본}$$

$$= 매출액순이익률 \times 총자본회전율$$

(2) ROI 분석의 장점

ROI 분석은 활동성과 수익성을 결합하여 기업활동의 두 측면을 동시에 분석할 수 있고, 자기자본과 타인자본을 포함하여 해당 사업에 투자된 모든 투자액의 성과를 지표로 하고 있기 때문에 다른 수익률보다 타당성이 높고 목표가 명확하다는 장점이 있다.

(3) ROI 분석의 단점

① 투자수익률의 증대가 기업의 유일한 목표는 아니라는 반론이 존재하고, 역시 회계 장부를 기반으로 도출되는 비율이기 때문에 기업별 회계처리방법에 영향을 받으며, 시장가치가 아닌 장부가치의 평가에 기반하고 있어 오래된 설비를 많이 보유하고 있을수록 ROI가 크게 평가되는 단점이 있다.

② 투입된 총자본의 효율성을 평가하므로 타인자본을 평가대상에 포함하지만 타인자본의 레버리지는 별도로 고려하지 않음으로 레버리지 증가에 따른 위험의 증가를 무시한다는 지적도 있다.

2. 총자산순이익률(ROA ; Return On Assets) [기출] 15 · 24

(1) ROA의 개념

① ROA는 기업의 총자산에서 당기순이익을 얼마나 올렸는지를 가늠하는 지표로 일정 기간 동안의 순이익을 자산총액으로 나누어 계산한 수치로 특정기업이 자산을 얼마나 효율적으로 운용했느냐를 나타낸다.

② 총자산은 부채와 자기자본의 합으로 통상적으로 기초자산과 기말자산의 평균을 이용하여 계산을 하게 된다.

$$ROA = \frac{순이익}{총자산}$$

$$= \frac{순이익}{매출액} \times \frac{매출액}{총자산}$$

$$= 매출액순이익률 \times 총자산회전율$$

(2) ROI와 ROA의 관계

ROI는 순이익을 투자된 총자본으로 나눈 것으로 표시되고, ROA는 순이익을 총자산으로 나눈 것으로 표시되지만 타인자본과 자기자본을 합한 총자본과 총자산은 사실 같은 의미이기 때문에 ROI와 ROA의 차이점에 의문이 있을 수 있다. 그러나 ROI는 영업활동에 초점을 맞추어 영업에 투자한 자산 대비 수익률을 구한 것이고, ROA는 재무상태표상의 모든 자산에 대한 수익률을 산출한 것으로 두 지표의 차이를 구분할 수 있다. 만일 기업이 자신의 자산 모두를 영업활동에 투입하였다면 ROI와 ROA가 같을 수 있겠지만 기업은 일반적으로 자산의 일부를 영업 외 자산으로 보유하고 있기 때문에 ROI와 ROA는 일반적으로 다른 수치로 집계된다.

3. 자기자본순이익률(ROE ; Return On Equity) [기출] 18 · 24

① ROE는 순이익을 자기자본으로 나눈 값으로 주주의 자본을 사용하여 얼마나 많은 이익을 창출했는지를 의미하는 지표로, ROA에 총자본 대비 자기자본 비율을 곱한 값으로 산출한다.

$$ROE = \frac{\text{순이익}}{\text{자기자본}}$$
$$= \frac{\text{순이익}}{\text{매출액}} \times \frac{\text{매출액}}{\text{총자산}} \times \frac{\text{총자산}}{\text{자기자본}}$$
$$= \text{매출액 순이익률} \times \text{총자산 회전율} \times \text{레버리지 승수}$$
$$= ROA \times \text{레버리지 승수}$$

② ROE가 높게 평가된다는 것은 기업이 수익성 좋은 새로운 투자기회들을 계속 확보한다는 의미로 볼 수 있다.

4. 경제적 부가가치(EVA ; Economic Value Added)

(1) 경제적 부가가치의 도입배경과 개념

회계적 이익은 타인자본에 대한 자본비용은 지급된 이자를 통해 반영하고 있지만 주주의 자본사용의 대가는 고려하지 않는 단점이 있기 때문에 포괄손익계산서상의 순이익이 0보다 크다고 해서 반드시 경영자가 기업경영을 잘했다고 평가할 수는 없는 단점을 가지고 있다. 따라서 기업이 벌어들인 영업이익에서 기업이 사용한 총자본(타인자본 + 자기자본)에 대한 모든 자본비용과 세금을 공제한 후에 남는 이익으로 진정한 경제적 이익을 표시하는 개념이 개발되었는데, 이를 경제적 부가가치라고 한다.

$$EVA = \text{세후영업이익} - \text{세후총자본비용}$$
$$= (\text{영업이익} - \text{법인세비용}) - (\text{총자본} \times \text{가중평균자본비용})$$

다음의 자료로 EVA(경제적 부가가치)를 구하면?

- 투자자본은 1억 원
- 가중평균자본비용은 10%
- 세전이익 3천만 원(세율 10%)

EVA = 세후영업이익 − 세후총자본비용
   = (영업이익 − 법인세비용) − (총자본 × 가중평균자본비용)
   = $(30,000,000 \times 0.9) - (100,000,000 \times 0.1) = 27,000,000 - 10,000,000$
   = $17,000,000$(원)

(2) 경제적 부가가치의 증대방법

EVA를 증대시키기 위해서는 투자대비 이익률의 증대를 위하여 수익률이 높은 사업은 강화하고 수익률이 낮은 사업은 구조조정을 하거나, 투자수익률이 자본비용을 초과하는 투자안을 개발하거나 확대하여 투자재원을 효율적으로 분배하는 방법, 또 가중평균비용이 낮아질 수 있도록 자본의 구조를 조정하는 방법 등이 있다.

5. EBITDA

(1) EBITDA

① EBITDA(Earnings Before Interest, Taxes, Depreciation and Amortization)는 이자 · 법인세 · 감가상각비 차감 전 영업이익으로 기업이 영업활동을 통해 벌어들이는 현금창출능력을 보여주는 수익성 지표이다.

② EBITDA는 이자와 법인세, 감가상각비 등을 영업이익에 포함시켜서 제도의 차이나 회계처리방법의 차이로 인하여 발생되는 국가 간 또는 기업 간의 순이익의 차이를 제거한 후 기업의 수익창출 능력을 비교할 수 있도록 만들어진 지표이다.

$$EBITDA = 영업이익 + 감가상각비$$

(2) EV/EBITDA

① EBITDA에서 파생된 EV/EBITDA라는 지표도 있는데, 이는 시장에서의 기업가치와 기업의 내재가치인 수익가치를 비교하는 지표로 기업의 시장가치인 EV(Enterprise Value)를 기업의 수익가치인 EBITDA로 나누어 산출한다.

② 만일 EV/EBITDA가 5라면 기업을 시장가치인 EV로 매입했을 때 5년간 영업활동을 하면 투자원금을 회수할 수 있다는 의미로 EV/EBITDA가 낮다는 것은 투자원금의 회수기간이 짧다는 것이고, 이는 회사의 주가가 기업가치에 비해 저평가된 것으로 판단할 수 있다.

01 재무관리란 기업의 자금흐름과 관련된 활동과 재무의사 결정을 보다 효율적으로 집행하기 위해 자금 운용 등의 업무를 계획하고 통제하는 활동으로 (   ), (   ), 배당결정의 기능을 수행한다.

02 재무관리의 목표는 전통적으로 (   )를 지향하였다. 그러나 화폐의 시간가치나 미래의 불확실성을 반영하지 못하는 단점이 존재하기 때문에 현대에서는 (   )를 재무관리의 목표로 하고 있다.

03 미래의 금액보다 동일한 크기의 현재의 금액을 선호하는 현상을 (   )라고 하며, 현금흐름이 실현되는 시간의 차이에 따라 현금흐름의 가치를 서로 다르게 평가하게 되는데 이를 (   )라고 한다.

04 채권은 이자지급의 유무와 만기에 따라 (   ), (   ), 영구채로 구분된다.

05 투자안의 성격을 분류하는 기본적 기준은 투자안들 사이의 (   )의 여부이며 이에 따라 (   )과 종속적 투자안으로 구분할 수가 있고 종속적 투자안은 다시 (   )와 상호인과적 투자로 구분할 수가 있다.

06 투자안을 평가하는 방법은 크게 (   )과 현금흐름할인법으로 구분할 수 있는데, 전통적 기법은 화폐의 시간가치를 고려하지 않는 방법들로 (   )과 회계적 이익률법이 있고, 현금흐름할인법은 순현재가치법, (   ), 수익성지수법이 이에 해당한다.

07 (   )은 평균이익률법이라고도 하며, 투자로 인하여 나타나는 장부상의 연평균 순이익을 연평균 투자액으로 나누어 (   )을 산출하고, 이를 기업이 목표한 이익률과 비교하여 투자안의 채택 여부를 결정하는 방법이다.

08 (   )은 투자로 인하여 발생할 미래의 모든 현금흐름을 적절한 할인율로 할인한 (   )를 계산한 후 투자금액, 즉 (   )의 현재가치를 차감하여 0 이상이 되면 투자를 결정하는 방법이다.

09 평균 – 분산기준에 의한 위험자산의 선택과정은 '(   )에 의한 효율적 자산집합의 선택'과 '무차별곡선에 의한 (   )'이라는 두 가지 단계로 구성된다.

10 포트폴리오를 구성하여도 사라지지 않는 위험을 (   )이라고 하고, 포트폴리오의 구성을 통해 분산 가능한 위험을 (   )이라고 한다.

11 위험자산인 시장포트폴리오와 무위험자산을 결합하여 효율적 투자 포트폴리오만으로 구성된 효율적 투자선을 (   )이라고 한다.

12 시장포트폴리오의 위험을 1로 보고 각 자산의 기여도를 표준화하여 계산한 값을 (   )라고 한다.

13 (   )은 개별자산의 기대수익률을 도출해내는 모형으로 균형자본시장이 효율적이라면 (   )과 베타 사이에 비례관계가 성립하여 체계적 위험이 높으면 기대수익률도 높아지고 체계적 위험이 낮으면 기대수익률도 낮아지게 된다.

14 타인자본, 고정비 등이 지렛대 역할을 하여 이익을 확대시키는 현상을 레버리지라고 하며, 기업의 레버리지는 (   ), (   ), 결합레버리지로 구분할 수 있다.

15 (   )은 측정된 각 원천별 자본비용을 각 원천별 자본이 차지하는 비율로 가중 평균하여 기업 전체의 총 자본비용을 계산하는 방법이다.

16 (   )에서는 자본조달이 내부자금 → 시장성 유가증권 매각 → 부채 → 혼성증권(전환사채) → 주식발행의 순서로 이루어져 기업의 (   )를 판단하기 어렵다고 주장하였다.

17 주주는 자신이 투자한 금액을 초과하는 금액에 대해서는 회사의 채무나 손실에 대하여 책임을 지지 않는 (   )을 지고, 기업이 청산할 경우에는 공급업자, 채권자, 직원, 정부 등 청구권을 갖는 모든 이해관계자들에게 재산을 분배한 후 남는 잔여재산에 대해 권리를 청구할 수 있는 (   )을 가진다.

18 (   )이란 주식과 채권 등 전통적인 금융상품을 기초자산으로 하여 기초자산의 가치변동에 따라 가격이 결정되는 상품으로 실물자산과 금융자산의 가격, 지수 등을 거래하는 것이다.

19 (   )은 미래의 일정시점에 정해진 가격으로 특정 자산을 매수 또는 매도하기로 현재시점에 약정한 거래이고, (   )은 특정일에 미리 정한 가격으로 해당 대상을 매수, 매도할 수 있는 권리를 계약하는 것이다.

20 옵션은 만기일 이전에 언제든 권리 행사가 가능한 (   ) 옵션과 권리 행사일을 만기일로 하루로 한정한 (   ) 옵션으로 구분된다.

21 (   )은 기업의 총자산에서 당기순이익을 얼마나 올렸는지를 가늠하는 지표로 일정 기간 동안의 순이익을 자산총액으로 나누어 계산한 수치로 특정기업이 자산을 얼마나 효율적으로 운용했느냐를 나타낸다.

22 기업이 벌어들인 영업이익에서 기업이 사용한 총자본에 대한 모든 자본비용과 세금을 공제한 후에 남는 이익으로 진정한 경제적 이익을 표시하는 것을 (   )라고 한다.

정답 check!

01	투자결정, 자본조달 결정	**12**	베타(β)
02	이윤의 극대화, 기업가치의 극대화	**13**	증권시장선, 기대수익률
03	유동성 선호, 화폐의 시간가치	**14**	영업레버리지, 재무레버리지
04	무이표채, 이표채	**15**	가중평균자본비용(WACC)
05	상호관련성, 독립적 투자안, 상호배타적 투자	**16**	자본조달이론, 최적 자본구조
06	전통적 기법, 회수기간법, 내부수익률법	**17**	유한책임, 잔여재산청구권
07	회계적 이익률법, 회계적 이익률	**18**	파생상품
08	순현재가치법, 현가(현재가치), 현금유출	**19**	선물, 옵션
09	지배원리, 최적자산의 선택	**20**	미국형, 유럽형
10	체계적 위험, 비체계적 위험	**21**	총자산순이익률(ROA)
11	자본시장선(CML)	**22**	경제적 부가가치(EVA)

01 기출 15

☑ 확인 Check! ○ △ ✕

매년 말 200만 원을 영원히 지급받는 영구연금의 현재가치는?
(단, 연간 이자율은 10%)

① 1,400만 원   ② 1,600만 원

③ 1,800만 원   ④ 2,000만 원

⑤ 2,200만 원

02 기출 18

☑ 확인 Check! ○ △ ✕

A기업은 액면가액 10,000원, 만기 2년, 액면이자율 연 3%인 채권을 발행하였다. 시장이자율이 연 2%라면, 이 채권의 이론가격은?(단, 가격은 소수점 첫째 자리에서 반올림한다)

① 9,194원   ② 9,594원

③ 10,194원   ④ 10,594원

⑤ 10,994원

정답 및 해설

01

영구연금이란 미래 특정기간에 도달했을 때 동일한 금액이 영원히 발생하는 현금흐름으로 영구연금의 현재가치는 현금흐름을 할인율로 나누어서 계산한다.

$$영구연금의 \ 현재가치 = \frac{200만 \ 원}{0.1} = 2,000만 \ 원$$

정답 ④

02

이표채의 가격은 매 기간 발생하는 이자의 현가에 만기에 발생하는 액면가의 현가를 더해서 구할 수 있으므로

$$B = \frac{10,000 \times 0.03}{(1 + 0.02)} + \frac{(10,000 \times 0.03) + 10,000}{(1 + 0.02)^2}$$

$$≒ 294 + 9,900 = 10,194(원)$$

정답 ③

03 기출 23

☑ 확인Check! ○ △ ✕

(주)한국은 다음과 같은 조건의 사채(액면금액 ₩1,000,000, 액면이자율 8%, 만기 5년, 이자는 매년 말 지급)를 발행하였다. 시장이자율이 10%일 경우, 사채의 발행금액은?(단, 사채발행비는 없으며, 현가계수는 주어진 자료를 이용한다)

기간(년)	단일금액 ₩1의 현가계수		정상연금 ₩1의 현가계수	
	8%	10%	8%	10%
5	0.68	0.62	3.99	3.79

① ₩896,800
② ₩923,200
③ ₩939,800
④ ₩983,200
⑤ ₩999,200

04 기출 21

☑ 확인Check! ○ △ ✕

올해 말(t = 1)에 예상되는 A사 보통주의 주당 배당금은 1,000원이며, 이후 배당금은 매년 10%씩 영구히 증가할 것으로 기대된다. 현재(t = 0) A사 보통주의 주가(내재가치)가 10,000원이라고 할 경우 이 주식의 자본비용은?

① 10%
② 15%
③ 20%
④ 25%
⑤ 30%

05 기출 24

☑ 확인Check! ○ △ ✕

금년 초에 5,000원의 배당(= d_0)을 지급한 A기업의 배당은 매년 영원히 5%로 일정하게 성장할 것으로 예상된다. 요구수익률이 10%일 경우 이 주식의 현재가치는?

① 50,000원
② 52,500원
③ 100,000원
④ 105,000원
⑤ 110,000원

03

사채의 가격
= (1년간의 액면이자 × 시장이자율의 5년 정상연금현가계수) + (원금 × 시장이자율의 5년 단일금액현가계수)
= (₩1,000,000 × 0.08 × 3.79) + (₩1,000,000 × 0.62)
= ₩923,200

정답 ②

04

고든의 항상성장모형에서 자본비용은 요구수익률이고, 주식의 현재가치는

'주당 현재가치 = $\dfrac{\text{주당 배당금}}{(\text{요구수익률} - \text{배당금 성장률})}$'이므로,

'요구수익률 = $\dfrac{\text{주당 배당금}}{\text{주당 현재가치}}$ + 배당금 성장률'이다.

따라서 요구수익률 = $\dfrac{1,000}{10,000}$ + 0.1 = 0.2 = 20(%)이다.

정답 ③

05

고든의 항상성장 모형에 따라 계산을 하되, 연초에 5,000의 배당이 이미 이루어 졌으므로 해당 부분을 반영하여 계산을 하여야 한다.
따라서 연초 배당금 5,000원과 항상성장 모형에 의한 주식의 현재가치 $P = D/(k-g)$ = 5,000/(0.1 - 0.05) = 100,000원의 합인 105,000원이 된다.

정답 ③

06 기출 18

☑ 확인Check! ○ △ ✕

자본예산은 투자로 인한 수익이 1년 이상에 걸쳐 장기적으로 실현될 투자결정에 관한 일련의 과정을 말한다. 투자안의 평가방법에 해당하지 않는 것은?

① 유동성분석법
② 수익성지수법
③ 순현재가치법
④ 내부수익률법
⑤ 회수기간법

06

유동성분석법은 유동자산이 유동부채를 감당할 수 있는지를 평가하는 방법으로, 재무적 안정성을 검토하는 방법이지 투자안을 평가하는 방법이 아니다.

정답 ①

07 기출 19

☑ 확인Check! ○ △ ✕

투자안의 경제성분석방법 중 화폐의 시간가치를 고려한 방법을 모두 고른 것은?

ㄱ. 회수기간법	ㄴ. 수익성지수법
ㄷ. 회계적 이익률법	ㄹ. 순현재가치법
ㅁ. 내부수익률법	

① ㄱ, ㄴ
② ㄱ, ㄹ
③ ㄴ, ㄷ
④ ㄴ, ㄹ, ㅁ
⑤ ㄷ, ㄹ, ㅁ

07

투자안을 평가하는 방법은 크게 전통적 기법과 현금흐름 할인법으로 구분할 수 있는데 전통적 기법은 화폐의 시간가치를 고려하지 않는 방법들로 회수기간법과 회계적 이익률법이 있고, 현금흐름 할인법은 화폐의 시간가치 고려하는 방법으로 순현재가치법, 내부수익률법, 수익성지수법이 이에 해당한다.

정답 ④

08 기출 18

☑ 확인Check! ○ △ ✕

A기업은 2019년 1월 1일에 150만 원을 투자하여 2019년 12월 31일과 2020년 12월 31일에 각각 100만 원을 회수하는 투자안을 고려하고 있다. A기업의 요구수익률이 연 10%일 때, 이 투자안의 순현재가치(NPV)는 약 얼마인가?(단, 연 10% 기간이자율에 대한 2기간 단일현가계수와 연금현가계수는 각각 0.8264, 1.7355이다)

① 90,910원
② 173,550원
③ 182,640원
④ 235,500원
⑤ 256,190원

08

현가계수란 각종 계산을 쉽게 하기 위해 미래의 금액에 대하여 다양한 이자율과 기간을 적용하여 현재의 가치를 계산해 놓은 표로, 문제에서는 2년간 동일한 금액이 유입되므로 연금의 현가계수를 사용하여 (100만 원×1.7355)－150만 원＝235,500원으로 계산하면 된다. 그러나 현가계수의 사용법을 모르더라도 각각의 현금흐름에 대하여 현재가치를 구한 후 현금유출인 투자액을 차감하는 방식으로 다음과 같이 계산하여도 동일한 답을 얻을 수 있다.

$$\frac{100만 \ 원}{1.1} + \frac{100만 \ 원}{1.21} - 150만 \ 원 ≒ 235,500원$$

정답 ④

09 기출 15

☑ 확인 Check! ○ △ ✕

투자안의 순현가를 0으로 만드는 수익률(할인율)은?

① 초과수익률
② 실질수익률
③ 경상수익률
④ 내부수익률
⑤ 명목수익률

10 기출 20

☑ 확인 Check! ○ △ ✕

다음에서 설명하는 투자안의 경제적 평가방법은?

- 투자안으로부터 예상되는 미래 기대현금유입액의 현재가치와 기대현금유출액의 현재가치를 일치시키는 할인율을 구한다.
- 산출된 할인율, 즉 투자수익률을 최소한의 요구수익률인 자본비용 또는 기회비용과 비교하여 투자안의 채택 여부를 결정한다.

① 순현가법
② 수익성지수법
③ 회수기간법
④ 내부수익률법
⑤ 평균회계이익률법

09

① 초과수익률 : 개별자산 또는 포트폴리오의 수익률이 무위험이자율을 초과하는 부분
② 실질수익률 : 인플레이션율이 고려되어 조정된 투자수익률
③ 경상수익률 : 채권수익률의 일종으로 채권매입가격 대비 표면이자의 비율
④ 내부수익률 : 미래 현금유입의 현가와 현금유출의 현가를 같게 만드는 할인율
⑤ 명목수익률 : 인플레이션에 의한 화폐가치의 변동을 고려하지 않은 투자수익률

정답 ④

10

내부수익률이란 미래현금흐름의 순현가(NPV)를 0으로 만드는 할인율로 미래의 현금 유입의 현가와 현금유출의 현가를 같게 만드는 할인율을 의미한다.

정답 ④

11

☑ 확인 Check! ○ △ ✕

K사는 A, B, C 세 투자안을 검토하고 있다. 모든 투자안의 내용연수는 1년으로 동일하며, 투자안의 자본비용은 10%이다. 투자액은 투자실행 시 일시에 지출되며 모든 현금흐름은 기간 말에 발생한다. 투자안의 투자액과 순현재가치(NPV)가 다음과 같은 경우 내부수익률(IRR)이 높은 순서대로 나열한 것은?

투자안	A	B	C
투자액	100억 원	200억 원	250억 원
순현재가치	20억 원	30억 원	40억 원

① A, B, C
② A, C, B
③ B, A, C
④ C, A, B
⑤ C, B, A

11

$IRR = \dfrac{\text{현금유입의 현가}}{\text{현금유출의 현가}} - 1$인데, 현금유출은 주어진 투자액을 사용하지만 현금유입액이 없으므로 먼저 현금의 유입액을 계산하기 위해 순현재가치를 이용한다. 순현재가치는 현금유입에서 현금유출을 차감한 후 자본비용으로 할인한 것이므로 반대로 현금유입액은 투자액과 순현재가치를 더한 후 자본비용만큼을 할증하여 아래와 같이 산출한 후 IRR을 계산한다.

- A안의 현금유입 : (20억 원 + 100억 원) × 1.1 = 132억 원,

  A안의 IRR : $\dfrac{132억 원}{100억 원} - 1 = 32\%$

- B안의 현금유입 : (30억 원 + 200억 원) × 1.1 = 253억 원,

  B안의 IRR : $\dfrac{253억 원}{200억 원} - 1 = 26.5\%$

- C안의 현금유입 : (40억 원 + 250억 원) × 1.1 = 319억 원,

  C안의 IRR : $\dfrac{319억 원}{250억 원} - 1 = 27.6\%$

정답 ②

12

☑ 확인 Check! ○ △ ✕

투자안의 경제성 평가 방법에 관한 설명으로 옳은 것은?

① 회계적이익률법의 회계적이익률은 연평균 영업이익을 연평균 매출액으로 나누어 산출한다.
② 회수기간법은 회수기간 이후의 현금흐름을 고려한다.
③ 순현재가치법은 재투자수익률을 내부수익률로 가정한다.
④ 내부수익률법에서 개별투자안의 경우 내부수익률이 0보다 크면 경제성이 있다.
⑤ 수익성지수법에서 개별투자안의 경우 수익성지수가 1보다 크면 경제성이 있다.

12

회계적이익률법은 연평균 순이익을 연평균 투자액으로 나눈 것이고, 회수기간법은 회수기간 이후의 현금흐름을 고려하지 않으며, 재투자수익률을 내부수익률로 가정하는 것은 내부수익률법이며 내부수익률법에서는 순현재가치가 0이 되는 할인율을 찾는 방법이다.

정답 ⑤

13 기출 21

☑ 확인Check! ○ △ ✕

주식 A와 B의 기대수익률은 각각 10%, 20%이다. 총투자자금 중 40%를 주식 A에, 60%를 주식 B에 투자하여 구성한 포트폴리오 P의 기대수익률은?

① 15% ② 16%
③ 17% ④ 18%
⑤ 19%

13

포트폴리오의 기대수익률은 각 자산의 구성비율에 각 자산의 기대수익률을 곱한 것을 모두 더해서 계산하므로 포트폴리오의 기대수익률
= {주식 A의 구성비율(40%) × 주식 A의 기대수익률 (10%)} + {주식 B의 구성비율(60%) × 주식 B의 기대수익률(20%)}
= (0.4 × 0.1) + (0.6 × 0.2) = 0.16 = 16%

정답 ②

14 기출 22

☑ 확인Check! ○ △ ✕

A주식에 대한 분산은 0.06이고, B주식에 대한 분산은 0.08이다. A주식의 수익률과 B주식의 수익률 간의 상관계수가 0인 경우, 총투자자금 중 A주식과 B주식에 절반씩 투자한 포트폴리오의 분산은?

① 0.025 ② 0.035
③ 0.045 ④ 0.055
⑤ 0.065

14

A, B 두 자산으로 구성된 포트폴리오의 분산은 각 개별 자산의 비중과 분산, 상관계수를 알고 있다면
{(A주식의 비중)^2 × A주식의 분산} + {(B주식의 비중)^2 × B주식의 분산} + {(2 × A주식의 비중 × B주식의 비중) × A, B주식의 공분산}으로 계산할 수 있다. 그런데 문제에서 상관계수가 0이라는 것은 공분산이 0인 것이므로
$(0.5^2 × 0.06) + (0.5^2 × 0.08) = 0.035$

정답 ②

15 기출 14

☑ 확인Check! ○ △ ✕

마코위츠(Markowitz)가 제시한 포트폴리오이론의 가정으로 옳은 것은?

① 투자자들은 기대수익극대화를 추구한다.
② 거래비용과 세금을 고려한다.
③ 투자자들은 포트폴리오 구성 시 무위험자산을 고려한다.
④ 완전자본시장이 고려된다.
⑤ 투자자들은 투자대상의 미래수익률 확률분포에 대하여 같은 예측을 한다.

15

마코위츠의 포트폴리오이론의 가정은 단일기간을 기준으로 투자자들은 기대효용을 극대화하려 하며, 자본시장에 마찰요인이 없어 세금이나 거래비용은 고려하지 않고, 기대수익률과 표준편차에 의존하여 지배원리에 따라 투자 대상을 선택한다고 가정하고 있다.

정답 ⑤

16 [기출 17]

☑ 확인 Check! ○ △ ✕

자본자산가격결정모형(CAPM)의 가정으로 옳지 않은 것은?

① 투자자는 위험회피형 투자자이며 기대효용 극대화를 추구한다.
② 무위험자산이 존재하며, 무위험이자율로 무제한 차입 또는 대출이 가능하다.
③ 세금과 거래비용이 존재하는 불완전 자본시장이다.
④ 투자자는 평균 – 분산기준에 따라 포트폴리오를 선택한다.
⑤ 모든 투자자는 투자대상의 미래 수익률의 확률분포에 대하여 동질적 예측을 한다.

16

CAPM 모델의 가정은 증권시장은 거래비용, 소득세, 정보비용 등이 존재하지 않는 완전자본시장이며, 균형상태라는 점, 증권시장에는 수많은 투자자가 있으나, 이들은 시장가격에 영향을 줄 수 없는 가격순응자라는 점, 투자자들은 위험회피형으로, 평균 – 분산 선택기준에 의해 포트폴리오를 선택한다는 점, 자본시장에는 무위험자산이 존재하고, 모든 투자자들은 무위험이자율로서 투자자금을 빌리거나 빌려줄 수 있다는 점, 모든 투자자들은 각 자산의 미래 수익률과 위험에 대해 동일한 예측을 한다는 점이다.

정답 ③

17 [기출 24]

☑ 확인 Check! ○ △ ✕

자본시장선(CML)과 증권시장선(SML)에 관한 설명으로 옳지 않은 것은?

① 증권시장선 보다 아래에 위치하는 주식은 주가가 과대평가 된 주식이다.
② 자본시장선은 개별위험자산의 기대수익률과 체계적 위험(베타) 간의 선형관계를 설명한다.
③ 자본시장선 상에는 비체계적 위험을 가진 포트폴리오가 놓이지 않는다.
④ 동일한 체계적 위험(베타)을 가지고 있는 자산이면 증권시장선 상에서 동일한 위치에 놓인다.
⑤ 균형상태에서 모든 위험자산의 체계적 위험(베타) 대비 초과수익률(기대수익률$[E(r_i)]$ – 무위험수익률$[r_f]$)이 동일하다.

17

개별 위험자산의 기대수익률과 체계적 위험간의 관계를 설명하는 것은 증권시장선이다.

정답 ②

➕ PLUS

구 분	자본시장선(CML)	증권시장선(SML)
대 상	완전 분산투자가 된 효율적 포트폴리오	효율적 자산과 비효율적 자산을 모두 포함
비 교	시장 포트폴리오의 총위험과 기대수익률	개별증권의 체계적 위험과 기대수익률

18 기출 21

☑ 확인 Check! ○ △ ✕

증권시장선(SML)과 자본시장선(CML)에 관한 설명으로 옳지 않은 것은?

① 증권시장선의 기울기는 표준편차로 측정된 위험 1단위에 대한 균형가격을 의미한다.
② 증권시장선 아래에 위치한 자산은 과대평가된 자산이다.
③ 자본시장선은 효율적 자산의 기대수익률과 표준편차의 선형관계를 나타낸다.
④ 자본시장선에 위치한 위험자산은 무위험자산과 시장포트폴리오의 결합으로 구성된 자산이다.
⑤ 자본시장선에 위치한 위험자산과 시장포트폴리오의 상관계수는 1이다.

19 기출 17

☑ 확인 Check! ○ △ ✕

다음에서 증권시장선(SML)을 이용하여 A 주식의 균형기대수익률을 구한 값은?

- 무위험이자율 : 5%
- 시장포트폴리오 기대수익률 : 10%
- A 주식의 베타 : 1.2

① 5% ② 7%
③ 9% ④ 11%
⑤ 13%

20 기출 19

☑ 확인 Check! ○ △ ✕

(주)한국의 자기자본 시장가치와 타인자본 시장가치는 각각 5억원이다. 자기자본비용은 16%이고, 세전타인자본비용은 12%이다. 법인세율이 50%일 때 (주)한국의 가중평균자본비용(WACC)은?

① 6% ② 8%
③ 11% ④ 13%
⑤ 15%

18

증권시장선은 개별자산의 기대수익률을 도출해내는 모형으로, 기대수익률과 베타 사이에 비례관계가 성립하여 체계적 위험이 높으면 기대수익률도 높아지고 체계적 위험이 낮으면 기대수익률도 낮아지게 되는 것으로 결국 증권시장선의 기울기는 시장포트폴리오에 대한 위험 프리미엄을 의미한다.

정답 ①

19

A 주식의 기대수익률
= 무위험이자율 + (시장평균수익률 − 무위험이자율) × β
= 5% + (10% − 5%) × 1.2 = 11%

정답 ④

20

$$WACC = 자기자본비용 \times \left(\frac{자기자본}{자기자본 + 타인자본} \right)$$

$$+ \left\{ 타인자본비용(1 - 법인세율) \right.$$

$$\left. \times \left(\frac{타인자본}{자기자본 + 타인자본} \right) \right\} 이므로$$

$$\left(16\% \times \frac{5억}{10억} \right) + \left\{ 12\% \times (1 - 0.5) \times \frac{5억}{10억} \right\}$$

$$= 8\% + 3\% = 11\%$$

정답 ③

21 지도 23

☑ 확인Check! ○ △ ✕

A사는 타인자본 500억 원, 자기자본 500억 원을 조달하였다. A사의 자본비용은 타인자본이 10%, 자기자본이 20%일 때, 가중평균자본비용(WACC)은? (단, 법인세는 고려하지 않음)

① 5% ② 10%

③ 15% ④ 20%

⑤ 25%

21

$$\left(20\% \times \frac{500억}{1000억}\right) + \left(10\% \times \frac{500억}{1000억}\right)$$

$= 10\% + 5\% = 15\%$

정답 ③

22 기출 16

☑ 확인Check! ○ △ ✕

주식에 관한 설명으로 옳지 않은 것은?

① 기업의 이익 중 일부를 주주에게 분배하는 것을 배당이라 한다.
② 기업은 발행한 보통주에 대한 상환의무를 갖지 않는다.
③ 주식은 자금조달이 필요한 경우 추가로 발행될 수 있다.
④ 모든 주식은 채권과 달리 액면가가 없다.
⑤ 주주는 투자한 금액 내에서 유한책임을 진다.

22

④ 액면가는 증권표면에 적힌 금액으로, 주식도 채권과 같이 액면가가 있다.

정답 ④

23 기출 20

☑ 확인Check! ○ △ ✕

선물거래에 관한 설명으로 옳지 않은 것은?

① 조직화된 공식시장에서 거래가 이루어진다.
② 다수의 불특정 참가자가 자유롭게 시장에 참여한다.
③ 거래대상, 거래단위 등의 거래조건이 표준화되어 있다.
④ 계약의 이행을 보증하려는 제도적 장치로 일일정산, 증거금 등이 있다.
⑤ 반대매매를 통한 중도청산이 어려워 만기일에 실물의 인수·인도가 이루어진다.

23

반대매매를 통한 중도청산이 어려워 만기일에 실물의 인수·인도가 이루어지는 것은 선도거래이다. 선물은 대부분 중도청산이 된다. 선물거래는 결제일 이전에도 반대매매를 통해 거래 청산이 가능하여 계약불이행의 위험을 감소시킨 파생상품이다.

정답 ⑤

24 기출 15

☑ 확인Check! ○ △ ✕

매출액순이익률이 2%이고 총자본회전율이 5인 기업의 총자본순이익률은?

① 1% ② 2.5%

③ 5% ④ 7%

⑤ 10%

24

총자본순이익률(ROA)
= 매출액 순이익률 × 총자본회전률
= 2% × 5 = 10%

정답 ⑤

25 기출 17

☑ 확인Check! ○ △ ✕

유동비율 = $\dfrac{A}{유동부채} \times 100$, 자기자본순이익률(ROE) = (1 + 부채비율) × (B)일 때, 각각 옳게 짝지어진 것은?

	A	B
①	유동자산	총자본순이익률
②	유동자산	매출액순이익률
③	유동자산	총자본회전율
④	유형자산	총자본회전율
⑤	유형자산	매출액영업이익률

25

• 유동비율 = $\dfrac{유동자산}{유동부채} \times 100$

• 자기자본순이익률(ROE)

$= 매출액\ 순이익률 \times 총자산회전율 \times \dfrac{1}{자기자본비율}$

$= \dfrac{순이익}{매출액} \times \dfrac{매출액}{총자본} \times \dfrac{총자산}{자기자본}$

= 총자본순이익률 × (1 + 부채비율)

정답 ①

26 기출 24

☑ 확인Check! ○ △ ✕

총자산순이익률(ROA)이 20%, 매출액순이익률이 8%일 때 총자산회전율은?

① 2

② 2.5

③ 3

④ 3.5

⑤ 4

26

$ROA = \dfrac{순이익}{총자산}$

$= \dfrac{순이익}{매출액} \times \dfrac{매출액}{총자산}$

= 매출액순이익률 × 총자산회전율이므로,

ROA = 20% = 매출액순이익율(8%) × 총자산회전율
총자산회전율 = 20%/8% = 2.5

정답 ②

PART 09

MIS

—

제1절 정보시스템

1. 정보의 의미와 가치 지도 14 · 24

정보란 목적에 맞게 정리된 자료를 뜻하는데 다양한 데이터와 지식을 모아둔 것이 자료라고 한다면 정보는 자료가 목적에 맞게 체계적으로 정리된 것으로 정의할 수 있으며, 이러한 정보의 가치는 적합성, 정확성, 적시성, 형태성에 의하여 결정된다고 할 수 있다.

① 적합성(relevance) : 해당 정보가 당면한 문제의 해결에 얼마나 적절한가, 얼마나 연관되어 있는가의 정도

② 정확성(accuracy) : 증거성(verifiability), 정보에 오류가 어느 정도 포함되어 있는지의 정도, 정보의 정확성을 확인할 수 있는 정도

③ 적시성(timeliness) : 정보의 시간적 가치, 정보가 필요한 시기에 맞추어 공급되는지의 정도

④ 형태성(presentability) : 의사결정자의 요구에 부합하는 형태로 제공되는지의 정도

2. 정보시스템의 정의

정보시스템은 특정 목적을 위해 정보를 수집, 처리, 저장, 분석, 배포하는 관련 요소들의 집합을 의미하며, 하드웨어, 소프트웨어, 데이터베이스, 통신 및 네트워크, 사람과 절차를 그 구성요소로 한다.

① 하드웨어(Hardware) : 입력, 처리, 출력 활동을 수행

② 소프트웨어(Software) : 컴퓨터의 작업을 지시하는 기능을 수행

③ 데이터베이스(Database) : 조직화된 사실과 정보들로 구성

④ 통신/네트워크(Telecommunication and Network) : 통신은 지리적, 시간적 장벽을 극복하게 하고, 네트워크는 컴퓨터와 컴퓨터 또는 컴퓨터와 주변장치를 연결

⑤ 사람(People) : 전산 전문가, 조직 구성원

⑥ 절차(Procedure) : 정보시스템의 개발과 활용 절차, 프로그램의 실행 절차

3. 정보시스템의 필요성

정보시스템은 정보의 급증, 경영환경의 급격한 변화, 기업 내의 부서 간 상호의존성의 증대로 인하여 그 필요성이 증대되고 있으며, 생산성을 향상시키고 경쟁우위의 원천으로서 역할을 수행하기 위하여 개발 및 구축되고 있다.

① 정보의 급증 : 정보의 홍수, 필요한 정보만 선별하여 의사결정에 이용

② 경영환경의 급격한 변화 : 불연속적인 변화에 대응하기 위한 미래 예측정보를 수집

③ 기업 내 부서 간 상호의존성 증대 : 기업의 거대화, 세계화로 조직 간 의견조정 및 통제가 필요
④ 생산성 향상 : 정보시스템을 이용한 공장자동화, 유통기업의 거래의 기록/처리
⑤ 경쟁우위 원천으로서의 정보시스템 : 능률, 저비용, 노동력 절감, 경영혁신을 촉진

1. 경영정보시스템의 정의와 역할

경영정보시스템은 고객 가치를 증대시키기 위해 기업의 생산성과 효율성을 높일 수 있도록 활용되는 정보시스템으로 기업경영에서 업무처리방식을 효율화하고, 의사결정의 정확성, 신속성을 증가(ERP)시키며, 공급자 및 소비자와의 밀착화(SCM)와 조직과 업무분담의 재정비(BPR, 아웃소싱), 세계화에의 대응(네트워크, 통신), 경영전략의 혁신(CIO, CTO, SIS), 새로운 분야로의 진출(IT 신사업, E-Biz) 등을 위해 사용된다.

2. 경영정보시스템의 구분 기출 21 지도 15

경영정보시스템은 기능에 따라 지식업무지원시스템, 운영지원시스템, 관리지원시스템으로 구분할 수 있다.

(1) 지식업무지원시스템

사무정보시스템(OIS ; Office Information System)이 대표적으로, 사무실의 지식근로자가 사용한다.

(2) 운영지원시스템

거래처리시스템(TPS ; Transaction Processing System)이 대표적으로, 일상적으로 반복되는 거래처리를 지원한다.

(3) 관리지원시스템

경영자에게 과거 및 현재의 경영 정보를 제공하는 경영보고시스템(MRS ; Management Reporting System), 비구조적 의사결정 문제를 지원하는 의사결정지원시스템(DSS ; Decision Support System), 고위 경영층의 전략수준 의사결정을 지원하는 중역정보시스템(EIS ; Executive Information System) 등이 있다.

3. 경영정보시스템의 종류 기출 16·17 지도 18·24

(1) 전사적 자원관리(ERP ; Enterprise Resource Planning)

가트너 그룹에서 최초로 도입, 독립적으로 운영되던 인사정보시스템, 재무정보시스템, 생산관리시스템 등을 하나로 통합한 시스템으로, 기업 내의 인적 – 물적 자원의 활용도를 극대화하고자 하는 경영 혁신기법 & 시스템

(2) 거래처리정보시스템(TPIS ; Transaction Processing Information System)

자재의 입고, 제품의 출고 등에서 이루어지는 거래들을 처리하고 전사에 공유되도록 하는 시스템

(3) MIS(Management Information System)

기업 내외부의 모든 정보를 관리하는 시스템으로 DW(Data Warehouse) 구축을 통해 구현되며 고객, 시장, 기업 내부의 정보 등 기업의 모든 활동 정보를 공통된 형식으로 변환하여 통합 관리하는 시스템

(4) SEM(Strategic Enterprise Management)

기업의 전략과 성과 등을 관리하기 위한 시스템으로 BSC(Balanced Score Card)의 구축에 사용되어 재무, 고객, 내부프로세스, 학습과 성장 등 4분야로 나누어 각각의 목표를 측정한다.

(5) KMS(Knowledge Management System)

지식경영이 가능하도록 하는 시스템으로 기업이 지식자원의 활용도를 높이기 위해 지식을 체계적으로 관리하는 시스템

(6) CRM(Customer Relationship Management System)

고객 관계 관리, 고객과 관련된 기업의 내외부 자료를 분석, 통합하여 고객 특성에 기초한 마케팅 활동을 계획하고, 지원하며, 평가하는 시스템

(7) SCM(Supply Chain Management)

물자, 정보 등이 공급자에서 생산자, 도매업자, 소매상인, 소비자에게 이동하는 진행 과정을 통합적으로 관리하여 재고를 감소시키기 위하여 사용하는 시스템으로 EDI와 CALS의 구축을 통해 구현한다.

EDI · CALS
- EDI(Electronic Data Interchange) : 수, 발주 장부 및 지불청구서 등 기업 서류를 컴퓨터 간에 교환할 수 있도록 제정된 기준
- CALS(Commerce At Light Speed) : 상품의 라이프사이클 정보를 디지털화하여 경영에 활용하는 기업 간 정보시스템, 제조업체, 협력업체 등 관련 기업들이 정보를 공유하고 경영에 활용하는 기업 간 정보시스템

제3절 인트라넷

1. 인트라넷(intranet)

① 인트라넷은 한 조직의 내부를 네트워크로 연결한 것으로 인트라넷을 사용하게 되면 별도의 통신망을 구축하지 않더라도 세계 어느 곳에서도 자신이 속한 조직의 정보시스템을 사용할 수 있어 조직 내의 정보공유와 커뮤니케이션의 활성화, 협업의 강도를 높일 수 있게 되며, 의사결정을 위한 플랫폼으로도 많이 사용된다.

② 기업 운영을 지원하는 핵심 어플리케이션의 개발과 배치를 위한 플랫폼으로도 많이 이용된다.

2. 엑스트라넷(extranet)

① 엑스트라넷은 '외부'를 의미하는 'extra'와 통신망을 의미하는 'net'의 합성어로 납품업체나 고객업체 등 자기 회사와 관련 있는 기업체들과의 원활한 통신을 위해 인트라넷의 이용 범위를 기업체 간으로 확대한 것이다.

② 엑스트라넷의 활용으로 파트너 간의 커뮤니케이션이 개선되고 이를 기반으로 경쟁에서의 우위를 점할 수 있다.

CHAPTER
02 시스템의 개발

제1절 시스템개발 생명주기

1. 시스템개발 생명주기의 의미

시스템개발 생명주기(SDLC ; Systems Development Life Cycle)란 소프트웨어의 생성에서 소멸까지를 단계별로 구분한 것으로 소프트웨어를 어떻게 개발할 것인가에 대하여 순차적, 병렬적인 단계로 구성된 절차를 말한다.

2. 시스템개발 생명주기의 진행순서　기출 16

일반적으로 시스템의 개발 생명주기는 시스템 조사 → 시스템 분석 → 시스템 설계 → 시스템 구현 → 시스템 지원의 순서로 진행된다.

① **시스템(타당성) 조사** : 조직적, 경제적, 기술적, 운영적, 동기적 타당성 조사
② **시스템 분석** : 조직분석, 현재 시스템 분석, 시스템 요구사항의 분석
③ **시스템 설계** : 인터페이스 설계, 데이터 설계, 프로그램 설계
④ **시스템 구축** : 하드웨어, 소프트웨어, 테스팅, 시스템 전환
⑤ **시스템 운영** : 시스템 유지, 보수, 개선

제2절 시스템개발 생명주기 모델

1. 주먹구구식 개발 모델(Build-Fix Model)

요구사항의 분석이나 설계 단계 없이 일단 개발에 들어간 후 만족할 때까지 수정작업을 수행하는 개발 방식이다.

2. 폭포수 모델(Waterfall Model)

폭포수 모델은 위에서 아래로 떨어지는 폭포수처럼 순차적으로 소프트웨어를 개발하는 모델로 대부분의 소프트웨어 개발 프로젝트에서는 폭포수 모델을 사용하여 개발되어 왔는데, 폭포수 모델은 이전 단계가 완료가 되어야 다음 단계를 진행할 수 있기 때문에 개발기간이 오래 걸리는 단점이 있다.

3. 원형 모델(Prototyping Model)

원형 모델은 폭포수 모델의 시간적 단점을 보완하기 위해 만들어진 모델로 원형(Prototype)을 만들어 고객과 개발자가 함께 검증하고, 고객의 요구사항을 보완하여 점진적으로 완성도 높은 제품을 만들어 가는 방법이다.

4. 애자일(agile) 모델

애자일의 의미처럼 날렵하고 민첩하게 개발하기 위해 최소 규모의 팀을 구성해 신속하게 개발하는 방식으로, 반복(iteration)이라 불리는 단기 단위를 채용하여 개발을 진행하고, 고객의 피드백을 받아 지속적으로 보완하면서 위험을 최소화하는 개발방법이다. 익스트림 프로그래밍(extreme programming)이 애자일 개발 프로세스의 대표적인 방법이라고 할 수 있다.

제3절 데이터베이스와 빅데이터

1. 데이터베이스와 DB 정규화의 의미 [기출] 15 · 20

데이터베이스(data base)란 여러 사람에 의해 공유되어 사용될 목적으로 통합하여 관리되는 데이터의 집합을 의미하며, 데이터베이스의 구축을 위해서는 자료항목의 중복을 없애고 무결성을 극대화하고, 자료를 구조화하여 저장함으로써 자료검색과 갱신의 효율을 높이는 분석 및 효율화 작업이 필수적인데 이를 정규화(normalization)라고 한다.

데이터 관련 용어	
데이터 무결성	데이터베이스에 저장된 데이터 값과 그 데이터 값이 표현하는 실제값이 일치하는 정도
데이터 마이닝	기업의 경영활동과정에서 발생한 대규모 데이터에 담긴 변수들 간에 존재하는 패턴과 규칙을 발견하여 가치 있는 정보를 추출하는 기법
데이터 정제	데이터분석의 전처리작업으로, 수집한 데이터의 결측치나 이상치들을 다른 값으로 대체하거나 제거하는 것
데이터 마트	전사적으로 구축된 데이터웨어하우스를 특정 주제나 부서별 사용자와 연결시켜 주는 소규모 데이터웨어하우스

2. 빅데이터와 빅데이터 기술 [기출] 16 · 24 [지도] 24

(1) 빅데이터

빅데이터(big data)란 디지털 환경에서 생성되는 데이터로 그 규모가 방대하고, 생성 주기도 짧고, 형태도 수치 데이터뿐 아니라 문자와 영상 데이터를 포함하는 대규모 데이터를 의미하며 기존의 데이터 환경과는 차별화된 특성을 가지고 있다.

(2) 빅데이터 기술

빅데이터와 관련한 기술은 저장기술, 분석기술, 표현기술로 구분할 수 있는데, 저장기술은 하둡(Hadoop)과 NoSQL(Not Only SQL)이 대표적인 기술로 기존의 관계형 데이터베이스가 정형화된 정보를 주로 저장하고 관리하는 데 반하여 비정형의 다양한 데이터를 관리하기 위하여 개발된 기술들이다. 분석기술로는 텍스트 마이닝(text mining), 오피니언 마이닝(opinion mining), 소셜 네트워크 분석(social network analysis) 등이 사용되고 데이터 분석을 통해 추출한 의미와 가치를 시각적으로 표현하는 기술로는 주로 R 언어를 사용한다.

구 분	기 존	빅데이터 환경
데이터	정형화된 수치자료 중심	• 비정형의 다양한 데이터 • 문자 데이터(SMS, 검색어) • 영상 데이터(CCTV, 동영상) • 위치 데이터
하드웨어	• 고가의 저장장치 • 데이터베이스 • 데이터웨어하우스(Data-warehouse)	클라우드 컴퓨팅 등 비용 효율적인 장비 활용 가능
소프트웨어 /분석 방법	• 관계형 데이터베이스(RDBMS) • 통계패키지(SAS, SPSS) • 데이터 마이닝(data mining) • machine learning, knowledge discovery	• 오픈소스 형태의 무료 소프트웨어 • Hadoop, NoSQL • 오픈 소스 통계솔루션(R) • 텍스트 마이닝(text mining) • 온라인 버즈 분석(opinion mining) • 감성 분석(sentiment analysis)

03 정보화와 경영패러다임의 변화

1. 디지털 신경제의 법칙

전통적인 경제의 법칙은 생산요소를 투입할수록 비용은 증가하는 데 반하여 수익은 그에 비례해서 증가하지 않는 <u>수확체감의 법칙</u>이 기반이 되었다면, 디지털 환경에서는 생산요소를 투입할수록 비용은 줄고 수익은 증가하는 <u>수확체증의 법칙</u>이 작동되고 있다.

수확체감	수확체증
• 노래방 기계 1대 → 수익 100만 원 증가 • 노래방 기계 2대 → 수익 50만 원 증가	• 윈도우 1개 생산 → 개발비 500만 달러 • 윈도우 2개 생산 → CD 1장 비용

2. 롱 테일(long tail) 법칙

① '결과물의 80%는 조직의 20%에 의하여 생산된다'라는 전통적인 파레토법칙에 반대되는 개념으로 <u>80%의 '사소한 다수'가 20%의 '핵심 소수'보다 뛰어난 가치를 창출</u>한다는 이론이다.

② 인터넷 비즈니스에서 성공한 기업들의 사례를 연구해 보면 20%의 히트상품보다는 80%의 틈새상품을 통해 더 많은 매출을 발생시키는 현상을 확인할 수 있다.

3. 네트워크 효과(Network Effect)

① 네트워크 효과란 특정 상품에 대한 어떤 사람의 수요가 다른 사람들의 수요에 의해 영향을 받는 현상을 말한다.

② 인터넷 비즈니스의 경우 사이트 이용자수가 많아질수록 그 사이트의 가치가 높아지게 되고, 이용자의 수가 일정한 임계점을 지나면 쏠림 현상(Tipping Effect)이 발생하여 폭발적으로 점유율이 높아져 시장을 독점하게 된다.

4. 기술발전의 법칙 기출 23 지도 23

① 무어의 법칙(Moore's Law) : 인텔의 창립자 고든 무어(Gordon Moore)가 1965년에 발견한 관찰 결과를 켈리포니아 공과대학의 교수 카버 미드가 발견자 고든 무어의 이름을 따 명명한 법칙으로 반도체에 집적하는 트랜지스터 수는 1 ~ 2년마다 2배로 증가한다는 것이다. 고든 무어는 최초에는 1년마다 2배씩 증가한다고 관찰했으나 10년 뒤에 2년마다 2배로 정정했다. 이를 인텔의 임원 데이비드 하우스가 18개월마다 2배씩 증가하고 가격은 반으로 떨어진다라고 정의해 일반적으로 데이비드 하우스의 수정본이 무어의 법칙으로 대중들에게 알려져 있다.

② 황의 법칙(Hwang's Law) : 2002년에 삼성전자의 황창규 기술총괄 사장이 발표한 것으로 집적 회로를 뛰어넘는 메모리의 발전으로 인해서 앞으로는 1년에 2배씩 용량이 증가할 것이라고 주장한 것인데 이후 계속해서 낸드 플래시 계열의 메모리가 급격히 발전하면서 실제로 증명되었다.

③ 이룸의 법칙(Eroom's law) : 무어의 법칙의 반대 개념으로 지수적 성장을 하지 못하고 발전이 정체되거나 오히려 로가리듬처럼 시간이 갈수록 발전 속도가 느려지는 분야에 사용되는 용어이다. 주로 신약 개발, 신소재, 배터리 등의 분야에서 이러한 현상이 발생한다.

제2절 인터넷에 의한 경영패러다임의 변화

1. 일대일(One-to-one)경영의 실현

정보시스템의 발달과 인터넷 기술의 발달은 고객관계관리 기술의 발달과 고객관리 비용의 절감을 통해 개별 고객과의 1 : 1 관계 마케팅을 가능하게 하였다.

2. 역동적인 가격체계(dynamic pricing)의 구축

SCM과 판매시스템이 인터넷과 결합하면서 공급자로부터 고객까지에 이르는 모든 정보를 웹을 통해 파악 및 통제가 가능하게 하였고, 이를 기반으로 고객별, 시장별로 가격의 차별이 가능해지고 고객이 원하는 가격 에 맞춘 제품을 제공하는 등의 역동적인 가격체계가 구축되었다.

3. 쌍방향 커뮤니케이션의 가능

인터넷의 발달은 시장의 동향과 고객의 요구변화를 보다 쉽게 파악할 수 있게 하며 고객과의 직접 커뮤니케이션을 가능하게 함으로써 시장의 반응에 대한 기업의 대응 속도를 빠르게 하였다.

제3절 마케팅 패러다임의 변화

1. 고객화 마케팅

전통적 마케팅이 판매지향적 또는 고객지향적인 마케팅으로 대량생산에 따른 매스 마케팅을 중심으로 하였다면 현대적 마케팅은 고객지향을 넘어 고객 개개인의 고유한 니즈에 맞는 상품과 서비스를 개발하여 제공하는 고객화의 수준으로 발전하였고, 시장점유(Market Share)보다 고객점유(Customer Share)를 중시하여 한번 제품을 파는 것보다 장기적으로 같은 고객에게 지속적으로 자사의 제품을 판매하는 것을 더 중시하여 관계 마케팅이나 데이터 베이스 마케팅이 발전하게 되었다.

2. 인터넷 광고와 광고가격

(1) 인터넷 광고

인터넷 광고는 갱신이 용이하고, 기존 광고 수단에 비하여 비용이 저렴하며, 효과측정이 용이한 장점을 가지고 있기 때문에 활용도가 폭발적으로 증가하였다.

① 갱신 용이 : 홈페이지 업데이트, 새로운 내용의 메일
② 저렴한 비용 : 기존 광고 수단에 비해 가격이 저렴
③ 효과측정 용이 : 방문자 수, 페이지뷰, 클릭수 측정

(2) 광고의 가격결정

인터넷 광고의 가격은 노출횟수나 클릭횟수에 따라 가격이 결정되는데 CPM(Cost Per Mill) 방식은 배너의 노출횟수에 따라 광고가격을 산정하는 방식이고, CPC(Cost Per Click)은 배너의 클릭횟수에 따라 광고가격을 산정하는 방식이다. 이와는 별개로 일정 기간 동안 균일한 요금을 받는 고정요금(Flat Fee) 방식도 있다.

제4절 E-business

1. 전자상거래의 정의

① 전자상거래란 사이버 공간상에서 수행되는 모든 상거래 행위를 의미한다.
② 협의의 전자상거래란 인터넷상에서 홈페이지로 개설된 상점을 통해 실시간으로 상품을 거래하는 것을 의미하지만, 광의의 전자상거래는 소비자와의 거래뿐만 아니라 거래와 관련된 공급자, 금융기관, 정부기관, 운송기관 등과 같이 거래에 관련되는 모든 기관과의 관련행위를 포함하여 필요한 정보의 비교 검색, 커뮤니케이션 지원, 의사결정 지원 등 거래를 보다 효율적이고 신속하게 수행할 수 있도록 지원하는 모든 활동으로 구성된다.

2. 전자상거래의 유형 기출 20 지도 16 · 18 · 19 · 23

① 전자상거래의 유형은 B2B, B2C 거래에서 출발하여 B2G, C2C 거래 등으로 확대되고 있다.
② 기업 – 기업 거래(B2B), 기업 – 개인 거래(B2C), 개인 – 기업 거래(C2B), 개인 – 개인 거래(C2C), 기업 – 정부 거래(B2G), 기업 – 직원 거래(B2E) 등이 있다.

3. 전자상거래와 정보보호

전자상거래의 안정성과 신뢰성을 확보하기 위해서는 정보의 보호가 가장 중요한 요소인데, 전자상거래와 관련한 정보보호의 주요 요소로는 무결성, 인증, 기밀성, 자기부정방지 등이 있다.

① 무결성(integrity) : 정보가 변형되지 않고 전달되어야 하는 요소
② 인증(authentication) : 신원확인을 가능하게 하는 요소
③ 기밀성(confidentiality) : 인가된 사람에게만 공개되게 하는 요소
④ 자기부정방지(non-repudiation) : 송 · 수신 거래 사실을 사후에 증명하여 거래 사실을 부인하지 못하게 하는 요소

4. 해킹과 네트워크 공격 기출 18·22·23

e-비즈니스의 활성화에 따라 인터넷과 e-비즈니스를 대상으로 하는 범죄의 종류와 수법도 다양해지고 있는데, 대표적인 것들로는 파밍, 피싱, 스푸핑, 스니핑, 서비스 거부 공격 등이 있다.

(1) 파밍(pharming)

합법적으로 소유하고 있던 사용자의 도메인을 탈취하거나 도메인 네임 시스템(DNS) 또는 프락시 서버의 주소를 변조함으로써 사용자들로 하여금 진짜 사이트로 오인하여 접속하도록 유도한 뒤에 개인정보를 훔치는 컴퓨터 범죄 수법

(2) 피싱(phishing)

금융기관 등으로부터 개인정보를 불법적으로 알아내 이를 이용하는 사기수법

(3) 스푸핑(spoofing)

의도적인 행위를 위해 타인의 신분으로 위장하는 것으로 호스트의 IP주소나 이메일 주소를 바꾸어서 이를 통해 해킹을 하는 것

(4) 스니핑(sniffing)

네트워크 주변을 지나다니는 패킷을 엿보면서 계정(ID)과 패스워드를 알아내기 위한 행위

(5) 서비스 거부 공격(denial-of-service attack)

네트워크 붕괴를 목적으로 다수의 잘못된 통신이나 서비스 요청을 특정 네트워크 또는 웹 서버에 보내어 공격하는 것

(6) 랜섬웨어(ransomware)

사용자의 컴퓨터를 조정하거나 성가신 팝업 메시지들을 띄워서 컴퓨터시스템을 악성코드로 감염시켜 사용자의 돈을 갈취하는 악성 프로그램

5. 모바일 비즈니스의 특징 기출 17 지도 18

인터넷 기반의 E-비즈니스가 이동통신과 무선인터넷의 발전으로 인하여 모바일 환경으로 확장되면서 모바일을 기반으로 하는 비즈니스의 영역이 확장되고 있는데, 모바일 비즈니스는 편재성, 접근성, 보안성, 편리성, 위치성, 즉시성, 개인성 등의 특성을 가지고 있으며, 지리정보 서비스, 위치 확인 서비스, 개인 특화 서비스, 콘텐츠 제공 서비스 등을 주요한 서비스로 하고 있다.
① 편재성(Ubiquity) : 어디에서나 실시간으로 정보검색이 가능한 특성
② 접근성(Reachability) : 언제, 어디서나 인터넷에 접속이 가능
③ 보안성(Security) : 개인전용 단말기 이용에 따른 보안성의 강화
④ 편리성(Convenience) : 스마트폰 등 비교적 조작이 간단한 통신도구의 이용
⑤ 위치성(Localization) : 특정시점에 사용자의 현 위치가 어디인지를 확인할 수 있는 특성
⑥ 즉시성(Instant Connectivity) : 빠른 시간 내에 필요한 정보를 탐색할 수 있게 하는 방법
⑦ 개인성(Personalization) : 개인화된 단말기 등으로 인하여 개인화와 차별화된 고객서비스가 가능

1. 데이터웨어하우스 [기출] 20

정보(data)와 창고(warehouse)의 합성어로, 분산되어 있는 데이터를 수집하여 하나의 집중화된 저장소에 저장하여 효율적으로 사용할 수 있도록 한 대용량 데이터 저장소를 의미한다.

2. 빅데이터의 3V [기출] 17 [지도] 17

빅데이터의 기본적 특성인 거대한 양(Volume), 다양한 형태(Variety), 빠른 생성 속도(Velocity)를 의미한다. Value(정보의 가치) 또는 Veracity(정보의 진실성과 정확성)을 추가하여 4V로도 사용한다.

3. 자율 컴퓨팅(Autonomous Computing)

인간의 인체가 스스로를 자율적으로 반응하고 통제하는 것과 같이 컴퓨터 시스템들이 스스로의 상태를 인식해 인간의 관여 없이 스스로를 복구, 재구성, 보호 및 자원 재할당을 하게 만드는 것을 의미한다.

4. 그리드 컴퓨팅(Grid Computing) [기출] 18

지리적으로 분산된 네트워크 환경에서 수많은 컴퓨터와 저장장치, 데이터베이스 시스템 등과 같은 자원들을 고속 네트워크로 연결하여 그 자원을 공유할 수 있도록 하는 방식을 말한다.

5. 사물인터넷(IoT ; Internet of Things)

인터넷을 기반으로 모든 사물을 연결하여 사람과 사물, 사물과 사물 간의 정보를 상호 소통하게 하는 지능형 기술 및 서비스를 말한다.

6. 그린 컴퓨팅(Green Computing)

컴퓨팅에 이용되는 에너지를 절약하기 위해 컴퓨터 자체의 구동뿐 아니라 컴퓨터의 냉각과 주변기기의 운용에 소요되는 전력을 줄이기 위해 새로운 CPU의 설계, 대체에너지 사용 등의 다양한 방법을 도입하는 것을 의미한다.

7. 증강현실(AR)과 가상현실(VR)

증강현실은 실제의 형태에 가상의 이미지가 통합되는 컴퓨터 그래픽 기법이고, 가상현실은 가상의 환경을 실제 환경처럼 만들어내는 기술을 의미한다.

8. NFC(Near Field Communication) [기출] 19

10cm 내외의 가까운 거리에서 다양한 무선 데이터를 주고받는 통신 기술로 스마트폰에 신용카드 등의 금융 정보를 담아 10~15cm의 근거리에서 결제를 하는 등의 용도로 쓰인다.

9. 유비쿼터스

언제 어디에나 존재한다는 뜻의 라틴어로, 사용자가 장소에 상관없이 자유롭게 네트워크에 접속할 수 있는 환경을 의미한다.

10. 클라우드 컴퓨팅 `기출` 14 · 22 `지도` 20

인터넷상의 서버를 통하여 데이터 저장, 네트워크, 콘텐츠 사용 등 IT 관련 서비스를 한 번에 사용할 수 있는 컴퓨팅 환경을 의미한다.

11. 엣지 컴퓨팅

데이터를 중앙 집중식 데이터 센터나 클라우드가 아닌, 데이터 생성 소스에 가까운 곳에서 처리하는 분산 컴퓨팅 패러다임으로 데이터 처리와 분석을 네트워크의 엣지(말단)에서 수행함으로써, 지연 시간을 줄이고 대역폭 사용을 최적화하는 기술로 클라우딩 컴퓨팅 시스템을 최적화하는 방법으로 사용된다.

01 다양한 데이터와 지식을 모아둔 것을 자료라고 한다면 (   )는 (   )가 목적에 맞게 체계적으로 정리된 것을 의미한다.

02 (   )은 특정 목적을 위해 정보를 수집, 처리, 저장, 분석, 배포하는 관련 요소들의 집합을 의미하며, (   ), (   ), (   ), 통신 및 네트워크, 사람과 절차를 그 구성요소로 한다.

03 경영자에게 과거 및 현재의 경영 정보를 제공하는 경영정보 시스템은 경영보고시스템이고, 비구조적 의사결정 문제를 지원하는 시스템은 (   ), 고위경영층의 전략수준의 의사결정을 지원하는 시스템은 (   )이라고 한다.

04 (   )는 지식경영이 가능하도록 하는 시스템으로서 기업이 지식자원의 활용도를 높이기 위해 지식을 체계적으로 관리하는 시스템이며, (   )은 고객과 관련된 기업의 내외부 자료를 분석, 통합하여 고객 특성에 기초한 마케팅 활동을 계획, 지원, 평가하는 시스템이다.

05 일반적으로 시스템의 개발 생명주기는 시스템 조사 → (   ) → (   ) → 시스템 구현 → 시스템 지원의 순서로 진행된다.

06 (   ) 개발방식은 최소 규모의 팀을 구성해 신속하게 개발하는 방식으로, 반복(iteration)이라 불리는 단기 단위를 채용하여 개발을 진행하면서 고객의 피드백을 받아 지속적으로 보완하면서 위험을 최소화하는 개발 방법이다.

07 (   )란 여러 사람에 의해 공유되어 사용될 목적으로 통합하여 관리되는 데이터의 집합을 의미하며, (   )의 구축을 위해서는 자료항목의 중복을 없애고 무결성을 극대화하며, 자료를 구조화하는 분석 및 효율화 작업이 필수적인데 이를 (   )라고 한다.

08 (   )은 '사소한 다수'가 20%의 '핵심 소수'보다 뛰어난 가치를 창출한다는 이론으로, 인터넷 비즈니스에서 성공한 기업들의 사례를 연구해 보면 20%의 히트상품보다는 80%의 틈새상품을 통해 더 많은 매출을 발생시키는 현상을 확인할 수 있다.

09 전자상거래의 안정성과 신뢰성을 확보하기 위해서는 정보의 보호가 가장 중요한 요소인데 전자상거래와 관련한 정보보호의 주요 요소로는 (   ), 인증, (   ), 자기부정방지 등이 있다.

10 (   )이란 인터넷을 기반으로 모든 사물을 연결하여 사람과 사물, 사물과 사물 간의 정보를 상호 소통하는 지능형 기술 및 서비스를 의미하고, (   )란 언제 어디에나 존재한다는 뜻의 라틴어로 사용자가 장소에 상관없이 자유롭게 네트워크에 접속할 수 있는 환경을 의미한다.

PART 1
PART 2
PART 3
PART 4
PART 5
PART 6
PART 7
PART 8
PART 9

✎ **정답 check!**

01 정보, 자료	**06** 애자일
02 정보시스템, 하드웨어, 소프트웨어, 데이터베이스	**07** 데이터베이스, 데이터베이스, 정규화(normalization)
03 의사결정지원시스템, 중역정보시스템	**08** 롱 테일(long tail) 법칙
04 KMS, CRM	**09** 무결성, 기밀성
05 시스템 분석, 시스템 설계	**10** 사물인터넷(IoT ; Internet of Things), 유비쿼터스

01 기출 21

☑ 확인Check! ○ △ ✕

급여계산, 고객주문처리, 재고관리 등 일상적이고 반복적인 과업을 주로 수행하는 정보시스템은?

① EIS
② DSS
③ ES
④ SIS
⑤ TPS

01

① 중역정보시스템(EIS ; Executive Information System) : 고위경영층의 전략수준 의사결정 지원
② 의사결정지원시스템(DSS ; Decision Support System) : 비구조적 의사결정 문제 지원
③ 전문가시스템(ES ; Expert System)은 전문가의 지식, 경험 등을 컴퓨터에 축적하여 전문가와 동일하거나 그 이상의 문제해결능력을 갖춘 시스템
④ 전략정보시스템(SIS ; Strategic Information System) : 자료처리와 의사결정을 지원하는 측면을 넘어서 기업의 경쟁력 유지, 신사업 진출, 조직의 경영혁신 등을 지원하는 정보시스템

정답 ⑤

02 기출 16

☑ 확인Check! ○ △ ✕

다음에서 설명하는 것은?

> 기업의 자재, 회계, 구매, 생산, 판매, 인사 등 모든 업무의 흐름을 효율적으로 지원하기 위한 통합정보 시스템

① CRM
② SCM
③ DSS
④ KMS
⑤ ERP

02

① CRM(Customer Relationship Management) : 고객관계관리라고 하며, 기업이 고객의 정보를 축적 및 관리하여 필요한 서비스를 제공할 수 있도록 하는 시스템이다.
② SCM(Supply Chain Management) : 공급망 관리라고 하며, 공급망 전체를 하나의 통합된 개체로 보고 이를 최적화하는 시스템이다.
③ DSS(Decision Support System) : 의사결정지원시스템이라고 하며, ERP를 통해서 수집된 자료를 요약, 분석, 가공하여 경영관리자의 의사결정을 지원하는 시스템이다.
④ KMS(Knowledge Management System) : 지식관리시스템이라고 하며, 기업 내 흩어져 있는 지적 자산을 활용할 수 있는 형태로 변환하여 관리 및 공유할 수 있도록 하는 시스템이다.

정답 ⑤

03 기출 16　☑확인 Check! ○ △ ✕

경영정보시스템의 분석 및 설계 과정에서 수행하는 작업이 아닌 것은?

① 입력 자료의 내용, 양식, 형태, 분량 분석
② 출력물의 양식, 내용, 분량, 출력주기 정의
③ 시스템 테스트를 위한 데이터 준비, 시스템 수정
④ 자료가 출력되기 위해 필요한 수식연산, 비교연산, 논리연산 설계
⑤ 데이터베이스 구조 및 특성, 자료처리 분량 및 속도, 레코드 및 파일 구조 명세화

03
시스템 테스트를 위한 데이터 준비, 시스템 수정은 시스템 검사 및 유지보수 단계에서 수행하는 작업으로 분석 및 설계 과정에서 행해지는 작업이 아니다.

정답 ③

04 기출 20　☑확인 Check! ○ △ ✕

기업이 미래 의사결정 및 예측을 위하여 보유하고 있는 고객, 거래, 상품 등의 데이터와 각종 외부데이터를 분석하여 숨겨진 패턴이나 규칙을 발견하는 것은?

① 데이터관리(Data Management)
② 데이터무결성(Data Integrity)
③ 데이터마이닝(Data Mining)
④ 데이터정제(Data Cleaning)
⑤ 데이터마트(Data Mart)

04
데이터마이닝은 기업의 경영활동과정에서 발생한 대규모 데이터에 담긴 변수들 간에 존재하는 패턴과 규칙을 발견하여 가치 있는 정보를 추출하는 기법이다.

정답 ③

05 기출 15　☑확인 Check! ○ △ ✕

데이터 중복을 최소화하고 무결성을 극대화하며, 최상의 성능을 달성할 수 있도록 관계형 데이터베이스를 분석하고 효율화하는 과정을 지칭하는 용어는?

① 통합화(Integration)
② 최적화(Iptimization)
③ 정규화(Normalization)
④ 집중화(Centralization)
⑤ 표준화(Standardization)

05
데이터베이스의 구축을 위해서는 자료항목의 중복을 제거하고 무결성을 극대화하며, 자료를 구조화하여 저장함으로써 자료검색과 갱신의 효율을 높이는 분석 및 효율화 작업이 필수적인데 이를 정규화(normalization)라고 한다.

정답 ③

06 기출 17

☑ 확인 Check! ○ △ ✕

빅데이터(Big Data)의 기본적 특성(3V)으로 옳은 것을 모두 고른 것은?

> ㄱ. 거대한 양(Volume)
> ㄴ. 모호성(Vagueness)
> ㄷ. 다양한 형태(Variety)
> ㄹ. 생성 속도(Velocity)

① ㄱ, ㄴ   ② ㄴ, ㄷ

③ ㄱ, ㄴ, ㄹ   ④ ㄱ, ㄷ, ㄹ

⑤ ㄴ, ㄷ, ㄹ

06

빅데이터의 기본적 특성은 거대한 양(Volume), 다양한 형태(Variety), 빠른 생성 속도(Velocity)이다

정답 ④

07 기출 16

☑ 확인 Check! ○ △ ✕

빅데이터 기술에 관한 설명으로 옳지 않은 것은?

① 관계형 데이터베이스인 NoSQL, Hbase 등을 분석에 활용한다.
② 구조화되지 않은 데이터도 분석 대상으로 한다.
③ 많은 양의 정보를 처리한다.
④ 빠르게 변화하거나 증가하는 데이터도 분석이 가능하다.
⑤ 제조업, 금융업, 유통업 등 다양한 분야에 활용된다.

07

빅데이터에서는 대용량의 데이터를 빠른 시간에 처리하기 위해 전통적인 관계형 데이터베이스(SQL)보다 덜 제한적인 NoSQL, Hbase 등을 분석에 활용한다.

정답 ①

08 기출 24

비정형 텍스트 데이터의 가치와 의미를 찾아내는 빅데이터 분석 기법은?

① 에쓰노그라피(ethnography) 분석
② 포커스그룹(focus group) 인터뷰
③ 텍스트마이닝
④ 군집 분석
⑤ 소셜네트워크 분석

08

빅 데이터 환경에서 비정형의 다양한 데이터의 분석에 쓰이는 소프트웨어나 분석방법에는 Hadoop, NoSQL, R, 텍스트 마이닝 등이 있다. 보기의 나머지 분석방법들은 빅 데이터 분석과는 관련이 없는 분석방법들이다.

정답 ③

09 기출 23

다음에서 설명하는 기술발전의 법칙은?

- 1965년 미국 반도체회사의 연구개발 책임자가 주장하였다.
- 마이크로프로세서의 성능은 18개월마다 2배씩 향상된다.

① 길더의 법칙
② 메칼프의 법칙
③ 무어의 법칙
④ 롱테일 법칙
⑤ 파레토 법칙

09

길더의 법칙은 광섬유의 대역폭은 12개월마다 3배씩 증가한다는 법칙, 메칼프의 법칙은 네트워크의 가치는 네트워크에 참여하는 구성원 수의 제곱에 비례한다는 법칙, 롱테일 법칙은 인터넷 비즈니스에서 성공한 기업들이 20%의 히트상품보다 80%의 틈새상품을 통해 더 많은 매출을 창출하는 것, 파레토 법칙은 전체 결과의 80%는 전체 인원의 20%에 기인한다는 법칙이다.

정답 ③

10
10

10 [지도 23]   ☑ 확인 Check! ○ △ ✕

고객이 인터넷으로 호텔 객실의 가격을 미리 제시하면 공급사가 판매여부를 결정하는 사례와 같이, 고객이 주체가 되어 원하는 상품이나 아이디어를 기업에 제공하고 대가를 얻는 e-비즈니스 모델은?

① B2B   ② B2C
③ B2E   ④ C2B
⑤ C2C

10

고객이 주체가 되어 기업과 거래하는 것으로 전자상거래의 유형 중 개인 – 기업 거래(C2B)에 해당한다.

[정답] ④

11 [기출 20]   ☑ 확인 Check! ○ △ ✕

전자(상)거래의 유형에 관한 설명으로 옳은 것은?

① B2E는 기업과 직원 간 전자(상)거래를 말한다.
② B2C는 소비자와 소비자 간 전자(상)거래를 말한다.
③ B2B는 기업 내 전자(상)거래를 말한다.
④ C2C는 기업과 소비자 간 전자(상)거래를 말한다.
⑤ C2G는 기업 간 전자(상)거래를 말한다.

11

① B2E(Business-to-Employee) : 기업-직원 간 거래
② B2C(Business-to-Customer) : 기업-소비자 간 거래
③ B2B(Business-to-Business) : 기업-기업 간 거래
④ C2C(Customer-to-Customer) : 소비자-소비자 간 거래
⑤ C2G(Customer-to-Government) : 소비자-정부 간 거래

[정답] ①

12 기출 17

☑ 확인 Check! ○ △ ✕

모바일 비즈니스의 특성으로 옳지 않은 것은?

① 편재성
② 접근성
③ 고정성
④ 편리성
⑤ 접속성

13 기출 20

☑ 확인 Check! ○ △ ✕

경영정보시스템 용어에 관한 설명으로 옳지 않은 것은?

① 비즈니스 프로세스 리엔지니어링(Business Process Reengineering)은 새로운 방식으로 최대한의 이득을 얻기 위해 기존의 비즈니스 프로세스를 변경하는 것이다.
② 비즈니스 인텔리전스(Business Intelligence)는 사용자가 정보에 기반하여 보다 나은 비즈니스 의사결정을 돕기 위한 응용프로그램, 기술 및 데이터 분석 등을 포함하는 시스템이다.
③ 의사결정지원시스템(Decision Support System)은 컴퓨터를 이용하여 의사결정자가 효과적인 의사결정을 할 수 있도록 지원하는 시스템이다.
④ 위키스(Wikis)는 사용자들이 웹페이지 내용을 쉽게 추가·편집할 수 있는 웹사이트의 일종이다.
⑤ 자율컴퓨팅(Autonomous Computing)은 지리적으로 분산된 네트워크 환경에서 수많은 컴퓨터와 데이터베이스 등을 고속 네트워크로 연결하여 공유할 수 있도록 한다.

14 기출 19

☑ 확인 Check! ○ △ ×

스마트폰에 신용카드 등의 금융정보를 담아 10~15cm의 근거리에서 결제를 가능하게 하는 무선통신기술은?

① 블루투스(Bluetooth)
② GPS(Global Positioning System)
③ NFC(Near Field Communication)
④ IoT(Internet of Things)
⑤ 텔레매틱스(Telematics)

14

블루투스는 디지털 통신기기를 위한 개인 근거리 무선통신산업표준이고, GPS는 음성·데이터·영상 전송을 포함하는 위성항법시스템이며, IoT는 사물에 통신기능을 내장해 인터넷에 연결하는 기술이고, 텔레매틱스는 무선통신과 GPS기술이 결합된 이동통신 서비스이다.

정답 ③

15 기출 22

☑ 확인 Check! ○ △ ×

컴퓨터, 저장장치, 애플리케이션, 서비스 등과 같은 컴퓨팅 자원의 공유된 풀(pool)을 인터넷으로 접근할 수 있게 해주는 것은?

① 클라이언트/서버 컴퓨팅(client/server computing)
② 엔터프라이즈 컴퓨팅(enterprise computing)
③ 온프레미스 컴퓨팅(on-premise computing)
④ 그린 컴퓨팅(green computing)
⑤ 클라우드 컴퓨팅(cloud computing)

15

클라우드 컴퓨팅(cloud computing)은 컴퓨터를 활용하는 작업에 필요한 다양한 요소들을 인터넷 상의 서비스를 통해 다양한 종류의 컴퓨터 단말 장치로 제공하는 것을 말한다.

정답 ⑤

16 기출 14

☑ 확인 Check! ○ △ ×

클라우드 컴퓨팅에 관한 설명으로 옳지 않은 것은?

① 인터넷기술을 활용하여 가상화된 IT자원을 서비스로 제공하는 방식이다.
② 사용자는 소프트웨어, 스토리지, 서버, 네트워크 등 다양한 IT자원을 필요한 만큼 빌려서 사용한다.
③ 조직의 모든 정보시스템의 중앙집중화로 막대한 IT자원을 필요로 한다.
④ 사용자 주문형 셀프서비스, 광범위한 네트워크 접속, 자원공유, 사용량 기반 과금제 등의 특징을 갖는다.
⑤ 단기간 필요한 서비스, 규모의 변화가 큰 서비스, 범용 애플리케이션을 구축하는 경우에 효과적이다.

16

클라우드 컴퓨팅은 정보가 인터넷상의 서버에 영구적으로 저장되고, 데스크톱·태블릿 컴퓨터·노트북·넷북·스마트폰 등의 IT 기기 등과 같은 클라이언트에는 일시적으로 보관되는 컴퓨터 환경으로 서버의 구매 및 설치 비용, 업데이트 비용, 소프트웨어 구매 비용 등 엄청난 비용과 시간·인력을 줄일 수 있다.

정답 ③

17 [지도 14]

☑ 확인 Check! ○ △ ✕

기업경영에서 정보의 가치를 결정하는 요인으로 옳지 않은 것은?

① 적합성　　　　　② 정확성
③ 적시성　　　　　④ 형태성
⑤ 접근성

18 [기출 22]

☑ 확인 Check! ○ △ ✕

특정기업의 이메일로 위장한 메일을 불특정 다수에게 발송하여
권한 없이 데이터를 획득하는 방식은?

① 파밍(pharming)
② 스니핑(sniffing)
③ 피싱(phishing)
④ 서비스 거부 공격(denial-of-service attack)
⑤ 웜(worm)

17

정보란 목적에 맞게 정리된 자료를 뜻하며 정보의 가치
는 적합성, 정확성, 적시성, 형태성에 의하여 결정된다.

정답 ⑤

18

피싱(phishing)은 금융기관 등으로부터 개인정보를 불법
적으로 알아내 이를 이용하는 사기수법으로, 특정기업의
이메일로 위장한 메일을 불특정 다수에게 발송하여 권한
없이 데이터를 획득하는 방식을 말한다.

정답 ③

19 기출 23

☑ 확인 Check! ○ △ ✕

일반 사용자의 컴퓨터 시스템 접근을 차단한 후, 접근을 허용하는
조건으로 대가를 요구하는 악성코드는?

① 스니핑(sniffing)

② 랜섬웨어(ransomware)

③ 스팸웨어(spamware)

④ 피싱(phishing)

⑤ 파밍(pharming)

20 지도 17

☑ 확인 Check! ○ △ ✕

사용자가 올바른 웹 페이지 주소를 입력해도 가짜 웹 페이지로
보내는 피싱 기법은?

① 파밍(pharming)

② 투플(tuple)

③ 패치(patch)

④ 쿠키(cookie)

⑤ 키 로거(key logger)

19

스니핑(sniffing)은 네트워크 주변을 지나다니는 패킷을
엿보면서 계정(ID)과 패스워드를 알아내기 위한 행위이고,
스팸웨어(spamware)는 스팸 발송자가 스팸 발송을 위해
특별히 고안한 소프트웨어 유틸리티, 피싱(phishing)은
금융기관 등으로부터 개인정보를 불법적으로 알아내 이
를 이용하는 사기수법, 파밍(pharming)은 사용자가 올바
른 웹페이지 주소를 입력해도 가짜 웹페이지로 보내는 피
싱기법을 말한다.

정답 ②

20

파밍은 사용자의 도메인을 탈취하거나 도메인 네임 시스
템(DNS) 또는 프락시 서버의 주소를 변조함으로써 사용
자들로 하여금 진짜 사이트로 오인하여 접속하도록 유도
한 뒤에 개인정보를 훔치는 컴퓨터 범죄 수법이다.

정답 ①

21

☑ 확인Check! ○ △ ✕

가상이미지들이 실제 시야와 통합되어 증강디스플레이를 만드는 기술은?

① AR
② LBS
③ GPS
④ VR
⑤ USB

22 기출 24

☑ 확인Check! ○ △ ✕

다음에서 설명하는 것은?

○ 데이터 소스에서 가까운 네트워크 말단의 서버들에서 일부 데이터 처리를 수행한다.
○ 클라우드 컴퓨팅 시스템을 최적화하는 방법이다.

① 엣지 컴퓨팅
② 그리드 컴퓨팅
③ 클라이언트/서버 컴퓨팅
④ 온디멘드 컴퓨팅
⑤ 엔터프라이즈 컴퓨팅

21

증강현실(AR)은 실제 형태에 가상의 이미지가 통합되는 컴퓨터 그래픽 기법이고, 가상현실(VR)은 가상의 환경을 실제 환경처럼 만들어내는 기술이다.

정답 ①

22

엣지 컴퓨팅은 데이터를 중앙 집중식 데이터 센터나 클라우드가 아닌, 데이터 생성 소스에 가까운 곳에서 처리하는 분산 컴퓨팅 패러다임으로 데이터 처리와 분석을 네트워크의 엣지에서 수행함으로써, 지연 시간을 줄이고 대역폭 사용을 최적화하는 기술이다.

정답 ①

저자소개 PROFILE

[학력]
- 한양대학교 경영학 박사(경영컨설팅 전공)
- 서울시립대학교 MBA(생산, 서비스 전공)
- 고려대학교 경제학과 졸업

[경력]
- (주) B2L Soft ESG 경영 연구소 부소장
- 한국바른채용인증원 수석전문위원
- EBS 공인 노무사 경영학 특강 강의(2023~2024)
- 한양대학교 겸임교수(2022~2024)
- 한남대학교 겸임교수(2022)

[연구 및 저술]
- 저서 : 엑셀을 활용한 경영자료분석과 의사결정, ESG 경영의 이론과 실무, ESG 공인노무사 경영학원론 등
- 연구 : 역량 평가 도구로서 경영 시뮬레이션의 활용 방안에 관한 탐색적 연구, 기업의 ESG 교육니즈에 대한 탐색적 연구, 교육용 ESG 경영 시뮬레이션 개발 및 교육효과에 관한 연구 등

[강의]
- 수험 경영학 : 공인노무사 경영학원론, 인사노무관리, 독학사 및 군무원 경영학 강의 등
- 대학 강의 : 경영학원론, 비즈니스 데이터 분석, 경영시뮬레이션 게임 등
- 직무 강의 : 전략과 경영, 성과측정과 성과관리, 경영분석, 경영 시뮬레이션 게임 등

2025 시대에듀 EBS 공인노무사 1차 경영학개론

개정2판1쇄 발행	2024년 09월 25일(인쇄 2024년 08월 16일)
초 판 발 행	2023년 01월 05일(인쇄 2022년 08월 30일)
발 행 인	박영일
책 임 편 집	이해욱
저 자	이근필
편 집 진 행	이재성 · 김민지
표 지 디 자 인	박종우
편 집 디 자 인	표미영 · 하한우
발 행 처	(주)시대고시기획
출 판 등 록	제10-1521호
주 소	서울시 마포구 큰우물로 75 [도화동 538 성지 B/D] 9F
전 화	1600-3600
팩 스	02-701-8823
홈 페 이 지	www.sdedu.co.kr
I S B N	979-11-383-7634-1(13360)
정 가	34,000원

개정법령 관련 대처법을
소개합니다!

도서만이 전부가 아니다! 시험 관련 정보 확인법!
법령이 자주 바뀌는 과목의 경우, 도서출간 이후에 아래와 같은 방법으로
변경된 부분을 업데이트 · 수정하고 있습니다.

01 정오표

도서출간 이후 발견된 오류는 그 즉시 해당 내용을 확인한 후
수정하여 정오표 게시판에 업로드합니다.

※ 시대에듀 : 홈 ≫ 학습자료실 ≫ 정오표

02 추록(최신 개정법령)

도서출간 이후 법령개정으로 인한 수정사항은 도서의 구성에
맞게 정리하여 도서업데이트 게시판에 업로드합니다.

※ 시대에듀 : 홈 ≫ 학습자료실 ≫ 도서업데이트

시대에듀 www.sdedu.co.kr

공인노무사시험
합격을 꿈꾸는 수험생들에게...

공인노무사라는 꿈을 향해 도전하는 수험생 여러분에게
정성을 다해 만든 최고의 수험서를 선사합니다.

1차시험

1차시험

2차시험

핵지총

- 10개년 핵심 기출지문 총망라
- 최신 개정법령 및 관련 판례
  완벽반영

객관식 문제집

- 종합기출문제해설

기본서

- 최신 개정법령을 반영한 주요논점
- Chapter별 최신 기출문제와 예시답안
- 온라인 동영상강의용 교재

관계법령집

- 노동법 I · II 최신 개정법령 완벽반영
- 암기용 셀로판지로 무한 반복학습

※ 각 도서의 세부구성 및 이미지는 변동될 수 있습니다.

EBS 교육방송

공인노무사
동영상강의

합격을 위한 동반자, EBS 동영상강의와 함께하세요!

수강회원들을 위한 특별한 혜택

❶ G-TELP 특강

1차시험 필수 영어과목은 지텔프 특강으로 대비!

❷ 기출해설 특강

최종 학습 마무리, 실전대비를 위한 기출분석!

❸ 모바일강의

스마트폰 스트리밍서비스 무제한 수강 가능!

❹ 1:1 맞춤학습 Q&A

온라인 피드백서비스로 빠른 답변 제공!